Ka

VOYAGES
EN ITALIE

TOME I

VOYAGES
HISTORIQUES, LITTÉRAIRES ET ARTISTIQUES
EN ITALIE

GUIDE RAISONNÉ ET COMPLET
DU VOYAGEUR ET DE L'ARTISTE

DEUXIÈME ÉDITION

ENTIÈREMENT REVUE, CORRIGÉE, ET AUGMENTÉE D'UN GRAND NOMBRE
DE DESCRIPTIONS DE LIEUX, MONUMENTS, TABLEAUX, ETC, ETC.

AVEC UNE TABLE GÉNÉRALE ANALYTIQUE
ET UNE BELLE CARTE ROUTIÈRE DE L'ITALIE

PAR M. VALERY

BIBLIOTHÉCAIRE DU ROI AUX PALAIS DE VERSAILLES ET DE TRIANON

AUTEUR

DES VOYAGES EN CORSE, A L'ÎLE D'ELBE ET EN SARDAIGNE

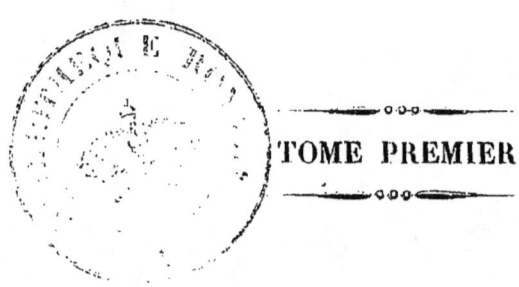

TOME PREMIER

PARIS

BAUDRY, LIBRAIRE   AIMÉ ANDRÉ, LIBRAIRE

RUE DU COQ, N° 9, PRÈS LE LOUVRE   RUE CHRISTINE, N° 1

M DCCC XXXVIII

IMPRIMERIE DE H. FOURNIER ET C°.
RUE DE SEINE, 14.

PRÉFACE.

× Il est difficile de ne faire qu'un seul voyage en Italie; et celui qui n'y serait point retourné ne serait guère digne d'y avoir été. Je l'ai visitée quatre fois. Malgré de nombreux et spirituels ouvrages sur l'Italie, il m'a semblé qu'il n'en existait point qui pût aujourd'hui servir de guide. Le Voyage de Lalande, composé avec de bons renseignements, est déjà ancien, et, depuis l'époque où il a paru, l'histoire de l'art a fait d'incontestables progrès : ses éternels jugements de M. Cochin étaient déjà fort suspects à un grand artiste, il y a plus de quarante ans [1]. La description que je publie a profité de ces progrès : elle s'en rapporte aux récentes et meilleures autorités, à Lanzi, pour la peinture, et à MM. Cicognara et Quatremère, pour la sculpture et l'architecture; les impressions seules et la recherche des faits m'appartiennent. A défaut d'autre mérite, ce livre peut devenir une sorte

---

[1]. Lettre de Girodet écrite de Florence, mai 1790. V. ses Œuvres posthumes, tom. II, pag. 363.

de bibliothèque portative, et servir de catalogue raisonné au vaste musée que présente l'Italie. L'effet littéraire a quelquefois été affaibli par ces indications, mais j'ai cru devoir le sacrifier à l'exactitude et à l'utilité. Il m'a d'ailleurs été impossible de taire les noms de tant de peintres nobles, gracieux, variés, au second rang des écoles italiennes, mais qui, certes, seraient au premier des autres écoles. Le lecteur de cabinet pourra sauter cette nomenclature de tableaux et de statues, espèce de récitatif que j'ai toutefois tâché d'animer par quelques traits sur la vie de l'artiste et l'histoire anecdotique de l'art.

Quant à la partie historique et littéraire à laquelle une vie passée au milieu des livres m'avait mieux préparé, j'ai cru que la réforme qui s'est faite de nos jours dans l'histoire, que le système du vrai, la peinture des détails pouvaient s'étendre aussi aux relations de voyages, et les principes de l'école *pittoresque* m'ont particulièrement semblé applicables à celles-ci. Les événements mémorables, les grands personnages, les souvenirs poétiques de l'Italie, se trouvaient ainsi ramenés dans mon travail au sujet des lieux et des monuments. Lorsqu'une inscription était caractéristique, je n'ai pas craint de la donner : souvent elle m'a révélé quelque infortune touchante, ou quelque talent supérieur, ignoré, méconnu. Dans l'examen des bibliothèques, j'ai tâché de faire servir l'histoire des livres à l'histoire des hommes et de rendre la bibliographie instructive et philosophique. Les données statistiques ont été prises à la source locale et officielle et, sans les prodiguer, j'ai cru qu'elles pouvaient offrir des aperçus neufs et suppléer quelquefois à de plus longues considérations sur l'état du pays. Accueilli par mes collègues les bibliothécaires, lié avec la plupart des savants italiens, j'ai trouvé dans leurs obligeantes réponses à mes diverses consultations un précieux secours. Enfin j'ai essayé de restituer aux poëtes, aux artistes, aux savants et à tous les hommes que j'ai mis en scène leur physionomie italienne et vraie, trop souvent altérée par la rêverie anglaise, la sentimentalité allemande, ou l'esprit philosophique français.

Un travail opiniâtre de douze années sur l'Italie, depuis l'époque de ma première visite, m'a procuré une telle masse de faits que j'ai été contraint d'en élaguer un certain nombre qui se rattachaient moins directement à ma description, et dont les développements eussent trop grossi le livre. Ces faits, ces détails, ces tableaux de mœurs trouveront leur place dans un volume de *Variétés italiennes* qui paraîtra incessamment et formera pour les lecteurs sédentaires un complément aux *Voyages*.

L'Italie, déjà si accessible depuis les nouvelles routes, vient de le devenir encore davantage par l'établissement et la multiplicité des bateaux à vapeur; ils doivent être pour elle comme ces voitures populaires et économiques qui ont rapproché les quartiers des grandes villes et détruit la distance. Cet intéressant voyage, où l'étude est un plaisir et le plaisir une étude, n'est aujourd'hui qu'une facile promenade. Je souhaite que mon Journal, devenu un laborieux ouvrage, après avoir été écrit sous l'admirable ciel de cette contrée, en présence des lieux illustrés par ses grands hommes, à l'aspect de ses chefs-d'œuvre, puisse servir à la faire mieux voir et à la faire aimer; car il faut l'aimer pour la bien connaître.

VOYAGES EN ITALIE.

LIVRE PREMIER.

GENÈVE. — GLACIERS. — BORDS DU LAC.

CHAPITRE PREMIER.

Privilége des anciens voyageurs. — Dijon. — Tombeaux des ducs de Bourgogne. — Maison de Bossuet. — Discours proposé par l'Académie de Dijon sur le rétablissement des sciences et des arts. — Dôle. — Saint-Cergues.

Si j'avais voyagé du temps de Montaigne, j'aurais pu, comme lui, dès le commencement de mon voyage, donner le détail de mes petites journées, de mes divers gîtes, parler même impunément de la chère que j'aurais faite, du vin que j'aurais bu, et rapporter les nouvelles, les événements, les histoires, les prodiges que j'aurais appris en chemin. Mais les prodiges de notre civilisation, les grandes routes, les journaux, ne permettent plus, et ont à peu près détruit cette partie du récit des voyageurs. Mes aventures paraîtraient vulgaires, mon étonnement serait ridicule, et mes nouvelles surannées. Cette ancienne manière n'est plus maintenant reçue : aujourd'hui, pour ne pas manquer au public, un voyage doit être un livre. Malgré quelques tentatives, la délicatesse du goût français n'a pu se faire encore aux trivialités, aux caquets, aux indiscrétions et à toutes les puérilités de la manière anglaise. J'avouerai toutefois que telle était, à mon premier voyage, ma curiosité de voir et de connaître, qu'il m'est plusieurs fois arrivé de manquer le *dîner de la diligence*, malgré sa solennité, afin de visiter les *monuments*.

J'ai visité au musée de Dijon les deux tombeaux des ducs de Bourgogne, Jean-sans-Peur et Philippe-le-Hardi, qui étaient autrefois à la Chartreuse. On y voit représentées, dans un long bas-relief de marbre qui entoure chaque mausolée, les obsèques de ces princes. Malgré l'intention de douleur commandée par une telle cérémonie, on retrouve sous le froc et dans les traits de ces moines toutes les passions et tous les sentiments humains exprimés avec une vérité, une réalité tout-à-fait admirable.

Je cherchai la maison dans laquelle Bossuet était né, mais j'éprouvai en la voyant un léger mécompte : cette maison a l'air d'une petite maison nouvellement bâtie; elle est occupée par un petit libraire, et on y lit de grandes affiches comme au Palais-Royal. La maison de Crébillon est, au contraire, fort vaste; elle servait de dépôt pour le pain de munition de la troupe; et, dans l'intérieur, je ne sais quelle espèce de moulin faisait presque autant de fracas que le coup de tonnerre d'*Atrée*. Quant à la maison de Piron, je ne la cherchai point; il est une certaine dégradation du talent qui produit une indifférence absolue pour la mémoire de l'écrivain.

Indépendamment de l'instruction qui a toujours distingué la société de Dijon, cette ville est comme la source la plus puissante de l'éloquence française : Bossuet lui appartient par la naissance, Rousseau par le talent. Le programme de son Académie sur les effets du rétablissement des sciences et des arts, enflamma, comme on sait, le génie de cet écrivain; Diderot toutefois lui donna un bon conseil, si l'anecdote rapportée par Marmontel est vraie : l'affirmative était le *pont aux ânes*, et cette vieille apologie des lettres ne convenait point à la verve paradoxale de Rousseau.

Dôle me rappela un trait charmant, raconté dans les piquants Mémoires de Brienne, scène de bataille qui peint à merveille l'honneur et le courage français. « A l'époque où le Roi conquit

« la Franche-Comté, dit Brienne, le grand Condé se voyant
« avec Villeroi sur le bord du fossé de Dôle, où leurs pères, dans
« les guerres précédentes, ne firent rien qui vaille, ce prince
« dit au jeune Villeroi : *Marquis, il faut réparer ici l'honneur de*
« *ton père et du mien*. Le fossé fort large est à sec, et, par con-
« séquent, très-dangereux à passer. L'attaque fut vive et meur-
« trière. Le marquis commandait le régiment de Lyonnais; il
« passa le premier, atteignit le haut du bastion, s'y logea et
« cria de loin : *Mon prince, mon père est satisfait; qu'en dit le vôtre?*
« — *Nous tâcherons qu'il soit content*, dit le prince en éclatant de
« rire au milieu du feu, et l'instant d'après il était sur le rem-
« part. »

Sur cette route d'Italie se trouvent Montbar, Genlis [1], Dijon, Coppet, Ferney, Genève, lieux qui rappellent les noms et les souvenirs littéraires les plus illustres, et qui semblent naturellement placés sur le chemin d'un tel pays.

L'apparition subite du lac et des Alpes de la hauteur de Saint-Cergues, à trois lieues de Genève, est une des plus belles scènes de la nature que j'aie observées. Il est impossible de n'être pas comme ébloui par la magnificence, l'éclat et la grandeur d'un pareil spectacle. Quelquefois de longues files de nuages s'entassent au-dessus des montagnes; elles en ont la forme et presque la couleur et semblent comme d'autres Alpes suspendues qui les étendent et les surmontent.

CHAPITRE II.

Genève ; mérite, distinction de Genève.

Je ne voulais que passer à Genève, et je m'y sentis retenu : je trouvais dans cette ville des habitudes littéraires, un goût de civilisation, une sorte de dignité morale, un bon sens populaire, enfin une certaine solidité qui me plaisait. J'aimais cet esprit

---

1. La terre dont madame de Genlis a pris le nom était en Picardie, près de Noyon; le château est aujourd'hui démoli.

public sans orgueil, ce patriotisme sans haine, et même cette raide originalité de caractère au milieu de tant d'étrangers [1]. La ville est petite, noire, vieille, assez mal bâtie, la population n'est que de vingt-huit mille âmes, et cependant il n'y a pas trace du ton ni des airs de la province [2]. Cet attrait singulier de Genève, joint aux beautés du site, paraît, au reste, avoir été éprouvé par les personnes d'existences et de destinées les plus diverses : des princesses déchues, des fils de rois, de puissants ministres, des dames de palais ennuyées, des hommes célèbres par leurs succès dans les cours, ont successivement habité Genève. J'y ai rencontré moi-même des femmes élégantes qui auraient pu demeurer dans quelque grand château du Maine ou de Normandie, et qui préféraient vivre à l'auberge ou louer quelques chambres à Genève, malgré l'exiguité des pièces, la simplicité des meubles, le défaut d'antichambre, et les horreurs de l'escalier. Cette distinction, cette supériorité incontestable de Genève, provient, je crois, de sa position au centre des pays civilisés, de ce qu'elle est comme un passage européen pour le voyageur qui les visite, et de son ordre social. Cette cité scientifique, commerçante et industrielle, doit naturellement échapper aux travers des petites villes : là ne peuvent exister la même hauteur de la noblesse, l'importance non moins ennuyeuse de la propriété; et la vanité nouvelle de nos *autorités* serait difficile dans un état dont le chef a cent louis de liste civile. Ce premier magistrat de la république est choisi indistinctement parmi tous les citoyens, et l'on m'a cité l'exemple, que je trouve très-beau, de M. le professeur Delarive, qui, peu de temps après avoir été premier syndic, fit un cours gratuit de chimie appliquée aux arts industriels, suivi par la classe manufacturière de Genève.

1. D'après le relevé des passeports, le nombre des étrangers qui passent chaque année par Genève est de vingt-cinq mille.
2. Depuis dix ans, l'aspect de Genève est à peu près renouvelé. La ville s'est agrandie dans l'intérieur par les deux faubourgs conquis sur le lac; les maisons se sont élevées de trois ou quatre étages; il en est de sept à huit qui enterrent les temples et les clochers. La population monte à trente-un mille habitants parmi lesquels un grand nombre d'intrus et d'étrangers qui ont altéré le type et jusqu'à l'accent national.

L'opulence genevoise a couvert les bords du lac d'habitations charmantes; mais je préfère tout bonnement celles qui sont restées suisses: les portiques corinthiens, les colonnades, les pavillons et toute l'architecture grecque de quelques unes de ces maisons de campagne, me semblent beaucoup moins bien.

J'ai rencontré, un dimanche, à la sortie de Genève, deux bataillons de la garde civique qui revenaient de Conches, où ils avaient tiré à la cible et disputé des prix. Tout le monde, sans distinction d'état et de fortune, fait partie de cette garde dont la tenue était superbe. Certes, si la vue de quelques compagnies du bataillon de Saint-Gervais, soupant et dansant sur la place publique de ce quartier, avait laissé dans l'âme de Rousseau enfant une impression si vive, et qu'il peignit avec tant d'éloquence, il n'eût pas été moins frappé à l'aspect de cette milice citoyenne, de ces soldats sans solde qu'une civilisation perfectionnée, le bien-être et la dignité nouvelle qu'elle produit, doivent rendre supérieurs aux anciennes compagnies de Saint-Gervais: son père, en l'embrassant, eût encore pu lui dire : « Jean-Jacques, aime ton pays!... » Le talent de Rousseau n'est jamais plus admirable que dans la peinture des émotions populaires et des sentiments patriotiques. Cette simple note de la Lettre à d'Alembert, offre un tableau plein de vie, de chaleur et de vérité.

CHAPITRE III.

Maison de Jean-Jacques. — Statue. — Condamnation de l'*Émile*.

J'ai voulu voir la maison dans laquelle, disait-on, Jean-Jacques était né. Elle était occupée au rez-de-chaussée par un *faiseur d'outils*, ainsi que le portait son enseigne : un ouvrier de Paris n'eût pas manqué de prendre le titre de *fabricant;* Rousseau, j'en suis sûr, préfèrerait l'enseigne de l'artisan genevois. Cette maison, malgré l'inscription, n'est pas précisément celle dans laquelle naquit Rousseau, puisque sa mère le mit au monde pendant qu'elle était en visite[1], mais cette maison est celle du père de Rousseau. Ce fut là qu'il passa près de lui les premières années de cette enfance déjà si sensible, si passionnée, lorsque, après avoir lu toute la nuit des romans avec son père, celui-ci, entendant le matin les hirondelles, lui disait tout honteux. «Allons nous coucher, je suis plus enfant que toi.»

J'ai trouvé depuis, en 1827, cette maison de Rousseau démolie et remplacée par une grande et belle maison en pierre de taille, à laquelle on travaillait. Le goût du bien-être et l'esprit de propriété sont funestes aux souvenirs, et sauf le petit buste du jardin botanique, il ne restait alors à Genève, après moins d'un demi-siècle, aucune trace de Jean-Jacques.

Une statue en bronze, bel ouvrage de M. Pradier, habile statuaire genevois, a depuis été tardivement élevée à Rousseau par souscription, au petit terre-plein ombragé dit l'*Ile des Barques*, près d'un lieu où le Rhône sort du lac, et elle a été inaugurée le 24 février 1835.

Je vis devant la maison de ville, au pied du tribunal du haut duquel se lit la sentence aux condamnés, la place où par la main du bourreau l'*Émile* fut brûlé. Condamnation scandaleuse, puisqu'elle fut rendue sans examen, avant même l'arrivée du livre à Genève, qui suivit de moins de huit jours[2] l'exécution faite à Paris, au pied du grand escalier, par l'exécuteur des hautes œuvres, et dont M. de Voltaire, établi dans sa terre des Délices, secondé par le procureur-général Tronchin, et d'accord cette fois avec le parlement et la Sorbonne, fut l'instigateur actif et secret. «Il est vrai que le crédit de M. de Voltaire à Genève», écrivait Rousseau, d'Yverdun, à madame de Boufflers, «a beaucoup «contribué à cette violence et à cette précipitation. C'est à l'in-

---

1. Un voyageur agréable, M. Vatout, avait oublié ce détail, lorsque, visitant la maison du père de Rousseau, en 1819, il demanda la chambre où Jean-Jacques était né. Après avoir monté et cherché inutilement quelques traces du grand homme à travers l'obscur et petit escalier de cette vilaine maison, il ne trouva qu'un ouvrier qui, lui montrant deux chambres, dit à notre voyageur déçu : «C'est « une de ces deux-là, choisissez! » *Galerie lithographiée des tableaux de monseigneur le duc d'Orléans*, tome II.

2. L'*Émile* fut brûlé à Paris, le 11 juin 1762; à Genève, le 18.

« stigation de M. de Voltaire qu'on a vengé contre moi la cause
« de Dieu. Je suis ici depuis hier, » écrivait-il encore de Motiers-
Travers à Moultou, le 11 juillet, « et j'y prends haleine jusqu'à
« ce qu'il plaise à MM. de Voltaire et Tronchin de m'y pour-
« suivre et de m'en faire chasser. » Voltaire faisant brûler
l'*Émile* à Genève et décréter de prise de corps son auteur, persé-
cutant, du haut de son château, Jean-Jacques, pauvre, infirme,
souffrant, fugitif, offre un mélange d'épicurien et d'inquisiteur
bien peu philosophique.

CHAPITRE IV.

Temple de Saint-Pierre. — Prédication protestante.

En repassant depuis par Genève, j'appliquai à cette ville la
méthode que j'avais suivie en Italie, de rechercher avec les objets d'art, les souvenirs historiques.

La façade du temple de Saint-Pierre est un bon ouvrage du
comte Benoît Alfieri Bianco, habile architecte qu'Alfieri appelait son oncle quoiqu'il fût d'une branche collatérale à sa famille,
et de Rome. Je remarquai à l'intérieur, contre le mur, entre
deux petites colonnes et sous un étroit fronton à moitié brisé,
l'épitaphe d'Agrippa d'Aubigné[1] ; caractère singulier, espèce de
Sully chagrin, satirique et moqueur ; mais écrivain plein de
verve et de génie. La petite-fille de d'Aubigné, la fille de ce
Constant d'Aubigné, qui avait trahi son père, s'assit depuis
près du trône de France : il semble qu'elle aurait pu rendre
à sa patrie la cendre de son aïeul, à moins que les cercueils ne
fussent aussi dans la révocation de l'édit de Nantes. On a rétabli
dans le temple de Saint-Pierre le mausolée en marbre d'Henri
de Rohan, chef célèbre du parti protestant sous Louis XIII, l'auteur du *Parfait capitaine*, grand écrivain et grand homme de

---

[1]. Le château de Crest, habité par lui, se voit encore à Jussy, à deux lieues de Genève.

guerre, que l'ignorance révolutionnaire avait détruit en 1794. Ce duc de Rohan est couvert de son armure ; ses armoiries sont peintes sur la muraille ; la pompe aristocratique de ce monument offre un contraste singulier avec la nudité d'un temple réformé, si frappante à Saint-Pierre ; mais elle fait honneur à la sagesse des magistrats actuels de Genève.

Dans le nombre assez considérable de pierres sépulcrales et d'épitaphes qui se lisent sur les murs et le pavé de ce temple, je remarquai la pierre d'un baron de Kaunitz, mort à Genève en 1608, à l'âge de quatorze ans, et qui était seigneur d'Austerlitz (*Dominus in Austerlitz*). Quoiqu'il n'y ait rien là que de très simple, on ne peut se défendre d'une sorte d'émotion, en trouvant placé sur la tombe d'un enfant, mort si loin de son pays, ce nom terrible et glorieux.

Parmi plusieurs sermons que j'entendis à Genève, il en est un de M. le pasteur Touron, pour le jeûne de septembre, qui me parut très-beau. Ce discours annonçait un véritable progrès dans la prédication protestante, qui semble maintenant se rapprocher beaucoup de la manière catholique. Cette supériorité n'est peut-être pas dans les hommes ni dans les orateurs, mais elle est dans la forme du discours. Sous Louis XIV, le protestantisme, combattu, foudroyé par Bossuet, Fénelon et les écrivains de Port-Royal, cherchant à se débattre sous les coups de si puissants adversaires, mêlait la controverse à son éloquence. Malgré quelques belles inspirations dues à l'exil, à la persécution et au malheur, son style *réfugié* est lourd, traînant, sans imagination. Dans le siècle suivant, le protestantisme ne put échapper à l'affaiblissement général des croyances chrétiennes, et son éloquence participa de la froideur des vertus morales qu'elle se contentait d'annoncer. Aujourd'hui cette prédication, débarrassée de la controverse dont elle s'abstient sagement, ranimée par les sentiments de religion, besoin des esprits éclairés et des cœurs généreux de notre âge, est parfaitement évangélique. Le sermon de M. Touron, comme les *Discours familiers d'un pasteur de campagne*, par M. Cellerier, seraient d'excellents discours de paroisse. L'imitation de Massillon est même très sensible dans ces derniers, qui offrent toute l'onction et la spiritualité que permet le protestantisme.

Les exercices du culte réformé ne me parurent ni sans dignité ni sans douceur : l'excommunication du ministre prononcée du haut de la chaire contre ceux qui communient indignement, était formidable ; le chant des psaumes, la musique simple qui l'accompagne, sont d'un effet touchant ; et si les vers sont médiocres, l'habitude, la piété, cette tendre préoccupation de l'âme élevée vers Dieu, ne doivent guère s'en apercevoir ni les juger.

CHAPITRE V.

Palais de Clotilde. — Calvin. — Escalade.

Dans ma recherche du passé de Genève, j'examinai jusqu'à l'arcade gothique du Bourg-de-Four, qui est une des portes de la ville et par laquelle tout le monde passe sans beaucoup d'attention ; c'était, dit-on, la porte du palais de Clotilde, fille de Chilpéric, roi des Bourguignons, épouse de Clovis. Ce fut là qu'assise avec sa sœur elle exerçait l'hospitalité envers les voyageurs, et qu'elle reçut du Gaulois Aurélien, déguisé en mendiant, l'anneau du roi des Francs et ses premières propositions de l'épouser. Étrange souvenir dans la ville de Calvin, de la femme qui convertit les Francs au christianisme, comme s'il était dit que de là devaient partir les révolutions religieuses les plus diverses !

Je vis sur une petite place la salle, occupée aujourd'hui par le Consistoire, dans laquelle Calvin, pauvre, errant, fugitif, mais animé de ce zèle, de cette passion théologique, le plus violent des sentiments humains, avait rassemblé ses premiers disciples. Lorsqu'on se rappelle l'arrivée de Calvin à Genève, il est impossible de n'être pas frappé de l'ascendant subit qu'il exerce ; ce simple professeur de théologie, venu là comme par hasard, que la ville est obligée d'entretenir, a toute l'autorité d'un maître ; s'il s'éloigne, c'est pour revenir plus puissant, plus terrible : il commande aux magistrats leurs sentences, et ce prédicateur de la liberté d'examen punit de mort ses adversaires [1].

Je me fis conduire dans le quartier Saint-Gervais, à un petit enclos formé il y a quelques années, et au fond duquel on lit, sur un marbre appliqué contre le mur extérieur de l'église, les noms des dix-sept citoyens qui périrent pour la défense de leur patrie, lors de l'entreprise nocturne, tentée, en 1602, par le duc de Savoie. Une petite pièce de gazon, enfermée par une grille à hauteur d'appui, quelques noms inscrits contre un mur, sont tout le monument élevé à la mémoire de ces courageux citoyens, de ces Manlius bourgeois, qui n'eurent même point pour eux les oies du Capitole; mais ce simple monument, si populaire, si national, touche bien plus que les superbes statues équestres, dorées, de bronze, des *condottieri*, qui décorent les places et les églises de l'Italie. Le souvenir de l'*Escalade* devient presque un souvenir français par la lettre qu'Henri IV écrivit aux Genevois sur ce *remuement*, et la généreuse protection qu'il leur offrit avec cette éloquence vive, royale, militaire, dont il est l'inimitable modèle.

CHAPITRE VI.

Musée. — Théâtre. — Conservatoire.

Le patriotisme des Genevois vient de créer un musée dans leur ville; les murs mêmes de l'édifice sont un présent, car il a été bâti avec l'argent légué par les demoiselles Rath, filles du général de ce nom, mort au service de Russie. Ce musée de dix ans a déjà quelque éclat. Parmi les tableaux de l'école genevoise exposés au musée Rath, on distingue : de Saint-Ours, les portraits de Saussure et de Tronchin; de Liotard, le portrait plein d'expression de madame d'Épinai, peint en 1758, lorsque, ma-

---

[1]. Jacques Gruet, décapité; Michel Servet, brûlé; Valentin Gentilis, condamné à mort, et, après sa rétractation, à faire amende honorable; Bolzec, exilé.

lade, elle vint à Genève; de Delarive, deux grands *paysages;* de Hornung, la *Mort de Calvin*, qui a de l'effet, mais manque de la physionomie locale; d'Huber, deux *paysages;* de Topfer, un *paysage* d'hiver. Un bronze, *David vainqueur*, est de M. Chaponière qui, avec M. Pradier, honorent le ciseau genevois.

Malgré la philippique de Jean-Jacques, une salle de spectacle existe depuis long-temps à Genève. Un conservatoire de musique y a été créé depuis trois ans; il a formé de bons élèves, et Listz y donnait des leçons en 1836. Les vieilles mœurs de la ville de Calvin s'adoucissent chaque jour davantage, et cette espèce de Lycurgue, écrivant et parlant, ne verrait pas aujourd'hui sans colère succéder tous les goûts d'Athènes au régime rigoureux qu'il avait fondé.

CHAPITRE VII.

Bibliothèque. — Société de lecture. — Goût de lecture du peuple de Genève. — Manuscrits du D. Coindet. — Lettres autographes de Voltaire, de Rousseau et de Bonaparte; littérature de celui-ci.

J'ai consacré plusieurs jours à l'examen de la bibliothèque publique. Elle a quarante mille volumes et environ cinq cents manuscrits. Un objet d'art très-précieux, le grand émail de Petitot, *Alexandre dans la tente de Darius*, existe à cette bibliothèque. Son local est affreux et a l'air d'une espèce de grange. Riche en éditions du xve et du xvie siècle, elle est assez arriérée en ouvrages actuels; excepté la Description de l'Égypte, elle manque de la plupart des beaux ouvrages qui ont paru depuis vingt-cinq ans. La société de lecture, établissement très-bien conçu et qui reçoit les journaux scientifiques et littéraires, les diverses revues et les principales nouveautés, est cause, je crois, de l'abandon peu mérité de la bibliothèque[1]. François de Bonnivard, le *prisonnier*

[1]. La société de lecture n'a d'autres fonds que les cotisations des souscripteurs; sa bibliothèque est aujourd'hui de plus de trente mille volumes parmi lesquels, il est vrai, beaucoup de dépareillés. Le nombre des associés était en 1836, de trois cent-vingt : il avait été de plus de quatre cents en 1831 et 1832. Les

de Chillon [1], est le premier fondateur de cette bibliothèque, à laquelle il donna, en 1551, ses manuscrits et ses livres. Elle fut depuis très augmentée par le legs que lui fit Ami Lullin, professeur d'histoire ecclésiastique; ce dernier avait acquis une partie de la curieuse collection du conseiller Péteau; l'autre fut achetée par la reine Christine qui la donna à la Vaticane. Ainsi, par une étrange destinée de livres, la bibliothèque de ce conseiller au parlement de Paris devait être partagée entre Rome et Genève.

Je fus frappé de l'énormité du livre de prêt. J'appris alors de M. Pictet Deodati, bibliothécaire, dont l'obligeance était vraiment infatigable, que tout citoyen de Genève, sans exception, a le droit de réclamer des livres de la bibliothèque. Je parcourus avec curiosité ce livre de prêt. On ne voyait point sur celui-là, comme sur les nôtres, les noms de personnes désœuvrées, lisant au hasard, sans goût et sans plaisir pour l'étude; là n'étaient point enregistrées ces fantaisies un peu plus graves d'esprits ennuyés, frivoles, qui cherchent dans nos *pharmacies de l'âme* de vains remèdes pour leurs maladies imaginaires; là n'étaient point non plus les noms de ces industriels en littérature, composant indifféremment sur tous les sujets des livres avec d'autres livres, ou de ces éditeurs, écrivains d'étalage et de magasin, dont le talent n'est qu'une espèce de main-d'œuvre, et dont les longues compilations n'offrent pas une idée et vingt pages qui leur appartiennent; mais on lisait sur ce registre le nom et les signatures très-nettes de citoyens et d'artisans utiles. Ces hommes viennent eux-mêmes, un jour par semaine, échanger les ouvrages qu'ils ont lus contre de nouveaux ouvrages; jamais un volume ne s'égare, et il y en a toujours en circulation

étrangers sont admis avec beaucoup d'obligeance à la société de lecture; on y comptait en 1836 : cent sept Français, cent trois Anglais, cinquante-deux Italiens, cinquante-un Allemands, vingt-deux Russes ou Polonais, vingt-six Américains, quinze Hollandais et un Turc. La société paraît toutefois en décadence d'après le rapport du président fait au mois de janvier 1837, et les dépenses, pendant les dernières années, ont dépassé les recettes.

1. Par une inadvertance singulière, lord Byron, au lieu de célébrer la captivité de Bonnivard, de ce prêtre intrépide et modéré, le véritable prisonnier de Chillon, a chanté les aventures de héros imaginaires. *V.* ci-après, chapitre xvi.

près de deux mille. Ainsi cette bibliothèque n'est pas seulement publique, elle est populaire. Ce goût d'instruction et de lecture donne au peuple de Genève une sorte de gravité et de *compréhension* vraiment remarquable, et qui ne se trouve point ailleurs. Dans les ateliers d'horlogerie, comme à la veillée des simples ouvrières, on choisit le meilleur lecteur ou la meilleure lectrice, dont l'auditoire s'engage à faire la tâche pendant tout le temps que se prolonge la lecture. Aussi cette vie intellectuelle, cette estime pour les travaux de l'esprit et de la pensée, qui, malgré tous nos moyens de publicité et toute notre agitation littéraire, s'étendent si peu loin en France, sont-elles répandues bien davantage à Genève. Je me rappelle qu'ayant été assez heureux pour y rencontrer M. de Chateaubriand qui était venu de Lausanne y passer deux jours, il voulut bien, au retour de quelques courses, me ramener à mon auberge. Je vis avec surprise, en descendant de voiture, que l'hôtesse, ordinairement si affairée, était arrêtée sur le devant de sa porte; bientôt elle me suivit, et d'un air curieux elle me demanda si ce n'était pas M. de Chateaubriand qui était dans la voiture : je lui dis que c'était lui-même; et comme je laissais voir quelque étonnement de ce qu'elle connût M. de Chateaubriand. « Eh! monsieur, reprit-elle vivement, qui ne connaît pas M. de Chateaubriand? » Je citais ce trait à un Genevois qui, par sa profession, est fort à même de connaître les mœurs genevoises; il n'en fut point du tout surpris; il m'assura même que, si le passage de M. de Chateaubriand, à cette heure, eût pu être soupçonné, toute la rue *Derrière le Rhône* eût été comble.

J'ai examiné à loisir en 1826, chez feu le docteur Coindet, une collection très-curieuse de lettres autographes, aujourd'hui entre les mains de son fils aîné. M. Coindet possédait, avec diverses lettres de Voltaire et de Rousseau, le manuscrit de l'*Émile*, qui cependant a dû être fait sur une première copie, peut-être celle de la bibliothèque de la chambre des députés, beaucoup plus raturée; le manuscrit de M. Coindet offre plutôt des corrections de style que de véritables changements, et l'on sait à quel point Rousseau travaillait ses ouvrages. Une des pièces les plus remarquables de cette collection est une lettre de Rousseau père à madame de Warens, par laquelle il lui montre de l'humeur de voir son fils perdre son temps à s'occuper de littérature : on retrouve, dans la lettre du vieux horloger de Genève, quelques traits incultes du génie de Jean-Jacques. C'est la même énergie de langage et la même hauteur, si l'on ne peut dire la même élévation de sentiments. On voyait dans la collection de M. Coindet, les comptes, en cinq pages in-folio, d'une maladie de Calvin; les lavements y sont presque aussi *réitérés* que dans le mémoire de M. Fleurant. Parmi les trésors de M. Coindet était une liasse de lettres de cachet, enlevées au moment de la prise de la Bastille, pièces indignes des signatures de Louis XIV et de Colbert, puisque ces deux grands hommes y sont ravalés au métier de geôlier, et prescrivent jusqu'aux visites que pourront recevoir les prisonniers, et aux tours de terrasse qui leur seront permis.

J'ai vu, encadrées chez un libraire instruit, M. Cherbuliez, une lettre de Voltaire, deux lettres autographes de Rousseau et une de Bonaparte, les trois hommes, peut-être, qui ont agi le plus violemment sur l'humanité. La lettre de Voltaire n'est qu'un billet assez insignifiant du 16 mars 1776, adressé à M. Duval de Gex; il lui envoie une lettre écrite par les fermiers généraux à M. Trudaine, au sujet d'un nommé Chabot, son protégé; la lettre n'est pas de sa main, il l'a seulement signée. Les deux lettres de Rousseau, écrites de Motiers, sont adressées à M. de Beauchâteau; l'une est du 1er octobre, l'autre du 17 novembre 1763; dans la première il l'invite à dîner d'une manière très-aimable et avec beaucoup de bonhomie; il parle d'une manière touchante, dans la dernière, de l'état souffrant de sa santé : « Sans l'attente d'une autre vie, dit-il, je n'aurais pas à me louer de celle-ci. » La lettre de Bonaparte est du 29 juillet 1786, et adressée à M. Barde, prédécesseur de M. Cherbuliez. Elle est une des plus anciennes que l'on conserve de lui [1]. La lettre à M. Barde, médiocrement orthographiée et qui n'est point indé-

---

[1]. J'ai depuis, dans mon voyage en Corse, découvert plusieurs lettres de Napoléon, antérieures à celle-ci, adressées à sa famille et possédées par M. Brac-

chiffrable comme son écriture d'empereur, est rédigée d'une manière très-commune et ne laisse guère deviner le grand homme; elle est relative à l'acquisition de quelques histoires de l'île de Corse et des prétendus *Mémoires de madame de Warens et de Claude Anet, pour faire suite aux Confessions de J.-J. Rousseau*[1]. « J'entendt votre réponse, écrit Bonaparte, pour vous « envoyer l'argent à quoi cela montera. » Il invite M. Barde à lui adresser sa réponse à M. DE *Buonaparte*, officier d'artillerie au régiment de La Fère, en garnison à Valence. Malgré le peu d'intérêt de cette pièce, il est impossible de ne pas ressentir quelque émotion en voyant obscurément exposée dans un coin d'une boutique de libraire, et portant les marques de son ancien classement parmi d'autres lettres de commerce, cette lettre dont les caractères furent tracés par une main si puissante, qui devait un jour donner tant d'autres signatures et si diverses, depuis ces traités dictés dans les capitales de l'Europe, jusqu'à l'abdication acceptée à Fontainebleau et au testament de Sainte-Hélène.

Le séjour de Bonaparte à Valence est le sujet d'une fort jolie anecdote racontée dans les Mémoires d'un contemporain[2]. Lors du voyage d'Erfurth, Napoléon, ayant à sa table l'empereur Alexandre et les princes de la confédération du Rhin, releva une erreur de date du prince Primat sur la bulle d'or. « Quand j'étais « simple lieutenant en second d'artillerie, » dit-il en commençant sa phrase; et sur le mouvement d'intérêt et de surprise qu'il remarqua de la part des convives : « Quand j'avais l'hon- « neur, reprit-il en souriant, d'être simple lieutenant en second « d'artillerie, je restai trois années en garnison à Valence. J'ai- « mais peu le monde et vivais très retiré. Un hasard heureux « m'avait logé près d'un libraire........ j'ai lu et relu sa biblio-

---

cini, d'Ajaccio. Une d'elles est de l'enfance de Napoléon et écrite à l'âge de onze ans, peu de temps après son entrée à Brienne.

1. Ces mémoires venaient de paraître à Chambéry; les premiers sont l'ouvrage de M. Doppet, alors médecin, depuis médiocre général remplacé au siége de Toulon par Dugommier, auteur de *Mémoires politiques et militaires*, et mort en 1800; les seconds, de son frère l'avocat.

2. *Mémoires de M. de Bausset*, t. I, 324.

« thèque pendant ces trois années de garnison, et n'ai rien ou-
« blié. » Si l'on se rappelle les divers jugements littéraires de
Bonaparte, ses lettres, ses proclamations, on serait tenté de
croire, au contraire, que, sauf la chronologie, sa mémoire lui
a été plutôt funeste, car il lui doit ce que l'on y trouve de faux
et d'exagéré : son instinct valait mieux que sa science, et ce que
la nature avait mis en lui, que ce qu'il avait acquis; il sent bien
Corneille, Molière, Racine et les grands écrivains du siècle de
Louis XIV, à quelques erreurs partielles près sur Fénelon, La
Fontaine, Lesage et madame de Sévigné, et il est choqué, trop
vivement peut-être, du clinquant de quelques unes des pièces
de Voltaire; son éloquence militaire a de l'éclat, mais presque
toujours de l'imitation et de l'enluminure, et le placage historique ou sentimental qu'il y mêle est quelquefois très-ridicule.
Quelques unes de ses lettres adressées à sa femme, au commencement de leur mariage, ont paru récemment; malgré l'émotion profonde qu'il éprouve, elles sont écrites du plus mauvais
style de roman[1]. Le goût littéraire de Bonaparte, raisonnable,
est toutefois peu élevé; on voit dans le plan de la bibliothèque
portative de 1,000 volumes qu'il avait commandée à M. Barbier,
son bibliothécaire, l'*Émile* formellement exclu, tandis que j'ai
remarqué, sur un de ses catalogues de voyage, les *Lettres à
Émilie sur la Mythologie*, et les poëmes en prose de Florian; à
la section des poëtes épiques du plan de cette même bibliothèque portative, Napoléon avait indiqué Lucain et *la Henriade*
sans songer à Virgile, au Camoëns et à Milton. Les contes et les
romans de Marmontel sont au nombre des ouvrages qu'il emportait en Orient, et dont il avait lui-même rédigé le catalogue[2].

[1]. Bonaparte était grand liseur de romans; un de nos plus illustres généraux, homme très véridique, racontait qu'appelé auprès de lui à Martigny, au moment du passage du grand Saint-Bernard, il avait jeté un coup d'œil sur un livre ouvert que tenait Bonaparte lorsqu'il entra; c'était les *Aventures de Guzman d'Alfarache*.

[2]. *Mémoires de M. de Bourrienne*, t. II, p. 50 et suivantes. M. de Bourrienne paraît toutefois avoir jugé trop sévèrement son ami d'enfance lorsqu'il dit : « Je
« n'ai jamais connu un homme plus insensible à la belle poésie et à la belle prose.
« Les plus beaux ouvrages de notre littérature n'étaient pour lui qu'un arrange-
« ment de mots sonores, vides de sens, qui, selon lui, ne frappaient que l'oreille. »

Rousseau ne lui était pas moins antipathique que Voltaire. Lors de son passage à Genève en 1800, et de ses politesses faites aux Genevois, après s'être informé complaisamment de Saussure, de Bonnet, de *Senebier*, il ne dit rien de Jean-Jacques. On a reproché éloquemment à Bonaparte son goût de la basse littérature, mais il lui venait de ses premières accointances de révolution, et c'est en vain que le sens droit dont il était doué lui fit tenter de s'en défaire.

Je profiterai de ce sujet pour reprocher à Genève un tort d'opinion qu'elle m'a paru mériter. A tous les coins de rues, on voit étalés des portraits, des apothéoses de Napoléon. Je me rappelle que, d'après les habitudes actives que je m'étais faites, et auxquelles je restai fidèle pendant mes divers voyages, ayant commencé à parcourir la ville peu d'instants après mon arrivée, un passant qui m'avait entendu demander la promenade, et qui s'y rendait (c'était un dimanche), me proposa de m'y conduire. Après les remercîments que méritait son offre obligeante, je crus devoir féliciter ce citoyen de Genève sur l'indépendance de sa patrie. Il accueillit avec assez de froideur mon compliment; et depuis je retrouvai la même disposition chez d'autres personnes plus éclairées. Ce bonapartisme genevois me surprit au dernier point. J'avais, dans ma première jeunesse, connu sous l'Empire quelques Genevois distingués, et j'avais vu de près leur juste opposition aux choses de cette époque, et le mécontentement qu'en avait de son côté le gouvernement. Je n'ai point oublié, comme une des anecdotes les plus gaies de la censure, qu'un cahier de la *Bibliothèque britannique*, excellent journal publié à Genève, fut alors supprimé ou menacé de l'être, à cause de l'extrait d'une vie anglaise de Thomas Morus. On trouvait dans cet extrait une allusion à *l'affaire du pape*, et Genève fut presque censurée comme papiste. Bonaparte abhorrait Genève et les Genevois, et l'on se rappelle sa réponse spirituelle lorsque, invité à passer par Genève, il dit qu'*il ne savait pas assez l'anglais pour cela*. Le bonapartisme genevois se rattache, il est vrai, à des souvenirs d'une bonne administration, à quelques avantages de commerce, mais il n'est pas moins une erreur. L'impulsion donnée par la France vers une sorte de perfectionnement social pouvait être utile à d'autres peuples moins avancés, mais elle est inutile à Genève, et cette ville si éclairée n'a besoin de personne pour apprendre et savoir la civilisation.

CHAPITRE VIII.

Société de Genève.

La société de Genève est à peu près dispersée l'été dans les maisons de campagne des environs. Malgré l'obligeance de M. de Bonstetten, autrefois l'ami, le confident littéraire de la jeunesse de Muller [1], alors vieillard plein de feu, de grâce et d'imagination [2], je n'ai fait que l'entrevoir. Mais je ne puis me rappeler sans intérêt et sans plaisir les soirées que j'ai passées chez quelques ministres. Là, me paraissaient régner la paix, l'union et le bonheur domestique; les femmes de ces pasteurs, de ces théologiens, ont, sans pédanterie, une certaine gravité pleine de douceur. Les autres dames de Genève que j'ai rencontrées parlaient bien et facilement; quelques termes de banque cependant se mêlaient à leurs expressions, mais je n'ai point remarqué la recherche et l'affectation que je leur avais autrefois entendu reprocher.

L'hiver, la société de Genève est très-forte, puisqu'elle rassemble des hommes tels que les De Candolle [3], les Sismondi [4], les Dumont [5], les Maurice [6], les Rossi [7], les Hess [8], les Château-

1. *V.* ses Lettres, si heureusement traduites en français par madame de Steck.
2. Mort le 13 février 1832.
3. Un des premiers botanistes de l'Europe.
4. Auteur de l'*Histoire des Républiques italiennes du moyen-âge*, ouvrage partial, mais plein de recherches et de faits, et dont la lecture est comme le complément nécessaire d'un voyage d'Italie.
5. M. Dumont a publié et rendu lisibles les rêveries de la *Législation civile* et *pénale* de Jérémie Bentham; mort alors à Milan en septembre 1829.
6. Ancien professeur, maître des requêtes et préfet de France.
7. Professeur de droit romain à l'Académie de Genève, jurisconsulte de la plus haute distinction, auteur du *Traité de droit pénal*, publié en 1829, aujourd'hui professeur d'économie politique au Collége de France.
8. Auteur d'une vie intéressante de Zwingle.

vieux[1], esprits pleins de lumières, rudes jouteurs qui, certes, ne se trouvent nulle part réunis en un si petit espace. Il faut que les douleurs de l'exil soient bien vives, puisque madame de Staël n'a pu s'en consoler ou s'en distraire par le voisinage d'une pareille société.

Genève est singulièrement placée comme contraste sur la route d'Italie; cette ville de philosophie, d'industrie, de commerce et de liberté, diffère complétement de la terre poétique de l'Italie, de ce pays des arts, des souvenirs et du pouvoir absolu.

CHAPITRE IX.

Ferney.

Les visites à Ferney n'excitent plus les émotions, les agitations, les transports qui étaient de rigueur il y a soixante ans. La curiosité du voyageur, quelquefois puérile, ridicule[2], a remplacé l'ardente ferveur des anciens pèlerins : tout le monde admire les talents et le génie de Voltaire; il n'est pas d'homme sensé qui n'en blâme l'abus. Ce célèbre château, ce portique de la philosophie moqueuse et sceptique, n'est qu'une petite maison d'une architecture à la fois mesquine et lourde. Sur la façade on voit représentés les divers emblèmes de la philosophie et des arts, peints du temps de Voltaire, et faisant allusion à ses divers travaux. La salle de spectacle, placée dans la cour, avait été si mal bâtie, que le temps l'a déjà détruite. La fameuse église située vis-à-vis, et qui portait l'inscription si peu religieuse : *Deo erexit Voltaire*, n'est qu'une étroite chapelle dans laquelle il ne tiendrait pas deux cents personnes. Le salon et la chambre à coucher sont encore, comme on sait, dans le même état où ils

---

1. Auteur des *Lettres nouvelles sur l'Italie* et des *Lettres de Saint-James*.
2. Les rideaux du lit et des croisées de la chambre de Voltaire sont à peu près en pièces, un grand nombre de voyageurs en dérobant chaque jour, sans être aperçus, quelque petit morceau.

étaient du temps de Voltaire. Le salon est petit et laid. Il était rempli par dix fauteuils et une petite console. On y voit encore cet affreux barbouillage décrit plaisamment par madame de Genlis : il représente le Temple de Mémoire, et Voltaire, conduit par la France, offrant sa *Henriade* à Apollon ; l'espèce de toge dont Voltaire est revêtu paraît une robe de chambre, et la France, dans son regard et sa parure, a l'air fort peu décent ; les ennemis de Voltaire sont dans un coin, renversés et faisant d'effroyables grimaces. Dans la chambre à coucher est le mausolée de terre cuite, à moitié fendu, dans lequel était renfermé le cœur de Voltaire, et qui, par sa matière, sa couleur et son genre de dégradation, ressemble plutôt à un petit poêle fêlé qu'à un tombeau. On y lit au-dessus ces mots emphatiques qu'il n'aurait pas écrits de son vivant, et qui ne ressemblent guère à son style : « MES MANES sont consolés, puisque mon cœur est au « milieu de vous. » Une petite planche détachée, placée au milieu de cet étrange monument, porte l'inscription plus connue : « Son esprit est partout, et son cœur est ici. » Sur les côtés de ce tombeau sont assez singulièrement placés les portraits du pape Clément XIV et de sa lingère, de l'impératrice Catherine et de son ramoneur. Du côté du lit sont les portraits de Frédéric, de Lekain et de madame du Châtelet, et près de l'unique fenêtre de cette pièce, de petites gravures fort médiocres représentant des hommes illustres, parmi lesquels l'amitié et la communauté d'opinions philosophiques ont fait placer Marmontel, Helvétius, Diderot et le duc de Choiseul. A côté de cette pièce était le cabinet de travail, qui sert maintenant de chambre de domestique ; et ensuite la bibliothèque, qui est devenue une orangerie assez vaste. Dans le parc on voit un grand orme planté des mains de Voltaire : le tonnerre tomba dessus en 1824 ; l'arbre a l'air couronné, car les traces de la foudre subsistent encore. Ce parc, quoique plat, offre de nouvelles allées bien plantées, d'un aspect agréable, et qui forment un vrai contraste avec les débris si peu imposants du château [1].

---

1. Ferney est revenu à la famille Budé, de laquelle Voltaire l'avait acheté ; il

FERNEY.

Il existe à Ferney un vieux jardinier qui a vu Voltaire ; il en parle d'une manière intéressante et sans le charlatanisme ordinaire à cette sorte de contemporains. Il conserve chez lui un morceau de la robe de chambre de Voltaire, son bonnet de soie blanche à fleurs d'or, et son grand bâton de buis. Lorsqu'il s'appuie sur celui-ci, ce bonhomme représente d'une manière très-naturelle quelques scènes de la vie de Voltaire, ses fureurs domestiques, les peurs qu'il aimait à faire aux petits garçons qu'il rencontrait sur son chemin, etc. Voltaire était constamment appelé monseigneur, il eût trouvé très-mauvais que ses gens ou ses vassaux y manquassent ; tous les jours il faisait sa promenade dans un carrosse à quatre chevaux. Malgré les bienfaits qu'il avait répandus dans sa terre, il était seigneur assez difficile et même dur pour les braconniers[1]. Ce même jardinier montre encore le registre contenant les cachets des diverses personnes qui avaient écrit à Voltaire. Ces cachets lui servaient à rejeter les lettres qu'il ne voulait pas recevoir, et qu'il renvoyait sans les ouvrir, afin d'échapper au port ; à côté de chacun d'eux sont inscrites des épithètes dont plusieurs ne sont pas très-flatteuses pour ces correspondants ennuyeux ou peu discrets.

appartient aujourd'hui à M. Budé de Boisy, descendant du célèbre Guillaume Budé dont la veuve et une partie de ses enfants s'étaient retirés à Genève et faits calvinistes.

1. Je tiens d'un homme parfaitement véridique et qui a connu Voltaire, l'anecdote suivante, qui, je crois, n'a pas été imprimée. « Un braconnier fut saisi et « conduit devant M. de Voltaire. Il faut que ce coquin soit défendu, dit-il après « s'être enfoncé dans son grand fauteuil, et il nomma Wagnière pour son avocat : « celui-ci se récusa je ne sais pour quel motif, et M. Mailly-Châteaurenaud, alors « second secrétaire de Voltaire, sous le nom de M. Esprit, et depuis député de « Franche-Comté aux états-généraux, fut chargé de le remplacer. Au milieu de « sa plaidoirie, M. Esprit s'interrompit tout à coup, et dit qu'il avait besoin d'un « volume pour faire une citation, que ce volume était dans la bibliothèque de « M. de Voltaire, et qu'il lui suffisait pour le trouver de quelques instants ; le haut « justicier voulut bien lui permettre d'aller le chercher. Après être rentré, comme « il le feuilletait inutilement sans parler davantage, Voltaire impatienté lui demanda quel était ce livre : *C'est votre* Dictionnaire philosophique, *répondit* « *froidement M. Châteaurenaud ; j'y cherche le mot* Humanité, *et je vois que* « *vous l'avez oublié.* Voltaire, frappé de la leçon, renvoya le braconnier et lui « donna six francs. » Le mot *humanité* n'est point en effet dans le *Dictionnaire philosophique ;* et Voltaire eût pu profiter de cette occasion pour l'y ajouter.

Parmi les estampes de la chambre de ce jardinier, il en est une qui lui fut donnée par madame Denis, et qui représente Voltaire sous différents costumes; on l'y voit même déguisé en femme et en bonnet rond : l'effet de cette vieille figure de singe coiffée ne peut se rendre. Peut-être aussi que Voltaire, après avoir été correspondant de la femme de chambre de la duchesse de Choiseul[1], eut un jour fantaisie d'en prendre le costume.

Ferney est, de tous les lieux habités par des hommes célèbres, un de ceux qui causent le plus de mécompte; jamais peut-être l'ignorance des beautés de la nature n'a été portée à un tel point : ce parc, au pied du Jura, n'a pas un mouvement de terrain, et l'on y découvre à peine le lac de Genève et les Alpes.

CHAPITRE X.

Coppet.

J'ai visité Coppet, séjour, asile de Bayle fugitif, lorsqu'il faisait l'éducation des enfants du comte de Dhona, retraite de M. Necker, et qui fut pendant dix années comme la Sibérie de madame de Staël. Le château, fort ordinaire et mal situé, car on n'y jouit point de la vue des Alpes qu'interceptent les hauteurs pelées des Voirons, venait d'être arrangé avec soin et simplicité. Le parc, planté à l'entrée de grands arbres verts, est triste; il y a cependant un très-joli ruisseau dont il eût été facile de tirer parti, et qui ne sert qu'à faire aller un moulin. Ce goût, cette préférence de l'utile, étaient empreints dans le reste de la propriété, comme dans la vie du maître, jeune homme digne de regrets et de respect, qui avait embrassé avec ardeur jusqu'aux illusions du bien, dont la conscience était plus sûre que les doctrines, qu'il était permis de ne pas suivre, mais qu'il était impossible de ne pas estimer[2].

1 *V.* les Lettres de la marquise du Deffand.
2. M. le baron Auguste de Staël, mort dans l'automne de 1827. Une notice sur sa vie, en tête de ses *OEuvres diverses*, publiée au commencement de 1829,

CHAPITRE XI.

Salève. — Bossey.

Salève n'est point une belle montagne, et cependant cette roche calcaire est pour les Genevois ce qu'était pour les Romains le Palatin ou le Janicule. Les montagnes sont pour les peuples libres l'expression la plus vive et comme le type de la patrie : Montmartre peut devenir sacré chez un peuple moral et citoyen. Cette montagne si *reiche* au dehors, pour parler genevois, a dans l'intérieur de vastes pelouses, de frais bocages, de riants vallons et de fertiles pâturages; il me semblait en y pénétrant trouver quelque rapport avec le caractère genevois, âpre au premier abord, mais rempli de mérite et de qualités réelles.

Au penchant de la montagne, à l'endroit où la vue est la plus belle, on lit sur les murs en ruine du château dit *de l'Ermitage*, et peut-être d'un véritable ermitage, cette inscription presque effacée, et qui semble avoir dû convenir à un anachorète : *Nasci, pati, mori*. L'abbé Delille, dans des vers harmonieux imités de Gray :

> Ah! si d'aucun ami vous n'honorez la cendre, etc.,

a dit des habitants de la campagne :

> Naître, souffrir, mourir est toute leur histoire.

Je n'oubliai point sur le Salève les vers inspirés de Lamartine :

> Te souviens-tu du jour où gravissant la cime
>   Du Salève aux flancs azurés,

et cette montagne de Savoie fut pour moi une montagne poétique.

J'avais été auparavant voir Bossey, séjour de l'enfance de

---

est attribuée à madame la duchesse de B*****; elle intéresse et touche vivement par l'élévation des idées, la pureté, la noblesse des sentiments, et cette sorte de piété fraternelle qui l'a inspirée.

J.-J. Rousseau. Ce fut là, dit-il, qu'il prit pour la campagne « ce « goût si vif qui n'a jamais pu s'éteindre, » et qui est la première partie de son talent. La situation de Bossey au pied de Salève est solitaire, la vue assez belle sans être remarquable, et je crois que la force des premières impressions, la vie ordinairement joyeuse d'un ministre de campagne, la compagnie de son cousin, la faculté des enfants de s'amuser à peu près partout, et la tristesse de la rue du Chevelu, ont fait la moitié du mérite de Bossey. Le presbytère de M. Lambercier, démoli, était situé dans un fond, et il a été abandonné comme malsain par le curé catholique actuel. Le célèbre noyer, le filleul de Jean-Jacques, renversé, était étendu au milieu du chemin et à vendre ; il avait été abattu depuis qu'un violent orage l'avait fort endommagé à la fin de 1826. En voyant frappés du ciel, à deux années de distance, les deux arbres plantés par Voltaire et Rousseau [1] (la tradition du noyer de Rousseau est, il est vrai, fort incertaine), un dévot ne serait-il pas tenté d'y voir un présage ? Le chêne vert de Socin à Scopetto, près Sienne, d'où il a même, je crois, daté quelques uns de ses écrits (*ex ilice scopettiana*), fut abattu à la même époque par le propriétaire du terrain, homme scrupuleux qu'importunaient aussi la curiosité des voyageurs et les pèlerinages des sectaires polonais de Socin. Les catastrophes de ces arbres plantés par l'incrédulité ne touchent guère : leur ombrage doit être pesant, l'air qu'on y respire est un souffle aride qui abat et dessèche ; c'est véritablement *cette ombre de la mort* dont parle l'Écriture.

CHAPITRE XII.

Premier torrent. — Pittoresque des individus. — Des guides et des valets de place.

J'ai pris seulement, pour parcourir le coin de Suisse et de Savoie que je me suis donné en visitant l'Italie, la carte de Keller,

1. *V*. ci-dessus chap. ix.

qui est vraiment excellente. Cette carte indique exactement, par des signes, les cascades, les rochers, les torrents, les points de vue les plus remarquables : votre impression sur chaque objet reste ainsi libre et spontanée, et vous échappez, par le simple avis de la carte, à la diffusion descriptive, au mauvais style, aux épithètes, à l'enthousiasme à froid et aux mouvements oratoires des faiseurs de livrets.

Voyageur inexpérimenté, je n'oublierai jamais quel fut sur moi l'effet du premier torrent que je découvris dans les Alpes. Je ne savais d'abord quelle était cette espèce de vapeur au haut de la montagne; mon domestique parisien n'était pas moins surpris. En vérité, n'est-ce pas là l'image des révolutions? On ne sait d'abord ce que c'est, ni comment cela finira; il faut s'approcher pour entendre le bruit et contempler les ravages du torrent.

Le pittoresque que la nature conserve en traits si grands et si terribles va s'effaçant de plus en plus et de manières différentes parmi les hommes. Le postillon genevois qui me conduisit à Sallenche avait un beau frac noir, des gants et un chapeau rond, tandis que le postillon savoyard qui vous mène à Chamouny porte une espèce de livrée bleue, bordée d'or, à collet écarlate. J'étais ainsi poursuivi au sein de la montagne par la simplicité soignée d'un état libre et commerçant, et le faste et la parure de l'état monarchique et de la domesticité citadine. Le lendemain j'éprouvai un autre mécompte. Étant parti à la pointe du jour pour le Montanvers, je me trouvai dans la compagnie des chevriers qui gagnaient les montagnes avec leurs troupeaux. J'aurais voulu rapporter aux dames de Paris quelques unes de leurs chansons; j'en demandai à mon retour à l'hôtesse, vraie Savoyarde, qui jamais n'avait quitté sa vallée. Après s'être donné assez de peine, elle m'apporta le soir une romance de troubadour, en beau français, que sa fille avait copiée sur une feuille de papier tellière et d'une belle écriture anglaise, et, malgré tous les soins et la bonne volonté de cette brave femme, il me fut impossible de me procurer la plus petite chanson de la montagne. J'appris alors que les armées françaises, dans leurs invasions, ayant répandu parmi le peuple les couplets graveleux des rues de Paris, le clergé, depuis, les a fait remplacer par des cantiques. Ainsi, entre ces deux réactions de la chanson, les chants populaires ont disparu. Le pittoresque des individus, après lequel je languissais, ne m'a enfin été offert pour la première fois que par la robe et la barbe du capucin de Sion [1] et le chapeau des Valaisannes.

Cette rivalité, cette envie de voisinage et de quartier qui existe dans les grandes et petites villes, et dont la vanité, presque toujours, est le principe, se rencontre même au sein de la nature sauvage : le guide de la mer de glace parle avec dénigrement et dédain de la petitesse du glacier des *Bossons*[2]; et le guide de ce dernier, en faisant admirer l'éclatante blancheur, la transparence de ses pyramides d'albâtre et le cristal de ses fontaines, fait presque des épigrammes sur la malpropreté de la mer de glace. J'ai remarqué depuis les mêmes prétentions entre les cicerone du Vésuve et de la Solfatare. L'un traite la Solfatare de petit volcan depuis long-temps fini ; l'autre, avec plus de raison, détaille les effets curieux, l'utilité et les propriétés salutaires de son ancien volcan, et se moque de l'éternelle fumée du Vésuve. Ces guides de montagnes sont pleins de candeur, de naïveté et d'intelligence ; placés près de la nature, ils en parlent simplement, et sont bien éloignés, soit des descriptions emphatiques du garde-bosquet de nos parcs ou de nos jardins, soit de l'érudition domestique du garçon d'appartement de nos châteaux. Le valet de place, ou plutôt le valet sans place, des villes d'Italie, comme l'appelait Alfieri, n'est guère plus fort ; et si le titre d'excellence qu'il prodigue ne venait à son secours, il serait très embarrassé de soutenir la conversation et d'achever ses périodes. Le cicerone de Pompéi est intéressant ; mais cet homme, qui vit en quelque sorte au milieu des anciens, semble encore près de la nature.

1. *V.* ci-après, chap. xxv.
2. Le plus beau des glaciers, mais qui n'est pas le plus grand.

CHAPITRE XIII.

Glaciers. — Saint François de Sales aux glaciers.

Il y aurait une sorte de témérité à décrire de nouveau des lieux si souvent, si éternellement décrits, qui ont été observés par Saussure et chantés par Haller, Delille, Fontanes et Byron. J'avouerai d'ailleurs que, sauf les premiers moments d'étonnement et de curiosité, je me suis un peu trop souvenu des articles de M. de Chateaubriand contre les montagnes. Ce *divertissement* a fini par me sembler une *fatigue*, et, après avoir passé une journée entière à gravir le Montanvers, être descendu à la mer de glace, à la source de l'Arvéron, puis remonté à la croix de Flaissière, d'où l'aspect de la mer de glace est bien plus complet, je trouvais ces lieux plus tristes, plus désolés que sublimes; la nature m'y paraissait privée d'une partie de ses charmes : l'eau des fontaines est quelquefois trop crue; le monotone, l'inévitable rhododendrum est une rose inodore dont la feuille est pâle et rude, et il n'y a pas jusqu'à la violette qui ne perde sur ces hauteurs sa modestie; au lieu de se cacher humblement sous l'herbe, c'est une large et belle fleur qui la domine et répand avec ostentation de sa haute tige un faible parfum. Je me rappelais les vers admirables que Virgile met dans la bouche d'un ami trahi par sa maîtresse :

> *Tu procul a patria (nec sit mihi credere tantum)*
> *Alpinas, ah ! dura nives. . . . .*
> *Me sine sola vides ! ah, te ne frigora lædant !*
> *Ah ! tibi ne teneras glacies secet aspera plantas !*

et j'y voyais une vraie peinture des glaciers. Tel poëte moderne n'eût pas manqué de faire rêver cette amante au milieu des rocs et des neiges; mais obligé de suivre fidèlement les pas de mon guide au milieu de ces précipices, les pieds meurtris par les cailloux, j'éprouvais l'impossibilité d'une pareille rêverie.

C'est à tort que l'on ne cesse d'attribuer la découverte de la

vallée de Chamouny à l'anglais Pocoke et à son compatriote Windham. Plus d'un siècle auparavant François de Sales y avait pénétré, et la charité avait précédé au sein de cette nature sauvage, l'instinct voyageur. Malgré la faiblesse de l'historien, il est impossible de n'être point ému en lisant quelques détails de cette visite aux glaciers, si différente de toutes celles qu'ont fait entreprendre depuis l'usage et la mode. « Le bruit s'étant ré-
« pandu que François était à l'abbaye de Six, on y vint de tous
« côtés pour l'y saluer. Il y reçut entre autres les députés et les
« habitants d'une vallée située à trois lieues de là ; ils lui appri-
« rent la désolation qui y était arrivée depuis peu. Comme la pro-
« vince est pleine de montagnes d'une hauteur excessive, les
« sommets de deux de ces montagnes s'étant détachés, avaient
« écrasé par leur chute plusieurs villages, quantité d'habitants,
« et un grand nombre de troupeaux qui faisaient toute la richesse
« du pays. Ils ajoutèrent qu'étant réduits par cet accident à une
« extrême pauvreté, et tout-à-fait hors d'état de payer les tailles,
« ils s'étaient adressés à la chambre des comptes du duc de Sa-
« voie pour en être déchargés ; que c'avait été en vain... Qu'ils
« avaient lieu de croire ou qu'on n'était pas persuadé que le mal
« fût aussi grand qu'il était, ou qu'on les croyait moins pauvres
« qu'ils n'étaient en effet... Ils le supplièrent d'envoyer sur les
« lieux pour vérifier toutes choses, afin que, sur le rapport qui
« lui en serait fait, il pût écrire en leur faveur.

« François, qui avait le cœur le plus tendre pour les misères
« d'autrui, fut sensiblement touché du malheur de ces pauvres
« gens, et s'offrit de partir à l'heure même pour les aller conso-
« ler et leur rendre tous les services qui dépendraient de lui. Ils
« s'y opposèrent, en lui représentant que le pays était imprati-
« cable et si rude qu'un cheval n'y pourrait aller. Le saint pré-
« lat leur demanda s'ils n'en étaient pas venus ; ils répondirent
« qu'ils étaient de pauvres gens accoutumés à de pareilles fatigues.

« — Et moi, répondit François, mes enfants, je suis votre père,
« obligé de pourvoir par moi-même à votre consolation et à vos
« besoins. — Ainsi, quelques instances qu'ils lui pussent faire, il
« partit avec eux à pied... Il lui fallut un jour entier pour faire les

« trois lieues qu'il y a de l'abbaye de Six à la vallée. Le mal était
« encore plus grand qu'on ne le lui avait fait. Les habitants, ré-
« duits à une extrême pauvreté, avaient à peine la figure hu-
« maine : tout leur manquait, habits, maisons, de quoi vivre.
« François mêla ses larmes avec les leurs; il les consola, leur
« donna tout l'argent qu'il avait apporté, et leur promit d'écrire
« en leur faveur au duc même. Il le fit, et il obtint pour eux tout
« ce qu'il demanda[1]. » On montre au Montanvers la *pierre des
Anglais*, c'est-à-dire l'endroit où MM. Windham et Pocoke se sont
assis : le voyageur éprouverait un bien autre respect s'il pouvait
contempler et suivre les traces de François de Sales et le sentier
franchi par lui au milieu des rochers.

CHAPITRE XIV.

Col de Balme.

Sur la porte de l'église de l'Argentière, très-petit village dans
un vallon, au pied d'un glacier, on lit : *Populum pauperem salvum facies;* inscription qui touche, parce qu'elle est religieuse
et vraie.

J'ai passé le Col de Balme, d'où la vue s'étendant d'un côté sur
la vallée de Chamouny, le Mont-Blanc et les hautes pyramides qui
l'environnent, et de l'autre sur le Valais et la chaîne des Alpes
depuis le Saint-Gothard et la Furca, est véritablement magnifique, immense (ce qui n'arrive pas toujours au milieu de tous
les pics des Alpes, qui se dominent l'un l'autre). On descend le
Col de Balme à travers une superbe forêt de mélèzes, qui, par la
force, la grandeur et le désordre de sa végétation, ressemble plutôt à une forêt vierge de l'Amérique du nord qu'au sentier franchi chaque année par des artistes et des gens du monde. On bâtissait alors au sommet du Col de Balme un petit pavillon qui
pourra bien être commode, mais que je n'aime point là : un calvaire, un hospice de religieux, vont bien mieux à ces hautes
montagnes que le kiosque du restaurant.

[1]. *Vie de saint François de Sales,* par Marsollier, liv. v.

CHAPITRE XV.

Saint-Maurice; Ermite. — Martigny.

Saint-Maurice au fond de son ravin, Martigny dans la plaine, offrent des traces de la domination romaine et de l'empire de France; mais ces traces des deux sociétés les plus puissantes qui jamais aient existé, paraissent faibles à côté de cette force, de cette majesté de la nature qui vous environne et les écrase; et les débris de murs et de tours, anciens postes militaires des Romains, les réparations faites au pont par nos ingénieurs et du temps de notre préfet, semblent petits près des rochers, des grottes, des cavernes que vous avez contemplés.

A un quart de lieue de Saint-Maurice est le champ dans lequel fut massacrée la légion thébéenne et Maurice, son chef, soldats martyrs, déserteurs des idoles, décimés pour la sublime insubordination de leur foi :

> Furieux dans la guerre, ils souffrent nos bourreaux,
> Et, lions au combat, ils meurent en agneaux[1].

Près de là, habite à mi-côte de la montagne, au milieu des rochers, un ermite aveugle. Malgré ses soixante-six ans, l'élévation de sa demeure et l'étroit sentier qui y conduit, ce vieillard sait très-bien tout seul retrouver son chemin. Contre l'usage ordinaire des ermites des poëmes et des romans, celui-là n'était pas très résigné; il n'avait pas comme eux connu les grandeurs et l'inconstance de la fortune; c'était un pauvre paysan, ayant perdu la vue dès l'âge de neuf ans, et, afin de ne pas payer de loyer,

---

1. *Polyeucte.* Le massacre des 6,600 soldats de la légion thébéenne par ordre de Maximien, le 22 septembre de l'an 302, a été très bien défendu et prouvé dans l'ouvrage d'un savant Valaisan du dernier siècle, Pierre-Joseph de Rivaz, encore distingué comme mathématicien, et dont Rousseau a loué le mérite. Ses *Éclaircissements sur le martyre de la légion thébéenne et sur l'époque de la persécution des Gaules sous Dioclétien et Maximien* (publiés après sa mort, Paris, 1779), sont un vrai chef-d'œuvre d'érudition sacrée et de critique historique.

retiré depuis vingt années dans ce roc, garni d'ailleurs fort solidement de planches de sapin, et pas du tout humide. La robe de cet ermite n'était qu'une vieille redingote serrée par le milieu avec une ceinture de cuir. Il descendait tous les jours à Saint-Maurice, qu'il habite l'hiver; enfin, bien loin d'être aussi poétique que me l'avaient annoncé quelques voyageurs de Paris enthousiastes, cet anachorète forcé aspirait depuis long-temps à une place dans quelque maison de retraite, et il eût été sur des roses à l'hospice des Ménages.

CHAPITRE XVI.

Bex. — Aigle. — Haller. — Villeneuve. — Chillon.

Les salines de Bex ont sans doute un grand mérite d'utilité, puisqu'elles sont les seules qui existent en Suisse, et qu'elles rendent chaque année au gouvernement vaudois, qui en est propriétaire, quinze à vingt mille quintaux de sel, après en avoir autrefois produit cinquante mille; mais la visite pénible de ces souterrains a moins d'intérêt lorsque l'on n'est ni savant ni économiste. La nature perd beaucoup à être vue à la lampe : il faut le soleil et les astres pour éclairer ses merveilles. Les galeries voûtées et creusées dans le roc, les rigoles, le puits, le réservoir et les chaudières de Bex, présentent d'ailleurs un assez triste contraste, lorsque l'on vient d'observer les effets brillants de l'arc-en-ciel formé au-dessus du gazon par l'éblouissante cascade de Pissevache, bien digne d'un nom plus honnête, et les sites enchanteurs de la vallée du Rhône. Ces travaux occupent ordinairement trente à quarante ouvriers; espèces de cyclopes d'eau, à quarante sous par jour. Si donc je n'ai point suffisamment apprécié cette sorte d'industrie, je n'ai pas eu toutefois de regret de ma course; car le chemin qui mène aux salines est tout-à-fait romantique et sauvage.

La triste et aride vallée d'Aigle est parsemée des huttes des pâtres errants, fuyant devant les avalanches et les torrents.

Le château du village de Roche doit son illustration au séjour qu'y fit pendant six années le grand Haller, alors bailli d'Aigle et directeur des salines de Roche.

Villeneuve, admirablement situé, remonte aux Romains qui furent défaits dans son voisinage par les Helvétiens.

Le rocher, les murailles blanches et les tourelles gothiques du château de Chillon qui s'élève isolé au-dessus du lac, sont très-pittoresques. Autrefois résidence des baillis de Vevey, ce château, bâti par le duc de Savoie Pierre, surnommé le petit Charlemagne, n'est plus aujourd'hui qu'un dépôt d'armes et de poudre, occupé par quelques gendarmes. La captivité de Bonnivard, la mort de Julie, les vers de Byron, semblent donner de la gloire à ce magasin militaire. Lord Byron avoue que lorsqu'il fit son poëme du Prisonnier de Chillon, il ne connaissait pas l'histoire de Bonnivard, qui cependant est comme empreinte sous les voûtes de ce manoir, puisqu'on y montre le cachot où il fut renfermé, il y a près de trois siècles, l'anneau de fer auquel il était attaché, la marque de sa chaîne près d'un pilier sur lequel Byron même a depuis gravé son nom, et jusqu'aux traces prétendues de ses pas. La pièce de Byron, quoique très-belle, n'est qu'une imitation de l'emprisonnement d'Ugolin et de ses fils dans la tour murée de Pise : les malheurs de Bonnivard n'étaient pas moins affreux; ils méritaient bien d'être chantés pour leur compte, et l'on regrette qu'ils n'aient inspiré au poëte anglais qu'un sonnet tardif et une courte note. Sur la façade du donjon, du côté du lac, on lit en grosses lettres les mots *liberté, patrie;* noble devise, pourvu qu'elle ne soit point méconnue, mais que j'aime mieux gravée dans le fond des cœurs qu'affichée sur les murs.

CHAPITRE XVII.

Clarens. — Topographie de *la Nouvelle Hélotse*.

En approchant de Clarens, je me rappelais les pages brûlantes de Julie; mais quel fut mon étonnement de tomber dans une espèce de petit port, nu, laid, mal situé, près d'un torrent à peu près desséché et rempli de rocailles! Jamais le baron d'Étange n'a pu avoir de maison au milieu de ces huttes, je doute même qu'il eût été possible d'y célébrer les noces de la Fanchon; M. de Wolmar n'eût guère pu s'y livrer à ses expériences agronomiques, et les fleurs d'iris du jardin de Julie n'ont jamais dû y croître. Tel est le privilége du génie, il fait vivre ce que l'on sait bien n'avoir pu exister, et il l'empreint d'un charme impérissable; cette existence qu'il crée n'est point affaiblie par la vue même de la réalité : souvenir immortel d'amour et de volupté, le bosquet de Clarens ne perdait rien à mes yeux de ses enchantements par le triste aspect des lieux. Il paraît que l'euphonie du nom de Clarens fut le motif qui décida Rousseau à préférer cet endroit, malgré la vraisemblance, au château de Chatelard ou au village de Montreux[1], pour y placer son action. Ce scrupule, cette crainte, cette méfiance de son talent, n'étaient point fondés; Rousseau eût même pu conserver à Julie d'Étange son premier nom de Julie d'Orsenge, sans que ses tableaux eussent été moins touchants; car la passion sait tout ennoblir, et Walter Scott n'est pas si difficile sur le nom, quelquefois très vulgaire, de ses héros[2].

Les habitants de Clarens ont donné au coin le moins sale de leur village le nom de *Bosquet;* c'est un amas de grosses pierres couvertes de lierre et de ronces. Une fermière madrée, afin de débiter son lait, son beurre et ses œufs, avait aussi fait meubler, d'après *la Nouvelle Héloïse*, quelques chambres du Chatelard qu'elle montrait aux voyageurs sensibles comme le cabinet de toilette de Julie et les appartements du baron d'Étange. Mais cette spéculation n'a pas réussi, et l'établissement est tombé.

Lord Byron consacre plusieurs strophes de *Childe-Harold* à

[1]. On prononce *Montron*.
[2]. Dans *Paul et Virginie* l'on rencontre aussi des noms de lieux très peu nobles et très peu harmonieux, tels que la montagne et la rivière des *Trois Mamelles*, la montagne *Longue*, la montagne *Piterboth;* dans la description de la tempête, l'air retentit des cris des *paille-en-cu* (il n'aurait même fallu que des *paille-en-queue*), des *frégates*, des *coupeurs d'eau;* les matelots s'attachent aux *tables*, aux *tonneaux* et aux *cages à poules*.

célébrer Clarens. « C'est là, dit-il, que l'amour possède un trône « dont les Alpes sont le marchepied. » Avec toute la crédulité enthousiaste d'un touriste, il admet cette topographie de *la Nouvelle Héloïse*, quoique Rousseau lui-même, à deux reprises, eût averti qu'elle était *grossièrement altérée*[1]. Mais il est impossible de ne pas relever, sans l'indignation la plus vive, la note qui accompagne ces strophes. Lord Byron prétend qu'un petit bois appelé aussi le Bosquet de Julie a été coupé par les moines du Saint-Bernard, propriétaires du terrain, et converti en vignoble pour *ces misérables frelons d'une superstition exécrable*[2]. En vérité, ne croirait-on pas qu'il est ici question de l'une de ces sectes indiennes où la crédulité s'allie à la cruauté? La rigueur protestante pouvait s'emporter contre la mollesse et la sensualité des moines de Cîteaux ou des chanoines de la Sainte-Chapelle. Mais le prêtre du Saint-Bernard qui, par-delà les forêts et les nuages, court, au milieu de la nuit et de l'ouragan, précédé de son chien, à la recherche du voyageur égaré dans les neiges, frappé de terreur et prêt à périr; qui ranime avec quelques gouttes du vin de sa calebasse (provenant peut-être de ce vignoble qui fait tant d'horreur à Byron) l'agonisant transi; ce solitaire si vigilant, si hospitalier, d'une Thébaïde glacée; ce martyr de l'air et de la tempête, qui réside intrépidement sur ces mêmes sommets où les conquérants ne font que passer; enfin, ce héros si humble du christianisme et de la charité méritait bien que l'on parlât de lui d'un autre ton.

CHAPITRE XVIII.

Vevey. — Jean-Jacques. — Ludlow.

C'est à Vevey, c'est dans cette ville charmante que l'on re-

1. *V.* les deux préfaces de *Julie*.
2. Des vignes ont en effet été plantées à Clarens par les religieux du Saint-Bernard, et attendu l'aridité du sol, elles n'ont pu l'être que dans des terres rapportées; c'est un nouveau bienfait dû à ces religieux.

trouve les vrais souvenirs de *la Nouvelle Héloïse* et les traces de la jeunesse aventurière de Jean-Jacques et de ses premières impressions ; c'est bien là qu'habitait Julie et qu'était née madame de Warens. « Quand l'ardent désir de cette vie heureuse et
« douce qui me fuit, et pour laquelle j'étais né, vient enflammer
« mon imagination, c'est toujours au pays de Vaud, près du
« lac, dans des campagnes charmantes, qu'elle se fixe. Il me
« faut absolument un verger au bord de ce lac, et non pas d'un
« autre ; il me faut un ami sûr, une femme aimable, une vache
« et un petit bateau. Je ne jouirai d'un bonheur parfait sur la
« terre que quand j'aurai tout cela. Je ris de la simplicité avec
« laquelle je suis allé plusieurs fois dans ce pays-là uniquement
« pour y chercher ce bonheur imaginaire... Dans ce voyage de
« Vevey, je me livrais, en suivant ce beau rivage, à la plus
« douce mélancolie : mon cœur s'élançait avec ardeur à mille
« félicités innocentes ; je m'attendrissais, je soupirais et pleurais
« comme un enfant. Combien de fois, m'arrêtant pour pleurer
« à mon aise, assis sur une grosse pierre, je me suis amusé à
« voir tomber mes larmes dans l'eau !

« J'allai à Vevey loger à la Clef, et pendant deux jours que j'y
« restai sans voir personne, je pris pour cette ville un amour qui
« m'a suivi dans tous mes voyages, et qui m'y a fait établir enfin
« les héros de mon roman. Je dirais volontiers à ceux qui ont
« du goût et qui sont sensibles : Allez à Vevey, visitez le pays,
« examinez les sites, promenez-vous sur le lac, et dites si la
« nature n'a pas fait ce beau pays pour une Julie, pour une
« Claire et pour un Saint-Preux ; mais ne les y cherchez pas. »
Malgré l'avis chagrin de ce dernier passage, j'avoue que j'en aurais appelé volontiers, tant je crus remarquer d'urbanité, de politesse et de bonne éducation chez le petit nombre d'habitants que j'eus occasion de rencontrer. L'aubergiste même est un voyageur qui est allé à la Chine avec lord Macartney.

Mais à côté des souvenirs tendres et pathétiques de la fiction, Vevey offre les souvenirs redoutables de l'histoire : sa cathédrale renferme les tombeaux de deux Anglais célèbres dans les révolutions de leur pays, d'Edmond Ludlow et d'André Broughton, le premier, juge de Charles Ier, le second, qui lui avait lu son arrêt de mort. On voyait encore, il y a quelques années, sur la porte de la maison qu'avait habitée Ludlow, l'inscription, *Omne solum forti patria;* inscription que des Anglais de la famille de Ludlow ont fait depuis enlever et transporter en Angleterre. Ludlow, républicain violent, mais sincère, ennemi de Cromwell, vit la restauration de Charles II et la révolution de 1688. Au bruit de la dernière, ce vieil ami de la liberté accourt, après vingt-neuf ans d'exil et presque septuagénaire : il paraît avec joie et fierté au milieu des rues de la capitale; il se montre au peuple qu'il croit devoir le reconnaître; il s'imagine assister au triomphe de la cause qu'il a si fidèlement servie, et il s'offre encore pour aller en Irlande *combattre le tyran.* Mais cet émigré de la république, ce député du *rump*, était aussi *un demeurant d'un autre âge :* en revenant à ses anciennes menées, il ne s'apercevait point que la monarchie légale avait pour toujours guéri son pays des illusions populaires; résultat inévitable et certain, à toutes les époques, des progrès de la raison publique. Menacé d'être arrêté comme meurtrier de Charles Ier, obligé de se cacher et de fuir de nouveau, Ludlow revint à Vevey, où il mourut en 1696, à l'âge de soixante-treize ans. Son tombeau, élevé par sa veuve dont il avait mérité l'affection, est surmonté d'une longue et belle inscription qui rappelle ses titres, ses places, et les principaux événements de sa vie agitée, coupable, mais non souillée et digne de mépris.

CHAPITRE XIX.

Lausanne. — Vue. — Cathédrale. — Château. — Maison de Gibbon.

Lausanne est pour la vue comme une Byzance suisse, mais le rivage opposé ne serait point celui de Chalcédoine; car la haute végétation d'Évian et ses bords sauvages ont bien aussi leurs beautés. L'admirable site de Lausanne contraste d'une manière frappante avec la laideur des rues. Malgré la multitude des cabinets de lecture et des marchandes de modes, et l'espèce de civilisation que ces graves établissements pourraient faire présumer, la ville est affreuse, mal bâtie; on dirait une réunion de guinguettes dans lesquelles se boirait tout le vin des nombreux vignobles environnants, tant les maisons, les jardins, les terrasses, sont mêlés au hasard et forment une sorte de labyrinthe qu'il faut perpétuellement monter ou descendre. L'entrée des maisons est particulièrement hideuse. Quand on songe à l'aisance générale de ce pays et aux personnes distinguées qui habitent Lausanne, il est impossible qu'il n'y ait pas dans cet excès de négligence un peu de manie.

La cathédrale, commencée en 1000 et terminée en 1375, le château, ancien palais des évêques et des baillis, après bientôt trois siècles de protestantisme et de république, ont conservé leur aspect catholique et savoyard. Les restes d'un grand nombre de rois, de reines, de princes, de seigneurs, d'évêques et de prélats, remplissent la cathédrale : là est enterré Amé VIII, premier duc de Savoie, et pape momentané sous le nom de Félix V ; double souveraineté qu'il abdiqua, et qui, par le lieu actuel de sa sépulture, semble avoir porté sa bizarrerie et son inconstance jusque dans la mort. Tout dans ce temple réformé respire encore le catholicisme, et les bancs de bois, que le *confortable* du culte actuel y a établis, ont l'air d'avoir été placés là comme provisoirement. Le culte protestant, au milieu de ces vieilles et noires basiliques, a l'air d'un homme nouveau établi dans un antique manoir; on lui trouve je ne sais quoi de neuf et d'embarrassé, et il n'a point la noble dignité du véritable seigneur.

J'ai visité le jardin et la maison de Gibbon. Je me rappelais la sorte d'adieux qu'il adresse à son livre au moment où il vient d'en tracer les dernières lignes. Cette scène est plus pathétique et plus touchante qu'il n'appartient à cet historien érudit, mais diffus, sans élévation et sans gravité : « Ce fut le jour, ou plutôt « la nuit du 27 juin 1787, entre onze heures et minuit, que dans « mon jardin, dans ma maison d'été, j'écrivis les dernières lignes « de la dernière page. Après avoir posé ma plume, je fis plu- « sieurs tours sous un berceau d'acacias, d'où la vue domine et

« s'étend sur la campagne, le lac, les montagnes. L'air était doux,
« le ciel serein ; le disque argenté se réfléchissait dans les eaux,
« et toute la nature était dans le silence. Je ne dissimulerai pas
« mes premières émotions de joie à cet instant du recouvrement
« de ma liberté, et peut-être de l'établissement de ma réputa-
« tion. Mais les mouvements de mon orgueil se calmèrent bien-
« tôt, et des sentiments moins tumultueux et plus mélancoliques
« s'emparèrent de mon âme, à la pensée que je venais de prendre
« congé de l'ancien et agréable compagnon de ma vie, et que,
« quelle que fût un jour la durée où parviendrait mon histoire,
« les jours de l'historien ne pouvaient être désormais que bien
« courts et bien précaires. » Certes, l'historien qui a rempli avec
intégrité son ministère, doit éprouver une joie profonde. L'histoire est de tous les genres d'écrits celui qui se rapproche le plus des actions humaines. Gibbon méconnut une partie de ses devoirs lorsqu'il parla sans respect du courage des premiers chrétiens ; qu'il persécuta par l'ironie, et après dix-huit siècles, ces victimes de leur foi, et fit des épigrammes sur leurs tombeaux.

CHAPITRE XX.

Société. — Piétistes. — Environs.

Le vin et les étrangers sont comme l'industrie de Lausanne. Mais le premier produit est moins incertain que la location des maisons. Le séjour des étrangers donne aux manières de la société, polies, naturelles, aimables, empressées, quelque chose de cosmopolite, d'agité, de toujours en l'air ; on se visite sans cesse, et toutes les soirées se passent l'un chez l'autre dans de copieux goûters. La conversation des femmes est spirituelle, littéraire. Peut-être même, sous ce dernier point, l'opinion de Lausanne est-elle un peu trop indulgente et engouée. On ne se figure pas tous les grands auteurs français connus, admirés dans cette ville, dont à Paris on n'a guère ouï parler. Je profitai, pour ma part, de cette extrême faveur, et me garderai bien d'en médire, puisque je lui dus le succès de *Sainte-Périne* auprès de personnes distinguées et qui avaient le droit d'être sévères.

Il existe dans la société de Lausanne un décorum aristocratique, une distinction entre les diverses classes, encore plus marquée qu'à Genève où chacun est véritablement fils de ses œuvres. Les dédains de la rue du Bourg (dédains renforcés encore par les rapports de cette société avec les grands seigneurs que l'émigration avait jetés à Lausanne) sont fort supérieurs à ceux de la haute ville ; et Saint-Preux, malgré son âme, son amour, son éloquence, ne serait encore là qu'un quidam, et ne trouverait point à s'établir dans ce faubourg Saint-Germain d'une petite ville et d'une petite république au pied des Alpes.

Lausanne fut de nouveau [1], il y a quarante ans, le foyer des opinions mystiques et spirituelles des *piétistes*, mélange bizarre d'erreurs inspirées, élevées, subtiles, prises à divers siècles, et qui rassemblaient à la fois la fatalité de la prédestination, les extases de l'amour pur et les sensations du magnétisme ; espèce d'ascétisme protestant, qui prouve que la réforme ne suffit plus depuis long-temps aux besoins religieux et à l'ardeur de certaines âmes. Les idées des piétistes subsistent encore chez quelques personnes d'ailleurs fort respectables ; mais, comme toutes les illusions, elles se sont affaiblies, modifiées, et elles ne sont plus maintenant qu'une vague et variable *réligiosité* que chacun entend et pratique comme il lui plaît.

Si l'intérieur de Lausanne est affreux, l'impression qu'il produit s'efface bientôt lorsque l'on gagne les hauteurs et les environs. Là, sont de délicieuses et vastes demeures habitées par des Suisses opulents ou des étrangers de distinction. Si je ne craignais de tomber dans le style de roman, il me serait difficile

---

1. Il est déjà question des piétistes dans le voyage d'Addison. Rousseau parle des piétistes du pays de Vaud : « Vous ne voyez pas encore les piétistes, écrit « Saint-Preux à Julie, viie lettre, vi^e partie, mais vous lisez leurs livres. » Il ajoute dans une note que ces piétistes étaient « une sorte de fous qui avaient la « fantaisie d'être chrétiens et de suivre l'Évangile à la lettre, à peu près comme « les méthodistes en Angleterre, les moraves en Allemagne, les jansénistes en « France, etc. »

de ne pas essayer de peindre l'impression que je reçus dans un *jardin* [1] charmant, véritable corbeille de roses; des voix ravissantes de femmes, chantant des airs suisses, s'y faisaient entendre; il se trouvait même là quelques antiquités romaines, et une belle colonne prise, selon l'inscription, de la maison de Titus sur le mont Aventin, et qui était fort bien placée et d'un bel effet.

La promenade du *Signal,* célèbre par sa vue, est, comme le belvédère, le panorama de Lausanne. La forêt de la Roveria est une des plus belles que j'aie parcourues : à travers la végétation la plus puissante, mêlée de profonds ravins, sont des vues immenses du lac et des montagnes du Chablais; c'est la nature suisse dans toute sa force et son âpreté, comme la *pineta* de Ravenne, que j'ai depuis visitée, est la nature italienne dans toute sa splendeur.

CHAPITRE XXI.

Lac.

Après avoir passé quelques jours à Lausanne, je pris le bateau à vapeur pour Genève. Je n'entreprendrai point de décrire cette navigation, presque aussi aventureuse que le voyage par mer de Paris à Saint-Cloud. Les Anglais étaient nombreux sur le bâtiment; à la multitude de lorgnettes et de longues vues qu'ils braquaient sur tous les points de la côte, à la vivacité de leurs discussions, on eût pu croire vraiment que nous étions dans la mer du Sud, tout près de faire quelque nouvelle découverte. Malgré l'enthousiasme convenu, j'avouerai toutefois que le défaut d'îles m'a paru donner au lac de Genève un aspect triste et monotone; on y rencontre peu de barques, et les deux bateaux à vapeur, partant à heure fixe, ne contribuent guère à animer cette grande plaine d'eau [2].

---

1. Le *Jardin* est le nom de l'habitation de M. de L*********.
2. Le lac de Genève et ses rives sont le sujet d'un petit et excellent ouvrage

CHAPITRE XXII.

Voiturin.

Je m'arrangeai, à Genève, avec un voiturin pour me rendre à Milan. Cette manière modeste de voyager est au fait, en Italie, la plus commode. On n'a pas, il est vrai, toujours *bon souper, bon gîte et le reste;* mais le voiturin se chargeant de toute la dépense, on est moins importuné par le matériel de la vie. Duclos, avec la dignité des gens de lettres de son temps, recevait du vin, de l'huile, du chocolat et autres denrées des ministres et grands seigneurs chez lesquels il avait logé; mais ces manières-là ne sont plus de notre goût, et, malgré le régime rigoureux de certaines hôtelleries de voiturins, il est encore préférable à ces habitudes de parasite jusque sur les grands chemins. Il est d'ailleurs quelques embarras, tels que les foires, les fêtes de villes ou de villages, le passage de rivières ou de torrents, dans lesquels l'expérience du voiturin devient fort utile. Cette espèce de mentor en blouse et en casquette est presque toujours un très brave homme, et je puis dire que le mien, Mariano Marini, était excellent. C'est, au reste, une jolie vie que celle du voiturin; reçu, accueilli avec joie par ses hôtes, considéré sur toute la route à cause de la dépense qu'il fait et de l'espèce de train qu'il mène, ce voyageur perpétuel est véritablement citoyen de l'univers. Traversant toutes les grandes capitales, il conserve son jargon, ses manières et son caractère primitifs. Spectateur accoutumé des merveilles de l'art ou des beautés de la nature, son indifférence, presque stoïque, contraste avec l'étonnement et l'enthousiasme des voyageurs qu'il conduit; malgré sa lenteur, il ne voyage que pour arriver; son esprit est très positif, et ses petites stations marquées, écrites d'avance, sont irrévocables comme les arrêts du destin.

de M. le professeur J.-L. Manget, Genevois distingué et mon ancien ami, qui en a publié une troisième et très nouvelle édition en 1837.

Dût le mérite de mes chers voiturins en paraître un peu affaibli, je croirais manquer à l'impartialité, ce premier devoir du voyageur comme de l'historien, si je ne parlais aussi de l'intelligence de leurs chevaux, et de l'habitude, de la connaissance singulière des grandes routes qu'ils finissent par acquérir. Un maître voiturin de Rome, m'a-t-on raconté, avait traité pour conduire, de cette ville à Paris, une famille anglaise nombreuse et tous ses bagages. Il n'avait alors de disponible qu'un garçon nouveau, et qui n'avait jamais fait la route. Mais la jument Julie était là. Le maître recommanda à son cocher de suivre, pour les lieux de station et les heures de départ, l'itinéraire de Julie, qu'elle indiquait par certains gestes, certains trémoussements et l'agitation de ses sonnettes; le cocher eut le bon esprit de s'y conformer; il n'imita point ces muletiers du duc de Vendôme qui avaient, disait-il, toujours tort dans leurs contestations avec leurs mules. Le voyage fut très heureux, et Julie, attelée la cinquième en arbalète, conduisit tous ces humains de Rome à Paris.

CHAPITRE XXIII.

Thonon. — Ripaille.

Le commencement de la route d'Italie, par un coin de la Savoie, compléta presque mon tour du lac de Genève. On passe, à Thonon, sur les bords du lac. Cette petite ville est célèbre, dans l'histoire de François de Sales, par le courage avec lequel cet illustre saint s'opposa aux violences d'un régiment envoyé par le duc de Savoie pour convertir les habitants, et par la pieuse adresse qu'il mit, comme plus tard Fénelon dans le Poitou, à détourner cette dragonnade.

A vingt minutes de Thonon est Ripaille, négligé par tous les coureurs de Suisse et d'Italie, et qui a donné à deux langues, au français et à l'italien, une expression énergique[1]. Ce cloître

---

1. Les Italiens disent *Andare a Ripaglia*.

du plaisir et du repos, qui vit dans Amédée la double abdication de la souveraineté et du pontificat (exemple unique de l'ennui et du dédain des deux puissances), après avoir été quelque temps une manufacture, est aujourd'hui une grande ferme très bien exploitée et qui appartient à une Française. L'église sert de grange, et les sept tours qu'Amédée avait fait construire pour lui et les six chevaliers ses compagnons et ses amis, sont presque toutes détruites. Le promontoire de Ripaille, enveloppé de grands arbres qui le cachent du côté de la route, offre une situation délicieuse, solitaire, et l'on comprend très bien encore la bonne vie que l'on devait mener dans ce réduit joyeux, et l'épicuréisme dévot des ermites qui l'habitaient.

CHAPITRE XXIV.

Meillerie. — Saint-Gingolph.

Le postillon fait aujourd'hui claquer son fouet à travers les rochers de Meillerie, et pousse cette espèce de sifflement qu'il est impossible, selon la remarque de l'auteur de l'*Expédition nocturne autour de ma chambre*, d'écrire, d'après les règles de l'orthographe, gh! gh! gh!, aux mêmes lieux qui retentirent jadis des accents passionnés et du désespoir de Saint-Preux. Mais ces bords, malgré le passage de la grande route, n'ont point encore perdu leur aspect mélancolique et sauvage.

Saint-Gingolph, près Meillerie, avec ses vergers qui s'abaissent doucement jusque sur les bords du lac, et l'espèce de phénomène de sa forêt de noyers, est un de ces lieux charmants que la rudesse bizarre de son nom a fait bannir aussi de *la Nouvelle Héloïse*, quoique une partie de l'action ait dû nécessairement s'y passer. Une moitié du village appartient à la Savoie, l'autre au Valais; un petit ruisseau, qui tombe de la montagne, sépare ainsi la monarchie de la république. Saint-Gingolph, dans son exiguité, offre toutefois une image assez juste du caractère des deux gouvernements; la partie monarchique est la plus étendue, l'église s'y trouve; l'industrie, représentée par une manufacture de clous et de fil de fer, est dans le côté républicain.

CHAPITRE XXV.

Valais. — Sion. — Portraits. — Capucins. — Brieg. — Route du Simplon.

Sion, la triste capitale du Valais, a de magnifiques environs. Les hauteurs qui la dominent sont couvertes de villages, d'églises, d'oratoires d'une blancheur éclatante. A l'entrée de la ville, au-dessus de rochers et du fleuve, on aperçoit les ruines du château de Séon, d'où le baron de Thurn fit précipiter, en 1370, son oncle Guichard, évêque de Sion, tandis qu'il récitait ses prières, attentat que les pieux Valaisans vengèrent en chassant le baron du pays, après une sanglante bataille. Le Tourbillon, château dégradé, encombré de végétation, au milieu de rocs et de précipices, d'où la vue est admirable, conserve dans sa sauvage galerie la suite des portraits de tous les évêques de Sion depuis l'an 600, pontifes puissants, presque souverains, trop souvent *mêlés* aux guerres et aux révolutions des États voisins. On remarque le portrait de ce cardinal de Sion, le belliqueux Matthieu Schirmer, digne allié du pape Jules II, et si funeste aux armes françaises en Italie. La cathédrale dédiée à la Vierge, vieille église gothique, a plusieurs tombeaux de familles valaisannes et autres monuments funéraires.

Ainsi que je l'ai remarqué plus haut, la rencontre d'un capucin, près de Sion, me charma. Ce bon père était sur une grande charrette du pays chargée d'herbe et de foin, et assis familièrement au milieu de paysans; il m'offrait enfin ce pittoresque chez les individus, que j'avais jusqu'ici vainement cherché. Montaigne aimait les capucins, et malgré l'anathème des philosophes, j'avoue que je les préfère à d'autres religieux : ils ont souvent défendu leur pays, comme on l'a vu à Saragosse, et je crois même dans le Valais lors de la guerre de 1798, et jamais ils ne l'ont troublé par leurs intrigues. On rencontrait autrefois parmi eux des gens d'esprit, plusieurs ont été de bons poètes, de savants orientalistes, et *il Cappuccino* (qui ne fut pas toujours, il est vrai, un très digne capucin) est un des grands maîtres de l'école italienne. Les capucins ont un caractère, une physionomie que l'on ne trouve point à la plupart des autres moines; ils aiment les jardins; leurs églises sont ordinairement remplies d'arbustes et de fleurs, et ils savent choisir, aussi bien que des peintres et des poëtes, des vues et des sites admirables pour l'emplacement de leurs couvents. Sous le rapport économique, je ne sais s'ils ont tant d'inconvénients. Malgré ses capucins, le Valais paraît assez bien cultivé. Leur mendicité, dit-on, est choquante. Mais, puisque avec toute notre civilisation la mendicité n'a pu être encore ni abolie ni même réprimée, je ne sais pas vraiment si une mendicité religieuse, disciplinée et polie comme celle des capucins, n'est point préférable au vagabondage patenté de la police. Cette mendicité n'est point oisive, d'ailleurs, comme celle des gueux ordinaires. Les capucins fabriquent de jolis ouvrages en bois, exécutés, comme dit un grand maître, avec une certaine perfection qui leur est particulière (*con una certa finitezza cappuccinesca*[1]); ils courent à l'incendie et ils exercent le ministère ecclésiastique. Le lendemain de mon arrivée à Sion, je visitai, le matin, à cinq heures, le couvent des capucins, situé dans une jolie prairie hors de la ville; on y disait la messe, tout le monde était debout, et même un vieux capucin allemand, âgé de plus de quatre-vingts ans, qui descendait avec peine l'escalier pour aller à l'église. Je ne crois pas que les capucins soient non plus, comme on dit, *ennemis de la liberté;* ils ont toujours existé dans le Valais, état républicain et même démocratique. J'avoue que le voyage d'Italie m'a depuis un peu blasé sur les capucins, comme on pourra le voir au sujet du couvent d'Assise; mais je n'ai pas voulu, au risque d'inconséquence, supprimer l'impression favorable que j'avais d'abord reçue et qui était très sincère.

---

1. Manzoni: *I promessi Sposi*, cap. xxxvi.

Brieg, gîte du voyageur, au pied du Simplon, dans une riante vallée, sur le bord du Rhône, est pittoresque. Les toits de ses maisons et de ses églises, formés soit d'ardoises brillantes, soit de plaques polies, ont l'éclat de l'argent, et les globes de fer-blanc qui surmontent les quatre énormes tours du château de la famille Stockalper donnent presque à ce bourg marchand, le mieux bâti du Valais, quelque chose d'oriental.

La route du Simplon ne sera jamais assez vantée. Quelques louangeurs intrépides du passé prétendent cependant que l'apparition de l'Italie était encore plus subite, plus extraordinaire, lorsqu'on avait traversé les Alpes à pied ou à mulet et avec tant de peine. Il est vrai qu'aujourd'hui, dans la belle saison, on les passe à peu près comme on va au bois de Boulogne. Je n'ai point remarqué la dégradation dont quelques uns des derniers voyageurs semblent menacer la route du Simplon. Quatre années suffirent à ces vastes travaux. La partie qui s'étend jusqu'à la galerie d'Algaby fut exécutée par des ingénieurs français, et le reste par des ingénieurs italiens. On prétend que cette dernière moitié de la route offrait le plus de difficultés, et qu'elle surpasse la première en solidité et en grandeur. La sauvage et solitaire vallée de Gondo donne son nom à la plus considérable des galeries, ouvrage de dix-huit mois de travail de jour et de nuit et qui portait pour inscription ces mots : *Ære Italo*, 1805. Il semble que, sans tomber dans la déclamation dont un pareil monument n'a pas besoin, il eût été facile de trouver une inscription un peu plus noble que cet unique et vaniteux souvenir d'argent. A la vue de tous ces rochers mutilés, renversés par la poudre, et de cette brèche audacieuse faite par l'art à cette haute fortification dont la nature avait défendu l'Italie, je ne comprenais pas trop l'histoire du vinaigre d'Annibal, malgré Tite-Live, Appien et les raisons données par le bon Dutems. Bonaparte avait décrété la fondation d'un hospice sur le plateau du Simplon, hospice qui devait être comme une succursale du Saint-Bernard. Cette idée était grande, comme toutes celles qu'il avait prises à la religion, et les ruines des fondations abandonnées du secourable édifice laissent de vifs regrets.

LIVRE DEUXIÈME.

ENTRÉE DE L'ITALIE.

CHAPITRE PREMIER.

Domo d'Ossola. — Aspect de l'Italie. — Passe-port. — Dom Bourdin. — Mines.

Il serait difficile de peindre l'aspect enchanteur de la vallée de Domo d'Ossola au pont de Crevola; et lorsque l'on sort de ces galeries du Simplon, longues cavernes humides et sombres, l'œil fatigué de rochers, de forêts, de glaciers, de torrents et de cascades, jouit avec délices d'une nature si sereine et si gracieuse, qui succède à une nature si âpre. On dirait que cette terre nouvelle sourit au voyageur, l'invite à entrer, et se pare pour l'accueillir; des sons joyeux semblent au loin se faire entendre; les festons de vigne qui pendent autour des arbres donnent à toute la contrée un air de fête; quelquefois les branches de l'arbre sont écartées avec art au-dessus du tronc, et la vigne, s'entrelaçant à ces branches, forme un véritable vase antique garni de grappes, comme les vases sculptés qui décorent les jardins et les palais. La rencontre de quelque procession, les chants du peuple, l'expression vive et animée des physionomies, les couleurs éclatantes des vêtements de femme, la grandeur et la solidité des bâtiments, tout révèle enfin et annonce l'Italie. La magie de ce nom ajoute encore à l'impression très vive des sens : l'Italie! répétais-je involontairement; c'est donc là l'Italie!

Lorsque dom Bourdin, bénédictin, voyageant en Italie l'année 1696, entrait à Domo d'Ossola, après avoir été trois jours à traverser le Simplon, que l'on passe maintenant en quelques heures, le gouverneur espagnol qui examinait son passe-port, ayant remarqué que dom Bourdin était Franc-Comtois, lui dit fièrement que la Franche-Comté ne tarderait pas à rentrer sous la domination du roi d'Espagne [1]. Le modeste religieux rapporte qu'il ne fit à ce gouverneur d'autre réponse, sinon que Dieu donnait et ôtait les couronnes selon qu'il lui plaisait. Le gendarme piémontais qui prit mon pass-eport dans la même ville était moins enthousiaste que le commandant espagnol de dom Bourdin. Il ne restait plus d'ailleurs de conquête à reprendre à la France, et j'aurais été bien plutôt tenté de redemander Nice et la Savoie.

Domo d'Ossola possède d'antiques mines de fer sulfuré aurifère et de sulfure de plomb mêlé d'or et d'argent, parmi lesquelles les célèbres mines *des Chiens* conservent les nobles et curieuses traces de l'exploitation romaine.

CHAPITRE II.

Iles Borromées.

Les étages, les gradins, les terrasses, les arcades, les balustrades, les rangées de vases et de statues, enfin toute la symétrie des îles Borromées, qui serait excessive ailleurs, ne déplaît point là, et forme un contraste à côté de la terrible irrégularité des Alpes qui les enveloppent et les dominent. Les jardins, plutôt bâtis que plantés, de l'Isola Bella, ressemblent à une large pyramide de verdure au-dessus de l'eau, et tronquée à moitié de sa base. Rousseau avait long-temps songé à placer dans les îles Borromées l'action de Julie, mais il trouva avec raison qu'il y avait trop d'art et d'ornement pour ses personnages. Un pareil

---

[1]. L'*Histoire littéraire de la Congrégation de Saint-Maur* fait naître dom Bourdin à Séez en Normandie. L'autorité du passe-port (*Voyage d'Italie et de quelques endroits d'Allemagne, fait ès années* 1695 *et* 1696, p. 89) me semble décisive. J'aurai rendu un vrai service à dom Bourdin en le restituant à la Franche-Comté, puisqu'il doit ainsi trouver place dans l'histoire littéraire de cette province à laquelle travaille mon savant ami et laborieux confrère, M. Weiss, bibliothécaire de la ville de Besançon.

séjour demande des amours de princes et des amantes comme La Vallière ou mademoiselle de Clermont.

L'Isola Madre est peu visitée; elle doit à son abandon le naturel et la simplicité qu'a perdus sa voisine.

Le palais de l'Isola Bella, magnifique et d'un goût médiocre, fut élevé en 1671 par le comte Vitaliano Borromée qui transforma ce roc en jardin. On remarque dans quelques pièces séparées, des tableaux du chevalier Tempesta. Condamné à mort pour avoir fait assassiner sa première femme, afin d'épouser celle qu'il aimait, Tempesta fut sauvé par le comte Borromée qui le cacha dans son île. Ces tableaux sont au nombre de soixante-quinze, et ils représentent la plupart des paysages et des scènes pastorales : on dirait que le peintre cherchait à se distraire de son crime par la vue du calme et de l'innocence des champs. On voit aussi placés vis-à-vis l'un de l'autre les portraits de Tempesta et de sa seconde femme : à l'expression cruelle de la beauté de celle-ci, on sent qu'elle a dû être sa complice. Malgré le mérite des tableaux, on éprouve, dans ce musée d'un seul homme, une sorte d'effroi, lorsqu'on songe qu'il est l'ouvrage du crime et des passions.

J'ai vu dans l'Isola Bella les deux plus grands lauriers qu'il y ait en Europe; on les prendrait presque pour deux arbres des Champs-Élysées. Ces lauriers jumeaux semblent plus particulièrement un emblème de la gloire. On ne connaît point leur origine; ils n'ont été plantés par personne; ils sont antérieurs à la création du jardin actuel, et d'eux-mêmes ils avaient pris racine au milieu des rochers. On raconte que dans une des premières campagnes d'Italie, Bonaparte, étant à l'Isola Bella, grava sur le plus grand de ces lauriers le mot *battaglia*. Un soldat autrichien a depuis donné un coup de sabre sur le laurier, comme pour rayer ce mot; l'écorce a été arrachée par un Anglais et l'on déchiffre à peine les traits glorieux tracés par la main du vainqueur.

A côté du luxe aristocratique et presque royal de l'Isola Bella est l'aisance laborieuse de l'Ile des Pêcheurs (l'*Isella*). Là, chaque habitant possède une maisonnette, un bateau, un filet; c'est la petite propriété sur l'eau. La population de l'Ile des Pêcheurs est vraiment extraordinaire ; elle confirme la remarque de Montesquieu sur la propagation des peuples ichthyophages : cette île a moins d'un demi-mille de circuit et elle contient plus de deux cents personnes. Son aspect toutefois n'est pas sans agrément : le clocher du village, les petites maisons des pêcheurs, leurs filets suspendus comme en festons pour sécher, plaisent à l'œil qui vient de contempler la pompe monumentale du palais et des jardins des îles Borromées.

CHAPITRE III.

Lac Majeur. — Fête. — Tempête.

Le bateau à vapeur le *Verbano*, qui part de Sesto-Calende et arrive à Magadino, parcourt le lac Majeur dans toute son étendue. On navigue ainsi en six heures dans trois États divers : la Lombardie, le Piémont et la Suisse. La *Gazette de Lausanne*, le *Courrier suisse*, feuilles indépendantes, comme on dit, se lisent sur le *Verbano*. La liberté helvétique peut flotter impunément à travers les royaumes lombard et de Sardaigne, mais il ne lui est pas permis de gagner la terre ferme. Le lac Majeur est un espace neutre, une espèce d'oasis pour l'opinion, sur lequel expire la sévère censure des États voisins.

Ce lac majestueux offre un double aspect : du côté de la Lombardie il est environné de plaines fertiles, de collines verdoyantes, peu élevées et ornées de maisons nouvelles; l'autre côté, sauvage, est dominé par les Alpes, hérissé de rochers sur lesquels s'élèvent des couvents, des chalets et de vieilles fortifications. Dans cette dernière partie dont les îles Borromées, situées au milieu du lac, sont comme la limite, s'élève majestueusement la roche de Caldiero, retraite dans le xie siècle du diacre Arialde, martyr de ses prédications contre la simonie et le concubinage du clergé. Assailli dans son ermitage par Oliva, la mère de Widus, le scandaleux archevêque de Milan, qu'emportait si étrangement son amour maternel et qui s'était fait suivre de deux prêtres, le sévère anachorète eut les oreilles, le nez, les lèvres et les mains coupés, et subit une dernière et secrète mutilation à laquelle ces furieux joignirent le plus indécent sarcasme [1]; horrible et bizarre histoire de martyre dont l'instigateur est une femme! Vis-à-vis la côte de Canero, merveilleusement abritée des ouragans, sont deux forts pittoresques en ruine, repaires, au commencement du xv° siècle, des cinq frères Mazzardini, espèces de pirates qui s'y défendirent pendant deux ans contre quatre cents hommes de l'armée de Philippe-Marie Visconti, duc de Milan : obligés de se rendre, faute de vivres, ils furent tous jetés à l'eau, la pierre au cou.

J'assistai à la fête donnée sur le lac au roi de Sardaigne lorsqu'il visita les îles Borromées, au mois de septembre 1828. Des arcs de triomphe peints, avec l'oripeau italien et le latin d'usage, avaient été dressés sur le passage de Sa Majesté. L'apparition de l'Isola Bella, illuminée, offrait le soir un merveilleux coup d'œil. Les transparents et les décorations de théâtre allaient fort bien à cette île symétrique, tourmentée, et les roses de Sanquirico [2] y semblaient plus naturelles que les roses du printemps. Cette scène de nuit était infiniment supérieure à la pompe des harangues et des réceptions du matin. Une multitude de barques illuminées, ayant la forme de dragons ou de temples avec des colonnes corinthiennes ornées de feuillage, se pressaient autour de l'île en feu, et l'enthousiasme des Milanais pour ce genre de plaisir était à son comble. Malheureusement le mauvais temps vint déranger cette fête, et la nuit s'acheva au milieu d'un orage perpétuel; on eût dit que les vastes éclairs, que les vieux tonnerres des Alpes, s'indignaient contre les feux de joie et contre les nouvelles clartés qui troublaient leur solitude et semblaient parodier leur majesté : les éclairs répondaient aux fusées, les tonnerres aux pétards; et ce contraste, qui dut con-

---

[1]. *Dicentes: prædicator castitatis hactenus fuisti, et tu castus eris.* B. ANDREA, *Vita S. Arialdi*, cap. XXIX, citée par Giulini dans ses *Memorie spettanti al governo ed alla descrizione della città e della campagna di Milano ne' secoli bassi*.

[2]. Peintre célèbre des décorations de la Scala.

trarier les personnes en toilette, ajoutait encore à l'effet curieux du spectacle. La fin de la partie ne répondit point au commencement; il fallut subir à Sesto-Calende les visa de passe-port de la police, l'examen des nécessaires par les douaniers, tout cela à bord de la barque du bateau à vapeur et par une pluie effroyable; et, descendu dans ce trou insalubre de Sesto, mon prudent voiturin ne voulut se mettre en route pour Milan, qu'au jour, à cause des voleurs. Ainsi l'Italie, au milieu même de ses fêtes, ne peut échapper soit à la surveillance importune, vexatoire, de ses maîtres étrangers, soit au brigandage de ses propres habitants.

CHAPITRE IV.

Arône. — Colosse.

Je ne me suis pas contenté d'apercevoir de la route le colosse de saint Charles Borromée, placé sur la colline d'Arône; comme confrère, je lui devais une visite; car si je n'ai pas tout-à-fait le génie de Leibnitz et de Fielding (quoique je me sois occupé comme un autre de philosophie et que j'aie aussi composé ma Nouvelle), j'ai été doué de la haute stature de ces grands hommes. J'aurais bien voulu pénétrer dans l'intérieur de cette grosse et médiocre statue de saint Charles, et méditer, assis dans le long nez du saint, comme d'autres voyageurs; mais ma taille était un obstacle pour monter l'escalier, et j'en suis resté là avec le colosse : c'est ainsi qu'une mutuelle supériorité s'oppose quelquefois à l'intimité.

Tel est l'avantage d'avoir une position : tout le monde visite ce grossier colosse de saint Charles, tenant d'une main le livre de ses constitutions synodales et donnant de l'autre sa bénédiction, colosse haut de vingt-un mètres et demi, dont la tête et les mains seules sont en bronze et le reste n'est que de cuivre battu, espèce de monument égyptien élevé à la fin du XVIIe siècle, qui s'aperçoit de plusieurs milles, tandis que l'on néglige les églises et les peintures d'Arône, si intéressantes sous le rapport de l'art. La vaste collégiale de Sainte-Marie, présente à l'entrée une *Nativité* qui remonte aux premiers temps de la renaissance de la sculpture en Italie. A la chapelle du rosaire, récemment décorée, sont de bonnes peintures du Morazzone, artiste vigoureux du XVII° siècle. La paroisse se glorifie de l'excellent tableau en six compartiments, à la fois dans le goût du Pérugin et de Léonard, de Gaudence Vinci, et signé de l'année 1551, ainsi que d'une *Nativité* un des premiers essais du célèbre peintre et décorateur Appiani. Sur le clocher, donné pour du X° siècle, est l'image du *Christ en croix*, enveloppé de sa tunique comme il était alors d'usage.

Ce bourg d'Arône bien situé, riche, commerçant, avec un port sûr et un petit chantier de construction, compte deux mille deux cents habitants, et je me rappelle avec plaisir la gracieuse hospitalité qui m'y fut offerte le jour de la fête des îles Borromées.

CHAPITRE V.

Lombardie.

On entre en Lombardie à Sesto-Calende sur le Tessin, à huit lieues de Milan. Plaine vaste, triste et monotone, la Lombardie contraste avec l'ardeur vive, fière, presque française, de sa population et les souvenirs orageux de son histoire; et cette contrée, sans pittoresque, sans physionomie, ressemble moins à ses propres habitants qu'à ses lourds dominateurs.

CHAPITRE VI.

Entrée de l'Italie par le grand Saint-Bernard et la vallée d'Aoste.— Grand Saint-Bernard. — Couvent.

La route du Saint-Bernard a été mille fois parcourue et décrite. Sans diminuer assurément la gloire du passage de notre armée avec ses canons et les lourds bagages des armées modernes, ni chercher à affaiblir l'admiration que doit inspirer cette grande surprise militaire, on sent toutefois que cette montagne a dans tous les temps été un chemin pour les invasions de l'Italie, et qu'il y avait possibilité de la franchir. On montre encore la petite vallée où nos soldats campèrent, et l'endroit où Bonaparte, renversé par son mulet, eût péri sans le secours de son guide[1]. On offrit à ce montagnard de suivre le premier consul, mais il refusa parce qu'il bâtissait, dit-il, une maison que Bonaparte lui paya : cet homme l'habite encore, et son compagnon de danger, moins avisé, a perdu ses palais. Les enfants et les habitants de cette partie des Alpes ont un air de force et de santé qui réjouit ; ceux-ci sont presque tous propriétaires, et cette propriété cultivée soigneusement rappelle *les champs sur les abîmes* de la lettre de Saint-Preux.

Le mauvais temps ne me permit d'arriver à l'hospice du grand Saint-Bernard qu'à la nuit. Si quelques beaux aspects de la nature m'ont peut-être échappé, je n'ai rien perdu certes du spectacle de courage et de vertu que donnent les religieux, spectacle plus noble que la scène qui les environne ; car il tient à la grandeur de l'homme. En relevant l'inadvertance injurieuse de lord Byron au sujet des prêtres du Saint-Bernard, je ne les avais peints que sur leur renommée ; je n'ai pas été moins touché en les voyant de près. Ces hommes, presque tous du Valais, joignent à une instruction variée la politesse chrétienne et ecclésiastique des religieux, et la simplicité et l'hospitalité des montagnards ; prêtres édifiants, ils sont pleins d'indulgence et sans étroites préventions ; leur montagne, traversée perpétuellement par des pauvres, des paysans, des marchands de divers pays, ou

---

1. Un auteur qui paraît très-véridique sur Bonaparte, M. de Bourrienne, ne parle point de ce fait dans ses *Mémoires* ; il m'a été confirmé par M. le clavendier de l'hospice du grand Saint-Bernard, homme d'un rare mérite. Peut-être M. de Bourrienne est-il une autorité plus sûre pour le cabinet et pour le Luxembourg, les Tuileries et la Malmaison, que pour le passage des montagnes. C'est ainsi qu'il prétend que le soleil ne pénètre presque jamais à Martigny, tandis qu'il y est au contraire fort incommode.

par des voyageurs opulents, des écrivains, des poëtes, des savants, des artistes et des femmes distinguées, les rend assez éclairés sur la plupart des choses de ce monde. C'est ainsi que la quantité d'habitants, de mendiants qui abandonnent un pays, leur fait assez bien juger de la richesse ou de la pauvreté de cet État ; leur statistique de charité serait en ce point moins incertaine que celle de l'administration ou de certains auteurs célèbres. Le couvent reçoit la *Bibliothèque universelle de Genève*, journal fort instructif, la *Gazette de Lausanne*, et des ouvrages de science. J'ai regretté de ne pouvoir examiner la bibliothèque qui était en pile, non par négligence, mais à cause des nouvelles constructions ; car la maison vient d'être élevée d'un étage. L'adversaire le plus intrépide des vœux monastiques éprouverait ici quelque embarras : quels hommes autres que des moines pourraient, depuis plus de huit siècles [1], vivre sous un tel climat ? La charité leur tient lieu de cet instinct de patrie qui peuple les glaces de l'Islande ou du Groenland. Dites à des pères de famille d'habiter le Saint-Bernard, et vous verrez en peu de temps quelle différence sépare l'institut philanthropique de l'œuvre de la religion.

Toute la partie descriptive du grand Saint-Bernard est excellente dans M. de Saussure ; au lieu de le copier, on ne peut après lui qu'essayer de rendre quelques unes de ses propres impressions. L'une des plus vives que j'aie ressenties fut l'effet de la prière du matin dans l'église du couvent : le *Laudate Dominum, omnes gentes*, accompagné de l'orgue, était là encore plus solennel, et la *miséricorde* semblait véritablement *affermie* sur les hommes vénérables qui le chantaient. Le catholicisme charitable de ces religieux me parut, certes, d'un plus bel exemple au protestantisme limitrophe, que celui d'un de nos évêques dont j'avais traversé le petit diocèse deux jours auparavant.

Un de nos plus illustres capitaines, Desaix, est enterré dans l'église du grand Saint-Bernard. Si la colonne qui lui fut érigée a disparu de la plaine de Marengo, son cercueil est mieux défendu par la religion sur la montagne d'un état libre : ce tom-

[1]. La fondation du couvent actuel remonte à l'année 962.

beau français est le plus élevé de l'univers ; il est sur cette haute limite, par-delà les nuages, comme un monument avancé de notre gloire ; et la sépulture du héros qu'il renferme est presque une apothéose.

Le tombeau de Desaix est sans aucune inscription ; son nom même ne s'y lit point : Napoléon avait promis, dit-on, de composer l'inscription. Si les travaux de son règne lui firent oublier sa promesse, peut-être se l'est-il rappelée dans son exil, lorsque songeant à tant de belles et si glorieuses vies sacrifiées à sa cause, il dut envier le victorieux mausolée de Desaix au sommet des Alpes, lui dont la dépouille allait être enfouie au sein de ce roc battu des flots sur lequel il était captif. L'épitaphe de Desaix par son frère d'armes d'Égypte et de Marengo serait aujourd'hui un monument impérissable et sacré qui, certes, ferait plus d'honneur à Napoléon dans la postérité que toutes ces créations, ces proclamations de princes et de rois dont il n'est rien resté.

Malgré le marbre blanc dont il est formé et le gros hibou qui est au milieu, le tombeau de Desaix est nu : on regrette de n'y trouver aucun emblème chrétien, et une croix y semblerait mieux placée que le triste et classique oiseau de Minerve.

Je n'ai pas manqué d'aller rendre visite aux célèbres chiens de l'hospice ; il y en avait un de blessé ; ce n'était, à la vérité, que d'un coup de pied de mulet, mais j'aimais à ennoblir la blessure de ce pauvre animal et à supposer qu'il l'avait reçue dans une de ces chasses périlleuses au secours de l'humanité. Buffon, à l'article du chien, ne s'est point souvenu du chien de l'aveugle. Son oubli des chiens du grand Saint-Bernard est aussi blâmable et s'explique encore moins. Le pompeux auteur des *Époques de la Nature* pouvait fort bien n'avoir pas aperçu le chien un peu vulgaire de l'aveugle des villes, mais il aurait pu rencontrer, et il n'aurait pas dû omettre ce chien de grande et noble stature, cet hôte vigilant de la montagne, ce compagnon des travaux, des dangers et presque de la charité de ses maîtres, ce chien enfin le plus respectable de son espèce.

Dans un coin du couvent, je remarquai à terre une superbe plaque de marbre noir. Cette pierre, d'après l'inscription latine, avait été consacrée par les Valaisans à Napoléon, comme restaurateur de leur république dont, malgré les traités, ce destructeur opiniâtre de républiques finit par faire une préfecture.

En face de l'hospice, dans une petite plaine, sont des espèces de ruines parmi lesquelles on a trouvé de nombreuses médailles, *ex voto* des dévots et des pèlerins de l'antiquité. On ne sait si l'édifice était un temple de Jupiter ou un hospice ; j'incline pour le temple, et ne crois guère, dans un lieu aussi affreux, à un hospice païen.

La société helvétique des Amis des Sciences naturelles doit se réunir à l'hospice du grand Saint-Bernard au mois de juillet prochain. Jamais société savante n'aura tenu si haut ses séances. Le couvent logera ces nouveaux et nombreux Saussures, et tandis qu'ailleurs une sorte de défiance, d'inimitié, subsiste entre le cloître et la science, ici elle sera bien reçue, traitée comme un hôte familier, et admise au banquet et au foyer de la maison[1].

CHAPITRE VII.

Val d'Aoste. — Aoste. — Colonne de Calvin. — Cathédrale. — Tombeau de Thomas II. — Saint-Pierre et Saint-Orso. — Antiquités. — Arc d'Auguste. — Crétins.

La vallée d'Aoste, malgré sa beauté, sa variété, ses riches vignobles[2], n'offre point le riant contraste de l'entrée de l'Italie

---

[1]. Cette réunion a eu lieu le 21 juillet 1829 ; elle était de quatre-vingt-six personnes, parmi lesquelles se trouvaient quelques savants étrangers, tels que M. le baron allemand de Buch, connu par ses travaux géologiques, et MM. Bouvard et Michaux, naturalistes français. Il y eut deux séances, le 21 et le 22, sous la présidence de M. le chanoine Biselx, curé de Vauvry, dans lesquelles on a lu différents mémoires ; et le 23, dit un journal, tout le monde est redescendu également satisfait du zèle et de l'esprit d'union des membres de la société, et de la manière dont les religieux du mont Saint-Bernard ont fait les honneurs de leur couvent.

[2]. Les vins les plus estimés de la vallée sont ceux de Donasso et d'Arnazzo, et parmi les vins de liqueur la *torretta* de Saint-Pierre et la *malvagia* d'Aoste.

par Domo d'Ossola. Cette vallée conserve long-temps les traits principaux de la nature alpine, tels que torrents, forêts, rochers, cascades, abîmes, au fond desquels gronde la Doire. L'antiquité de ce chemin militaire, déjà sensible en montant au grand Saint-Bernard, l'est encore bien davantage à la descente; et cette étroite vallée rassemble à chaque pas les traces redoutables des deux premiers peuples guerriers de l'histoire, les Romains et les Français.

La vallée d'Aoste, les bords de la Doire et les impressions qu'ils produisent ont été peints éloquemment dans les divers ouvrages de M. le comte Xavier de Maistre, écrivain sentimental et militaire, et qui est comme le barde de cette petite contrée. Aoste compte 6,400 habitants.

Au milieu de la place publique est une colonne de pierre surmontée d'une croix, élevée, selon l'inscription, en souvenir de la seconde fuite de Calvin de la cité d'Aoste, à son retour d'Italie, l'année 1541. Ne dirait-on pas, à la vue de cette étrange colonne, qu'il s'agit de la dispersion de quelque puissant vainqueur, au lieu de la retraite précipitée d'un homme errant, isolé, et qui ne marchait qu'avec des doctrines?

L'antique cathédrale, restaurée dans le xve siècle, offre le tombeau d'un de ces braves et habiles capitaines de la maison de Savoie, le duc Thomas II; noble mausolée de marbre blanc que l'excellence du travail doit faire regarder comme de la fin du xive siècle ou du commencement du xve. A la somptueuse chapelle de Saint-Grat, élevée dans le xvie siècle par le marquis Roncas d'Aoste, ministre d'État, sont de bonnes fresques. Un dyptique consulaire d'ivoire, de l'année 406, est le plus ancien de tous ceux qui portent une date, et il a été mis au premier rang de ces fragiles et curieux monuments de l'antiquité.

La collégiale de Saint-Pierre et Saint-Orso est regardée comme la plus ancienne église de la vallée. A la voûte du chœur, d'antiques peintures dans le style byzantin, du commencement du xiiie siècle, représentent les *Apôtres*. On remarque à la sacristie un beau missel, orné à presque toutes les feuilles des armes de la famille Challant, famille la plus illustre du val d'Aoste, et de miniatures riches et de bon goût.

La population de crétins et d'albinos qui habitent la vallée d'Aoste, contraste singulièrement avec la beauté du site et la grandeur des antiquités romaines que l'on y trouve, tels que l'arc d'Auguste, le pont, la porte, le palais prétorien, l'amphithéâtre et le théâtre. J'ai aperçu quelques-uns de ces tristes monstres sous l'arc d'Auguste, et l'espèce humaine m'a semblé là bien plus dégradée, bien plus décrépite que les monuments de dix-huit siècles.

CHAPITRE VIII.

Du *Forestiere*. — Anglais. — Auberges. — Registres.

A peine êtes-vous en Italie, que, revêtu de votre caractère de *forestiere* (étranger), vous trouvez chez ses divers habitants une conduite et des manières toutes différentes : dans les classes élevées, beaucoup d'obligeance, d'hospitalité et de bonhomie ; pour le peuple, au contraire, l'étranger, malgré les formules cérémonieuses dont on l'accable, n'est qu'une proie, qu'une espèce de butin sur lequel chacun se rue, et dont il tâche d'emporter sa part selon ses moyens : le petit garçon, à demi nu, court après la voiture en criant *carità*, jusqu'à ce que, devenu homme, il puisse prendre sa carabine et mendier plus noblement ; le *perfidus caupo* n'est pas moins madré qu'au temps d'Horace ; enfin, voiturins, valets de place, postillons, camériers, patrons de barques, tous semblent vouloir faire restituer en détail à l'Italie les tributs que l'invasion étrangère ne lui a que trop souvent enlevés, et il n'en est point qui ne fasse à cet égard acte de citoyen. Quelques autorités ne dédaignent point d'entrer dans cette sorte de ligue ; les éternels et coûteux visa de passe-ports ne sont qu'un impôt indirect sur la curiosité des voyageurs ; et dans quelques villes de second ordre, telles que Ferrare, Reggio, Plaisance, les billets de spectacle des étrangers ont été depuis quelques années taxés au double, du consentement municipal. Indépendamment des services payés, le laquais des maisons où vous êtes reçu, le *custode*, le douanier, le gendarme, tout le monde tend la main; ce qui coûte cher n'est pas ce que l'on achète, mais ce qu'il faut perpétuellement donner, et il n'est pas jusqu'au poëte de la *locanda* (auberge), auteur du sonnet sur votre heureuse arrivée, dans lequel il n'a pas manqué de faire réjouir pour la millième fois le Tibre et l'Arno, qui ne demande aussi la pièce. Il faut donc que le *forestiere* se résigne, qu'il finisse par ne pas trop calculer; ses jouissances de voyageur y perdraient; la lutte ne saurait être égale, tant ces gens ont l'instinct et la science du gain.

Les Anglais, à force de scènes et de train, ont contribué à l'amélioration des auberges d'Italie; ils peuvent prétendre à la gloire de les avoir réformées; elles sont, en général, devenues fort tolérables, et je les crois même meilleures qu'en France. Le registre que la sévérité des diverses polices y fait tenir exactement, est une lecture à laquelle j'ai souvent cédé, et ce livre ne laisse pas à sa manière que de faire penser. Les noms divers de tous ces voyageurs qui passent, montrent l'agitation souvent bien vaine des choses du monde; ils rappellent quelquefois les caprices de la fortune, et révèlent l'existence oubliée d'aventureux personnages autrefois célèbres, autrefois puissants, et dont les anciens palais n'ont eux-mêmes été que des hôtelleries. La colonne *condizioni* de l'inévitable registre est pour beaucoup de gens difficile à remplir; ils ne savent pas précisément ce qu'ils sont, tant il y a de nos jours de destinées incertaines; tant l'ordre social, malgré ses lumières, est en quelques points incomplet et provisoire. Les Italiens prennent fréquemment le titre de *nobile;* celui de gentilhomme ou d'homme de qualité n'est pris par aucun Français, quoique la noblesse soit dans la Charte, et même qu'il y en ait deux : les noms de rentiers, propriétaires, sont assurément fort doux, mais ils ont quelque chose de commun. L'*età* (l'âge) est une autre question positive qui, pour les femmes, est embarrassante à une certaine époque : on ne s'imagine guère la quantité prodigieuse de dames de trente-huit ans qui voyagent ; on dirait que c'est pour cela le bel âge ; la difficulté, quelquefois, se complique par le voisinage de quelque fille charmante, qui déjà commence à plaire, et prouve que madame sa mère a commencé depuis assez long-temps. Mais les meilleurs chapitres sont les noms de vos amis, comme vous voyageurs ; il semble qu'en retrouvant, qu'en suivant leurs traces, vous diminuez la tristesse de l'absence, que cette sorte d'apparition vous les rend, et qu'elle est comme cette rencontre chantée dans ces mêmes lieux par le poëte :

Plotius et Varius Sinuessæ, Virgiliusque
Occurrunt, animæ quales neque candidiores
Terra tulit, neque quis me sit devinctior alter.
. . . .
Nil ego contulerim jucundo sanus amico.

CHAPITRE IX.

De l'époque du voyage d'Italie.

Quoique l'hiver soit la saison convenue des voyages d'Italie, je n'inviterai point à suivre cet usage, à moins qu'on ne s'y rende par ordonnance du médecin. L'hiver ne va point à cette belle contrée ; son aspect alors n'est guère différent de celui de nos provinces : c'est, à peu près, la même humidité et le même froid ; les fleuves sont débordés, des pluies immenses et continues obscurcissent le ciel et inondent les champs ; les arbres peu élevés paraissent encore plus chétifs dépouillés de verdure, et la vigne, qui s'y entrelaçait avec grâce, n'est plus qu'une espèce de gros reptile qui les serre, tortueux et noir. Les orangers seuls semblent chargés de faire les honneurs du pays, et de rappeler quelques-uns de ses charmes ; mais malgré la beauté de leurs fruits, il n'y en a pas autant que l'imagination se le figure, et ils ne sont pas réellement plus hauts que nos orangers de Versailles et des Tuileries. Lorsque je quittais ordinairement l'Italie vers la fin de l'année, et le plus souvent par un temps affreux, tandis que la foule des étrangers s'y rendait dans d'élégants équipages, je songeais avec peine, dans ma tendresse pour elle, à la première impression que ces étrangers devaient en recevoir ; j'étais tenté de leur crier au milieu du chemin que ce n'était pas là l'Italie, la véritable Italie : les pauvres femmes de chambre anglaises, exposées inhumainement sur les siéges de devant et de derrière, m'inspiraient surtout une vraie pitié ; elles avaient lu probablement les *Mystères d'Udolphe*, dans lesquels se trouve, parmi tant d'horreurs, une si riante description de l'Italie au printemps, et elles devaient éprouver en la voyant ainsi un triste mécompte. Mais si la nature a perdu son éclat, les monuments de l'art ne sont guère plus reconnaissables ; ils sont faits pour la lumière et le soleil d'été et non pour les brouillards de l'hiver. Combien de tableaux, de bas-reliefs, chefs-d'œuvre des plus grands maîtres, disparaissent alors dans l'obscurité de cette triste saison et le jour un peu sombre des églises d'Italie ! Cet effet désagréable de l'hiver en Italie fut singulièrement éprouvé à Rome en 1828 par deux Anglais : arrivés le 10 novembre, ils en repartirent le 11, au grand regret de leur banquier, M. Torlonia, chez lequel ils avaient un crédit de plus de cent mille francs. Je connus aussi à Rome, à la même époque, un jeune Français, qui, comme un autre, faisait l'hiver son voyage d'Italie ; il se défiait, en quittant Paris, de son enthousiasme pour cette terre illustre, enthousiasme que je vis certes fort paisible : ce voyageur désappointé avait eu froid en route ; dilettante, la musique qu'il avait entendue était médiocre ; Turin et Florence, qu'il n'avait fait que traverser, ne lui avaient semblé, pour les rues et les habitants, que des espèces de chefs-lieux de préfecture, et les petites boutiques du Corso, les hôtels de la place d'Espagne, où il était descendu, n'étaient guère propres à exciter cette admiration qu'il avait craint d'abord d'être obligé de contenir.

La multitude d'étrangers qui accourent l'hiver en Italie contribue encore à lui ôter une partie de sa physionomie ; les naturels du pays, les hommes distingués, semblent comme disparaître, perdus au milieu de cette société transplantée et bruyante ;

on ne fait que les apercevoir, et il est moins facile de se lier avec eux, de profiter de leurs lumières, entraînés qu'ils sont par le tourbillon. Quant aux fêtes populaires, aux pèlerinages à ces Notre-Dame-du-Mont, de la Grotte, des Fleurs, ils ont tout-à-fait cessé, et j'ai la grossièreté de les préférer aux pompeux *routs* des banquiers ou des ambassadeurs. L'étranger, le compatriote que j'aime et que je recherche en Italie est quelque artiste, peintre ou architecte, dessinant des vues, observant les monuments sur place au lieu de les regarder sur le papier, travaillant, étudiant, aimant les longs jours, joyeux compagnon des courses de la montagne, des horreurs de la *locanda*, ou passager comme vous sur la barque rapide qui vogue à tant de bords célèbres dans la fable ou l'histoire. Voilà l'heureuse rencontre que je souhaite aux véritables voyageurs; elle leur sera certes plus agréable que celle de nos gens à la mode qui ne passent les Alpes que pour la Scala de Milan, les Cascines de Florence, le Corso de Rome, le Chiaja de Naples et autres frivoles rendez-vous des vanités européennes. L'Italie, cette source inépuisable d'enchantements ou de méditations pour l'esprit et la pensée, n'est, pour tout ce monde, qu'un spectacle des yeux, qu'une espèce de course, qu'une sorte de représentation théâtrale où l'on se rend en poste, dont le but est de se montrer, et de savoir et de dire ceux qu'il y avait et qu'on y a vus. A l'époque choisie par tous ces visiteurs, les belles solitudes de Vallombreuse, du mont Cassin, des Camaldules, sont à peu près inaccessibles; et c'est n'emporter de l'Italie qu'une idée bien imparfaite que de n'avoir pu les contempler.

Il me semble d'ailleurs que les divers pays doivent être vus avec les climats qui leur sont propres : il faut à la Russie l'hiver et les frimas, et le soleil à l'Italie. L'été n'y est point aussi accablant qu'on se l'imagine; il y a de l'air, et l'on s'y entend bien mieux que chez nous à s'y défendre du chaud. Cette réputation de chaleurs intolérables a sans doute été faite à l'Italie par les Anglais et les voyageurs du Nord; mais l'incommodité passagère qu'elles peuvent causer quelques heures au milieu du jour, est bien compensée par l'éclat et la pureté de la lumière du ciel, la magnificence du matin et du soir, et même le charme des nuits.

CHAPITRE X.

Ivrée. — Pont. — Château. — Prisons d'Italie. — Cathédrale. — Mosaïque.

Avant de gagner la route de Turin à Milan, on rencontre Ivrée, ville laide au dedans, d'un bel aspect au dehors : le pont romain, d'une seule arche, jeté sur les rochers de la Doire, et le château formé de quatre tours élevées réunies par une haute muraille de briques, ont un air grand et semblent en harmonie avec le site pittoresque qui les environne. Ce château est une prison redoutable, qui ne ressemble point aux bénignes maisons pénitentiaires de Genève et de Lausanne. Les évasions de ces anciennes forteresses devaient être bien plus difficiles, et les geôliers de vieille roche exerçaient sans doute une surveillance bien plus rude que les concierges philanthropes des maisons nouvelles. Cette grande prison, à l'entrée de l'Italie, me rappelait le rôle important que jouent les prisons dans son histoire : indépendamment des emprisonnements politiques communs à tous les peuples et à tous les pays, jamais contrée n'eut autant ni de plus illustres captifs; poëtes, savants, historiens, artistes, pour peu qu'ils atteignent à quelque célébrité, ont presque tous été enfermés. Il semble que la prison soit là dans la destinée de tout ce qui s'élève, qu'elle devienne alors comme un accident, un événement ordinaire de la vie : elle est pour la gloire ce qu'était à Athènes l'ostracisme pour la popularité, ou ce qu'est à Constantinople le cordon; vous diriez qu'elle y est comme naturalisée. Les prisons de l'Italie sont une partie de ses monuments; et si la tradition quelquefois en était moins incertaine, elles auraient bien aussi leur grandeur, puisqu'elles reçurent des détenus tels que le Tasse, Machiavel et Galilée.

La cathédrale possède, au maître-autel, les reliques du B. Warmond Arborio, évêque d'Ivrée, vers l'an 1001, et à la sacristie un tableau du Pérugin, *Saint Joseph à genoux devant l'enfant Jésus, la Vierge à sa droite, et à gauche le B. Warmond, appuyé sur l'épaule du chanoine abbé Ponzone d'Aseylio* qui a commandé ce bel ouvrage. Un curieux fragment de mosaïque en pierres blanches, rouges et noires, enchâssé dans le mur du séminaire, et qui paraît du XIIe siècle, représente les cinq arts libéraux de ce temps-là, la *Grammaire*, la *Philosophie*, la *Dialectique*, la *Géométrie* et l'*Arithmétique*.

CHAPITRE XI.

Verceil. — Invasion des barbares. — Saint-André. — Mausolée de T. Gallo. — Dôme. — Évangéliaire d'Eusèbe. — Saint-Christophe. — Fresque de Gaudence Ferrari. — Bel exemple du marquis de Leganez. — Saint-Julien. — Bibliothèque. — Archives.

C'est dans les plaines de Verceil que Marius défit l'armée des Teutons et des Cimbres qu'avaient déjà repoussée plusieurs généraux romains. Les antiques invasions de barbares étaient naturelles, puisque le soleil et l'abondance devaient attirer ces peuples; tandis que le vertige des dernières années de l'Empire a pu seul entraîner le chef d'une nation civilisée à faire des conquêtes dans le nord, fait unique dans l'histoire des expéditions lointaines. Les guerres de Charlemagne avaient du moins pour prétexte de convertir les Saxons au christianisme, ou plutôt il obéissait à la grande nécessité de réprimer lui-même l'invasion constante des barbares. « Il n'avait point envie, dit Mézeray, de « posséder les glaces et les rochers du nord. »

Il faut en vérité remonter au souvenir du grand capitaine de Rome pour animer cette triste et ennuyeuse route de Turin à Milan, qui, de ce côté, n'offre point l'imposant et majestueux aspect des Alpes.

Verceil a de charmantes promenades et quelques palais. L'ancien château ou palais ducal, où mourut le bienheureux Amédée III, est aujourd'hui caserne. Le palais Tizzoni, maintenant *Casa Mariano*, possédé par un négociant juif, offre une superbe fresque de Bernardin Lanino, grand artiste milanais du XVIe

siècle, représentant l'*Assemblée des dieux*, dans le style de celle de la Farnesine, brillante décoration de l'ancien salon devenu magasin à blé.

La vaste église Saint-André, surmontée de quatre clochers, d'une belle architecture demi-gothique, fondée en 1219 par le cardinal Guala de Bicchieri, légat en Angleterre l'année précédente, a été reconnue du même dessin qu'une église de Winchester dont Bicchieri aura probablement emporté le plan, avec les 12,000 marcs d'argent, espèce de butin que l'histoire lui reproche d'y avoir fait. Elle a été récemment très-bien restaurée dans son ancien style, aux frais d'une association de personnes pieuses. Sur le curieux mausolée de Thomas Gallo, premier abbé du monastère de Saint-André, mort en 1246, une fresque du temps, la plus ancienne peinture de Verceil, et l'une des plus intéressantes de l'Italie pour l'histoire de l'enfance de l'art, le représente dans sa chaire de théologie : parmi ses six élèves on remarque saint Antoine de Padoue avec une auréole ; en bas du mausolée, un grossier bas-relief de pierre contemporain montre Gallo à genoux devant la Vierge et l'enfant Jésus, tandis que son protecteur, saint Denys l'Aréopagite, debout, lui pose affectueusement la main sur la tête.

Le Dôme [1] majestueux est, à l'intérieur, du grand architecte bolonais du XVIe siècle, Pellegrini, surnommé par les Carraches le *Michel-Ange réformé*, et à l'extérieur, du comte Benoît Alfieri Bianco, premier architecte du Piémont. Le tombeau d'argent du B. Amédée de Savoie, donné par le roi Charles-Félix, en 1823, est du dessin d'un artiste habile de Turin, M. Sevesi. Le chœur, en bois sculpté, de l'année précédente et de l'architecte verceillais Ranza, est une ingénieuse construction qui tient sans un seul clou et peut se démonter en un jour, précaution prise par les chanoines depuis que le premier chœur fut brûlé par les Français casernés dans l'église en 1798. Je vis dans le trésor, le célèbre *livre des Évangiles*, copié, dit-on, de la main d'Eusèbe, premier évêque de Verceil au IVe siècle, et que La-

---

1. En Italie, le Dôme (*il Duomo*) se prend toujours pour la cathédrale.

lande donne pour l'autographe de saint Marc, quoique la version soit latine et que les apôtres n'aient jamais écrit qu'en hébreu ou en grec. Ce manuscrit, autrefois scellé du sceau de l'évêque, qui n'était ouvert qu'avec sa permission, dont il n'était permis que de baiser la couverture à genoux, me fut montré familièrement par un jeune enfant de chœur : il est en très-mauvais état, et l'on pourrait, je crois, lui souhaiter un bibliothécaire plus attentif. Je remarquai aussi une lettre autographe de saint François de Sales au duc de Savoie, datée d'Annecy, le 17 février 1615, sur la canonisation d'Amédée III ; elle est écrite avec élégance, et mériterait de trouver place dans l'édition des œuvres complètes de cet aimable et tendre saint.

Sainte-Marie-Majeure, dite la *Madonna granda*, église du dernier siècle, a remplacé l'ancienne église qui remontait à Constantin ; monument remarquable, dont les débris du portail, offrant un bas-relief astronomique fort curieux, se conservent dans le jardin du palais Gattinara.

Saint-Christophe, ancienne église des *Umiliati*, se recommande par les peintures de Gaudence Ferrari, aide distingué de Raphaël, et le chef de l'école milanaise. Les fresques, dont plusieurs ont été retouchées il y a quelques années par une main inhabile, représentant divers sujets de la *Vie de J.-C.* et de *Ste Marie-Madeleine*, vaste et agréable composition si remarquable par la beauté des têtes et la grâce, l'expression des petits anges, sont peut-être le plus excellent ouvrage de l'artiste. La mieux conservée est l'*Adoration des mages*. La fresque du *Martyre de Ste Catherine*, assez dégradée, offre le portrait de Gaudence Ferrari, celui de son maître Jérôme Giovannone et de son plus habile élève, Bernardin Lanino de Verceil. Ces peintures, commandées en 1532 par le frère Ange de' Corradi, rappellent une noble action du jeune marquis de Leganez, général espagnol, mort en 1711, exilé à Paris, après avoir été enfermé comme autrichien à Vincennes. Lorsqu'il assiégeait, en 1638, Verceil dont il s'empara, il défendit à ses bombardiers de tirer sur l'église Saint-Christophe afin d'épargner le chef-d'œuvre de Ferrari, trait obscur et qui vaut celui de Démétrius de Phalère protégeant le peintre Protogène et faisant la guerre aux Rhodiens et non aux beaux-arts.

A l'église Saint-Julien, une pathétique *Passion de J.-C.*, de Bernardin Lanino, mériterait d'être attribuée à Gaudence Ferrari, si l'auteur n'y avait mis son nom.

L'église Saint-Paul a le tableau de la *Madone des grâces*, pour la levée du siége de Verceil en 1553 par les troupes françaises, sous le commandement du duc de Brissac; c'est un des bons et des plus grands tableaux de Lanino.

La bibliothèque de Verceil, l'*Agnesiana*, compte douze mille volumes.

Les archives, long-temps négligées, et qui contiennent des diplômes et pièces remontant au viiie siècle, ont été récemment confiées aux soins éclairés de M. le professeur Baggiolini, un de ces Italiens pleins de talents comme j'en ai connu, que la mauvaise fortune empêche de s'illustrer, piémontais distingué qui était maître d'école pour manger.

CHAPITRE XII.

Novare. — Dôme. — Archives capitulaires. — Bibliothèque. — Frère Nestor Denis. — Saint-Marc. — Saint-Pierre *al rosario*. — Frère Dulcino. — Saint-Gaudence. — Clocher.

Novare, vieille ville espagnole, sale, a de riches et belles églises.

L'élégant et noble baptistère, ancien *columbarium*[1], appartient aux meilleurs temps de l'architecture romaine.

L'ancien portique du dôme, sorte de musée lapidaire, offre une curieuse collection d'autels votifs, d'inscriptions et d'urnes funéraires. L'église, ancienne et laide, a plusieurs peintures fort remarquables : à la chapelle Saint-Benoît, le *Christ*, S. Gau-

---

1. Ce nom vient de la ressemblance des trous où les pigeons font leurs nids, soit dans les murs, soit dans les colombiers, avec les petites niches destinées chez les Romains à recevoir les urnes d'une même famille. Le *columbarium* contenait, dans un petit espace, les restes d'un grand nombre de corps; il n'était éclairé que par la lueur des lampes qui brûlaient dans les cérémonies des funérailles.

dence, *S. Benoît* et la *Madeleine au pied de la croix*, dont les têtes, crues de Gaudence Ferrari, sont exquises; à la chapelle Saint-Joseph, les *Sibylles*, le *Père éternel*, et les autres poétiques et grandioses fresques, malheureusement dégradées, de Bernardin Lanino; à la coupole, les fresques soignées de Joseph Montalto; à la chapelle des Trois-Mages, une *Nativité* d'auteur inconnu, qui a mérité d'être attribuée soit au Titien, soit au Corrége, soit à Pâris Bordone; à la sacristie, l'imposant et gracieux *Mariage de Ste Catherine*, de Gaudence Ferrari; une *Cène*, variée, de César da Sesto, le meilleur élève de Léonard de Vinci, ami de Raphaël, qui lui disait délicatement : « N'est-il pas étrange « qu'avec une amitié comme la nôtre, nous nous montrions ré- « ciproquement si peu d'égards en peinture et luttions autant « l'un contre l'autre? »

Parmi les pièces des archives capitulaires, il en est des plus anciennes de l'Italie : les *Vie de S. Gaudence et d'autres saints de Novare*, écrites en 700, et la supplique adressée en 730 par Rodoald de Gansingo à l'évêque Grazioso pour obtenir la consécration d'un autel élevé par ce Rodoald à saint Michel. Un précieux diptyque consulaire, d'ivoire, donne les noms d'anciens évêques et cette singulière inscription : *Ajraldus sublevita indignus domui precepto Arnaldi sinè manibus fecit oc opus.*

La bibliothèque du séminaire, publique trois fois par semaine, compte environ douze mille volumes. Parmi les éditions du xve siècle, on remarque le *Dictionarium alphabetico ordine* du frère Nestor Denis, érudit de Novare, le premier auteur de dictionnaire, moins connu que Calepin qu'il a précédé, et qui, ainsi que plusieurs autres, l'a pillé sans le citer. La dédicace du dictionnaire est adressée à Louis-le-More; elle contient un splendide éloge en vers hexamètres de ce prince criminel, mais ami des savants et des artistes, qui eut à sa cour Léonard de Vinci, Bramante et Démétrius Chalcondyle : arrêté, déguisé, près de Novare, sa captivité en France dut être regardée comme une véritable calamité littéraire.

L'église et confrairie de *San Giovanni decollato*, élevée en 1636, a la forme d'un tombeau antique, et se distingue par sa singulière construction. Elle pose sur quatre colonnes de granit sans ceinture de fer. Une *Adoration des mages*, au chœur, est de Charles-François Nuvolone qui a mérité et conservé le surnom du *Guide de la Lombardie*, artiste plein de dévotion à la Vierge, qui jamais ne peignit une de ses belles madones, si recherchées des connaisseurs, sans avoir auparavant accompli quelque acte de piété.

L'église Saint-Philippe de Néri a deux ouvrages d'art récents : l'ancône du chœur peint à Rome avec quelque incorrection par M. le professeur Tofanelli, et une statue de la *Vierge*, assez gracieuse, de M. *Prinetti*, sculpteur de Novare.

A l'église Sainte-Euphémie, dont la façade, de 1787, ne vaut rien, le *Martyre de S. Génès d'Arles*, par Jean-Baptiste Costa, ne manque ni d'expression, ni de coloris, quoique le peintre ait vêtu à l'espagnole le greffier du préfet romain.

Saint-Marc, une des plus régulières et des plus élégantes églises de Novare, se distingue encore par ses peintures. La *Vierge, l'enfant Jésus* et *Ste Anne*, d'auteur incertain, a mérité, par son originalité et sa douce et naturelle expression, d'être attribué à Camille Procaccini. La *Procession faite à Milan par S. Charles Borromée* pour la cessation de la peste, est du Moncalvo, bon peintre du pays et du xvie siècle, qui a fait aussi à la coupole et à la tribune du chœur un *Père éternel* et *S. Marc porté au paradis par les anges*, vigoureuses, correctes et gracieuses compositions. Le *Martyre de S. Marc*, animé, poétique, est de Daniel Crespi, un de ces anciens grands artistes italiens dont la gloire n'égale point le mérite et qui sont à peine connus hors de leur patrie.

La petite église Saint-Charles a : une *Vierge immaculée*, ouvrage nouveau de M. Jacques Conca qui semble continuer la famille des peintres médiocres et trop loués à laquelle il appartient; une *Déposition de croix*, du Cerano, artiste habile du Novarais, homme de lettres et homme de cour, en faveur près du cardinal Frédéric Borromée; un petit *Sacré cœur*, du célèbre André Appiani, un des rares sujets sacrés traités par ce peintre des triomphes de Napoléon, son inspirateur et son héros; un grand

Martyre de Ste Agnès qui servait autrefois d'ancône à l'église des religieuses de la sainte, par Gilardini, artiste du dernier siècle, assez propre à ce genre de travail.

Saint-Pierre *al rosario*, fut jadis un couvent de dominicains redoutables qui, en 1307, condamnèrent le fameux hérésiarque novarais, frère Dulcino, chef de la secte des Gazzari, espèce de Saints-Simoniens barbares, pour avoir prêché la communauté des biens et des femmes. Dulcino brûlé avec sa concubine, la belle Marguerite, religieuse qu'il avait enlevée de son couvent, montra, ainsi qu'elle, une rare intrépidité au milieu des horreurs de leur supplice. Dulcino fut pris et défait à la tête de cinq mille sectaires, le jeudi saint, dans une bataille rangée, moine guerrier pour lequel Dante suppose tant d'intérêt à Mahomet, lorsqu'il fait dire à celui-ci :

> *Or di' a fra Dolcin dunque che s'armi,*
> *Tu che forse vedrai il sole in breve,*
> *S'egli non vuol qui tosto seguitarmi :*
> *Si di vivanda, che stretta di neve*
> *Non rechi la vittoria al novarese,*
> *Ch' altrimenti acquistar non saria lieve.*

L'insurrection de Dulcino ne paraît point avoir été complétement étouffée, puisque quatre années après sa défaite le cloître des Dominicains fut assailli, pendant qu'ils étaient assemblés, par une bande armée qui les dispersa après en avoir tué et blessé un grand nombre. L'église actuelle, terminée en 1618, et qui offre à sa façade le contre-sens architectonique de l'ordre corinthien en bas, et de l'ordre ionique en haut, est ornée de quelques bonnes peintures. Un *Paradis*, tout composé de dominicains à la coupole, les fresques de la chapelle Saint-Dominique sont de Gilardini. La *Vierge, S. Pierre martyr* et *Ste Catherine de Sienne*, à l'ancône de la riche chapelle du Rosaire, est un bel ouvrage et justement loué, de Jules-César Procaccini, le plus habile des Procaccini.

La superbe basilique Saint-Gaudence, de l'architecture de Pellegrini, est riche des peintures des meilleurs maîtres de l'école milanaise. A la chapelle de la Bonne Mort, une *Déposition de croix* passe pour le chef-d'œuvre du Moncalvo ; et les diverses fresques, le *Jugement dernier*, du Morazzone, prouvent la force, le grandiose et la vérité de son talent. L'*Ange gardien*, à la chapelle de ce nom, d'Hyacinthe Brandi, le plus célèbre élève de Lanfranc, rappelle le style élevé de son maître. Il y a du Paul Véronèse dans la déroute de Sennachérib, vive et intelligente composition du peintre novarais du xviie siècle, Antoine Tanzio. L'ancône en six compartiments de la chapelle de la Madone du milieu fut commandé en 1514 par les chanoines de Saint-Gaudence, amis des arts, à Gaudence Ferrari ; c'est son plus grand ouvrage à l'huile avant son voyage à Rome, et le dernier de sa première manière ; il offre, malgré l'altération du coloris, sa douce, sa gracieuse, sa naturelle expression. La chapelle du Crucifix a un *crucifix* en terre, de Gaudence Ferrari, très habile aussi dans ce genre de sculpture. Les fresques vigoureuses des quatre grands *Prophètes* sont de M. Louis Sabatelli, toscan, professeur à l'académie de Milan. Le *S. Augustin écrivant son traité de la Trinité*, de la chapelle Sainte-Barbe, est un ouvrage estimé de Joseph Nuvolone. Les deux superbes portes de la chapelle intérieure du tombeau de saint Gaudence sont un solide mélange d'acier et de bronze fondus : les quatre grandes statues de bronze représentent les protecteurs de la ville et du diocèse de Novare ; le *Triomphe de S. Gaudence*, fresque de la coupole, pleine d'imagination, est le chef-d'œuvre d'Étienne Legnani, bon peintre de l'école lombarde, du commencement du dernier siècle, renommé pour les fresques. Le tombeau du saint peut être comparé pour la magnificence aux plus splendides de l'Italie. Le colossal maître-autel, éclatant de marbres et de bronze, consacré en 1725 par le cardinal Gilbert Borromée, évêque de Novare, se ressent de la corruption du goût à cette époque. Les statues de docteurs de l'Église, du milanais Rusca, semblent, par leur grêle physionomie, de jeunes vieillards, et le *S. Jérôme* a l'air de porter perruque. On fait plus de cas des statues de M. Prinetti, particulièrement du *S. André*, du *S. Paul* et du *S. Barthélemy*. Dans la chambre du chapitre, le *S. Jérôme écrivant*, de l'Espagnolet, a son énergie, son effet. Les archives dont les *actes de la vie de S. Gaudence*, du VIIIᵉ siècle, sont la pièce la plus ancienne, possèdent un diptyque consulaire d'ivoire encore supérieur, pour le travail, à celui du dôme, et sur lequel sont sculptés deux consuls romains donnant le signal des jeux publics. A l'extérieur de la basilique on remarque un *S. Pierre*, sculpture des bas temps, et quelques pierres sépulcrales romaines. Le clocher, brillante construction du comte Benoît Alfieri, terminé en 1786, fut élevé avec la retenue d'un demi-sou sur la vente de chaque livre de viande. Deux inscriptions romaines sont enchâssées de chaque côté de la porte d'entrée : une d'elles rappelle la mémoire d'un certain Tilianeoreus qui, bien que questeur, *ne dut rien à la république* (*reipublicæ nihil debuit*), chose rare, à ce qu'il paraît, parmi les questeurs romains, puisqu'elle a mérité d'être consignée dans une épitaphe.

CHAPITRE XIII.

Route. — Ponts. — Chemins de Lombardie.

On entre en Lombardie de ce côté, à Buffalora, sur le Tésin : un pont magnifique y a été construit de cette belle pierre dure et brillante qui se trouve près du lac Majeur. Nulle part peut-être l'administration des ponts et chaussées n'est plus occupée et n'a rendu plus de services. On passe aujourd'hui commodément les nombreuses rivières et les canaux de la route. Toute cette partie de l'Italie annonce une prospérité solide, agricole, matérielle ; la domination autrichienne est là sous son beau côté. Les routes sont de véritables allées de jardin très soignées ; on y arrache même l'herbe qui commence à croître. Ce gouvernement si économe, si mesquin, est en cela grand et magnifique [1].

[1]. L'entretien si parfait des routes du royaume lombard-vénitien coûte 1,500,000 liv. autrichiennes, c'est-à-dire 1,305,000 fr. pour quinze cent dix-huit milles d'Italie : c'est un peu plus de 1,800 fr. par lieue de France. D'après le rapport lu à la commission des routes et canaux, par M. le baron Pasquier, dans la séance du 6 octobre 1828, l'entretien de nos routes est de 1,750 fr. par lieue ; en Angleterre, il s'élève de 3,700 à 4,215 fr. environ.

LIVRE TROISIÈME.

MILAN.

CHAPITRE PREMIER.

Aspect français de Milan. — Palais royal. — Fresques d'Appiani. — Villa. — Palais archiépiscopal. — Fontaine. — *Uomo di pietra.* — Galerie *De-Cristoforis*. — Palais *della Contabilità*. — Marini. — Maison Vismara. — Barrière de *Porta Orientale*.

Il est impossible de n'être pas frappé, même en passant, de l'air de richesse, de commerce et d'industrie de cette grande cité. La population s'élève à cent soixante mille habitants, après avoir été, vers le milieu du XVe siècle, de trois cent mille. Son aspect français, si fort accru dans ces derniers temps, avait été déjà remarqué par Montaigne. Il trouvait que « Milan ressem-« bloit assez à Paris, et avoit beaucoup de rapport avec les villes « de France. » La même ressemblance avait frappé le Tasse lorsqu'il vint passer à Paris deux années à la suite du cardinal d'Este, et qu'il écrivit son partial et injuste parallèle de l'Italie et de la France. La rue du Cours aujourd'hui a toute la magnificence moderne de la rue du Mont-Blanc; et sans le lourd hulan qui escorte le soir les brillantes calèches du Cours, on pourrait presque se croire aux boulevards.

La multitude de guérites placées à tous les coins de rues, et le soldat automate que l'on y pose tous les soirs, ont quelque chose de triste et de menaçant. Mais de pareilles précautions ne sont que trop nécessaires, attendu l'état de la législation du pays. La loi autrichienne ne condamne jamais sur la déclaration du plaignant, s'il n'y a aussi déposition de deux témoins ou l'aveu du coupable. Cette disposition, qui n'a pas d'inconvénient chez les peuples heureux et tranquilles de l'Autriche, ne convient pas du tout aux Italiens et particulièrement aux Lombards. Singulière opposition de mœurs, qui fait que la partie même débonnaire des lois du peuple conquérant est impraticable et funeste chez le peuple conquis!

Cet aspect français de Milan se retrouve encore plus fidèlement dans les palais du prince, imitations brillantes, mais moins magnifiques, des palais impériaux de France. Leur nombre même est à peu près égal; indépendamment du palais ordinaire du vice-roi, *la villa*, avec son jardin anglais et sa situation dans l'intérieur de la ville, est comme l'Élysée-Bourbon de ce Paris bâtard; et Monza, autre résidence royale à trois lieues de Milan, rappelle Saint-Cloud. Les fresques d'Appiani, qui se voient dans ces diverses résidences, et principalement la grande fresque du palais royal de Milan, représentant l'*Assemblée des dieux*, et le médaillon du salon principal qui offre *Napoléon sous les traits de Jupiter*, sont peut-être trop vantées par les Italiens; mais ces peintures d'apparat, de décoration, produisent un grand effet, et semblent d'ailleurs assez conformes à la gloire théâtrale qu'elles consacrent.

Les divers palais de Milan sont plutôt de vastes et opulentes demeures que des monuments; les cours, environnées de portiques, ont toutefois une sorte de grandeur. Malgré l'usage italien de prodiguer le titre de *palazzo*, ces palais ne portent point une désignation aussi superbe, et, à moins qu'ils ne soient consacrés à quelque service public, ils s'appellent, en général, plus modestement maisons.

L'architecture de la cour du *Palais archiépiscopal* est ingénieuse. Le bâtiment octogone des écuries et son vestibule grec, bel ouvrage du grand peintre et architecte bolonais Pellegrini, paraissaient à saint Charles, et sont véritablement dignes d'une plus noble destination. Sur la place, vis-à-vis du palais, les sirènes de la fontaine, par le sculpteur de Carrare, Joseph Franchi, sont au rang des meilleures sculptures de ces derniers temps.

A la *Corsia de' servi* est l'antique statue appelée par le peuple l'*Homme de pierre* (*Uomo di pietra*), le marforio milanais, qui a été prise pour Cicéron, Marius, et même pour l'archevêque de Milan du x° siècle Menclozzi, qui paraît une statue romaine et que l'on doit toujours regarder comme un des monuments les plus anciens de la ville.

La nouvelle galerie De-Cristoforis, terminée en 1832, du dessin élégant de M. Pizzola, ce passage vitré, avec des boutiques, et le premier construit en Italie, est un monument industriel comparable aux plus beaux du même genre, et qui, pour la richesse des matières (le pavé est de marbre *bardiglio* et de marbre blanc de Carrare), doit même les surpasser.

Le palais Durini, de François Ricchini, architecte milanais, a une arcade majestueuse. La maison *Stampa Castiglioni*, dégradée, fut un des premiers ouvrages du Bramante à Milan, et il a exécuté les peintures en clair-obscur de la façade.

La cour du séminaire, de l'architecte et peintre lombard Meda, est une noble et habile construction.

Le palais *della Contabilità* (ancien collége helvétique), de Fabius Mangoni, architecte milanais du xvii° siècle, et de Ricchini, passe pour le plus beau de Milan : si la façade ne vaut rien, les deux cours sont d'un grand effet et rappellent la majesté des plans antiques.

Le palais *Erba Odescalchi*, ancien palais des Sforce Visconti, élégant, léger, est de Pellegrino Tibaldi ou de son école.

A la maison Pianca sont quatorze fresques de portraits des Sforce, par Bernardin Luini, le Raphaël de l'école milanaise, ainsi que cinq autres portraits en marbre des Sforce, de M. le professeur Marchesi, habile sculpteur actuel.

Parmi les antiquités et curiosités milanaises de la maison *Origo*, est dans le jardin un grossier bas-relief représentant, dit-on, l'impératrice, femme de Barberousse, couronnée de son diadème, et occupée d'une des parties les plus secrètes de sa toilette (*in atto di depilarsi*), bas-relief malhonnête, jadis exposé aux regards publics et que saint Charles Borromée fit enlever de la porte Tosa.

Le plus vaste des palais de Milan est le palais *Marini*, remarquable par sa belle façade, bâti en 1525 par l'habile architecte

Galéas Alessi, pour le fermier-général de Milan dont il porte le nom, et qui est encore occupé par le ministre des finances et l'administration des douanes. Au bout de la même rue Marino est la maison *Patellani*, demeure de Pellegrino Tibaldi, dans laquelle il mourut à son retour d'Espagne, après y avoir comme fondé la peinture.

L'ancienne maison *Bossi*, maintenant *Vismara*, donnée par le duc François Sforce à Côme, père de la patrie, conserve sur sa façade deux superbes figures de femmes armées, de la plus riche sculpture, ouvrage de l'habile statuaire et architecte florentin Michelozzo Michelozzi, qui le premier s'affranchit en Lombardie du goût gothique.

Les autres principaux palais sont les palais *del Governo*, de *Brera* (palais des sciences et des arts), et les maisons *Serbelloni, Pezzoli, Belgioso, Cusani*, maintenant casin des négociants, qui a paru digne de Palladio ; *Litta*, de très-mauvais goût malgré sa magnificence ; *Annoni, Mellerio, Stampasoncino*, où se voient de beaux tableaux ; et *Trivulzio*, jadis séjour d'une noble et aimable famille, qui avait conservé le vieux bâton du maréchal de France, non moins précieux que tous les chefs-d'œuvre de son riche musée et que les raretés de sa bibliothèque.

La nouvelle barrière *de Porta Orientale*, récemment terminée, ouvrage de M. Vantini, est une superbe barrière, et peut-être le plus beau de ces monuments du fisc et de la police placés à l'entrée des grandes cités actuelles et qui caractérisent assez bien leur sorte de civilisation.

CHAPITRE II.

Dôme.—Colonnes.—L'Écorché.—Tombeau de saint Charles.—Mausolée du cardinal M. Caracciolo. — Chapelle de Jean-Jacques Médicis.—Baptistère.—Rit ambrosien.— Chapelle *dell' Albero*.—Vue.

Le Dôme, avec ses cent aiguilles, et les trois mille statues que l'on y voit perchées, n'est qu'un énorme colifichet, plus hardi, plus extraordinaire que beau ; toute cette population de marbre semble commune de forme et d'expression, et sa blancheur, comme celle de l'édifice, est crûe à l'œil[1]. Il n'y a point réellement de clocher ; la tour provisoire, espèce de colombier qui en tient lieu, est laide et mal placée. Le gothique du Dôme manque de naïveté ; il est à la fois vague et recherché, et ce n'est pas là le gothique grand, primitif, de la cathédrale de Cologne[2]. Les portes d'ordre romain, et qui jurent avec le caractère général de l'édifice, sont décorées de beaux bas-reliefs et d'ornements de Cerani et de Fabius Mangoni. Les deux gigantesques colonnes monolithes de granit rouge, qui s'élèvent de chaque côté de la porte principale, furent tirées des carrières de Baveno, près du lac Majeur ; elles sont peut-être les plus hautes qui jamais aient été employées dans aucun édifice. La peinture architectonique de la voûte, cette sorte de décoration, sans doute bien exécutée et qui conviendrait à un bâtiment neuf, déplaît dans un de ces vieux monuments où tout est ordinairement si réel. Plusieurs fenêtres en verre de couleur, exécutées à Milan d'après la méthode économique et solide de M. Bertini, ont été refaites depuis, et leur effet égale, s'il ne surpasse celui des anciens vitraux brisés.

Les quatre évangélistes et les quatre pères de l'Église, en bronze, des deux chaires, par François Brambilla, malgré quelque recherche et quelque confusion dans les draperies, sont des figures sculptées et fondues avec beaucoup de soin et d'habileté.

Les dix-sept bas-reliefs de la partie supérieure du mur d'enceinte du chœur, dessinés par le même artiste, sont d'une finesse de ciseau rare ; il a fait encore le modèle du grand et riche tabernacle de bronze doré du maître-autel. Au-dessus de ce dernier est le brillant reliquaire du *Santo Chiodo* (un des clous de la vraie croix), relique vénérée, qui, le 3 mai de chaque année, anniversaire de la terrible peste de 1576, est portée pro-

---

1. Le nombre des statues, quand l'édifice sera terminé, doit s'élever à quatre mille cinq cents ; la façade seulement en compte à peu près deux cent cinquante.

2. On a prétendu que le Dôme était une imitation de cette cathédrale : comme toutes les imitations, il doit être inférieur à son modèle, et cette opinion ne me paraît pas contredire l'impression que m'a laissée le Dôme de Milan.

cessionnellement par l'archevêque de Milan, à l'exemple de saint Charles, après avoir été retirée de la voûte par quelques-uns des dignitaires du chapitre, hissés théâtralement jusque-là dans une machine peinte, ayant la forme d'un nuage et mêlée de petits anges. Les stalles en bois du chœur sont revêtues de superbes sculptures d'après les dessins de Pellegrino, de Brambilla, de Figini et de Meda, et représentent divers traits de la vie de saint Ambroise et d'autres archevêques de Milan.

La célèbre statue de l'*Écorché*, dite de *S. Barthélemy*, placée aujourd'hui derrière le chœur, me paraît bien peu digne du ciseau de Praxitèle, malgré l'inscription gravée, sous ses pieds, avec peu de modestie, par l'artiste[1]. Cette sorte de réalité est horrible ; et je ne crois pas que les Grecs, qui ont tant fait de statues d'Apollon, aient jamais représenté le squelette de Marsyas[2].

Il est difficile de n'être pas ému en voyant dans la chapelle souterraine le corps de saint Charles qui est comme le héros de cette contrée ; génie vaste, ardent, inflexible, espèce de saint administrateur, dont le souvenir, ainsi que celui de sa famille, domine là tous ceux des rois et des empereurs[3]. Le saint archevêque est revêtu de ses habits pontificaux enrichis de diamants ; sa tête mitrée repose sur un coussin d'or ; le sarcophage transparent est de cristal de roche, et l'on peut aisément contempler jusqu'aux traits de ce grand homme. La devise *humilitas*, écrite sur le tombeau, et qui est celle de la famille Borromée, contraste, il est vrai, un peu avec l'exhibition de tant de richesses.

Le tombeau du cardinal Frédéric Borromée, non moins digne de mémoire que son cousin le saint, est beaucoup plus et trop modeste. Le cardinal Frédéric devait être canonisé comme

---

1. *Non me Praxiteles, sed Marcus finxit Agrates.*
2. La statue antique, connue sous le nom de *Marsyas*, autrefois à la Villa Borghèse, maintenant au Musée royal, qui n'appartient point aux meilleurs temps de l'art, n'est qu'un faune pendu par les mains à un arbre, et ne représente point Marsyas écorché.
3. Les Borromées étaient originaires de Toscane et de San-Miniato ; leur établissement à Milan date du mariage de Philippe, chef de la famille, avec Talda, sœur de l'infortunée Béatrix Tenda, parente du duc Philippe-Marie Visconti.

saint Charles ; mais il paraît que les frais de la canonisation de celui-ci avaient été si coûteux, que la famille fut obligée de renoncer à ce nouvel honneur. Les intéressants *Promessi Sposi* de M. Manzoni, dont le cardinal Frédéric est comme le héros, ont été depuis une sorte de réparation et de compensation à l'injustice du sort.

On voit, sous verre, dans une chapelle, le crucifix porté processionnellement par saint Charles, ainsi que l'indique l'inscription, lors de la peste de 1576 ; véritable trophée, monument de la charité du grand archevêque, noblement exposé sur un autel de sa cathédrale.

Le mausolée d'Othon-le-Grand et de Jean Visconti, oncle et neveu, archevêques et seigneurs de Milan aux XIIIe et XIVe siècles, est surmonté de la statue assise de *Pie IV*, oncle maternel de saint Charles, un des bienfaiteurs de la cathédrale, ouvrage estimé de Brambilla.

Le magnifique mausolée du cardinal Marin Caracciolo, mort en 1538, paraît le dernier ouvrage de Bambaja, excellent sculpteur milanais, qui le premier parvint à façonner les durs marbres des carrières de la Lombardie.

Au-dessus d'une console de fleurs entrelacées, est la statue de l'illustre pape *Martin V,* assis et donnant sa bénédiction, par le fameux Jacopino da Tradate, aussi comparé à Praxitèle dans l'inscription du maître-autel qu'il a fait en 1418, tant cette comparaison exagérée semble le lien commun du style lapidaire du dôme.

La sacristie méridionale offre les débris de l'antique et riche trésor de cette cathédrale. La belle statue du *Christ lié à la colonne* est du Gobbo ; un grand tableau de *S. Charles bénissant les croix,* du Cerano ; deux calices ornés de petites figures d'enfants et de divers groupes sont d'un travail merveilleux ; une patène en or est un chef-d'œuvre de ciselure, attribuée au milanais Caradosso, et le groupe principal, une *Déposition de croix,* est admirable d'expression, malgré l'exiguïté des figures ; enfin, on y conserve le célèbre *Pallium,* représentant la *Naissance de la Vierge,* brodé par Louise Pellegrini, peintre à l'aiguille, de la première moitié du XVIIe siècle, qui obtint par son adresse le surnom de *Minerve lombarde*.

La statue de *S. Ambroise* est de César Procaccini, aussi bon statuaire que grand peintre; celle de *S. Satyre*, d'André Biffi, d'après un modèle de Brambilla. Le grand bas-relief en marbre de la chapelle de la Présentation, si gracieux, si naturel, si vrai, est du Bambaja; une belle statue de *Ste Catherine*, de Christophe Lombardo, habile sculpteur et architecte milanais du XVIe siècle.

La chapelle de Jean-Jacques Médicis, marquis de Marignan, a été débarrassée de la grille qui la fermait; on peut maintenant contempler bien mieux le riche mausolée, du dessin de Michel-Ange, élevé par le pape Pie IV, son frère, à ce hardi capitaine, espèce de héros, de corsaire, de brigand, oncle indigne de S. Charles. Les statues et les bas-reliefs en bronze, qui le décorent, sont un travail estimé de Lion Lioni, bon sculpteur, fondeur et graveur toscan du XVIe siècle.

Le *Baptistère*, élégant, gracieux, est de Pellegrino; le grand bassin baptismal, de porphyre, passe pour avoir appartenu aux thermes de Maximien Hercule, à Milan. Ainsi que dans la primitive Église, le rit ambrosien, suivi dans le diocèse de Milan, et différant en beaucoup de points du rit romain, a conservé le baptême par immersion. Ce rit ne remonte point seulement, comme on le croit, à saint Ambroise qui l'a tout au plus réformé, mais sa pompeuse liturgie paraît empruntée aux rits antiques de l'Orient.

La chapelle *Dell'albero*, ainsi appelée du magnifique candélabre en bronze ayant la forme d'un arbre, présent de l'archiprêtre de la cathédrale, Jean-Baptiste Trivulzio, est décorée de nombreux et très-jolis bas-reliefs de Brambilla, d'André Fusina, du Gobbo, et autres excellents artistes.

Les statues colossales de saint Ambroise et de saint Charles sont des ouvrages estimés de deux bons sculpteurs italiens actuels, MM. Marchesi et Monti de Ravenne.

La vue, du haut de ce dôme, énorme pyramide, espèce de montagne de marbre, est vraiment admirable : les plaines cultivées de la Lombardie paraissent, sous l'azur des cieux, un océan de verdure ; l'œil découvre à la fois les Alpes et les Apennins, et cet immense horizon est comme une apparition nouvelle et superbe de l'Italie.

Près du dôme, à la place *dei Mercanti*, est une colossale statue de saint Ambroise, du jeune sculpteur milanais Louis Scorzini, élevée en 1834, et présent d'un autre milanais généreux, M. Fossani. Cette statue expressive, bien drapée, malgré la dureté du marbre, le même que celui du dôme, porte le simple costume épiscopal du temps de saint Ambroise ; elle remplace noblement une indigne statue de Philippe II, mise jadis dans la même niche sombre, noircie, et sur le même piédestal que celle du courageux et indépendant archevêque de Milan.

CHAPITRE III.

Sainte-Marie de la Passion. — Mausolée de Daniel Birago. — Chalcondyle. — Notre-Dame de San-Celso. — Statues de Laurent Stoldi. — Coupole d'Appiani. — Saint-Nazaire. — Trivulce.

Le dessin de la façade de l'église Saint-Raphaël est du grand architecte Pellegrino. Plusieurs peintures sont remarquables : le *S. Matthieu*, grandiose, d'Ambroise Figini ; *S. Jérôme*, de César Procaccini ; *Élie endormi*, de Morazzone ; *Jonas refusant d'obéir à son père*, du Cerano.

La restauration du clocher nouveau de Sainte-Marie de' Servi est d'un goût horrible, et le bruit des cloches si importun qu'il a fait baisser le prix des loyers des maisons voisines. L'intérieur de l'église est richement décoré : *la Vierge avec l'enfant Jésus et des anges*, est d'Ambroise Borgognone; le *Baptême de S. Jean*, d'un des frères Campi ; le *S. Philippe Benizzi*, de Daniel Crespi ; le *Christ au jardin des oliviers*, de Lomazzo, illustre milanais, peintre, poëte, savant, géomètre, physicien, écrivain distingué, dont Cardan, d'après ses calculs d'astrologie, avait prédit la précoce cécité[1]; une ancienne et belle *Assomption*, d'auteur inconnu. Les peintures du chœur, très-bonnes, sont de Pamphile Nuvolone, et une *Adoration des mages*, à la sacristie, a paru digne de Bernardin Luini.

Sainte-Marie de la Passion, de l'architecture du Gobbo, à l'exception de la façade ridicule de son obscur successeur, est une des belles églises de Milan, et peut-être la plus riche en tableaux. Une *Assomption*, fresque de Pamphile Nuvolone, orne la coupole. Le *Christ mort et la Vierge pleurant*, est de Bernardin Luini; une petite *Descente de croix*, de César Procaccini; un *S. François*, de son frère Camille. Les orgues sont de Charles Urbini et Daniel Crespi, qui a fait encore les divers sujets de la *Passion*, du meilleur goût *titianesque*, les belles peintures de la nef, et un *S. Charles Borromée déjeunant au pain et à l'eau*, dont la terrible physionomie ferait croire qu'il médite quelque action violente et fanatique. Une belle *Cène* est de Gaudence Ferrari. Le *Christ au jardin des oliviers*, une *Flagellation*, sont des meilleurs ouvrages du Talpino. L'*Enfant Jésus s'échappant du sein de la Vierge pour courir dans les bras de S. Joseph*, est une des deux bonnes saintes familles de Frédéric Bianchi. Les peintures de la sacristie, remarquables, d'auteurs inconnus, offrent les beautés de l'ancien style lombard. Une *S. Monique* est de Joseph Vermiglio, regardé par Lanzi comme le premier peintre du Piémont et l'un des meilleurs peintres du xviie siècle.

Le mausolée de l'évêque Daniel Birago, élevé par le grand hôpital de Milan, auquel il avait légué tous ses biens, est un monument noble, élégant, gracieux, d'André Fusina, un des premiers sculpteurs lombards du xve siècle.

Le tombeau de Démétrius Chalcondyle a l'inscription simple et touchante du Trissino, son élève[2]. La cendre de cet Athénien

[1]. Lomazzo, devenu aveugle à trente-trois ans et peut-être à vingt-trois ans, fit des vers, composa plusieurs ouvrages, et dicta son *Traité de la Peinture*, regardé comme le plus complet qui existe, et supérieur même aux fragments de Léonard de Vinci, recueillis sous ce titre.

[2].
P. M.
Demetrio Chalcondylæ Atheniensi

fugitif chez les Lombards, de ce premier éditeur d'Homère, de ce maître de grec de Benoît Jove, frère de Paul, de Grégoire Giraldi, du comte Castiglione, et d'autres savants italiens, de l'allemand Reuchlin, de l'anglais Linacer, célèbres fondateurs des études grecques dans leurs pays, la reconnaissance du Trissin, premier restaurateur de l'art tragique en Europe, montrent tout ce que l'on doit à cette nation, et sont, à l'entrée de l'Italie, comme un monument avancé des services qu'elle a rendus.

Quelques belles peintures sont à Saint-Pierre in Gessate : *S. Maur* de Daniel Crespi; plusieurs traits de la vie du même saint du Moncalvo; une image de la *Vierge*, sous verre, de Bernardin Luini. A la chapelle Saint-Ambroise, les ouvrages de Bernardin da Trevilio et du Butinone, peintres du xv⁰ siècle, sont remarquables pour la perspective; une *Vierge* est attribuée au Bramante.

L'ancienne église Saint-Étienne-Majeur avait été le théâtre d'une des plus terribles catastrophes de l'Italie du xv⁰ siècle, le meurtre de Galéas Marie, indigne fils du grand François Sforce, assassiné au milieu de ses gardes, le lendemain de Noël 1476, par trois courageux jeunes gens, Charles Visconti, Lampugnano et Olgiati, excités par leur maître, le grammairien Colas de Mantoue; exemple nouveau d'un meurtre de tyran, stérile pour la liberté. Visconti et Lampugnano furent tués dans l'action, abandonnés de ceux qui devaient les seconder; Olgiati, arrêté plus tard, périt à vingt-trois ans de la main du bourreau; déjà torturé, nu sur l'échafaud, prêt à être tenaillé et coupé par morceaux, la peau de la poitrine arrachée, il fit entendre ces tristes et superbes paroles : *Mors acerba, fama perpetua : stabit vetus memoria facti.*

L'église actuelle de Saint-Étienne, embellie par le cardinal

In studiis litterarum græcarum
Eminentissimo
Qui vixit annos LXXXVII mens. V.
Et obiit anno Christi MDXI.
Joannes Georgius Trissinus, Gasp. filius,
Præceptori optimo et sanctissimo
Posuit.

Frédéric Borromée, a quelques tableaux estimés : *S. Gervais* et *S. Protais*, du Bevilacqua, d'assez bon style, malgré la violation des règles de la perspective; la seconde bonne *Ste Famille*, de Bianchi; le tableau de la chapelle Trivulzio, de Camille Procaccini; un *S. Jean évangéliste*, de son frère César.

Saint-Barnabé est d'une bonne architecture, attribuée au Père Antoine Morigia, grand prédicateur, devenu évêque et cardinal. Un *Christ mort* est un ouvrage estimé d'Aurèle Luini, qui n'a pas toujours conservé le naturel et la grâce de son père Bernardin. La *Vierge avec l'enfant Jésus, Ste Catherine et Ste Agnès*, superbe, est d'Antoine Campi; *S. Barthélemy, S. François, S. Bernardin*, d'une belle composition, de Lomazzo.

Sainte-Marie de la Paix, qui fut changée en magasin militaire, et depuis en manufacture, conserve encore quelques débris des fresques de Marc d'Oggiono, élève, ami de Léonard, de Gaudence Ferrari et d'autres habiles peintres. A l'ancien réfectoire du couvent est un *Crucifiement* de ce même artiste, et la copie de la *Cène*, faite à vingt-deux ans par le docte et infortuné Lomazzo, peut-être quelque temps avant sa cruelle cécité.

Notre-Dame de San-Celso, avec les colonnes de marbre, les belles statues, les sculptures qui décorent sa façade, la magnificence des peintures et des fresques de la voûte et des chapelles, la richesse des ornements, a déjà toute la grandeur et l'éclat des églises de Rome. La majestueuse cour est du Bramante; la façade de Galéas Alessi. A l'entrée, les deux statues d'Adam et Ève, du sculpteur toscan Laurent Stoldi, ont la grâce et la pureté des statues antiques. Les deux *Sibylles* du fronton, les quatre statues de prophètes, la *Présentation de J.-C.*, les anges en haut de l'église, sont d'excellents ouvrages d'Annibal Fontana. Un *Repos en Égypte*, très-beau tableau de Raphaël, maintenant à Vienne, devait jadis ajouter encore à cette ressemblance. La croix d'argent et les six chandeliers d'argent donnés par Joseph II sont une bien faible compensation d'une telle perte[1]. On ne sait pas pré-

---

[1] Ce *Repos en Égypte* a été supérieurement gravé par un élève de Longhi, M. Ado Fioroni, et lui a mérité, en 1829, la médaille d'or au concours de l'académie des beaux arts de Milan.

cisément auquel du Bramante ou du Gobbo appartient le plan de l'édifice. Le *Martyre de S. Nazaire et de S. Celse*, une *Descente de croix*, sont de César Procaccini, qui a fait aussi les deux anges de marbre mettant la couronne sur la tête de la Vierge. Deux *Martyres de Ste Catherine* sont du Cerano. Le grand tableau de l'autel, très-beau, est de Pâris Bordone, ainsi que les deux prophètes et le *S. Roch*, peint à fresque au-dessus et en dessous. La *Résurrection du Sauveur*, facile, originale, est d'Antoine Campi. Le *S. Maxime*, une *Assomption*, le *Christ quittant sa mère au moment de la Passion*, tableau qui, selon Lanzi, n'a rien à redouter du voisinage des meilleurs ouvrages lombards placés dans cette église, sont d'Urbini. Le *Baptême du Christ*, vrai, gracieux, avec une gloire d'anges fort belle, est de Gaudence Ferrari; un *S. Jérôme assis*, de Calixte Piazza; la *Conversion de S. Paul*, superbe, du Moretto qui l'a signée contre son usage, comme s'il tenait particulièrement à ce tableau; une *Assomption*, de Camille Procaccini. Un *S. Sébastien* est attribué au Corrège. Un groupe d'anges bien disposé est de Pamphile Nuvolone. De petites figures en clair-obscur ont été parfaitement exécutées par Jean da Monte, élève du Titien.

Les fresques de la coupole par Appiani, représentant les quatre Évangélistes et les quatre Pères de l'Église, avec des anges et des nuages, sont une des productions les plus vantées, les plus aériennes de ce brillant décorateur.

Les statues mises dans les niches sont de l'habile Laurent Stoldi, à l'exception du *S. Jean* de Fontana, qui est aussi l'auteur des prophètes et des bas-reliefs de la chapelle de la Vierge. Les stalles du chœur, très-belles, furent dessinées par Galéas Alessi.

La façade de Saint-Paul, élégante, est du Cerano, non moins habile architecte que bon peintre; la nef peut-être de Galéas Alessi. *S. Charles* et *S. Ambroise* est un des ouvrages irréprochables du Cerano, et même supérieur, pour le coloris, aux tableaux ci-après des Campi, qui brillent toutefois singulièrement dans cette église. Ces tableaux sont : le *Martyre de S. Laurent*, la *Décollation de S. Jean*, la *Chute* et la *Mort de S. Paul*; le *Baptême du même saint*; le *Miracle du mort ressuscité*; une *Na-*

livité, d'Antoine; *la Vierge, l'enfant Jésus,* S. *Joseph,* et d'autres figures, de Jules; *le Sauveur donnant les clefs à S. Pierre,* de Bernardin qui ne paraît point de cette famille.

L'église Sainte-Euphémie, remarquable par le beau pronaos d'ordre ionique de la façade, a : l'*Adoration des mages,* par Ferdinand Porta, peintre inégal, imitateur du Corrège; une *Présentation au temple,* grandiose, bien dessinée, d'auteur inconnu; et le tableau de la *Vierge,* avec des anges et des saints, des meilleurs ouvrages de Marc d'Oggiono.

La basilique Saint-Nazaire, bâtie en 382, reçut de saint Ambroise le corps du saint. Avant d'y entrer, on traverse le mausolée de Jean-Jacques Trivulce et de sa famille; en face de la porte, et presque à moitié de la voûte très-élevée, est le tombeau de cet Italien aventureux, de ce maréchal célèbre, créateur de la milice française, mort disgracié à Chartres ou Arpajon, comme un seigneur de la cour de France, et sur lequel est inscrite l'épitaphe faite par lui : « Jean-Jacques Trivulce, fils d'Antoine, « qui jamais ne se reposa, repose ici; tais-toi [1]. » A la même hauteur, sont les autres tombeaux de sa famille, au nombre de sept. L'effet de ces huit grands cercueils de pierre suspendus est très-singulier; ils semblent véritablement aussi vouloir porter jusqu'au ciel le « magnifique témoignage de notre néant »; mais ces tombeaux sont vides, et d'après la règle établie par le concile de Trente sur les sépultures, saint Charles a fait transporter les os des Trivulce dans le caveau de l'église. A l'une des chapelles, le tombeau de Manfred Settala, mécanicien, surnommé, un peu fastueusement, l'*Archimède milanais,* homme dont les voyages et la vie furent consacrés aux sciences, aux lettres et aux arts, contraste avec le tombeau guerrier de Trivulce. Les peintures sont : une *Assomption,* de Lanzani, et quatre grands et bons tableaux de Jean da Monte au portail intérieur; une *Cène,* très-belle, de Bernardin Lanino, imitation de celle de Gaudence Ferrari, son maître, à l'église de la Passion.

La chapelle Sainte-Catherine, attenante à Saint-Nazaire et

[1]. *Joannes Jacobus Trivultius, Antonii filius, qui nunquam quievit, quiescit. Tace.*

bâtie sur le dessin du Bramante, est encore remarquable par les fresques expressives, pittoresques, exécutées en 1546, par Bernardin Lanino, représentant le *Martyre de la sainte*, et qui ne laissent à désirer qu'un peu plus de soin dans les draperies : par une bizarrerie alors commune aux artistes, le peintre a représenté en bas son maître, Gaudence Ferrari, dans son costume ordinaire, disputant avec un autre de ses élèves, J.-B. de la Cerva, tandis que lui-même en bonnet noir les écoute attentivement.

Saint-Antoine-Abbé est extrêmement remarquable par ses peintures. La voûte est des frères Carloni, génois, habiles peintres à fresque du XVIIe siècle, qui travaillèrent aussi dans le chœur avec le Moncalvo dont le *S. Paul ermite* se soutient avec honneur à côté de leurs ouvrages. Une *Conception*, charmante, est d'Ambroise Figini ; *S. Charles* avec le saint clou, de Foi Galizia, habile femme peintre, du commencement du XVIIe siècle. Une *Nativité*, la *Tentation de S. Antoine*, sont de Camille Procaccini ; une *Descente de croix*, une *Résurrection*, du Malosso. Le *Christ portant sa croix*, est du jeune Palma ; une *Annonciation*, de César Procaccini, chef-d'œuvre gracieux, trop gracieux peut-être, et dans lequel le sourire mutuel et presque malin de la Vierge et de l'Ange ne paraît pas fort convenable. *S. Gaétan*, une *Assomption*, sont du Cerano. La *Vierge, l'enfant Jésus, Ste Catherine, S. Paul*, bel ouvrage, est de Bernardin Campi : la gloire d'anges fut ajoutée par Camille Procaccini. Un *Saint-Esprit*, judicieux, mais faible de coloris, est du Fiorentino. Une *Nativité*, d'Annibal Carrache, paraît peu digne de ce grand maître. L'*Adoration des mages*, du Morazzone, a tout l'effet et le luxe des vêtements des maîtres vénitiens.

La sacristie de l'église Saint-Satyre, en forme de petit temple octogone, est célèbre sous le rapport de l'art : l'architecture, du Bramante, est digne de lui ; les têtes plus fortes que nature et les petits enfants sont des ouvrages distingués du Caradosso, habile sculpteur et graveur très-loué, très-admiré par Benvenuto Cellini, qui l'avait connu à Rome. L'image miraculeuse de la Vierge est du XIe siècle ; l'action du fou qui poignarda cette image est du chevalier Peruzzini, bon peintre d'Ancône, mort à

Milan, et imitateur des Carraches et du Guide ; la *Fuite en Égypte*, de Frédéric Bianchi. *S. Philippe de Neri*, agréable et bien dessiné, passe pour un des meilleurs tableaux de Peroni. Dans une autre sacristie sont quelques anciennes peintures et un *S. Barnabé*, attribué à Beltraffio, amateur et bon peintre milanais du xvi° siècle, élève de Léonard.

CHAPITRE IV.

Saint-Sébastien.— Saint-Alexandre *in Zebedia*.— Paul Frizi.—Saint-Eustorge.— Mausolée de saint Pierre-Martyr.— George Merula. Sainte-Marie de la Victoire. — Colonnes, église Saint-Laurent. — *Monastero Maggiore*.

L'église Saint-Sébastien, fondée par saint Charles, sur le dessin de Pellegrino, est un des monuments d'architecture les plus splendides de Milan. Le *Martyre du saint*, du Bramante, est le meilleur tableau qu'il y ait de lui dans cette ville, et réfute l'opinion de Cellini, qui lui refusait le talent de peindre. L'*Annonciation*, le *Massacre des Innocents*, de Joseph Montalto, rappellent l'élégance et la grâce du Guide, son maître. *S. Charles*, *S. Philippe*, un *Crucifix avec la Vierge*, *S. Jean et Madeleine*, sont de François Bianchi et d'Antoine Ruggieri, peintres du xviii° siècle, artistes inséparables, et qui ont laissé un meilleur exemple de concorde et d'amitié que de goût.

Saint-Alexandre in Zebedia, malgré le détestable goût de sa façade, est riche, magnifique. Divers traits de la *Vie du saint* et d'autres martyrs, la *Trinité*, plusieurs faits de l'*Ancien Testament*, à la voûte, dans le chœur, au maître-autel, sont de grandes et nobles peintures de Frédéric Bianchi, de Philippe Abbiati et de son expéditif élève Pierre Maggi. Les peintures d'une chapelle ornée de sculptures exquises, deux tableaux encore relatifs à la *Vie de S. Alexandre*, ouvrages agréables, expressifs, quoique un peu recherchés, sont d'Augustin Saint-Agostino, le plus habile des trois Saint-Agostini. Une bonne *Nativité*, l'*Assomption*, un *Crucifiement*, sont de Camille Procaccini. Une chapelle est peinte par Louis Scaramuccia, élève distingué du Guide et du Guerchin, artiste écrivain, auteur du livre intitulé : *Le finezze de' pennelli italiani* (de l'excellence des pinceaux italiens). La *Décollation de S. Jean-Baptiste*, l'*Adoration des mages*, très-belle, à la sacristie, sont de Daniel Crespi; la voûte, formée de gracieux petits anges, est du Moncalvo. Saint-Alexandre possède un illustre tombeau, celui du mathématicien et physicien célèbre Paul Frisi, qui fut élevé par le comte Pierre Verri, noble milanais, partisan et propagateur, comme ce barnabite, des idées nouvelles et de perfectionnement social.

Saint-Eustorge, refaite avec régularité par Ricchini, est une des plus anciennes églises de Milan. A l'entrée en dehors est la chaire, espèce de grosse tribune de pierre, de laquelle, selon l'inscription, saint Pierre martyr réfutait les hérétiques de son temps. Ces souvenirs religieux sont touchants : on ne sait ce que sont devenues les chaires de Bossuet et de Massillon; la foi du moyen âge était moins indifférente, moins ingrate à ses grands hommes que notre raison, notre civilisation et nos lumières. Le mausolée de ce même saint, ouvrage du pisan Jean di Balduccio, est un reste singulièrement curieux de l'art au xiv° siècle. C'est le chef-d'œuvre d'un de ces maîtres primitifs si naturels et si vrais : les cariatides gothiques représentant les diverses vertus du saint, et qui soutiennent tout l'édifice, joignent la grâce à la hardiesse; la bizarrerie de quelques détails est du temps et non de l'artiste, et cet ouvrage serait parfait si l'imagination eût alors été réglée par le goût. L'architecture de la chapelle Saint-Pierre, fondée par un commis de Côme de Médicis, Pigello Portinari, paraît de Michelozzi : une peinture du temps représente le pieux et industriel fondateur à genoux devant le saint, le plafond est une des belles fresques du vieux Civerchio. Un mausolée orné de colonnes soutenues par des lions, de la fin du xiii° siècle, fut consacré par Matthieu Visconti-le-Grand à l'un de ses fils, Étienne, qui avait contribué, par son courage, à relever sa fortune. L'autel, en trois compartiments, de la première chapelle, représentant la *Vierge*, l'*enfant Jésus*, *S. Jacques et S. Henri*, est une bonne peinture d'Ambroise Borgognone : la tête du dernier saint est la meilleure. La voûte de la chapelle Saint-Vincent, très-belle, est de Charles Urbini. La chapelle élevée, en 1307, par Cassone Torrione, et dans laquelle son fils Martin repose, offre une *Décollation de S. Jean*, harmonieuse, quoique de la main de trois artistes, César, Camille et Antoine Procaccini. De belles fresques de Daniel Crespi sont à la chapelle de l'Annonciation. Les corps des trois mages, que l'on vénère toujours à Cologne, étaient dans une chapelle de Saint-Eustorge, d'où ils furent enlevés, lors de l'invasion de Frédéric Barberousse, par l'archevêque de Cologne qui accompagnait le conquérant. Sur le mur de cette même chapelle est un bas-relief en marbre de la *Passion*, ouvrage du xive siècle, d'auteur inconnu, qui n'est pas sans simplicité et sans grâce, et annonce déjà une sorte de splendeur des arts en Lombardie. Le cercueil qui renfermait l'incertaine et pompeuse relique est resté à Saint-Eustorge, et l'on y lit encore l'étrange inscription : *Sepulcrum trium magorum*. Près de la sacristie est le tombeau de Georges Merula, l'élève, l'ennemi acharné de Philelphe, l'adversaire de Politien, de Calderino, de Galeotti Marzio, l'un des premiers et des plus querelleurs savants de la renaissance, qui avait traité l'imprimerie d'invention barbare (*barbarum inventum*), paradoxe soutenu depuis par d'autres Merula moins érudits que ce laborieux critique et historien. Le tombeau de cet homme haineux lui fut toutefois élevé par un ami, son élève, le poëte Lancinus Curtius : l'inscription qu'il y a mise est même assez touchante[1].

L'église Sainte-Marie de la Victoire doit son nom à la victoire remportée près de là par les Milanais sur l'empereur Louis-le-Bavarois. Inachevée à l'extérieur, elle est d'une belle architecture que l'on a crue de Bernin. Deux peintures sont remarquables:

---

[1]. *Vixi aliis inter spinas, mundique procellas,*
Nunc hospes cœli Merula vivo mihi.
Lancinus Curtius f. amicus posuit.

S. Charles communiant les pestiférés, de Hyacinthe Brandi;
S. Pierre délivré de la prison, tableau fait à Rome, où l'auteur Ghisolfi, excellent peintre de perspective, suivait les leçons de Salvator Rosa. Les anges qui soutiennent ce tableau sont un bon travail d'Antoine Raggi, dit *le Lombard*, habile élève du Bernin.

Les seize colonnes antiques de Saint-Laurent, uniformes et de front, offrent un superbe débris et prouvent la grandeur, l'importance et la magnificence de l'ancien Milan. Ces belles colonnes, probablement transportées de quelque édifice antique à la place qu'elles occupent aujourd'hui, sont même plus hautes que celles du Panthéon : elles semblent véritablement élevées là comme un portique aux ruines et aux anciens monuments de l'Italie.

L'église actuelle de Saint-Laurent fut rebâtie par saint Charles sur le dessin hardi et noble de Martin Bassi. Le *Baptême du Christ*, d'Aurèle Luini, paraît digne de Bernardin; l'*Assomption* est de Rivola, un des meilleurs élèves de l'Abbiati. La chapelle Saint-Antoine a été peinte par Frédéric Bianchi, Legnani, Molina et Vimercati, ce dernier bon élève d'Hercule Procaccini. Une *Visitation*, de Bianchi, est tout à fait digne de ce disciple préféré de César Procaccini. La chapelle de Saint-Aquila a un martyre de *S. Hippolyte et de S. Cassian*, d'Hercule Procaccini. A la sacristie, l'*Apparition de J.-C. à S. Thomas*, de Jean-Baptiste de la Cerva, expressive, animée, harmonieuse, est un des meilleurs tableaux de l'école de Gaudence Ferrari.

Saint-Georges *al Palazzo*, vieille église refaite, doit son titre, dit-on, au voisinage de l'ancien palais de Trajan ou de Maximien. Un *S. Jérôme* est de Gaudence Ferrari. Les divers sujets de la *Passion*, peints par Bernardin Luini et ses élèves, offrent un heureux effet de lumière. La figure du Sauveur de la *Flagellation* est admirablement touchante.

Sur le portail du Saint-Sépulcre, le *Christ mort*, entre les *Maries*, fresque du Bramantino, élève favori du Bramante, est d'un effet merveilleux pour la perspective : les jambes du Sauveur, de quelque point qu'on les regarde, semblent tournées vers le spectateur, premier exemple de ce genre de tour de force, si prodigué depuis. A l'oratoire souterrain, célèbre par les ardentes méditations de saint Charles, le *Christ couronné d'épines* est un admirable ouvrage de Bernardin Luini[1]. Des statues en terre cuite, du Caradosso, représentant la *Vierge évanouie à la vue de son fils mort*, ainsi que les Maries et des saints, forment une scène très-pathétique.

A la lourde façade de Sainte-Marie *Porta*, le bas-relief en marbre du *Couronnement de la Vierge* est un bel ouvrage de Charles Simonetta, qui a fait aussi à l'intérieur une bonne *Madeleine*, à laquelle un ange donne la communion. Un *S. Joseph* est de Louis Quaini, élève distingué et imitateur du Guerchin et de Cignani; l'*Adoration des mages*, à la chapelle Notre-Dame, de Camille Procaccini.

L'église Saint-Maurice, ou du *Monastero Maggior*, dont la façade en marbre, simple et de bon goût, est attribuée au Bramantino, a d'admirables et nombreuses fresques de Bernardin Luini, dont les principales représentent les *Apôtres*, la *Flagellation du Sauveur*, divers traits de la vie de *Martyrs*. L'*Adoration des mages*, au maître-autel, d'Antoine Campi, une *Déposition de croix*, de Piazza, sont des ouvrages excellents.

CHAPITRE V.

Saint-Ambroise.—Chaires anciennes, actuelles.—Serpent.—*Paliotto*. — Mosaïque. — Anspert. — Chapelle *Marcellina*. — Missel. — Monastère.

L'église Saint-Ambroise, le plus ancien monument de l'antiquité chrétienne à Milan, élevée en 387, par le grand saint dont elle porte le nom, offre un véritable chaos d'architecture; ces travaux d'âges éloignés et divers forment une bigarrure choquante :

[1] Six fresques précieuses de ce même grand maître, de ses fils et de ses élèves, se conservent dans une maison voisine, maintenant l'auberge de la Croix-de-Malte; elles y furent transportées en 1786 de l'oratoire de l'hospice de la Sainte-Couronne, alors déplacé.

les architectes italiens ont trop souvent le tort de ne point restaurer d'après le caractère primitif des édifices, ce qui n'arrive jamais aux habiles architectes de France[1]. Au devant de l'église est un de ces vastes parvis, que les architectes du moyen âge avaient déjà empruntés à ceux de l'antiquité, et que l'on retrouve dans un grand nombre d'églises d'Italie. C'était là que, sous le polythéisme, se tenaient les profanes, et que plus tard avaient lieu ces rigoureuses pénitences publiques des premiers siècles de l'Église. L'aspect de ces vieux portiques a quelque chose de religieux, et ils séparent noblement le sanctuaire du tumulte des villes. Quelques détails de ce portique du IXe siècle annoncent un goût et une sorte d'imagination singulièrement remarquables à cette époque. J'ai regretté que, d'après quelques savants, les portes actuelles ne soient plus celles que ferma saint Ambroise à Théodose, après le massacre de Thessalonique[2], alors que la liberté s'était réfugiée dans la religion, et que les remontrances, les actes de ses ministres, hommes élus du peuple, étaient le seul recours, la seule opposition contre le pouvoir absolu et les violences des empereurs. On comprend très-bien, en présence de tels souvenirs, que ce conjuré républicain de Milan, peint par Machiavel, au moment de délivrer sa patrie du tyran Galéas, ait, ainsi que ses compagnons, invoqué saint Ambroise après avoir entendu la messe et contemplé sa statue[3].

Une vaste et ancienne chaire de marbre est dans l'intérieur de l'église, vis-à-vis de la chaire actuelle ; elle est assez pareille à la tribune antique dans laquelle les orateurs pouvaient marcher et se promener. Il me semblait, en la contemplant, que, pour la forme comme pour l'indépendance, la chaire chrétienne avait remplacé la tribune. Ces anciennes chaires sont d'un goût bien plus noble que l'espèce de boîte de sapin suspendue de nos

---

1. *V.* les belles restaurations du Louvre par MM. Percier et Fontaine, du château de Fontainebleau par Heurtaud, et même les travaux du Palais-Royal. Il eût été bien facile à M. Fontaine de surpasser l'architecture médiocre de ces bâtiments : les nouvelles constructions s'y rapportent au contraire.

2. Ces portes ne sont, dit-on, que du IXe siècle.

3. *V.* l'allocution de Jean André à la statue de saint Ambroise, Liv. VII de l'*Histoire de Florence*.

paroisses, d'où surgit un homme qui se courbe et s'agite, et qui semble mal à l'aise dans un si étroit espace. Si l'on n'était fait à cette manière de haranguer, elle paraîtrait véritablement bien singulière.

Dans la nef de Saint-Ambroise est placé, sur une colonne, le fameux serpent d'airain que l'on a été jusqu'à prendre pour celui que Moïse éleva dans le désert, ou du moins comme fait du même métal, et sur lequel les savants ont énormément disserté. Le peuple est persuadé qu'il doit siffler à la fin du monde ; et le sacristain l'ayant un jour dérangé en l'époussetant, il y eut un mouvement général d'épouvante, lorsque le reptile menaçant parut tourné du côté de la porte ; il fallut aussitôt le remettre droit, afin de calmer la terreur de ceux qui croyaient déjà l'avoir entendu.

Telle est l'antiquité des monuments de cette église, que le P. Allegranza a prétendu reconnaître dans le grand sarcophage de marbre blanc placé sous la chaire actuelle, le tombeau de Stilicon et de sa femme Serena. Sur un pilastre est un antique portrait de saint Ambroise, qui, selon l'inscription, barbare quatrain latin, a été fait d'après nature ; le marbre du visage est noir, la coiffure et le vêtement d'une couleur moins foncée. Saint Ambroise, né dans les Gaules, devait être blanc, et l'on a peine à se figurer les abeilles déposant leur miel dans la bouche de cette espèce de maure.

Le célèbre *Paliotto* d'or de l'autel, donné par l'archevêque Angilbert Pusterla, merveilleux travail d'un artiste lombard du Xe siècle, l'orfèvre Volvino, est regardé comme comparable aux plus beaux diptyques d'ivoire dont puissent se vanter les musées sacrés.

En avant du chœur, deux larges pierres de marbre blanc, couvertes d'inscriptions, indiquent la sépulture de l'empereur Louis II, prince conquérant et législateur, mort en 875, et celle de l'illustre archevêque de Milan, Anspert, son contemporain, le fondateur de Saint-Ambroise, pontife charitable, actif, éclairé, plein de courage et d'indépendance,

Effector voti, propositique tenax,

comme dit l'épitaphe [1], et qui semble le saint Charles Borromée du moyen âge.

La curieuse mosaïque du chœur, représentant le Sauveur sur un trône d'or, orné de pierreries, et à ses côtés saint Gervais et saint Protais, paraît un ouvrage d'artistes grecs et du xie siècle. Une autre mosaïque, du ixe siècle, est assez extraordinaire : saint Ambroise s'endort en disant la messe, tandis qu'un sacristain lui frappe sur l'épaule pour le réveiller et lui montrer le peuple qui attend. Singulier moment choisi par l'artiste dans la vie de ce grand saint ! On savait que Fénelon s'était endormi au sermon ; saint Ambroise dormant debout à l'autel est encore moins édifiant. Sur le mur extérieur du chœur, le *Christ souffrant debout entre deux anges*, fresque touchante, une des meilleures peintures de cette basilique, attribuée soit à Luini, soit à Lanino, paraît d'Ambroise Borgognone.

La chapelle de Saint-Satyre ou de Saint-Victor *in ciel d'oro*, ainsi appelée de l'antique et brillante mosaïque dorée qui la surmonte, a des fresques vivantes, animées, représentant le *Naufrage de S. Satyre* et le *Martyre de S. Victor*, ouvrage de Tiepolo, le dernier des grands peintres de l'école vénitienne, auquel Bettinelli avait dédié son poëme sur la peinture, dans lequel il le loue d'avoir fait revivre les chefs-d'œuvre et le bel âge de son art.

La riche chapelle voisine a : *S. Ambroise recevant le viatique*, un des meilleurs ouvrages d'André Lanzani ; la chapelle Saint-Sébastien, le *saint détaché du poteau*, bel ouvrage d'Ambroise Besozzi.

---

[1]. Les vers qui précèdent celui-ci peignent très-bien le caractère d'Anspert :

Hic jacet Anspertus, nostræ clarissimus urbis
Antistes, vita, voce, pudore, fide,
Æqui sectator, turbæ prælargus egenæ.

Les autres vers de l'épitaphe rappellent les principales actions de la vie de ce grand homme, oublié dans la plupart des dictionnaires historiques. On y remarque qu'il avait relevé les murs de la ville, et restauré les colonnes antiques de Saint-Laurent.

La chapelle *Marcellina*, autrefois de Sainte-Catherine, a été décorée depuis avec toute l'élégance du jour, par le marquis Cagnola [1], célèbre architecte milanais, auteur de l'arc du Simplon; la statue de la sainte, en marbre, est un bon ouvrage de Pacetti. Mais le peintre d'ornements ne s'est-il pas avisé de mettre à la voûte de grandes figures d'Herculanum qui contrastent étrangement avec la sainteté du lieu et l'air modeste de la sainte : l'une de ces figures porte sur sa tête un agneau, et, dans cette bizarre peinture, l'agneau des bacchanales a pu souvent être pris pour l'agneau pascal.

La chapelle Saint-Barthélemy a ce saint et *S. Jean devant la Vierge*, de Gaudence Ferrari. Près de là le *Christ mort avec la Vierge, Madeleine pleurant*, et d'autres figures, n'est plus qu'un superbe débris de peinture du même artiste. Dans une chapelle voisine, la *Madone dell' ajuto* (de bon secours) est un beau tableau de l'école de Luini. A l'entrée de la sacristie sont deux fresques remarquables : *Jésus disputant contre les docteurs*, de Borgognone; la *Vierge, l'enfant Jésus, S. Ambroise et S. Jérôme*, de l'ancienne école milanaise. A la chapelle suivante, une *Nativité*, du Duchino, est gracieuse, bien dessinée et pleine de morbidesse; les figures qui l'entourent et la voûte sont d'Hercule Procaccini. Sur l'autel de la chapelle Saint-Pierre, le *Christ donnant au saint les clefs*, est un ouvrage distingué de la fille de Cornara. Les peintures de la coupole de la dernière chapelle, par Isidore Bianchi, sont belles.

Le Missel conservé dans les archives de la basilique Saint-Ambroise, manuscrit vélin de la fin du xive siècle, est magnifique et curieux : le principal ornement est une riche miniature qui représente le couronnement de Jean-Galéas Visconti, comme premier duc de Milan. Parmi les ambassadeurs et personnages importants qui forment le cortége de Galéas et assistent à la cérémonie, on remarque en qualité d'orateur (ambassadeur) du roi de France, un évêque de Meaux.

Le vaste monastère bâti par Louis-le-More sur le dessin du

---

1. Mort le 24 août 1833.

Bramante, cet édifice d'une architecture si noble et si hardie, véritable monument, et l'un des plus splendides de ce genre, est aujourd'hui un hôpital militaire. Dans le réfectoire, une vaste fresque représentant les *Noces de Cana*, est le chef-d'œuvre de Calixte Piazza, habile imitateur du Titien et probablement son élève. On y remarque toutefois un détail bizarre : l'artiste a mis six doigts à la main d'une femme à droite du tableau.

CHAPITRE VI.

Saint-Victor. — Sainte-Marie des Grâces. — Cénacle.— Saint-Ange. — Le comte Firmian. — Saint-Marc. — Église du Jardin. — Saint-Fidèle.

Saint-Victor *al corpo*, belle, majestueuse église, est de l'architecture de Galéas Alessi. A la coupole, S. *Jean* et S. *Luc*, superbes, sont de Bernardin Luini; la voûte du chœur est d'Ambroise Figini, qui a peint aussi un beau S. *Benoît*, dans une chapelle; la voûte du milieu, un S. *Bernard*, de la porte, sont d'Hercule Procaccini; un bon S. *Pierre* est de Gnocchi. A la brillante chapelle Aresi, du dessin de Quadri, la statue de la Vierge et les prophètes de Vismara sont estimés. La dernière chapelle à droite offre trois beaux tableaux de Camille Procaccini, représentant quelques traits de la vie de saint Grégoire; la *Vierge*, et S. *François*, est du Zoppo, coloriste vrai, mais peintre peu idéal; S. *Paul ermite*, de Daniel Crespi; S. *Bernard Tolomei*, de Pompée Batoni, peintre romain du dernier siècle, qui a contribué à la réforme du goût; S. *Benoît*, S. *Bernard*, S. *François*, et S. *Dominique*, près du portail, passent pour des meilleurs ouvrages du cav. del Cairo.

Sainte-Marie des Grâces n'a plus que l'ombre de sa beauté première. La grandiose coupole, le chœur et les chapelles semi-circulaires des côtés sont du Bramante. Les débris de la *Flagellation*, et d'autres peintures de Gaudence Ferrari, témoignent encore de leur ancienne perfection; un S. *Jean-Baptiste* est attribué au comte François d'Adda, noble amateur du xvie siècle qui a imité Léonard de Vinci ; les belles fresques de la coupole du chœur appartiennent à l'école de ce grand maître. A la sacristie les peintures anonymes représentant des sujets de l'Ancien et du Nouveau Testament sont curieuses et singulièrement remarquables pour la fin du xive siècle et le commencement du xve.

Le *Cénacle*, de Léonard de Vinci, placé dans le réfectoire de l'ancien monastère de Sainte-Marie des Grâces, n'est point aussi méconnaissable que je l'aurais cru ; à travers le nuage de destruction qui l'enveloppe, et les restaurations maladroites qu'il a subies, on découvre encore le mouvement, l'expression, la variété, la vie de cette admirable composition. On comprend l'enthousiasme qu'elle causait à François Ier, victorieux, qui, ne pouvant la transporter en France, emmena et s'attacha l'auteur, malgré son âge avancé. Un poëte ingénieux, élégant, de l'Italie contemporaine, Parini, se faisait conduire, dans ses vieux jours, devant le *Cénacle*, il disait que l'homme qui avait pu le concevoir était capable de produire un poëme ; la vue de ces belles peintures, malgré leur dégradation, excitait, nourrissait encore la pieuse rêverie qui consolait sa tristesse, et, si la mort ne l'eût atteint, il eût voulu les décrire et les expliquer. Une mosaïque de *la Cène*, d'après une copie à l'huile de Bossi, placée à la pinacotheca de Brera, quoique exécutée en 1809 aux frais du gouvernement italien, a été envoyée à Vienne [1] ; M. Gagna, peintre estimé, en faisait, en 1827, une nouvelle copie pour le roi de Sardaigne. Ces hommages tardifs des rois, des conquérants et des empereurs, semblent comme une réparation de l'abandon barbare dans lequel les dominicains avaient jadis laissé le *Cénacle* dont le grand cardinal Frédéric Borromée regrettait déjà de ne retrouver que de faibles restes qu'il tenta de sauver [2], et des outrages révolutionnaires que reçut en 1797, le chef-d'œuvre de

---

1. La fidélité de cette copie a été fort contestée. L'habile mosaïste romain Rafaelli a eu le bon esprit de se rapprocher davantage du modèle.

2. Le cardinal Frédéric avait chargé de sa conservation un élève de Jules César Procaccini, André Bianchi, dit le Vespino.

Léonard, lorsque la pièce dans laquelle il se trouve servait d'écurie et de grenier.

Saint-Thomas *in terra amara*, dont l'étymologie du sinistre surnom est restée incertaine [1], a été récemment ornée d'un élégant *pronaos*. Le beau *S. Charles avec des anges*, est de César Procaccini.

L'ancienne église de Sainte-Marie *del Carmine*, gothique, a un portail d'une riche composition, attribué à Ricchini. A la première chapelle, la *Vierge avec l'enfant Jésus et divers saints* est de Camille Procaccini. La statue de la *Vierge*, avec les anges, est un bon ouvrage de Volpi. A la chapelle Sainte-Anne, une belle fresque de Bernardin Luini représente la *Vierge, l'enfant Jésus et quelques saints*.

Saint-Simplicien, gothique, a une *Annonciation*, de Bernard da Trevilio, l'ami de Léonard, ouvrage dont l'architecture et la perspective sont habiles, mais les figures et les vêtements d'un goût chétif; *S. Benoît* est du Talpino; deux sujets de l'*Ancien Testament*, à la chapelle du *Corpus Domini*, sont de Camille Procaccini. On admire les peintures du dôme; les deux grands tableaux du sanctuaire, de François Terzi, artiste bergamasque du xvie siècle, dessinés avec quelque sécheresse, sont d'un vigoureux coloris. Le *Couronnement de la Vierge*, dans le chœur, est une excellente fresque d'Ambroise Borgognone.

Sainte-Marie *incoronata*, composée de deux églises, a de beaux bas-reliefs des xve et xvie siècles; les fresques de la voûte sont de Louis Scaramuccia; les fresques latérales, d'Hercule Procaccini et du Montalto. Un beau mausolée est celui de Jean Tolentino, mort en 1517 : l'épitaphe, assez touchante, se compose de ses adieux à sa femme et à ses enfants [2].

Saint-Ange, majestueuse église, devenue quelque temps hôpital, conserve encore de bonnes peintures : le *Mariage de la*

---

1. On a prétendu qu'il provenait du supplice infligé par Jean-Marie Visconti à un curé de cette église, enterré vif pour avoir refusé d'accorder la sépulture à un mort dont la famille ne pouvait payer les frais. Il paraît que le surnom est plus ancien.

2. *Toga et armis vale Tydæa conjux, valete liberi, nec tu deinceps coniux nec vos eritis liberi Joannis Tollentinatis senat. com. eq. q. MDXVII.*

Vierge, de Camille Procaccini, qui a fait aussi la voûte du chœur et les trois tableaux qui le décorent; les fresques latérales de Barabbino; la *Vierge* entourée de plusieurs saints, du Caravaggino; le *Christ entre les deux larrons*, du Bramantino; une tête du *Sauveur*, petite fresque que sa beauté a fait croire de Bernardin Luini.

L'architecture de l'église *Saint-Barthélemy* a de la magnificence sans beaucoup de goût. L'illustre Firmian, qui pendant vingt-trois ans administra la Lombardie d'une manière si éclairée et si paternelle, repose dans cette église; le mausolée de cet ami des lettres, des arts, des sciences et de l'humanité, est un bon ouvrage du sculpteur Franchi.

Saint-Marc est superbe. Plusieurs de ses tableaux ont de la réputation : la *Vierge et l'enfant Jésus* qui offre avec une gentillesse un peu singulière les clefs à saint Pierre, est de Lomazzo; une *sainte Barbe*, d'un beau coloris, de Scaramuccia. La chapelle du Crucifix a des fresques estimées d'Hercule Procaccini, du Montalto et de Busca; un *Crucifiement*, de ce dernier, avec la *Vierge*, *Madeleine* et *S. Jean*, qui pleurent, est très-touchant. A la chapelle Trotti sont un *S. Augustin*, du Talpino, et de belles fresques, d'Étienne Legnani. Le riche maître-autel a été décoré avec goût par M. le professeur Joconde Albertolli. Les deux grands tableaux de Camille Procaccini et du Cerano, placés dans le chœur, vis-à-vis l'un de l'autre, sont très-beaux; on préfère celui du dernier artiste, le *Baptême de S. Augustin*. A la sacristie la *Vierge, l'enfant Jésus, S. Syre et S. Joseph*, excellent tableau d'Antoine Campi, porte la date de 1569.

La petite église Saint-Joseph, d'une simple et bonne architecture de Ricchini, a *la mort de la Vierge*, de César Procaccini; une *Ste Famille*, de Lanzani; *S. Jean-Baptiste*, du Montalto.

L'église Sainte-Marie du Jardin, qui n'est plus qu'un magasin de la ville, est célèbre par la hauteur et le prétendu prodige des arcs qui soutiennent sa voûte, construction singulière du xve siècle, mais beaucoup trop vantée.

Saint-Jean *alle case rotte* (des maisons démolies), occupe l'emplacement du palais de la famille della Torre, anciens chefs du peuple milanais, démagogues devenus despotes[1], et dont la demeure fut démolie, en 1311, dans une émeute. L'architecture actuelle est de Ricchini, et la voûte à compartiments très-belle.

L'église Saint-Fidèle, inachevée, est un splendide monument de Pellegrini. Par un luxe architectonique tout à fait italien, la richesse de la façade continue, elle est même surpassée, sur le mur latéral de l'édifice. Le *S. Ignace* est du Cerano; une *Transfiguration*, de Bernardin Campi; une *Piété*, de Peterzano, élève du Titien, qui l'a fièrement signée en cette qualité (*Titiani discipulus*). Les peintures du chœur sont de grands et bons ouvrages des frères Santi-Agostini. Les majestueuses colonnes de granit rouge poli, tiré de Baveno, comme les deux gigantesques piliers du dôme, sont aussi monolithes : Milan est une des villes d'Italie les plus riches de cette sorte de magnifiques raretés.

CHAPITRE VII.

Luxe des autels. — Clôture des églises en Italie. — Bancs. — Tentures.

Le luxe des églises italiennes, avant que l'on y soit fait, paraît vraiment merveilleux. L'autel, la chaire même, sont quelquefois garnis d'agates et d'autres pierres précieuses. Il doit être embarrassant de parler au milieu de toutes ces richesses, et il faut de bien magnifiques paroles pour toucher un auditoire aussi ébloui. Je crains bien que le précepte d'Horace ne soit très-souvent applicable aux sermons prononcés dans ces chaires,

Segnius irritant animos demissa per aurem,
Quam quæ sunt oculis subjecta fidelibus.

Au reste, je n'ai jamais partagé les préventions des économistes contre le luxe des autels. Ce luxe, loin de corrompre et de dis-

---

[1]. L'un d'eux, Pagano della Torre, mort en 1241, paraît avoir été véritablement aimé du peuple milanais, qui lui éleva un tombeau dans le cimetière du couvent de Chiaravalle. *V.* ci-après, liv. IV, chap. II.

siper comme le luxe du monde, est conservateur et utile. Il est aussi des ornements qui ne peuvent changer de nature, tels que certaines pierreries; objets d'orgueil national, il serait difficile de les rendre à la circulation; et alors ne vaut-il pas mieux les placer sur un autel, où ils ajoutent à la majesté de la religion, et n'excitent ni haine, ni envie, que d'en charger le front d'une prostituée ou le sabre du despote?

Les églises d'Italie sont ordinairement fermées pendant quelques heures vers le milieu du jour, de midi à quatre ou cinq heures. Il n'y a d'ouvert, toute la journée, que les seules cathédrales, telles que le Dôme de Milan, Saint-Marc de Venise, Saint-Pierre de Rome et autres basiliques. Cette clôture a quelque chose de protestant; elle semble contraire aux mœurs religieuses des Italiens et aux pratiques du catholicisme; il est en outre incommode aux voyageurs, qui n'ont souvent que peu de temps pour visiter ces églises moitié temples, moitié musées. Importune aux fidèles, la visite des étrangers n'est pas moins désagréable et pénible à ceux-ci : l'on éprouve quelque gêne et quelque confusion à se trouver seul, debout, avec son livret, au milieu de la foule qui se prosterne et qui prie, à compter les colonnes de vert antique, de marbre de Carrare et de lapis-lazzuli, entouré de mendiants à demi nus. Si l'on tombe au milieu d'un sermon, l'embarras n'est pas moindre : la fougue de l'orateur, les éclats retentissants de sa voix au milieu du silence de son auditoire, l'expression vive et animée de sa physionomie, contrastent singulièrement avec l'espèce de sang-froid et l'air toujours un peu gauche de gens qui regardent et qui cherchent. Combien de fois la piété, la ferveur de ces fidèles ne m'a-t-elle point paru *la meilleure part;* et que l'inquiète curiosité du voyageur semble vaine à côté de la sublime simplicité du croyant! Il serait convenable de laisser la matinée aux exercices du culte; car midi, heure de la clôture, est l'instant où précisément le jour des tableaux est le plus beau. Malgré l'indolence italienne, une considération plus sérieuse devroit faire cesser ce mauvais usage indépendamment de ce besoin fréquent de prière que l'âme éprouve, combien de fautes, de crimes même, ont été prévenus par l'entrée fortuite dans une église ! On dit que tout le monde dort à cette heure, mais les malheureux ou les coupables veillent, et les passions ne connaissent point la sieste.

A une époque où l'on a tant parlé d'ultramontanisme, notre clergé ne ferait pas mal de prendre aux Italiens les bancs et la propreté de leurs églises ; la France est le pays peut-être où Dieu est le plus mal logé, et notre négligence, sur ce point, est indigne de notre haute civilisation.

Mais il est un excès de zèle et de soin que je me garderai bien de prescrire, puisqu'il cause une des plus vives contrariétés du voyageur. C'est la manie qu'ont les Italiens de tendre leurs églises les jours de fêtes. Alors, dès la veille, le tapissier, armé de son marteau et de ses échelles, prend possession du monument ; de curieuses inscriptions, les tombeaux des grands hommes, disparaissent sous ses tentures ; de magnifiques colonnes de granit, de marbre de Carrare, sont enveloppées par son oripeau ; et l'on voit pendre, soit à la façade, soit aux voûtes de quelque vieille basilique ou de quelque temple élégant du Bramante, de Palladio ou de Michel-Ange, de longues pièces d'étoffe jaune, blanche, rose, etc., ainsi qu'aux boutiques de nos marchands de nouveautés. Cette décoration ridicule, appliquée de si mauvais goût, semble le fard de l'architecture. J'ai vu Saint-Pierre même subir cette espèce d'étalage : il est vrai que l'immensité de ses voûtes rendait l'opération du tapissier assez difficile, et que les petits morceaux carrés d'étoffe cramoisie qu'il avait placés contre ses vastes murs étaient à peu près imperceptibles. Les bruyants travaux du tapissier n'étant pas toujours achevés au moment de la fête, se prolongent pendant les offices qu'ils troublent, tandis que d'autres fois il se presse de détendre avant la fin de ces mêmes offices, pour ne point laisser flétrir l'éclat de si belles couleurs.

CHAPITRE VIII.

Prédication.

Les plaisanteries de quelques voyageurs sur les grimaces, l'exagération et les bouffonneries des prédicateurs italiens, ne m'ont point paru méritées. Excepté peut-être quelques sermons populaires, cette prédication est ordinairement paisible, familière; et, avec son espèce de commérage, elle a du moins le mérite d'être applicable et pratique. Malgré le grand crucifix placé en chaire, ces sermons sont à peu près aussi froids que les nôtres; mais la langue musicale et la physionomie animée de l'homme qui parle leur donnent, dans la forme, une sorte de chaleur et de vivacité. Si parmi les sermonnaires italiens il n'en est aucun qui puisse être opposé à nos quatre grands sermonaires, le genre de leurs panégyriques semble préférable à celui des panégyriques français : ils n'ont ni la même monotonie ni la même sécheresse; ils sont plus ornés, plus poétiques, comme leurs autres discours sacrés, et cette sorte de parure convient assez à l'histoire merveilleuse de la plupart des saints et des saintes. Au reste, le fond de la prédication dans les deux pays doit fort différer. En Italie, la foi et les erreurs de conduite sont communes; il n'y a guère là de *libertins* proprement dits, et les conférences de M. Frayssinous, quoique traduites, y seront moins utiles qu'à Paris. Le prédicateur doit combattre les passions, les fragilités des classes élevées, et les excès, les appétits violents et grossiers du peuple; tandis qu'il faut des prédicateurs raisonneurs à la population plus morale, mais plus incrédule de France.

Le réformateur de la chaire italienne fut le P. Segneri, jésuite, contemporain de Bourdaloue; mais ce missionnaire romain, si puissant sur le peuple des villes et des campagnes, qui, nommé théologien du palais, et prêchant au Vatican, était au-dessous de lui-même, et regrettait son ancien et tumultueux auditoire, n'a point imprimé à sa réforme ce goût littéraire et correct de nos orateurs du siècle de Louis XIV, parlant à une cour élégante et polie. Le génie de la langue italienne, moins précise, moins didactique, moins régulière et beaucoup plus figurée et ornée que la française, doit d'ailleurs convenir davantage à l'éloquence populaire. J'ai entendu de fort bons juges critiquer le purisme dont se piquent aujourd'hui quelques uns des prédicateurs italiens, modulant des sermons harmonieux et glacés, et qui auraient bien mieux fait de rester missionnaires.

La naïveté, le naturel, l'abandon du caractère italien se retrouvent jusque dans les sermons; l'auditoire, malgré la solennité du lieu, ne s'étonne point des épanchements, des aveux, des confidences personnelles de l'orateur; et cette sorte de sympathie produit chez les hommes de talent des effets d'une éloquence neuve et pathétique. Un jeune prédicateur, le P. Scarpa, de Padoue, après avoir prêché le carême à Rome, avec succès, il y a quelques années, suppliait ses auditeurs de joindre leurs prières aux siennes pour lui conserver sa mère; c'était l'unique prix qu'il demandait de ses efforts, et ce n'était pas la seule fois qu'il avait ramené en chaire le souvenir de cette mère chérie. A la suite d'un discours de ce véritable orateur, une quête ayant été faite pour les pauvres, on vit, comme il arrive fréquemment en Italie, les gens du peuple, de la campagne, qui manquaient d'argent, jeter dans la bourse leurs bagues, leurs boucles d'oreilles, joyaux rustiques et de peu de valeur, mais dont le sacrifice attestait à quel point ils étaient eux-mêmes susceptibles d'entraînement et d'émotion. On ne se figure guère un pareil mouvement chez nos paysans de Gonesse ou de Villejuif.

J'ai été assez heureux pour connaître à Rome un des hommes qui honoraient le plus la chaire italienne, le révérend P. Jabalot, procureur-général des Dominicains de la Minerve, d'origine française, mort en 1837, et qui aurait pu aussi briller dans notre chaire. Orateur ardent, très-évangélique, le P. Jabalot était encore un dialecticien fort habile; il a, m'a-t-on dit, appris l'anglais en trois mois, afin de traduire un fort beau sermon sur la foi, l'espérance et la charité, prononcé à la dédicace de la chapelle catholique de Bradford, dans le comté d'York, par M. Baines, évêque de Siga; résumé excellent et très-net des principales preuves de la vérité du catholicisme, et rempli toutefois d'une tendre charité envers les protestants. La traduction italienne du P. Jabalot est très-exacte, et l'on sent qu'il y a plus d'un rapport entre l'auteur original et son éloquent interprète.

CHAPITRE IX.

Ambrosienne. — Virgile de Pétrarque. — Palimpsestes. — Lettres et cheveux de Lucrèce Borgia. — Catalogue mystérieux de l'Ambrosienne.

Je visitai plusieurs fois, chaque année, l'Ambrosienne qui me fut montrée par MM. les abbés Mazzucchelli, préfet[1]; Bentivoglio, sous-préfet; et Mancini, employé : hommes pleins de savoir, de modestie et de politesse. Elle compte soixante mille volumes imprimés, et environ dix mille manuscrits.

Le fameux Virgile de Pétrarque, offrant la note passionnée sur Laure, appartint après lui à Galéas Visconti, cinquième duc de Milan, ainsi qu'on peut le voir par son nom écrit et presque effacé sur le feuillet décollé en 1795, par l'abbé Mazzucchelli[2].

Une autre inscription de Pétrarque, moins remarquée, concerne la mort de son fils naturel, Jean, mort à vingt-cinq ans, chanoine de Vérone, qui lui avait donné des chagrins et l'avait volé. Ce Virgile semble le dépositaire et le confident des dou-

[1]. Une attaque d'apoplexie avait produit sur l'abbé Mazzucchelli, à la fin de sa vie, un effet extraordinaire, c'était de lui avoir désappris à lire. J'étais allé le voir un soir chez lui, la veille d'une de mes visites à l'Ambrosienne où il ne se rendait plus; il voulut bien s'y trouver le lendemain, mais il convenait qu'il ne pouvait seulement épeler le nom de *Petrarca*, et ce savant bibliothécaire mourut ne sachant plus lire.

[2]. Un *facsimile* des huit lignes de la note de Pétrarque se trouve dans l'édition des *Rime*, publiée à Padoue par M. le professeur Marsand (1819-20, 2 vol.) : il l'a fait suivre de remarques historiques et critiques très-exactes, dans lesquelles il rectifie plusieurs erreurs commises par les écrivains qui en avaient précédemment donné le texte. *V*. t. Ier, p. 358.

leurs de Pétrarque. Les curieuses miniatures, d'après un distique latin, du célèbre peintre de Sienne, Simon Memmi, représentent Virgile, assis, invoquant les muses, et Énée en habit de guerre : un berger et un laboureur figurent les Bucoliques et les Géorgiques, et Servius, le commentateur, tire un léger rideau pour indiquer qu'il lève et éclaircit les difficultés du poëte latin. Malgré quelque incorrection de dessin, ces miniatures, très-probablement exécutées d'après les idées de Pétrarque, ami de l'artiste, ne manquent ni d'originalité, ni de couleur, ni de vérité : la figure d'Énée est une des meilleures. Un habitant de Pavie parvint à soustraire ce précieux volume, et à le cacher lors de la prise et de l'enlèvement de la bibliothèque de cette ville, par Louis XII, en 1499; trois siècles après, il n'échappa point aux commissaires de la république : s'il eût fait partie du butin littéraire de la monarchie, il nous serait resté comme la *Sforzéide*, et autres beaux articles de la même bibliothèque placés à notre grande bibliothèque du Roi, et si bien décrits par le savant, le bon, le regrettable Vanpract; mais ce pillage de la révolution n'avait pas vingt ans de date; cette sorte de prescription politique, qui rend tout légitime, ne lui était point acquise, et le volume fut repris en 1815. Les notes marginales de Pétrarque, et celles qu'on lit au-dessous des pages, paraissent de la même écriture que la note sur Laure; mais il faut que ces notes étendues, nombreuses, et rappelant des citations d'autres auteurs anciens et des rapprochements critiques, soient peu dignes de ce poëte érudit, puisque M. Mai n'a pas cru devoir les publier. Peut-être sont-elles de la jeunesse de Pétrarque, lorsque son père lui arrachait et jetait au feu le Virgile qu'il lisait furtivement, au lieu d'étudier les *Décrétales*.

Le *Josèphe*, traduit par Ruffin, prêtre d'Aquilée, mais que Muratori, par de bonnes raisons, croit l'ouvrage d'un des savants employés par Cassiodore pour traduire du grec les ouvrages de l'antiquité, est peut-être, avec le papyrus grégorien de Monza, le plus singulier des manuscrits écrit sur papyrus et des deux côtés; il aurait aujourd'hui, suivant Mabillon, douze cents ans d'antiquité.

Un manuscrit grec de la vie d'Alexandre, par un anonyme, mais que Montfaucon croyait être Callisthènes, m'inspira d'abord un véritable respect. Je ne connaissais Callisthènes que par le *Lysimaque* de Montesquieu, cette peinture admirable du stoïcisme, dont Callisthènes est comme le héros et le représentant. La vie d'Alexandre par un homme d'une telle force et d'une telle vertu, et qui avait été si cruellement victime de la colère d'Alexandre, me semblait un véritable monument. Le savant de Sainte-Croix a démontré depuis, que Callisthènes n'était qu'un flatteur révolté; historiographe d'Alexandre, il avait servilement appuyé par mille fables ses prétentions à la divinité, et dans la suite, ne se trouvant point assez payé, il s'était fait conspirateur. *L'Histoire d'Alexandre*, attribuée à Callisthènes, dont les copies ne sont pas rares, et que M. Mai a publiées, n'est en effet qu'un long et ennuyeux roman plein d'invraisemblances et d'absurdités.

Je ne pus me défendre d'une sorte d'émotion littéraire, en voyant, dans une grande caisse de bois carrée, les célèbres palimpsestes des plaidoyers de Cicéron pour Scaurus, Tullius et Flaccus, sur l'écriture desquels avaient été transcrits les poëmes de Sedulius, prêtre du VIe siècle, ainsi que plusieurs phrases inédites des discours contre Clodius et Curion, que recouvrait naguère une traduction latine des actes du concile de Chalcédoine; premières découvertes et préludes des heureux travaux de M. Mai. En contemplant ces vieux feuillets noircis, calcinés, percés en quelques parties, par l'acide muriatique oxygéné, j'aimais à voir la science moderne venant au secours de l'éloquence et de la philosophie antiques, et la chimie arrachant, détruisant ce texte vulgaire qui cache un écrit sublime. Il était impossible de n'être pas frappé à l'aspect de cette autre espèce de ruines et de cette fouille opiniâtre, si l'on peut le dire, des monuments de la pensée et du génie du plus grand orateur de Rome, retrouvés après plus de dix siècles sous les lignes gothiques d'un versificateur du moyen âge, et sous le protocole d'arrêts de théologie. Les palimpsestes de l'Ambrosienne provenaient en partie du monastère de Saint-Colomban de Bobbio, situé au fond de l'Apennin, et qui recueillit, comme le mont Cassin, une foule de précieux manuscrits[1] : dans ces temps de barbarie, le cloître et les montagnes furent l'asile des lettres ; publiés, commentés, traduits de nos jours par d'habiles écrivains et des éditeurs exercés, ces doctes débris se répandent avec gloire et avec éclat dans le monde civilisé ; et Cicéron, haranguant, dissertant, se fait entendre de nouveau à un plus grand nombre qu'au milieu du Forum ou dans les Comices[2].

Les manuscrits de l'Ambrosienne ont encore offert plus tard à M. Mai une partie de sa plus complète et de sa plus heureuse découverte, les *Lettres de Marc-Aurèle et de Fronton*, retrouvées sous une histoire du concile de Chalcédoine, et provenant aussi du monastère de Saint-Colomban de Bobbio, monument curieux des mœurs, de l'histoire et de la littérature romaines, dans lequel le jeune prince, si passionné pour la philosophie, si vertueux, si pur, si tendre, paraît fort supérieur à son maître, resté sophiste et rhéteur, malgré les louanges qu'il avait autrefois obtenues, et l'inscription célèbre mise au-dessous de sa statue : *Rome, maîtresse du monde, à Fronton, roi des orateurs !*

Mais un manuscrit moins imposant que ces divers palimpsestes, sont dix lettres de Lucrèce Borgia au cardinal Bembo, à la suite desquelles est une pièce de vers espagnols de celui-ci,

[1]. Les manuscrits de Saint-Colomban de Bobbio étaient au nombre de sept cents; une moitié fut vendue au cardinal Frédéric ; l'autre passa à la Vaticane.

[2]. Tout le monde a lu la traduction élégante de la *République* par M. Villemain, et le discours préliminaire. Le savant travail de M. le professeur Le Clerc, véritable premier éditeur des œuvres complètes de Cicéron, sur les *Fragments*, accrus par ces nouvelles découvertes, est presque une création, par l'ordre et la suite qu'il a mis entre ces lambeaux épars et si confusément entassés dans les éditions précédentes. Un autre professeur français non moins distingué, M. Cousin, a trouvé dans les manuscrits de l'Ambrosienne de nombreuses variantes au commentaire de Proclus sur le premier Alcibiade. *V* t. II et III de son édition de *Proclus*, publiée en 1820. Malgré le passage de bibliothécaires tels que Muratori, qui a donné les quatre vol. in-4º de ses *Anecdota ex Ambrosianæ biblioth. codicibus*, et M. Mai, l'Ambrosienne peut offrir encore de nouvelles découvertes d'auteurs anciens. Quant aux modernes, quel ne serait pas l'intérêt pour l'histoire encore à faire de la renaissance, du recueil formant plus de vingt volumes de lettres manuscrites et originales latines et italiennes d'un grand nombre de savants et de personnages illustres du XVIe siècle ? On est redevable à M. Renouard de l'édition des *Lettres de Paul Manuce*, publiées à Paris en 1834.

qui respire le platonisme le plus exalté, le plus pur; la réponse de la dame est beaucoup plus nette, et elle l'accompagne d'une boucle de ses blonds cheveux. Ainsi le fond de ce mystérieux portefeuille offre un monument frappant, caractéristique, de la corruption des mœurs italiennes au xvie siècle, ce mélange bizarre, pédantesque de poésie, de philosophie et de sensualisme[1]. Ces cheveux de femme, dans une grande bibliothèque, au milieu de vieux manuscrits, sont une piquante singularité; ce n'est guère là, certes, qu'on s'attend à les trouver, et la garde d'un tel dépôt semble étrangement confiée aux docteurs de l'Ambrosienne[2].

Je parcourus le manuscrit de Philelphe *De Jocis et Seriis*, recueil d'épigrammes sérieuses ou badines, d'épîtres aux princes et aux grands, qui forme dix mille vers, symétriquement divisé en dix livres; manuscrit, dit-on, unique, dont le premier livre et une partie du dixième manquent, mais que M. Rosmini a suffisamment fait connaître[3]. Les *Joca et Seria* rappellent beaucoup plus la licence d'Horace que son naturel, sa grâce et sa raison; et Philelphe, solliciteur nécessiteux, pensionnaire mal payé, père de famille aux expédients[4], n'a point dans ses éloges l'adresse,

---

1. La pièce de Bembo est imprimée dans l'édition in-folio de ses œuvres. Venise, 1729, t. II, p. 54. *Yo pienso si me muriesse.* La lettre de Lucrèce Borgia a été textuellement donnée à la suite des *Essais sur Pétrarque*, de Foscolo, p. 255 de la traduction italienne de M. Camille Ugoni, auquel on est redevable de la publication de cette pièce singulière.

2. Les bibliothécaires de l'Ambrosienne ont le titre de docteurs; mais, quoique prêtres, ils sont dispensés par le fondateur d'une partie des fonctions du ministère ecclésiastique, afin de vaquer plus soigneusement à leurs devoirs de bibliothécaires.

3. *Vita di Filelfo. V.* les diverses citations rejetées dans les *Monumenti inediti* des trois vol.

4. Il paraît qu'une des filles de Philelphe avait une singulière envie d'être mariée, car il ne cesse de demander une dot pour elle, soit qu'il adresse des vers à François Sforce, à la duchesse Blanche-Marie, sa femme, à Gentilis Simonetta, chevalier de la Toison-d'Or, ou même à Gaspard de Pesaro, médecin du duc.

Nam sine dote quidem, quam multum ponderet aurum,
Nulla placere putet posse puella viro.
Non genus aut probitas in sponsa quæritur: aurum
Hæc facit, et formam comprobat esse bonam.

l'aisance et presque la liberté du voluptueux et opulent flatteur d'Auguste et de l'ami de Mécène.

Un manuscrit qui contraste avec les mœurs littéraires de Philelphe, si violentes, si injurieuses, est une sorte d'élégie intitulée *Lamento* ou *Disperata*, composée par Virginie Accaramboni, sur la mort de son époux assassiné par des brigands; femme infortunée, qui elle-même périt avec son frère de la main de Louis Orsini, son beau-frère.

Les soixante-dix miniatures, débris du beau manuscrit de l'*Iliade*, en lettres onciales, publié par M. Mai et sorti des presses de l'imprimerie royale de Milan, ont cette sorte de fidélité naïve qui annonce leur haute antiquité, et ils sont un de ces monuments qui prouvent la perpétuité de l'étude des arts d'imitation en Italie.

Les cinq gros volumes de fleurs, si agréablement peintes, paraissent de Jean-Baptiste Morando, artiste du commencement du XVIIe siècle.

J'aurais désiré retrouver à l'Ambrosienne les canevas des pièces nouvelles que saint Charles Borromée faisait examiner par le prévôt de Saint-Barnaba, et que lui-même il apostillait. Cette censure dramatique de saint Charles serait aujourd'hui curieuse; on ne se figure pas quelle était alors la licence des premières farces italiennes[1]. Il est fort probable que les manuscrits de comédies censurées auront été légués par saint Charles, ainsi que ses autres livres, au chapitre de Milan, dont la bibliothèque fut supprimée en 1797, et qu'ils auront alors disparu dans cette espèce de pillage.

Les recherches à l'Ambrosienne sont, au reste, singulièrement difficiles. Croirait-on que son illustre fondateur, le cardinal Frédéric Borromée, a interdit la formation du catalogue? Il faudrait même, dit-on, pour l'établir, une dispense de Rome. Le simulacre de catalogue qui existe est véritablement une espèce de chiffre : les auteurs y sont portés à leurs prénoms (qui,

---

1. *V*. l'ouvrage intitulé : *I Sentimenti di San Carlo Borromeo intorno agli spettacoli*, Bergame, 1759, in-4°, que je lus à Milan, et que j'ai regretté de ne pas retrouver dans nos bibliothèques de Paris.

en Italie, ont, à la vérité, beaucoup plus d'importance que chez nous); il y a sur cette table une multitude de Jean, de Jacques et de Pierre, et pour trouver Pétrarque, il faut chercher François. Afin d'accroître encore le mystère, on ne lit aucun titre sur le dos des livres; l'aspect de ces volumes sans noms, couvrant les murs de l'immense salle, a quelque chose de redoutable, et, sans la bonne renommée du fondateur, on pourrait mal penser de toute cette science occulte. Les bibliothécaires cependant savent assez bien ce qu'ils ont ou ce qu'ils n'ont pas; mais ils ne peuvent guère consulter que leur mémoire, et le catalogue n'est là qu'une tradition. On a peine à s'expliquer la contradiction du cardinal Frédéric : il avait recueilli, recherché à grands frais des livres et des manuscrits dans toute l'Europe et jusque dans l'Orient, nommé des savants pour les éclaircir et les publier, attaché à l'Ambrosienne une superbe imprimerie qui n'existe plus, et il cachait timidement une partie de ces mêmes découvertes; il est impossible de montrer à la fois plus de zèle, plus d'amour des lettres, et de prendre contre elles plus de précautions.

Il ne reste à l'Ambrosienne, des manuscrits physico-mathématiques de Léonard de Vinci, qu'un seul et énorme volume, dit le *Codice atlantico*, contenant des machines, des figures, des caricatures et des notes recueillies par Pompée Leoni. Les lettres sont tracées de droite à gauche, à la manière des Orientaux, et ne peuvent être lues qu'au miroir. Comme son digne émule Michel-Ange, Léonard de Vinci était aussi savant, sculpteur, architecte, ingénieur, chimiste, mécanicien et littérateur : chez de pareils hommes, la multitude des talents, au lieu de se nuire, semble, au contraire, les étendre et les fortifier. La vue de cet étrange manuscrit, avec ses caractères renversés, prouve, à sa manière, l'influence, le reflet de l'Orient sur l'Italie dans le siècle de Léonard, et à quel point le génie italien lui dut de sa chaleur et de son éclat[1].

[1]. Ces manuscrits de Léonard de Vinci sont nombreux et épars : la bibliothèque Trivulzio en possède quelques uns; quatorze petits volumes et cahiers du même genre sont à la bibliothèque de l'Institut, et ont été fort bien décrits dans l'essai lu à la première classe en 1797 par M. J.-B. Venturi (Paris, Duprat, 1797) qui

La bibliothèque de l'Ambrosienne possède un petit et riche musée. Là se voit le carton de l'école d'Athènes, première inspiration naïve et grande de cette immortelle composition. M. de Chateaubriand, en présence du tableau, disait : « J'aime autant le carton. » Celui-ci, réparé avec soin, semble devoir survivre au tableau, dont la dégradation s'accroît chaque jour. Un portrait de Léonard de Vinci, au crayon rouge, fait par lui-même, est une véritable figure de patriarche; les traits en sont calmes et doux, malgré l'épaisseur des sourcils et l'immensité de la barbe et des cheveux. Plusieurs tableaux charmants de Bernardin Luini, tels que le jeune *S. Jean jouant avec un agneau*, la *Vierge aux rochers*, revenus de Paris, sont aussi à l'Ambrosienne, ainsi qu'une très-belle fresque du *Couronnement d'épines*, qui n'a pas, je crois, toute la réputation qu'elle mérite, et dont les figures passent pour les portraits des députés de Santa-Corona, établissement de charité auquel ce local a dans l'origine appartenu.

Un monument a été élevé, à l'Ambrosienne, au peintre et écrivain ingénieux milanais Joseph Bossi : le dessin, les bas-reliefs, sont de MM. Palagi et Marchesi, et le buste, colossal, est un ouvrage plein de vie et d'expression de Canova.

CHAPITRE X

Bibliothèque de Brera. — Observatoire. — Oriani.

La bibliothèque de Brera est principalement formée de l'ancienne bibliothèque des Jésuites et d'autres bibliothèques de

a fait observer que Léonard de Vinci avait, avant Copernic, indiqué le mouvement de la terre d'après la chute des corps graves. Le plus important des manuscrits de Léonard est celui qui faisait partie de la bibliothèque du roi Georges III, donné par Georges IV au Musée britannique; ce manuscrit offre différentes figures, des têtes de chevaux et d'autres animaux, des sujets d'optique, de perspective, d'artillerie, d'hydraulique, de mécanique, et des dessins à la plume parmi lesquels on distingue un dessin de sa propre *Cène*, regardé par Canova comme ce qu'il avait vu de plus précieux en Angleterre. Quelques manuscrits de Léonard se trouvent aussi dans la bibliothèque de lord Spencer.

couvents et maisons religieuses supprimées en 1797, d'une partie des livres de Haller, du comte Firmian, et de la petite mais précieuse collection léguée par le cardinal Durini. Le cabinet des médailles occupe un très-beau local; il possède une bibliothèque numismatique composée avec goût par le conservateur, M. Cattaneo; disposition commode pour les personnes qui travaillent et qui ne sont point obligées de recourir à la grande bibliothèque afin de réclamer les livres dont elles ont besoin, et qui pourraient ne pas se trouver en place. La bibliothèque de Brera n'a que mille manuscrits, parmi lesquels les fameux livres de chœur de la Chartreuse de Pavie; mais elle compte cent soixante-dix mille volumes, et, de toutes les bibliothèques d'Italie, elle est le plus au courant pour les livres de science, d'histoire naturelle et les voyages. Le grand nombre des lecteurs est un autre rapport entre Milan et Paris, et l'on pourrait presque, en traversant la grande salle, garnie de superbes rayons, se croire à la bibliothèque de la rue de Richelieu.

Ce beau palais de Brera, dont l'architecture est de Ricchini, à l'exception de la façade de Piermarini, servait autrefois de collége. Sous un des portiques, parmi d'autres célèbres milanais, est le buste de Parini avec une inscription qui touche vivement lorsqu'on se rappelle que c'était là que cet excellent poëte professait et qu'il formait la jeunesse à l'éloquence et à la vertu.

L'observatoire de Brera, fondé en 1766, d'après le plan du savant P. Boscovich, et riche des meilleurs instruments, a été illustré dans ces derniers temps par les découvertes du grand astronome et mathématicien Barnabé Oriani, qui pendant plus de cinquante ans ne cessa d'y observer les astres; homme non moins supérieur par sa simplicité et ses vertus que par son génie[1]. Nommé comte et sénateur par Napoléon, Oriani resta prêtre et savant. Il mourut octogénaire à Brera, le 12 novembre 1832, et fit deux parts de ses biens, l'une pour la charité, l'autre pour l'avancement des sciences.

---

[1]. On raconte qu'Oriani se plaisait à montrer à Linterno près Milan (*V*. liv. IV chap. 1) un petit mur auquel il avait travaillé quand il était maçon.

CHAPITRE XI.

Bibliothèques particulières. — Bibliothèque Trivulzio. — Vers de Gabrielle d'Estrées.

Milan compte plusieurs bibliothèques particulières remarquables ; telles sont les bibliothèques *Fagnani*, qui offre une belle collection d'Alde ; *Melzi*, si riche en xv^{es} siècles italiens ; *Reina, Litta, Archinto, Trivulzio*. Une bienveillance dont je conserverai un profond souvenir me rendit accessible cette dernière, qui ne compte pas moins de trente mille volumes et environ deux mille manuscrits. Une notice détaillée sur la bibliothèque Trivulzio, transmise par le possesseur à M. Millin, est insérée dans les *Annales encyclopédiques*, année 1817, t. VI ; mais elle n'est plus aujourd'hui parfaitement exacte, une partie de cette bibliothèque étant passée dans une autre branche de la famille Trivulzio, et le zèle éclairé du dernier marquis Jacques Trivulzio, mort en 1831, un des hommes d'Italie qui accordèrent aux lettres les plus nobles encouragements, n'ayant cessé d'ajouter depuis à ce qui lui restait. Lady Morgan a donné aussi la description de quelques articles ; telle est celle du livre d'*Heures*, ou livre d'école à l'usage du jeune Maximilien, fils de Louis-le-More, avec de belles vignettes de Léonard de Vinci, peintures caractéristiques qui sont comme le tableau de l'éducation des princes à cette époque, et dont un des sujets représente le jeune duc à cheval, contemplé par les dames (*Il principe contemplato dalle donne*). La bibliothèque Trivulzio est riche de manuscrits et de premières éditions du Dante, de Boccace et de Pétrarque. Un manuscrit de ce dernier, très-beau, est du temps ; il pourrait même paraître de sa main, car l'écriture est tout à fait semblable à la note du Virgile de l'Ambrosienne ; l'édition de Padoue (1472) est ornée de miniatures charmantes de l'école de Mantegna. Lady Morgan cite une édition du même poëte, imprimée, dit-elle, seulement quinze ans après sa mort, légère inadvertance d'un demi-siècle. Il est un beau manuscrit sur vélin qu'il lui convenait mieux de décrire, et dont elle n'a dit que quelques mots inexacts, c'est l'oraison d'Isocrate au roi Nicoclès, avec des vers charmants de Gabrielle d'Estrées, à laquelle ce manuscrit avait appartenu, après avoir été primitivement dédié au Dauphin, depuis Henri II. Voici quelques uns des vers de Gabrielle :

> De vraye amour aultre amour reciprocque
> C'est le parfaict de son plus grand desir
> Mais sy l'amour de l'aultre amour se mocque
> Pour ung amour trop moings digne choisir
> C'est ung ennuy qui ne donne loysir
> Temps ne repos pour trouver reconfort.
> Le desespoir est ire que la mort
> Et jalouzie est ung vray desespoir.
> O foy rompue o trop apparent tort
> Pour vous me fault pis que mort recepvoir.

D'après la place où se trouvent ces vers peu connus[1], ils sont authentiques et du temps, avantage qu'ils ont sur d'autres vers plus célèbres, tels que les *Adieux de Marie Stuart*, insérés, je crois, pour la première fois, dans l'*Anthologie* de Monnet[2], ou les vers de Henri IV, *Viens, aurore*. Les vers de Gabrielle détruisent sa réputation de manquer d'esprit; ils lui font encore plus d'honneur comme amante et comme femme sensible · pourquoi les infidélités de Henri IV n'auraient-elles point inspiré ce trait d'une douleur si amère et si vraie sur cet amour *qui de l'aultre amour se mocque?* La lecture faite par Gabrielle du discours d'Isocrate

---

1. Ils sont aussi insérés au t. II, p. 126, n° 878, de la *Bibliotheca Roveriana*, d'où le livre est passé dans la bibliothèque Trivulzio; mais nous autres lecteurs de catalogues faisons peu d'attention à ces bagatelles-là. Voici d'autres vers inscrits au recto d'un feuillet blanc à la tête du volume, qui sont plus de notre goût parce qu'ils constatent le fait bibliographique :

> Ce livre est à moy Gabrielle
> Qui voudrois bien avoir l'esprit
> Et le sçavoir semblable à celle
> Qui l'a mis icy en escript.

2. Brantôme fait dire en prose à Marie à peu près ce que disent les vers; s'ils eussent été connus de son temps, il n'eût assurément pas manqué de les citer.

touchant l'administration d'un royaume, prouve que cette maîtresse de roi se mêlait aussi du gouvernement, et qu'elle a peut-être cherché des arguments contre Sully dans le rhéteur d'Athènes.

La bibliothèque Trivulzio possède plusieurs manuscrits provenants de la bibliothèque de Mathias Corvin, et qui portent ses armes : je remarquai parmi les manuscrits huit madrigaux et dix sonnets autographes du Tasse publiés, pour la première fois, à Venise en 1827; le traité d'architecture d'Averulino, ou Filarete, florentin, habile élève de Donatello, architecte du grand hôpital de Milan, adressé à François Sforce, manuscrit en papier de coton, dont il n'existe qu'un seul autre exemplaire à la Magliabecchiana de Florence[1]; un traité inédit de musique composé par le prêtre Florentio, dédié au cardinal Ascagne Sforce, manuscrit charmant, au frontispice duquel Léonard de Vinci qui avait été rappelé à la cour de Louis Sforce, comme musicien, est représenté tenant à la main une lyre, espèce de grosse mandoline renversée et instrument de son invention. Une des dernières et curieuses acquisitions du marquis Trivulzio était une première mise au net (*abozzo*) très-bien conservée, du *Dictionnaire de Calepin*, dont j'ai depuis inutilement recherché à Bergame l'original, autrefois au couvent des Augustins, aujourd'hui caserne. On ne saurait trop estimer ces hommes intrépides qui, les premiers, défrichèrent les déserts de la science. Le nom de Calepin, qu'on a défiguré en le latinisant, était Calepio, famille ancienne et illustre comme beaucoup d'autres noms des savants de la renaissance[2]. Ce nom est devenu immortel, puisqu'il a donné un mot à la langue, et que ce mot a été employé par Boileau.

1. Le génie de Filarete était singulièrement fertile et surabondant; c'est de lui qu'on a dit qu'il aurait voulu rebâtir le monde et aurait cru l'embellir. Vasari ne paraît pas faire grand cas de ce traité d'architecture : *E commechè alcuna cosa buona in essa si ritrovi, è per lo più ridicola e tanto sciocca, che per avventura è nulla più.*

2. Lascaris, Bessarion, François et Hermolao Barbaro, Poggio, Budé, etc.

CHAPITRE XII.

Domination autrichienne.—Écoles.—Imprimerie, librairie, censure. — Liberté de conscience. — Perfectionnement.

Malgré l'accusation de la *Revue d'Édimbourg* et l'opinion commune, le gouvernement absolu de l'Autriche n'est point un gouvernement *obscurant* dans le sens ordinaire. Après l'Écosse, peut-être, l'enseignement populaire est là plus encouragé, plus répandu que dans aucun autre pays de l'Europe. Les écoles paroissiales écossaises sont louées et connues de tout le monde, et il a été assez peu parlé des écoles autrichiennes. Fondées par Marie-Thérèse, ces écoles furent étendues, en 1821, au royaume lombard-vénitien ; le mot *Scuola* s'y lit au-dessous des armes de l'empereur, jusque dans les villages ; et chaque commune, même la plus petite, doit avoir son école, ou contribuer à l'entretien de celle qui admet ses enfants[1]. L'effet de cette éducation générale est déjà très-sensible en Lombardie, et l'on peut espérer de voir s'y réaliser une parole très-belle du dernier empereur. Invité à établir une jurisprudence exceptionnelle pour cette province, attendu la trop grande douceur de la loi autrichienne, il s'y refusa ; il prétendit que la civilisation devait rendre un jour, là, son code bon comme en Autriche, qu'il ne s'agissait que de l'y répandre : « Quand le peuple saura lire, ajouta-t-il, il ne tuera plus. »

Malgré les contrefaçons inévitables dans un pays divisé en petits états, comme l'Italie, et les inepties ordinaires de la censure[2], la librairie et l'imprimerie sont florissantes dans l'État

---

1. D'après le relevé de 1830, sur deux mille deux cent trente-sept communes, la Lombardie n'en comptait que mille cent dix-sept dépourvues de maîtres d'école. L'enseignement élémentaire s'y était étendu à cent soixante-dix-sept mille huit cent quatre-vingt-dix enfants. Le nombre des enfants, reçus aux écoles, dans les provinces vénitiennes, était pour 1834 de soixante-dix-huit mille neuf cent soixante-dix-sept.

2. Walter Scott avait été défendu en 1826 ; et, chose singulière, peu de temps

lombard, et Milan est la ville d'Italie où il paraît le plus de livres[1]. Les ouvrages imprimés par la Société typographique des classiques italiens sont la plupart d'une netteté et d'une correction remarquables. L'*Histoire des campagnes et des siéges faits par les Italiens en Espagne*, de 1808 à 1813, par M. Vacani, dédiée à

après la publication de *Woodstock*, *ou le Cavalier*, roman tout à fait aristocratique. Notre *Journal des Savants*, rédigé à la chancellerie avec le produit des droits du sceau, imprimé à l'imprimerie royale, et si peu offensif, est même quelquefois arrêté ou remis avec un *transeat* qui invite à ne le communiquer qu'avec circonspection. Cette rigueur de la censure n'est pas toujours sans maladresse : si la permission de paraître a été accordée à un mauvais livre (ce qui arrive ordinairement lorsqu'on défend les bons), ce mauvais livre est aussitôt répandu avec profusion. Au moment de mon premier séjour à Venise, le *Voyage d'Antenor* était dans ce cas ; aussi le voyait on affiché, étalé chez tous les libraires comme une nouveauté du Palais-Royal. Il y a même des censeurs typographes. On me citait que, dans un ouvrage sur Venise, l'initiale majuscule de cette ville avait été supprimée, et remplacée par une petite lettre, attendu que, d'après les règles de cette étrange typographie, la majuscule n'appartient qu'aux États indépendants, indigne et dernier affront à la patrie d'Alde Manuce ! Les effets de cette censure sont, au reste, à peu près nuls ; c'est, comme on l'a toujours vu, de l'odieux en pure perte, car chacun reçoit et lit tout ce qu'il veut. La censure dramatique paraît agir à peu près au hasard, et s'exerce selon le bon plaisir du censeur de l'endroit. La tragédie de *Foscarini*, par M. Nicolini, défendue à Mantoue, avait été jouée à Brescia.

1. Le nombre des ouvrages publiés en Italie pendant l'année 1836, montait à trois mille deux cent soixante-quatre. Leur répartition et leur classement donne la statistique scientifique et littéraire du pays : cinq cent vingt-deux ont paru à Milan ; deux cent quatre-vingt-dix-sept à Venise (mille six cent trente-un dans le royaume lombardo-vénitien) ; deux cent onze à Turin (quatre cent cinquante-quatre en Sardaigne) ; à Parme et dans le duché cent onze ; à Modène et dans le duché, trente-quatre ; cent vingt-cinq à Rome (trois cents dans l'État romain) ; vingt-sept à Lucques ; cent deux à Florence (cent cinquante-un dans le grand-duché) ; deux cent soixante à Naples (cinq cent cinquante-six dans le royaume). Sur les trois mille deux cent soixante-quatre ouvrages, six cent cinquante-un étaient de théologie ; cent quatre-vingts de jurisprudence, dont cinquante-six procès criminels dans les Deux-Siciles ; trois cent quatre-vingts de géographie, d'histoire, d'archéologie et de mythologie ; cent douze de biographie ; soixante-quinze de philosophie ; soixante-douze de sciences administratives ; soixante-un de mathématiques ; cent treize de physique et de chimie ; deux cent quatre-vingt-dix de médecine et de chirurgie ; trente d'histoire littéraire ; soixante-onze de philologie ; quatre cent trente-cinq de poésie ; cent quatre-vingt-deux de romans, contes, nouvelles ; cinq cent cinquante de dissertations, thèses et écrits de circonstance, et cent douze pièces de théâtre. Cinquante ouvrages italiens ont été imprimés à l'étranger ; la plupart à Paris et à Lugano.

l'archiduc Jean, et imprimée, en 1823, à l'imprimerie royale de Milan, malgré quelques bizarreries typographiques, est très-supérieure aux livres imprimés, il n'y a pas encore long-temps, avec les vieux caractères de notre imprimerie royale. Les *Fragments de l'Iliade*, sortant des mêmes presses et donnés en 1819, par M. Mai, d'après un manuscrit de l'Ambrosienne, avec les figures qui semblent du vi^e siècle, tandis que les scholies ne datent que du xiiie, sont aussi un très-beau livre. Parmi les entreprises particulières, l'ouvrage intitulé *Famiglie celebri d'Italia*, publié par le comte Pompeo Litta, est à la fois magnifique et national. La *Collection des anciens historiens grecs* traduits en italien, et dont il a déjà paru environ soixante volumes, est un travail dont quelques parties sont estimées, et qui est d'une bonne exécution typographique. La publication des œuvres complètes d'Ennius Quirinus Visconti, due aux soins de M. le docteur Labus pour la partie archéologique et littéraire, et de M. Palagi pour l'exécution des planches, ferait honneur aux premières maisons de la librairie française.

Quant à la liberté de conscience, je doute qu'elle soit nulle part plus religieusement respectée ; il n'est point là du tout question de la dévotion qui gouverne, et, par un inutile emploi de l'autorité, il a même été défendu aux prédicateurs de déclamer contre l'hérésie. Le jubilé de 1825 eut à subir dans les États autrichiens une sorte de blocus : la célébration en fut interdite, et, malgré la ferveur italienne, on refusa même dans le royaume lombard-vénitien des passe-ports pour Rome aux pèlerins. Tandis que l'infâme *Ghetto*, cette espèce de bagne empesté, fondé par le fanatisme, souille encore quelques unes des plus belles cités de l'Italie, le gouvernement du royaume lombard-vénitien consulte ses délégués *sur l'état et les moyens d'améliorer le sort* des hommes qu'ailleurs on y condamne ; l'empereur, prince religieux, visita lui-même, en 1828, à Mantoue leur maison de refuge et de travail, et la chancellerie de Vienne félicita officiellement la société israélite de cette ville sur le zèle qu'elle met à faire le bien.

L'introduction des salles d'asile pour l'enfance remonte à 1835.

Quatre existaient au mois de mai 1837 et recevaient plus de trois cents enfants : ce nombre d'asiles devait être incessamment doublé. Le chant y est enseigné, et les enfants exécutent des mélodies religieuses et morales qui ne laissent pas aussi de profiter parfois aux parents. L'administration cherche à s'aider de nouveaux et divers moyens de perfectionnement social : la vaccine est généralement pratiquée[1]; une caisse d'épargne[2], une compagnie d'assurance contre l'incendie ont été créées à Milan; l'esprit d'association y fait chaque jour de nouveaux progrès; le cadastre, continué sans interruption, occupe l'ancien couvent des Jésuites, et des chaires de statistique ont été fondées à Pavie et à Padoue. Sans doute cette autorité étrangère est rigoureuse en quelques points, mais ce n'est pas là non plus ce despotisme cru, vert, sauvage, qu'aimait l'abbé Galiani. L'ascendant qu'elle exerce est sans effet sur les mœurs, les manières et le caractère national; elle gêne sans nuire; elle est antipathique plutôt qu'ennemie : le gouvernement autrichien, avec de la sagesse, n'opprime point, il pèse.

CHAPITRE XIII.

Collége militaire.

Le collége militaire de Milan, destiné aux enfants des soldats des huit régiments italiens, est un établissement très-bien conçu, et qui pourrait ailleurs servir de modèle. Il fut commencé, en 1802, par le général Theulié, alors ministre de la guerre, dont le portrait se voit encore sous le vestibule[3]. On y compte trois cents élèves,

---

1. Les tables nécrologiques de Milan ne présentent pas une seule mort causée par la petite vérole pendant les années 1822 et 1823; le nombre pour les années suivantes en est très minime. Les médecins de Lombardie qui se distinguent par leur zèle à propager la vaccine reçoivent des primes de 400, 500 et 600 livres.

2. Les dépôts de la caisse d'épargne lombarde avaient été, en 1831, de 1,133,943 fr.; la somme totale des dépôts et des intérêts s'élevait jusqu'en 1832 à 3,545,896 fr.

3. Le général Theulié, d'origine française, était né à Milan et avocat dans

parmi lesquels cinquante sont fils de bourgeois et paient une petite pension. Les titres des autres enfants sont les services, les blessures ou la mort de leurs pères sur le champ de bataille ; la différence de religion n'est point un obstacle, pourvu que cette religion soit admise par l'État, et l'on connaît, sur ce point, la tolérance autrichienne. J'ai visité plusieurs fois, avec un extrême plaisir, cette jeune colonie militaire, dirigée par un homme d'une haute capacité, M. le colonel Young, qui est comme le père de ces petits soldats : leurs exercices gymnastiques, très-perfectionnés (car l'habile directeur a pris aux différentes méthodes ce qu'elles avaient de meilleur), sont applicables aux travaux de la guerre, tels que passages de rivières, de précipices, assauts de forts, etc. ; l'enseignement se compose de l'écriture, de l'arithmétique, des langues allemande et italienne, de la géographie, de l'histoire, du dessin topographique, etc. Des instituts semblables, au nombre de cinquante-un, existent pour les autres régiments de l'armée autrichienne ; ils doivent attacher le sous-officier et le soldat à son drapeau, puisque en son absence l'abandon et le besoin ne menacent plus sa famille. Ces établissements, peut-être, sont une des causes qui ont conservé cette même armée, défaite, malheureuse pendant vingt années, et jamais détruite.

Le collége militaire est une de ces fondations de bon sens, de justice et d'humanité qui laissent au voyageur les plus doux souvenirs. D'autres États entretiennent à grands frais de nombreuses écoles pour des pages, des demoiselles ou de brillants officiers ; là, l'enfant orphelin du soldat fait l'apprentissage du métier de son père ; il apprend l'honneur, l'ordre, l'obéissance, l'amour du prince et de la patrie, et ces vertus militaires si simples, si résignées, si intrépides. Une pareille création était digne de Louis XIV : celui qui avait ouvert un si noble hospice à la vieillesse de nos guerriers méritait de préparer le gymnase de leur enfance.

<small>cette ville au moment de l'arrivée des Français. Il prit alors du service et commanda la première légion cisalpine. Cet homme, très-estimé, périt d'un boulet de canon au siége de Colberg en 1807. Foscolo se proposait d'écrire sa vie, et il avait, dans ce but, recueilli de nombreux matériaux. L'avocat Marocco a publié un éloge de Theulié.</small>

CHAPITRE XIV.

Pinacoteca de Brera. — École milanaise. — *Sposalizio* de Raphaël. — Agar du Guerchin. — Expositions. — Collections Pino, Longhi, Palagi.

L'éclat de Florence, de Bologne et de Rome, et l'ancienne réputation de leurs musées, font peut-être trop négliger le musée de Brera qui n'a été commencé qu'en 1805. S'il n'a pas de grands Titien, s'il manque peut-être de quelques autres chefs-d'œuvre, il possède d'admirables tableaux des premiers maîtres de l'école milanaise, tels que Gaudence Ferrari, son chef, Bernardin Luini, le Bramantino et autres, de cette féconde école milanaise, si distinguée par la naïveté, l'expression, la force et le don merveilleux de la perspective.

Le *Mariage de la Vierge*, ouvrage charmant de la jeunesse de Raphaël, est un tableau que, plus tard, il eût fait moins bien en le faisant mieux : le talent perd quelquefois, par la perfection, quelque chose de sa naïveté et de sa grâce. Raphaël avait vingt-un ans quand il donna *Lo Sposalizio;* c'est l'âge auquel Voltaire composa *Œdipe*, essais brillants qui révélaient déjà toute la grandeur de leurs compositions futures, et que de tardives variantes n'eussent fait qu'affaiblir et qu'altérer [1]. L'*Agar renvoyée par Abraham*, du Guerchin, est un de ses plus beaux ouvrages. Ce tableau électrisait Byron, selon le récit de son piquant cicerone du musée de Brera [2]. Une tête du Père éternel, de Luini, respire le génie simple, antique et majestueux de la

---

[1]. On se rappelle le beau vers

Jeune, et dans l'âge heureux qui méconnaît la crainte,

que Voltaire remplaça, dans les dernières éditions, par le vers commun,

Au-dessus de son âge, au-dessus de la crainte.

[2]. Lettre de M. H. Beyle à madame Belloc sur lord Byron, et les *Mémoires de Byron*, t. IV, chap. v.

Bible. Son petit tableau de l'*Ivresse de Noé*, malgré quelques traces du XIVe siècle (*vestigia ruris*), est un de ses meilleurs ouvrages. Les autres tableaux les plus remarquables sont : *S. Pierre* et *S. Paul*, du Guide ; la gracieuse *Danse des amours*, de l'Albane ; la *Femme adultère*, d'Augustin Carrache ; la *Samaritaine*, d'Annibal ; la *Cananéenne*, de Louis ; la *Vierge*, *S. Pétrone et d'autres saints*, du Dominiquin ; l'*Adoration des mages*, du vieux Palma ; le *Moïse sauvé des eaux*, simple, harmonieux chef-d'œuvre du Giorgione ; la *Prédication de S. Marc dans Alexandrie*, vaste et vivante composition de Gentile Bellini, que son séjour à Constantinople et dans le Levant l'a mis à même d'empreindre de la couleur orientale ; les portraits des *ducs d'Urbin*, de Fra Bartolommeo ; le *S. Marc et d'autres saints*, en plusieurs compartiments, de Mantegna ; l'*Annonciation*, attribuée au Pérugin, et qui est de François Francia ; *S. Pierre martyr*, du Conegliano ; un *Crucifiement*, du Bramante ; une admirable *Tête de vieillard*, du Titien. Un tableau intéressant quoique assez ordinaire, est de Jean Santi ou Sanzio, le père et le premier maître de Raphaël, peintre médiocre, mais homme d'un excellent esprit, qui sentit que ses leçons étaient insuffisantes à un tel élève, et qui se hâta de le confier au Pérugin. Les divers tableaux de troupeaux et de bergers, du peintre milanais, du dernier siècle, Londonio, sont très-naturels.

Un hasard heureux me fit assister, en 1827 et 1828, à l'exposition des ouvrages qui avaient concouru pour les prix décernés par l'académie des beaux-arts de Brera, ainsi qu'à celle d'autres tableaux d'artistes et *dilettanti*. Ces deux expositions donnaient une idée favorable de l'état actuel de l'école italienne. M. Palagi, de Bologne, M. Hayez, de Venise, ne seraient point méconnus par les maîtres de ces deux écoles. M. Palagi avait exposé une belle copie du *César Borgia*, du Giorgione : dans l'original, le bâtard d'Alexandre VI a la main sur son poignard ; et, dans le fond du tableau, on voit un guerrier et une femme qui semblent indiqués comme ses victimes. Cette dernière rappelle sans doute l'histoire de ces religieuses de Capoue, retirées dans une tour au moment du sac de la ville par l'armée de Borgia, et dont, au rapport de Guichardin, il choisit, après les avoir soigneusement examinées, quarante des plus belles pour les envoyer dans son sérail de Rome. La copie étant destinée à M. le comte Borgia, l'artiste, par délicatesse, avait cru devoir supprimer le poignard, la femme et le guerrier ; ce Borgia désarmé, inoffensif, perdait une partie de sa terrible physionomie, malgré le mérite de l'exécution. Peut-être n'y avait-il pas trop lieu de se vanter d'un pareil ancêtre, si, par une étrange contradiction, les noms fameux par le vice ou le crime même ne devenaient, avec le temps, des titres de noblesse. Un sujet charmant, Newton découvrant, dans des bulles de savon faites par un enfant, la réfraction de la lumière, offrait de beaux détails ; la femme et l'enfant étaient gracieux, mais la figure de Newton était sans caractère et sans génie. *Véturie* et les dames romaines allant au-devant de Coriolan, dans le camp des Volsques, était encore un bon tableau de M. Palagi ; il manquait cependant de vérité sous le rapport des costumes : la toilette de ces matrones de Rome encore rustiques semblait beaucoup trop élégante et trop recherchée. Les tableaux de M. Hayez, représentant la *Mort de Clorinde*, au moment où elle reçoit le baptême de Tancrède ; la *Rencontre de Marie Stuart et de Leicester*, lorsqu'elle est conduite au supplice, sujet pris de la pièce de Schiller, et le moment où elle monte à l'échafaud, produisaient une vive sensation. L'Italie n'a point échappé à ce goût, à ce besoin d'une réforme dans les arts et les lettres, qui tourmente quelques esprits en France ; et le talent hardi, bizarre même de M. Hayez, regardé par ses admirateurs comme le premier peintre italien actuel, appartient à la nouvelle école. Le *Jeune Tobie rendant la vue à son vieux père*, par M. Diotti, était aussi un tableau intéressant. La *Chapelle souterraine des familles de Vérone*, et les autres intérieurs de M. Migliara, avaient beaucoup de vogue, et sont, en effet, de charmants, naturels et très-pittoresques tableaux. Il y avait aussi des brigands romains à l'exposition de Brera, mais ceux-là ne valaient pas ceux de M. Cogniet et de Léopold Robert. Deux bas-reliefs de M. Marchesi, l'un offrant le *Monument sépulcral de la fille de lord Dungarwan*, l'autre représentant la *Vision d'une mère sur la perte de ses sept enfants*, étaient pleins de grâce et de sentiment. Le groupe colossal du même artiste représentant la *Piété de S. Jean-de-Dieu*, fondateur de la congrégation des *Fatebene fratelli*, et destiné à leur hospice, excitait la vive admiration des Milanais, et semblait un ouvrage digne d'estime.

L'exposition de 1828 n'offrait aucun ouvrage de MM. Palagi et Hayez, mais il y avait de nombreux et excellents tableaux de M. Migliara, tels que la *Condamnation de Jacques Molay*, le *Château de l'Innominato*, plusieurs tableaux d'intérieurs gothiques de son heureux imitateur et presque son émule M. Moja, deux paysages de M. Gozzi, doyen des paysagistes italiens et, comme notre Boguet, toujours plein de grâce et de verve, malgré ses quatre-vingts ans; un superbe dessin au crayon de M. Anderloni, d'après une *Sainte Famille* de Raphaël, placée dans la galerie Staffort, en Angleterre, et dont il existe plusieurs copies à Rome et à Naples, faites par ses élèves. La sculpture offrait quelques ouvrages importants : un *Apollon dormant*, exécuté d'après un modèle en terre de Pacetti, par M. Cacciatori, son élève; le modèle du tombeau élevé au noble Melzi, à Bellaggio, par son neveu, ouvrage de M. Nesti de Florence, et un autre cénotaphe, consacré par les habitants de Chiari, gros village à quatre lieues de Milan, à l'habile écrivain lapidaire Morcelli, leur prévôt [1]; ouvrage distingué de M. Monti de Ravenne. Ce vaste et splendide monument de laboureurs à un prêtre docte et vertueux est une preuve nouvelle de la popularité des arts en Italie : une pareille idée ne viendrait jamais à l'esprit de nos paysans qui ont le plus de respect pour leur curé, et je ne sache pas qu'un seul ait encore reçu un semblable honneur de ses paroissiens. Les divers projets d'une cathédrale devant une grande place entourée de portiques, annonçaient aussi de bonnes études d'architecture à Milan.

L'affluence de monde était considérable à ces deux expositions. Dans chacune des salles, au lieu de custode, un grand soldat hongrois, le briquet sur l'épaule, était de garde · ce Pan-

---

[1]. Le prévôt est comme un curé renforcé; il y a quatre curés à Chiari, dont le prévôt est le supérieur.

nonien armé, au milieu des travaux de l'art italique, offrait un étrange et triste spectacle ; l'air ennuyé de ce conquérant isolé, indifférent, immobile, au milieu de la foule agitée, semblait une image assez juste de l'espèce de domination qu'il exerce [1]. Combien il y avait loin d'un tel contraste à ces expositions du Louvre à la fois royales et populaires, à ces splendides travaux commandés par le prince et l'État pour décorer nos cités, nos palais, nos monuments et nos temples ! Le patriotisme, les sentiments de famille, et le goût des arts de quelques particuliers, avaient seuls fait exécuter quelques-uns des ouvrages exposés à Brera, mais le souverain n'en avait pas ordonné un seul.

La plus belle collection particulière de tableaux à Milan, celle du général Pino, était encore à vendre en 1828 : on y remarquait un grand Titien, *Moïse défendant les filles de Jethro;* une *Femme adultère,* du Poussin ; *S. Joseph et un enfant,* du Guide ; et un admirable *Christ portant la croix,* de Sébastien del Piombo.

La galerie de Longhi, peu nombreuse, était composée avec le goût que l'on doit attendre d'un si habile artiste, encore distingué comme poëte et écrivain. J'ai vu chez lui la même année un très-beau dessin du *Jugement dernier,* de Michel-Ange, par M. Minardi, de Rome, qu'il commençait à graver ; travail qu'il a laissé presque achevé et qui, avec la belle copie de Sigalon, fera connaître et sauvera en quelque sorte ce chef-d'œuvre si maltraité du temps et des hommes, et que l'on voit si mal [2].

La collection de M. Palagi, riche d'antiquités égyptiennes, offre encore divers monuments étrusques et grecs qui en font un véritable musée.

---

1. J'aurais dû peut-être supprimer ce passage sur le Pannonien de Brera ; car j'ai fait depuis ma paix avec lui, et j'ai reconnu que je n'avais pas d'abord rendu tout à fait justice à son goût pour les beaux-arts. Comme j'assistais à l'exposition de 1828, et que je regardais de nouveau ces soldats avec la même impression, l'un d'eux, quoique sous les armes, vint me parler. Je crus qu'il exécutait quelque partie de sa consigne ; pas du tout : il s'était aperçu que j'étais français, et, d'un air qui voulait être léger, il me dit en me montrant les tableaux : *Il est joli la maison comme çà.* A l'élégance de sa diction, je ne doutai point qu'il n'eût été en France. Je lui demandai assez lestement combien de fois il avait été fait prisonnier ; il me répondit : deux fois ; et je vis à son air, qui n'était point confus, que ses camarades l'avaient probablement été davantage.

2. Longhi est mort le 2 janvier 1831, âgé de 65 ans.

CHAPITRE XV.

Beccaria. — De la peine de mort.

Dans la rue de Brera est un joli hôtel qui fut habité par Beccaria, dont le médaillon et ceux de huit autres Milanais et Milanaises célèbres se voient sur la façade[1]. Esprit paradoxal par amour, par passion du bien et de l'humanité, philosophe dont les opinions furent hardies, téméraires, et la vie prudente, vertueuse et paisible, Beccaria vient de retrouver des partisans dans les deux mondes; ses principes sur la peine de mort ont repris faveur auprès d'hommes amis des lumières. Mais, malgré le mérite supérieur de plusieurs discours et dissertations, je crois que l'instinct de conservation qui prescrit la destruction de l'homicide, que la conscience humaine, que cette simple loi du talion antérieure aux lois positives, seront toujours plus forts chez le peuple que tous les arguments, et je ne pense pas non plus qu'une semblable innovation puisse être comparée à la liberté civile, à la tolérance religieuse, à l'abolition de l'esclavage, et autres améliorations justes et naturelles.

CHAPITRE XVI.

Monti. — Pindemonte. — Manzoni.

J'ai vu Monti souffrant, anéanti : malgré ses infirmités, sa physionomie était encore noble et son regard plein de poésie. Il parlait d'une manière intéressante de la littérature et de la langue italiennes, de la dérivation de celle-ci du provençal; il appréciait les laborieuses recherches de M. Raynouard; il rappelait un tra-

---

[1]. Savoir: Lecchi, Giulini (historien de Milan); Agnese (célèbre mathématicienne); Frisi, Verri, Parini, Domenico Balestrieri (traducteur du Tasse en milanais); Fumagalli. Une nation qui, sous une domination étrangère, a compté de tels personnages, qui de nos jours a Manzoni, n'a point certes reçu des facultés vulgaires.

vail sur le même sujet, auquel il avait commencé à se livrer avec Perticari, et que la mort de ce dernier avait interrompu[1]. Il me demanda des nouvelles de Botta, premier historien de l'Italie, comme Monti en fut le premier poëte. Les soins généreux que lui prodiguait sa fille, veuve de ce généreux Perticari, les grâces et les talents de cette jeune femme, me rappelèrent une des filles de Milton sous le ciel de l'Italie.

J'ai connu depuis, à Vérone et à Venise, Hippolyte Pindemonte, autre grand poëte contemporain que l'Italie a perdu presque en même temps[2]. Il est impossible de ne pas éprouver une douleur profonde, en voyant disparaître de tels monuments ; ces hommes supérieurs furent aussi des hommes excellents, simples, religieux, sincères.

M. Manzoni, qui, avec quelques théories différentes, semble appelé à leur succéder, se recommande par les mêmes qualités du cœur et des principes peut-être encore plus élevés. Cet écrivain a défendu, contre Jean-Jacques et M. de Sismondi, l'alliance possible du catholicisme et de la liberté dans un pays qui ne lui en offrait point d'exemple, et sous une domination peu favorable à ce genre d'idées ; son éloquent traité : *Sulla Morale cattolica* est une nouvelle preuve de la puissance du génie italien, toujours au niveau des grands principes de la civilisation, malgré les obstacles dont il est entravé. De pareils caractères font un singulier honneur à l'Italie, si, comme nous le pensons, les caractères littéraires sont une expression assez juste des mœurs publiques, et ne les représentent pas avec moins de fidélité que les ouvrages des écrivains.

1. *V.* sur ces recherches, le chap. xii de la *Difesa di Dante*, de Perticari.
2. Monti, né le 19 février 1751, est mort le 9 octobre 1828 ; Pindemonte, mort le 17 novembre, naquit la même année que Monti : s'ils différèrent par le talent, l'un âpre, passionné, éclatant, l'autre doux et mélancolique, leur carrière fut parfaitement égale. Un mois s'était à peine écoulé depuis la mort de Monti, qu'une souscription était ouverte en Italie, afin de lui élever un monument sur une des places de Milan. Vérone n'a pas été moins reconnaissante envers Pindemonte ; sa mémoire doit y recevoir le même honneur, et sa digne et ancienne amie, madame la baronne Silvia Curtoni Verza, est à la tête de la souscription.

La même année 1828 et le même mois, mourut aussi à Ravenne le célèbre P. Cesari, orateur, théologien, grammairien, critique, biographe, poëte burlesque, commentateur et traducteur d'Horace, de Térence et de Cicéron. Je l'avais visité à Vérone, sa patrie; c'était un vieillard vif, ardent, agité, un véritable *abbate* complet, très-obligeant, bizarre dans le maintien et les vêtements : cruscantiste opiniâtre, Cesari prétendait faire parler Cicéron comme lui-même se serait exprimé en italien et au XVIe siècle[1]. Malgré ses manies, son irritabilité et son manque de critique et de goût, il comptait de nombreux admirateurs, et sa perte fut confondue, dans les regrets patriotiques et littéraires des Italiens, avec celle de Monti et de Pindemonte.

CHAPITRE XVII.

La Scala.— Salle. — Cantatrices italiennes.— Révérences au public. — Décorations. — Ballets. — La Scala, société de Milan.— Carnevalone.

Je n'ai point vu la *Scala* en 1826, au moment de sa splendeur. Alors il n'y avait point d'opéra; on représentait une espèce de tragédie de *Dircé*, faite par l'acteur qui jouait le rôle principal : pièce et acteurs étaient d'un mauvais rare, et je n'étais cette fois véritablement allé au spectacle que pour la salle, qui me parut plus vaste et haute que magnifique. La Scala, rafraîchie en 1830 et qui peut contenir plus de quatre mille spectateurs, a toutefois le premier mérite d'une salle de ce genre; c'est d'être, malgré son immensité, parfaitement sonore; elle doit principalement cet avantage à la forme de sa voûte, construction habile de Piermarini, restaurateur de la bonne architecture en Lombardie, dans le dernier siècle.

J'ai assisté depuis, au mois de septembre de l'année 1827, à de brillantes représentations de *Mosè* et de l'*Ultimo giorno di*

---

[1]. C'est ainsi qu'il lui fait dire *l'uovo di Pasqua, in un credo, un vespro siciliano*, etc., expressions qu'il défend dans la préface en tête de sa traduction du second volume des *Lettres*. Milan, 1826.

Pompei, chef-d'œuvre de Pacini. Cet opéra avait à Milan un immense succès; on revenait de la campagne, on accourait même des villes éloignées pour entendre l'*Ultimo giorno* et madame Méric-Lalande, cantatrice française alors très-goûtée en Italie. Je trouvai sur un registre d'auberge le nom d'un prince, petit-fils de Louis XIV et comme lui amateur de l'opéra; il avait écrit qu'il se rendait à Milan, avec sa suite, pour entendre *le grand opéra du Dernier jour de Pompei*. La pièce était merveilleusement exécutée par Rubini, Tamburini ; madame Méric-Lalande, vantée même comme tragédienne, me parut maniérée. Il est vrai que l'affectation semble presque convenue et de rigueur parmi les cantatrices des théâtres d'Italie ; les grimaces, les minauderies, les contorsions de la cantatrice italienne sont de toute sa personne : les bras, les doigts, les pieds de ces poupées harmonieuses, surtout à la fin de l'air, partent pour l'effet en même temps que la voix. Les éternelles salutations des acteurs ajoutent encore à ce défaut de vérité. Aussitôt que l'acteur reçoit quelques applaudissements, oubliant son rôle, au milieu même des situations les plus touchantes, les plus pathétiques ou les plus sombres, il s'avance vers le parterre, porte la main sur son cœur, et s'incline respectueusement à plusieurs reprises: j'ai vu Tancrède moins occupé à saluer la terre natale qu'à faire ses révérences au public. Les premiers rôles de femmes de la Scala étaient joués par des Françaises, car madame Comelli, aujourd'hui madame Rubini, s'y trouvait et chantait dans *Mosè;* j'ai entendu depuis une madame Casimir à Venise. Verger. Duprez, chanteurs excellents, sont Français; le dernier, ténor en vogue, engagé depuis à notre grand Opéra où il a mérité un si brillant succès, est élève de cet excellent et passionné maître de chant, Choron, directeur de l'école de musique religieuse, utile établissement que son épithète de religieuse fit à tort délaisser et tomber en 1830. Les cantatrices anglaises ne sont pas rares non plus en Italie ; j'en ai vu dans les premiers rôles à Turin et à Gênes, et madame Cori-Paltoni, anglaise que le public de la Scala traitait avec faveur, était *prima donna* en 1828. L'invasion étrangère s'étend jusque sur la scène.

On jouait, en 1828, la *Prova d'un opera seria*, ouvrage ancien, paroles et musique de Gnecco, peinture très-amusante, espèce de *Roman comique* des troupes chantantes d'Italie, et dont je fus charmé. L'opéra buffa, qui, en France, près de la scène de Molière, ne semble guère qu'une invraisemblable bouffonnerie, me paraît, au contraire, en Italie, gai, naturel et vrai ; c'est une plante du sol qui perd à être transplantée.

Les décorations de la Scala sont magnifiques et supérieures pour l'effet, sinon pour la peinture, à tout ce qui se voit ailleurs. Je ne me rappelle rien d'aussi surprenant que l'éruption du Vésuve du *Dernier jour de Pompei*, par M. Sanquirico. Il y avait cependant, au dernier acte, un petit détail assez ridicule : contre l'un des piliers du forum était une grosse affiche en transparent avec ces mots : *Si ripresenta col velario* ; cette érudition de coulisse eût été sifflée à Paris et avec raison. Le passage de la mer Rouge du *Mosè*, si faiblement rendu à notre grand Opéra, n'avait point été exécuté ; mais ce n'était point timidité de la part d'aussi habiles gens : toutes les machines du théâtre étaient employées et montées pour le Vésuve, et la mer, qui, dans la nature, produit et entretient les volcans, n'avait pu avoir lieu à cause du volcan de la Scala.

Les ballets d'Italie ont une action et un intérêt qu'avant la charmante *Somnambule* nous ne connaissions point. On donnait à la Scala, en 1827, un ballet de *Zaïre*, que je m'attendais à trouver très-mauvais ; il me semblait difficile de rendre, par des gestes et des entrechats, le sentiment et la passion d'une telle pièce ; le ballet cependant, très-bien monté, offrait un beau spectacle, et j'eus le plaisir d'y admirer, pour la première fois, la grâce, la légèreté de mademoiselle Taglioni, appelée depuis à réformer les pas guindés de notre ancien Opéra, et à les remplacer par sa danse naturelle, élégante, pure, et presque poétique. Je vis, l'année suivante, un long et ennuyeux ballet d'*Agamemnon*, espèce de parodie dansée de la pièce d'Alfieri et de M. Lemercier, que l'on représentait, à la manière italienne, entre les deux actes de la *Cenerentola* et de la *Prova d'un opera seria*, afin de laisser reposer les chanteurs : ainsi, toutes les horreurs du palais d'Argos étaient entremêlées aux folies de don Magnifico et de Maestro Campanone, rôles bouffons joués merveilleusement par Lablache. Les ballets tragiques sont reçus et nombreux en Italie, ces graves pantomimes étant plus faciles à monter à cause du petit nombre des *sujets* de la danse et du talent mimique naturel aux Italiens ; Gioja, le Gardel italien, a composé un ballet de la *Mort de César*; j'assistai, en 1828, à Bologne, aux représentations de sa *Gabrielle de Vergy*, et l'on promettait pour la saison prochaine le ballet d'*Atrée*.

La Scala est toute la société de Milan ; on ne sait véritablement que devenir de la soirée, si l'on n'y donne rien, car il n'y a point là, comme à Florence, Rome ou Naples, de corps diplomatique pour recevoir. Malgré les grandes fortunes et l'aisance commune des habitants, personne ne se croit obligé de représenter. Les diverses révolutions que ce pays a subies depuis quarante ans, et les réactions qui en ont été la suite, semblent y avoir détruit la vie sociale. Cette insurrection de salon, cette liberté réfugiée dans l'opinion du beau monde, que les divers partis ont toujours opposées, en France, au pouvoir qui déplaisait, n'existent point en Italie. L'opposition exilée, impuissante, voyage ou se tait; et le petit ramage des loges, perpétuellement interrompu par l'arrivée des derniers venus ou le départ forcé des premiers, attendu l'exiguïté de l'espace, n'est guère propre à développer le talent de la conversation. L'opéra a beau n'être, il est vrai, qu'un faible accessoire (chose assez naturelle, malgré la surprise, l'indignation de quelques voyageurs, puisqu'on l'a déjà entendu, ou qu'on doit l'entendre une quarantaine de fois), il ne laisse pas d'être écouté par moments et de devenir une autre distraction. De pareils entretiens, comme on voit, ne peuvent se composer que de nouvelles, de caquets, et il serait assez difficile aux idées d'y trouver place. Toutefois cette manière frivole, futile de se rencontrer, est encore préférable au sérieux de notre *écarté*, et les rapports multipliés qu'elle amène, puisque ces visites ont à peu près lieu tous les jours, produisent une sorte de familiarité bienveillante et cordiale qui n'est pas sans agrément. L'habitude de recevoir au théâtre, si nuisible à l'esprit de société, est indestructible en Italie : chaque femme règne dans sa loge, et, comme César, elle préférera toujours la première place de ce petit empire à la seconde d'un salon.

La vie extérieure de Milan est joyeuse. Son brillant carnaval, dit *Carnevalone*, se prolonge jusqu'au samedi qui suit le mercredi des Cendres, et pendant ces quatre jours, malgré le grave avertissement de l'Église, on y continue avec plus de fureur qu'auparavant les bals, les mascarades et toutes les folies carnavalesques.

CHAPITRE XVIII.

Acteurs comiques d'Italie. — Théâtre italien. — Nota. — Théâtres philo-dramatiques. — Fantoccini.

Il est une observation qui m'a frappé, en suivant les divers théâtres d'Italie; c'est que, si le genre lyrique semble y décliner, l'exécution des pièces comiques y paraît très-perfectionnée. La réunion des divers acteurs de ce pays, malheureusement dispersés et appartenant à des compagnies différentes, formerait peut-être la meilleure troupe comique de l'Europe. Demarini était excellent comédien[1], Vestri a beaucoup de naturel et de gaieté; Bon, auteur dramatique estimé, est original et piquant; Modena est touchant et noble; Dominiconi a de la chaleur; mesdames Marchionni, Luigia Bon, Internari, Pasqualini, Belloni-Colombelli, Polvaro-Carolotta, ont de la sensibilité, de la grâce et de la finesse, et je doute qu'il y ait une plus gentille soubrette que madame Romagnoli. Sans doute aucune de ces actrices n'égale mademoiselle Mars, mais le talent de cette inimitable actrice ne serait guère applicable à la comédie italienne et aux personnages qu'elle représente. Les mœurs italiennes, tout extérieures, si l'on peut le dire, et assez uniformes dans la classe élevée, ne semblent guère convenir aux scènes et à l'action de la comédie. Il n'y a point là assez de variété et de con-

[1]. Mort en 1830.

traste dans les vanités pour avoir besoin de leçon ; la raison qui se moque, premier principe du *vis comica*, serait trop forte et trop sérieuse pour un monde habituellement si indifférent ; et la négligence, la paresse des individus, sont bien moins comiques que les prétentions, les mécomptes et les travers de notre société. La différence des dialectes est encore un obstacle au perfectionnement du théâtre italien ; les pièces écrites dans ces divers dialectes, les seules gaies, les seules populaires, ne sont point comprises de la nation entière ; les autres, écrites dans le style des livres, espèce de langue morte qui ne ressemble point au langage ordinaire, ne peuvent offrir les expressions vives et naturelles qui excitent le rire si franc, si subit, si prolongé, si salutaire, si communicatif de la bonne comédie. La troupe du duc de Modène jouait, en 1827, au théâtre *Re*, une fort jolie comédie de Goldoni, *I pettegolezzi delle donne*[1], avec un ensemble que l'on souhaiterait à certaines troupes royales. Il y avait dans cette comédie un de ces rôles de Français ridicule, trop communs dans les pièces de Goldoni ; mais ce Parisien *en perruque* du dernier siècle, ne ressemblait guère aux Français de nos jours, qui jouissent de plus de faveur en Italie. L'antipathie pour les Français remontait au siècle précédent. Selon Addison, elle était très-vive, particulièrement dans les dernières classes ; Louis XIV, si admiré de l'Europe, leur était odieux : les Génois n'avaient point oublié le bombardement de leur ville ; les Vénitiens étaient mécontents de l'alliance de la France avec les Turcs ; les Romains, des menaces faites à Innocent XI ; Naples et Milan, de l'humiliation de leurs souverains. Les Allemands étaient de beaucoup préférés aux Français. Tout cela est bien changé : le peuple aujourd'hui les regrette ; partout il montre avec intention les travaux qu'on leur doit ; et le valet de place, qui salue à chaque coin de rue la lampe de la Madone, cherche avec vous, dans tout le reste, à se montrer philosophe.

Nota, le Goldoni actuel de la scène italienne, a, comme lui, été

---

1. Les Caquets des Dames.

avocat[1]; le barreau peut devenir une bonne école du théâtre, pourvu que l'on se garde de la déclamation et de la diffusion : l'exposition juridique des faits exige la même clarté que l'exposition dramatique; la péroraison est le dénoûment; l'action, l'intrigue même sont nécessaires à ces deux genres de compositions; elles réunissent l'éloquence, la passion et la bonne plaisanterie : les plaidoyers de Beaumarchais sont la meilleure de ses pièces. Les comédies de Nota sont sages, régulières, naturelles, intéressantes, bien conduites, écrites avec pureté, avantage qu'il a sur Goldoni; mais elles manquent d'originalité et de gaieté, et les caractères y sont peints sans beaucoup de profondeur. *La Fiera* (la Foire), peut-être le chef-d'œuvre de Nota, offre quelques scènes excellentes, un dialogue animé, des caractères vrais et un but moral. *L'Atrabilaire* est encore une bonne comédie de Nota, mais dont le héros principal a quelques rapports avec *le Misanthrope* et *le Tyran domestique*.

Il est, au reste, assez singulier qu'au moment où l'on ne cesse de recommander, comme unique ressource de notre littérature dramatique épuisée, l'imitation des théâtres étrangers, ces mêmes théâtres ne vivent que de traductions ou d'imitations des productions de notre scène, et même des moins recommandables. Nos mélodrames, dit-on, deviennent sublimes en allemand, grâce au génie nébuleux de la langue; nos opéras-comiques les plus communs sont au répertoire des théâtres d'Angleterre et d'Italie; et sur les théâtres de société à Turin, à Florence, à Rome et à Naples, ce sont nos vaudevilles que jouent et chantent les troupes des étrangers les plus illustres. Ce théâtre français, si déprécié en France, est encore le théâtre universel.

Le goût du spectacle est aujourd'hui très-vif chez les Italiens, et des théâtres philo-dramatiques ou de société, existent jusque

[1]. Les treizième et quatorzième éditions des comédies de Nota ont paru presque en même temps à Florence et à Milan. M. Baudry en a donné à Paris, en 1829, une édition élégante et correcte; *la Donna ambiziosa*, traduite en français, et du français en russe, a même été jouée à Moscou, pour le couronnement de l'empereur Nicolas. Quelques pièces de Nota sont insérées dans la traduction des *Théâtres étrangers*.

dans les plus petites villes ; quelquefois même ce goût paraît une vraie fureur : Bologne, pendant un carnaval, a compté jusqu'à trente de ces théâtres. Ils deviennent aussi une occasion de bonnes œuvres lorsqu'on y fait payer, car la recette sert à la dot de quelque pauvre fille ou à quelque acte de charité.

Je fus conduit au théâtre *filodrammatico* de Milan, établissement fort bien imaginé, dirigé à merveille, et qui existe depuis plus de trente ans. Les représentations ont lieu une fois par semaine, dans une salle charmante, peinte par Appiani. Cette salle particulière est à peu près aussi grande que celle de nos grands théâtres, et, comme toutes les salles d'Italie, elle est distribuée d'une manière infiniment plus agréable et plus commode. Les acteurs qui ont paru en public ne sont plus admis à jouer sur cette scène, et la troupe (si l'on peut donner ce nom à une telle réunion) se compose de jeunes gens du commerce et de l'administration, et de jeunes filles ou de jeunes femmes appartenant à des familles honnêtes de Milan. Indépendamment de l'aisance et de la grâce qu'elles acquièrent par ce genre d'exercice à la fois domestique et public, un pareil établissement doit aussi contribuer à relever dans l'opinion la condition des artistes dramatiques, puisqu'il amène parfois dans cette classe des personnes d'éducation libérale, dont la vocation trouve ainsi occasion de se révéler ; il peut encore multiplier les talents en ouvrant la carrière du théâtre à un plus grand nombre. Le théâtre *filodrammatico* jouit déjà sur ce point d'une grande illustration ; il a vu les premiers essais de l'artiste qui, avec Talma, a le plus excellé, de nos jours, dans l'art tragique : c'est sur cette scène paisible, en présence d'amis, de parents ou de quelques étrangers que l'obligeance italienne y avait conduits, que madame Pasta préludait à ses hautes destinées théâtrales. Il est une observation que je me garderai bien d'omettre au sujet du théâtre *filodrammatico* : un théâtre de société, subsistant depuis plus de trente années, est un fait qui honore le caractère moral d'une nation, et prouve un repos de vanités vraiment prodigieux, et dont peut-être aucun autre peuple n'est capable.

Ces détails sur la scène italienne me paraîtraient encore plus incomplets, si je ne disais rien des *Fantoccini*, qui sont, j'ose à peine l'avouer, la troupe que j'ai le plus suivie. Par suite du préjugé qui existe en France, je n'avais d'abord été qu'à l'opéra, et ces acteurs de bois me semblèrent alors les plus naturels que j'eusse vus en Italie. Ils n'avaient point, à la vérité, la sensibilité et la reconnaissance des acteurs de la Scala, car jamais ils ne faisaient de révérences aux spectateurs, malgré les applaudissements très-mérités qu'ils excitaient. A la place du directeur des *Fantoccini*, j'aurais voulu qu'ils en fissent pendant quelque temps, et même de très-profondes, afin de faire tomber par la parodie ce ridicule usage. Les représentations du théâtre de Girolamo ou *Fiando* se composent ordinairement d'une grande pièce et de ballets. Les premières sont quelquefois un peu trop pathétiques; on dirait, pour l'entassement des aventures et l'exagération des sentiments et du langage, des mélodrames en miniature; mais les danses, les pantomimes sont vives, animées, et les décorations parfaites. Girolamo, bouffon milanais, est le rôle obligé de toutes les grandes pièces : demi-Sancho, demi-Sosie, il est laid, poltron, gourmand, bavard; à sa vue, l'hilarité gagne toute la salle; et il n'est pas au monde de personnage plus national et plus populaire. Je me rappelle encore les transports qu'il excitait dans une grande pièce d'*Alceste*, ou la descente d'Hercule aux enfers : armé d'une petite hallebarde, Girolamo était le compagnon d'Hercule, qui l'entraînait malgré lui, dans sa descente aux enfers; les terreurs de ce Philoctète récalcitrant et grivois, dans la barque à Caron, à la vue de Cerbère, devant Pluton, étaient très-bouffonnes. Comme à la Scala, le ballet coupait cet intéressant spectacle, probablement aussi afin de laisser reposer les interlocuteurs des *Fantoccini*, qui, cependant, ne font que parler, mais d'une manière très-nette et très-accentuée. Les *Fantoccini* sont une des meilleures entreprises de théâtre qui existent : là, point de fantaisies, de caprices, d'indispositions, de demandes de feux et de congés; je ne crois pas que jamais il y ait eu de relâches, ou de ces représentations qui ne valent guère mieux; et cette troupe active, infatigable, est toujours debout.

CHAPITRE XIX.

Grand hôpital. — Des grands hôpitaux. — Canal Naviglio.

L'Italie a possédé les premiers et les plus vastes hôpitaux de l'Europe. La fondation de celui de Milan représente assez bien l'histoire et les révolutions des États italiens au xve siècle. Cette fondation est due à François Sforce, usurpateur conquérant du duché de Milan, le premier capitaine italien de son temps, bâtard du paysan Jacques Attendolo, à Blanche Visconti, sa femme, fille naturelle du dernier duc, et aux contributions volontaires du peuple, qui un instant avait essayé d'établir son indépendance et de se constituer en république. La fondation partielle d'un hospice par un prince cruel et belliqueux tel que Sforce, semble une sorte de réparation envers l'humanité.

Le grand hôpital de Milan, en partie d'Antoine Averulino ou Filarete est un des plus beaux édifices de ce genre. Le canal *Naviglio*, ce bel ouvrage hydraulique auquel a eu part Léonard de Vinci, le borde, et il est comme une espèce de fleuve qui emporte toutes les immondices. Le portique à droite en entrant est du Bramante, et la vaste cour du milieu, de Ricchini. L'église, de bon goût, a une belle *Annonciation* du Guerchin.

Les immenses fondations dues à la piété des vieux âges, sans doute admirables par la foi, le repentir ou le patriotisme qu'elles rappellent, ne sont peut-être pas dans la pratique sans inconvénients : la population de leurs malades est trop forte pour que les soins puissent être également prodigués ; des plaies morales, une sorte de dépravation plus incurable que les maux du corps, s'engendrent par le rassemblement de tant de misérables ; des maisons partielles de trois à quatre cents malades paraissent préférables à ces palais.

Le grand hôpital de Milan n'a point de sœurs de la Charité ; il a été fait récemment quelques tentatives pour les y introduire. L'époque de notre domination eût été une occasion favorable ;

on doit regretter qu'elle n'ait point été saisie : parmi tant de traces honorables laissées à l'Italie par la France, des sœurs ne seraient aujourd'hui ni la moins utile, ni la moins touchante.

CHAPITRE XX.

Arena. — Arc de la Paix.

Le *Cirque* ou l'*Arena*, destiné aux courses et à la naumachie, et qui peut contenir près de quarante mille spectateurs, est véritablement un monument antique : ouvrage des Français, et de l'habile architecte italien Louis Canonica, il manque à Paris. Peut-être n'est-il pas de plus digne ornement d'une grande cité que ces arènes destinées à recevoir le peuple, dans lesquelles il est assis, attaché par le spectacle de jeux où triomphent l'agilité, la force et l'adresse. Mais je crois qu'il serait nécessaire de changer quelque chose à l'ordre établi par Auguste, qui avait rejeté les femmes sur les derniers gradins, à l'exception des vestales, de l'impératrice, des femmes de la famille impériale et des premières patriciennes. Les mœurs françaises ne consentiraient jamais à ce grossier cérémonial des empereurs romains. Sans doute nous ne réclamons point, sous le christianisme et au milieu des douceurs de notre civilisation, le *panem et circenses* que la hauteur de Rome prodiguait aux peuples qu'elle avait conquis. Cette rude joie ne nous conviendrait point ; il est maintenant d'autres illusions généreuses à satisfaire, et l'espèce humaine ennoblie a droit à quelque chose de mieux qu'à de pareils combats.

La *Porte du Simplon*, devenue l'*Arc de la Paix*, à l'extrémité de l'immense place d'armes, est aujourd'hui à peu près achevée, mais la bataille de Leipsick y remplacera bizarrement nos victoires d'Italie qu'attestent et que semblent raconter encore les colossales figures du Pô, du Tésin, de l'Adige et du Tagliamento. La statue de la Paix, comme à l'arc du Carrousel, succède à celle de Napoléon ; le char est tiré par six chevaux de bronze, nombre supérieur à celui des attelages antiques ; quatre autres chevaux montés par des Renommées sont placés aux angles. La figure de la Paix, les chevaux, sont vraiment superbes, et honorent le talent du sculpteur M. Sangiorgio et l'habileté des fondeurs, les frères Manfredini, qui paraissent avoir retrouvé les procédés des anciens. Les riches ornements, exécutés sous la direction de l'habile artiste M. Moglia, surpassent, pour le goût et l'effet, ceux qui avaient été précédemment arrêtés. Les brillants bas-reliefs, dont trois ont été mis intrépidement par un voyageur, au-dessus de ceux du Parthénon[1], sont de Pacetti et de MM. Monti de Ravenne, Monti de Milan, Acquisti, Pizzi et Marchesi. Un de ces bas-reliefs, commandé par Napoléon, le représente accordant la paix à l'empereur François qui la reçoit dans une attitude humiliée ; mais un autre bas-relief offre le dernier monarque rentrant triomphant dans sa capitale après le désastre de Napoléon. Ce respect pour l'histoire et la vérité est plein de noblesse, de goût et de vraie grandeur. L'arc de la Paix, tout éblouissant de marbre[2] et de sculpture, est le plus large qui ait été conçu chez les modernes. Il a coûté près de trois millions, il reviendrait à plus du double à Paris ; et, s'il le cède en hauteur à l'arc de l'Étoile, il est infiniment plus magnifique.

1. *Voyage en Italie*, par M. Simond, t. I, p. 19.
2. A l'exception des chapiteaux de marbre de Carrare, l'arc est entièrement du beau marbre de Crevola trouvé dans les montagnes voisines de Milan, par l'architecte même du monument, le marquis Cagnola auquel depuis sa mort, a succédé M. Peverelli, son élève. Les huit colonnes sont monolithes.

LIVRE QUATRIÈME.

ENVIRONS DE MILAN. — PAVIE. — COME.

CHAPITRE PREMIER.

Linterno.— Maison de Pétrarque ; son traité *Des remèdes contre l'une et l'autre fortune*. — Popularité des premiers hommes de lettres.

Près de Garignano, à une demi-heure de chemin de Milan, sont les restes, découverts il y a quelques années, de la petite maison habitée par Pétrarque [1]. Il n'y a de son temps que deux colonnes de la cour sur lesquelles se lit son chiffre, les fenêtres, le plancher et les voûtes de deux chambres donnant sur la campagne. Le propriétaire actuel est un Milanais, qui conserve assez bien toutes ces traces poétiques. Les Italiens n'ont point eu en général là-dessus notre barbare négligence. La maison de Pétrarque était située dans une vallée profonde qui avait alors le nom peu attrayant de l'*Inferno*, dont il fit assez fastueusement *Linterno*, en mémoire de Scipion, héros de son *Africa*. Un pareil privilége n'appartient à la littérature qu'aux époques primitives et peut-être qu'en Italie. Hamilton n'a pu changer le nom du géant Moulineau en celui de Pontalie; cette rive de la Seine, en dépit de la comtesse de Grammont, conserve encore le nom de l'ingénieux et méthodique possesseur du bélier. Les hommes de lettres de la renaissance, Pétrarque, le Dante, Boccace, comme les philosophes, les orateurs et les poëtes de l'antiquité, connus du

---

[1]. L'Adda ne passe point à Linterno, ainsi que le dit Ginguené (*Hist. litt. d'Ital.*, II, 408); il coule de l'autre côté de Milan, à dix lieues de là. C'est aux soins de M. le professeur Marsand et de M. le marquis J.-J. Trivulzio que l'on doit d'avoir reconnu et fixé la vraie position de Linterno.

peuple, des artisans avec lesquels ils se mêlaient, s'entretenaient sur la place ou dans leurs ateliers, avaient une influence bien plus forte, bien plus directe que celle des écrivains de cour et d'académies.

Les détails donnés par Pétrarque sur la vie qu'il menait à Linterno sont curieux, et offrent un nouvel exemple de cette singulière popularité. « J'ai pris pour l'été une maison de campagne « dans les environs de Milan ; elle est vraiment délicieuse, l'air « en est-très pur.... Je continue ici mon train de vie ordinaire, « et j'y suis plus libre et moins rebuté par les ennuis de la ville. « Je ne manque de rien, et les paysans m'apportent à l'envi des « fruits, du poisson, des canards et du gibier de toute espèce. « Près de là est une belle chartreuse nouvellement bâtie, où je « jouis à toute heure du jour des plaisirs innocents que peut « offrir la religion. Je voulais d'abord me loger dans l'intérieur « du cloître, et ces bons religieux y consentaient ; ils parais- « saient même le désirer : mais j'ai fini par croire qu'il valait « mieux demeurer seulement près du couvent, afin que je pusse « assister à tous leurs saints exercices ; leur porte m'est toujours « ouverte, privilége accordé à peu de personnes. » Telle était la haute renommée dont Pétrarque jouissait, que si des moines et des paysans avaient pour lui de telles prévenances, le fier Malatesta, seigneur de Rimini, non content d'avoir envoyé un peintre afin d'avoir son portrait, se faisait porter, impotent, chez lui à Linterno, dans ces mêmes chambres que je voyais remplies par quelques tas de maïs, et qu'occupaient alors les métayers d'un avocat de Milan.

Pétrarque s'était retiré à Linterno en 1355, sept ans après la mort de Laure ; il y composa quelques-uns des sonnets dans lesquels il a déploré sa perte. Ce fut aussi là qu'il écrivit son traité *Des remèdes contre l'une et l'autre fortune*, espèce de nomenclature aride des biens et des maux de la vie, divisée par livres et chapitres, dont le premier livre, consacré aux biens, a cent vingt-deux chapitres, tandis que le second, qui traite de nos maux, le dépasse de dix ; longue dissertation en forme de dialogues entre des êtres moraux personnifiés, tels que la Joie, l'Espérance, la Raison, la Douleur et la Crainte ; traité philosophique rempli de sentences, de maximes, de citations, de traits d'esprit, de noms d'hommes célèbres pris à la mythologie et à l'histoire, qui jamais ne sèchera une larme, parce qu'il est plutôt un livre d'auteur et d'érudit qu'un ouvrage d'homme et de malheureux [1]. Ce traité était dédié à Azzo de Correggio, souverain déchu de Parme, tantôt errant, tantôt captif, toujours menacé, et qui dut en être médiocrement consolé.

CHAPITRE II.

Chartreuse de Garignano.— Saronno. — Castellazzo. — Chiaravalle. — Pagano della Torre.— Guillelmine.

La chartreuse de Garignano, avec ses voûtes et ses murs peints, couverts de chartreux, par Daniel Crespi et son plus bel ouvrage, semble peuplée et vivante : c'est Le Sueur agrandi et à fresque. La *Résurrection du Docteur* surtout est admirable de remords, de douleur et de désespoir, tandis que le tableau de Le Sueur, sur le même sujet, est froid et sans vigueur. Byron ne pouvait s'arracher du *Damné* de Crespi. « Nous le vîmes ému jusqu'à l'horreur », raconte son fidèle et discret compagnon ; « par respect pour le génie, nous remontâmes silencieusement « à cheval, et allâmes l'attendre à un mille de la chartreuse [2] ». Le *Duc de Calabre découvrant à la chasse le solitaire*, est une autre de ces peintures, très-vantée et à juste titre. Malgré son état d'abandon, peu de monuments sont encore d'un plus superbe effet que cette église, aujourd'hui simple paroisse de village.

---

[1]. Au chapitre du livre des *Infortunes*, *De impudicâ uxore*, la Raison, qui combat dans ce livre la Douleur et la Crainte, comme elle a combattu dans le premier la Joie et l'Espérance, donne pour consolation quelques-uns des arguments de Montaigne : *Pudicitia insignis imperiosas efficit matronas; nihil metuit quæ sibi nihil est conscia. Huic malo igitur hoc saltem boni inest : esse jam molesta minus incipiet, minusque insolens; læsa enim conscientia fœmineum premit animi tumorem, et sæpè obsequentior in reliquis viro est, quæ se meminit impudicam.*

[2]. *Lord Byron en Italie*, par M. Stendhal.

L'église de N.-D. de Saronno, indépendamment de son image vénérée de la madone, est une merveille de l'art : le chœur, la coupole passent pour être du Bramante. Les fresques nombreuses de Bernardin Luini, *raphaëlesques*, bien conservées, sont au rang de ses premiers chefs-d'œuvre ; il s'est peint lui-même sous les traits du vieillard vénérable placé parmi les rabbins dans la *Dispute contre les docteurs*. Quelques autres peintures sont encore précieuses : la *Cène* de Camille Procaccini ; *S. Martin* et *S. Georges*, de Gaudence Ferrari ; *S. Sébastien* et *S. Roch*, de son habile élève César Magno ; et plusieurs traits de l'Ancien Testament, gracieux, de Bernardin Lanino. Une chapelle récemment réparée offre une *Déposition de croix*, bas-relief de M. Marchesi. A la sacristie, la *Gloire de la Vierge, avec S. Jacques, S. Charles* et *S. Ambroise*, de César Procaccini, a l'élévation de l'école des Carraches, ses maîtres, qu'il avait quittés pour un mot offensant d'Annibal, après s'être emporté jusqu'à frapper celui-ci.

Castellazzo est un vieux manoir italien de la famille Arconati, maintenant à la marquise Busca, beaucoup moins visité que la maison Simonetta qui en est peu éloignée : le coup de pistolet répété trente-six fois par l'écho de cette dernière étant infiniment plus du goût de certains voyageurs que les beaux bas-reliefs du Bambaja, restes du mausolée de Gaston de Foix. Le tombeau de ce jeune héros est singulièrement dispersé : une partie des sculptures qui le décoraient est à l'Ambrosienne, une autre à Brera ; Joseph Bossi en possédait quelques fragments ; il en existe encore dans les maisons Crivelli et Biglia, dans la chapelle de la villa du prince Belgiojoso, près Pavie ; et Cicognara, qui en avait découvert même jusqu'à Paris, pensait qu'ils n'étaient pas les seuls. L'éloge de Vasari, qui trouvait que ces bas-reliefs de marbre semblaient comme travaillés en cire, peut très-bien s'appliquer à ceux de Castellazzo, la portion, je crois, la plus considérable, et qui, indépendamment de nombreux ornements d'un goût exquis, représente *l'Entrée de Gaston dans Milan, la Prise de Brescia, de Bologne, la Bataille de Ravenne, le Convoi de Gaston*, etc. Quelques figures ne sont qu'ébauchées, à cause de la retraite précipitée des Français de l'Italie, en 1522, et de l'établissement du pouvoir de François Sforce. Presque toutes les têtes des personnages furent brisées lorsque ces bas-reliefs passèrent dans les mains du comte Joseph Arconati, après la démolition de la vieille église du monastère de Sainte-Marthe, où ils se trouvaient, et la veille même de la vente. Une religieuse s'était engagée, dit-on, à les faire adjuger à un acquéreur qu'elle protégeait ; piquée de voir le comte Arconati obtenir la préférence, elle fit dans la nuit tout ce ravage. Le premier tombeau élevé par l'armée à Gaston de Foix dans la cathédrale de Milan, contre le grand autel, et formé d'armes et d'étendards pris à Ravenne, avait été détruit par le cardinal de Sion, à la tête de ses bandes; le second, après deux siècles [1], devait être mutilé par une nonne, tant ce tombeau de chevalier semble en butte aux fureurs ecclésiastiques les plus viles et les plus diverses!

Le Castellazzo possède une belle et colossale statue de Pompée, venue de Rome, qui prétend aussi, comme celle du palais Spada, et sans doute avec autant de fondement, à l'honneur d'avoir vu tomber César à ses pieds [2]. Une inscription tirée de Pline, et très-admirée par les antiquaires, rappelle les immenses conquêtes plutôt que les grandes actions de Pompée, ses trente années de guerre, et les douze millions cent quatre-vingt-trois mille hommes qu'il a pris, défaits, soumis, tués; espèce de statistique de sa gloire qui laisse froid, parce que tous ces hauts faits ne tiennent ni à l'âme, ni au caractère de l'homme.

A trois milles de *Porta romana* est l'église et le monastère de Chiaravalle, Clairvaux italien, fondé par saint Bernard, qui n'est pas aujourd'hui tout à fait digne de son nom, l'atmosphère y étant fort obscurcie par les brouillards que produit l'inondation des rizières voisines. Le clocher trouvé par Lalande d'un gothique *absurde* et *périlleux* est bien plutôt riche et hardi. Des bas-reliefs sur bois, de G. Garavaglia, chefs-d'œuvre du genre,

---

1. C'est en 1712, ainsi que le porte l'inscription, que le comte Joseph Arconati réunit à Castellazzo les bas-reliefs du Bambaja qui s'y voient aujourd'hui.
2. D'après l'opinion de Joseph Bossi, cité par Cicognara (*Stor. del. scult.* lib. v, cap. v), cette statue serait un Tibère.

représentant la vie de saint Bernard, ornent les stalles des anciens religieux; car cette église n'est plus maintenant qu'une simple paroisse assez mal entretenue, et dans laquelle d'immenses fresques, des frères Fiammenghini, artistes du XVIIe siècle pleins de feu, mais exagérés, sont à demi détruites. En haut d'un escalier, la *Vierge, l'enfant Jésus et des anges*, belle fresque sous verre, indignement restaurée, est de Bernardin Luini. Un buste de saint Bernard, très-beau, autrefois dans la bibliothèque du couvent, est aujourd'hui dans l'église : les traits en sont doux, presque gracieux, et ils contrastent avec la force, la puissance, l'éloquence entraînante et la vie agitée de ce grand solitaire.

Une petite pierre dans le mur du cimetière du couvent de Chiaravalle indique la sépulture de Pagano della Torre, podestat de Milan, mort en 1241. Un si chétif monument à un tel personnage, d'une si grande famille, monument élevé par le peuple, dont la Torre avait mérité l'affection, si l'on en croit l'épitaphe qui, cette fois, paraît sincère, montre une simplicité républicaine tout à fait antique. Ce tombeau est, pour le moyen âge, comme la tombe de pierre des Scipions, et tous deux sont plus dignes de respect que les brillants mausolées, chefs-d'œuvre de l'art, qui leur ont succédé.

C'est dans le cimetière de Chiaravalle que fut enterrée comme une sainte, en 1282, déterrée ensuite comme sorcière, en 1300, et brûlée avec deux de ses sectaires vivants, l'hérétique Guillelmine, qui prétendait fonder un apostolat de femmes, avoir des successeurs de son sexe, comme saint Pierre, et remplacer le pontificat romain par une papauté féminine. Un des deux sectaires brûlés avec le cadavre de Guillelmine était l'abbesse Maifreda, religieuse de l'ordre des *Umiliate*, qu'elle avait laissée après elle comme son vicaire, avec les mêmes pouvoirs que le vicaire de Jésus-Christ, et qui ne fut que la première martyre de ces tristes folies.

CHAPITRE III.

Monza. — Théodelinde. — Couronne de fer. — Archives. — Hector Visconti. — Palais.

Sur la route de Monza, Greco a de belles fresques de Bernardin Luini, découvertes il y a quelques années. Monza, petite ville bien située, avec sa riche basilique, offre les plus anciens et les plus nombreux souvenirs des Lombards : fondée par la reine Théodelinde, empreinte de toute part des traces de sa vie, cette vieille basilique semble comme le temple de la Clotilde italienne qui convertit son mari, comme la reine des Francs, à la foi catholique.

L'histoire de cette reine des Lombards du vi⁰ siècle offre des détails touchants et naïfs. Telle avait été la popularité de Théodelinde qu'à la mort d'Antaris, son premier époux, les chefs de la nation l'invitèrent à en choisir un second, qu'ils promirent de reconnaître pour leur roi. Théodelinde jeta les yeux sur Agilulphe, duc de Turin, digne d'un tel honneur. La reine, sans le lui annoncer, l'invita seulement à se rendre à sa cour. Elle alla à la rencontre d'Agilulphe jusqu'à Lomello, et là, s'étant fait apporter une coupe, elle en but la moitié, puis elle la lui offrit pour qu'il l'achevât. Le duc de Turin, rendant la coupe, baisa respectueusement la main de la princesse. « Ce n'est point là, reprit en rougissant Théodelinde, le baiser que je dois attendre de celui que je destine à être mon seigneur et mon maître. La nation lombarde m'accorde le droit de lui choisir un roi, et c'est vous qu'elle invite, par ma bouche, à régner sur elle et sur moi. » La couronne d'or d'Agilulphe, dont le chanoine Frisi a donné la description dans ses *Mémoires historiques sur Monza*, fut transportée à Paris, en 1799, et placée au cabinet des médailles de la grande bibliothèque ; elle fut volée en 1804, et fondue par les voleurs. Étrange destinée de cette couronne des Lombards, offerte avec une grâce aussi ingénue, et qui devait tomber et finir entre les mains de quelques filous de Paris! Après l'hymen touchant de Théodelinde et d'Agilulphe, il est désagréable de les voir trompés si grossièrement par le rusé muletier de la Nouvelle de Boccace, imitée par La Fontaine[1]. Le reliquaire de la reine Théodelinde, espèce de cabinet de toilette du moyen âge, contient sa couronne, sa coupe de saphir, qu'elle présenta peut-être à Agilulphe, son éventail de parchemin rouge, son peigne, qui, avec le goût actuel des dames pour le gothique, seraient encore assez à la mode.

Parmi les autres objets du trésor de Monza est une grande relique de la robe entière de la Vierge, magnifiquement placée dans un cadre d'argent, et que l'on expose les jours de grande fête. Cette prétendue robe est une espèce d'indienne de peu d'antiquité, à laquelle même le clergé d'Italie (en général plein de convenance et de bon sens) ne croit point, et qu'il serait temps de ne plus montrer. C'est une tromperie indigne de la vérité du christianisme, que de vouloir ainsi, comme dans les cultes païens, établir une double religion du peuple et du sanctuaire.

La couronne de fer, véritable merveille de Monza, est renfermée au haut d'une grosse croix placée dans une chapelle de la cathédrale; on ne l'aperçoit donc, le plus souvent, qu'à une certaine distance, et pendant le petit office qui accompagne toujours cette exposition. Les chanoines montrent ensuite une imitation de la vraie couronne, que l'on peut toucher et regarder à son aise, ainsi que les présents très-chers, mais quelquefois fort insignifiants, des divers souverains à cette cathédrale. Tels sont certains petits pains d'or et d'argent remis par le cardinal Caprara lors du couronnement de Napoléon comme roi d'Italie. J'avoue que j'ai préféré, à toute cette riche et moderne orfévrerie, le graduel de saint Grégoire, beau manuscrit pourpre[2], donné à la cathédrale de Monza par ce grand pape, l'ami, le confident de l'aimable Théodelinde, et surtout le célèbre papy-

---

1. *Giorn.* III, *nov.* IV; La Font., *Cont.* liv. II.

2. Les lettres du graduel de saint Grégoire sont d'or et d'argent; celles-ci sont presque effacées; les lettres d'or sont mieux conservées.

rus contenant l'état des reliques qu'il lui envoyait, monument vénérable et fragile de douze siècles, *véritable roi des papyrus,* comme dit avec enthousiasme le chanoine Frisi, qui détrône sans pitié un autre papyrus du marquis de Maffei.

Je n'avais aperçu, à mon premier voyage, la couronne de fer qu'à distance ; elle me fut depuis montrée de fort près, ainsi que le cercle de fer qu'elle renferme, et qui est, comme on sait, fait d'un des clous de la passion. J'avais été présenté à l'archiprêtre et au chapitre de l'église par un ecclésiastique attaché à l'Ambrosienne, qui se trouvait alors en vacances à Monza, lieu de sa naissance. L'hiérophante du temple, très-bon homme, n'était pas très-fort. Je n'ai pu lui pardonner le désordre et la malpropreté de ses archives qui n'ont pour catalogue qu'un inventaire des objets restitués par la France, et dont les titres sont estropiés.

Une suite de médaillons peints à la voûte circulaire de l'église de Monza représente les princes qui furent couronnés avec la couronne de fer, depuis Agilulphe, l'époux aimé de Théodelinde, jusqu'à Charles-Quint. Aucun front n'avait osé la porter depuis ce dernier jusqu'à Napoléon.

Parmi les souvenirs historiques qui abondent à Monza, un tableau représente la réception solennelle faite à Henri III par saint Charles Borromée. Puissent-ils, dans cette chapelle qui contient un des instruments de la passion du Sauveur (la chapelle del San Chiodo), s'être repentis ensemble de la Saint-Barthélemy, s'il est vrai que cet illustre saint ne l'ait point ignorée !

Les peintures remarquables de cette basilique sont : la voûte, d'Isidore Bianchi; les fresques voisines du maître-autel, du Montalto et de César Procaccini ; un *S. Gérard* sur une colonne, de Bernardin Luini; la *Visitation*, du Guerchin.

Les archives, si mal tenues, offrent une antique et curieuse collection de bulles et de brefs des papes, de diplômes des empereurs, reliés à Paris et qui portent les armes de l'empire. Un des célèbres diptyques en ivoire montre *Boëce en prison, consolé par Elpis,* Sicilienne distinguée, sa première femme, qui tient une lyre à dix cordes, ou, selon quelques interprètes, par la figure allégorique de la poésie.

Dans le cimetière attenant à l'église est un étrange cadavre, celui d'Hector ou d'Astor Visconti, exhumé après quasi trois siècles, et trouvé intact. Hector Visconti, un des nombreux bâtards de Bernabò[1], avait été surnommé le *soldat sans peur*; enfermé dans le château de Monza, il s'y défendait contre les troupes du duc Philippe-Marie, lorsqu'un quartier de rocher, lancé par une baliste, lui fracassa la jambe, et le tua au moment où il menait boire son cheval au puits. Le corps d'Hector Visconti a depuis été placé dans une niche, sous l'une des arcades qui environnent le cimetière : on dirait, à la blancheur près de ce cadavre desséché, une momie armée et debout ; et ce brave chevalier, appuyé sur sa vieille épée de fer qui porte son chiffre, semble encore affronter l'ennemi.

Le palais de Monza, noble, régulier, est un des meilleurs ouvrages de Piermarini. La chapelle passe pour un chef-d'œuvre. A la rotonde de l'orangerie sont les *Aventures de Psyché*, fresques célèbres d'Appiani, qui commencèrent sa réputation. Les jardins, les serres, le parc, sont vastes, magnifiques, et le dernier, traversé par le Lambro, a près de trois lieues de tour.

Les restes du palais de Frédéric Barberousse à Monza sont devenus propriété communale : la demeure de cet empereur humilié et récalcitrant sert aujourd'hui de magasin pour la ville.

CHAPITRE IV.

Chartreuse de Pavie. — Tombeau de Jean-Galéas Visconti. — Encouragements monastiques aux arts. — François Ier à la chartreuse.

Il est impossible de contempler l'éclat, la richesse, les ornements de la chartreuse de Pavie, sans devenir partisan de ses anciens maîtres ni presque se sentir chartreux. Un pareil luxe est le plus innocent de tous, puisqu'il est dû à l'amélioration et au défrichement des terres : « seule conquête, a dit heureuse-

---

[1]. Dans un même temps, dit M. de Sismondi, on avait compté qu'il avait trente-six enfants et dix-huit femmes enceintes de lui. *Hist. des rép. ital.*, ch. LII.

ment un écrivain, qui ne fasse pas de malheureux[1]. » Le luxe du monde, dont le peuple est si ébloui, semble moins respectable que celui de ces magnifiques solitaires. La chartreuse fut supprimée par Joseph II, qui confisqua son million de revenus; le Directoire, depuis, fit enlever jusqu'aux plombs de la toiture; tous ces pillages philosophiques, cette violente ingratitude envers les bienfaiteurs du pays, cette destruction d'un monument religieux, national, et d'une merveille de l'art, n'inspirent pas moins d'horreur et de pitié qu'aucune autre ruine[2].

Il reste maintenant 5,000 livres pour l'entretien de la chartreuse qui n'est point trop délabrée, mais avec lesquelles un architecte français n'irait pas loin. Il faut convenir aussi que le climat de l'Italie est moins destructeur que le nôtre, et que la qualité des matières y est supérieure et à meilleur marché.

On voit encore les réduits commodes des anciens religieux, petites maisons séparées, au nombre de vingt-quatre, d'un seul étage, avec une fontaine et un petit jardin :

> .... *Spatio brevi*
> *Spem longam reseces.*

L'église gothique est d'auteur incertain. L'élégante façade, ornée de sculptures exquises des premiers maîtres du xve siècle, paraît de Borgognone, non moins habile architecte que bon peintre : les petites colonnes au-dessous de l'ogive ont paru dignes, par leur perfection, du Bambaja; on attribue au Gobbo les bas-reliefs près de la grande porte, représentant une *Visitation*, un *Miracle*, un *Convoi* funèbre, chefs-d'œuvre de grâce, de naturel et de vérité.

Le splendide tombeau de Jean-Galéas Visconti, fondateur de la chartreuse, terminé, en 1562, par Cristoforo Romano, est

---

1. Melon, *Essai politique sur le commerce.*
2. L'enlèvement des plombs, en laissant pénétrer la pluie, a produit la dégradation de plusieurs parties de l'église et altéré les peintures; plusieurs tableaux furent pris aussi en 1798; le Graduel des chartreux est à la bibliothèque de Brera; mais, selon l'usage de cette sorte d'amateurs de livres, la riche couverture en a été arrachée.

placé dans l'église. Un pareil monument devait être élevé par de tels solitaires, dont la mort, toujours présente, était comme l'ambition, le souvenir et la pensée. Le tombeau de Jean-Galéas est resté vide ; il ne fut achevé que cent soixante ans après sa mort ; pendant ce long intervalle, on ne sut où ses os avaient été provisoirement déposés, et, comme ces rois d'Égypte dont parle Bossuet, ce duc de Milan *n'a pu jouir de son sépulcre.*

Derrière ce mausolée sont les deux figures en demi-relief de Louis-le More et de Béatrice sa femme, attribuées au Gobbo ; la figure de Béatrice est un des ouvrages les plus habiles du temps ; le froid de la mort a seul éteint l'expression de ses traits.

Malgré les spoliations de 1798, la chartreuse de Pavie offre encore de remarquables peintures ; telles sont, à la façade, intérieure la fresque de *l'Assomption*, de Joseph Procaccini. *La Vierge adorant l'enfant Jésus*, dans le goût de Mantegna, est d'Ambroise Fossano ; et *Ste Véronique montrant le saint Suaire à une troupe de femmes*, de Camille Procaccini. Les fleurs en pierres dures, riche et brillante mosaïque, qui ornent le devant de cet autel et de plusieurs autres, sont l'ouvrage d'une famille Sacchi, établie à la chartreuse, et dont les générations, toujours livrées au même travail, s'y succédèrent pendant trois siècles. Les ordres monastiques, par leur perpétuelle durée, ont offert et garanti aux arts des encouragements plus longs et plus certains que tous les gouvernements. Le tableau en six compartiments, de l'année 1496, de Macrin d'Albe, ancien et bon peintre du Piémont, qui le premier s'y rapprocha du goût moderne, est estimé pour la vérité du coloris. Deux fresques de la *Vie de S. Syre*, d'Antoine Busca, répètent les mêmes physionomies, et accusent la paresse et la bizarrerie de l'auteur. *La Vierge, son fils, S. Pierre et S. Paul*, tableau devenu sombre et très-endommagé, est du Guerchin. Une *Annonciation*, de Camille Procaccini, rappelle, par son arrangement et ses airs de tête, son habile imitation du Parmesan. La voûte de la sacristie neuve est d'Alexandre Casolani, peintre siennois du XVIe siècle, estimé par le Guide. Une *Assomption*, dont la partie supérieure, belle d'expression et de coloris, est du Gobbo, et la partie inférieure, précise et vraie, de Bernardin

Campi. Le *Christ devant le grand-prêtre* est des meilleurs ouvrages de Paggi, peintre génois du xvi° siècle. Une *Annonciation* est de César Procaccini, et une *Vierge*, l'enfant Jésus, deux saints et trois anges pleins de grâce qui jouent des instruments, de Barthélemy Montagna, élève de Jean Bellini, peintre de la moitié du xv° siècle, d'origine vénitienne, mais né à Vicence, ainsi que l'a démontré un homme distingué de cette ville, M. le comte Léonard Trissino, digne de son nom par ses connaissances et son goût des lettres. La sacristie vieille a un *S. Martin*, de Bernardin Luini, et un *S. Ambroise* superbe de Fossano. A l'autel des reliques, *le Christ* au milieu des élus, est de Daniel Crespi. Les fresques du chœur furent les dernières et belles peintures de ce grand artiste, mort ainsi que toute sa famille dans la peste de Milan de 1630, avant quarante ans. Les portes d'airain du tabernacle sont de François Brambilla; les stalles, ouvrage précieux de marqueterie, de l'année 1486, de Barthélemy de Pola. Un bas-relief de Denis Bussola, le *Massacre des Innocents*, est regardé comme une des meilleures sculptures de l'église pour le naturel et l'expression. Une *Vierge* entourée d'anges qui adorent l'enfant Jésus, par le Perugin, est admirable.

La petite cour dite de la Fontaine, voisine de la grande cour, est décorée d'ouvrages en stuc, que ne surpassent point pour le goût et l'élégance les plus beaux ouvrages en marbre.

Brantôme raconte qu'après sa défaite, François Ier, pris prisonnier dans le parc de la chartreuse, se fit conduire à l'église pour y faire sa prière, et que là, le premier objet qui s'offrit à ses yeux fut cette inscription tirée d'un psaume : *Bonum mihi quia humiliasti me, ut discam justificationes tuas.* C'était une grande, une touchante leçon, que la religion seule pouvait donner au roi *qui avait tout perdu fors l'honneur*[1].

Quelques personnes ont reçu de la chartreuse une impression différente de la mienne; elles la trouvent moins grande que riche et jolie; le site, au lieu d'offrir les horreurs convenues

---

[1]. Le mot tant cité de François Ier n'est peut-être pas exact puisqu'il ne se trouve point dans l'original de la lettre écrite par lui à la régente sa mère.

pour ces sortes de monastères, est nu, plat et monotone. Mais les chartreux de Pavie, étant laboureurs, ont dû s'attacher plutôt à la qualité de la terre qu'au pittoresque. Quant à l'impression produite par l'édifice, elle tient, je crois, à ce que ces personnes ont visité la chartreuse à leur retour d'Italie, et je la conçois depuis mes divers voyages. J'ai cru toutefois devoir essayer de rendre ce que j'avais d'abord senti à la première apparition de ce luxe monastique auquel je n'étais point encore fait.

Parmi les divers projets d'employer les bâtiments de la chartreuse, il en est un qui semble raisonnable et fort beau. Ce serait d'en faire une vaste maison de retraite pour les prêtres âgés, infirmes, et pour les curés de campagne hors d'état de continuer leur laborieux ministère. Un pareil établissement deviendrait comme les Invalides du sacerdoce; il serait, avec les Invalides de l'armée, *le lieu le plus respectable de la terre*[1].

CHAPITRE V.

Pavie.— Université. — Bibliothèque. — Colléges.

Pavie m'a frappé par le contraste singulier qui existe entre quelques-uns de ses vieux monuments, ses souvenirs du moyen âge, lorsqu'elle était le siége des rois lombards ou la capitale d'un état républicain, et l'aspect moderne et scientifique de son université [2], avec son musée d'histoire naturelle, ses cabinets de physique et d'anatomie, et son jardin botanique. Le musée d'histoire naturelle a eu l'honneur peu commun à ce genre d'établissement d'inspirer le petit et beau poëme de Mascheroni, par lequel *Daphnis* invite *Lesbie* à observer les productions de la nature qui l'enrichissent [3]. Le nombre des étudiants est de qua-

1. *Lettr. Persanes*, lettre LXXXV.
2. Quoique fondée, dit-on, par Charlemagne, cette université était très-déchue. Marie-Thérèse lui donna une forme nouvelle, et son organisation ne date véritablement que du milieu et de la fin du dernier siècle.
3. Lesbie était le nom arcadique de Grismondi Suardi de Bergame, femme d'un talent poétique pur, noble, harmonieux, mais quelque peu diffus.

torze cents. Toute cette jeunesse universitaire est brillante et pleine d'ardeur et de capacité. Comme dans les villes d'université, le peuple des oisifs ou des curieux que renferment les grandes capitales, ne se mêle point à ses leçons, et l'on sent que tout le monde est là pour travailler. Si Pavie a perdu, depuis quelques années, plusieurs de ses plus célèbres professeurs, tels que Tamburini, Volta et Scarpa [1], elle comptait encore d'habiles maîtres, tels que M. Configliacchi, professeur de physique mathématique et expérimentale ; Brugnatelli, d'histoire naturelle ; Moretti, de botanique ; Zandrini, de minéralogie et de zoologie ; Marabelli, de chimie générale et de pharmaceutique ; Panizza, digne successeur de Scarpa, et membre correspondant de l'Académie des sciences de l'Institut, d'anatomie ; del Chiappa, de clinique médicale et thérapeutique ; Bordoni, grand mathématicien, de mathématiques pures élémentaires et de géodésie ; Prina, de droit ecclésiastique ; Beretta, de droit romain dans ses rapports avec le droit coutumier ; Borgnis, de mécanique ; Lanfranchi, des sciences politiques. Nul n'est admis à suivre les cours de l'université s'il n'a été au lycée. L'enseignement se divise en trois parties, savoir : la faculté des études politiques légales, des études médico-chirurgico-pharmaceutiques, et des études philosophiques, qui répondent à peu près à nos facultés de droit, des sciences et des lettres, malgré le titre philosophique de la dernière.

Le cours de la faculté des études politiques légales est de quatre ans ; voici quelles sont les chaires : statistique ; introduction aux études politiques légales ; droit naturel privé et public ; droit criminel ; droit romain, rapproché du droit coutumier ; droit ecclésiastique ; droit civil universel autrichien, et de ses différences avec le droit civil français ; droit commercial ; droit maritime ; sciences politiques et code pénal, procédure judiciaire.

Le cours de la faculté des études médico-chirurgico-pharmaceutiques est de cinq ans ; les chaires sont : minéralogie ; introduction à l'étude de la médecine et de la chirurgie ; anatomie

---

[1]. Mort le 31 octobre 1832 à quatre-vingt-cinq ans.

ordinaire; botanique; zoologie; anatomie comparée et physiologie; chimie générale; chimie animale et pharmaceutique; introduction à l'étude de la chirurgie théorique; diététique pharmaceutique, matière médicale; pathologie générale, étiologie et séméiotique; accouchements; chirurgie théorique; usage des instruments et théorie des bandages; matière médicale et traité des poisons; pathologie générale; hygiène et thérapeutique générale; instruction médico-pratique au lit du malade; thérapeutique spéciale des maladies internes aiguës; art vétérinaire; médecine légale; enseignement théorique sur les maladies des yeux; hygiène publique (*polizia medicale*).

Le cours de la faculté dite des études philosophiques est de deux ans : une partie de ses cours ne sont point nécessaires pour obtenir le grade de docteur. Les cours d'obligation sont : instruction religieuse; philosophie théorique; mathématiques pures élémentaires; philologie latine; philosophie morale; physique mathématique et expérimentale. Ne sont point d'obligation les cours ci-après : histoire universelle; histoire naturelle; économie rurale; pédagogie; histoire d'Autriche; sciences historiques; archéologie et numismatique; diplomatique; littérature classique latine; philologie grecque; critique; langue et littérature italiennes, et histoire des beaux-arts; histoire de la philosophie; langue allemande; blason.

On a pu juger, par ce tableau, des chaires de l'université de Pavie, de l'étendue de son enseignement; il pourra confirmer la remarque que nous avons faite plus haut sur le prétendu *obscurantisme* autrichien : on voit sur ce tableau un cours de statistique que nous n'avons jamais eu, et des cours en exercice de pédagogie et de diplomatique; véritables école normale, école des chartres. Quant à l'enseignement, je tiens de quelques-uns de MM. les professeurs, et des plus distingués, qu'il n'est ni imposé ni gêné; les traitements ont été augmentés; ils sont même supérieurs à ce qu'ils étaient sous la domination française, qui les avait déjà élevés; ils égalent au moins ceux des professeurs de notre académie de Paris, et la vie d'Italie, comme on sait, est bien moins chère.

L'ancienne bibliothèque de Pavie, formée par les Sforce, et principalement par le duc Galéas, d'après les conseils de Pétrarque, fut dépouillée successivement par Louis XII en 1499, et en 1526 par le maréchal Lautrec; elle a fourni les plus belles éditions du xve siècle de notre grande bibliothèque, aujourd'hui la plus riche en ce genre. La bibliothèque actuelle de l'université fut créée par le comte Firmian; elle a reçu la plus grande partie de la bibliothèque de Haller. Destinée aux besoins de l'enseignement, elle n'a guère d'anciens manuscrits que ceux provenants du monastère supprimé de Saint-Pierre *in ciel d'oro*. Malgré ses cinquante mille volumes, elle compte peu de livres rares. Sa collection des mémoires de toutes les sociétés et académies des sciences dans le texte original, est la plus nombreuse et la plus complète qu'il y ait en Italie. Les cahiers des professeurs y sont conservés soigneusement et doivent former un intéressant recueil. Une place de sous-bibliothécaire était vacante vers le milieu de 1826, et devait être donnée au concours, ainsi que toutes les fonctions littéraires du royaume lombard-vénitien. Cette méthode, que l'on pourrait croire la meilleure, et qui me paraît en effet très-bonne pour les nominations aux emplois de second ordre, blesse cependant les Italiens, et je l'ai entendu blâmer par des hommes d'un esprit éclairé.

Il y a trois colléges gratuits à Pavie, savoir : le collége Caccia, le collége Borromée et le collége Ghislieri; les deux premiers, fondations de familles, sont encore soutenus par elles. De pareilles fondations ne sont point rares en Italie; peut-être n'est-il pas de plus noble attribut de l'aristocratie que ce bienfait perpétuel de l'éducation envers une suite de générations que la reconnaissance doit attacher naturellement à ces mêmes familles. Le collége Caccia reçoit de vingt-cinq à trente élèves, tous de Novare, patrie de la famille Caccia; le collége Borromée, trente-six; et le collége Ghislieri, soixante, et une douzaine de pensionnaires. Le plus beau de ces établissements est le collége Borromée, créé par saint Charles, ainsi qu'un grand nombre des premières écoles de la Lombardie. Avec son imposante façade, ses vastes portiques, l'élégance de son architecture, les fresques brillantes de Frédéric Zuccari représentant l'*Histoire de saint Charles*, qui couvrent les murs et les voûtes de la grande salle, ce superbe édifice semble plutôt un palais qu'un collége.

CHAPITRE VI.

Tours. — Boëce. — Maison Malaspina. — Musée.

J'éprouvai à Pavie de nombreux mécomptes historiques : j'étais allé à l'église Saint-Pierre *in ciel d'oro* chercher le tombeau de Boëce, de ce véritable grand homme, ministre, savant, orateur, philosophe, poëte, musicien et martyr du bien public et de la vérité dans un siècle de barbarie [1]; il n'y était plus : depuis trente ans cette église est supprimée, et elle était alors encombrée par le fourrage d'un régiment polacre. Le corps de Boëce avait été mis à la cathédrale, mais *il n'y avait pas d'argent*, comme on dit aujourd'hui, pour lui élever de tombeau. Certes, les Liutprand et les Othon, ces princes du moyen âge que nous traitons de barbares, avaient, il y a plus de huit et de dix siècles, érigé et agrandi magnifiquement le mausolée de Boëce, et ils ne s'étaient point encore avisés, pour se dispenser d'honorer la vertu, de cet éternel et invincible argument de notre civilisation [2]. Le tombeau de Liutprand, d'abord placé à

---

1. Le Dante a de beaux vers sur cette sépulture de Boëce à Saint-Pierre *in ciel d'oro* :

> *Lo corpo ond' ellā (l'anima santa) fu cacciata, giace*
> *Giuso in Cieldauro, ed essa da martiro*
> *E da esilio venne a questa pace.* (Parad. x, 127.)

2. Le tombeau de Boëce avait été élevé à l'église Saint-Augustin par le roi des Lombards, Liutprand, vers 726 ; l'empereur Othon III lui en érigea un autre magnifique, de marbre, avec une inscription très-remarquable, composée par Gerbert, depuis pape sous le nom de Sylvestre II (*Notizie appartenenti alla storia della sua patria, raccolte ed illustrate da Giuseppe Robolini, gentiluomo pavese.* Pavie, 1826 et suiv.; tom. I, 210, et II, 86). Gerbert, l'un des plus savants hommes de son temps, mais qui n'a point inventé les horloges comme on l'a cru (*V. Gallia christiana*, tom. X), était né en Auvergne ; il peut être ajouté aux illustres Auvergnats cités par M. de Chateaubriand dans son Voyage à Clermont.

l'église Saint-Adrien, fut dans la suite porté à la basilique de Saint-Pierre *in ciel d'oro;* il avait voulu par son testament être enterré aux pieds de Boëce, afin, disait-il, qu'en cessant de vivre il ne parût point cesser de lui marquer son respect. Le cercueil de ce grand roi, rapporte un érudit pavesan [1], était soutenu par quatre petites colonnes de marbre; au-dessus était sa statue en habits royaux. Le concile de Trente fit descendre le cercueil, parce qu'il avait décrété que la sépulture seule des saints pouvait s'élever au-dessus de terre. Les cendres de Liutprand furent déposées au pied d'un pilastre du chœur; l'ancienne épitaphe, qui rappelait sa religion, sa vaillance, la sagesse de ses lois, sa conquête de l'État romain, ses victoires en France sur les Sarrasins quand il accourut au secours de Charles-Martel, la prise de Ravenne, de Spolète et de Bénévent, tous ces signes de gloire disparurent, et il ne resta sur cette tombe déchue que les mots : *Ici sont les os du roi Liutprand*, simple inscription qui, elle-même, devait être un jour ignoblement enfouie sous des bottes de foin, et que je ne pus retrouver.

Pavie, appelée jadis la ville aux *Cent tours,* n'en conserve que deux. Une de ces tours renversées devait à son extravagante structure le nom de *la pointe en bas* (*pizzo in giù*). La tour dite de *Boëce* est moderne; la tradition même de son emprisonnement dans une tour ne remonte qu'à Jacques Gualla, historien du XV⁰ siècle. Quant à l'emplacement du palais des rois lombards, voisin peut-être de l'église Saint-Michel, un savant que je consultai me dit qu'il y avait là-dessus quatorze opinions, sans, je crois, compter la sienne, et je n'eus point le courage de le rechercher.

Au devant de la maison Malaspina sont les bustes de Boëce et de Pétrarque, hommes de fortune, de génie et de caractère bien divers, et que le hasard seul a pu rapprocher. Une élégante inscription de Morcelli, placée sous le buste de Boëce, indique que c'est près de là qu'il fut enfermé, et composa son livre de

---

[1]. *Notizie appartenenti alla storia della sua patria, raccolte ed illustrate da Giuseppe Robolini,* vol. I, 94.

la Consolation de la philosophie. L'inscription du buste de Pétrarque annonce qu'il venait passer les automnes dans l'enceinte de cette maison, chez son gendre Brossano, inspecteur des bâtiments de Galéas Visconti, et mari de sa fille naturelle, petit détail qui, par sa crudité, déconcerte singulièrement les idées que l'imagination se fait de la fidélité du chantre de Laure [1]. Cette fille est la même qui, en l'absence de son beau-père et de son mari, reçut si cordialement Boccace lorsqu'il vint à Pavie, et que, malgré ses cinquante-cinq ans, son obésité et sa triste mine, il crut devoir ne pas loger chez elle pour ne point la compromettre. Le marquis Louis Malaspina, mort en 1835, plus qu'octogénaire, a élevé à ses frais et sur ses propres dessins, un édifice noble et simple destiné à recevoir sa précieuse collection d'estampes, et ses tableaux, parmi lesquels il en est non seulement des meilleurs maîtres italiens, mais encore de l'école flamande, ainsi qu'une suite d'ouvrages antiques et l'inévitable musée égyptien, heureusement peu nombreux. La façade est décorée d'un bas-relief offrant les figures de Raimondi, de

---

[1]. Pétrarque, rappelant la naissance d'un fils illégitime qui avait précédé celle de cette fille, avoue lui-même avec une sorte de naïveté italienne assez singulière, comment il avait imaginé d'échapper par des inclinations moins platoniques à la passion qui asservissait son âme et faisait son supplice. Mais il prétend que malgré ces licences il n'aima jamais véritablement que Laure; qu'il sentit toujours l'indignité de pareils penchants, et finit à quarante ans par s'en délivrer. *Carm.* lib. I, Ep. 12 et *Epist. ad Post.* cités par Foscolo, *Essays on Petrach*, XIII.

Pétrarque avait composé, sur la mort d'un enfant de cette fille, des vers latins naturels et touchants, qu'il fit graver en lettres d'or sur son tombeau :

Vix mundi novus hospes iter vitæque volantis
Attigeram tenero limina dura pede;
Franciscus genitor, genitrix Francisca, secutus
Hos, de fonte sacro nomen idem tenui.
Infans formosus, solamen dulce parentum,
Nunc dolor, hoc uno sors mea læta minus,
Cætera sum felix, et veræ gaudia vitæ
Nactus, et æternæ, tam cito, tam facile.
Sol bis, luna quater flexum peragraverat orbem.
Obvia mors, fallor, obvia vita fuit.
Me Venetum terris dedit urbs, rapuitque Papia :
Nec queror, hinc cœlo restituendus eram.

Raphaël et de Michel-Ange, par M. Monti de Ravenne, qui a exécuté aussi la statue du *Génie des arts*, placée vis-à-vis la porte d'entrée. Cette belle et utile fondation est encore académie des beaux-arts; elle doit perpétuer à la fois la mémoire du goût, des talents et du patriotisme de l'homme généreux qui l'a créée.

CHAPITRE VII.

Église Saint-Michel.— Cathédrale.— Tombeau de saint Augustin.— Pont.

L'église gothique de Saint-Michel, un des plus anciens monuments d'antiquité chrétienne, paraît remonter au vi° siècle [1]. parmi les bas-reliefs sculptés sur le mur extérieur de cette vieille basilique, on remarque une *Annonciation de la Vierge*, dans laquelle l'enfant est déjà grand, conformément aux opinions ariennes. La grossière et expressive sculpture de saint Michel convient d'ailleurs à une pareille secte, qui semble avoir porté dans le christianisme l'esprit conquérant, destructeur et belliqueux de l'islamisme. Dans un autre bas-relief, on voit un ange jouer du violon; ce qui fait remonter bien haut l'antiquité de ce noble instrument. Les fresques représentant le *Couronnement de la Vierge*, les *Quatre docteurs de l'Église*, et le tableau de l'autel de la Vierge, sont des ouvrages curieux d'Andrino d'Edesia, peintre pavesan, contemporain de Giotto. Un *S. Sébastien*, un *S. Luc*, bons, sont du Moncalvo.

L'église *del Carmine*, vaste, majestueuse, est de la fin du xiv° siècle. Plusieurs tableaux sont estimés, savoir : un *Crucifix*, du Malosso; *Ste Anne*, du Moncalvo; *S. Sébastien et divers saints*,

---

1. Cette opinion de d'Agincourt, de M. Malaspina, dans son *Guide de Pavie*, et de Rosmini, dans l'*Histoire de Milan*, a été contredite récemment par M. San-Quintino (*Dell' italiana architettura durante la dominazione longobarda*, Brescia, 1829). Selon M. San-Quintino, Pavie et l'ancienne église Saint-Michel auraient été brûlées en 924 par les Hongrois; l'église actuelle ne serait plus que de la fin du xi° siècle.

tableau en six compartiments, sur lequel se lit le nom de Bernardin Cotignola, peintre du XVIe siècle, dont les ouvrages sont peu communs.

Sainte-Marie *Coronata*, dite de *Canepanova*, d'une simple et noble architecture, est du Bramante ; elle a plusieurs beaux tableaux : *Jaël et Sisara* ; *David et Abigaïl*, du Moncalvo ; une *Judith* ; *Esther*, de Tiarini, excellent peintre de l'école bolonaise ; *Rachel au puits* ; la *Marche des Hébreux vers la terre promise*, de Camille Procaccini ; et deux autres sujets du vieux Testament, de son frère César.

A Saint-Marin, une *Ste Famille* est attribuée à Gaudence Ferrari ; *S. Jérôme* et la *Vierge*, à son illustre élève Bernardin Luini.

Saint-François a deux bons tableaux : un *S. Matthieu*, de Bernardin Campi ; une *Ste Catherine*, de Procaccini.

Parmi cette foule de débris mensongers qui abondent en Italie, Pavie en montre peut-être deux des plus brillants et des mieux imaginés. Le premier est le prétendu et grandiose tombeau de saint Augustin, placé autrefois dans l'église de Saint-Pierre *in ciel d'oro*, et maintenant à la cathédrale. Les sculptures dont il est orné et qui offrent cinquante bas-reliefs, quatre-vingt-quinze statues, en tout quatre cent vingt figures, sans compter les animaux, sont un travail singulièrement remarquable de la fin du XIVe siècle, et le plus considérable de cette époque. Le second chimérique débris de la cathédrale est la lance de Roland, espèce d'aviron garni de fer, suspendu à la voûte. Cette cathédrale n'est qu'un monument assez insignifiant, récemment réparé, et dans lequel l'ancien gothique est comme absorbé par les constructions nouvelles. Quelques peintures cependant ne sont pas sans mérite ; telles sont celles du maître-autel, de Charles Sacchi, peintre pavesan du XVIIe siècle, habile coloriste ; à l'autel du Rosaire, les *Mystères*, d'Antoine Solari, dit le Zingaro, né à Venise et non dans les Abruzzes, comme on l'a cru ; un *S. Syrus* et deux autres tableaux voisins, les meilleurs ouvrages de Charles-Antoine Rossi, élève de Procaccini et dans son goût ; une *Flagellation* ; la *Vierge et les Maries*, de Daniel Crespi.

Le pont couvert sur le Tésin, soutenu par cent colonnes de granit et que précède une élégante façade du côté de la ville, est un monument du xiv° siècle, qui atteste encore, ainsi que les travaux hydrauliques de la même époque, la grandeur et l'utilité des ouvrages publics à Pavie sous le gouvernement républicain.

CHAPITRE VIII.

Varèse. — *Madonna del Monte.* — Catholicisme italien. — Côme. — Cathédrale. — *Ædes Joviæ.* — Lycée. — Bibliothèque. — Casino. — Théâtre. — Tour du Baradello.

Avant de revenir à Milan, en 1827, je visitai Côme. La route, à partir de Sesto-Calende, diffère tout à fait de la route plate et monotone qui conduit à Milan. Ce coin de la Lombardie, plus rapproché des Alpes, est pittoresque, varié. On passe par Varèse, jolie ville riche, riante, peuplée, près du petit lac de ce nom, qui a un théâtre, un *casino*, et de superbes villa, où brille déjà la magnificence italienne. Une partie du chemin se fait sous une belle treille qui dépend, je crois, des jardins d'une des villa voisines, et d'où la vue s'étend au loin sur toute la campagne. Le baptistère octogone de l'église principale est un monument remarquable par son ancienneté, et qui remonte aux Lombards. Dans une élégante petite église, l'*Adoration des mages* paraît de la vieillesse et le dernier ouvrage de Camille Procaccini, ainsi que l'indique cette inscription du temps assez touchante : *Hic Camilli Procaccini manus inclitæ ceciderunt.* La figure de la Vierge, peu gracieuse, est la plus faible du tableau, qui ne manque point d'une sorte de variété.

Près de Varèse est la célèbre *Madonna del Monte*, dont les filles des environs allaient alors célébrer la fête (c'était au mois de septembre, la veille de la Nativité de la Vierge). Tout le pays avait cet air de joie que le catholicisme, d'*ornements égayé*, des habitants de l'Italie donne aux mœurs populaires de la contrée. La vue de la *Madonna del Monte*, variée, immense, magnifique, s'étend de la chaîne des Alpes où domine le Mont-Rose, jusqu'à Milan. L'église et les quatorze chapelles, placées sur la route, ont de bonnes peintures des meilleurs maîtres lombards du xvie siècle.

J'eus le tort de ne point aller à Lugano que son lac, ses fresques de Luini et sa Gazette du Tésin, rendent digne d'être visité par les amis de la nature, des arts et de la liberté.

Côme me charma : sa position dans une espèce de vallée au bord du lac, ses tours nombreuses la rendent pittoresque. La cathédrale de marbre élevée par le peuple est un vaste et beau monument de la renaissance. Un habile architecte et sculpteur de la fin du xve siècle, trop peu connu, Rodari, a exécuté l'élégante tribune, les candélabres de l'autel Sainte-Lucie, les pilastres exquis de l'orgue, les gracieux ornements d'une petite porte, le *Christ dans les bras de sa mère*, et quelques autres excellentes statues. Sur le mur extérieur se lit un reste d'inscription relative à Pline, inscription citée par Gruter et les divers éditeurs de l'épistolaire latin, quoiqu'elle n'offre rien de fort intéressant pour l'histoire. Le baptistère est attribué au Bramante. La *Nativité*, l'*Adoration des mages*, la *Vierge*, *S. Jérôme* et quelques saints sont de Bernardin Luini; une *Fuite en Égypte*, les *Fiançailles de la Vierge*, de Gaudence Ferrari.

L'église *San-Fedele*, la plus ancienne de la ville, est d'une architecture caractéristique. Quelques belles fresques sont attribuées à Camille Procaccini, et la chapelle du Crucifix est d'une bonne architecture.

L'*Ædes Joviæ* offre, sous le vestibule, les portiques de la cour et l'escalier, un véritable musée d'inscriptions antiques. On lit plusieurs fois répétée sur les murs la devise de la famille Giovio, *Fato prudentia minor*, parodie de ce vers un peu obscur des *Géorgiques*, sur la prévision des corbeaux :

Aut rerum fato prudentia major ;

devise désolante du fatalisme, peu digne d'un savant et d'un sage. L'*Ædes Joviæ* était la demeure du comte Jean-Baptiste Giovio, petit-neveu de Paul Jove, homme érudit, auteur des

Lettere lariane, surnommé un peu fastueusement le Varron de Côme. La bibliothèque contient quelques anciens manuscrits, dont plusieurs inédits de Paul Jove, de Benoît Jove, second érudit de cette famille, et du comte Jean-Baptiste.

Un lycée a été fondé avec magnificence en 1824. A la façade sont les bustes des illustres lettrés de Côme depuis les deux Plines jusqu'à Charles-Gaston Rezzonico, critique érudit et poëte assez brillant du dernier siècle, bustes que surmonte assez singulièrement celui de saint Abbondio, qui serait mieux placé dans la chapelle, et que l'on pourrait aujourd'hui remplacer par celui de Volta, l'honneur de Côme. La bibliothèque du lycée, bien commencée, est déjà nombreuse. Elle est décorée par une grande statue du Bernin, S. *Isidore gardant ses bœufs*. Telle est la recherche perpétuelle du talent de cet artiste, que non-seulement l'air du saint n'est pas du tout rustique, mais qu'il n'y a pas jusqu'aux veaux qui ne soient affectés et n'aient aussi, à leur manière, quelque chose de précieux.

Côme a un superbe Casino littéraire. Cet établissement d'une ville d'Italie de quinze mille âmes, est supérieur à tous les établissements du même genre à Paris.

La nouvelle façade du théâtre est d'une noble architecture et la salle assez jolie. Mais la troupe était détestable, et je ne puis oublier une certaine Rosine, l'une des cantatrices d'Italie les plus minaudières, je crois, que j'aie jamais entendues. Ce *mauvais* des acteurs italiens n'est d'ailleurs ni froid, ni lourd comme celui de nos comédiens de province : grâce à la langue et aux physionomies du pays, il est chaud, bruyant, expressif, animé.

Sur une hauteur, près de la route, on voit encore debout la tour du *Baradello*, autre monument des fureurs civiles et des révolutions de l'Italie au moyen âge. C'est là que fut enfermé et que périt dans une cage de fer, après un supplice de dix-neuf mois, Napoléon della Torre, chef perpétuel du peuple milanais, fait prisonnier par l'armée de l'archevêque de Milan, Othon Visconti, qu'il avait chassé; défaite qui renversa le pouvoir des Torriani, et amena la souveraineté des Visconti. Voltaire s'est moqué de ces histoires de cages; on voit cependant que les habitants de Côme enfermèrent dans trois cages de fer Napoléon della Torre et cinq de ses parents pris avec lui, parce qu'il avait infligé le même traitement à un de leurs compatriotes. La tour de la *Gabbia*, qui existe à Mantoue, et dans laquelle on voit encore la cage; la tour de Plaisance, qui a aussi la sienne, confirment ce genre de barbarie; il s'est même prolongé pendant plus de deux siècles : l'emprisonnement des six Torriani est de 1277; la même captivité est fréquente à la fin du xve siècle : le duc de Nemours, le cardinal La Balue la subirent, et Comines convenait qu'il *en avoit tasté l'espace de huict mois*.

Au temps de la domination française, un télégraphe avait été établi sur la tour du *Baradello;* il a depuis été supprimé, ainsi que tous les autres télégraphes du royaume lombard-vénitien : on dirait que la lenteur allemande fut comme embarrassée de la rapidité d'un tel instrument.

CHAPITRE IX.

Lac.— Noms grecs.— Couvent industriel.— Pliniana.— Villa Melzi. — *Fiume Latte.* — Religieuses *Frate.* — Gravedona.— Baptistère. Palais Musso. — Villa Sommariva.— Bas-reliefs de Thorwaldsen.— Villa d'Est.— Vico.— Villa Odescalchi.— Orme.— Paul Jove.

Il est difficile de rendre la variété et les sites enchanteurs du lac de Côme; avec ses bois, ses rochers, ses cascades, la douceur de l'air et les oliviers et les citronniers qui viennent sur ses bords, il offre comme un reflet de la Suisse et de l'Italie; la Grèce même semble y apparaître, et elle a donné quelques uns de ses noms harmonieux à plusieurs des lieux environnants : tels sont Lenno, Nesso, Lecco, Colonia, Corenno, qui rappellent naturellement Lemnos, Naxos, Leucade, Colone et Corinthe. Cette multitude de noms grecs est une preuve de l'émigration des Pélasges dans le nord de l'Italie, et le nom même de Côme indique une dérivation grecque. Originaires de l'Arcadie [1], les Pélasges ont pu retrouver sur ces beaux rivages les charmes solitaires et la fraîcheur de leurs vallées [2].

Malgré l'épithète unique et peut-être un peu froide du grand maître, *Lari maxime* [3], le lac de Côme ne présente point une grande plaine d'eau monotone comme d'autres lacs; il semble, au contraire, à chaque-instant se fermer, se rouvrir, se renouveler; chacun de ses petits détroits produit l'effet d'une suite de lacs, et les promontoires qu'ils dessinent offrent des vues admirables et différentes. Je le parcourus plusieurs fois avec délices, ainsi que les environs, et j'aurais voulu y vivre davantage. Il ne serait pas très-coûteux d'habiter ce charmant pays : on m'a montré à Balbianino, une des plus belles situations du lac, une fort jolie maison qui était louée à une famille anglaise 50 écus de Milan par mois, un peu moins de 250 francs.

Sur une agréable hauteur, à la pointe de Torno, joli village qui s'élève en amphithéâtre, on aperçoit les ruines d'un ancien monastère (car tous ces bords sont couverts de chapelles, d'églises et de couvents, dont l'effet, du lac, est très-pittoresque). Les moines de Torno étaient de l'ordre des *umiliati*, ordre livré au travail des mains, et dont les couvents, nombreux en Lombardie et sur les bords du lac de Côme, étaient des manufactures de laine; les ouvriers y vivaient, sous certaines règles, avec leurs femmes et leurs enfants. Il paraît que la manufacture de Torno fut si florissante, que la discipline des *umiliati* vint à s'altérer avec l'accroissement de la richesse, et qu'il fallut supprimer, en 1571, ce couvent industriel.

Je descendis à la *Pliniana*, l'endroit le plus célèbre du lac. La Pliniana ne fut point, comme on croit, la demeure de Pline, mais elle tire son nom de la fameuse fontaine observée par

---

1. Il serait aisé de faire une énorme note sur l'origine des Pélasges; ils viennent maintenant, dit-on, de la terre de Chanaan; je m'en suis tenu à l'opinion de d'Anville, Fréret et Barthélemy.

2. Selon Strabon, Pompée aurait fait passer dans ce pays ravagé par les Rhétiens, cinq cents Grecs de familles distinguées, afin de le repeupler.

3. *Georg.* II, 159. Quelques commentateurs sans goût avaient prétendu voir deux lacs dans le *Lari maxime*, c'est-à-dire le lac de Côme et le lac Majeur, leçon que Heyne a rejetée avec raison.

Pline l'Ancien, et décrite par Pline le Jeune, dont la lettre se lit contre le mur, et ne s'accorde pas du tout avec le passage de l'histoire naturelle de son oncle [1]. En voyant l'abondance et l'impétuosité de cette fontaine, dont le flux et reflux périodique est encore un mystère [2], j'étais frappé de la force, de l'immutabilité de la nature, toujours la même depuis des siècles, de l'ordre admirable qu'elle conserve au milieu des bouleversements humains : la science disserte, la raison cherche et s'égare ; la nature, toujours féconde, vit, crée et se renouvelle. Le palais actuel de la Pliniana, gros bâtiment carré et sévère, fut bâti en 1570 par Anguissola, l'un des quatre chefs de la noblesse de Plaisance, qui, après avoir poignardé le tyran Pierre-Louis Farnèse, fils du pape Paul III, jetèrent son corps par la fenêtre. Il y mourut de terreur après la découverte du projet de cet assassin caché pour le surprendre, qui depuis long temps avait pris l'habit monastique et vivait dans un couvent de Côme. A chaque pas, au sein même de cette solitude si riante et si douce, on retrouve les redoutables souvenirs qui peignent l'histoire et les mœurs des Italiens aux diverses époques. Le Baradello avait été la prison de l'espèce de César de Milan [3] ; la Pliniana devint l'asile du Brutus de Plaisance.

Malgré l'autorité de Paul Jove, la pointe de *Bellagio* a dû être la *Comœdia* de Pline [4]. C'est bien là encore le *molli curvamine*

[1]. Pline l'Ancien prétend que le flux périodique a lieu toutes les heures : *In Comensi, juxta Larium lacum, fons largus horis singulis semper intumescit ac residet*, II, 103 ; et Pline le Jeune, trois fois par jour, lib. IV, ep. 30.

[2]. L'explication la plus satisfaisante de ce phénomène est peut-être celle qui est rapportée dans la note de l'édition des *Classiques latins* de Lemaire : le flux et le reflux, d'après cette note, tiendrait à la disposition d'un siphon ou tuyau construit par la nature à travers l'argile et la pierre. Un joli trait de la lettre de Pline, dans lequel il compare ingénieusement le flux et reflux de la fontaine au glou-glou d'une bouteille, se rapprocherait assez de la conjecture du siphon : *Spiritus ne aliquis occultior os fontis et fauces modò laxat, modò includit, prout illatus occurrit, aut decessit expulsus ? Quod in ampullis ceterisque generis ejusdem videmus accidere, quibus non hians, nec statim patens exitus. Nam illa quoque, quanquam prona et vergentia*, PER QUASDAM OBLUCTANTIS ANIMÆ MORAS CREBRIS QUASI SINGULTIBUS SISTUNT, QUOD EFFUNDUNT. Lib. IV, ep. 30.

[3]. *V.* la fin du précédent chapitre.

[4]. Pline avait appelé *Comœdia* et *Tragœdia* deux des villa qu'il possédait sur

qui l'embrassait. La description faite par Pline des deux villa qu'il préférait parmi ses autres maisons du lac de Côme, est un parfait parallèle ; elle a toute la symétrie et la sorte d'élégance du genre : de pareilles lettres, si artistement composées, sont plutôt un livre adressé au public qu'une correspondance. Il existe une analogie singulière entre Pline et Sacy, son traducteur, chose rare, car le plus souvent ces espèces d'union sont assez mal assorties ; tous deux d'une grande probité de caractère, d'un naturel aimable et doux, vivant dans une société élégante, ingénieuse et polie, et arrivés tous deux à une époque de déclin et de bel esprit.

A *Bellaggio* la villa Melzi, décorée élégamment par cet illustre italien, avec des peintures d'Appiani, est remarquable encore par sa vue et ses jardins. Un beau groupe du *Dante conduit par Béatrice*, est l'ouvrage de M. le professeur Comolli, habile statuaire, protégé par Melzi, et qui a exécuté son monument funèbre placé dans la chapelle.

Le torrent *Il fiume latte,* qui roule en écumant à travers des rochers, tombe dans le lac, et donne son nom au village situé à ses pieds, me rappela la cascade de Pissevache, près de Martigny. Le rapprochement de ces deux métaphores populaires, pour rendre le même effet, montre toute la différence du génie italien, et, si l'on peut le dire, du génie suisse. Ainsi les mots peuvent quelquefois servir à l'étude des mœurs et de l'esprit des nations. Le *fiume latte*, à sec pendant l'hiver, ne commence qu'au printemps, ainsi que l'a peint pittoresquement Arici, dans ces vers corrects et bien tournés :

> .... *Entro ai capaci*
> *Rivolgimenti d'intentato speco*
> *Arida tace al verno altra sorgente,*
> *E al primo uscir di primavera, intenso*
> *Romor di venti e fremiti e procelle*

le lac de Côme ; la *Tragœdia* a pu être à Lenno, de l'autre côté du lac, presque vis-à-vis, à cause de son aspect sévère et des rochers dont Pline avait parlé dans la description de cette villa, et qui *la chaussaient comme un cothurne;* tandis que la *Comœdia,* touchant au rivage, n'*avait qu'une chaussure plate.* Lib. ix ; ep. vii.

Assordan l'antro, come se di mille
Edifizi laggiù fosse il frastuono
E la ruina e un mar chiuso e il tremoto ;
Poi sgorga. . . . . (1)

La *Capuana*, villa Serbelloni, jadis demeure superbe, est maintenant abandonnée ; mais elle conserve son ruisseau, ses cascades, son bois d'arbres verts, et sa vue.

Près de la branche de Lecco, triste, solitaire, et qui ne paraît point animée et variée comme la branche de Côme, se trouve Varène, dont le climat est si doux, qu'outre ses pins, ses chênes, ses lauriers, ses cyprès et ses nombreux oliviers, l'aloès et les plantes même de Syrie peuvent y croître.

Le fond du lac est superbe ; il est clos par les Alpes Rhétiennes qui virent les premiers exploits de Drusus,

Videre Rhœtis bella sub Alpibus
Drusum gerentem Vindelici.....

montagnes qu'ont dans la suite également illustrées de grands capitaines modernes, depuis ce duc de Rohan, conquérant opiniâtre de la Valteline, jusqu'à Macdonald, vainqueur des frimas et des Grisons.

En revenant à gauche, on aperçoit *Domaso* et *Gravedona*. Entre ces deux petites villes, dans la montagne, les femmes portent une large robe de laine brune et un capuchon comme les capucins : aussi ces dames sont-elles appelées *frate*. Elles s'imposent cet étrange costume par suite d'un vœu qu'ont fait leurs mères, et qu'elles observent religieusement. Mais la coquetterie n'y perd rien ; cet humble habit ne cache entièrement ni les formes élégantes, ni les jolis visages ; et, chez les riches, l'or, le corail, les dentelles brillent quelquefois sur la robe des bons pères.

1. *L'origine delle fonti*. Milan, 1833. Arici mourut à Brescia, sa patrie, le 2 juillet 1836, à l'âge de cinquante-trois ans. Bon poëte didactique et descriptif, il avait à peu près échoué dans l'ode et tout à fait dans l'épopée. Les *Commentarj* qu'il publia comme secrétaire de l'Athénée de Brescia, se distinguent par la pureté, l'élégance du style et l'art d'exprimer avec clarté les notions les plus abstruses des sciences et de la philosophie.

Gravedona a quelque importance sous le rapport de l'art. Son antique et curieux baptistère présente, à l'extérieur, d'hiéroglyphiques et inintelligibles bas-reliefs; et la fresque miraculeuse de la Madone, racontent les anciens annalistes, jeta pendant deux jours, en 823, une telle clarté qu'elle excita le fils de Carloman à l'aumône et à la prière. A l'église Saint-Gusmeus et Saint-Matthieu, un beau *Martyre des deux saints*, passe pour du Guerchin, et la voûte du chœur, de Pamphile Nuvolone, offre une *Gloire d'anges* aux visages charmants. Le palais de marbre autrefois des ducs d'Alvitto, de la plus noble architecture, est, du lac, d'un très-bel effet. Quelques siéges à bras, de la grande salle, avec les noms des cardinaux du temps, ont fait croire qu'il avait été question d'y réunir le concile œcuménique assemblé depuis à Trente; grande consultation chrétienne, qui mit dix-huit ans à rédiger les dogmes et les formules de notre foi, et dont le souvenir religieux eût offert un nouveau contraste avec les souvenirs littéraires, politiques ou guerriers du lac de Côme.

Plus bas on découvre les ruines du château fort de *Musso*, vieille fortification creusée à pic dans le roc par l'infatigable Jean-Jacques Trivulce. *Musso* fut défendu avec une rare audace par le fameux Jean-Jacques Médicis [1], dont les sœurs Clarisse et Marguerite, la dernière mariée depuis au comte Borromée et mère de saint Charles, partageaient les périlleuses aventures et excitaient les femmes à ajouter aux fortifications. François Sforce, après avoir ordonné le meurtre d'Hector Visconti, voulut se débarrasser des instruments de ce crime, Médicis et un autre capitaine, nommé Pozzino. Celui-ci fut tué; Médicis avait reçu l'ordre de se rendre au château de Musso; soupçonnant, dans le trajet, l'intention de Sforce, il ouvrit la lettre dont il était porteur, et se convainquit du sort qui l'attendait. Aussitôt il remplaça cette lettre par une autre qui enjoignait au gouverneur de lui remettre provisoirement le commandement du fort; et de ce roc il brava toutes les attaques de Sforce par terre et par eau, devint la terreur de sa race, pilla tous les environs, s'empara

---

1. *V.* Liv. III, chap. II.

de la Valteline, et ne consentit à la paix qu'après avoir obtenu, avec le paiement de 35,000 sequins, la souveraineté, pour lui et ses descendants, de Lecco, et, en échange de la forteresse qu'il occupait, la possession de Meleguano, autre forteresse entre Milan et Lodi. Le crime fait peine chez de pareils hommes ; il gêne l'admiration qu'inspire leur prodigieux courage : quelle ne serait point leur gloire, si, au lieu d'être poussés par le danger et l'intérêt personnel, ils eussent été animés par le patriotisme ou l'honneur !

La *Cadenabbia* et la *Tremezzine*, situées sur le même bord, au milieu du lac, sont, pour le site, le climat et leurs belles et nombreuses villa, comme la côte de Baïes de cette petite Méditerranée. La villa Sommariva, quoique du mauvais goût d'architecture du siècle dernier, est une de ces splendides demeures que n'aurait point dédaignées le luxe des voluptueux Romains, repris si sévèrement par Horace, épicurien et poëte qui n'avait guère le droit de citer Romulus, le vieux Caton et les anciens usages. Là se voient une copie exacte de la *Joconde*, de Léonard de Vinci, de jolis et nombreux tableaux de peintres modernes italiens et français, ainsi que le *Palamède*, de Canova, statue brisée par accident lorsqu'elle était presque terminée, et merveilleusement réparée par l'artiste ; le modèle de sa pathétique *Madeleine*, et les beaux bas-reliefs du *Triomphe d'Alexandre* par Thorwaldsen, commandés par Napoléon pour le palais Quirinal, et que Pline, déjà trop partisan des musées, n'eût point manqué de comprendre aujourd'hui parmi ces statues chassées, envoyées en exil dans les villa.

Je descendis à la villa d'Este, qui fut habitée pendant trois années par la princesse de Galles. On y voit encore son chiffre dans le salon, ainsi que la salle de spectacle qu'elle a fait construire. Cette villa avait auparavant appartenu au général Pino ; sur le flanc de la hauteur qui la domine, le général avait élevé des murs et des créneaux imitant assez bien les fortifications de Tarragone dont il s'était emparé. Ces traces militaires subsistent encore, et elles distraient noblement des souvenirs de la petite Caprée de la princesse anglaise.

Au bourg de Vico, en rentrant à Côme, est la villa Odescalchi, la plus vaste des nombreuses villa qui couvrent les bords du lac, demeure presque royale, mais qui m'a semblé triste quoique décorée fraîchement et avec magnificence. Je préfère aux riches lambris de ce palais, l'ombrage de l'orme antique et superbe planté à sa porte sur le bord du lac, et son banc de pierre d'où l'on jouit d'une si agréable vue de Côme, du lac et des montagnes. C'est à Vico, à la maison dite la *Gallia*, appartenant aujourd'hui à la famille Fossani, qu'était le *musée*, la galerie de Paul Jove, voluptueux asile de ce prélat courtisan et homme de lettres, qui, passant sa vie près des princes et au sein de son musée, doit avoir fort peu résidé dans son diocèse de Nocera. Le souvenir de Paul Jove est d'ailleurs peu intéressant; ce prêtre, cet évêque, malgré l'élégance de son style, fut un écrivain vénal et diffamatoire [1]. Paul Jove prétendait avoir bâti son palais sur l'emplacement d'une des villa de Pline le jeune. La villa Odescalchi, selon Benoît Giovio, serait au même endroit que le délicieux *Suburbanum* du modeste ami de Pline, de Caninius Rufus [2], avec sa galerie où régnait un printemps éternel,

---

1. *V.* là-dessus, dans ses lettres, l'impudeur naïve de ses aveux (*Lettere*, p. 12, Tiraboschi, t. VII, part. III, p. 905 6), et ce qu'il dit sur sa *penna d'oro*, dans ses lettres à Henri II, roi de France, et à Jean-Baptiste Gastaldo (*Lett.*, p. 31, 35; Tiraboschi, *ibid.*). Une femme de la famille de Paul Jove, Cassandra Giovio, probablement sa petite-nièce, née à Côme en 1541, semble offrir un parfait contraste avec cet écrivain et même avec Jean-Baptiste Giovio, l'auteur érudit et pesant des *Lettere lariane* dont il a été parlé. Cassandra a composé un petit nombre de vers gracieux et pleins de sentiment : telle est cette stance d'une pièce qu'elle fit à dix-huit ans, le jour de ses noces avec le seigneur Jérôme Magnocavallo :

> *Poichè m' hai colta, Amor, ne' lacci tuoi,*
> *I' benedico il giorno, e l' ora, e l' anno ;*
> *Ma tu che tutto in cielo e in terra puoi,*
> *E se' d' alme gentil dolce tiranno,*
> *Deh! fa ch' io piaccia sempre agli occhi suoi,*
> *Occhi cagion del mio soave affanno;*
> *Che se qual io con lui, sempr' ei fia meco,*
> *Tu non sarai detto incostante e cieco.*

Donne più illustri del regno lombardo-veneto, Milan, 1828, p. 47.

2. Lib. I, ep. III. « Tâchez seulement, lui disait Pline, d'avoir meilleure opi-

son impénétrable ombrage de platanes, son canal aux bords verdoyants et émaillés de fleurs, et ce lac qui lui sert de bassin pour recevoir ses eaux [1]; car le souvenir de Pline domine tous ces rivages : il a donné son nom à l'un des deux bateaux à vapeur du lac, et, après plus de dix-sept siècles, il fait encore la gloire de cette contrée.

« nion de vous; rendez-vous justice et les autres vous la rendront. » Pline l'invitait à écrire, mais Caninius Rufus paraissait alors préférer un *silence prudent*: c'est quelquefois un grand avantage que de *n'avoir rien fait*, comme on dit, et de n'avoir pas donné sa mesure. Les raisons de Pline semblent d'ailleurs un peu singulières : « Tous les autres biens dans la suite des siècles changeront mille et « mille fois de maîtres, mais les ouvrages de votre esprit ne cesseront jamais d'être « à vous. » Caninius Rufus se rendit, à ce qu'il paraît, aux instances de Pline; car on voit dans une lettre de celui-ci, la quatrième du livre vIII, qu'il composait un poëme épique en vers grecs sur l'expédition de Trajan contre les Daces.

[1]. Le traducteur français de Pline et même le traducteur italien se sont mépris, comme l'a démontré l'auteur des *Lettere lariane*, en traduisant *lacus* par bassin ; c'est le lac lui-même, ainsi que le prouve encore aujourd'hui l'aspect des lieux. Ce contre-sens ne sera pas le seul que la visite du pays nous permettra de relever : dans le même passage *illa porticus, verna semper*, ne paraît pas devoir se rendre par *portique où règne un printemps éternel*, mais par *allée d'arbres* ; c'est ainsi que l'avenue délicieuse de chênes verts qui conduit d'Albano à Castelgandolfo s'appelle encore la *Galerie*. Un traducteur français de Catulle a aussi donné au lac Garda l'épithète accoutumée de *tranquille*, tandis qu'il est le plus agité de tous les lacs d'Italie.

LIVRE CINQUIÈME.

BERGAME. — BRESCIA. — VÉRONE. — VICENCE.

CHAPITRE PREMIER.

Vaprio. —Vierge colossale. —Bergame. —Foires.— Dôme. — *Santa-Maria-Maggiore*.—Chapelle Colleoni.—Génie militaire italien.

Sur la route de Milan à Bergame est Vaprio, où l'on voit au palais de Caravaggio une Vierge colossale peinte à fresque, et qui, selon Vasari, paraît de Léonard de Vinci et non de Bramante. La tête monte au premier étage, le reste du corps est couvert par un escalier et a disparu sous les constructions qui ont été faites depuis. L'expression de pudeur et de modestie de cette figure n'est point affaiblie, malgré ses énormes proportions qui conviennent si peu à un tel sujet.

La plupart des derniers voyageurs oublient ou négligent Bergame, ville singulière par ses monuments, son aspect, sa situation sur une hauteur escarpée, et autour et au pied de cette même hauteur. Son antique et superbe foire (elle existait déjà en 913) venait de finir lorsque j'y arrivai. Ses débris pouvaient faire juger de son importance. Le bâtiment carré qu'elle occupe, formé de cinq cent quarante boutiques, avec quatre grandes salles aux angles, est un des premiers monuments de la ville. Les foires, ces moyens d'échange du moyen âge, dont les pratiques de la dévotion, les pèlerinages et les indulgences accordées par les papes, avaient fait naître l'idée, et qui sembleraient devoir appartenir à l'enfance du commerce, sont encore utiles au commerce actuel. La foire de Bergame sert principalement à l'écoulement des draps fabriqués à Côme et des soieries de Lombardie[1]. La science commerciale ne paraît pas avoir marché comme les sciences rationnelles : j'ai plusieurs fois rencontré sur les routes d'Italie la voiture chargée d'or que M. Rothschild fait, je crois, partir tous les mois pour Naples ; il me semblait qu'un tel usage avait quelque chose de rétrograde depuis la découverte des lettres de change, belle invention due aux juifs lorsqu'ils étaient chassés de France par Philippe-Auguste et Philippe-le-Long, et qu'au lieu d'être recherchés, considérés, à la mode, ils étaient contraints de cacher les effets et les biens qu'ils y avaient laissés, et de donner aux négociants étrangers et aux voyageurs des lettres secrètes sur les dépositaires auxquels ils les avaient confiés.

Le Dôme, ancienne église des Lombards ariens, a été refait à plusieurs reprises, et la dernière au milieu du XVIIe siècle. Un *S. Benoît*, élégant, est de Previtali, bergamasque, un des meilleurs élèves de Jean Bellini, et qui a le magique coloris de cette école. Un *Crucifiement*, le grand baldaquin du maître-autel, sont l'ouvrage de Jean-Paul Cavagna, habile peintre de Bergame, de la fin du XVIe siècle ; *S. Fermus* et *S. Rusticus* en prison, est de Cignaroli, célèbre véronais, regardé comme un prodige dans son temps, et auquel l'empereur Joseph II dit qu'il était venu à Vérone visiter les deux merveilles du monde ancien et moderne : l'amphithéâtre et le premier peintre de l'Europe. Le *S. Vincent*, de la chapelle de ce nom, est de Charles Ceresa, peintre de Bergame du XVIIe siècle, qui avait étudié les modèles d'un temps meilleur. La seconde sacristie a des tableaux remarquables : trois petits, de Laurent Lotto, vénitien longtemps fixé à Bergame, élève des Bellini et imitateur gracieux de Léonard ; le *Christ ressuscité*, de Moroni ; une *Déposition de croix*, du jeune Palma, et *Ste Thérèse*, d'Antoine Balestra, bon peintre véronais, de la fin du XVIIe siècle, élève de Carle Ma-

---

[1]. Les négociants bergamasques les vendent à Londres où plusieurs ont des comptoirs ; leur fortune est immense. Zurich exploite aussi avec avantage ce même commerce ; une colonie zurichoise est établie à Bergame, et elle a sa chapelle et son pasteur.

ratte, et qui, comme son maître, n'est point exempt de recherche. L'antique baptistère, enlevé de l'église voisine de Santa-Maria-Maggiore, et devenu depuis une sorte d'oratoire, est un vieux et barbare monument d'époque incertaine.

La plus belle église de Bergame, *Santa-Maria-Maggiore*, avec ses lions de marbre rouge qui soutiennent les colonnes de la façade, montre les premières traces de l'ancienne puissance de Venise. La fresque de l'*Assomption*, de Cavagna et d'Hercule Procaccini, est grandiose, pleine de vie, et dans le style du Corrége. Le *S. Roch* et le *S. Sébastien*, de Lolmo, peintre bergamasque estimé, du xvi° siècle, a le goût et le dessin du xiv° siècle. Le *Passage de la mer rouge* est de Luc Giordano; un *Déluge*, énergique, varié, de Liberi. Un beau tableau de cette église est du Talpino, bergamasque, élève et imitateur de Raphaël; les fresques de la voûte, à gauche du maître-autel, sont un ouvrage remarquable de Cyrus Ferri, peintre romain, compagnon et le plus habile élève de Pierre de Cortone. Au-dessus de la petite porte une fresque en ruine, mais belle encore, est de Jean Cariani, qui forme avec Cavagna et le Talpino, le triumvirat des premiers peintres de Bergame.

La chapelle Colleoni, sépulture d'un guerrier célèbre et qui l'a fondée, a une façade ornée avec élégance. Le héros est monté sur un grand cheval de bois doré, placé au-dessus de son superbe mausolée, monument curieux de l'histoire de l'art, d'Amadeo, artiste pavesan du xv° siècle, qui a fait aussi les trois statues de l'autel et quelques unes des sculptures de la façade. Colleoni, qui, le premier, fit usage de l'artillerie de campagne et inventa les affûts de canon, appartient à cette grande école des Sforce, des Braccio, des Carmagnole, des Malatesti, qui fondèrent en Europe l'art de la guerre, et prouvent que le génie militaire, ancienne gloire de l'Italie, n'a jamais été éteint chez les Italiens. La chapelle Colleoni offre un grand tableau, représentant la *Bataille où Josué arrête le soleil*, par Joseph Crespi, dit l'Espagnol, peintre fantasque de la décadence de l'école bolonaise, et une *Vierge* pleine de grâce, par Angelica Kauffmann, qui contraste étrangement avec la hardiesse bizarre et confuse du *Josué*.

Les fresques de la voûte sont de Tiepolo, et le *Mathathias* de Cignaroli.

L'église Saint-Érasme est ornée d'un tableau, daté de 1538, ouvrage de Colleone, bon peintre de Bergame, méconnu, dédaigné dans sa patrie qu'il fut contraint de quitter pour s'attacher à la cour d'Espagne : au moment de partir, l'artiste infortuné, mais qui avait la conscience de son talent, peignit sur le devant d'une maison un cheval, très-loué par plusieurs écrivains, et il y ajouta les mots : *nemo propheta in patriá*.

L'église Saint-André est remarquable par ses peintures. *La Vierge, son fils et quelques saints*, est un ouvrage exquis du Moretto. Les trois belles histoires de la *vie du saint*, à la voûte, par le Padovanino, sont d'un effet admirable, et peut-être que ce peintre, si habile dans la science du raccourci, n'en a jamais offert un plus étonnant exemple.

Saint-Alexandre *in colonna*, église du XVe siècle, avec une riche et nouvelle coupole, a de nombreux et beaux tableaux, principalement dans ses trois sacristies. Une *Cène*, bonne de dessin et de coloris, quoiqu'elle se ressente encore un peu de la sécheresse du XIVe siècle, est du Caligarino, devenu de cordonnier artiste, après le compliment qu'il reçut de son compatriote ferrarais, l'habile Dossi, sur des souliers qu'il lui apportait et qui paraissaient peints. Un *S. Jean-Baptiste*, attribué au vieux Palma, est du jeune; et dans l'oratoire voisin de la première sacristie, un bon tableau de Jean-Jacques Gavazzi porte la date de 1512.

Saint-Barthélemy a une délicieuse *Madone*, un des meilleurs ouvrages de Lotto; le tableau voisin à gauche, attribué au vieux Palma, pourrait bien n'être que du jeune. La sacristie offre cinq ouvrages du Bramantino; trois de Lotto; un jeune *S. Jean*, chef-d'œuvre du Guerchin ou de César Gennari, attribué à tort au Bassano.

Saint-Alexandre *della Croce*, a de belles et nombreuses peintures; une *Déposition de croix*, du Cignaroli; une *Assomption*, du Bassano; le *S. Antoine abbé*, du Talpino; le *Couronnement de la Vierge*, de Moroni, et les deux tableaux latéraux, attribués à André Schiavone, heureux imitateur du Titien : dans les sacristies, *S. Nicolas de Bari*, du vieux Palma; un *Crucifix*, de Previtali; un autre de Moroni; quatre petits saints, du Bramantino, et autres ouvrages des meilleurs maîtres bergamasques.

Le petit oratoire Saint-Jésus a sous verre un tableau remarquable, le *Christ portant sa croix*, unique ouvrage, à Bergame, du célèbre et fécond peintre, Jean-Baptiste Castello, dit le Bergamasque, mort en 1570, peintre de la cour à Madrid.

Sainte-Marie des Grâces a le *S. Diègue*, de François Zucco, bon peintre bergamasque, élève des Campi, émule de ses habiles compatriotes le Talpino et Cavagna; le tableau du maître-autel est de ce dernier.

A Sainte-Marie du Sépulcre est le *S. Sigismond*, un des chefs-d'œuvre de Previtali.

CHAPITRE II.

École à *Santo Grata*. — Bibliothèque. — Patriotisme municipal italien. — École Carrara. — Peinture perpétuelle en Italie. — Chanteurs de Bergame. — Palais vieux. — Origine bergamasque du Tasse. — Palais della Podestadura. — Arlequin.

La petite église des religieuses bénédictines de *Santa Grata* est un véritable salon pour l'éclat de sa dorure et le goût de ses ornements. On y admire une *Vierge* dans une gloire et plusieurs saints en bas, le chef-d'œuvre du Talpino, que Vasari trouvait digne de Raphaël, et qui avait été transporté à Paris. Ce couvent de bénédictines de Bergame, supprimé par un décret impérial de Compiègne (on dirait un capitulaire du temps de Charlemagne), du 25 avril 1810, n'a pu être rétabli, comme la plupart des autres couvents de femmes en Lombardie, que sous la condition de devenir une école de filles, tant l'administration autrichienne est invariable et opiniâtre dans son système d'écoles.

L'ancien couvent du Saint-Esprit est devenu maison de travail. L'église offre de célèbres et belles peintures : *S. Antoine de Padoue faisant un miracle pour convertir un hétérodoxe*, tableau d'un effet surprenant, non de Dominique, mais de Jean Viani, son père, élève du Guide; la *Madone*, de Lotto, dont le petit S. Jean jouant avec un agneau, montre une joie si vive, si naïve, figure charmante, que Raphaël ou le Corrége, dit Lanzi, n'aurait point surpassée. Le *Daniel dans la fosse aux lions*, et le *S. François*, de Cavagna, placés de chaque côté de ce tableau, soutiennent assez bien un si dangereux voisinage.

La bibliothèque de Bergame, don volontaire des particuliers, a quarante-cinq mille volumes. L'école de peinture et architecture *Carrara* est également une fondation de l'homme généreux, le comte Jacques Carrara, dont elle porte le nom. A défaut du patriotisme et de l'esprit public des états libres qu'ils ne peuvent connaître, les Italiens montrent un patriotisme d'art et de cité vraiment digne d'estime, puisqu'il est d'habitude, et s'exerce, sinon avec éclat, du moins avec utilité. Cette disposition les porte même à une sorte de bienveillance partiale assez singulière. Je m'étonnais quelquefois de la faveur accordée à certaines pièces, à certains acteurs ou actrices. C'est que l'auteur ou ces derniers étaient de la ville, me disait-on; *nostro veronese, nostro veneziano, nostro ferrarese, bolognese*, etc., est une expression du langage ordinaire, pour désigner quelque artiste ou écrivain compatriote. L'école *Carrara* renferme de nombreux tableaux prétendus des divers maîtres; un portrait de Raphaël, crû de sa main, en semble digne par l'expression douce et noble de la physionomie. Parmi les autres portraits, sept sont de Van-Dyck, deux du Titien, un du Pordenone, un du Giorgione, un d'Albert Durer, un d'Holbein. La *Galatée* est de l'Orbetto; un petit tableau du *Christ entre les deux larrons*, de 1456, touchant et habile pour l'époque, est de Vincent Foppa; son inscription, *Vincentius Brixiensis fecit*, prouve décidément que cet illustre peintre appartient à Brescia, et n'est point milanais, ainsi que l'ont prétendu Lomazzo et ceux qui l'ont suivi. Quatre *Bacchanales*, dont trois copies du Titien, sont du Padovanino; une *Ste Catherine* est du Lotto; la *Vierge, l'enfant Jésus et quatre saints*, du vieux Palma; une *Ste Famille*, du Parmesan; un *Neptune*, de Rubens; deux *Piété* et une *Made-*

leine, sont d'Annibal et d'Augustin Carrache. Un cabinet d'estampes, une collection de médailles, et un nombre suffisant de plâtres, font aussi partie de l'école *Carrara*. Il est étonnant qu'avec tant d'aides et de moyens d'études, et après avoir produit tant de grands peintres, l'école italienne, depuis trois siècles, ne se soit pas élevée plus haut. Peut-être cette multitude de modèles si parfaits est-elle un obstacle à l'originalité, à la vérité : au lieu de chercher en soi, l'on va au dehors, on s'égare dans une vague et stérile imitation ; au lieu de rendre la nature, les artistes font du Titien, du Raphaël, ou du Jules Romain ; ils copient et répètent au lieu de créer. L'art devient alors une espèce de métier, un exercice facile, régulier, continu, qui rappelle la remarque faite avec une satisfaction singulière par Scipion Maffei, c'est que *si l'on peint mal en Italie, du moins on y peint toujours* [1]. Le lycée musical, dirigé pendant quarante ans par l'habile compositeur bavarois Mayer, est une autre institution d'art qui honore Bergame. Par une sorte de miracle, cette petite ville a produit à elle seule un plus grand nombre d'excellents chanteurs qu'aucune autre cité de l'Italie ; c'est d'elle que s'est échappée depuis plus de trente ans cette volée de rossignols, ténors harmonieux qui ont enchanté l'Europe depuis Monbelli, David père et fils, jusqu'à l'incomparable Rubini.

Sous le portique du *Palazzo vecchio della ragione*, ou palais de justice, est une grande statue du Tasse en marbre de Carrare. Le père du chantre de la *Jérusalem* était de Bergame ; le malheur, la proscription, l'avait contraint à quitter le lieu de sa naissance, et à errer en Italie et en France, car l'infortune remonte et paraît héréditaire dans cette famille poétique : Louis Tasso, l'oncle maternel, qui servait de père à Bernardo, avait été assassiné dans sa maison par des brigands. Cette statue de Torquato semble protester contre l'injustice du sort, qui priva les habitants de Bergame de l'honneur d'avoir un tel compatriote : elle est l'expression d'un regret illustre et d'un noble

---

[1]. *Verona illustrata*, part. III, f° 143.

dépit, comme une réclamation du grand homme qui leur est échappé, et qui passa parmi eux les premiers jours de son enfance. Bergame, patrie primitive du Tasse, semble digne de l'avoir vu naître par l'intérêt qu'elle ne cessa de lui porter. Lorsqu'il était retenu à l'hôpital Sainte-Anne, elle avait adressé au duc de Ferrare une supplique en sa faveur, présentée par un de ses premiers citoyens; elle y avait joint le présent d'une inscription lapidaire intéressante pour la maison d'Este, et que ces souverains désiraient depuis long temps. Après sa délivrance, le Tasse se rendit à Bergame, fut visité par les magistrats, accueilli avec empressement par ses amis, ses admirateurs et les jolies femmes; et, malgré la foire, sa présence fut un événement. Le Tasse a plus d'une fois parlé de Bergame comme d'une véritable patrie dans ses sonnets, ses dialogues et ses lettres [1], et l'on peut regarder comme un souvenir de cette ville la comparaison qu'il a faite des misères de la vie humaine aux embarras d'une grande foire [2].

Le palais civique (*della Podestadura*) est un des plus beaux palais composés par Scamozzi, mais la partie supérieure, qui n'est pas de lui, et les statues placées par-dessus, sont du plus mauvais goût. La grande salle offre plusieurs tableaux remarquables : *S. André d'Avellino célébrant la messe*, du Talpino; une *Vierge*, l'*enfant Jésus*, et plusieurs saints dans le haut, et en bas deux magistrats vénitiens à genoux, de Félix Brusasorci, peintre noble et gracieux; le grand *Cénacle*, du Bronzino. La même pièce contient encore de nombreux portraits de cardinaux et autres illustres Bergamasques. La salle du conseil n'est pas moins curieuse : là sont le portrait de Bembo par le Titien;

---

1. *V.* son beau sonnet sur Bergame : *Terra, che 'l serio bagna*, etc. *Rime*, part. II[a], 448, et les *Lett. inedite*, LXXII, LXXXVI, CXXXI et autres, publiées à Pise en 1827.

2. *Pensi che questa vita è simile ad una fiera solenne e popolosa, nella quale si raccoglie grandissima turba di mercanti, di ladri, di gioccatori : chi primo si parte, meglio alloggia; chi più indugia, si stanca, ed invecchiando divien bisognoso di molte cose; è molestato da' nemici, e circondato dall' insidie; al fine muore infelicemente.* Lettre à son parent le chevalier Enea Tasso, de Bergame, CXXXIX des *Lett. inedite*.

la *Femme adultère*, du Talpino ; un plafond de François Bassano ; et les dessins originaux du grand architecte auteur du plan, si mal suivi, de ce même palais *della Podestadura*.

C'est des vallées voisines de Bergame qu'était sorti, selon l'opinion commune, Arlequin, auquel la critique et l'érudition allemandes viennent de trouver une généalogie étrusque [1].

CHAPITRE III.

Gorlago. — Tour de Telgate ; — de Palazzolo. — Vue. — Mont Coccaglio. — *Vin Santo*. — Château de Calepio. — Val de Calepio. — Anciennes tours. — Lac d'Isée. — Lovère. — Cénotaphe de Canova. — Orrido du Tinazzo. — Pisogne. — Fonderie de fer. — Cascade. — Tavernola. — *Monte d'Isola*. — Quatre sœurs ermites. — Isée. — Prédore. — Ruine bizarre. — Sarnico. — Montecchio. — Vengeance de filles violées.

Le lac d'Isée et ses environs, presque toujours négligés, méritent d'être visités. Ce coin de la Haute-Italie se distingue par ses beautés naturelles, ses ouvrages d'art et les travaux de l'industrie.

Au village de Seriate, l'église principale a un beau tableau du Morone. La plupart des églises de ces villages offrent de bonnes peintures des divers maîtres lombards ou vénitiens.

L'église de Gorlago, ornée de stucs et de dorures, possède quelques anciens tableaux estimés. Une salle de ce même village, peinte à fresque, grand et magnifique ouvrage d'auteur incertain, est digne d'un palais.

Telgate commence cette chaîne de florissants villages dont se compose le val de Calepio. La tour appartient à une haute antiquité.

Un vaste clocher, orné d'élégants bas-reliefs de M. Marchesi, a été élevé au-dessus de la roche de Palazzolo. De cette espèce de phare, la vue s'étend au loin sur toute la contrée et découvre jusqu'au Dôme de Milan et jusqu'à la tour de Crémone.

[1]. *V.* le *Cours de littérature dramatique* de M. Schlegel, leçon VIII.

Le mont Coccaglio, au-dessus du village de ce nom, offre un autre merveilleux point de vue. Aux deux tiers de la montagne, l'ancien monastère est devenu un vaste cellier où se prépare et se garde le vin célèbre dans le pays sous le nom de *vin santo*, vin doux, assez agréable, que chacun fait chez soi, plus estimé et plus cher en Italie que les vins étrangers les plus vantés. A côté de la grande *Loggia* est une chambre occupée par le prince Eugène lors de la campagne de 1706, d'où, après avoir vu défiler la plus grande partie de cette armée qui allait délivrer Turin, il dicta à son secrétaire une lettre à l'empereur, commençant par ces mots : « Je vous écris du plus beau point de vue qu'ait l'Italie. » Sur la porte de cette chambre historique sont inscrits en latin ces trois mots assez inutiles : *Intra, vide, admira* (entre, regarde, admire).

Le château de Calepio, qui n'est point l'antique manoir de cette maison, mais le palais bâti en 1430 par le comte Truxard Calepio, s'élève majestueusement sur le bord escarpé de l'Oglio, qui roule en écumant à ses pieds. Le val de Calepio jouit de la plus douce température, et plusieurs de ses énormes mûriers sont antérieurs à l'introduction des filatures de soie. La multitude de tours antiques qui couvrent les collines voisines rappelle vivement les cruelles dissensions des Guelfes et des Gibelins; quelques unes de ces tours ont conservé leur première élévation; la plupart ont été abaissées au niveau des maisons, signe de la défaite de ceux qui les occupaient.

Parmi les nombreux bourgs et villages qui bordent et embellissent les rives du lac d'Isée à la fois si riants, si doux, si bien cultivés ou si sauvages, Lovère et Pisogne sont les principaux. Lovère, bourg antique, maltraité dans les guerres entre les Guelfes et les Gibelins, fut surtout victime de la fureur de Pandolphe Malatesta, seigneur de Bergame, qui, pour châtier sa rébellion, s'y porta avec son armée dans les premiers jours d'octobre de l'année 1415 : il s'en empara, enjoignit aux habitants de déguerpir, et leur donna pour tout délai le temps que durerait une chandelle qu'il avait fait allumer; il vendit ensuite les maisons et les terres. Lovère a deux grandes et riches églises ornées de peintures, et un beau cénotaphe de Canova, une des répétitions de celui de Volpato [1], consacré par le comte Tadini à son fils, jeune homme d'une haute espérance, mort écrasé sous les ruines d'un arc. Près de Lovère, à Castro, est l'abîme étroit, profond, où se précipite et gronde le torrent appelé justement l'*Orrido* du Tinazzo. Pisogne, petite ville commerçante, a une large place avec portique vis-à-vis du lac, une église moderne d'ordre corinthien et une superbe fonderie de fer dans le site le plus pittoresque et au pied d'une majestueuse cascade.

Le palais Fenaroli, à Tavernola, offre, de sa terrasse, un des beaux aspects du lac, surtout au lever du soleil. Mais la merveille du lac d'Isée, ce qui le distingue des autres cinq lacs de la Lombardie, quoiqu'il soit le plus petit, est la haute montagne, *monte d'Isola*, qui s'élance de son sein, montagne couronnée par le sanctuaire de la Madone et ornée à sa base de vignes, de bois, de champs, de prés, avec le fort Martinengo, ses créneaux et sa tour, jadis espèce de télégraphe des Guelfes et des Gibelins. Au pied de ce pic superbe rampent et surnagent à peine deux petites îles qui ajoutent à sa majesté. Les chroniques du couvent des conventuels racontent que quatre vierges sœurs, saisies d'un saint enthousiasme, résolurent de se retirer et de vivre solitaires sur quatre des points les plus élevés des bords du lac d'Isée, d'où elles pourraient réciproquement s'apercevoir : le *monte d'Isola* fut une des retraites de ces filles ermites dont les seuls et purs sentiments étaient l'amour de Dieu et leur tendresse mutuelle.

Isée, le port principal du lac, tire son nom, dit-on, d'un temple d'Isis, preuve de son antiquité. A côté d'un âpre rocher qui s'avance dans ce lac, Prédore montre sa végétation abondante d'oliviers et de citronniers. Une tour démolie à moitié de haut en bas doit sa bizarre ruine à l'inimitié de deux frères, l'un Guelfe, l'autre Gibelin, dont elle était devenue l'héritage ; le premier la voulut debout, le second à terre. Sarnico, bourg

---

1. Cicognara a indiqué trois répétitions de ce même cénotaphe ; celle-ci doit être la quatrième.

peuplé, commerçant, avec une vaste place, voit s'échapper du lac le rapide et bruyant Oglio.

La cime de Montecchio, occupée jadis par un monastère, l'est maintenant par une belle villa qu'enveloppe un bois d'arbres verts. La vue à la fois riante, variée, immense, est une des plus splendides de la contrée. Le château ruiné fut au XIIIe siècle le théâtre d'une scène qui prouve de nouveau l'énergie de cette époque et des filles de ce pays, remarquée et chantée depuis par Alfieri [1]. Montecchio était alors occupé par deux espèces de chefs de brigands, Tizzone et Giliolo, qui exerçaient leurs violences sur toute la contrée, tandis que près d'Isée résidaient deux jeunes orphelines, Tiburga et Imazza, filles de Girard Oldofredi qu'elles venaient de perdre. Tizzone et Giliolo, prévoyant que la prétention qu'ils avaient d'épouser leurs voisines ne serait point accueillie, firent, la nuit, avec leurs gens, une irruption dans la villa de ces nobles filles qu'ils violèrent. Mais Tiburga et Imazza, au lieu de gémir pudiquement et de se tuer comme Lucrèce et les autres héroïnes du même genre, accoururent à Brescia, excitèrent les habitants à venger leur outrage, se firent suivre par une troupe armée à laquelle se réunirent treize femmes revêtues comme elles de cuirasses et d'habits de guerre, et vinrent assiéger la roche de Montecchio. La défense fut opiniâtre ; enfin Tiburga, ayant dressé une échelle, parvient sur la brèche jusqu'à Giliolo, celui même qui l'avait déshonorée, lui tranche la tête de son épée, la montre à ses divers compagnons d'armes, en s'écriant : « Dieu m'a donné la victoire, ainsi périssent les impies ! » Tizzone, après la prise du fort, fut découvert et atteint dans un souterrain par Tiburga qu'il blessa de sa lance et qui lui plongea son poignard dans le cœur. Les corps de Giliolo et de Tizzone furent jetés dans l'Oglio, tandis qu'Imazza et Tiburga rentrèrent modestement dans leur villa, s'y marièrent avec deux braves habitants de Brescia et commencèrent une longue postérité qui conserva religieusement les armes dont leurs deux ancêtres avaient fait un si courageux usage.

1. *V.* le chap. suivant.

CHAPITRE IV.

Brescia. — Temple antique. — Musée. — Statue de la Victoire. — Palais Broletto. — Brigitte Avogadro. — Femmes de Brescia. — Maison de Bayard.

Brescia est riche, industrieuse, et compte à peu près quarante mille âmes; elle a de beaux tableaux, de grands édifices; mais je fus un peu distrait de ces divers mérites à mon premier voyage par la découverte d'un temple antique, ruine superbe dont j'ai depuis, chaque année, suivi les fouilles avec intérêt. M. le docteur Labus avait essayé de restituer l'inscription du fronton dont il ne restait que quelques lettres; il supposa qu'un monument avait été élevé par Vespasien dans la ville de Brescia, probablement à cause du secours qu'il en avait reçu, lorsque son armée ayant défait celle de Vitellius il s'était emparé de l'empire. Ce n'était alors qu'une conjecture; depuis, M. Labus a vu son hypothèse confirmée par la découverte d'une partie de la vraie inscription, rare triomphe pour un antiquaire. En contemplant pour la première fois ces belles colonnes de marbre depuis si longtemps cachées, je ne pouvais me défendre d'une sorte de respect pour cette terre qui produit également les merveilles de l'art et les biens de la nature, qu'il suffit de creuser pour en faire sortir des chefs-d'œuvre ou de grands souvenirs, et qui n'est pas moins féconde en fruits que fertile en monuments.

Dans la grande salle du Gymnase l'on voyait exposées seize figures découvertes il y avait peu de jours, et parmi lesquelles était une superbe statue de la *Victoire*, la plus grande et la plus belle peut-être de toutes les statues de bronze; statue qui, l'année suivante, était devenue la Renommée, à laquelle, en conséquence, on avait mis entre les bras une espèce de grand tableau ovale, d'assez mauvais effet, sur lequel elle avait l'air d'écrire. Cette Renommée de 1827 n'en était point probablement à sa dernière qualification. A défaut d'intérêts, de principes et de discussions plus graves, les Italiens portent l'inconstance naturelle de nos jugements et de nos opinions sur leurs statues et leurs monuments, dont ils changent et renouvellent sans cesse les noms, les attributs et la destination. Par suite de ce patriotisme d'art et de cité dont nous avons parlé, et qui se retrouve à chaque pas en Italie, la ville a fait une dépense et des sacrifices considérables pour l'établissement d'un musée d'antiquités sur les ruines mêmes du temple découvert. Ce musée, formé de monuments du sol, indépendamment de la statue de la *Victoire* et des autres bronzes, offre plusieurs bas-reliefs, torses et fragments de statues en marbre, des ornements de bon style, de nombreuses verreries, diverses poteries, un beau pavé en mosaïque, et environ quatre cents inscriptions, la plupart intéressantes pour l'histoire de Brescia et même de l'Italie.

J'ai passé, depuis, plusieurs jours à Brescia, qui me fut montrée en détail par un de ses habitants les plus distingués, dont l'obligeance était vraiment infatigable. La révolution de 1797 et la destination nouvelle du vieux palais Broletto, devenu hôtel de la préfecture, maintenant de la délégation, et tribunal de première instance et prison, ont presque effacé les traces et les souvenirs historiques qu'il rappelait. J'aurais voulu y retrouver la haute antenne de ce *carroccio* [1] conquis sur les Crémonais

---

[1]. Le *carroccio* était un char porté sur quatre roues et traîné par quatre paires de bœufs. Il était peint en rouge; les bœufs qui le traînaient étaient couverts jusqu'aux pieds de tapis rouges; une antenne, également peinte en rouge, s'élevait du milieu du char à une très-grande hauteur; elle était terminée par un globe doré. Au-dessus, entre deux voiles blanches, flottait l'étendard de la commune; plus bas encore, et vers le milieu de l'antenne, un Christ placé sur la croix, les bras étendus, semblait bénir l'armée. On tenait les conseils de guerre sur le *carroccio*, on y serrait la caisse militaire, la pharmacie et une partie du butin. Il ne pouvait sortir que d'après un décret public, et toujours accompagné de quelques centaines de vétérans armés de hallebardes et de lances. Une espèce de plate-forme était réservée, sur le devant, à quelques uns des plus vaillants soldats destinés à le défendre; derrière, une autre plate-forme était occupée par les musiciens avec leurs trompettes. Les saints offices étaient célébrés sur le *carroccio* avant qu'il sortît de la ville, et souvent un chapelain lui était attaché, et l'accompagnait sur le champ de bataille. La perte du *carroccio* était considérée comme la plus grande ignominie à laquelle une cité pût être exposée. Aussi, tout le nerf de l'armée était-il choisi pour former la garde du char sacré; les coups décisifs se portaient autour de lui;

en 1191, dans la sanglante journée de Rudiano, symbole de la liberté religieuse et guerrière des républiques du moyen âge, détruit par les démagogues du dernier siècle, ainsi que le portrait de cette Brigitte Avogadro, qui, à la tête des femmes de Brescia, armées de cuirasses et de lances, repoussa vaillamment, en 1412, l'assaut donné à leur ville par le redoutable Piccinino. Les dames de Brescia ne se battent plus, mais elles paraissent toujours avoir du caractère, si l'on en juge par les vers satiriques d'Alfieri :

> *Veggio Bresciane donne iniquo speglio*
> *Farsi de' ben forbiti pugnaletti,*
> *Cui prova o amante infido, o sposo veglio.*

Un Bressan de la famille de la brave Brigitte, le comte Louis Avogadro, a été singulièrement calomnié sur la scène française par Du Belloy, qui en a fait comme le traître de son mélodrame rimé de *Gaston et Bayard*, tandis que l'entreprise honorable du comte n'avait pour but que de délivrer sa patrie de l'invasion étrangère, et de rétablir l'autorité légitime de Venise. Il est vrai que le simple et modeste Bayard n'a guère été moins malheureusement travesti dans cette pièce, puisque son rôle est

---

c'était le *rem esse ad triarios* des Romains ou l'engagement de la *vieille garde*. Le *carroccio* avait été inventé par l'archevêque de Milan, Éribert, pendant la guerre des Milanais avec l'empereur Conrad le Salique : il était comme l'arche d'alliance des tribus d'Israël. Ce singulier étendard compléta le système militaire des Lombards à cette époque; il fallait rendre redoutable l'infanterie des villes et relever son importance, afin de l'opposer à la cavalerie des gentilshommes : le *carroccio* atteignit ce but; l'infanterie, obligée de subordonner ses mouvements à ceux du char pesant attelé de bœufs, acquit plus de poids, d'aplomb et de confiance en elle-même; la retraite dut être plus lente et se faire en meilleur ordre; la fuite, à moins d'être honteuse, devenait impossible. « Il n'est pas hors de pro- « pos de remarquer » fait observer M. de Sismondi, « que les bœufs ont, en Italie, « une allure bien plus légère et bien plus prompte qu'en France; en sorte que « leur marche s'accorde mieux avec celle de l'infanterie. » (*Hist. des Rép. ital. du moyen âge*, chap. VI.) L'emploi de l'artillerie fut une des causes principales de l'abandon du *carroccio* qui n'a plus figuré que dans quelques cérémonies. On trouve dans la *Secchia rapita*, de Tassoni, une peinture poétique et exacte du *carroccio* :

> *Ecco il carroccio uscir fuor della porta*
> *Tutto coperto d'or*, etc.   Cant. v, 93.

celui d'une espèce de fanfaron, de capitan [1]. Le supplice d'Avogadro et de ses deux fils, et l'épouvantable pillage de Brescia pendant sept jours, furent des crimes de la victoire de Gaston, si sensible, si compatissant dans les vers de Du Belloy. La tragédie historique, qui semble pouvoir rendre à l'art plus d'étendue, de naturel et de vérité, a, jusqu'ici, été peu fidèle en France. Le Cid, comme Gaston, avait été cruel; mais quelle distance entre de tels ouvrages, et n'est-ce pas une sorte de blasphème, de sacrilége dramatique, que de les rapprocher un seul instant?

Le souvenir de Bayard et le zèle amical de mon guide, si instruit de l'histoire de Brescia, me firent rechercher la maison qui avait pu recevoir l'illustre chevalier, lorsque, blessé, après avoir le premier franchi à pied le rempart, et avoir repoussé ce messire André Gritti, qui criait à ses gens, en son langage italien : « Tenons bon, mes amis; les François seront tantost las-« sez, ils n'ont que la première pointe. Et si ce Bayard étoit « deffaict, jamais les autres n'approcheroient » [2]; il disait au seigneur de Molart : « Compaignon, faictes marcher vos gens, « la ville est gaignée; de moy je ne sçaurois tirer oultre, car je « suis mort »; et que deux de ses archers ôtaient et déchiraient leurs chemises pour étancher le sang de sa plaie. D'après les conjectures assez raisonnables exposées dans les notes des *Geste de' Bresciani* de M. Gambara, Bayard, frappé au Marché-Neuf, a dû être porté dans la maison de la famille Cevola ou Cigola, située sur cette place. Il n'y avait alors au Marché-Neuf que les demeures de trois familles considérables, dont l'une, la maison Maggi, n'avait point, dans ce temps-là, de filles; et l'autre, la maison Confalonieri, était opposée aux Français, et avait perdu un des siens dans la bataille. Un des membres de la famille Ci-

---

1. Telle était la singulière manière d'entendre le patriotisme à la fin du dernier siècle, que la chaîne de Bayard étant passée par héritage à des descendants collatéraux, celui qui la possédait en 1789, follement enthousiaste du jeu de Larive dans le rôle de Bayard de la pièce de Du Belloy, en fit présent à cet acteur, et s'imagina rendre ainsi hommage à la mémoire de son ancêtre.

2. *Mémoires du loyal serviteur*, ch. I.

gola, au contraire, était écuyer du roi de France, et Calimere Cigola avait, à cette époque, sa femme et deux filles. Ce Calimere Cigola paraît d'ailleurs un vrai égoïste et un vrai poltron, puisque pendant l'assaut « il s'en estoit fuy en un monastère », laissant sa femme au logis, « en la garde de nostre Seigneur, « avec deux belles filles qu'elle avoit, lesquelles estoient cachées « en un grenier dessoubs du foin. » Bayard, après avoir assuré son hôtesse qu'elle avait « céans un gentilhomme qui ne la pil- « leroit point », lui demanda où était son mari : « Bien me « doute, répondit-elle, qu'il sera dedans un monastère où il a « grosse congnoissance »; et quand il fut venu, il lui fit « joyeuse chère », lui dit « qu'il ne se donnast point de mélancolie, et « qu'il n'avoit logé que de ses amis. » C'est chez lui que Bayard resta au lit un mois ou cinq semaines, impatient « d'estre à la « bataille, et ayant belle peur qu'elle se donnast devant qu'il y « fust. » La scène d'adieux de Bayard, peinte, racontée mille fois, est dans la mémoire de tout le monde. Mais le refus des ducats pour avoir protégé une femme et ses filles, l'étonnement, l'admiration d'habitude qu'inspire ce fait si naturel et si simple, prouve qu'alors il était une exception, et que, pendant longtemps, cette sorte de gain était dans les mœurs militaires : Sully lui-même raconte qu'au pillage de Villefranche il gagna une bourse de mille écus en or, qu'un vieillard, poursuivi par cinq ou six soldats, lui offrit pour avoir la vie sauve. Le noble désintéressement, la compassion généreuse de l'officier français, sont une des qualités nationales que l'on doit au siècle de Louis XIV; mais la gloire de Bayard n'est pas moindre, puisqu'il les avait pressentis et devancés.

CHAPITRE V.

Palais de la *Loggia*. — Incendie politique. — Symptômes anciens d'hérésie. — Bibliothèque. — Cardinal Quirini.

Le plus bel édifice de Brescia est le palais municipal de la *Loggia*. L'incendie qui le consuma en 1575 doit laisser de vifs regrets : alors fut détruite la grande salle du palais, trouvée admirable par Palladio, ainsi que les trois vastes tableaux du Titien, qu'il fit à quatre-vingt-douze ans, et dont l'un était la forge des cyclopes, fabricants d'armes à feu, sujet fort convenablement placé à l'hôtel de ville de Brescia, célèbre de tout temps par ses fusils de chasse. Malgré les préventions contre les sujets *commandés*, on voit par les lettres du Titien, que ce grand peintre s'était exactement conformé aux instructions des magistrats, et qu'il avait eu la rare résignation de n'y rien changer. La fécondité du Titien est prodigieuse : indépendamment de ses nombreux chefs-d'œuvre qui subsistent encore, les tableaux de Brescia ne sont pas les seuls de lui qui aient péri par le feu. Un admirable tableau de la *Bataille de Cadore entre les Vénitiens et les Impériaux*, placé à la salle du grand conseil, fut brûlé dans l'incendie du palais ducal. L'incendie du palais de la *Loggia* ne paraît point alors avoir été l'effet d'un accident, mais d'un dessein prémédité; on en accusa le gouvernement de Venise; c'était, disait-on, le seul moyen qu'il eût d'enlever aux Bressans les droits et libertés qui leur avaient été octroyés par les empereurs Conrad, Henri VI et Henri VII, que leur avaient garantis les doges François Foscari et Léonard Lorédan, et dont les titres se trouvaient dans les archives publiques. Étrange scrupule du pouvoir, sophisme politique digne tout à fait des gouvernements italiens du XVIe siècle! Dans la salle du conseil sont huit tableaux peints à fresque par Jules Campi, placés précédemment dans le lieu des séances des docteurs ou juges de collége, et qui, pour cela, représentent tous des exemples de bonne et sévère justice. J'en citerai deux : *Trajan au moment de partir pour une expédition militaire, et faisant justice à une mère du meurtre de son fils tué par des soldats*[1]; et *Seleucus, roi*

---

1. Ce trait d'humanité de Trajan est aussi le sujet d'un bas-relief en marbre, que le Dante a placé dans son *Purgatoire* (x, 70), parce qu'on prétend, dit Ginguené (*Hist. litt. d'Ital.*, II, 150), que saint Grégoire en fut si touché qu'il demanda et obtint que ce bon empereur fût retiré de l'enfer. La tradition de ce fait paraît populaire en Italie. Je l'ai vu représenté dans une église de Vérone, *S.-Thomas Cantuariensa*; mais il n'est rapporté par aucun historien digne de foi, et Baronius et Bellarmin eux-mêmes le traitent de fable. D'autres ont attribué la commiséra-

des Locriens, auteur de la loi par laquelle les deux yeux devaient être crevés aux adultères : son fils Aristée, coupable de ce crime, allait être absous par les magistrats, tout le peuple demandait sa grâce, mais Seleucus, à la fois père et roi, lui creva un œil et se creva l'autre, afin d'offrir à la loi les deux yeux qu'elle réclamait. Sur la porte, une *Nativité* est du Moretto ; au-dessous de chaque côté *S. Faustin* et *S. Giovite* sont de Foppa, ainsi que le beau tableau du *Christ et de Véronique,* de la cheminée. Dans la pièce précédente, un grand tableau représente la condamnation, en 1710, du prêtre Joseph Beccarelli par le podestat, le capitaine, le cardinal évêque de la ville et le dominicain inquisiteur, dernier acte de l'inquisition à Brescia. L'hérésie de Beccarelli, s'il n'a point été calomnié par les jésuites, jaloux de la prospérité du collége qu'il avait fondé, paraît avoir été une espèce d'amour pur, de mysticisme mêlé de spiritualité et de sensualisme ; il prêchait, l'accusait-on, que, tandis que l'âme était unie à Dieu par l'oraison, le corps pouvait faire ce qu'il trouvait bon : condamné aux galères, sa peine fut commuée par le sénat qui soupçonnait l'envie dont il était victime, et il mourut en prison à Venise. Brescia est une des villes d'Italie dans lesquelles se sont manifestés, à diverses reprises, des symptômes de schisme et de réforme [1]. Le faible et tendre Beccarelli, s'il n'a point été coupable, le théologien Jean Ducco, archevêque de Coron, légat en Allemagne, destitué de ses honneurs par Sixte IV pour avoir écrit trop librement sur les abus de la cour romaine, et mort à Brescia, sa patrie, où son tombeau se voit à l'église Saint-Nazaire et Saint-Celse, furent toutefois bien loin de la puissance et des excès de cet Arnaud de Brescia (comme si le nom d'Arnauld, en France et en Italie, devait rappeler des combats de dogme et la persécution), de cet Arnaud, élève et ami de l'amant d'Héloïse, antagoniste de saint Bernard, qui fut

---

tion de saint Grégoire pour Trajan à l'admiration que lui avait inspirée son forum, preuve nouvelle et singulière de l'injuste reproche fait à ce grand homme d'avoir été l'ennemi acharné des arts et des monuments antiques. (*V.* liv. xiv, chap. xvii.)

1. *V.* l'ouvrage de Thomas M'Crie, *History of the progress and suppression of the reformation in Italy.* Édimbourg et Londres, 1827.

dix ans maître de Rome, et périt sur un bûcher en face du Corso, espèce d'apôtre, de tribun et de martyr, un des premiers et des plus terribles novateurs religieux ou politiques.

La bibliothèque de Brescia compte vingt-huit mille volumes. Le célèbre manuscrit des Quatre Évangélistes, expliqué par le savant Bianchini, du VIe ou du VIIe siècle, en vélin pourpre, est d'une très-belle conservation. La plus ancienne édition est la seconde de saint Augustin (Rome, 1468), rare et recherchée. La première édition de Pétrarque (Venise, 1470), a de jolies miniatures attribuées à l'école de Mantegna. Un coran est très-beau : les corans sont nombreux dans les bibliothèques d'Italie; ils ont été apportés par les Grecs, chassés de Constantinople, peut-être par une de ces inadvertances de la fuite et de la peur. Les dessins originaux des *Monumenta antiqua urbis et agri Brixiani*, de l'habile et savant Sébastien Aragonèse, ouvrage peu commun, sont curieux. Le monument le plus précieux de la bibliothèque est une grande croix donnée par Didier, dernier roi des Lombards, à sa fille Ansberg, abbesse du couvent de Sainte-Julie de Brescia, la sœur d'Adelghis et de cette touchante Ermengarde, peinte si pathétiquement dans la tragédie de M. Manzoni. La croix de la sainte abbesse est enrichie de camées représentant le chœur des Muses, Pégase, les trois Grâces, et d'autres sujets mythologiques qui ne sont pas tous fort décents. Cette croix si riche, de travail grec, semble former à elle seule comme le cabinet des médailles et pierres gravées de la bibliothèque de Brescia. Une miniature charmante de la Vierge et de son fils sur lapis-lazuli est, dit-on, du Titien : on croit qu'elle était le médaillon de Charles-Quint. Malgré la beauté de ce bijou, il semble d'un moindre prix que la simple chaîne de Bayard, car jamais il n'a senti les battements d'un cœur noble et généreux.

La bibliothèque de Brescia est un don de son ancien évêque, le cardinal Quirini[1], auquel Voltaire adressa les stances élégantes

---

1. Le *Diptyque* de Boëce, que le cardinal Quirini a fait illustrer par divers savants, n'est point à la bibliothèque ; il appartient à M. le chevalier Nicolas Fè

Quoi! vous voulez donc que je chante
Ce temple orné par vos bienfaits, etc.

Ce fut encore à ce cardinal que Voltaire adressa la dissertation sur la tragédie ancienne et moderne, qui précède *Sémiramis*. Après avoir parlé tant de fois avec admiration de Shakspeare, il y traite *Hamlet* de *fruit de l'imagination d'un sauvage ivre*. Les faux jugements de Voltaire tiennent presque toujours à quelque inimitié rivale que l'indiscrétion de son amour-propre trahit bientôt. Il refusait de croire au dévouement des bourgeois de Calais, à cause des méchants vers de Du Belloy et du bruit que faisait sa pièce; ici l'on sent qu'au moment d'introduire sur la scène française l'ombre de Ninus, il ne peut se dissimuler à quel point cette ombre si accessible, si familière, est inférieure sur son estrade, au soleil et au milieu de la cour de Babylone, au spectre du poëte anglais, apparaissant à minuit, au clair de lune, sur la plate-forme du château d'Elseneur, près de la mer qui rugit au milieu des rochers.

De nombreuses lettres autographes, formant sept grosses liasses, écrites au cardinal Quirini, ont aussi été léguées par lui à la bibliothèque de Brescia. Lié avec d'Aguesseau, le cardinal de Noailles, le cardinal de Fleury, Montfaucon, dom Calmet, et les savants et les gens de lettres de la seconde moitié du siècle de Louis XIV, cette correspondance du cardinal serait curieuse à examiner; une partie, sans doute, a dû être extraite dans le commentaire historique que Quirini a donné sur lui-même [1], mais elle est peu considérable, et il a dû éprouver cette sorte d'embarras et de réserve de tout homme obligé de parler de soi pendant trois gros volumes, embarras contre lequel, depuis, on s'est si fort aguerri.

de Brescia. La bibliothèque publique en possède un autre, regardé comme moderno, et dont les figures d'ivoire, parfaitement intactes, sont remplies de grâce et de volupté.

[1]. *Commentarius de rebus pertinentibus ad Aug. Mar. S. R. E. cardinalem Quirinum*. Brixiæ, 1749, *cum appendice*, 1750, trois vol. gr. in-8°. L'ouvrage fut continué par le P. Frédéric San Vitali, jésuite, et forma cinq volumes. Des manuscrits du cardinal Quirini ont été acquis par notre Société des bibliophiles; il paraît qu'il n'y a rien à en tirer.

CHAPITRE VI.

Dôme vieux ; — nouveau. — Sainte-Afra. — Littérature populaire. — Marcello. — Vraie et grande musique. — OEuvre de Saint-Luc. — Anachronismes de peinture. — Mausolée Martinengo.

Le vieux Dôme de Brescia, un des plus anciens monuments de l'Italie, avait été pris à tort pour un temple païen, à cause du grand nombre d'emblèmes idolâtres que l'on y trouva, et dont la destruction fut barbarement décrétée, les 19 avril et 25 mai 1456, par le conseil de la ville. Il paraît que l'édifice est lombard et du milieu du viie siècle. On y conserve religieusement deux reliques : un morceau considérable de la vraie croix, donné, en 1149, par le pape Eugène III à l'évêque de Brescia Manfredi, racheté ensuite des Vénitiens, qui l'avaient reçu de ses héritiers, et le petit étendard, véritable oriflamme, ainsi qu'il est appelé à Brescia (*croce d'oroflamma*), porté à la croisade, en 1221, par l'évêque Albert qui le planta sur les murs de Damiette dont il s'était emparé à la tête de quinze cents Bressans : après un tel exploit, Albert fut nommé patriarche d'Antioche, dignité ecclésiastique singulièrement accordée au courage militaire. Le vieux Dôme a quelques bons ouvrages : à la chapelle de la *Croce d'oroflamma*, les deux grands tableaux de Gandini et de Cossale (ce dernier, bon peintre et homme infortuné qui périt, dans sa vieillesse, de la main de son fils) ; deux statues, la *Foi* et la *Charité*, de Vittoria, artiste de Trente, mais illustré à Venise ; le beau mausolée de l'évêque de Brescia Domenico Domenici, d'auteur inconnu ; un *S. Martin*, de Pierre Rosa, habile élève du Titien, mort jeune ; la *Pâque des Hébreux*, le *Sacrifice d'Abraham*, un superbe *Élie*, un *David*, du Moretto, aussi élève du Titien, peintre charmant, dont les tableaux, nombreux à Brescia, ont fait faire, dit Lanzi, le voyage de cette ville à plus d'un amateur.

Le Dôme neuf actuel, ouvrage du xvie siècle, était, comme celui de Pavie, en reconstruction, lorsque je le visitai. Il y a chez les Italiens, peuple maçon, une ardeur, une impatience de bâtir qui les pousse perpétuellement à bouleverser et à refaire leurs édifices; manie fâcheuse dans un tel pays, si plein de souvenirs et de curieux monuments du passé.

Les églises de Brescia sont riches, et intéressantes sous le rapport de l'art. A Saint-Pierre *in Oliveto*, *S. Laurent Giustiniani* entre S. Jean et la divine Sagesse, gracieux et plein de morbidesse; la *Vierge couronnée par Dieu le père*, avec S. Pierre, S. Paul, et les figures de la Paix et de la Justice, au maître-autel, noble et majestueuse composition; les deux superbes fresques de *S. Pierre* et de *S. Paul* et de *Simon le Magicien*, sont du Moretto; *Ste Thérèse à genoux devant le Rédempteur* lié à la colonne, est du Cappuccino; l'*Extase* de la même, vive, naturelle, d'Ange Trevisan. Le chœur est décoré de quatre grandioses peintures de l'histoire de Moïse, par Ricchino, compatriote et élève du Moretto. La *Victoire remportée, en 1629, par le frère Jésus-Marie, carme, sur le duc palatin du Rhin*, passe pour un des meilleurs tableaux du cav. Celesti, peintre facile, agréable, dont peu d'ouvrages ont conservé leur première beauté à cause de la composition de sa couleur et de la recherche des effets du clair-obscur. Un *Portement de croix*, tableau précieux, est de Paul Zoppo, habile imitateur des Bellini, qui a orné un grand nombre de livres de ses miniatures, et mourut de douleur, à Desenzano, d'avoir brisé une cuvette de cristal sur laquelle il avait peint le sac de Brescia par Gaston, beau et long travail qu'il allait offrir au doge Gritti.

L'église Sainte-Marie *di Calchera* offre un tableau noble, touchant, naturel, pittoresque du Romanino, l'*évêque Appollonius donnant la communion au peuple*. Le *Christ entre S. Jérôme et Ste Dorothée* paraît une fresque du Moretto. Une *Visitation* avec un beau paysage et de formes et de coloris *titianesques*, est de Calixte Piazza. Le *Christ à la table du Pharisien, et Madeleine à ses pieds*, est un autre chef-d'œuvre du Moretto.

A Sainte-Euphémie, le *S. Maur* est une des meilleures productions de Ghiti, bon peintre bressan du XVIIe siècle. La *Vierge* avec l'enfant Jésus et le petit S. Jean, adorée par S. Benoît, S. Patère, Ste Euphémie et Ste Justine, du Moretto, est noble, gracieuse. *S. Benoît visitant Ste Scolastique* passe pour un des bons ouvrages de Santo Cattaneo ; une tête de vieillard est remarquable.

Sainte-Afra offre d'admirables peintures. Malgré la résolution que j'avais prise à mon premier voyage de ne pas trop m'occuper de tableaux, il me fut impossible de ne pas succomber à la vue de la *Femme adultère*, du Titien. La peinture portée à cette perfection devient de l'éloquence ; c'est un art de la pensée qu'entendent et dont jouissent tous ceux auxquels son exercice n'est pas complétement étranger. Cette belle figure est comme l'expression la plus vraie et la plus touchante de la femme faible et du repentir. Le *Martyre de Ste Afra* est un des premiers chefs-d'œuvre et des mieux conservés de Paul Véronèse ; mais la sainte a de trop beaux habits pour être sur un échafaud, et son costume de théâtre ne va point là. On prétend qu'une des têtes coupées, placées dans un coin du tableau, est le portrait de Paul Véronèse : le peintre de Judith, de la galerie de Florence, Christophe Allori, se peignit de même sous les traits de la tête coupée d'Holopherne. On reconnaît jusque dans ces fantaisies d'artiste quelque chose du sombre génie des Italiens au xve et au xvie siècle. La *Vierge et son Fils*, de César Procaccini, est, le plus *corregiesque* de ses nombreux tableaux d'autel : S. Latinus, S. Charles et les Anges ont toutefois un air un peu plus riant et plus folâtre qu'il ne leur appartient. *S. Apollonius baptisant et S. Faustin et S. Giovite donnant l'eucharistie pendant la nuit aux premiers chrétiens*, de François Bassano, est d'une expression, d'un coloris, d'un effet magique. Les figures des deux derniers saints, le *Martyre de S. Félix*, sont du jeune Palma. Une *Transfiguration* est du Tintoret.

A Sainte-Barnaba, le *Christ à la crèche* est un ouvrage charmant et le seul à Brescia de Savoldo, habile peintre de cette ville, et l'un des meilleurs du xvie siècle, noble amateur qui faisait don aux églises de ses tableaux qu'il terminait à loisir et avec soin, sans jamais se fatiguer par de trop vastes compositions. Les deux petits tableaux de *S. Roch* et de *S. Sébastien*, de Civerchio, dont un tableau, placé au palais public, excita tellement l'admiration des Français vainqueurs, qu'ils l'envoyèrent à Louis XII ; une *Cène*, à la sacristie, de Foppa, sont très-bons.

Saint-Alexandre a quelques peintures remarquables : une *Annonciation* est un des beaux monuments de l'ancienne peinture. Le *Christ mort entre S. Alexandre et S. Paul*, avec une vue du Calvaire couvert d'excellentes petites figures, passe pour un des chefs-d'œuvre de Civerchio. La *Vierge adorée par S. Honorius*, et autres saints, est un des ouvrages les plus estimés de Jérôme Rossi, imitateur du Moretto.

Parmi les peintures de l'église Saint-Dominique, on distingue à la voûte le *Saint et S. François implorant le Christ*, du Fiamminghino ; la *Vierge, Madeleine et S. Pierre martyr au pied du Crucifix*, une des meilleures productions de Gandini, dans le goût de Paul Véronèse et du jeune Palma ; deux tableaux de ce dernier, *Pie V rendant grâces à Dieu et à la Vierge, de la victoire remportée sur les Turcs le jour de Ste Justine*, de l'année 1571 ; les *Ames du Purgatoire implorant leur délivrance*.

Saint-Nazaire et Saint-Celse mérite d'être visitée pour le singulier et beau tableau du Titien, divisé en cinq compartiments. *S. François, S. Nicolas, S. Michel*, tableau du Moretto, soutient dignement ce redoutable voisinage. On doit encore au même excellent artiste le *Christ entre Moïse et Élie*, et quelques petits tableaux de la sacristie qui possède aussi une superbe *Ste Barbe*, attribuée à Lactance Gambara, peintre renommé de Brescia, habile imitateur du Titien.

L'église Saint-François, qui a quelques bons tableaux, tels que le *S. Pierre*, de Gandini ; le *S. François et d'autres Saints*, du Romanino ; une *Mère priant S. Antoine*, de François Maffei, et surtout un *Sposalizio*, d'auteur incertain [1], offre un souvenir littéraire caractéristique et singulier. Ce fut là que, le 24 juin 1425, Barthélemy Baiguera fit lecture au peuple, après la prière, de

---

1. Le tableau est signé *Francisci de Prato Caravagensis opus* 1547 ; il sera probablement de François da Prato, artiste florentin du xvie siècle, cité par Lanzi et vanté par Vasari.

son *Itinerarium Italiæ*, comme Hérodote avait lu à la Grèce assemblée son histoire, autre itinéraire primitif, poétique et naïf. Avant l'invention de l'imprimerie, ces lectures publiques étaient fréquentes; aussi la littérature avait-elle peut-être alors plus de popularité que lorsqu'il a fallu savoir lire et même écrire pour s'en mêler : les vers du Dante étaient, tant bien que mal, chantés par des artisans qui, depuis, ne s'en soucient guère. De nos jours, un voyage d'Italie, lu aux fidèles à la suite du prône, paraîtrait un véritable scandale.

Sainte-Marie des Miracles, riche, élégante, a un superbe et *titianesque S. Nicolas*, du Moretto, et une belle *Présentation*, de l'année 1594, de Cossale.

Saint-Jean offre d'admirables peintures du Moretto et du Romanino, qui semblent véritablement y lutter de goût, de grâce, d'expression et de vérité; telles sont surtout les peintures de l'autel de la Confrérie du Saint-Sacrement. Leurs autres chefs-d'œuvre sont : du Moretto, le *Massacre des Innocents;* une excellente *Trinité*, avec la Vierge, S. Grégoire, S. Augustin, Ste Monique et de petits anges; un grand tableau de *S. Jean l'évangéliste*, avec S. Jean-Baptiste, S. Augustin et Ste Agnès adorant la Vierge au milieu des nuages; un *Vieillard tenant un instrument de musique;* le *Précurseur baptisant sur les bords du Jourdain; Zacharie bénissant S. Jean-Baptiste et Ste Élisabeth* qui pleure du départ de son fils pour la solitude; les *Hébreux recueillant la manne;* le *Prophète Élie réveillé par un Ange;* du Romanino : une *Cène;* la *Résurrection de Lazare;* l'*Adoration du S.-Sacrement*, à la voûte; un *Sposalizio* superbe. Un petit tableau des *Funérailles du Christ*, est l'unique ouvrage, à Brescia, de Jean Bellini, un des premiers et des plus grands maîtres de l'école vénitienne. Au baptistère, un autre petit tableau charmant, et d'un coloris parfait, représente un *Crucifix, S. Blaise et Ste Barbe;* il paraît de Ferramola, et peut avoir été terminé par le Moretto.

Sainte-Marie des Grâces, magnifique, mais d'assez mauvais goût, a quelques bons tableaux de peintres bressans, élèves et imitateurs du Titien; une *Ste Barbe*, de Rosa; *S. François Régis* de Brentana, artiste auquel l'étude du Tintoret n'a rien fait perdre de son originalité et de sa verve; *S. Martin*, de Maffei; *S. Jérôme et une vieille matrone adorant la Vierge*, un des meilleurs ouvrages de Ferramola, habile peintre, le Pindare des arts de Brescia, qui fut protégé, favorisé par Gaston au milieu du sac de sa ville natale; trois tableaux, diversement parfaits, du Moretto, *S. Antoine de Padoue*, une *Vierge avec S. Martin*, *S. Roch et S. Sébastien*, ouvrage de sa jeunesse, et une *Nativité*.

A côté du chœur de l'église *del Carmine*, l'on voit érigé aux frais de la ville, dans une petite chapelle, le tombeau de Marcello, poëte, musicien, et patricien de Venise, mort capitaine ou premier magistrat de Brescia. Les psaumes de Marcello, encore admirables après plus d'un siècle, et qui le firent surnommer de son temps le prince de la musique, prouvent avec les exemples des Haëndel, des Scarlatti, des Pergolèse, que la vraie et grande musique, que cette révélation puissante du sentiment et du beau par les sons, est un art comme la poésie, l'éloquence, la peinture, la statuaire, et non point, ainsi qu'on l'a prétendu, un talent fugitif, variable comme la mode. La même église *del Carmine*, qui a une *Annonciation*, de Ferramola, et une belle voûte de Sandrini, conserve une de ces vieilles images que la croyance populaire attribue à saint Luc, et qui m'ont toujours rappelé l'observation de Cicognara; c'est que, s'il était vrai que cet apôtre eût été peintre, comme il vivait sous Auguste, son œuvre devrait être d'un peu meilleur goût.

Saint-Georges a une gracieuse *Nativité*, du Brescianino, élève de Gambara, dont les tableaux sont très-peu nombreux, et qui semble mort jeune. A la sacristie, un *S. Georges à cheval, tuant le dragon*, premier tableau de l'ancienne église, est une vieille et brillante peinture fort remarquable pour le temps; elle paraît du Montorfano, peintre milanais du xve siècle.

Saint-Joseph a d'excellents tableaux : une *Mère de douleur*, *S. Paul, S. Jérôme, S. Jean, Ste Catherine, et Madeleine*, du Romanino; le *Martyre de S. Crispin et de S. Crispinien*, le chef-d'œuvre d'Avogadro, peintre bressan du dernier siècle; la *Pentecôte*, du Moretto; *S. Joseph, S. Roch et S. Sébastien*, ouvrage grandiose de Mombelli, avant que son talent ne se fût énervé par la recherche. Je remarquai dans cette église le tombeau d'un Lautrec, tué sur le champ de bataille, à la rencontre de Roncadelle, en 1705, et le dernier de cette race chevaleresque, dont l'Italie semble être le glorieux tombeau.

Plusieurs tableaux des églises de Brescia offrent déjà ces singuliers anachronismes de l'école vénitienne. A Saint-Clément, qui compte cinq tableaux du Moretto, ses nobles et gracieuses figures des *Stes Lucie, Agnès, Agathe, Cécile* et *Barbe; Melchisédech* et *Abraham; S. Paul, S. Jérôme* et *Ste Catherine; Ste Ursule* et ses compagnes ; son tableau du maître-autel, superbe, un des beaux tableaux de Brescia, montre le pape saint Clément coiffé de la tiare qui ne fut d'usage que cent ans après. A Saint-Faustin et Giovite, église ornée d'une gracieuse *Nativité*, de Gambara, du *S. Apollonius*, d'une *Résurrection*, de son maître le Romanino, Tiepolo a représenté le gouverneur romain qui ordonne le martyre des saints, habillé à la turque, et, sous Trajan, fumant sa pipe. Le sujet d'un autre tableau de Cossale, est l'apparition des saints protecteurs de Brescia, lors de l'assaut donné à la ville par Piccinino. La tradition rapporte qu'ils parurent sur les murailles, et renvoyèrent aux ennemis leurs boulets. Sans parler avec irrévérence de Faustin et de Giovite, l'on peut croire que les exploits de Brigitte Avogadro et de ses dignes compagnes ne furent pas un moindre prodige, et ne contribuèrent pas moins au salut de la place.

Un monument national et guerrier de Brescia est le mausolée Martinengo, sépulture de Marc-Antoine Martinengo della Palata, valeureux capitaine d'armes qui battit les Espagnols près de Crémone, en 1526, et, quoique atteint de deux coups d'arquebuse, fit de sa main prisonnier le terrible Louis Gonzaga, surnommé le *Rodomont*, de ce que, provoqué à la lutte à Madrid par un Maure d'une gigantesque stature, il l'avait étouffé en l'embrassant. Transporté dans sa patrie, Martinengo mourut de ses blessures trois jours après sa victoire. De magnifiques honneurs funèbres et ce mausolée lui furent décernés. Mais, chose étrange, excepté ses armes, qui sont un aigle, rien ne rappelle sa mémoire sur ce monument; les médaillons de marbre, les bas-reliefs de bronze qui le décorent représentent la *Passion de Jésus-Christ*, et d'autres sujets sacrés, et ils n'ont aucun rapport avec le brillant et robuste exploit du héros.

CHAPITRE VII.

Pio luogo della congrega. — Des établissements de charité et des instituts philanthropiques. — Galeries. — Groupe d'ivoire. — Campo-Santo. — Inscriptions et fontaines de Brescia.

Le *Pio luogo della congrega apostolica* est un établissement de charité fort bien conçu et qui dure depuis près de trois siècles. Son but est de secourir les personnes d'une naissance honnête tombées dans le besoin : chaque semaine les secours sont répartis par les administrateurs, qui visitent eux-mêmes les familles malheureuses. L'esprit d'association est ancien en Italie ; il s'est développé sous l'influence de la religion, et les évêques de Brescia ont été les premiers et les principaux bienfaiteurs du *Pio luogo della congrega*. Cet esprit d'association puisé dans le christianisme s'exerce avec zèle, scrupule, tendresse et modestie. Les instituts philanthropiques des états libres et commerçants, qui conviennent à cette sorte de civilisation, ont un caractère tout différent : leur forme a quelque chose de ce régime exact, sévère, calculateur et cependant brillant et fastueux, d'une maison de banque. Si l'on admire l'ordre de leur comptabilité, l'étendue de leur correspondance, il n'est pas moins étrange de voir quelques unes des sociétés de bien public de la ville de Londres, et même la société biblique, donner chaque année des fêtes, des dîners, des concerts et jusqu'à des bals. Le *Pio luogo della congrega* mériterait ailleurs d'être imité ; une telle œuvre serait très-bonne après les variations de tant et de si diverses fortunes ; jamais peut-être cette pudeur du malheur imprévu, secret, ne fut plus commune, et l'indigence qui se cache n'est pas la moins digne de commisération.

Les galeries de Brescia sont assez nombreuses. La première

est celle du comte Lecchi : *la Vierge, l'enfant Jésus et quelques saints*, de Calixte Piazza, passe pour un des meilleurs tableaux de Brescia; une *Assomption*, de Gambara, est aussi très-belle et la collection de portraits curieuse. La galerie Martinengo-Colleoni possède un portrait de la reine de Chypre, Cornaro, par le Titien, admirable de vérité, mais dont la physionomie expressive est toutefois singulièrement vulgaire. La galerie du comte Paul Tosi annonce le goût et la magnificence du maître : un petit tableau du *Christ bénissant* est attribué à Raphaël; de nombreux tableaux des meilleurs artistes vivants ou contemporains, de Landi, Migliara, Palagi, Diotti, Hayez, de notre Granet, un buste d'Éléonore d'Este, par Canova, un Ganymède de Thorwaldsen, font de cette galerie comme une espèce de musée du Luxembourg de Brescia.

La maison de Lactance Gambara, qui est comme le peintre national de cette ville, était derrière l'évêché; l'artiste l'avait ornée de peintures intérieures et extérieures; celles-ci ayant été gâtées par ses ennemis, il les remplaça par de nouvelles qui représentaient le Temps foulant à ses pieds l'Erreur; la Vérité descendait du ciel avec Apollon accompagné des Muses et de Minerve : au milieu, Atlas portait sur ses épaules le Globe, avec la devise *indefessus labore*. Ce colossal Atlas s'aperçoit à peine aujourd'hui; les autres figures ont souffert beaucoup des injures de l'air; mais les petites figures à compartiments sous la porte d'entrée sont d'une conservation parfaite. A la maison Scaglia, une des pièces est décorée par les *Noces de Pirithoüs et d'Hippodamie*. A côté de la demeure des comtes Valotti, un plafond et les murs d'une chambre offrent la *Charité*, la *Foi*, l'*Espérance*, la *Chasteté* et la *Tempérance*, très-bien exécutées. La maison du chevalier Sabatti a une vaste salle peinte entièrement à fresque par lui, en 1568, et représentant le *Déluge*. Les merveilleuses fresques du couvent de Sainte-Euphémie, offrant divers traits de l'Ancien et du Nouveau Testament, sont à peu près détruites par le temps et la destination nouvelle de l'édifice devenu caserne. Enfin cet infatigable artiste avait peint une rue entière; il y avait représenté, en quarante-huit compartiments, des sujets de l'Écriture, de la fable et de l'histoire, ouvrages pleins de facilité, de variété, d'imagination, et négligemment entretenus.

On trouve chez M. J.-B. Rondi une curiosité singulière, le *Sacrifice d'Abraham*, groupe d'ivoire, le plus gros qui existe en aucun pays, selon Cicognara. La composition est médiocre, l'expression très-faible, l'air des têtes sans beaucoup de noblesse, les cheveux, la barbe, les plis des draperies de mauvais style ; mais il y a quelque habileté dans les chairs. L'auteur est un Belge, célèbre sculpteur en ivoire, nommé Gérard Van-Obstal, pour lequel plaida avec succès le cinquième fils du président Lamoignon, alors simple avocat, et depuis pendant trente années « roi et tyran de Languedoc sous le nom d'intendant, » comme dit Saint-Simon [1]. Van-Obstal fut un des fondateurs de l'académie de peinture de Paris, institution peu illustrée, qui ne paraît point, en France, avoir été très-favorable à l'art, puisque c'est précisément du moment de sa destruction que notre école, plus libre, a semblé grandir et s'élever.

Le Campo-Santo de Brescia, commencé en 1815, est dans son genre un grand et beau monument qui fait honneur à l'architecte, M. Vantini. Les tombeaux s'élèvent contre le mur dans la forme des *columbarium* antiques. Le tombeau de Marc-Antoine Deani, franciscain connu sous le nom de P. Pacifico, un des plus célèbres prédicateurs contemporains de l'Italie, moine pieux et charitable, qui refusa de Pie VII un évêché, et ne lui demanda que de rétablir son ordre à Brescia, afin d'y finir ses jours, offre une inscription de M. le docteur Labus, son com-

---

1. Il s'agissait de savoir si Van-Obstal devait être admis à demander, après l'an et jour d'une succession ouverte, le prix d'un monument qu'il avait exécuté, ainsi qu'un ouvrier qui réclame le salaire de ses journées ou de ses fournitures. Le jeune orateur démontra que son client professait un art libéral qui devait l'élever au-dessus de la classe des simples artisans. L'académie de peinture et de sculpture témoigna sa reconnaissance à M. de Bâville en faisant imprimer son plaidoyer, et en lui offrant, par l'entremise de Lebrun, de faire faire son buste par Girardon et son portrait par Champagne. L'orateur refusa ces honneurs en priant l'académie de les offrir au premier président, son père, qui ne les accepta qu'après une longue résistance.

patriote et son ami. Par une fantaisie d'artiste italien, d'assez mauvais goût, les figures en buste, peintes à la voûte de la chapelle, sont des portraits de personnes de la société de Brescia : tous ces saints et toutes ces saintes coiffés à la mode forment une espèce de cercle, et semblent pouvoir être bien moins placés au ciel que dans un salon. Un terrain à part est destiné aux suicidés : c'était l'opinion de Platon dans ses lois. Les protestants ont aussi une sépulture séparée, mais on eut le tort grave d'enterrer parmi eux, pendant quelque temps, les suppliciés, scandaleux mélange de *ceux qui font et de ceux qui pensent mal*, qu'a fort bien relevé M. Joseph Nicolini, bon poëte de Brescia, traducteur et biographe de Byron, dans sa *Méditation sur la fête des morts* [1].

Par une rencontre singulière, Brescia est, après Rome, la ville d'Italie qui a le plus d'inscriptions et de fontaines. Elle en compte jusqu'à soixante-douze publiques et plus de quatre cents particulières. Ces fontaines répandent une eau de montagne fraîche, légère, comparable presque à l'eau célèbre de Rome. La découverte du superbe temple de Brescia vient encore d'ajouter à cette sorte de rapprochement, s'il en était de permis avec la ville éternelle.

Étrange conquête de l'industrie! la soie qui vient en abondance aux environs de Brescia est achetée par les Anglais, et ces Bretons *séparés du monde* enlèvent maintenant le plus riche produit des champs voisins de la patrie de Virgile [2].

---

1.   *E mal pensati e mal fattor confusi.*

Il due novembre, *Meditazione*, Brescia, 1824.

Un autre poëte distingué, de Brescia, César Aricci, a composé aussi une pièce de vers sur le *Campo-Santo*, une de ses meilleures productions.

2. *V.* aussi plus haut, ch. 1er. L'exportation des soies en Angleterre s'était élevée de 1815 à 1834 à 28,930,000 livres; elle n'avait été de 1800 à 1814 que de 11,794,000 livres. Le mont *delle Sete*, société commerciale et banque d'escompte fort bien entendue, instituée en 1836 à Milan, doit étendre et régulariser à l'avantage des propriétaires cette exportation.

CHAPITRE VIII.

Lac Garda. — Sermione. — Bateau à vapeur. — Ile Lecchi. — Malsesine.

Une de ces tempêtes fréquentes sur le lac Garda,

Fluctibus et fremitu assurgens, Benace, marino,

ne me permit point une première fois d'aller visiter la côte de Sermione et les grottes de Catulle. En les regardant de loin du rivage et dans cette sorte de rêverie produite par des regrets, j'étais frappé de voir nés dans le nord les premiers poëtes de l'Italie ancienne, de l'Italie moderne et de la France, Catulle, Virgile, Pétrarque, Dante, Boccace, Arioste [1], et les sept ou huit grands poëtes dont notre littérature s'honore, comme si le génie poétique avait encore plus besoin de méditation et de raison, que de l'éclat et des sensations du soleil et de la lumière.

Le coucher du soleil, après l'orage, offrait sur les bords du lac Garda un superbe et singulier effet de lumière. Le lendemain, l'aurore, à son lever, prodiguait d'autres merveilles; les sombres pyramides des Alpes se détachaient sur un ciel encore faiblement coloré, mais d'une pureté admirable, et quelques nuages dorés par les premiers rayons du soleil semblaient comme les franges de cette magnifique tenture. Le *monte Baldo*, pittoresque et fertile montagne, surnommé le *Jardin des Alpes*, qui s'élève et s'unit par une pente douce et majestueuse aux Alpes tyroliennes, dominait cette vaste scène. Il était impossible de n'être pas ravi d'un tel spectacle : ce sont là les moments de volupté de la vie de voyage, toujours un peu triste et pénible lorsqu'on est seul.

[1]. Horace et Ovide sont à excepter parmi les poëtes latins. Le père du Tasse était de Bergame; son fils semble né par hasard à Sorrente, ainsi qu'on l'a vu. Les premiers poëtes contemporains de l'Italie, Alfieri, Monti, Cesarotti, Hippolyte Pindemonte, Manzoni, Silvio Pellico, Grossi, appartiennent aussi à l'Italie du nord.

J'ai depuis visité la presqu'île ou plutôt le roc de Sermione et les vastes débris qui le couvrent. L'olivier se marie très-bien à ces ruines, et leur situation charmante rappelle encore cette *venusta Sirmio*, que son poëte était si heureux de revoir en revenant de Bithynie et de Thynia [1]. Mais lorsqu'on lit attentivement Catulle, il est difficile de trouver dans les ruines qui portent son nom les restes de sa propre demeure : ce palais aura peut-être été celui de Manlius; la maison du faiseur de son épithalame aurait été voisine, cette maison qu'il avait reçue de lui avec un champ, et même une maîtresse [2], et que les hypothèques dont elle était grevée rendaient plus incommode que tous les vents [3]. Catulle, malgré ses talents, fut déjà une espèce de poëte à la suite des grands, quoique alors les mœurs de Rome ne fussent point encore aussi affaiblies, et que Mécène n'eût point en quelque sorte consacré la flatterie littéraire. Il parle souvent, trop souvent de sa pauvreté, s'emporte contre la race des protecteurs qu'il maudit [4] : tout cela, certes, ne va guère au puissant Romain, possesseur des grandes et belles constructions de Sermione avec leur bain, édifice séparé, leurs hauts pilastres et l'immensité de leurs voûtes souterraines. On a cité le rang qu'occupait le père de Catulle et la famille distinguée à laquelle il appartenait; mais il ne serait point l'unique exemple d'homme bien né devenu poëte servile et crapuleux. Les mœurs convenues des Romains ne peuvent en effet justifier le mauvais ton de Catulle, la licence et les infamies de ses vers. Il a composé des épigrammes et des épithalames, genres opposés, mais qu'il n'est pas surprenant de rencontrer chez le même auteur, car la méchanceté s'allie fort bien à la bassesse. Telle est cependant la puissance de la gloire : on ne sait quel fut le patricien opulent maître de ce superbe palais, et l'on a cru illustrer ses débris en les décorant du nom d'un poëte.

Quelques souvenirs des temps modernes se retrouvent à Ser-

1. Catul. *Carm.*, xxxi, 5, 12.
2. *Id.*, lxviii, 41, 67, 8.
3. *Id.*, xxvi, 5.
4. *Id.*, xxviii.

mione. Par une bizarre destinée, cette presqu'île, séjour du chantre de Lesbie et de son moineau, fut donnée par Charlemagne aux moines de Saint-Martin de Tours pour les frais de leur garde-robe; car il paraît que ces moines tenaient à être mieux vêtus que leur saint. Le fort de Sermione, avec ses créneaux et ses vieilles tours, ouvrage des Scaligers, souverains de Vérone, offre, du lac, un bel aspect. Lorsque les Autrichiens évacuèrent en 1797 les retranchements de Sermione, le général français qui s'en était emparé y donna une fête en l'honneur de Catulle; mais au milieu des toasts poétiques et des chansons à boire, les habitants vinrent se plaindre des *dégâts*[1] qu'ils essuyaient de la part d'un détachement de nos troupes. Ces braves militaires avaient probablement un peu trop imité, sans le savoir, la morale relâchée du poëte que l'on célébrait. Après deux mille ans, la mémoire de Catulle, dit pompeusement la relation de cette époque, se trouva encore être utile à son pays. Le détachement perturbateur fut aussitôt envoyé chez les habitants d'autres villages, bonnes gens qui ne comptaient point de poëtes parmi leurs ancêtres, et chez lesquels, il paraît, on n'avait jamais fait que de la prose.

Un bateau à vapeur parcourt maintenant le lac Garda dans toute son étendue; il n'est pas assurément moins rapide que le navire émérite consacré par Catulle à Castor et Pollux; mais, avant d'être bateau, il n'avait point, comme celui-ci, rendu d'oracles :

Phaselus ille. . . . .
. . . . navium celerrimus.
. . . . .
. . . . Cytorio in jugo
Loquente sæpè sibilum edidit coma[2].

Telle est encore, après deux mille ans, la vérité du vers de Virgile, qu'il a fallu une double machine à ce bateau, afin de dompter le *fluctibus et fremitu marino* du poëte latin. Le bateau

1. *Journal historique des opérations militaires du siége de Peschiera, et de l'attaque des retranchements de Sermione,* par F. Henin, an IX, p. 110.
2. Catul. *Carm.,* IV.

du lac Garda n'a pas un de ces noms érudits et nationaux des bateaux à vapeur des autres lacs, tels que le *Verbano* du lac Majeur, le *Lario*, le *Plinio* du lac de Côme; il s'appelle du nom respecté, mais moins poétique, de l'archiduc Regnier, qui a véritablement usurpé cet honneur sur le *Benaco*. On n'y rencontre point l'élégante compagnie de ces mêmes lacs, mais des marchands, des paysans, des scieurs de bois, et force ballots. Je me trouvai sur ce bateau le jour qu'il longeait la côte du Bressan, fort supérieure à celle du Véronais. Il part de Desenzano et descend à Riva et Torbole, petites villes à l'extrémité du lac. On ne visite guère, ainsi que je l'avais fait précédemment, que les bords fertiles de la *rivière* de Salò, couverts d'oliviers, de vignes et de citronniers dont l'aspect, du lac, est vraiment enchanté. Vers le milieu le lac se resserre, il devient sauvage, il offre des grottes, des rochers escarpés, une belle cascade (celle de *Ponale*), de hautes montagnes: c'est un lac d'Écosse sous le ciel de l'Italie.

Une lettre de Bonfadio, adressée à Plinio Tomacello, contient une description du lac Garda, dont Ginguené vante le charme et la fidélité, quoiqu'il ne paraisse point avoir visité le pays [1]. La description de Bonfadio est plutôt fade et exagérée; le fouet (*frustra*) du burlesque Baretti l'a frappé avec justice, et les rêves du platonisme, à la mode dans le XVIe siècle, y sont assez ridiculement mêlés à cette description d'un lac du nord de l'Italie.

Un homme d'esprit et dont le nom est devenu à tort comme le synonyme de l'athéisme, Cardan, raconte, dans l'histoire de sa vie [2], qu'il faillit faire naufrage à l'entrée du lac Garda. La situation de l'athée, s'il en existe dans la tempête, doit être horrible, mais je ne le pense point, et le danger doit forcer à croire. L'histoire de Cardan, espèce de *Confessions*, qui souvent ne lui font pas trop d'honneur, dément sa réputation d'athéisme,

---

1. *Hist. litt. d'Ital.*, t. VIII, p. 323, 514. Ginguené place Gazano, patrie de Bonfadio, *près du lac de Salò*. Il n'y a pas de lac de Salò; Salò est une petite ville; la *Riviera di Salò*, où se trouve Gazano, est la partie du rivage du lac Garda qui en est voisine : c'est ainsi qu'on dit la *Rivière de Gênes*.

2. *V.* ch. XXX.

puisqu'il s'y trouve un chapitre de sa piété, et que ce chapitre même contient une petite oraison [1].

L'île *Lecchi*, qui n'a qu'un mille italien de tour, est un des ornements de la partie riante du lac Garda, lieu solitaire dont le Dante disait :

> *Luogo è nel mezzo là dove' l Trentino*
> *Pastore e quel di Brescia e' l Veronese*
> *Segnar poria, se fesse quel cammino* [2].

Un religieux de la famille du comte L. Lecchi, qui habite aujourd'hui cette île, y avait fondé, vers le commencement du XVIe siècle, une école de théologie très-renommée. Telle était alors l'ardeur théologique, qu'il fut obligé d'élever des gradins afin de recevoir ses nombreux disciples, et qu'il professait au milieu de cet amphithéâtre. Quelques auteurs prétendent que le pape Adrien VI, qui serait le même que Louis Rampini, un des élèves du P. François Lecchi, était né à Renzano, près Salò ; conjecture particulière aux savants italiens, et qui paraît peu fondée : ce pédagogue de Charles-Quint, ce pape sans goût pour les arts, cet indigne successeur de Léon X, qui, à son arrivée à Rome, s'emporta et détourna les yeux à l'aspect du Laocoon, comme d'une divinité profane, ce pontife triste et sévère, semble bien plutôt avoir dû naître à Utrecht, au milieu des brouillards de la Hollande, que sous le ciel de l'Italie.

Dans la partie sauvage et presque à l'extrémité du lac, est Malsesine, gros bourg de la côte véronaise. Le château gothique, crénelé, à plusieurs étages, avec une vieille tour, s'élève pittoresquement sur des rochers au bord de l'eau. C'est là qu'un agent de Venise vint déchirer et jeter par terre le dessin que Goëthe faisait de cette ruine, et que, sans la garantie d'un jardinier de Malsesine, qui avait servi à Francfort, patrie du poëte,

---

1. Le vingt-deuxième. La forme de ces Mémoires de Cardan est assez bizarre : au lieu de suivre naturellement l'ordre chronologique, ils sont divisés par chapitres collectifs, et qui traitent de ses amis, de ses ennemis, de ses plaisirs, de ses peines, de ses voyages, de ses procès, de son régime, de sa manière de se vêtir, etc.
2. *Inf.* xx, 69.

il eût, avec bien de la peine, échappé aux poursuites du podestat et de son avide secrétaire. Ce bourg de Malsesine, patrie et séjour de deux bons poëtes, Jean-Baptiste Spolverini et Buttura, leur a inspiré quelques vers. Spolverini, dans son poëme de la *Riseide*, qu'il a composé à Malsesine, invite son Amaryllis à s'y rendre :

> *Amarilli gentil, vieni qui, dove*
> *Tra' l marmifero Torri, e la pescosa*
> *Torbole, 've degli altri altero monte,*
> *La soggetta Malsesine, l'amata*
> *Primogenita sua Baldo vagheggia,*
> *Fiso in lei la selvosa antica faccia*
> *Immobilmente e le canute ciglia.*

Et Buttura, longtemps fixé parmi nous, voulait mourir dans son bourg natal :

> *Salve! mi scote il seno*
> *Di Malsesine mia l'aspetto, e l'opre*
> *Liete ricordo di mia nuova etate.*
> . . . .
> *Mi terrei fortunato*
> *Lasciando util memoria al borgo umile*
> *Ove apersi, e desio chiudere i giorni.*

En face Malsesine, sur la côte du Bressan, est Limone, petit village où le Tyrolien André Hofer, captif, fut embarqué. Lorsque l'Europe avait cédé, ce montagnard défendit seul son pays contre les armes de Napoléon. Abandonné des princes qu'il avait servis, il fut livré à son implacable ennemi, qui accorda fastueusement quelques grâces aristocratiques, et ne pouvait pardonner à l'héroïsme rustique d'Hofer. Un habitant de Limone me donna quelques détails sur sa translation, dont il avait été témoin. Calme, résigné, Hofer avait pour compagnon un jeune homme, fils d'un médecin de Gratz, qui n'avait point voulu se séparer de lui, tant il avait d'admiration pour son courage et ses vertus. Ce Vendéen des Alpes était garrotté comme un brigand ; il traversa, dans une petite barque, le lac qui, ce jour-là plus agité que de coutume, semblait s'indigner de participer à un tel meurtre : débarqué à la forteresse de Peschiera, il fut conduit à Mantoue et fusillé. Hofer est une de ces rares et éclatantes victimes qui apparaissent de loin en loin comme certains hommes fameux que favorise la fortune; celles-là obtiennent par les sacrifices; l'emprisonnement, les calomnies et la mort, une gloire non moins grande, mais plus pure que les autres par le succès, la force et la puissance.

CHAPITRE IX.

Tyrol italien. — Madone de l'*Inviolata*. — Lac de Loppio. — Roveredo. — Des vers du Dante : *Qual' è quella ruina*. — Vallée de l'Adige.

Près de Riva, petite ville fortifiée à la pointe du lac, est une église de l'*Inviolata*, dont les tableaux et la coupole resplendissante de marbre et de dorures, semblent comme un dernier reflet de l'Italie chez un peuple pauvre et montagnard. L'image miraculeuse de la Vierge me fut montrée par un des franciscains du couvent, bonhomme qui était à peu près ivre, et offrait déjà les premières traces des mœurs allemandes à côté de la magnificence italienne. Ce franciscain n'en alluma pas moins fort dévotement deux petits cierges de chaque côté du tabernacle, avant de découvrir l'image de la madone et de débiter sa prière.

La route de Riva à Roveredo, à travers les montagnes, est extrêmement pittoresque. Le lac limpide de Loppio, environné de rochers, avec des îles, a mille détails que l'on ne saurait trop recommander aux artistes.

Roveredo est une jolie ville, déjà allemande, toute manufacturière et commerçante, et qui n'a ni les voyageurs oisifs et curieux, ni les monuments, ni la physionomie des villes italiennes.

Entre Roveredo et Ala, autre petite ville du Tyrol, est *lo Slavino di Marco*, montagne éboulée, espèce d'avalanche de pierres, que le Dante a voulu, dit-on maintenant, bien mieux que la *Chiusa*, désigner par :

> *Qual' è quella ruina che nel fianco,*
> *Di quà da Trento, l'Adice percosse,*
> *O per tremuoto o per sostegno manco,*
> *Che da cima del monte, onde si mosse,*
> *Al piano, è sì la roccia discoscesa,*
> *Ch' alcuna via darebbe a chi su fosse?*

On ne peut guère aujourd'hui juger de ce qu'était *lo Slavino*, mais après avoir visité la *Chiusa*, qui se trouve plus bas sur la même route, j'inclinerais à revenir à l'avis des premiers commentateurs et de Maffei, et à reconnaître de nouveau la *Chiusa* pour la fameuse ruine : elle donne bien l'idée d'un vestibule de l'enfer, de l'entrée du cercle où les violents étaient punis, par l'immense suite de rochers qu'elle présente, et que la route des Français a mutilés sans leur ôter leur formidable aspect.

De Roveredo à Vérone on descend la vallée de l'Adige, jardin traversé par un torrent et clos par des montagnes.

CHAPITRE X.

Peschiera. — Vérone. — Scaligers. — Can-Grande. — Roméo et Juliette.

Avant d'arriver à Vérone par la route directe, on traverse la forteresse de Peschiera, élevée à l'endroit où le Mincio sort du lac :

> *Siede Peschiera, bello e forte arnese*
> *Da fronteggiar Bresciani e Bergamaschi,*
> *Onde la riva intorno più discese.*

Vérone, avec ses vieilles murailles flanquées de tours, ses ponts dont les parapets sont des créneaux, ses longues et larges rues et ses souvenirs du moyen âge, a une sorte de grand air qui impose. Une pareille ville devait être la capitale et le digne séjour de ce Can-Grande della Scala[1], Auguste du moyen âge, qui recevait dans sa cour littéraire le Dante et d'autres poëtes

---

1. L'étymologie du nom de cette illustre famille est fort incertaine. L'historien

et écrivains proscrits. Boccace a cité Can-Grande comme un des plus magnifiques seigneurs qu'ait vus l'Italie [1]. Un des réfugiés qu'il accueillit a donné le détail de sa noble et ingénieuse hospitalité. « Divers appartements, selon leur diverse condition,
« leur étaient assignés dans le palais; à chacun il avait donné
« des domestiques, et une table servie avec abondance. Leurs
« divers appartements étaient indiqués par des symboles et des
« devises : la Victoire pour les guerriers, l'Espérance pour les
« exilés, les Muses pour les poëtes, Mercure pour les artistes, le
« Paradis pour les prédicateurs. Pendant le repas, des musi-
« ciens, des bouffons et des joueurs de gobelet parcouraient ces
« appartements; les salles étaient ornées de tableaux (peints par
« le Giotto) qui rappelaient les vicissitudes de la fortune » (probablement d'après les inspirations du Dante, son ami); « et le
« seigneur de la Scala appelait quelquefois à sa propre table
« quelques uns de ses hôtes, surtout Guido de Castello de Reggio,
« que, pour sa sincérité, on nommait le simple Lombard, et
« Dante Alighieri, homme alors très-illustre, et qui le charmait
« par son génie [2] ». Cette hospitalité accordée au Dante a été immortalisée par les vers célèbres du poëte, les plus beaux, les plus attendrissants que l'exil ait inspirés :

> *Qual si parti Ipolito d'Atene*
> *Per la spietata e perfida noverca,*
> *Tal di Fiorenza partir ti conviene.*
>
> *Questo si vuole, e questo già si cerca;*
> *E tosto verrà fatto a chi ciò pensa*
> *Là dove Cristo tutto dì si merca.*
> . . . .
> . . . .
> *Tu lascerai ogni cosa diletta*
> *Più caramente; e questo è quello strale*
> *Che l'arco dell' esilio pria saetta.*

Villani, en vrai marchand florentin, croit tout bonnement qu'il vient de ce que les ancêtres des Scaligers étaient fabricants d'échelles.

1. *Giorn.* Iª nov. VII.
2. Sagacius Mucius Gazata, historien de Reggio, cité en partie par M. de Sismondi, *Hist. des Rép. ital.*, ch. XXVIII.

Tu proverai sì come sa di sale
Il pane altrui, e com' è duro calle
Lo scendere e' l salir per l'altrui scale.

E quel che più ti graverà le spalle
Sarà la compagnia malvagia e scempia
Con la qual tu cadrai in questa valle.
. . . .
. . . .
. . . .
Lo primo tuo rifugio e'l primo ostello
Sarà la cortesia del gran Lombardo,
Che'n su la scala porta il santo uccello [1].

Les tombeaux des magnifiques seigneurs de Vérone, espèces de longues pyramides gothiques surmontées de la statue équestre de chaque prince, sont un des monuments les plus curieux de la ville ; mais ces vieux tombeaux, en plein air, sont dans une place trop bruyante et trop étroite. Le plus splendide de ces tombeaux, et l'un des plus beaux du XIV° siècle, n'est pas celui de Can-Grande, mais de Can-Signorio, son troisième successeur, héritier du frère de Can-Grande second, qu'il avait assassiné publiquement sur son cheval, au milieu de la rue, près de son palais [2],

---

[1]. *Parad.* can. XVII, 46, suiv. La fierté du Dante ne put toutefois s'accommoder à la fin de la vie du palais de Can-Grande et de l'insolence de ses courtisans. Ceux-ci pourraient bien avoir détruit l'effet des bienveillantes intentions de leur maître. Poggio rapporte, dans ses Facéties, la réponse faite à ces courtisans par le poëte, un jour que dînant à la table de Can-Grande, ils n'avaient mis devant lui que les os : *Versi omnes in solum Dantem, mirabantur cùm ante ipsum solummodò ossa conspicerentur; tum ille : Minimum, inquit, mirum si canes ossa sua comederunt; ego autem non sum canis.* Faceliæ, p. 67. Tiraboschi a rapporté l'anecdote de ce bouffon dont le Dante paraissait ne point goûter les grimaces et les plaisanteries, malgré le succès qu'il obtenait à la cour. Interrogé par Cane, et peut-être plutôt par son frère et son prédécesseur Alboin, pourquoi seul il méprisait l'homme qui charmait tout le monde : « C'est que la ressemblance des mœurs, dit-il, fait les amis. » Quoique cette remarque ait échappé aux nombreux et volumineux commentateurs de la *Divina Commedia*, je ne sais si le trait *lo scendere e 'l salir per l'altrui scale* n'est point un jeu de mots et ne fait pas allusion aux désagréments que le Dante éprouva chez les seigneurs de la Scala.

[2]. L'arcade sous laquelle Can-Signorio commit ce meurtre, prit le nom de *Volto barbaro* qu'elle a conservé ; elle tient à la place *de' Signori*, où les Scaligers demeuraient.

et qui, dans ses derniers moments, fit étrangler son plus jeune frère, Alboin, dans sa prison; il voulait assurer la succession à ses bâtards, Antoine et Barthélemy, dont le premier, à peine sur le trône, fit poignarder l'autre. Jamais tant d'exemples de fratricides ne furent aussi rapprochés que dans cette chapelle, et la fable a conté moins d'horreurs des frères ennemis de Thèbes, que l'histoire n'en rapporte de ceux de Vérone. Pétrarque faisait sans doute allusion à toutes ces catastrophes lorsqu'il écrivait trop agréablement que Vérone, semblable à Actéon, était déchirée par ses propres chiens [1].

Afin d'échapper à ces terribles souvenirs, je m'informai des amours de Roméo et de Juliette :

Flos Veronensium depereunt juvenum [2],

vers de Catulle, appliqué à des amours bien moins honnêtes, et que l'on dirait imité par Shakspeare :

Verona's summer hath not such a flower;

trait que M. Émile Deschamps a rendu naturellement par

C'est la plus belle fleur du printemps de Vérone.

Je vis dans un jardin qui fut, dit-on, autrefois un cimetière, le prétendu sarcophage de l'épouse de Roméo. Cette tombe de Juliette fut à la fois l'objet d'honneurs excessifs et d'étranges indignités. Madame de Staël et un antiquaire fort instruit que j'ai connu à Vérone, la regardent comme véritable. Une grande princesse [3] a fait monter un collier et des bracelets de la pierre rougeâtre dont elle est formée; d'illustres étrangères, de jolies femmes de Vérone, portent un petit cercueil de cette même pierre, et les paysans dans le jardin desquels se trouvait en 1826 le poétique sarcophage y lavaient leurs laitues. Ce sarcophage est aujourd'hui conservé religieusement à la maison des orphelins.

La *Capelletta*, d'après une tradition populaire, mais erronée, prendrait encore son nom de la famille des Capulet, et quelques

1. *Epist. senil.*
2. *Carm.*, C. 2.
3. S. M. l'archiduchesse Marie-Louise de Parme.

voyageurs enthousiastes en ont dernièrement dessiné l'intérieur et l'extérieur. Le souvenir des amours de Roméo et de Juliette a été renouvelé en Italie par les Anglais qui voyagent; la pièce de Shakspeare l'a rendu populaire. Le Dante et Shakspeare semblent ainsi, l'un par son ouvrage, l'autre par ses malheurs, se rencontrer à Vérone, et l'imagination se plaît à rapprocher deux génies si grands, si terribles, si créateurs, les plus étonnants peut-être de toutes les littératures modernes [1].

CHAPITRE XI.

Amphithéâtre. — Habitation du peuple dans les monuments. — Arc de Gavius.

L'amphithéâtre de Vérone, aujourd'hui le plus beau, le mieux restauré des amphithéâtres, subit plusieurs destinées bien diverses : renversé par des tremblements de terre, détruit par les barbares, dépôt des immondices de la ville, et même quartier assigné aux filles publiques, ce n'est que dans le xvie siècle que les règlements pourvurent à sa réparation et à son entretien. Dans le siècle suivant, il fut déblayé des constructions qui l'encombraient et dont les matériaux remplirent les fossés de la

---

1. Il est extraordinaire que le Dante, auquel le pathétique du sujet de Roméo et Juliette convenait si bien, n'ait rien dit de leur histoire, lui qui parle si vivement des Montaigu et des Capulet :

Vieni a veder Montecchi e Cappelletti. (*Purg.*, vi, 106.)

Une *poëtesse*, mais plus probablement un poëte du temps, caché sous le nom de Clithie, l'avait célébrée. Ce petit poëme en quatre chants, imprimé en 1553 et devenu rare, a été reproduit par M. Alexandre Torri dans ses notes à la Nouvelle de Luigi da Porto (Pise, 1831). Les *novelliers* et historiens italiens qui ont raconté l'aventure de Roméo et Juliette, arrivée en 1303 ou 1304, sous Barthélemy de la Scala, fils d'Albert, sont postérieurs de plus de deux siècles. *V.* la Nouvelle de Bandello, t. IV, nov. IX. Une traduction française de la Nouvelle de Roméo et Juliette, de Luigi da Porto, suivie de quelques scènes traduites de la Juliette de Shakspeare, est due à un écrivain instruit, M. Delécluse, qui a rapproché la pièce et la nouvelle. Paris, 1827, in-12.

citadelle. La longue dégradation de l'amphithéâtre semble expliquer comment il n'en a point été parlé par le Dante, toujours si soigneux de rappeler les merveilles de l'Italie, et qui avait habité Vérone. Il paraît difficile de croire, ainsi qu'on l'a prétendu, que la forme, les gradins et les vomitoires de l'amphithéâtre lui ayant fourni l'idée des cercles et de la distribution de son enfer, ce grand poëte ait gardé le silence sur le monument afin de dissimuler son étrange plagiat.

Il y avait au milieu de ce vaste cirque, la première fois que je le vis, un petit théâtre de marionnettes fait de planches, et qui formait un bizarre contraste avec les beaux gradins de marbre et la solidité égyptienne des voûtes et des arcades dont il était entouré. C'est ainsi que dans l'histoire des nations une magnifique scène est quelquefois occupée par des personnages ridicules. J'assistai depuis dans cette même arène à un spectacle assez insignifiant : des pigeons avaient été dressés à venir se poser sur un pistolet que l'on tirait et à y demeurer perchés et immobiles ; ils tiraient même un coup d'un petit canon, et, planant ensuite dans les airs, ils faisaient partir des pétards. Cette intrépidité de colombes, portant la foudre comme l'aigle (qui, dit-on, est poltron), ne me plut guère ; la force ne va pas aux êtres gracieux, et je préférai à ces belliqueux ramiers les tendres et infortunés pigeons du Bonhomme. Lorsque l'amphithéâtre est couvert de monde, il doit offrir un superbe coup d'œil, si j'en juge par les curieux qu'avait attirés la représentation des pigeons. Ce coup d'œil fut donné le dernier siècle à l'empereur Joseph II, et, en 1822, aux souverains réunis à Vérone ; Pie VI en jouit aussi à son passage par cette ville lorsqu'il se rendait à Vienne. Mais je crois que ce père des fidèles, bénissant vingt mille chrétiens [1] du haut de cette même arène de quelque empereur de Rome [2], devait être un plus grand, un plus touchant

---

[1]. Selon Saraina Torello, antiquaire véronais estimé, le nombre de spectateurs que peut contenir l'amphithéâtre de Vérone est de vingt-trois mille cent quatre-vingt-quatre : Maffei le réduit à vingt-deux mille.

[2]. Malgré toutes les recherches des érudits, l'époque de la fondation de l'amphithéâtre est restée incertaine.

spectacle que toutes les représentations des princes de la terre.

L'extérieur de l'amphithéâtre est habité par les basses classes de la ville. Il me semble cependant que les voyageurs s'indignent quelquefois un peu trop contre cette espèce d'occupation des monuments antiques par le peuple. Celui-ci nuit moins au pittoresque de ces débris, que l'habitation des classes plus élevées ou l'exercice d'une industrie plus élégante : la forge dont la flamme resplendit la nuit au fond de l'amphithéâtre de Vérone, est d'un plus bel effet que les lumières qui éclaireraient de brillants appartements, ou le gaz de quelque café ou magasin nouveau. C'était peut-être à l'ancêtre de cet artisan, locataire de ruines, que le Dante, exilé à Vérone, disait en jetant ses outils dans la rue : « Si tu ne veux pas que je gâte tes affaires, ne gâte pas les miennes : tu chantes mon livre et tu ne le dis pas comme je l'ai fait ; ce sont mes outils à moi, et tu me les gâtes [1]. »

[1]. Dans Sachetti (*nov.* cxiv.), la scène se passe à Florence ; le Dante paraît encore avoir reproché, avec quelque bizarrerie, à un muletier qui chantait aussi la *Divina Commedia*, de mêler à ses vers un grossier *arri* pour presser ses mules : *Ma quell' ARRI non celo posi io !* (Le même, *nov.* cxv.) Les poésies du Dante et de Boccace étaient ordinairement accompagnées de musique et de danse : telle est l'origine des noms de *Sonnets*, *Chansons* (*Canzone*), *Ballades* (*ballata*). Cet accompagnement s'appliquait même aux pièces lyriques et de métaphysique amoureuse et mystique, comme on le voit par la belle canzone du *Convito* que Casella, l'ami, le maître de musique du Dante, lui chante sur son invitation dans le purgatoire, et dont il est si charmé :

> Amor che nella mente mi ragiona,
> *Cominciò egli allor sì dolcemente*
> *Che la dolcezza ancor dentro mi suona.* (C. II, 112-115.)

Pétrarque avait de la voix, et accompagnait ses vers du luth qu'il légua à maître Thomas Bombasius de Ferrare, son ami ; sa triste *Africa* même était chantée à Vérone. Une scène à peu près semblable à celle du forgeron du Dante, est rapportée par les biographes de l'Arioste. Il entra dans la boutique d'un potier qui chantait, en les estropiant, les vers de la xxxii⁰ stance du premier chant de l'*Orlando* :

> *Ferma, Baiardo mio, deh ferma il piede,*
> *Che l'esser senza te troppo mi nuoce,*

et brisa plusieurs vases. Le potier lui demandant le motif de sa colère : *A cui Lodovico, Eppure non mi sono ricattato a dovere : io finalmente non ho che infranti pochi vasi del valore appena d'un soldo ; voi mi avete guastati i miei versi, che senza paragone costano molto più.*

VÉRONE.

L'arc de Gavius, tombeau de cette illustre famille, était encore, il n'y a pas trente ans, un autre précieux débris de l'antiquité. Ses colonnes cannelées, ses élégants chapiteaux, qui jonchent la terre, et que sont près d'enfouir les immondices de la *Cittadella*, sont une de ces ruines de la civilisation, non moins nombreuses et bien plus complètes que celles de la barbarie. Ce monument, échappé à tant de ravages, fut détruit en 1805; la citadelle dont il était voisin ayant été mise en état de défense. Un Véronais, plein de patriotisme, M. l'architecte Pinali, antiquaire distingué, possesseur de précieux dessins originaux de Palladio, déplora avec tant de chaleur la perte de cette ruine nationale, que le Français alors vice-roi d'Italie décréta son rétablissement. Quelques uns imaginèrent de la transplanter dans un endroit où elle serait, disait-on, mieux placée, comme si ces vieux tombeaux de Romains, fixés dans le sol depuis des siècles, se laissaient remuer et arracher si facilement. On ne demandait que cinq mois pour cette belle opération, et maintenant il est très-probable que jamais elle ne pourra s'exécuter.

CHAPITRE XII.

Remparts. — Porte du *Palio*.

L'illustre architecte véronais, San Micheli, semble comme le constructeur de sa ville : portes, ponts, palais, fortifications, chapelles, tombeaux, il a tout fait. Le génie de Vitruve, son compatriote, a dit le marquis de Maffei, semblait véritablement passé dans ce grand artiste [1]. On s'est, toutefois, généralement mépris en lui attribuant l'invention des bastions angulaires; Léonard de Vinci avait déjà reconnu la nécessité de cette disposition adoptée depuis par tous les ingénieurs, et les bastions de Vérone ne furent construits que huit ans après sa

---

1. Selon Galiani et Solieni, juges intéressés, Vitruve serait de Formies; il vient d'être compris dans la collection des médailles des célèbres Napolitains, qui paraît à Naples sous la direction de M. Taglioni.

mort, en 1527 [1]. Les superbes remparts bâtis par San Micheli, chefs-d'œuvre d'architecteure militaire, ont été détruits par la paix : leur démolition fut une des conditions du traité de Lunéville ; mais on peut juger, par les débris du bastion d'*Espagne*, par le bastion *delle Boccare*, encore intact, de la force, de la solidité de ces constructions. Depuis quelques années Vérone a été de nouveau et en silence considérablement refortifiée par l'Autriche.

La porte *del Palio* [2], *autre miracle de San Micheli*, selon l'expression de Vasari, rappelle une de ces nombreuses fêtes nationales des villes d'Italie au moyen âge. Les courses de Vérone, instituées en 1207 pour célébrer la victoire d'Azzo d'Este, podestat, sur les ennemis de la ville, cessées depuis longtemps, vivront toujours, puisque le Dante a été leur Pindare, et qu'il a comparé à l'un des vainqueurs son maître Brunetto Latini :

> . . . . *E parve di coloro*
> *Che corrono a Verona 'l drappo verde*
> *Per la campagna ; e parve di costoro*
> *Quegli che vince e non colui che perde* [3].

La porte *del Vescovo-a-S.-Toscana* ne rappelle ni des souvenirs aussi glorieux ni aussi poétiques, mais on y voit sculptés le nom et la figure du gouverneur Théodore Trivulce, qui, le premier, introduisit dans le Véronais, en 1522, la culture du riz ; moins célèbre que l'infatigable Jean-Jacques Trivulce, celui-là fit plus de bien aux hommes.

1. *V.* l'*Essai sur les manuscrits physico-mathématiques de Léonard de Vinci*, par J.-B. Venturi. Les connaissances de Léonard de Vinci dans la pratique de l'architecture militaire sont très-remarquables, si l'on en juge par un Mémoire qu'il présenta à Louis Sforce vers 1490. Il s'engage, dans l'attaque des places, à creuser une galerie souterraine au-dessous des fossés d'eau : ne dirait-on pas en vérité qu'il s'agit déjà du pont sous la Tamise ?
2. *Palio*, pièce d'étoffe donnée à ceux qui gagnaient le prix de la course.
3. *Inf.*, c. xv, 120-124.

CHAPITRE XIII.

Saint-Zénon. — Cathédrale. — Pacifico. — Le pape Luce. — Mausolée Nichesola. — Bianchini. — Sainte-Anastasie. — Thèse soutenue par le Dante. — Chapelle Pellegrini.

Les églises de Vérone sont nombreuses, magnifiques, et pleines de souvenirs. Là, comme dans beaucoup d'autres villes d'Italie, la principale église n'est point la cathédrale, mais l'église de quelque saint populaire, puissant par la parole plutôt qu'éloquent, bienfaiteur du pays, et dont le temple est ordinairement le monument le plus national de la ville. C'est ainsi que Saint-Zénon, Saint-Antoine, Saint-Pétrone, sont véritablement les premières églises de Vérone, de Padoue, de Bologne, fort supérieures à la cathédrale avec son archevêque titré et ses chanoines oisifs. Les plus anciennes constructions de Saint-Zénon sont du IXe siècle. Par une espèce de miracle, cette église a, jusqu'ici, échappé aux travaux éternels des *artistes de Côme*, comme disait Algarotti pour désigner les maçons qui venaient de cette ville, et son aspect est encore singulièrement vénérable. Les portes de bronze, travail curieux, offrent des emblèmes grotesques. L'église, vaste, majestueuse et sombre, a la statue, en marbre rouge de Vérone, du saint, qui semble éclater de rire : la couleur du marbre donne au visage quelque chose de rubicond, et ajoute encore à son air jovial. Ce Zénon chrétien paraît contraster avec la sévérité du chef de la secte stoïque. Son tombeau même offre des figures bizarres des premiers temps, et près de là, parmi les arabesques de l'archivolte de l'un des escaliers du chœur, il en est un qui représente deux coqs portant un renard pendu à un bâton,

Honteux comme un renard qu'une poule aurait pris,

allusion inconnue, moralité profonde du moyen âge qu'eût sans doute expliquée La Fontaine[1]. La grande roue de la Fortune du

[1]. Grosley avait trouvé des figures semblables sur les compartiments en mosaïque

Briolotto, sculpteur véronais du xi⁰ siècle, ouvrage précieux, inspiré par les élévations et les chutes rapides des princes de l'époque, sert maintenant de fenêtre à la façade, et n'est pas très-visible à la hauteur où elle est placée. Trois tableaux achevés, la *Vierge*, l'*Enfant Jésus* et des anges; les *Apôtres S. Pierre, S. Paul et S. Jean ; S. Jean-Baptiste, S. Georges, S. Benoît et un évêque*, sont de Mantegna, qui a fait encore dans le cloître une très-belle fresque de l'*Enfant Jésus debout bénissant l'univers*, touchante et noble image que le génie seul du christianisme a pu inspirer.

A côté de l'église est un ancien et curieux tombeau, sujet de mille fables : l'inscription porte qu'il est celui de Pepin, roi d'Italie, fils de Charlemagne ; mais cette inscription est moderne, et elle pourrait garantir les voyageurs d'une méprise aussi forte. Le beau clocher de Saint-Zénon, de l'année 1045, se distingue encore par la qualité de la pierre et les débris d'antiquités romaines que l'on y voit enchâssés.

La cathédrale paraît terminée vers la fin du x⁰ siècle. Roland et Olivier semblent comme en faction à sa porte; ils sont sculptés debout sur les pilastres gothiques de la façade, au milieu de mille figures symboliques, de griffons, de lions, d'oiseaux, de fruits, de chasseurs, de prophètes et de guerriers; ils portent la moustache haute, l'épée nue comme à Roncevaux, et c'est là Durandal [1], car son nom s'y lit encore; mais les armures singulières des deux chevaliers ne se ressemblent pas. Au-dessus de la porte sont les figures des trois reines qui ont contribué à la fondation de l'église, Bertrade, mère de Charlemagne, sa femme et sa fille Ermengarde, femme de Didier, princesses qui, depuis, sont devenues les trois vertus théologales, et au-dessous desquelles sont écrits les mots *fides, spes, caritas*. Cette dernière vertu, la charité, ainsi qu'un antique bas-relief représentant

du pavé de Saint-Marc, ouvrage de l'abbé Joachim, fameux visionnaire du xi⁰ siècle. Suivant les historiens et le peuple de Venise, dit-il, ces figures étaient un emblème prophétique des victoires de Charles VIII et de Louis XII, rois de France, sur Louis Sforce, qui s'était emparé du duché de Milan et s'y maintenait moins par la force que par la ruse. *Observations sur l'Italie*, II, 77.

[1]. *Durindarda*, et non *Durindana*, comme dans l'Arioste, c. xi, 50, xxiii, 78.

l'*Adoration des mages*, est à demi couverte et presque effacée par les armoiries de l'archevêque.

Un tombeau illustre Vérone; c'est celui de son archidiacre Pacifico, mort en 846, célèbre par les victoires théologiques de sa jeunesse, sa glose de la Bible, la première qui aurait été composée, et surtout par ses connaissances en astronomie et en mécanique. L'épitaphe, longue, barbare et assez peu intelligible, qui vante jusqu'à l'agrément de son visage, lui attribue l'invention de l'horloge nocturne, c'est-à-dire à sonnerie.

Le tombeau du pape Luce III, chassé de Rome, et mort à Vérone en 1185, est curieux. Un antique quatrain assez recherché, suivi d'une inscription caractéristique, rappelle les aventures du pontife [1]. Chose singulière! cette puissance spirituelle des papes, si forte, si audacieuse au dehors dans le moyen âge, n'éprouva jamais, à cette époque, plus de résistance qu'à Rome même [2]. A peine Luce put-il s'y établir, tant l'insurrection contre son autorité était violente et soudaine. Il est vrai, dit-on, que, le premier, il fut élu seulement par les cardinaux, qui s'attribuèrent alors le droit d'élire les papes à l'exclusion du peuple et du clergé.

Les fresques du maître-autel, représentant des sujets de l'histoire de la Vierge, furent exécutées par le Moro, peintre véronais, sur les dessins de Jules Romain : l'*Assomption* est admirable.

L'*Assomption*, du Titien, revenue de Paris, intéresse, s'il est vrai qu'il ait peint San Micheli sous les traits de l'apôtre placé

---

[1] *Luca dedit lucem tibi, Luci, pontificatum*
Ostia, papatum Roma, Verona mori.
Immo Verona dedit lucis tibi gaudia, Roma
Exilium, curas Ostia, Luca mori.

Ossa Lucii III Pont. Max. cui Roma ob invidium pulso Verona tutissimum ac gratissimum perfugium fuit, ubi conventu Christianorum acto, dum præclara multa molitur, e vita excessit.

[2] Le même pape, remarque Machiavel au sujet de la pénitence publique imposée par le pape Alexandre à Henri II après le meurtre de Thomas de Cantorbéry, qui soumettait un roi d'Angleterre à un jugement auquel de nos jours le dernier citoyen aurait honte de se soumettre, ne pouvait se faire obéir des Romains, qui ne voulaient pas même lui permettre de demeurer à Rome. *Istor. fiorent.*, lib. 1.

au milieu du tableau, le visage au ciel et une main posée sur le sépulcre.

Le tableau de la chapelle Saint-Antoine est de Balestra, une *Transfiguration*, de Cignaroli, son élève. A la sacristie des chanoinés, une *Assomption* et un *S. Charles* avec le crucifix, sont des ouvrages estimés de Ridolfi, peintre et écrivain du XVIIe siècle, qui sut échapper dans ses tableaux et dans ses biographies des artistes vénitiens, au faux goût de l'Italie à cette époque.

A la chapelle dite la *Madonna del Popolo* est un tombeau antique de Jules Apollonius et de sa femme, avec une inscription portant qu'il l'avait destiné pendant sa vie à son épouse aimée Attica Valeria, afin d'être un jour placé à côté d'elle, tombeau dans lequel ce couple si uni eut pour successeur S. Théodore, évêque de Vérone. Près de là est une énorme arête de poisson, étrange instrument de supplice, qui, selon la croyance populaire, aurait servi à décapiter les saints martyrs Fermus et Rusticus.

Le mausolée élevé à l'évêque de Bellune Nichesola par un Français, François Gervais, chanoine de Vérone, dessiné et sculpté, selon la tradition, par Sansovino, paraît digne de ce grand artiste.

Un monument est consacré, par décret public, à François Bianchini, que le savant prélat, Gaétan Marini, regardait comme le premier lettré du XVIIIe siècle; l'inscription rappelle, et avec vérité, que la douceur et la modestie de cet homme étonnant, physicien, mathématicien, botaniste, antiquaire, astronome, et même poëte, qui a tant honoré Vérone et l'Italie, égalaient son vaste savoir.

Au-dessus de la porte qui conduit de la cathédrale à l'archevêché est une chaire, de laquelle autrefois le diacre lisait l'Évangile aux fidèles : on y voit sculptée une *Annonciation*. D'après l'ancien usage, la Vierge est représentée tout simplement debout, et non prosternée et en prières, comme depuis on n'a cessé de la peindre.

Sainte-Anastasie, église du temps de la seigneurie des Scaligers, avec ses portes sculptées, ses majestueuses colonnes, l'élévation de la nef, de la coupole et du chœur, est un monument de la magnificence de ces princes et de cette époque. La chapelle de Janus Fregose, génois, général au service de Venise, mort en 1565, consacrée par Hercule, son fils, monument demi-autel demi-mausolée, un des plus remarquables de l'Italie, paraît, d'après l'inscription, de Danèse Cattaneo, artiste et poëte de Carrare, dont les treize chants sur l'*Amor di Marfisa*, charmaient la première jeunesse du Tasse, et qui fut le maître de Jérôme Campagna, grand sculpteur et architecte véronais.

Sainte-Anastasie a de bons tableaux : *S. Vincent*, très-beau, du comte Rotari, d'un talent graciéux, mort dans le dernier siècle en Russie, peintre de Catherine II; une fresque voisine, bien conservée en partie, d'un peintre ancien et inconnu; le *Christ mort et pleuré par les Maries*, attribué par Vasari à Liberale, mais qui est de son grand élève François Carotto, habile artiste véronais de la fin du xv° siècle; une *Déposition de croix* et autres vieilles peintures de la chapelle Pellegrini, et particulièrement la fresque du *S. Georges*, de Victor Pisanello, célèbre maître véronais de la première époque de l'école vénitienne; deux *S.-Esprit descendant sur les Apôtres*, de Giolfino, l'ami, l'élève et l'hôte de Mantegna. La chapelle du Rosaire, de bonne architecture, fut, dit-on, exécutée sur un dessin laissé par San Micheli. A l'autel un beau et antique tableau représente la *Vierge*, l'*Enfant Jésus* et les SS. martyrs Pierre et Dominique, à ses pieds Martin II de la Scala et sa femme Taddea da Carrara, celui-ci, prince cruel et sans foi, successeur du grand Cane Ier, et qui est comme le Tibère de l'Auguste véronais. A la sacristie, le noble et élégant tableau de l'autel, représentant plusieurs saints, est de Félix Brusasorci, ainsi que les petits portraits sur le mur de saints dominicains; et une gracieuse *Assomption* est de l'Orbetto.

Un cénotaphe de pierre avec buste venait d'être élevé dans cette église, en 1828, au poëte et improvisateur Lorenzi de Vérone, par Hippolyte Pindemonte et l'archiduchesse Béatrix d'Este, hommage offert au talent par la grandeur et l'amitié. Ces monuments privés, communs en Italie, sont une des plus nobles décorations de ses temples ; ils honorent d'une manière touchante les amis que l'on regrette ou les grands hommes que l'on admire. Pindemonte avait composé, au sujet du placement de ce cénotaphe, des vers sur la mort de Lorenzi, dans lesquels sa muse si pieuse et si soumise semble un peu plus sceptique et plus indépendante. Ces vers furent les derniers de Pindemonte, et ils sont comme le chant du cygne de ce poëte tendre et mélancolique.

Le baptistère de l'église Saint-Jean *in Fonte*, à huit faces, sur lesquelles sont sculptés grossièrement divers sujets sacrés, est une curieuse antiquité chrétienne, à laquelle le patriotisme de Maffei trouvait même de la noblesse.

Sainte-Hélène offre aussi de vieux monuments ; on y voit le tombeau d'un cardinal Téodin, compagnon d'exil du pape Luce, et celui d'un pieux, savant et infortuné véronais, Léonard Montagna, mort en 1485, dont l'épitaphe est simple et touchante [1], et surtout les fragments d'une ancienne mosaïque, dont l'origine, à force de recherches, est devenue incertaine. Le meilleur tableau, la célèbre *Ste Hélène*, de Félix Brusasorci, est d'une rare beauté. Ce fut dans cette église que, au mois de janvier 1320, le Dante, pauvre, exilé, soutint en latin, devant une assemblée nombreuse, une thèse sur la *terre et l'eau*, étrange sujet de dissertation pour ce grand poëte, et singulier moyen de le faire valoir! Cette séance publique dans une église, qui était dans les mœurs du temps, et que l'on regardait alors comme une marque d'honneur pour celui qui devait être entendu, confirme la remarque faite plus haut sur la popularité de la science et de la littérature avant la découverte de l'imprimerie, alors qu'elles n'étaient ni étudiées ni apprises dans le cabinet, mais professées devant la foule et pour tout le monde.

Sainte-Euphémie a le beau mausolée Verità, ouvrage capital de San Micheli. L'ancienne église, refaite, renouvelée, remontait aux Scaligers. Elle fut alors donnée aux frères ermites de

---

[1]. *Naufragus hinc fugio; Christum sequor : is mihi solus*
   Sit dux, sitque comes, sitque perenne bonum.
   MCCCCLXXXV.

saint Augustin du monastère de Montorio, qui vinrent s'y établir; ils obtinrent aussi plusieurs jardins et maisons du voisinage, ainsi que le droit d'enclore une rue qui descendait jusqu'à l'Adige : cela ne plut pas, à ce qu'il paraît, à tout le monde, et le mur des frères fut renversé pendant la nuit, mais ils le relevèrent et furent soutenus. Cette église renferme quelques tombeaux littéraires : celui de Renaud de Villefranche, grammairien, un des nombreux correspondants de Pétrarque, d'Antoine da Legnago, conseiller des Scaligers, « docte et réputé dans son temps » dit Maffei; ceux de Pierre dal Verme et Lucchino, son fils; guerrier célèbre, auquel Pétrarque adressa son traité *Du devoir et des qualités de ceux qui commandent*, espèce de directions pour les chefs d'armée, auxquels il reconnaît à plusieurs reprises, pour premier mérite, d'être heureux. Ce tombeau de marbre rouge rappelle assez, pour la forme, celui même de Pétrarque, que j'ai vu depuis à Arquà. Le tombeau de Fracastor n'est point à Sainte-Euphémie, ainsi qu'on l'a dit, mais on y voit celui de Rhamnusio, son ami. Les meilleurs tableaux de l'église sont : *S. Paul devant Ananie*, un des premiers ouvrages de J.-B. dal Moro, fresque transportée à grands frais et avec précaution du mur qu'elle occupait et qui fut démoli, et mise au-dessus de la porte; la *Vierge avec S. Roch et S. Sébastien*, de Dominique Brusasorci, et surtout deux *Vierges* de Carotto.

L'église Saint-Bernardin, décorée à l'extérieur des fresques du Cavazzola, surnommé le *second Paul de Vérone*, de Farinati, appelé le *troisième*, et de Giolfino, a : le superbe *S. François*, tableau de François Morone et d'un autre peintre incertain, qui en a fait la belle Gloire; des fresques de Giolfino, encore pleines de vie, malgré l'injure du temps, et qui offrent la vue de l'ancienne Vérone; une *Vierge*, parfaite, de François Monsignori, véronais, un des meilleurs élèves de Mantegna. La chapelle de la Croix semble une galerie des meilleurs ouvrages des maîtres véronais de la bonne époque. Mais toute cette magnificence est à peine remarquée à côté de la chapelle Pellegrini, véritable petit temple, chef-d'œuvre de San Micheli. Si, dans l'art du style et de l'éloquence, quelques pages suffisent pour donner la portée des esprits supérieurs, ainsi qu'on peut le voir par les *Aventures d'Aristonoüs*, les *Rêveries* de Jean-Jacques, *Paul et Virginie, René, le Lépreux*, il doit en être de même dans les beaux-arts : la chapelle Pellegrini montre tout le génie de son auteur. Élevée depuis trois siècles, telle est son habile disposition, la beauté de la lumière, la qualité singulière de la pierre[1], qu'elle semble encore toute neuve, et que l'on est sur le point de demander quel est l'immortel contemporain qui vient d'achever cette charmante merveille.

CHAPITRE XIV.

San-Fermo. — Mausolées Turriani, Brenzoni, Alighieri. — Saint-Sébastien. — Thomas Becket. — Sainte-Marie *in Organo*. — Sacristie. — Saint-Georges. — Ricovero.

L'église San-Fermo offre le célèbre mausolée des Turriani. Mais ce beau monument fut dépouillé par la guerre de ses bas-reliefs de bronze et des deux génies placés de chaque côté. Il semble que les tombeaux auraient dû être respectés au milieu de tous ces pillages. On ne sait ce que devinrent les deux génies; les huit bas-reliefs d'André Riccio sont assez misérablement incrustés dans la porte de bois de la salle des Cariatides au Musée royal[2]. Ces Turriani, si magnifiquement ensevelis, n'étaient ni

---

1. « Cette pierre particulière aux environs de Vérone, dit M. Quatremère de « Quincy, est la plus précieuse que l'on connaisse, après le marbre blanc, pour « la blancheur et la finesse, et en même temps la plus propre, par sa fermeté, au « travail du ciseau : on la nomme *bronzine*, parce que, lorsqu'on la travaille, elle « sonne comme le bronze. » *Histoire de la vie et des ouvrages des plus célèbres architectes*, t. I; 166. Paris, 1830.

2. On avait d'abord prétendu un peu étourdiment, dans le *Catalogue des commissaires français de* 1798, que le sujet de ces bas-reliefs était l'histoire de Mausole, roi de Carie, et on les expliquait encore ainsi en 1813. Cette opinion fut réfutée depuis par Cicognara qui pense que le sujet des bas-reliefs est la vie, la maladie et la mort de Jérôme de la Torre (*Stor. del scult.*, t. IV, p. 292 et suiv.). M. de Clarac a depuis ajouté dans son *Musée de sculpture*, t. I, p. 469 et suiv., quelques explications raisonnables à l'examen de Cicognara. M. Quatremère croit que les bas-reliefs représentent les vicissitudes de la vie humaine, entremêlées d'idées et d'allégories chrétiennes et païennes. (*Journ. des savants*, déc. 1815.)

des princes, ni des guerriers fameux, mais de bons médecins, de savants anatomistes, qui avaient tout bonnement professé avec succès à Padoue, à Ferrare et à Pavie : l'un d'eux, Antoine, fils de Jérôme, l'anatomiste, aidait Léonard de Vinci à rendre avec plus de vérité les diverses parties du corps humain. A côté de l'église est le tombeau d'Aventin Fracastor, ancêtre du grand Jérôme, médecin de Can-Grande Ier, et dans l'intérieur les tombeaux de François Pona, autre médecin célèbre, de plusieurs de ses confrères, et de François Calceolari, botaniste, auteur de l'*Iter in Baldum*. San-Fermo paraît comme le Saint-Denis, comme le Westminster de la Faculté. Un tombeau singulièrement élégant, et l'on pourrait presque dire gracieux, est celui de l'historien véronais Torello Saraina, monument de la reconnaissance municipale pour ses savantes recherches. Peu de villes ont été mieux partagées que Vérone en historiens : Saraina est encore estimé ; Maffei doit sa gloire à sa *Verona illustrata* ; et M. le comte Persico, par son excellente Description de Vérone et de sa province, s'est montré le digne successeur de ces annalistes nationaux. Le mausolée des Brenzoni, loué par Vasari, et décoré des peintures à fond d'or de Pisanello, est un bon ouvrage du XVe siècle. Mais le petit autel des Aligeri, comme on dit à Vérone, paraît, par son nom seul, dans sa simplicité, bien autrement imposant. Les poétiques armes de cette famille, qui semblent dignes d'avoir été choisies par le Dante, sont une aile d'or dans un champ d'azur. Le dernier rejeton du Dante, François Alighieri, homme très-lettré, bon juge d'architecture et le meilleur interprète de Vitruve, mais dont la traduction, longtemps manuscrite, est peut-être aujourd'hui perdue, a fait élever près de cet autel les tombeaux de ses deux frères, Pierre et Louis, le premier instruit dans les lettres grecques et latines, le second habile jurisconsulte : on aime à voir que, jusqu'au bout, cette race si grande par l'intelligence n'ait point été infidèle aux arts de l'esprit et de la pensée, et qu'à défaut du génie elle n'ait cessé de cultiver la science[1].

[1]. La femme de Pierre Alighieri était de la noble famille Frisoni de Vérone ; elle eut une fille, Ginevra, mariée en 1549 à Marc Antoine Serego : depuis cette époque, le nom d'Alighieri est joint à ce dernier nom, et il était encore porté, il

Au-dessus de la porte principale est un *Crucifiement*, antique et naïve peinture d'auteur inconnu, mais qui, d'après les deux clous mis aux pieds, doit être antérieur à Cimabué qui, le premier, se contenta d'un seul. Vérone aurait ainsi, suivant Maffei, peint avant et mieux que Florence. Tous ces débats de gloire se renouvellent sans cesse en Italie, et ils sont inévitables parmi tant de vieux et beaux monuments. D'anciennes et bonnes peintures sont encore à San-Fermo : les *Prophètes* et autres nobles figures, de l'année 1396, d'Étienne de Zevio ou de Vérone; l'*Adoration des mages*, à la chapelle des Agonisants, de Pisanello; une *Nativité* de l'Orbetto; la *Conception de la Vierge*, de Carotto; une *Piété*, à effet, du cav. Barca, artiste du XVIIe siècle, très-digne d'être connu; la *Vierge*, l'*enfant Jésus, S. Christophe*, parfaite, de Monsignori; la *même* avec *S. Pierre* et *S. François*, de dal Moro; le *Christ* avec sa mère et Madeleine, de Dominique Brusasorci. Un bon *Crucifix* en bronze est de Jean-Baptiste de Vérone, sculpteur très-loué par Vasari.

Une des plus splendides églises de Vérone, Saint-Sébastien, dont la façade inachevée, du dessin de San Micheli, affligea si longtemps le patriotisme véronais, vient d'être enfin terminée. Le grand autel est du célèbre P. André Pozzi, de Trente, jésuite architecte, qui, comme son frère le carme, aussi architecte, fut un des plus ardents corrupteurs du goût, en Italie, à la fin du XVIIe siècle : cet autel a toutefois été très-vanté. Parmi les nombreuses peintures, le *saint subissant son martyre* et soutenu gracieusement par un ange, passe pour un des meilleurs tableaux de Brentana. Au plafond, le *même*, de Parolini, est agréable et bien composé. Un *Moïse*, à la voûte de la sacristie, est de Farinati, ainsi qu'une *Judith*, ouvrage superbe et bizarre, dans lequel il a été jusqu'à mettre des canons au siége de Béthulie.

Sainte-Marie *della Scala* montre la gloire littéraire de Vérone à des époques et dans des mœurs bien différentes : elle fut bâtie, en 1328, par un vœu de Cane Ier, et elle renferme le tom-

---

y a quelques années, par une femme très-aimable, madame la comtesse Serego-Alighieri, que j'ai eu le bonheur de connaître, et dont la perte prématurée excita à Vérone d'universels regrets.

beau fort simple de Maffei, son historien, son antiquaire, son poëte, mort en 1755. A l'autel des Grâces est une vieille fresque de la *Vierge*, et en bas Albert et Martin de la Scala, neveux de Cane Ier. Une *Assomption*, au maître-autel, est de Félix Brusasorci ; la *Vierge*, avec les sept fondateurs, de Rotari et de ses meilleurs ouvrages ; *Ste Marie Madeleine*, expressive, de Coppa, élève du Guide et de l'Albane. La *Vierge et d'autres saints*, au-dessus de la petite porte à droite, sont de légères, gracieuses et pittoresques peintures du cav. Barca.

A l'église Saint-Thomas *Cantuariense* se trouve, par une destinée singulière, le tombeau d'un autre Jean-Baptiste Becket, de la famille du saint. Bossuet a loué magnifiquement l'archevêque de Cantorbéry ; *il défendit*, dit-il en parlant de l'Église, *jusqu'aux dehors de cette sainte cité*. San Micheli demeurait près de Saint-Thomas dont il avait donné le modèle. Sa maison, où l'on remarque une très-belle porte, existe encore ; une simple inscription sur le pavé de l'église montre la place où il est enterré ; elle rappelle ses immenses travaux, et, dans sa nudité, elle a cette sorte d'éloquence qui tient à la vérité des faits[1]. Quelques belles peintures sont à cette église. *Ste Madeleine, Ste Marthe et un chœur d'anges*, est de l'Orbetto. *S. Job, S. Roch et S. Sébastien ; l'enfant Jésus sur les genoux de sa mère jouant avec le petit S. Jean*, tableau *raphaélesque*, attribué même au Garofolo, sont de Carotto ; le *S. Jérôme*, si pensif ; la *Vierge, S. Antoine abbé, S. Onuphre*, de Farinati. Telle est la beauté de ce dernier saint, nu et assis, qu'il a été regardé comme une imitation du torse antique.

La plus vieille antiquité chrétienne de Vérone, et même de toutes les provinces vénitiennes, est peut-être l'église Saint-

---

1. San Micheli paraît n'avoir pas été moins estimable par ses qualités que digne d'admiration par ses talents. Sa piété était extrême : cet architecte, si occupé, n'entreprenait aucun ouvrage sans faire chanter une messe solennelle pour invoquer l'assistance d'en haut. Vasari, qui l'avait connu, rapporte de lui un trait qui prouve une singulière délicatesse. Tourmenté par le souvenir d'une liaison qu'il avait eue dans sa jeunesse, à Montefiascone, avec la femme d'un marbrier, et sachant que cette femme, peu à son aise, avait une fille dont il croyait possible qu'il eût été le père, il lui envoya cinquante écus d'or pour la marier. La mère eut beau le dissuader et lever tous ses scrupules, il la força de garder cette somme.

Nazaire et Saint-Celse, car elle peut remonter au vi⁰ siècle. Les grottes qui l'avoisinent servirent de retraite aux premiers chrétiens, et sont comme les catacombes de Vérone. Le monastère, démoli en partie, est maintenant une fabrique de savon ; le manufacturier, industriel ami des arts, a fait dessiner et graver les peintures du vii⁰ siècle qui s'y voient encore, peintures grossières exécutées dans une espèce de caveau, représentant des apôtres, des martyrs, l'âme du juste quittant cette vie, assistée par l'archange S. Michel, et qui commencent, pour ainsi dire, la brillante école vénitienne, dont la renaissance ne devait arriver que quatre siècles plus tard. Les peintures de l'église actuelle sont nombreuses ; on distingue : les fresques de Falconnetto, devenu par dépit grand architecte [1], les premières de ces fresques ne lui ayant point attiré les éloges qu'il en espérait ; divers traits de la vie de S. *Blaise*, de S. *Sébastien* et de S. *Julien*, par Monsignori ; la *Nativité*, la *Circoncision*, l'*Adoration des mages*, la *Présentation au Temple*, du jeune Palma ; sur les volets de l'orgue, des *Anges* gracieux, de Dominique Brusasorci, dont il semble que l'on entend les chants harmonieux ; une *Conversion de S. Paul*, vive, expressive, de Bernardin India, imitateur de Jules Romain : selon la tradition particulière aux peintres, et consacrée, le saint est à cheval, quoique l'Écriture n'en ait rien dit ; une fresque d'*Adam et Ève*, un des meilleurs ouvrages de Farinati ; un *Portement de croix*, fresque de Jean-Baptiste dal Moro ; une *Descente du S.-Esprit*, superbe, de Canneri, aide habile de Paul Véronèse.

Sainte-Marie *in Organo* est une merveille de l'art : la belle façade corinthienne, du dessin de San Micheli, serait, si elle était achevée, un modèle d'architecture sacrée. Les autels et les murs de ses douze chapelles sont couverts des peintures des premiers maîtres : *Ste Françoise romaine*, fort dégradée, du Guerchin ; la *Pâque des Hébreux*, une *Cène*, *Pharaon submergé*, et autres fresques pittoresques, de Giolfino ; quelques beaux paysages, de Dominique Brusasorci. Un candélabre en bois, à la chapelle du Saint-Sacrement, les ouvrages en marqueterie

---

1. *V.* ci-après, liv. vii, chap. vii.

du chœur, et surtout de la sacristie, par le frère Jean, moine olivetain de Vérone, sont parfaits. Je remarquai parmi ces derniers le Colysée, le tombeau d'Auguste, et autres antiquités romaines qui ne semblent pas tout à fait des sujets de sacristie; ils sont un nouvel exemple de la liberté des arts en Italie avant le concile de Trente. Cette sacristie était citée par Vasari comme la plus belle de l'Italie : le superbe *S. François*, un des chefs-d'œuvre de l'Orbetto, a depuis ajouté encore à sa magnificence; elle a d'autres charmants paysages et vues de Brusasorci; d'excellentes fresques et portraits de moines olivetains des Moroni, célèbres peintres véronais du xve siècle, parmi lesquels on distingue le portrait de l'habile frère Jean, supérieurement exécuté par François Morone, et probablement contemporain de son admirable travail.

L'antique église Saint-Étienne offre un de ces vieux siéges de pierre destinés aux premiers évêques, qui a pu faire croire qu'elle avait été autrefois cathédrale, et qui ressemble peu au satin blanc du trône épiscopal de nos évêques. Parmi les excellentes peintures de Saint-Étienne, on remarque : la *Vierge*, l'*enfant Jésus*, *S. Pierre et S. André*, de Carotto, les deux premiers entre *S. Maur*, *S. Simplicius et Ste Placidie*, de Giolfino; un *S. Étienne*, le *Père éternel*, un *Christ portant sa croix*, l'*Adoration des mages*, de Dominique Brusasorci; le *Supplice des quarante martyrs*, un des plus brillants chefs-d'œuvre de l'Orbetto, et qui fait un tort singulier à deux bons tableaux ses voisins, le *Massacre des innocents*, de Pascal Ottino, et les *cinq Évêques véronais saints*, de Bassetti.

L'église Saint-Georges-majeur est une des plus belles de la renaissance : les uns l'ont attribuée à San Micheli, d'autres à Sansovino, et elle est digne de tous deux : mais ce qui appartient à San Micheli est l'habile hardiesse avec laquelle les côtés ont été soutenus afin de pouvoir poser la coupole sur la croisée de la nef. Le grand autel, superbe, est de son neveu Bernard Brugnoli [1]. Saint-Georges est riche d'admirables peintures : là

---

[1]. San Micheli eut un autre neveu plus célèbre, et de son côté, Jean-Jérôme. *V.* ci-après, ch. xxi.

est le tableau du saint, de Paul Véronèse, revenu de Paris, peut-être le mieux conservé de ses ouvrages et le plus beau tableau de Vérone, dans lequel on peut remarquer l'excessive richesse des vêtements de ses personnages, les mieux vêtus, je crois, de toute la peinture. Une *Annonciation*, *S. Roch et S. Sébastien*, la *Prière du Christ au jardin*, sa *Résurrection*, une *Transfiguration*, *Ste Ursule*, prouvent la variété du talent de Carotto. Un *S. Jean-Baptiste baptisant le Sauveur*, du Tintoret, est plein de vigueur. Le *Martyre de S. Georges*, en quatre parties, de Jérôme Romanino, est vif, varié, terrible. Les *Apôtres délivrant un possédé*, de Dominique Brusasorci; la *Vierge* dans une gloire, et *S. Benoît, S. Romuald, S. Antoine abbé, S. Maur et S. Bernard*, et surtout trois Archanges, de Félix; la *Vierge, Ste Lucie et Ste Cécile*, du Moretto, sont excellents. Un petit tableau charmant de Jérôme Dai Libri, appelé par Lanzi le joyau de cette église (*giojello di questa chiesa*), représente la *Vierge assise entre S. Augustin et Laurent Giustiniani;* trois petits anges au-dessous chantent et jouent des instruments; ils rappellent véritablement les vers du Dante, dont le dernier est si beau, si précis, comme la plupart de ceux qui terminent ses divers chants :

> Tale immagine appunto mi rendea
> Ciò ch' io udiva, qual prender si suole
> Quando a cantar con organi si stea;
> Ch' or sì or no s' intendon le parole [1].

Jérôme Dai Libri, ainsi que son père, devait son surnom à sa rare habileté comme miniateur de livres de chœur et d'office; il fut le maître de don Jules Clovio, le plus habile artiste en ce genre, aussi élève de Jules Romain. Le chef-d'œuvre de Dai Libri, d'après une inscription très-lisible, est du 29 mars 1526, et non de l'année 1529, comme l'a dit Lanzi. Sur un côté de la muraille du chœur, les *Hébreux ramassant la manne*, immense tableau, est une espèce de poëme en peinture : l'invention de l'ensemble et l'exécution de la partie supérieure sont de Félix Brusasorci; l'Orbetto et l'Ottino, ses habiles disciples, ont fait

---

1. *Purgat.*, cant. IX, 142-145.

la partie inférieure. Vis-à-vis est une *Multiplication des pains*, non moins vaste, non moins poétique, de Farinati, artiste extraordinaire, dont le talent s'est développé dans sa vieillesse; il s'est représenté sous la forme d'un vieillard, car, selon l'inscription qu'il a mise au tableau, il avait alors soixante-dix-neuf ans, et il sentait que son âge devait encore ajouter à l'admiration.

Un des tableaux les plus remarquables de Vérone, la *Mère de douleur*, le chef-d'œuvre de l'Orbetto, autrefois à l'église de la Miséricorde, est maintenant au *Ricovero*, dépôt de mendicité, et hôpital qui reçoit environ quatre cents individus des deux sexes, et paraît bien administré. La *Mère de douleur* n'a que trois personnages : le Christ mort, Nicodème qui le soutient, la Vierge qui pleure ; mais ces deux dernières figures sont extrêmement pathétiques, et le dessin, le coloris, l'agencement de l'ensemble, sont parfaits.

CHAPITRE XV.

Bibliothèque de la ville. — Bibliothèque capitulaire. — *Institutes* de Gaïus. — Manuscrit de la *Mérope* de Maffei. — Théâtre. — Musée lapidaire.

La bibliothèque de Vérone est environ de dix mille volumes; ouverte en 1802, elle n'a point de manuscrits ni de raretés. La véritable bibliothèque est la bibliothèque du Chapitre, accrue et presque fondée vers le milieu du ixe siècle, par le célèbre archidiacre Pacifico. Ce fut dans cette bibliothèque qu'aux regards enchantés de Pétrarque, apparurent pour la première fois les *Lettres familières* de Cicéron, dont le manuscrit et la copie de sa main sont à la Laurentienne, que M. Mai exhuma ses *anciens interprètes de Virgile*, imprimés à Milan, et que M. Niebuhr découvrit les commentaires des *Institutes* de Gaïus, publiés depuis à Berlin par MM. Goeschen, Bekker et Holweg [1].

[1]. Ces fragments n'étaient pas complétement inconnus. Maffei et le laborieux

Peut-être d'autres trésors sont-ils encore enfouis dans cette riche bibliothèque, et n'attendent-ils que le labeur de nouveaux érudits. Les *Institutes* étaient recouvertes par vingt-six épîtres de saint Jérôme ; les caractères sont encore plus effacés que ceux des *Discours de Cicéron*, de l'Ambrosienne. Une troisième écriture se trouve entre le texte des *Institutes* et les *Traités de S. Jérôme*, et s'étend sur un quart du manuscrit ; elle offre aussi des *Épîtres* et des *Méditations de S. Jérôme* : ainsi le même parchemin a été gratté et repoli deux fois. Cependant, quelquefois, l'encre conserve de l'éclat, et prouve que les anciens savaient très-bien la faire. Ce palimpseste était *grand papier* : les amateurs de Rome n'étaient pas moins sensibles que les nôtres à la largeur et à la beauté des marges, ainsi qu'on le voit par plusieurs passages des lettres de Pline et de Cicéron. Gaïus, comme Montesquieu, avait allié la culture des lettres à l'étude des lois : ses commentaires, précieux monuments de l'ancienne jurisprudence, écrits avec clarté, élégance et pureté, nous ont fait connaître les opinions et les doctrines des jurisconsultes romains antérieurs aux codes de Justinien et de Théodose : ils sont bien supérieurs aux *Institutes* du premier empereur, compilation indigeste, variable, contradictoire, de son vil ministre Tribonien et de ses aides, qui les ont pillés.

La bibliothèque du Chapitre n'a point échappé aux pillages littéraires de 1797 ; plusieurs manuscrits et rares éditions n'ont point reparu depuis. Il n'y a que la science qui perde à toutes ces acquisitions violentes comme à toutes ces restitutions forcées. Cette bibliothèque compte maintenant seize cents manuscrits grecs et latins, parmi lesquels plusieurs paraissent du IVe, du Ve et du VIe siècle ; plus de cinquante du Xe au XIIe siècle, sont remarquables par la beauté du parchemin et des caractères.

Vérone possède encore quelques bonnes bibliothèques particulières ; mais le nombre, comme celui de ses galeries, en est

---

chanoine Dionisi, qui a laissé à la bibliothèque du Chapitre sa riche bibliothèque, dans laquelle se trouve une collection précieuse d'éditions du Dante, en avaient parlé. La publication des *Institutes* ne fait pas moins d'honneur aux savants prussiens.

diminué depuis quelques années. La bibliothèque de feu Gianfilippi, vendue en 1829, comptait environ trente mille volumes. Le catalogue de ce vaste amas de livres achetés au hasard par l'ancien possesseur, et très en désordre, n'a point, je crois, paru. La plus grande partie de cette bibliothèque est passée entre les mains de Véronais. J'ai vu chez un amateur distingué de livres, M. C**********, le manuscrit de la *Mérope* de Scipion Maffei, manuscrit qui provient des archives de Vérone. Il paraît que quelque incertitude s'étant élevée sur l'authenticité de ce manuscrit, le délégué a cru devoir le certifier en y apposant, à presque toutes les pages, la griffe de la délégation et son visa ; c'est assurément la tragédie la plus certifiée qu'il y ait au monde. Le manuscrit de Maffei est excessivement raturé, et il est probable que celui du chef-d'œuvre de Voltaire l'était beaucoup moins.

Dans la cour et sous le péristyle du théâtre, péristyle ouvrage de Palladio, est le recueil des inscriptions étrusques et des bas-reliefs grecs et romains, formé par Maffei, et donné par lui à sa ville natale, musée que les amis de Maffei voulaient appeler *Maffeïen*, et auquel il donna le nom de *Musée véronais*. L'érudition de cet homme de bien, si vive, si dévouée, si constante, est presque du patriotisme. Au-dessus de la porte du théâtre se voit enfin le buste voté par l'académie de Vérone, et l'inscription en son honneur, qu'il ne cessa de refuser pendant sa vie, que ses concitoyens placèrent une fois en son absence, et qu'il fit disparaître à son retour, exemple rare de la sincérité de ce genre de modestie. Combien de monarques, de conquérants, ont succombé aux honneurs de la statue, et, après une feinte résistance, se sont doucement résignés à être immortels ! Le marquis de Maffei ne méritait point l'indigne tour que lui joua M. de Voltaire, qui, après lui avoir dédié sa *Mérope*, fit, sous un nom supposé, contre la *Mérope* italienne un véritable pamphlet rempli de quolibets et d'injures : comme si quelques imitations pouvaient affaiblir le mérite d'un tel chef-d'œuvre. Voltaire eût été bien autrement furieux s'il eût pu connaître l'admirable pièce d'Alfieri, moins parée, moins pompeuse que a sienne, mais plus grecque et plus vraie. Maffei s'était montré plus généreux envers un autre poëte italien, le comte Torelli, écrivain distingué du xvie siècle, auteur aussi d'une tragédie de *Mérope*, insérée par Maffei dans son *Choix de tragédies italiennes*, malgré l'intérêt personnel qu'il pouvait avoir à l'écarter.

Le précieux musée véronais, longtemps exposé aux injures de l'air, a été récemment mieux disposé par le zèle municipal du comte Jérôme Orti.

CHAPITRE XVI.

Palais Canossa ; — Gran Guardia ; — Guasta Verza ; — Pompei ; — — Bevilacqua ; — Ridolfi ; — Giusti. — Fornarine de Vérone. — Palais *della Ragione*. — *Pinacoteca*. — Douane. — Place aux Herbes. — Peinture des rues en Italie. — Campo-Santo. — Casin Gazola. — Congrès.

Le plus beau des nombreux palais de Vérone, le chef-d'œuvre de San Micheli, le célèbre palais Canossa, habité par les rois et les empereurs, d'où la vue de l'Adige est si belle, a sur sa frise un singulier ornement que l'on ne remarque guère au milieu de sa magnifique architecture ; c'est une multitude de mitres, placées par ordre de Louis Canossa, évêque de Bayeux, qui le fit construire. Il est assez étrange de voir l'Italie redevable d'un de ses plus beaux palais à un évêque de Normandie [1].

Le vaste palais dit *della Gran Guardia*, sur la belle place de la Bra, n'est point de San Micheli, malgré l'opinion commune ; mais il rappelle son style : les juges exercés y découvrent des incorrections architectoniques qu'un homme tel que lui n'au-

---

[1]. Louis Canossa, recommandable par sa probité et ses talents diplomatiques, avait été légat du pape en France et en Angleterre. C'est dans ce dernier pays qu'il eut avec Érasme, qui ne le connaissait pas, l'entrevue singulière racontée par Roscoe, ch. xii, de la *Vie et du pontificat de Léon X*. Il finit par s'établir en France sous François Ier, obtint sa confiance, et fut nommé par lui évêque de Bayeux (*Vescovo di Baiusa*, comme il signait un peu singulièrement).

rait point commises. Il paraît du dessin de Dominique Curtoni, un de ses neveux.

Le palais Guasta Verza, véritablement de San Micheli, est du goût le plus élégant et le plus gracieux ; tandis que son autre palais Pompei *della Vittoria*, quoique plus petit, est remarquable par sa simple et mâle façade. Celle du palais Bevilacqua, inachevé, encore de San Micheli, paraissait presque licencieuse à Maffei (*alquanto licenziosa*), tant il y a de richesse, de prodigalité dans ses ornements et le mélange de ses colonnes. Le précieux musée qui fit pendant plus de deux siècles la réputation du palais Bevilacqua n'existe plus ; sa belle Vénus, son Pan, son Bacchus, ses bustes d'empereurs, sa superbe Livie, sont passés en Bavière : l'Auguste, le très-rare Caracalla, revenus de Paris, n'ont fait aussi que traverser Vérone pour aller rejoindre, à Munich, ces autres chefs-d'œuvre.

Le palais Ridolfi mérite d'être visité pour sa pompeuse *Cavalcade du pape Clément VII et de Charles-Quint* à Bologne, lors du sacre de ce dernier ; vaste et beau lambris, le chef-d'œuvre de Dominique Brusasorci, le Titien de l'école véronaise, un des meilleurs ouvrages de ce genre, et fort curieux pour les portraits et les costumes.

Le grand palais Giusti, terminé vers la fin du xvie siècle, fut décrit, ainsi que le jardin, par l'infatigable écrivain et médecin véronais, François Pona, dans le petit livre rare, intitulé singulièrement : *Il Sileno*, Vérone, 1626, in-8°. Ce palais était devenu un logement militaire occcupé par un commandant autrichien et sa troupe. La belle galerie, qui s'était enrichie des principaux débris du musée Molin de Venise, fut vendue par le domaine vers 1825. Le jardin est encore visité : sa vue, sa grotte, son écho, son labyrinthe, ont de la célébrité à Vérone ; mais il est triste, et ses perpétuels gradins, destinés jadis à faire sécher le drap, rappellent le temps où le travail de la laine était noble et ne faisait point déroger. André Scotto, auteur d'un *Itinerario d'Italia*, de l'année 1600, rapporte que tel était le commerce de la laine et de la soie à Vérone, qu'il faisait vivre près de vingt mille personnes.

Les galeries de Vérone sont aujourd'hui peu remarquables ; plusieurs même ont encore été vendues récemment. Il y avait aussi à vendre, en 1828, à l'ancien palais *Maffei* (dont l'escalier, en colimaçon, est vraiment unique pour la hardiesse et la hauteur), une très-belle Fornarine, appartenant à madame B*******, supérieure même, dit-on, à celles de la Tribune et du palais Barberini. Tel était du moins l'avis du grand-duc de Toscane, Cosme III, juge qui semblerait devoir être partial, et de M. Pinali, dans sa lettre adressée à l'éditeur du Voyage de Cosme, publié pour la première fois à Florence, en 1828. Cicognara, tout en admirant beaucoup la Fornarine de Vérone, ne la croyait point de Raphaël; il n'y trouvait pas la douceur des contours de ce grand peintre, et il pensait qu'elle pouvait être plutôt attribuée à Jules Romain ou à quelque peintre de son école [1].

L'ancien palais *della Ragione* a, sur l'un des côtés, un bas-relief représentant une figure de dominicain, qui l'a fait attribuer, avec quelque fondement, au frère Joconde, bon architecte véronais du xve siècle, un des architectes de Saint-Pierre, qui vint apporter en France les principes de la bonne architecture, et construisit le pont Notre-Dame de Paris, chanté par Sannazar. Sur l'arc voisin est la statue de Fracastor, et sur l'arc du *Volto barbaro* [2] celle de Maffei. L'*Annonciation*, en bronze, de la façade, est de Jérôme Campagna, habile sculpteur de Vérone du xvie siècle.

La vaste et ancienne salle du conseil, dont les souvenirs patriotiques devaient être sacrés, a été transformée, au moyen de minces cloisons de plâtre, en quatre chambres destinées à la nouvelle *Pinacoteca*. La plupart des tableaux sont médiocres, à l'exception d'une *Déposition de croix*, de Paul Véronèse dont les chefs-d'œuvre sont peu communs dans la ville qu'il a honorée

---

1. *V.* encore sur l'admiration que cette Fornarine inspirait à Appiani et à Cicognara, le passage d'une lettre de M. le comte Persico, cité dans les notes de la traduction italienne de l'*Histoire de la vie et des ouvrages de Raphaël* de M. Quatremère de Quincy, par M. F. Longhena. Milan, 1829, p. 329.

2. *V.* ci-dessus la note de la page 218.

en prenant son nom ; c'est à peu près ainsi qu'Urbin, patrie du Bramante et de Raphaël, ne possède ni une maison, ni un tableau de ces grands maîtres. Un autre tableau remarquable, mais d'auteur inconnu, de cette malencontreuse *Pinacoteca*, représente la réunion de Vérone à la république de Venise, acte qui fut véritablement volontaire, chose assez rare dans l'histoire des réunions.

La douane de Vérone semble, par la noblesse et la simplicité de l'architecture, une espèce de forum, où l'on est presque choqué de ne trouver que des ballots, des portefaix et des douaniers. Cet édifice de si bon goût, dont l'architecte fut le comte Alexandre Pompei, est cependant du milieu du dernier siècle, époque où le goût fut si détestable. On dirait que l'ascendant des monuments de San Micheli et de Palladio s'est fait sentir jusque sur l'architecture qui leur a succédé, et qu'à la vue de tels exemples il n'était pas possible de s'égarer.

Sur la place aux Herbes est une colonne, élevée en 1524, qu'il suffisait autrefois aux débiteurs d'avoir touchée, d'après un décret du grand conseil, pour être à l'abri des poursuites de leurs créanciers ; frein étrange, et qui prouve, à sa manière, l'intention de prévenir déjà les rigueurs de la contrainte par corps, si redoutable chez les peuples libres, et que notre législation perfectionnée cherche à corriger [1]. Le lion vénitien, excellent travail qui surmontait cette colonne, fut brisé en 1797. La statue de Vérone (*Madonna verona*), sur la même place, qui portait autrefois un sceptre et une couronne pour indiquer que cette ville avait été résidence impériale et royale, sceptre et couronne aussi brisés en 1797, est maintenant coiffée de l'arène, ce qui lui donne tout à fait l'air d'une statue de Cybèle, emblème de la fécondité de la terre, qui ne semble pas trop mal placé au milieu d'un marché. La statue tient à la main cette noble et dure inscription, ancienne devise de la république de Vérone : *Est justi latrix urbs hæc et laudis amatrix.*

La peinture court véritablement les rues en Italie. Mantegna

---

[1]. *V.* ci-après, liv. vii, ch. vi.

a peint deux fresques sur la maison du peintre Giolfino, son ami, chez lequel il avait logé; manière poétique et commune, chez les grands artistes du xv° et du xvi° siècle, de reconnaître l'hospitalité. Les fresques de Mantegna sont aujourd'hui peu reconnaissables : d'abord barbarement blanchies, elles ont ensuite été maladroitement nettoyées; et, lorsque je les vis, elles étaient de nouveau à demi cachées par une grosse persienne verte.

Le *Campo-Santo* de Vérone, terminé en 1833, et ouvrage de l'architecte de la ville, M. Barbieri, est, avec ses portiques, son temple, son panthéon, ses chambres anatomique et pathologique, la plus imposante et la mieux entendue des récentes constructions de ce genre en Italie. Pindemonte qui honore aujourd'hui ce panthéon, ne pourrait plus se plaindre éloquemment de cette sépulture barbare et confuse établie dans le premier et philosophique *Campo-Santo* de Vérone, créé sous l'administration française :

> . . . . *Indistinte*
> *Son le fosse fra loro, e un' erba muta*
> *Tutto ricuopre : di cadere incerto*
> *Sovra un diletto corpo, o un corpo ignoto*
> *Nel cor il pianto stagneria respinto.* —

Le nom de Vérone se rattache aux événements mémorables de l'histoire contemporaine. Elle fut quelque temps l'asile d'un auguste exilé et de ses compagnons fidèles. Mais ces nobles réfugiés n'y rencontrèrent point l'hospitalité du seigneur de la Scala, et, dans leur tristesse profonde, ils n'eussent point accepté ses joyeuses consolations. Le casin Gazola, devenu presque une chaumière, occupé par des jardiniers [1], vit commencer ce règne à la fois si long et si court, qui succédait à celui d'un enfant captif et roi[2]. Commencé sur la terre étrangère, ce règne devait

---

1. Ce casin a toujours été fort petit; le jardin est dans le mauvais goût des jardins du dernier siècle, avec sa volière et des statues de pierre; mais la végétation en est assez belle, et la vue de l'Adige agréable.

2. Le roi Louis XVIII était à Vérone lorsqu'il apprit la mort de Louis XVII, et publia le manifeste par lequel il déclarait ne vouloir et ne pouvoir rien changer à l'ancienne constitution de la France, engagement téméraire dont la Charte fut depuis une noble et juste contradiction.

s'achever paisiblement aux Tuileries, au milieu d'un peuple qui s'étonnait de goûter enfin les bienfaits de l'ordre et de la liberté.

Vérone devint un de ces rendez-vous de rois et d'empereurs, grandes consultations politiques, que le malaise et l'agitation de l'Europe ont rendus fréquents de nos jours. Comines, juge si habile des affaires, n'était point partisan des congrès : « Deux « grands princes, dit-il, qui se voudroient entre aimer, ne se « devroient jamais voir, mais envoyer bonnes gens et sages les « uns vers les autres. » Cette opinion, que Comines appuie par l'histoire de son temps, ne serait plus vraie aujourd'hui. Un des bienfaits de la civilisation a été de perfectionner le caractère moral des souverains. Si la Grèce fut abandonnée à Vérone, peut-être dut-elle moins ses malheurs aux sentiments des princes qu'aux pratiques de *ces bonnes gens*, si fort recommandés par Comines.

L'impression que laisse Vérone n'est pas moins vive que son premier aspect n'est frappant; elle réunit de beaux monuments des diverses époques, de l'antiquité, du moyen âge, et de la renaissance, tels que l'amphithéâtre, la chapelle des Scaligers, et les palais de San Micheli et de Palladio; enfin ce quartier-général autrichien, pour le royaume lombard-vénitien, qui compte quarante-six mille habitants, produit encore l'effet d'une belle capitale.

CHAPITRE XVII.

Environs. — Gargagnago, demeure du Dante.

J'ai parcouru les environs de Vérone, dont les collines, qui s'élèvent en amphithéâtre et que dominent les Alpes, offrent un aspect à la fois riant et majestueux. Plusieurs points de la province véronaise rappellent les souvenirs littéraires et poétiques de la renaissance, et les plus beaux faits d'armes de notre gloire contemporaine.

En visitant Gargagnago, séjour du Dante, je n'ai point éprouvé le mécompte que produisent quelquefois les lieux habités par des hommes célèbres, mécompte que j'ai ressenti à Ferney, et plus tard même à Vaucluse. Le Dante avait composé le *Purgatoire* à Gargagnago, peut-être pendant son exil; l'*Enfer* fut commencé à Florence, au milieu des factions, et le *Paradis* en Frioul, dans le château de Tolmino, et sous cette grotte tranquille que visite encore aujourd'hui le voyageur. Ainsi, les trois parties de ce poëme immortel, ouvrage de la vie entière du Dante, semblent en rapport avec les infortunes et la situation du poëte. Comme l'Homère antique, cet Homère des temps modernes a des mots pris aux dialectes des divers pays où le malheur l'avait jeté. Il ne reste à Gargagnago, du temps du Dante, que l'air et le site; mais celui-ci, formé de hautes montagnes, est grave, solitaire, et l'on y sent encore une sorte d'harmonie avec le génie du chantre qui l'habita.

Je ne puis me rappeler ma visite à Gargagnago sans attendrissement et sans tristesse. Cet ancien manoir du Dante était alors le séjour d'une femme distinguée dont j'ai déjà déploré la perte. Madame la comtesse Serego-Alighieri avait composé, à Gargagnago, une bibliothèque des plus rares et des meilleures éditions de ce grand poëte : son projet était de lui élever un monument; et elle était véritablement bien digne de porter son nom, par le culte qu'elle lui avait voué; par l'élévation de son esprit et l'ardeur de ses sentiments italiens. Trois lauriers consacrés à Monti, Pindemonte et à l'improvisateur Lorenzi, ont été plantés par elle lors de la fête poétique qu'elle offrit, en 1820, à Monti et à Lorenzi, qui avaient désiré se connaître. Dans le récit de mes courts voyages, j'aime à mêler le souvenir des femmes à celui des hommes illustres et à l'impression toujours nouvelle des beautés de la nature, des merveilles de l'art et de tous les enchantements qui m'ont ravi : ce souvenir me charme et m'émeut encore au milieu de mes regrets.

CHAPITRE XVIII.

Incaffi. — Maison de Fracastor. — Fracastor. — Rivoli. — Bataille.

J'ai visité, sur la colline d'Incaffi, la maison qu'habita Fracastor, située au pied du Montebaldo, entre l'Adige et le lac Garda. Fracastor n'est plus qu'un nom, et cependant il fut un des premiers hommes de son siècle : physicien, astronome, grand médecin, grand poëte, il est un nouvel exemple des rapports qui, depuis Apollon, semblent exister entre les deux arts dans lesquels il a excellé, entre l'inspiration du poëte et le *coup d'œil* du médecin. La vie honorable et pure de Fracastor ajoute encore à l'admiration pour ses talents ; généreux, sensible, secourable[1], il jouit à Incaffi des vrais biens de l'âme, les lettres et l'amitié. La maison de Fracastor, dégradée au dedans, est louée dix écus à des paysans qui l'habitent ; mais les murs sont bons, et quelques traces de son ancien état s'y remarquent encore : c'est ainsi que l'on monte au second étage par une espèce d'échelle de bois, tandis que le mur est d'un stuc poli et luisant ; la place de la bibliothèque, la chaise de planche de Fracastor, sont conservées : celle-ci ressemble assez au fauteuil de l'Arioste, que l'on montre à Ferrare, et prouve que les habitudes des gens de lettres de cette époque étaient fort peu sybarites. Fracastor, toutefois, ne paraît pas insensible au *comfortable*, car il y a des cheminées dans toutes les pièces de sa maison, espèce de luxe pour le temps. Les meurtrières pratiquées dans les chambres, à travers le mur de l'escalier, au-dessus de la porte, afin d'observer et de repousser les *Bravi*, montrent quelle était la violence et les troubles d'alors : cette maison de poëte et de médecin est véritablement une petite

---

1. De Thou rapporte qu'il exerçait gratuitement la médecine : une de ses pièces les plus touchantes est l'épître sur la mort de ses deux enfants, adressée à l'un des trois frères Torriani, ses amis :

> *Batte, animos quando tristes, curasque levare*
> *Musa potest.* . . . .

citadelle. La vue est suffisamment étendue, mais pour découvrir tout le lac Garda, il faut monter quelques minutes; et j'avoue que je préfère cette sorte de vues que l'on est obligé d'aller chercher, à celles qui sont perpétuellement sous les yeux, et auxquelles on finit par ne plus songer. Fracastor habitait Incaffi lorsqu'il fut appelé à Trente pour être médecin du concile. Combien de fois ne dut-il pas regretter, au milieu du fracas théologique, et même des bals et des fêtes que donnaient les pères, ses bois, ses livres et le calme de sa retraite! C'est à Incaffi que Fracastor mourut septuagénaire, et que pendant une peste qui ravageait Vérone, il avait composé ce poëme si chaste, dont le titre l'est beaucoup moins[1], ouvrage charmant, qui n'a d'autre défaut que d'être adressé à Bembo, et de contenir fréquemment l'éloge de cet homme corrompu, sans élévation, et plus digne du sujet que des vers.

J'ai lu avec enchantement les vers de Fracastor à Incaffi; il est le Virgile de ces beaux lieux, qui, après trois siècles, conservent encore le même aspect. Mais il faut avouer que le Montebaldo, les bords du lac Garda, et l'azur transparent et agité de ses eaux, sont bien supérieurs à la plaine humide et au marais bourbeux de Mantoue. L'imitation virgilienne de Fracastor n'est pas seulement une imitation extérieure et de forme, une imitation de mots et de sons, comme celle de la plupart des versificateurs latins modernes; il y a dans ses vers une chaleur, une sensibilité véritables, et cette émotion de l'âme à la fois éprise des beautés de la nature et passionnée pour le bien du pays. On croirait entendre comme un écho lointain mais sonore du chalumeau et de la lyre du poëte romain. Peut-être même les vers patriotiques de Fracastor, inférieurs pour l'expression à ceux de Virgile, sont-ils au-dessus pour les sentiments : c'est l'Italie

---

[1]. La *Syphilis*. Un poëme fort médiocre, sur le même sujet, avait précédé celui de Fracastor : il est de Georges Sommaripa, véronais, et fut imprimé à Venise, avec d'autres opuscules, en 1487. Ce livre, très-rare, avait été indiqué à Bossi (notes sur l'histoire de la *Vie et du pontificat de Léon X*, VII, 323, 4) par M. François Testa, de Vicence, bibliographe très-instruit, et dont je ne puis oublier l'activité, la science et les bontés.

tout entière qu'il embrasse dans ses plaintes, dans ses gémissements, dans sa désolation; sa douleur n'est pas cette douleur de propriétaire, toujours un peu égoïste, du berger-courtisan Tityre, qui s'apaise si aisément dès qu'Octave lui a rendu son bien, et dont toute la commisération ne va pas plus loin qu'à offrir à coucher pour une nuit sur du feuillage vert (*fronde viridi*), au berger fugitif.

Afin de justifier mon enthousiasme pour Fracastor, poëte que peu de personnes lisent, je rappellerai quelques uns des vers qui m'ont charmé à Incaffi, chez un hôte éclairé et généreux, très-digne de les sentir :

> *Ausonia infelix, en quo discordia priscam*
> *Virtutem, et mundi imperium perduxit avitum.*
> *Angulus anne tui est aliquis, qui barbara non sit*
> *Servitia, et prædas, et tristia funera passus?*
> *Dicite, vos, nullos soliti sentire tumultus,*
> *Vitiferi colles, quà flumine pulcher amœno*
> *Erethenus fluit, et plenis lapsurus in œquor*
> *Cornibus, Euganeis properat se jungere lymphis.*
>   *O patria! o longum felix, longumque quieta*
> *Ante alias, patria o divum sanctissima tellus,*
> *Dives opum, fœcunda viris, lætissima campis*
> *Uberibus, rapidoque Athesi, et Benacide lympha,*
> *Ærumnas memorare tuas, summamque malorum*
> *Quis queat, et dictis nostros æquare dolores,*
> *Et turpes ignominias, et barbara jussa?*
> *Abde caput, Benace, tuo et te conde sub amne,*
> *Victrices nec jam Deus interlabere lauros.*

Indépendamment de la beauté des détails, le poëme de Fracastor se distingue par le mérite de l'invention : l'épisode du jeune homme victime de la nouvelle contagion est très-touchant, et je doute que nos poëtes descriptifs aient de plus jolis vers que ceux-ci sur le citronnier et la limonade :

> *Sed neque carminibus neglecta silebere nostris*
> *Hesperidum decus, et Medarum gloria, citre,*
> *Sylvarum : si fortè sacris cantata poetis*
> *Parte quoque hac medicam non dedignabere Musam.*
> *Sic tibi sit semper viridis coma, semper opaca,*
> *Semper flore novo redolens : sis semper onusta*

Per viridem pomis sylvam pendentibus aureis.
Ergo, ubi nitendum est cœcis te opponere morbi
Seminibus, vi mira arbor cithereia præstat.
Quippe illam Cytherea, suum dum plorat Adonim,
Munere donavit multo, et virtutibus auxit.

Hippolyte Pindemonte a composé une fort belle épître sur Fracastor, son compatriote véronais : elle est comme une heureuse inspiration des vers et des sentiments de ce poëte.

Ma promenade du matin à la maison de Fracastor et aux environs est un de mes plus doux et plus vifs souvenirs. Le roc de Minerbe, de l'autre côté du lac Garda, frappé des premiers rayons du soleil, semblait comme un bloc de granit rose. Du rocher qui forme la cime de la hauteur d'Affi, je dominais, d'un côté, tout le lac; de l'autre, la vallée de l'Adige, et devant moi étaient les hautes montagnes du Tyrol. C'est au pied de cette hauteur que fut défait et pris, à la bataille de Rivoli, le général autrichien Lusignan, malgré la beauté de son nom, par ces généraux français de la république, jeunes et nouveaux maîtres de l'art de la guerre, vainqueurs des tacticiens de la vieille école, battus probablement dans toutes les règles. J'avais sous les yeux le champ de bataille de Rivoli, vallon resserré, victorieuses Thermopyles, dans lequel toute autre armée se serait rendue sans l'intrépide fermeté de son chef qui, le soir même, allait détruire et prendre Provera sous Mantoue. C'étaient là les beaux jours de Bonaparte. Je retrouvai, en visitant dans la journée le champ de bataille même et l'immortel plateau, la trace des trois canons de notre batterie, sillon glorieux que la terre, aujourd'hui parée de gazon et de fleurs, semble garder avec orgueil. La bataille de Rivoli est un des premiers faits d'armes de l'histoire militaire du monde; l'admiration qu'elle excite redouble encore à l'aspect des lieux qui rendent plus sensibles la rapidité, le courage et la constance des combattants : pour ajouter au prodige de cette journée, c'étaient deux généraux italiens, Bonaparte et Masséna, qui triomphaient en Italie, sinon pour elle.

J'eus occasion d'entretenir, à Rivoli, un homme qui a dans le pays une sorte de célébrité; c'est Mosca, beau nom de contrebandier, métier qu'il exerçait lors de la bataille. Mosca fut consulté sur les chemins par Bonaparte ; il le porta sur ses épaules à un passage escarpé du mont Saint-Marc, sur le bord de l'Adige ; il n'a rien voulu demander, dit-il, et n'a reçu pour récompense que son pourboire et la permission de faire un peu plus aisément la contrebande. Retiré depuis vingt-cinq ans, après trente années d'exercice, Mosca était un vieillard de quatre-vingt-trois ans, très-gai ; il était devenu petit propriétaire (*contadino*) ; il récoltait du blé, du vin, et je le trouvai au milieu des champs, qui travaillait. Mosca ne savait ni lire ni écrire ; il avouait, au reste, franchement dans ses récits de la bataille, qu'il avançait ou reculait selon la chance du combat, et il aurait bien pu, à la manière de Sosie, prendre

> Un peu de courage
> Pour nos gens qui se battaient.

Malgré son espèce d'exploit et sa bonne fortune militaire, Mosca ne paraissait point très-partisan des Français, et il était resté attaché à l'ancien régime du gouvernement de Venise.

CHAPITRE XIX.

Azzano. — La grande Isotte. — Femmes littéraires en Italie.

Azzano fut le séjour de la grande Isotte Nogarola, femme savante, philosophe et théologienne, célèbre par son dialogue sur la faute de nos premiers parents, dans lequel elle plaide pour Ève, contre Adam, défendu par son frère, devant le podestat Navagero, qui donne ses conclusions. La scène se passe le matin à Azzano, et les avocats et le juge, comme il était alors d'usage, prennent leurs arguments dans Aristote, Cicéron, Hippocrate même, Ovide et les Pères. Isotte a composé une élégie latine en l'honneur d'Azzano, dont elle fait poétiquement remonter le nom à la nymphe de Sicile, Cyané, chargée par Cérès de garder sa fille, soin dont elle s'était assez mal acquittée, et qui, après l'enlèvement de Proserpine, s'était enfuie en Italie. L'élégie d'Isotte se termine par des vœux pour la prospérité et l'honneur de la famille Nogarola, vœux qui paraissent en ce dernier point avoir été exaucés [1]; elle souhaite aussi à Azzano, avec la formule ordinaire, une douce température, de claires fontaines, des prés fleuris, une eau pure; mais n'y a-t-il pas quelque chose d'un peu grossier dans le désir d'y voir rouler le sable opulent du Pactole, et cela ne rappelle-t-il pas le vers de Petit-Jean?

Mais sans argent l'honneur n'est qu'une maladie [2].

L'ancien manoir d'Isotte n'est aujourd'hui qu'un château tout neuf, non encore achevé, avec un parc à l'anglaise, de grandes prairies et une belle rivière aussi nouvellement créée. Son allée existe encore; elle est fermée par une vieille grille, et l'on y voit quelques vieux chênes décrépits, ses contemporains. Le portrait d'Isotte est dans une des pièces du château; ses traits sont gros et forts; son air est assez commun; elle est vêtue de noir et de blanc, et, sauf le voile, son costume ressemble assez à celui d'une sœur grise : au bas est une inscription latine portant que l'on ne sait si elle fut plus admirable par sa science que par ses mœurs [3]. Ce portrait, toutefois, est postérieur de plus de deux siècles à Isotte, puisqu'il a pour date l'année 1666. Un autre portrait que j'ai vu dans la bibliothèque de l'université de Bologne, et qui provient de la bibliothèque du cardinal Philippe Monti,

[1]. Le général Nogarola, mort en 1827, quoique ennemi des Français, fut un ennemi généreux; il en sauva plusieurs lors du massacre de Vérone, en 1797. « L'histoire, dit M. Daru, lui doit cet honorable témoignage. » (*Hist. de Venise*, liv. XXXVI, 4.)

[2]. Les autres ouvrages d'Isotte sont : *Lettres, Discours inédits*, passés de l'Ambrosienne à la Bibliothèque royale de Paris; *Discours latin à l'évêque Ermolao Barbaro; Éloge de S. Jérôme; Lettre latine à Louis Foscari*.

[3]. La plupart des femmes d'Italie, célèbres alors par leur savoir, n'étaient pas moins illustres par la rigidité de leurs principes. Quelques unes même ne paraissent pas sans une sorte d'exaltation et de manie; telle est la fameuse Véronique Gambara, de Brescia, née dans le même siècle qu'Isotte : veuve dès sa jeunesse, elle porta jusqu'à la mort le deuil de son époux; ses appartements restèrent tendus de noir; son carrosse fut toujours de la même couleur, et elle n'eut jamais de chevaux que les plus noirs qu'elle put trouver.

offre la même physionomie. Il est fort probable qu'Isotte n'aura point été flattée dans ces tardifs portraits ; elle dut avoir de la beauté, puisque son ancien maître, le docte Matthieu Bosso, s'étant attaché à l'église après avoir achevé cette éducation et ayant été nommé chanoine, craignit de retourner dans la famille Nogarola dont il avait longtemps été l'ami, afin, comme l'écrivait assez singulièrement un correspondant de Bessarion, d'échapper aux distractions qu'auraient pu lui causer les attraits de son élève.

La grande Isotte Nogarola, quoique morte dans un âge peu avancé[1], obtint, par son savoir et ses écrits, une haute célébrité : un des principaux avait été son discours adressé au pape Pie II et aux princes réunis à Mantoue, afin de les inviter à se croiser contre les Turcs[2] ; elle avait mérité les éloges d'Ermolao Barbaro, de Mario Philelphe, et excité l'admiration du cardinal Bessarion, qui de Rome était venu la visiter à Vérone. Un tel suffrage suffit à sa gloire. Au milieu de ce grand mouvement intellectuel de la renaissance, les femmes ne furent ni sans zèle, ni sans ardeur ; c'étaient des reines, des princesses, des dames de la plus haute naissance, qui se livraient avec enthousiasme aux nouvelles études. Le premier livre grec imprimé en Italie, la grammaire de Constantin Lascaris, avait été composé pour une femme, la fille du duc François Sforce, mariée au prince Alphonse, depuis roi de Naples[3]. L'Arioste a donné la liste poétique et incomplète de ces femmes illustres qui aimèrent, cultivèrent et

1. Elle mourut à trente-huit ans. Quelques biographes lui donnent dix ans de plus ; quoique l'âge de trente-huit ans dure ordinairement chez les femmes un certain nombre d'années, on a peine à supposer une pareille faiblesse de la part d'une personne aussi philosophe et aussi raisonnable qu'Isotte.

2. La princesse Hippolyte Sforce, dont il va être parlé, s'était même rendue à Mantoue et avait prononcé devant le pape un discours sur le même sujet, autrefois à l'Ambrosienne et publié par monsig. Mansi (t. II, 192), discours auquel Pie II avait répondu avec beaucoup de bienveillance.

3. Milan, Denis Paravisino, 1476. Hippolyte Sforce n'était pas moins savante dans la langue latine ; cette princesse avait transcrit presque tous les classiques latins. On voit, dans la bibliothèque du couvent de Sainte-Croix de Jérusalem à Rome, une belle copie de sa main du traité *de Senectute* de Cicéron, avec un grand nombre de pensées recueillies par elle.

protégèrent les lettres[1]. Cette haute origine de la science semble lui avoir conservé chez les Italiennes une sorte de dignité qu'elle n'a point ailleurs ; leur instruction, profonde quand elle n'est pas nulle, n'a point le caractère pédantesque de nos femmes savantes ou des bas bleus d'Angleterre. Ce savoir, qui se rattache à la découverte de l'antiquité, a quelque chose de grand et de viril ; il ne date point de l'hôtel de Rambouillet, et n'a point été à sa naissance immortalisé sur la scène par le ridicule. Le pays, l'aspect des lieux, les noms qu'ils portent, les souvenirs qu'ils rappellent, rendent aussi en Italie l'érudition des dames moins étrange, et leur latin y paraît moins une langue savante qu'une autre espèce de langue maternelle. J'ai connu quelques uns de ces docteurs de Vérone, de Padoue, de Venise, de Bologne ; c'étaient des femmes aimables, gaies, naturelles, d'excellente compagnie, qui avaient eu de la beauté et aimaient le plaisir ; moins agitées, moins tourmentées, moins passionnées peut-être que Corinne, elles n'avaient pas moins de charme dans l'esprit ou le caractère.

CHAPITRE XX.

Pont de Véja. — Premier type des ponts des enfers chrétiens.

Le pont naturel de Véja, dans les montagnes du Véronais, est une des choses les plus curieuses que j'aie rencontrées. On dirait que la nature n'a pas craint de donner aussi son morceau d'architecture (comme Scamozzi appelait ce pont) dans le pays même qui, depuis Vitruve jusqu'à San Micheli, Scamozzi et Palladio, semble la patrie des plus grands architectes. L'arche majestueuse du pont de Véja est de rocher, et sa rivière, limpide cascade, qui ne tarit jamais, coule au milieu du gazon, de jeunes arbrisseaux, glisse sur une large pierre polie par ses eaux, garnie,

---

1. *Orland. fur.*, c. XLVI, str. 3 et suiv. *V.* aussi l'ouvrage de madame Ginevra Canonici Fachini, de Ferrare, déjà cité : *Prospetto biografico delle donne italiane rinomate in litteratura*, et qui est précédé de la réfutation pleine de sens des faux jugements portés sur les femmes italiennes par lady Morgan.

encadrée d'un lit de mousse, et forme, plus bas, une charmante fontaine. Ce pont sauvage est décoré de légers festons de verdure, qui pendent pittoresquement, et que le vent balance au-dessous de son arche. Les vallées voisines, que l'on traverse avant d'y arriver, sont véritablement infernales pour l'aridité et la désolation. Le Dante avait parcouru ces montagnes ; il est fort probable que le pont de Véja lui donna l'idée des ponts de son enfer, dont le pont jeté sur le chaos par Milton, entre l'enfer et la terre, est une grande imitation. Premier type des ponts de l'enfer chrétien, machine nouvelle, et qui ne se trouve point dans les peintures du Tartare, le pont de Véjà aurait ainsi, comme on voit, une rare importance poétique. Nous avons déjà remarqué, au sujet de Roméo et Juliette, la rencontre de Shakspeare à Vérone ; Milton se retrouve aux environs. Singulière inspiration du génie des premiers poëtes anglais, dont la source est au pied des Alpes, et dans une province d'Italie !

A côté du pont de Véja est une grotte souterraine, longue et haute caverne formée de rochers. Si le Dante la visita jamais, et si les cicerone qui le conduisirent eurent le même luxe de torches, et jetant une aussi noire fumée que celle des nôtres, il put trouver dans cette expédition comme une scène de démons pour son poëme ; mais la mare bourbeuse de la grotte (j'en sais quelque chose) était bien loin de ce fleuve de l'enfer formé des larmes de tous les malheureux.

CHAPITRE XXI.

Tempio della Madonna di Campagna.— Davila.— Exhumations historiques.

A côté de Vérone est le *Tempio della Madonna di Campagna*, charmant édifice de San Micheli et de son digne neveu Jean-Jérôme. L'historien Davila, aussi homme de guerre habile, par une catastrophe qui semble le rapprocher des personnages de son histoire, exemple qui n'est pas le seul de cette sanglante époque, fut assassiné d'un coup d'arquebuse non loin du *Tempio della Madonna*. Son tombeau, retrouvé en 1822, par les soins de M. le comte Persico, alors podestat, est dans l'église, et l'ancienne inscription *Henrici Catherini Davila cineres*, 1631, a été rétablie. Le prénom de Davila, filleul de Catherine de Médicis, explique l'apologie et la justification qu'il a faite de sa conduite et de sa vie : historien éloquent [1], fanatique, narrateur indifférent de la Saint-Barthélemy, il censure amèrement l'amiral, qui semble à peu près, selon lui, n'avoir reçu que ce qu'il mérite. Cette découverte du tombeau de Davila peut se rapprocher d'autres exhumations remarquables qu'a vues notre siècle. Charles Ier a reparu en Angleterre depuis la mort de Louis XVI. Jacques II a été retrouvé à Saint-Germain. On dirait que ces morts curieux sont revenus au bruit d'événements semblables à ceux dont ils avaient été témoins ou victimes. Ainsi, l'historien de la Saint-Barthélemy apparaît après les meurtres de septembre et les proscriptions de la terreur, comme pour se convaincre que les passions humaines, soit qu'elles se parent des noms de religion ou de liberté, ne sont, à aucune époque, ni moins violentes, ni moins cruelles.

La coupole du temple où repose l'historien des guerres civiles de France, devint, dans la campagne d'Italie, comme l'observatoire militaire de nos victorieux capitaines; mais lorsque j'y montai, on n'y entendait plus que la fusillade et le canon des Autrichiens qui faisaient la petite guerre dans la plaine de *Campo-fiore*.

---

1. Le siége de Paris, liv. xi de l'*Histoire des guerres civiles de France*, est très-beau; au liv. x, les imprécations de Henri III contre Paris, peu de temps avant sa mort, lorsqu'il parcourt à cheval les hauteurs de Saint-Cloud, sont remarquables par une teinte de déclamation presque moderne; elles auraient pu se retrouver dans la bouche de quelques uns des chefs étrangers que nous avons vus à la même place en 1815, lorsque Saint-Cloud était le quartier-général prussien : *Parigi, tu sei capo del regno, ma capo troppo grosso e troppo capriccioso : è necessario che l' evacuazione del sangue ti risani, e liberi tutto il regno dalla tua frenesia; spero che fra pochi giorni qui saranno non le mura, non le case, ma le vestigie sole di Parigi.*

CHAPITRE XXII.

Arcole. — Obélisque.

Arcole est un de ces noms rendus magiques par la victoire, un de ces lieux qui témoignent des plus grands efforts du courage français. La méprise du général, si elle existe[1], est ici réparée et couverte par l'intrépidité du soldat. L'obélisque élevé sur le bord de l'Alpon, en mémoire de la bataille d'Arcole, est encore debout, mais il est dépouillé de ses inscriptions. La couronne de fer, l'N impérial ont disparu, et leurs traces inspirent moins de regrets. C'est Buonaparte, c'est le général de l'armée d'Italie, et non le roi de cette même Italie, que l'on cherche à Arcole; le capitaine est là bien au-dessus du prince, et la couronne de chêne des triomphateurs de Rome aurait mieux été à ce monument, que la gothique couronne des rois lombards.

A côté de l'obélisque mutilé était un arbre desséché et rompu, qui semblait associer le deuil de la nature à celui de la gloire. Une troupe de moissonneuses travaillaient dans les champs voisins; une d'elles, armée de sa faucille, voulait m'expliquer cette grande bataille de trois jours, livrée *après la Saint-Martin*, quand l'Alpon était bien plus enflé que je ne le voyais, car ce torrent n'avait alors qu'un filet d'eau.

Le petit pont d'Arcole, qui n'a point les grandes proportions qu'on lui donne dans nos estampes patriotiques, est resté de bois et sans parapet; il aurait pu être fait de pierre à l'occasion

---

[1]. Bonaparte paraît avoir répondu au reproche qui lui avait été adressé d'avoir mal choisi son point d'attaque, et de n'avoir point passé l'Alpon à son embouchure, le premier ou le second jour de la bataille, comme il le fit le troisième : l'armée française avait éprouvé des revers depuis huit jours, il ne pouvait s'exposer dans la plaine avec treize mille hommes contre trente mille, et l'équilibre ne fut un peu rétabli entre les deux armées que le troisième jour, par les avantages obtenus successivement les deux premiers. *Mémoires pour servir à l'histoire de France sous Napoléon, écrits à Sainte-Hélène, par les généraux qui ont partagé sa captivité.* T. Ier, écrit par M. le général de Montholon, p. 19.

du monument, qui, dans sa magnificence impériale et militaire, semble un peu égoïste. Un pont de village a son prix, même à côté de l'obélisque le plus glorieux et le plus mérité.

CHAPITRE XXIII.

Colognola. — Bonfadio. — Illasi. — Architectes-amateurs. — Panthéon. — *Purga di Bolca.* — Fossiles.

Colognola fut habité et chanté par Bonfadio (*de villa Coloniola*). La maison dans laquelle il avait été reçu, probablement par quelque seigneur espagnol,

Magnæ Alcon silvis cognitus Hesperiæ,

est voisine de la grande villa Portalupi. Le petit jardin est plutôt une terrasse d'où la vue est fort belle et s'étend sur toute la vallée. Des ifs taillés, des cyprès ont remplacé les coudriers à l'ombre desquels Bonfadio avait reçu de sa Philis ce baiser platonique, volupté subtile et glacée, qui ne ressemble point à l'*âcre baiser* de Julie. Les cyprès sont, au reste, nombreux dans le Véronais; ils y perdent ainsi, comme en Grèce, leur caractère funèbre, et ce bel arbre est même d'un fort bon rapport pour les propriétaires. J'eus quelque peine à retrouver cette maison de Bonfadio; les gens du village me renvoyaient toujours à la maison del signor Bonifacio, et cela me parut un nouvel exemple du peu de popularité des noms littéraires, depuis que la littérature est devenue une étude et une science de cabinet.

Les lettres de Bonfadio, malgré quelque recherche, sont intéressantes par la passion philosophique et littéraire qu'elles respirent : *il pensar è il viver mio*, écrit-il à Benoît Ramberti, ami de Paul Manuce : ses lettres à celui-ci sont le plus bel éloge de ce grand imprimeur : *Troppo occupata, e faticosa in vero è la vita vostra : nè so a che fine ciò facciate : per arrichire ? non credo : perchè voi non misurate le ricchezze con la storta regola del volgo, e dei beni di fortuna, secondo i desiderj vostri avete assai : e se le cose veramente sono di chi le usa bene, siete un gran signore... E poiché avete indrizzato il corso della nobile industria vostra a sì bel fine, non bisogna che piegate punto; benchè per giudizio mio oramai potreste talor riposare. Andava gli anni passati la lingua latina rozza, e come forestiera smarrita. Il padre vostro la raccolse in sua casa, e la ridusse a politezza principiandole un bellissimo edifizio...* Il l'invite à ne point sortir et même à ne pas se lever à cause du vent... *Mentre che dura questo tempo, non uscite, non dirò di casa, ma non uscite di letto; ponete nel conservarvi maggior cura che fin' ora non avete posto; avete troppo grand' animo: l'ingegno è maggiore; ma le forze ove sono? viviamo, messer Paolo, viviamo :* quelques traits des mœurs du temps paraîtront aujourd'hui singuliers : *Questo verno ho letto il primo della Politica d'Aristotele in una chiesa ad auditori attempati, e più mercanti che scolari... Morì il vescovo di Consa mio padrone : era un giovane il più robusto ch' io conoscessi mai; affrontava gli orsi, ed ammazzava i porci selvaggi; era un Achille.*

Non loin de Colognola sont les châteaux des comtes Pompei, ancienne famille véronaise : celui du comte Alexandre, bâti en 1737, est de sa propre architecture, ainsi que le porte l'inscription. Une particularité distingue l'école d'architecture vénitienne, c'est qu'elle a produit, outre d'habiles architectes de profession, un assez grand nombre d'amateurs, appartenant aux classes élevées de la société, et tout à fait dignes du nom d'artistes par leur savoir et le style de leurs constructions. Le comte Alexandre Pompei, éditeur de San Micheli, est au premier rang de ces illustres amateurs. Le château d'Illasi fut son coup d'essai; bientôt s'élevèrent, sur ses dessins, aux environs de Vérone, de semblables palais pour le marquis Pindemonte et le comte Giuliari, palais qui sont comme des traditions du goût de Palladio, et Vérone elle-même lui dut le bel édifice de sa douane.

A Sainte-Marie *delle Stelle* est un souterrain appelé du nom pompeux de *Panthéon*, sujet de nombreux et incertains mémoires des érudits véronais, antique monument pavé à quelques endroits d'une belle mosaïque de diverses couleurs, dans lequel se voit encore, en caractères romains très-lisibles, l'inscription : *Pomponiæ Aristocliæ Alumnæ*, mise sur un piédestal au-dessous d'un bas-relief grossier représentant la mort de la Vierge ; car cette espèce d'antre de Trophonius, ainsi que l'appelle le chanoine Dionisi, devint une chapelle dédiée, en 1187, par le pape Urbain III, à Marie et à saint Joseph. Celui-ci, par un bizarre anachronisme, tient même entre ses bras l'enfant Jésus dans le bas-relief de la mort de Marie.

La vallée de *Ronca*, environ à quinze milles de Vérone, est célèbre en Europe par ses coquillages, ainsi que la carrière d'un schiste calcaire remplie de squelettes de poissons fossiles, appartenant à des mers lointaines, d'espèces ignorées ou perdues, et entassés au pied de la montagne *Purga di Bolca*, preuves certaines des révolutions de notre globe, victimes et débris de catastrophes reculées, monuments curieux, antiquités de la nature, reconnus, expliqués de nos jours par ses savants et ingénieux interprètes[1], et qu'un grand poëte de l'Italie contemporaine a chantés :

> *Queste scaglie incorrotte, e queste forme*
> *Ignote al nuovo mar manda dal Bolca*
> *L'alma del tuo Pompei patria Verona*[2].

CHAPITRE XXIV.

Montebello. — Vicence. — Basilique. — Bibliothèque. — Société de lecture. — Théâtre olympique. — Académie olympique du XVIe siècle. — Maison de Palladio. — Palais. — Églises.

Je m'arrêtai une nuit à *Montebello*, gîte affreux et gros village qu'encombrait alors un nombreux détachement d'infanterie autrichienne en passage, mais qui me rappelait une victoire, et l'un des nouveaux noms historiques de la France.

Vicence est célèbre par la naissance et les palais de Palladio,

---

1. *V*. la dernière édition des *Recherches sur les ossements fossiles*, de Cuvier, t. IV, p. 218 et suiv., et la *Description géologique des environs de Paris*, par le même et par M. Alexandre Brongniart, insérée dans cette dernière édition, t. II, p. 426 et suiv.

2. Mascheroni. *Invito à Lesbia*.

dont le goût, à l'époque même de la décadence, s'y est constamment transmis et maintenu. Mais la saleté de la ville qui a trente mille habitants, et les vilaines boutiques de la place nuisent à la beauté de ses monuments. Une ordonnance de police serait là singulièrement utile à l'art.

Le palais public appelé la Basilique est une vaste et magnifique restauration qui a commencé et étendu la réputation de Palladio. Cette ancienne construction gothique, renouvelée sans disparate par un si habile maître, est devenue un modèle plein de goût, de correction et de pureté. Quelques chef-d'œuvres des artistes de l'école vénitienne sont à ce palais. La demi-lune représentant : *les deux Recteurs de la ville aux pieds de la Vierge*, sous un riche pavillon avec S. Marc, majestueuse composition, l'une des meilleures du Bassan ; le *Podestat Vincent Dolfin, avec la Paix, la ville de Vicence, un vieillard, et la Renommée dissipant les Vices*, tableau de même grandeur, de Jules Carpioni, idéal et vrai ; le *Martyre de S. Vincent*, la nuit, en présence du tyran, un des bons ouvrages d'Alexandre Maganza de Vicence ; la *Vierge, Ste Monique, Ste Marie Madeleine adorant l'enfant Jésus*, avec un beau paysage ; la *Vierge présentant son fils à Siméon*, de Barthélemy Montagna ; une *Ste Catherine* ; la *Vierge pleurant le Christ mort, avec S. Jean et Marie Madeleine*, du Marescalco, gracieux peintre vicentin du commencement du XVIe siècle ; l'*Adoration des mages*, grandiose, de Fogolino ; la *Vierge, l'enfant Jésus, S. Jacques et S. Jérôme*, du Conegliano ; la *Vierge dans les airs au milieu des anges et des chérubins*, au-dessus le Père éternel et au bas un apôtre et S. Jérôme, du vicentin Jean Speranza, élève de Mantegna.

La *Loggia* du palais *Prefettizio*, occupé maintenant par la délégation, est un monument de Palladio. Quelques bonnes peintures sont d'Antoine Fasolo, peintre vicentin du XVIe siècle, imitateur de Paul Véronèse, savoir : *Mucius Scœvola se brûlant la main* ; *Curtius se précipitant dans le gouffre* ; et *Horatius Coclès combattant sur le pont Sublicius*.

La bibliothèque de Vicence, dite la *Bertoliana*, du nom de son fondateur, le comte Jean Bertolo, jurisconsulte célèbre et consulteur de la république Vénitienne, a trente-six mille volumes et environ deux cents manuscrits.

Un des cinq exemplaires sur vélin de l'*Orlando furioso*, édition de Ferrare, 1532, est orné du portrait de l'Arioste, d'après un dessin attribué au Titien. Cette édition, la onzième, fut la dernière publiée du vivant de l'Arioste; il la corrigeait sur les épreuves; on prétend qu'elle fut cause de sa mort, tant il était mécontent de l'imprimeur, et il avait écrit à son frère Galasse qu'il était *mal servito in questa ultima stampa e assassinato*.

Une société de lecture vient d'être fondée à Vicence. Le nombre des associés est de plus de cent vingt; il prouve que la jeunesse vicentine citée pour son goût des plaisirs et des fêtes, sait y joindre le goût de la lecture et des solides entretiens.

Le théâtre olympique de Vicence, construit sur les dessins de Palladio après sa mort, est un monument noble, élégant, curieux. Il a la forme d'un théâtre antique; la scène même est pareille à celle des deux théâtres de Pompéi découverts deux siècles plus tard et que ce grand homme avait devinés. Les membres de l'académie olympique, qui le firent bâtir, y représentaient, dans le XVIe siècle, les pièces de Sophocle et d'Euripide traduites en vers italiens, imitations stériles qui, jusqu'au temps d'Alfieri, devaient laisser l'Italie sans théâtre tragique. L'inauguraion du théâtre de Vicence fut faite par l'académie olympique de cette ville, qui représenta l'OEdipe grec traduit par Orsato Justiniani, noble vénitien. Louis Grotto, auteur dramatique lui-même et aveugle, y jouait le rôle d'OEdipe, du moins pendant le dernier acte, lorsque OEdipe entre sur la scène, après s'être arraché les yeux. L'infirmité de Grotto n'ajouta point, je crois, à la perfection de son jeu; elle devait nuire, au contraire, à cette sorte d'*idéal*, condition première des arts d'imitation, et, sans doute, il fut mieux inspiré par cette admiration, par cette passion que ressentaient alors pour les chefs-d'œuvre antiques les gens de lettres de la renaissance. C'est à Vicence, selon Voltaire, que fut jouée, en 1514, la Sophonisbe du Trissin, dont il fait un prélat, et même un archevêque, quoique le Trissin eût été marié deux fois et ait eu quatre enfants. La Sophonisbe italienne fut la première de nos tragédies régulières[1], et Vicence est ainsi le berceau de la triple unité.

La petite maison, dite de Palladio, est un chef-d'œuvre, mais elle ne fut point sa propriété, comme on le croit communément; elle lui fut commandée par la famille Cogolo, de Vicence, qui peut-être ensuite la lui aura louée ; elle fut seulement surnommée petite par comparaison avec les autres palais plus grands qu'il y a bâtis.

Les palais construits sur les dessins de Palladio sont le palais Chiericato; le célèbre palais Tiene, dont quelques parties seules ont été exécutées; le palais Porto-Barbaran, qui a subi quelques ornements de mauvais goût étrangers à l'illustre architecte; le palais Folco, dit Franceschini, d'une si majestueuse simplicité; le palais Valmarano, un de ses plus habiles chefs-d'œuvre; le palais Trissino *dal Vello d'oro* qu'il fit à vingt ans.

Le palais Trissino, un des plus beaux de Vicence et chef-d'œuvre de Scamozzi, élevé sur ses dessins pendant qu'il était à Rome, parut alors l'ouvrage d'un artiste qui n'avait plus rien à apprendre. Le palais Cordellina est du Calderari, bon architecte vicentin de la fin du dernier siècle, restaurateur de l'art, et l'un de ces nobles amateurs d'architecture dont il a été parlé. Il n'y a de terminé que le tiers du palais, qui ne serait point indigne par sa magnificence du voisinage des palais de Palladio, s'il était achevé.

Les églises de Vicence sont riches de peintures. Cette ville doit à ses propres artistes la plupart des divers chefs-d'œuvre de peinture ou d'architecture qui la décorent. La cathédrale possède, de Barthélemy Montagna, la *Vierge, l'enfant Jésus et quelques saintes*; une fresque de *S. Joseph et d'autres saints qui adorent l'enfant Jésus;* de Benoît, son frère, le *Père éternel*, le *Christ*, le *S.-Esprit*, la *Vierge* et *S. Jean-Baptiste;* d'Alexandre Maganza, la *Vierge avec l'enfant Jésus, S. Jean, S. Paul et S. Grégoire,* un de ses meilleurs ouvrages. La *Pêche miraculeuse;* la *Conversion de S. Paul*, de Zelotti, un des premiers peintres du XVIe siècle,

---

[1]. Malgré les contestations des érudits, la *Rosmunda* de Jean-Bernard Ruccellai, jouée à Florence devant Léon X, ne le fut, à ce qu'il paraît, qu'en 1515.

dont la réputation n'égale point le mérite, ont paru dignes de Paul Véronèse, son camarade, son compatriote et son ami. Au chœur le *Sacrifice de Noé* est un des ouvrages distingués de Liberi. L'oratoire, dit du Dôme, a d'autres bonnes peintures des Maganza. La *Vierge embrassant J.-C. dans le Temple*, d'André Vicentin, est remarquable; les statues, dont les meilleures à l'autel, sont de l'école de Vittoria.

L'extérieur de l'église *Santa-Corona* promet peu; le dedans tient beaucoup. La *Sainte, Ste Marie Madeleine, S. Jérôme, Ste Monique, S. Martin*, en habits pontificaux, est une noble composition de Barthélemy Montagna. Deux autres chefs-d'œuvre sont: le *Baptême du Christ*, de Jean Bellini; l'*Adoration des mages*, de Paul Véronèse.

Le même sujet, à la petite église Saint-Dominique, est une habile imitation de Paul Véronèse, et des bons ouvrages de Maganza.

L'Hospice des Pauvres, tenant à l'église Saint-Pierre, offre un élégant cippe funéraire de Canova qui a embelli tant de riches et brillantes demeures. Il est consacré à la mémoire du chevalier Trento; la femme gravant le nom de cet homme bienfaisant sur la colonne qui porte son buste, représente la *Félicité*, sujet bizarre et trop riant pour un hôpital. L'église a de belles peintures de Maganza, parmi lesquelles on distingue *S. Benoît* avec *S. Placide* et *S. Maur*, et un roi qui leur présente son fils: le *Christ donnant les clefs à S. Pierre*, de Zelotti, est excellent.

L'église Saint-Étienne doit être visitée pour sa *Vierge* sur un trône, avec S. Vincent et Ste Lucie à ses côtés, et en bas un ange qui joue de la harpe, ouvrage incomparable de grâce et de douceur, l'un des meilleurs du vieux Palma.

Sainte-Croix a une admirable *Déposition de croix*, du Bassan.

On admire à Saint-Roch la *raphaélesque Madone* entre quatre saints, du Marescalco, un des meilleurs tableaux de Vicence; le S. Sébastien en est d'une beauté vraiment idéale.

CHAPITRE XXV.

Casin Capra. — Cricoli. — Le Trissin. — Notre-Dame-du-Mont.

Au dehors de Vicence est le célèbre casin Capra, chef-d'œuvre de Palladio, qu'un pair de la Grande-Bretagne, lord Burlington, admirateur de son génie et architecte lui-même, a fait imiter dans son parc de Chiswick. Peut-être cette légère rotonde, si en harmonie avec le ciel et la lumière brillante de l'Italie, ne va-t-elle pas aussi bien avec le ciel brumeux de l'Angleterre. Telle est l'habile et commode application de l'architecture de Palladio aux usages et aux besoins modernes, qu'il a trouvé comme une seconde patrie dans ce pays du *comfortable*, et que les premiers architectes anglais semblent y avoir naturalisé ses plans par leurs nombreuses imitations[1]. Des quatre façades du casin, on a des vues d'une variété admirable, variété qui est comme le caractère de la nature d'Italie.

Cricoli, à un mille de Vicence, est une villa bâtie sur le plan du Trissin, auteur de la *Sophonisbe*, demeure champêtre dans laquelle il réunissait les gens de lettres de son temps, et qui appartient encore à ses descendants. Elle a quatre tours aux quatre coins, et le caractère de l'architecture n'est pas sans noblesse. Vicence a, comme Pompéi, sa maison du poëte tragique; mais celle de la cité antique, conservée précieusement par la cendre du Vésuve, est, après plus de dix-sept siècles, moins délabrée que la maison du tragique moderne, qui fait partie d'une grande ferme, et sert aujourd'hui de grange. Trissin a toutefois mieux mérité de l'architecture par son amitié pour Palladio, dont il fut le Mécène, et qu'il conduisit à Rome, que par sa villa de Cricoli. Orateur, poëte épique, tragique, on voit qu'à défaut de chefs-d'œuvre, le Trissin fut un des zélateurs les plus ardents des

---

[1]. Ces architectes sont principalement Inigo Jones, le Palladio de l'Angleterre, Christophe Wren, Jacques Gibbs, Chambers, cités par M. Quatremère de Quincy. *Histoire de la vie et des ouvrages des plus célèbres architectes*, t. II, p. 5.

lettres et des arts dans un siècle qui en compte un si grand nombre.

Près de Vicence est l'église Notre-Dame-du-Mont, dont la statue, surchargée de vêtements, est un ouvrage grec. Quelques tableaux sont excellents : *la Vierge tenant le Christ mort entre ses bras,* et S. Pierre, S. Jean et Madeleine, de Barthélemy Montagna ; *la Vierge, l'enfant Jésus dans les airs, avec des anges,* le portrait du recteur François Grimani frappé de l'arc-en-ciel, et en bas la Justice, la Charité, la Paix, l'Abondance, la Prudence, et l'Espérance qui introduit quelques marchands et beaucoup de pauvres, de femmes et d'enfants, vaste et belle composition de Jules Carpioni. *La Vierge mettant l'enfant Jésus sur le piédestal de la statue d'une idole renversée,* avec S. Joseph et trois anges, est de Ménageot, peintre français qui contribua, vers la fin du dernier siècle, à la restauration de notre École ; don touchant fait par l'artiste à la ville de Vicence, comme souvenir de l'asile qu'il y avait trouvé pendant nos orages. Dans le réfectoire du couvent sont : l'*Adoration des mages,* un des chefs-d'œuvre de Benoît Montagna, et le merveilleux tableau de Paul Véronèse représentant *le Christ sous les habits d'un voyageur assis à la table de S. Grégoire.* Le mont Berico, sur lequel se trouve l'église de Notre-Dame, est presque devenu un monument, et c'est sous des arcades de pierre que l'on arrive au sommet. Il y a dans cette longue construction, qui n'est pas la seule du même genre en Italie, une persévérance d'art peut-être unique, et qui n'appartient qu'à ce pays.

CHAPITRE XXVI.

Sette Comuni. — De leur origine cimbrique. — Asiago. — Société — Habitants. — Foire. — Anciens usages. — Élection populaire du curé. — Ferracino. — Merlin Coccaie. — *Per ubbidirla.*

J'ai passé deux jours à parcourir les célèbres *Sette Comuni,* véritables tribus de montagnards peu connues, espèces de Batuécas des Alpes, que plusieurs savants et voyageurs ont voulu faire descendre des Teutons et des Cimbres[1]. Il paraît que cette généalogie causa quelque embarras aux habitants des *Sette Comuni*, car ils chargèrent, vers le milieu du dernier siècle, un de leurs compatriotes de leur dire ce qu'il en était, et son ouvrage fut exécuté à leurs frais. L'historiographe de ces villages a fait un livre excellent, dont il n'a malheureusement paru que le premier volume[2]; il n'admet ni leur fabuleuse antiquité, ni le roman grammatical qui en est le prétexte, et il regarde toute cette population comme un mélange de diverses races allemandes réfugiées dans ces rochers à diverses époques.

De Vicence à Marostica, l'on suit une route montante à travers des champs de cailloux. Marostica a produit quelques hommes savants parmi lesquels le célèbre Prosper Alpino, médecin, voyageur, grand botaniste, le premier introducteur en Europe du café qui, malgré m▓▓▓ de Sévigné, ne devait pas plus passer q▓▓ racine.

[1]. Marzagaglia, savant véronais du xve siècle, maître d'Antoine Scaliger, est le premier partisan de l'origine cimbrique, si opiniâtrément défendue par Maffei et appuyée par Marco Pezzo de Vérone, auteur du livre *de' Cimbri Veronesi e Vicentini*. Le roi de Danemarck, Frédéric IV, prétendit reconnaître en 1708 quelques mots de leur langage. Bettinelli consentait déjà à ne plus voir dans ces villageois que les restes d'une colonie allemande amenée par les Othons. De nos jours M. Bonstetten est revenu seul à l'origine cimbrique. Malte-Brun, dans une notice sur le Tyrol et le Voralberg (*Annales des Voyages*, t. VIII), a prétendu, d'après le baron de Hormayr, dernier historien du Tyrol, que ces montagnards n'étaient probablement que des charpentiers et ouvriers en bois sortis du Tyrol, et que le mot *zemberleut*, qui en tyrolien signifie *ouvriers en bois*, aurait donné naissance à la tradition répandue parmi ces prétendus Cimbres. Un savant philologue, M. le comte Castiglioni, imposante autorité sur les langues du nord, qui a conversé avec plusieurs de ces montagnards, et que j'ai consulté à Milan, croit que ce dialecte n'est que le patois allemand de la Souabe. Je regrette de n'avoir pu me procurer l'ouvrage de M. le comte Giovanelli sur l'origine souabe des communes véronaises et vicentines, imprimé à Trente en 1826, et vivement combattu par le professeur Stoffella de Roveredo, quoiqu'il faille toujours un peu se méfier, dans ces sortes de questions, de l'amour-propre national et des sentiments patriotiques de l'écrivain.

[2]. *Memorie istoriche de' Sette Comuni Vicentini*, opera postuma dell' ab. Agostino dal Pozzo, Vicence, 1820, in-8°, publiés par les représentants de Rotzo, une des sept communes vicentines, lieu de naissance de dal Pozzo, mort à Padoue en 1798.

De Marostica à Asiago, chef-lieu des Sept Communes, le voyage est une véritable course de montagne, et des plus rudes, que l'on ne peut faire qu'à pied ou à mulet. Mais les vues de ces montagnes sont belles, et l'on y aperçoit et suit, en les gravissant, le cours de la Brenta. Au pied des Sept Communes les collines Bergonze, fort intéressantes sous le rapport géologique, furent étudiées avec soin par un savant vicentin de premier ordre, le comte Marzari, mort en 1836, âgé de cinquante-six ans, qui reconnut que les couches de calcaire tertiaire, de tuf et de basalte, alternaient jusqu'à vingt-deux et même vingt-cinq fois. Une double forêt de pins, mêlée de rochers, précède Asiago, et son aspect sauvage est une pompe qui convient à une telle capitale. Sur la route, et à peu de distance, sont les ruines de l'ancienne maison de la régence des Sept Communes, renversée par une avalanche, unique conspirateur d'État, seul ennemi, seul barbare qui soit venu jamais envahir et détruire un tel palais.

Asiago n'est pas sans une sorte de dignité rustique; elle est bien percée, elle a de nombreuses fontaines à robinets de bois; l'église est solidement bâtie. Cette église offre des tombeaux d'anciennes familles du pays, couverts de larges plaques de marbre, et le clocher, dont l'horloge est du grand Ferracino[1], s'élève noblement sur la cime plate de cette montagne, qui n'a de végétation que l'herbe des champs.

Il paraît que les étrangers visitent peu les Sept Communes, car mon arrivée dans leur capitale devint un événement: ma chambre d'auberge fut, le soir, remplie de curieux, et, à la manière italienne, on me fit, comme à Rome et à Florence, les premières visites. Le gendarme, dont l'empressement était moins flatteur, vint aussi me demander l'éternel *passaporto;* ce militaire n'avait point encore là d'armes ni d'uniforme, et il ne portait que le gourdin de la police.

La société d'Asiago se compose de sept ou huit employés vivant à l'auberge et au café: ce sont le juge, le commissaire de police, leurs deux adjoints et trois avocats. Ces derniers ne man-

---

1. *V.* ci-après et le chap. suiv.

quent pas d'affaires, car les habitants des Sept Communes sont fort processifs. Le plus habile de ces avocats, établi depuis peu de temps à Asiago, avait trouvé, à son arrivée, soixante causes sur des questions de propriété, de redevances d'argent, de froment, de blé de Turquie, etc., et Asiago n'a pas quatre mille habitants. Dans la visite que je lui rendis, il me fut impossible de n'être point frappé de la quantité de dossiers entassés dans son cabinet. Pasteurs et fabricants (les chapeaux de paille des Sept Communes sont renommés, et s'exportent même jusqu'à Paris; leur tabac est estimé, et leur bois de charpente très-bon pour les bâtiments), ces hommes n'ont ni toute l'innocence des premiers, ni la bonne foi, l'intégrité qui doit distinguer les seconds.

Quoique le jour de mon arrivée à Asiago fût un dimanche, le costume des paysannes me sembla peu gracieux : elles se coiffent de gros chapeaux ronds, comme les hommes, et leur habit, de couleur foncée, est laid et diffère peu de celui des paysannes de la plaine. Au lieu d'airs et de chansons montagnardes, je ne pus, aussi malheureux qu'à Chamouny, me procurer que quelques cantiques allemands assez tristes. Le dialecte des habitants des Sept Communes va se perdant chaque jour davantage, comme leurs mœurs primitives se sont insensiblement effacées. Chose singulière ! l'unique ouvrage imprimé dans cette langue sauvage est la *Doctrine* du jésuite Bellarmin, combattu par Bossuet et supprimé par Marie-Thérèse comme contraire à l'autorité temporelle ! Il paraîtra peut-être bizarre de s'occuper de recherches bibliographiques au sein de ces montagnes plus riches en pierres et en herbes qu'en livres; mais c'est une vieille habitude dont il est difficile de se défaire et pour laquelle je réclame quelque indulgence. Le second jour que je passai à Asiago était celui d'une des quatre grandes foires de l'année. On y vendait des merceries grossières et force de ces affreux chapeaux ronds communs aux hommes et aux femmes; au dehors, la vente des bestiaux sur une hauteur verdoyante entourée de gros quartiers de rochers, était plus pittoresque.

Sous le gouvernement de Venise, les habitants des Sept Communes ne payaient point de tribut; ils avaient le droit d'élire leurs magistrats; ils se gouvernaient par leurs propres lois et jouissaient aussi d'autres priviléges, parmi lesquels la contrebande n'était pas un des moindres; ils n'ont guère pu, dit-on, se résigner à la perte de celui-ci, et l'exercent encore le plus qu'il leur est possible.

Malgré l'affaiblissement universel du pittoresque de mœurs[1], quelques vieux usages subsistent encore dans cette contrée; si, comme certains montagnards d'Auvergne, ces montagnards ne se marient plus seulement entre eux, s'ils ne fabriquent plus leur drap, si la joyeuse mousqueterie de leurs noces ne se fait plus entendre; enfin, si leurs usages de plaisir se sont à peu près perdus, ils s'assemblent encore, ainsi que les anciens Allemands, pour pleurer sur la tombe de leurs morts, et ils portent le deuil pendant une année, enveloppés d'une lourde capote de drap noir qu'ils ne quittent point, quelle que soit la chaleur. A la procession des Rogations, qu'ils appellent un peu fastueusement *giro del mundo* (le tour du monde), ils font un repas à moitié chemin; car il y a quelque chose de bachique et d'allemand dans la dévotion, d'ailleurs très-fervente de ces montagnards; et le dernier jour, les jeunes filles offrent à leurs amants un, deux ou trois œufs, selon le degré de leur tendresse.

Le curé d'Asiago est encore nommé par le peuple au scrutin secret, par boule blanche ou rouge; celle-ci est la bonne et la blanche rejette. Le curé venait d'être ainsi élu il y avait un mois (en septembre 1828) : l'évêque propose quatre prêtres, mais on peut en nommer un qu'il n'a pas désigné, et le curé nommé n'était que le troisième sur sa liste. Au milieu du vaste nivellement de l'administration des États autrichiens, la religion seule a conservé aux Sept Communes quelques restes de leurs anciennes franchises.

Le sonnet a pénétré jusqu'au sein de ces montagnes; il y en avait un d'affiché à Asiago en l'honneur de l'archiprêtre Montini, qui avait prêché le carême dans la paroisse Saint-Jacques, et il

---

1. *V*. Liv. I, ch. XII.

s'exprimait au nom de la députation communale reconnaissante.

Asiago est la patrie d'un des plus habiles poëtes latins modernes, Jean Costa, professeur et directeur du célèbre collége de Padoue, appelé séminaire, mort en 1816, âgé de quatre-vingts ans, dont les *Carmina* ont eu plusieurs éditions et que sa belle traduction de Pindare, trois volumes in-quarto, aurait dû rendre plus fameux.

En revenant à Vicence par Bassano, au travers de belles montagnes, de superbes rochers, au fond desquels roulait un large torrent qui tombait dans la Brenta, je trouvai à Solagna, contre le mur extérieur de l'église, le tombeau de Ferracino dont une inscription simple et touchante rappelle le singulier génie[1].

Sur les bords de la Brenta, au sein d'une riante vallée, j'ai vu dans l'église de Campèse le mausolée de Merlin Coccaie, né près de Mantoue, poëte latin élégant, Virgile de la garde-robe, et le premier des écrivains en style macaronique, qui me semblait peu digne d'habiter de tels lieux :

> *Campese, la cui fama all' Occidente.*
> *E ai termini d'Irlanda e del Catajo*
> *Stende il sepolcro di Merlin Coccajo*[2].

Les habitants du Vicentin ont une formule affirmative qu'ils

---

[1].
D. O. M.
Bartholomæo Ferracino
Venetæ Reip. Mechanico
Inveniendi ingenio perficiundi solertia
Natura unice magistra
Machinatori Archimedis æmulo
Jo. Baptista parenti optimo
Bartholomeus avo dulcissimo
Piis cum lacrumis
M. P.
Vixit annos LXXXV. M. IV. D. VI.
Obiit IX cal. janv. A. MDCCLXXVII.

[2]. *Secchia rapita*, c. VIII, 24. Le mot *macaronée* doit son étymologie au *macaroni* italien composé d'un mélange de farine, de fromage, de beurre et autres ingrédients ; un passage même de la pièce de Merlin Coccaie, intitulée *Merlini Cocaii apologia in sui excusationem*, confirme cette dérivation.

répètent sans cesse, c'est *per ubbidirla* (pour vous obéir); elle était comme le refrain du guide très-intelligent que je pris à Marostica pour parcourir les *Sette Comuni*; si je lui parlais d'un rocher, d'un torrent, il ne manquait pas de répliquer par son éternel *per ubbidirla*, et je ne sais, en vérité, si, lorsque je rencontrai les tombeaux de Ferracino et de Coccaie, il ne me dit pas que ces morts aussi étaient là *per ubbidirla*.

CHAPITRE XXVII.

Cittadella. — Ligue de Cambrai. — Bassano. — Nativité du Bassan. —Pont.—Brocchi.—Éditions de Bassano.—Les Bassans.

De Vicence à Bassano l'on passe à Cittadella dont les fossés, les portes et les murailles crénelées, quoique en ruine, sont d'un bel effet. Ce côté détourné de l'État de Venise, rappelle vivement son ancienne puissance et les vicissitudes de sa fortune : quelquefois vous apercevez au haut d'une montagne un vieux fort de brique rougeâtre, souvenir du règne des Scaligers ou de la ligue de Cambrai; de cette ligue la plus formidable qui jamais eût été formée en Europe contre un peuple, depuis la chute de l'empire romain jusqu'aux coalitions contre la France; mais, dans sa dégradation et son abandon, ce débris conserve encore une sorte d'indépendance et de grandeur, et l'on n'y sent point, comme sur la place Saint-Marc, à la vue du canon et de l'étendard autrichien, la marque du joug étranger.

Bassano, animée, commerçante, compte douze mille habitants cités pour l'esprit, l'intelligence et la politesse. Deux de ses manufactures annoncent une industrie distinguée, élégante : la première, de porcelaine, est avec celle du marquis Ginori, près Florence, la seule que j'aie rencontrée en Italie; la seconde, de chapeaux de paille, rivalise avec les chapeaux de Toscane. Cette agréable ville, surnommée jadis la petite Venise, est à jamais illustre par son grand peintre le Bassan (Jacques), émule à la fois du Titien et du Corrége, estimé, envié, admiré par Annibal Carrache, le Tintoret et Paul Véronèse.

A l'oratoire Saint-Joseph est la célèbre *Nativité*, du Bassan, son plus beau tableau et peut-être le plus remarquable de la peinture moderne pour la force des teintes et du clair-obscur. Il fut donné par le Bassan à sa ville natale, hommage patriotique qui joint à l'admiration pour le chef-d'œuvre l'estime pour l'auteur.

Le fameux pont sur la Brenta est l'ouvrage d'un villageois du Bassan, le scieur de bois Ferracino, paysan de génie, qui apprit seul la mécanique, et fut un des plus habiles ingénieurs du dernier siècle.

C'est encore de Bassano qu'était un des plus savants géologues contemporains, l'illustre Brocchi, contradicteur heureux de Cuvier dans son chef-d'œuvre de la Conchyliologie fossile subapennine, le meilleur livre qui ait paru sur les coquilles fossiles d'aucun pays. Comme la plupart des écrivains distingués en Italie, Brocchi avait commencé par la poésie et l'archéologie; employé activement par l'administration française, et inspecteur des mines, il parcourut, après la perte de sa place, l'Italie méridionale et la Sicile ; obligé pour vivre de passer au service du vice-roi d'Égypte, cet Italien, plein d'ardeur et dans la force de l'âge, mourut de fatigue au désert. Il a légué à sa patrie ses manuscrits et sa riche collection minéralogique, aujourd'hui une des premières curiosités de Bassano, avec la *Nativité* et le pont, monuments divers du génie actif ou scientifique des compatriotes de Brocchi.

Les nombreuses éditions de Bassano, quoique sans éclat typographique, n'ont pas été sans utilité, puisqu'elles étaient assez correctes et peu chères. L'imprimerie des frères Remondini, qui occupait autrefois jusqu'à quinze cents et dix-huit cents ouvriers, est aujourd'hui languissante ; elle a compté jusqu'à cinquante presses, et elle n'en a maintenant que trois ou quatre.

Telle est la variété, la fécondité de la peinture des Bassans, de ces artistes si unis, si intelligents dans la direction qu'ils imprimèrent à leur école, qu'elle a, comme disait Montaigne de son latin, débordé jusque dans les villages et jusque sur le territoire d'Asolo et de Castelfranco.

Parmi ces chefs-d'œuvre rustiques, on cite :

A la paroisse de Borso, une *Vierge* sur un trône avec deux petits anges dans le haut, et en bas *S. Zénon* et *S. Jean-Baptiste;* ouvrage de la première manière de Jacques ;

A la paroisse de Saint-Zénon, une majestueuse figure du *saint* assis, du même ;

A la paroisse de Fonte, *S. Jean Évangéliste* dans un nuage avec l'aigle, et tenant sa plume, figure inspirée ; et en bas deux évêques, l'un à barbe blanche, l'autre à barbe noire, et deux gracieuses vierges, du même ;

A la paroisse de Poiana, le *martyre de S. Laurent,* animé, remarquable par l'effet des flammes au milieu de la nuit, du fils de Jacques, François ;

Près de Trebaseleghe, dans la petite église rurale de Saint-Tiziano, le *saint,* en habits pontificaux, assis, et *S. François, S. Sébastien,* et en haut la *Vierge* au milieu d'une couronne de petits anges ; ouvrage noble, naturel, avec un frais paysage, de Léandre, autre fils de Jacques et son fidèle élève.

CHAPITRE XXVIII.

Asolo. — *Asolani.* — Cathédrale. — Cénotaphe de Canova. — Palais Bragadino. — Aqueduc. — Palais Falier. — Château de la reine Catherine Cornaro.

Asolo, petite ville ancienne, fortifiée, de deux mille habitants, est dans une situation charmante, sur une montagne garnie de bois et que domine un vieux château. La vue est vraiment d'une grandeur et d'une variété admirables. Une si belle nature devait inspirer des pensées un peu moins fades que celles des *Asolani* de Bembo, dialogues sur l'amour, entre les courtisans de la reine de Chypre, Cornaro, réunis dans son jardin, petites Tusculanes galantes et précieuses ; et je me suis facilement expliqué depuis comment, malgré leur titre et l'opinion commune, ils n'avaient point été composés à Asolo [1].

La cathédrale d'Asolo offre un des meilleurs ouvrages de Damini, *S. Pierre, S. Nicolas évêque, Ste Catherine et S. Prosdocime baptisant quelques nobles d'Asolo*, richement vêtus et suivis de leurs pages. Une *Vierge* au milieu de gracieux petits anges, avec S. Antoine abbé, et S. Basile, est de la jeunesse de Lotto, alors trop timide élève de Jean Bellini.

A la salle du conseil municipal, un *génie* pleurant devant le buste de Canova fut consacré au grand artiste par son ami, cousin et collaborateur, Manera d'Asolo, qui mourut du chagrin de sa perte. Un autre détail ajoute à l'intérêt religieux qu'inspire l'élégant cénotaphe : le marbre a été longtemps à Rome dans l'atelier de Canova; il avait commencé à le travailler, et il le rejeta pour quelque tache.

A l'extrémité d'Asolo, l'ancien palais Bragadino mérite d'être visité pour la vue qui plonge à travers une colline que l'art a hardiment percée, et pour les nombreuses fresques anonymes qui décorent la riche façade et les murs extérieurs. On distingue à cette façade une grande bataille très-animée, dans laquelle l'étendard d'une des deux armées est rouge, celui de l'autre bleu, jaune et blanc; et *Salomon recevant la reine de Saba* dont la tête rappelle la grâce majestueuse donnée à ses femmes, par Paul Véronèse; les demoiselles et les pages de la suite de la reine sont d'un effet charmant.

L'ancien aqueduc est un admirable travail. Cette longue galerie ouverte à travers le roc de la colline, et dont l'extrémité n'a pu être reconnue, amène à la fontaine le mince et précieux filet d'eau de l'unique source de l'endroit.

Le palais Falier aux Pradazzi, près d'Asolo, possède l'ouvrage le plus célèbre de la première jeunesse de Canova, et qui fut

---

[1]. M. Renouard, dans ses excellentes *Annales de l'imprimerie des Alde*, t. III, p. 45, n'a point échappé à cette erreur sur le lieu où furent composés les *Asolani*. Bembo les écrivit à la cour d'Hercule d'Este, duc de Ferrare; et ils furent dédiés à sa femme, la célèbre Lucrèce Borgia. *V.* l'article *Bembo*, dans Bayle, et la *Vie et pontificat de Léon X*, par Roscoe. Dissertation sur Lucrèce Borgia.

regardé comme l'aurore de sa gloire, le groupe d'*Orphée* et d'*Eurydice*, qu'il offrit à son premier bienfaiteur le sénateur vénitien Falier. Il avait seize ans lorsqu'il fit l'*Eurydice*, et dix-neuf l'*Orphée*, où l'on remarque ses rapides progrès. Le souvenir de ce coup d'essai resta cher à Canova, puisque, lorsqu'il fut affublé par le pape Pie VII du titre de marquis d'Ischia, il prit pour arme, en les ajustant, la lyre d'Orphée et le serpent d'Eurydice. Canova eut le bon goût de ne signer jamais que de son nom *Antonio Canova*. Une rente de trois mille écus romains (16,000 fr.), fut attachée au marquisat d'Ischia, situé entre Castro et Canino; l'artiste en fit don à l'académie de Saint-Luc, à l'académie d'archéologie, et à celle des *Lincei*; il fonda trois prix, de peinture, de sculpture et d'architecture, avec une pension de trois ans pour les lauréats; le prix dit anonyme fut augmenté; des secours furent accordés aux artistes domiciliés à Rome, âgés, infirmes ou nécessiteux. Un marquis d'Ischia (l'île), Inigo d'Avalos, est célébré par l'Arioste (*Orland.*, XXXIII, 29). Quelques vers du poëte pourraient presque s'appliquer à l'artiste homonyme du grand seigneur :

. . . . *Quel grand marchese,*
Che avrà sì d' ogni grazia il ciel cortese.

La reine de Chypre, Catherine Cornaro, que la politique des Vénitiens contraignit d'abdiquer, parut chercher à se distraire de la perte du trône par la souveraineté du bel esprit et les propos de la métaphysique sentimentale alors à la mode : on eût dit l'hôtel de Rambouillet ou la cour de Sceaux au pied des Alpes. J'eus la curiosité de visiter les restes de son ancienne résidence, au milieu des terres, et où l'on n'arrive que par d'affreux chemins. Ce château, dans lequel on dissertait jadis si subtilement, où le galimatias fut produit plus d'une fois par le désœuvrement et l'ennui, est maintenant une ferme. Mais les traces de la reine Cornaro y sont empreintes de toutes parts: quatre colonnes de la façade subsistent encore; la grange, qui devait être le salon, est ornée au plafond d'élégantes arabesques, et le grenier, placé au-dessus, et de la même grandeur, est décoré de même. Les peintures extérieures sont singulières. On y voit la reine à cheval sur son mari bridé qu'elle mène ; *la regina col suo marito,* nous dit en triomphant une vieille ; ailleurs elle est représentée en Diane chassant le sanglier. D'un côté de l'une des portes principales est Apollon en costume de troubadour et en souliers pointus, poursuivant Daphné déjà à demi laurier, et de l'autre un cardinal en ermite, avec l'auréole de saint, espèce de saint Jérôme revêtu de la pourpre, qui s'arrache le cœur et l'offre tout sanglant à Jésus-Christ crucifié. Au-dessus de la même porte est le lion de Venise : le rapprochement de ces dernières peintures présente une image assez juste de la vie poétique, dévote et captive de la reine de Chypre.

La chapelle existe encore ; elle a de petites fresques d'excellent goût, entremêlées d'armoiries dans le genre de celles du château ; seule, sa destination n'a pas changé, et lorsque le faste de la royauté, la vanité de l'esprit et les regrets de la puissance ont disparu de ces lieux, la prière est restée.

CHAPITRE XXIX.

Possagno. — Temple de Canova. — Métopes. — Piété. — Tableau de Canova. — Son tombeau. — Sa maison.

A quatre milles d'Asolo, sur un monticule, au fond d'une vallée que domine un triple rang de montagnes, est le temple élevé par Canova, près de Possagno, village de quatorze cents habitants, où il était né. Le marbre est commun dans ces montagnes ; on dirait que c'est pour l'animer que ce grand artiste a vu le jour à leur pied. Une des richesses de Possagno consiste dans l'abondance d'une pierre précieuse par sa qualité et par la diversité de ses applications. La famille de Canova était livrée à l'exploitation et à la taille de cette pierre.

L'apparition du pompeux monument de l'art au sein de la nature sauvage, au milieu de bois et de rochers, est merveilleuse. Le portique, de huit colonnes d'ordre dorique ancien, cannelées, est celui du Parthénon, le vestibule celui du temple de Thésée, la coupole celle de la Rotonde, et, comme dans les temples antiques, le jour n'y pénètre que par les portes et la voûte dont l'ouverture a seize pieds de diamètre. Cette église, consacrée à la Trinité, a été bâtie sur les dessins de l'architecte vénitien Selva, mais qui ont été plus d'une fois rectifiés et changés par Canova. Par un usage bizarre et très-ancien à Possagno les femmes seules ont le privilége d'entrer dans l'église par la grande porte : ce portique du Parthénon se trouve ainsi à l'usage particulier de ces paysannes, et l'on a été obligé d'établir deux portes latérales pour les hommes.

L'église, commencée en 1819, n'a été terminée qu'en 1830, et n'est devenue paroisse qu'en 1832. La mort de Canova, arrivée en 1822, a dû contribuer à ces retards. Les héritiers ont été accusés d'indifférence envers un monument qui a dû prodigieusement grever la succession ; mais il paraît que c'est à tort, et que l'ouvrage, d'après quelques détails de construction, ne pouvait pas aller plus vite. Telle était la bienfaisance de Canova et le noble usage qu'il avait toujours fait de ses richesses [1], que, lorsqu'il voulut à la fin de sa vie élever l'église de Possagno, ses ressources se trouvèrent insuffisantes, et qu'il fut obligé de reprendre ses travaux les plus profitables et avec cette fatigue à laquelle l'indigence seule l'avait d'abord condamné. La dépense a été d'un million : une rente au capital de 113,437 fr. 66 cent. a été affectée à l'entretien.

Lorsqu'on réfléchit à la destination de l'édifice, il est difficile de ne pas éprouver quelque émotion; ce temple grec dans un village des Alpes, ce monument consacré à Dieu par un seul homme, doit lui servir de tombeau, et il l'a érigé au lieu de sa naissance. La gloire de Canova est ici plus touchante; ce sculpteur européen s'y montre seulement citoyen et chrétien. Aucun monument des villes ne sera jamais ni plus national ni plus populaire que le temple de ce hameau. Les habitants venaient d'eux-mêmes aider les deux à trois cents ouvriers qui chaque

---

[1] Pendant une des années désastreuses de l'occupation française de Rome, les aumônes de Canova s'étaient élevées à la somme de 140,000 francs.

jour y étaient employés; les jours de fête, de grand matin, hommes, femmes, jeunes gens, vieillards, riches et pauvres, animés d'un même zèle, le curé en tête et tous chantant des hymnes sacrées, allaient dans la montagne voisine chercher le marbre destiné à la construction du temple, ils le traînaient en triomphe, et dans leur enthousiasme rustique ils avaient écrit sur leurs chariots les mots *religion, patrie.* Canova, qui s'était rendu à Possagno, commanda des traîneaux à l'usage des jeunes filles chargées de transporter les matières légères; ces jeunes filles, au nombre de quelques centaines, s'y attelaient joyeusement deux à deux; elles avaient revêtu leurs plus beaux habits, elles portaient des fleurs dans leurs cheveux, et le jour de la cérémonie de la pose de la première pierre, elles réclamèrent et obtinrent l'honneur d'aller querir l'eau à une fontaine éloignée. Le sculpteur des Grâces, de la Psyché et de l'Hébé, se plut même à coiffer de sa main, et à l'antique, une de ces naïades improvisées, et avec le goût qui distingue ses figures mythologiques de femmes. La nouvelle mode charma tellement les autres villageoises que cette coiffure grecque est restée leur coiffure des dimanches. Une indemnité de 1,000 livres avait été accordée par Canova aux filles de Possagno pendant la durée des travaux. Son frère a perpétué depuis cette générosité : une somme de 60 écus romains servit à doter chaque année trois des plus pauvres et des plus vertueuses; le choix fut laissé aux marguilliers qui, embarrassés du nombre des concurrentes, et de l'humeur de celles qui étaient éconduites, obtinrent de répartir la somme en six dots. La multitude d'aspirantes s'explique, puisque ces rosières peuvent être prises de seize ans à quarante-cinq.

Quelques esprits chagrins ont blâmé l'érection d'un tel monument dans un village si petit, si écarté; mais ce monument doit y attirer les étrangers; il lui a donné une route, des chemins, car, lorsque je le visitai, on n'y arrivait que par des sentiers difficiles ou le lit desséché des torrents : la fondation de l'église de Canova est comme une magnifique, une éternelle aumône faite par lui à son obscure et pauvre patrie [1].

[1]. Un pont hardi, d'une seule arche, de quarante mètres d'ouverture a été

Les sept métopes du portique, représentant divers sujets de l'Écriture et dont les modèles, ouvrages nobles ou gracieux de Canova, se voient à l'intérieur, furent exécutées en marbre par les meilleurs élèves de l'Académie des beaux-arts de Venise. L'intérieur de l'édifice paraît d'une simplicité un peu austère et nue, quelques ouvrages qui devaient le décorer n'ayant pu être exécutés par Canova. Une *Piété*, groupe de ses dernières années, qu'il ne put terminer, en marbre, et qui fut habilement coulée en bronze par le fondeur vénitien Ferrari, offre la délicate et touchante expression du talent de l'artiste. La tête du Christ, selon les vives expressions de Pierre Giordani, rassemble : « *la bellezza, la bontà, il valore, la mansue-*
« *tudine, e come fu benigno alla semplicita dei poveri e alla*
« *innocenza dei fanciulli, pietoso alla miseria degli infermi,*
« *severo coll' arrogante dovizia dei signori e colla superbia e*
« *avara dominazione dei sacerdoti : non timido insegnatore del*
« *doversi amare con sincerità nella d'ogni superstizione Iddio*
« *cui la misericordia è più gradita che il sacrificio, e che com-*
« *mandò di amare e tollerare gli uomini come fratelli e non usare*
« *se non misuratamente le richezze tiranne del mondo.* » Le dernier chef-d'œuvre de Canova est dignement placé à Possagno ; car c'est le point de départ, encore plus que ses œuvres, qui fait la gloire de l'homme.

A la grande tribune, est l'*Apparition de l'Éternel aux trois Maries et aux disciples, près du Christ mort*, tableau capital de Canova, qu'il peignit en 1797, et retoucha en 1821. Jamais erreur du talent ne fut plus déplorable. La partie supérieure du tableau offre le Père Éternel en soleil, comme on a représenté Louis XIV, et ses bras inclinés pendent à travers ce soleil ; le Saint-Esprit, sous sa forme ordinaire, lance des rayons lumineux avec son bec de colombe, et un ange, qui n'a rien de céleste ni de divin, quoique de formes assez belles, donne de la trompette d'un air théâtral. Malgré la mauvaise couleur de tout le tableau et la pauvreté de l'invention, de la composition, la partie inférieure

jeté entre deux rochers, au-dessus d'un torrent au point dit *il Salto di Crespano*, afin de faciliter l'accès de Possagno.

vaut mieux que la partie idéale, et l'on reconnaît quelques traces de l'habileté du sculpteur dans les draperies.

Quelques bons tableaux des maîtres italiens ornent le temple du grand artiste contemporain. Tels sont : du Pordenone, une grande et touchante *Madone de la Merci* à double compartiment; d'André Vicentin, la *Vierge* au milieu d'une gloire d'anges et en bas S. Sébastien, S. François, S. Roch, S. Antoine, facile, agréable; du jeune Palma, le *Christ au jardin des oliviers*, pathétique, et des meilleurs de ses trop nombreux ouvrages; et de Luc Giordano, *S. François de Paule* refusé par des marins et passant sur son manteau, avec ses deux acolytes, le détroit de Messine. Les douze figures des *Apôtres*, fresques de M. Demin, malgré leur trop rapide exécution, ont de l'effet, de la noblesse, et elles remplacent assez heureusement les statues qu'il ne fut pas donné à Canova d'exécuter.

Le tombeau en marbre du fondateur de ce splendide monument est très-simple; il a été élevé par son frère l'évêque de Mindo qui doit aller l'y rejoindre, ainsi que l'indique cette touchante inscription :

JOH. B. EPISCOPUS MYNDENSIS ANT. CANOVÆ
FRATRI DULCISSIMO ET SIBI VIVENS P. C.

Dans le village est la petite maison qu'habitait Canova, véritable séjour d'artiste par son élégante simplicité, *simplex munditiis :* son œuvre est encadré dans les diverses pièces. Une grande salle réunit les plâtres; elle forme comme le musée Canova, et la vue de cette multitude d'ouvrages si grands, si nobles ou si gracieux, fait bientôt oublier l'affreuse peinture de l'immortel statuaire.

CHAPITRE XXX.

Maser. — Palais Manin. — Chapelle. — Stucs de Vittoria. — Olympe de Paul Véronèse.

Le joli village de Maser, à dix milles de Possagno, possède une des merveilles de l'art les plus complètes, les plus achevées, et que le bon Lanzi, qui aurait pu la décrire, a comparée à la villa de Lucullus ; c'est le palais Manin, bâti par Palladio, orné de stucs de Vittoria, et peint, à la fleur de son âge, par Paul Véronèse.

Palladio revenait de Rome lorsqu'il fut employé à Maser par l'illustre Daniel Barbaro, patriarche d'Aquilée, l'érudit commentateur de Vitruve, et l'ami des premiers lettrés de son temps. L'élégante chapelle, petit temple rond, montre l'inspiration de l'antiquité. L'intérieur est délicieusement envahi par les statues, les mascarons et les arabesques en stuc de Vittoria, comparables aux meilleurs ouvrages en marbre, et qui n'ont point laissé de place à la peinture. Celle-ci, reléguée sous le portique, n'y paraît pas plus mal à son aise : au plafond la *Résurrection du Christ,* de Pellegrini, offre de très-habiles raccourcis; *la Vierge et S. Joseph* a bizarrement pour pendant la *Renommée* montrant le portrait du noble fondateur de ce chef-d'œuvre.

Le palais, sur la pente d'un coteau, est précédé d'un escalier aussi large que la façade. Le génie de Palladio et de Paul Véronèse éclate à la grande salle. Parmi les personnages mis au brillant balcon peint au plafond, on admire une *vieille* montrant à une jeune femme un bel enfant qui retient un chien tacheté, prêt à se lancer sur un autre enfant qui lit; près de là sont un jeune homme et un perroquet : tous ces personnages et jusqu'à ce dernier sont parlants. L'enfant du chien et la jeune femme passent pour les portraits de Paul Véronèse et de sa maîtresse. On remarque un singulier jeu d'optique : soit que l'on se place sous l'un ou l'autre enfant, la vieille et la jeune femme, au lieu de regarder l'enfant, montrent le spectateur. Une lunette réunit poétiquement *Cérès* et *Bacchus*, comme emblème et source de la vie ; une des nymphes de la déesse pose tendrement un petit enfant sur un lit de gerbes ; Bacchus exprime dans une coupe le jus d'une grappe ; son escorte de nymphes folâtres contraste avec le groupe pudique des nymphes de Cérès. La lunette vis-à-vis montre *Vénus* couchée assez peu décemment près de son vieil époux qui tient un long outil de serrurerie, et *Flore* suivie d'un cortége gracieux de nymphes et de petits enfants portant des fleurs dans leurs robes ou des petits paniers. Mais la plus riche de toutes ces compositions est l'octogone au centre du plafond, œuvre sublime où sont enchâssés l'*Olympe*, et autour les quatre éléments, l'Abondance, l'Amour, la Fortune, et une dernière figure de femme qui paraît fort amateur de vases étrusques, puisqu'elle en a un à ses pieds, et qu'elle s'appuie sur un autre.

Les quatre pièces contiguës à la salle, sont couvertes d'innombrables figures allégoriques, dont le sens est fort douteux. Les huit élégantes figures séparées, qu'Algarotti a prises pour les muses, paraissent n'être que de simples musiciennes. Deux portes fermées et vis-à-vis l'une de l'autre, offrent deux charmantes figures : l'une d'un jeune valet vêtu à l'espagnole, la toque en main, comme prêt à recevoir les ordres; l'autre, d'une petite fille blonde, pleine de gentillesse et de vie. Il est impossible d'imaginer une plus gracieuse antichambre.

Maser était le séjour du dernier des cent-vingt-huit doges de Venise, Manin, qui abdiqua si misérablement; les délices de sa villa, la crainte de la perdre ou de la voir dévaster contribuèrent peut-être à son manque de caractère et de résolution; car cet homme débile ne fut point un traître et il aimait sa patrie.

CHAPITRE XXXI.

Castelfranco. — S.-Libéral. — Tableau du Giorgione. — Fresques de Paul Véronèse. — Académie des *Filoglotti*. — Conegliano. — Dôme. — S.-Fior. — Tableau du Conegliano.

Castelfranco, joli bourg, est la patrie du Giorgione, de ce grand peintre, émule du Titien, mort à trente-quatre ans, de désespoir d'avoir été trahi par sa maîtresse que lui avait enlevée Luzzo de Feltre, son élève.

L'église Saint-Libéral, à coupole noble, harmonieuse, offre une habile imitation du Rédempteur de Palladio, à Venise. L'architecte Preti était de Castelfranco, ainsi que la plupart des artistes qui ont décoré cette église, véritable musée, dont la sacristie seule compte plus de quarante tableaux. C'est là que règne cette célèbre *Vierge* du Giorgione, appelée par Algarotti le magnifique tableau de Castelfranco, ouvrage de sa jeunesse, hardi premier pas d'une marche qui devait être si sûre et si rapide. Le beau, le superbe S. Libéral, armé en chevalier et tenant sa bannière déployée, et placé près du trône de la Vierge, passe pour le portrait du Giorgione ; il contraste avec l'air pieux et méditatif du S. François, qui est vis-à-vis et que l'on croit le portrait de son frère. Les détails même sont exquis, et les arbres du paysage du fond où l'on distingue un château fort et un élégant petit temple, semblent agités par un léger vent. A la suite du chef-d'œuvre du Giorgione viennent : la *Présentation de la Vierge* du jeune Palma, gracieuse, mais de la teinte bleuâtre qu'il aimait à donner à ses tableaux ; le *Christ descendant aux limbes* pour en tirer les patriarches et les prophètes, où l'on remarque la touchante confusion d'Adam et surtout d'Ève, riche composition du Ponchino, de Castelfranco, qui se fit prêtre et devint chanoine. Une *Assomption*, malgré la difficulté du sujet pour la sculpture, intéresse lorsqu'on songe que l'auteur, Torretti, qui avait son atelier à Pagnan, village du Trévisan où il était né, fut le premier maître de Canova, et que la petite tour (monogramme de Torretti) en bas de S. Libéral, passe pour l'œuvre du jeune Antonino. Telle était en Italie l'immense popularité de Canova et l'honneur attaché à ses moindres traces, que, traversant depuis Pagnan, cette inscription publique lui fut consacrée :

SALVETE. LOCA. NULLIS. BEATIORA
QUAE
A. CANOVAM
PHIDIACAE. ARTIS. CLEMENTA. DISCENTEM. VIDISTIS.
SALVETE. ITERUM. ITERUMQUE.

Les statues de *la Foi* et de *la Charité*, par M. Zandomenighi, de Venise, rappellent la morbidesse de Canova.

La sacristie a reçu les trois superbes fresques de Paul Véronèse, *le Temps et la Renommée, la Justice et la Tempérance*, mises heureusement sur toile, jadis au palais voisin de la Soranza, de l'architecture de San Micheli, barbarement démoli, malgré sa robuste masse, et que Vasari citait comme une des plus grandes, des plus belles et des plus commodes habitations de campagne. Le calme, l'air de santé de la *Tempérance,* qui regarde un vase d'eau, exprime très-bien les bons effets de la vertu qu'elle représente. Quelques autres tableaux de cette sacristie sont encore remarquables. Le mariage de Ste Anne et de S. Joachim, de Beccaruzzi, peintre du XVIe siècle, rend très-bien cette sorte de tendresse des deux vieux époux qui peut-être se sont connus trop tard, et offre un joli paysage. Le S. Sébastien, du jeune Palma, est habile de raccourci et expressif. Les deux grandes figures de *S. Georges* et *S. Libéral* couverts d'armures brunes, sont de l'air le plus martial. La *Cène à Emmaüs* est de Paul Piazza de Castelfranco, élève du Bassan, qui se fit capucin à Rome et sous le nom de Père Côme fut un peintre fort original, ainsi qu'on en peut juger par le mouvement qui règne à la cuisine où se prépare le dîner. Les *Amours de Cléopâtre* que le Père Côme peignit au palais Borghèse était un sujet moins convenable à son pinceau de capucin. Les habiles peintres de Castelfranco se montrent susceptibles d'une rare exaltation : Giorgione meurt d'un désespoir amoureux, Ponchino et Piazza embrassent la vie religieuse.

Castelfranco a deux autres belles églises : Saint-Jacques apôtre, de l'habile architecte vénitien Massari, où l'on voit un bon tableau du *saint*, de Damini, aussi de Castelfranco, dont il a été dit, sans doute avec exagération, qu'il eût égalé le Titien s'il fût mort moins jeune; et l'église Sainte-Marie, la paroisse, qui compte douze exquis petits tableaux de ce même Damini.

Le petit et élégant théâtre est si bien disposé qu'il sert le matin à la séance annuelle de l'académie de Castelfranco, dite des Filoglotti, où l'on débite des éloges, des dissertations et les vers, dit-on, quelquefois un peu durs, de l'endroit.

Conegliano mérite une course du voyageur pour ses charmants environs et plusieurs de ses tableaux.

Le dôme offre une *Vierge* sur un trône élevé, et S. Jean-

Baptiste, S. Nicolas évêque, Ste Catherine, Ste Apollonie, S. Charles Borromée, et S. Joseph, et aux pieds du trône deux petits anges, de l'excellent peintre de la ville, Cima, dit le Conegliano, datée de 1492 : à travers sa dégradation on reconnaît le don de relief et de perspective de l'artiste qui, par patriotisme, n'avait demandé que 412 livres 12 sous de ce chef-d'œuvre. *S. Marc, S. Léonard,* et *Ste Catherine,* à une chapelle de l'église, doit appartenir au meilleur temps de l'art.

Au plafond de Saint-Roch une vive et harmonieuse composition de M. Demin, représente en deux groupes le *saint* et *S. Dominique* portés au paradis par les anges : le chien de S. Roch qui veut le suivre est plaisamment arrêté par deux petits anges; le chien de S. Dominique, avec son flambeau accoutumé dans la gueule, cherche aussi à se faufiler à la suite de son maître, mais deux autres anges exécutent la même consigne, et l'un d'eux lui ôte le flambeau.

La belle église Saint-Martin a une douce et champêtre *Nativité* du Beccaruzzi, né à Conegliano.

San-Fior, hameau voisin de Conegliano, doit être visité; son ancienne et petite paroisse possède l'ouvrage le mieux conservé du Conegliano, tableau précieux à huit compartiments, dont le principal est occupé par un *S. Jean-Baptiste,* sec, hâlé, monté sur un tronc d'arbre, et qui respire toute l'austérité de sa pénitence.

CHAPITRE XXXII.

Trévise.— Dôme.— Procession de Dominici.— Mystères du Rosaire de P. Bordone. — Fresques de Pordenone.— Annonciation de Titien. — S. Nicolas. — Architecture des couvents de S. Dominique. — Le frère Pensabene. — Portraits de dominicains. — S. Théoniste. — S. Léonard. — S. Gaétan. — S. Jean-du-Baptême.

Trévise, sale, mal bâtie, mal pavée, a de l'importance artistique. L'école de Trévise forme un rameau brillant de l'école vénitienne.

Le dôme, quoique modernisé, est resté imposant. Trois chapelles sont des Lombardi père et fils, habiles sculpteurs et architectes vénitiens du xv° siècle ; elles font ressortir, par leur simplicité, leur pureté, le faux goût des ouvrages du dernier siècle. Le contraste se prolonge encore par l'excellent tombeau de l'évêque de Trévise Zanetti, des Lombardi : l'aigle aux ailes déployées, au milieu d'un feston de fleurs, excitait la vive admiration de Canova. Le tombeau du pape Alexandre VIII (Ottoboni), qui fut chanoine de la cathédrale, par le trévisan Comino, est horriblement lourd.

La *Vierge sur un trône*, garni de beaux rideaux cramoisis, tenant l'enfant Jésus, et de chaque côté S. Sébastien et S. Roch, tableau peint en 1487, par Jérôme-le-Vieux, de Trévise, montre la grâce sévère et le coloris languissant de ce maître. L'*Assomption* de Penacchi, artiste de Trévise du xvi° siècle, malgré quelque roideur dans les draperies, cause une douce impression : le groupe d'anges qui soulèvent la Vierge, est tout à fait mantégnesque. Une longue *Procession* de Dominici, autre peintre de Trévise du même siècle, mort jeune, est fort curieuse : toutes ces petites figures sont naturelles, vraies, vivantes, et donnent les portraits contemporains des autorités de la ville. Une inscription bizarre, mise au bas, rappelle le cas particulier que faisait de ce tableau Canova, *émule de Phidias*. Le souterrain de Saint-Libéral, où se voit son tombeau, est une ancienne, hardie et solide construction. La *Ste Justine*, transparente, bien conservée, de Bissolo, bon peintre vénitien du xvi° siècle, peu connu, respire une sorte de gaieté d'art, malgré l'épée qui perce le sein de la chaste martyre : le chanoine à genoux aux pieds de la sainte, priant d'un air si pieux, si candide, passe pour le portrait de celui qui a commandé le tableau.

Une *Vierge* assise avec l'enfant Jésus sur un genou, donnée pour de Sansovino, est des meilleurs temps de la sculpture.

L'habile maître trévisan Pâris Bordone a décoré le dôme de trois chefs-d'œuvre. Le grand *S. Laurent* brille par la beauté et l'expression céleste de la tête du saint, le nu de S. Jérôme, le raccourci de S. Sébastien, et l'excellente disposition de l'ensemble. La *Nativité* présente le plus heureux contraste : l'enfant

Jésus qui regarde d'un air si caressant, si heureux, sa mère au chaste et noble maintien, une bergère pleine de grâce et de naïveté offrant au Christ deux colombes, et la figure parlante, à la barbe et aux cheveux d'ébène, portrait d'Aloïse Rovero, qui a commandé le tableau. Les *Mystères du Rosaire*, petit tableau à six compartiments, est élégant, exquis, et comme un abrégé des qualités de l'auteur. Le *S. Jean-Baptiste* de Vittoria exprime la pénitence : l'effet s'accroît encore par la matière de la statue en pierre d'Istrie, plus propre par sa teinte grise à ce sujet qu'un marbre plus éclatant. La *Croix portée par les anges*, d'Amalteo, bon peintre de l'école vénitienne, avec les figures de S. Jacques-majeur, de S. Diègue, de S. Antoine abbé, et de S. Bernardin, est une composition noble, gracieuse, animée : le paysage offre la vue de Motta, bourg du Trévisan, qu'habitait l'artiste; le coloris n'a pas la vivacité ordinaire d'Amalteo, âgé déjà de cinquante-neuf ans. Le *saint suaire* tenu par trois évêques, suivis de prêtres portant des torches, et montré à l'adoration des fidèles, de François Bassano, est riche, large, vrai. Le Pordenone, ce puissant artiste surnommé le Michel-Ange de l'école vénitienne, a deux superbes fresques : l'*Épiphanie*, qui, malgré quelque exagération, est hardie, majestueuse; on y lit une inscription vaniteuse indiquant qu'elle fut commandée par le chanoine Brocardo Malchiostro, que nous retrouverons tout à l'heure. Le *Père Éternel*, au milieu d'une multitude de petits anges entrelacés et descendant sur la terre, fresque de la coupole, est merveilleusement vive, aérienne.

Mais la première des peintures du dôme est l'*Annonciation*, ouvrage de la jeunesse du Titien, admirable d'expression, de naturel, de draperie et de perspective, et dont la seule tache est l'introduction de son ordonnateur le chanoine Malchiostro, qui eut la prétention fantasque d'y figurer.

L'église Saint-Nicolas, la plus belle de Trévise, de l'année 1300, a le grandiose gothique des monastères de l'ordre de saint Dominique. L'architecte fut un de ces bâtisseurs du moyen âge, dont le nom est ignoré, ainsi que celui de bien d'autres créateurs de vastes basiliques, d'immenses monuments de ce temps, caractéristique par la force et la durée de ses ouvrages [1]. Ces singuliers et religieux artistes étaient plus occupés de leur salut que de leur renommée. C'est aussi en architecture que le moyen âge paraît véritablement, comme on l'a dit, l'époque des grands hommes inconnus. Saint-Nicolas doit sa fondation au zèle et aux largesses du pape Benoît XI, né dans le Trévisan, et qui avait appartenu au couvent.

Comme au dôme, un autel des Lombardi, malgré son exiguïté, fait éclater le faux goût du dernier siècle, représenté par un énorme autel du fameux P. Pozzi. Le tombeau du comte Augustin d'Onigo, trévisan, sénateur de Rome (ce qui ne veut pas dire sénateur romain), est un autre excellent travail des Lombardi.

L'*Apparition du Christ*, de Jean Bellini, montre par sa morbidesse que le vieux maître avait eu le bon esprit de se rapprocher de la manière de ses deux grands élèves, le Giorgione et le Titien. La partie inférieure donne les portraits contemporains de l'évêque, du podestat et du père prieur du couvent, tous membres de la pieuse fondation Monigo, qui secourait les pauvres filles, dont plusieurs y figurent et sont vivantes. Le S. Christophe portant l'enfant Jésus sur son épaule, et haut de trente-quatre pieds sans compter les jambes enfoncées dans l'eau, daté de 1410, est une habile fresque d'Antoine de Trévise, intéressante sous le rapport de l'art. La *Vierge* sur un trône, avec S. Thomas d'Aquin, S. Jérôme, S. Libéral, S. Dominique, S. Nicolas évêque, Benoît XI, et sur les marches du trône un petit ange jouant de la cithare, vaste, élégante et majestueuse composition longtemps attribuée à Sébastien del Piombo, fut reconnue, d'après les régistres du couvent, d'un religieux, le frère Marco Pensaben (Pensebien), vénitien, grand artiste du cloître, qui dut être un des meilleurs disciples de Jean Bellini, et dont personne n'a parlé malgré ce joli nom de frère Pensaben.

---

1. On ne connaît pas davantage les architectes des églises Sainte-Anastasie de Vérone, Saint-Augustin de Padoue, détruite récemment, Saint-Jean et Paul de Venise, etc.

La salle du chapitre, peinte en 1352, par Thomas de Modène, présente une galerie de dominicains célèbres, chacun courbé sur un petit bureau, lisant ou méditant, quelques uns portant lunettes, figures peu idéales, point variées, mais exactes et vraies.

L'église Saint-Théoniste, dépendante d'une maison d'éducation de demoiselles, offre à la voûte un *Paradis*, dans lequel entre triomphante l'âme du saint, fresque du vénitien Fossati, et du Guarana pour les figures, remarquable par les ornements et la perspective; une *Assomption* de Spineda, noble et habile artiste de Trévise, imitateur et presque émule de Palma pour le dessin et la grâce du coloris; et une *Madeleine* au pied de la croix avec la *Vierge* et *S. Jean*, ouvrage titianesque de Jacques Bassano, avant qu'il n'eût un style propre et fût à son tour devenu chef d'école.

L'église des *Scalzi* (carmes déchaussés), par sa forme et sa propreté recherchée, invite à la prière. A travers une fatale restauration, on reconnaît la touche originale de Pâris Bordone dans sa *Vierge* avec l'enfant Jésus, S. Jean-Baptiste et S. Jérôme; ce dernier, à demi-nu, couvert seulement de la pourpre de cardinal, et présentant son chapeau à l'enfant Jésus qui le prend comme un jouet.

L'église Saint-Augustin, de forme elliptique et de bonne architecture, a une *Vierge*, *S. Joseph* et un saint, qui rappelle la vive manière d'André Schiavone.

Saint-Léonard offre la *Gloire du saint*, fresque d'un beau coloris, de Jean-Baptiste Canal, et une vieille *Vierge* avec le Père Éternel, S. Barthélemy et S. Prosdocime, peut-être de Jacques Bellini, le digne père de Jean et de Gentile, dont une restauration a gâté la *Vierge*, mais qui, dans le *Père Éternel*, les saints, et surtout les petits anges, est un ouvrage noble, fin, gracieux. Une autre restauration a détruit la figure de *S. Sébastien* avec S. Jean-Baptiste et S. Érasme, de Jean Bellini; mais le S. Érasme, intact, conserve tout le charme de l'auteur.

La façade de l'église Saint-Jean-du-Temple, ou Saint-Gaétan, est digne par sa noblesse et sa pureté, de la date de 1508, qui s'y lit, et elle montre le style des Lombardi; mais, à l'exception de la jolie petite tribune à coupole, l'intérieur, horriblement modernisé, ne répond point à un tel dehors.

Le clocher de l'église Saint-Martin indique l'ancienneté de l'édifice. On estime une *Assomption* de Spineda; *S. Martin* faisant l'aumône, et une *Trinité* d'Orioli, peintre et poëte fécond du XVIIe siècle, né à Trévise, où il concentra ses talents naturels, mais peu cultivés.

A Saint-André, la *Vierge, S. Jean Chrysostome, Ste Lucie*, et en bas un petit ange jouant de la harpe, montre, malgré sa dégradation, la simplicité et le goût de Gentile Bellini.

La plus ancienne église de Trévise est Saint-Jean-du-Baptême, qui a un beau *Baptême du Christ* de Spineda, et *Ste Apollonie* de François Bassano.

La petite église Saint-Grégoire offre le *saint* en habits pontificaux, un des chefs-d'œuvre du jeune Palma.

CHAPITRE XXXIII.

Mont-de-Piété. — Christ mort, de Giorgione.

Le Mont-de-Piété de Trévise conserve encore son célèbre *Christ mort*, du Giorgione, fait pour cet établissement, et magnifique témoignage de son ancienneté et de sa richesse. Le Christ est soulevé par des anges et assis, comme sur un banc, sur la longue pierre de marbre du sépulcre. La pâleur, l'affaissement du cadavre contrastent merveilleusement avec la force, la fraîcheur, l'agilité de l'ange qui s'élance au bord du tombeau, s'y tient d'une main, et de l'autre saisit le coin du drap cramoisi, placé sous le corps du Christ. Malgré l'injure du temps et des restaurations, et sa mauvaise exposition, l'ouvrage du Giorgione est toujours admirable par l'audace des raccourcis, le jeu de la lumière et la terreur mêlée de pitié qu'il inspire.

Une des pièces du Mont-de-Piété offre une *Multiplication des pains*, petite fresque ignorée, curieuse, pleine de mouvement, de variété, avec un agréable paysage, fresque très-dégradée et qui obtint, en 1831, le suffrage de deux bons juges, qui l'ont comme découverte, M. Missirini, et M. le comte Cambray Digny, architecte toscan, d'origine picarde, tous deux visitant alors Trévise. Un vieux commis dit à ces messieurs que la tradition attribuait cette fresque au trévisan Louis Fiumicelli, qui abandonna trop tôt la peinture pour l'architecture et les fortifications; mais M. Missirini n'hésitait point à la croire digne de l'habile maître vénitien Bonifacio. A cette même pièce, le *riche Épulon* et *Moïse* frappant le rocher, présentent deux paysages animés, et sont de Louis Pozzo, flamand, longtemps fixé à Trévise, et quelque peu postérieur au Fiumicelli.

Telle est, au XVI° siècle, la fécondité de l'art en Italie, qu'il se répand jusque dans le secourable dépôt ouvert à l'indigent, qu'il brille à côté de sa dépouille engagée, et qu'un mont-de-piété devient presque un musée.

CHAPITRE XXXIV.

Bibliothèque. — Théâtre. — Palais Pola. — Ancien palais Dolfin. — Porte Saint-Thomas. — Hôpital. — Pont.

La bibliothèque du chapitre est une fondation libérale d'un noble trévisan, le comte Azzoni Rambaldo Avogaro, célèbre archéologue, ami de Muratori, chanoine plein de zèle pour les lettres et l'histoire de sa patrie. Il avait reconstitué l'ancienne académie des *Solleciti*, qui depuis longtemps ne se hâtait plus. On conserve à cette bibliothèque la correspondance d'Avogaro avec les divers savants, et elle ne forme pas moins de 26 vol. in-folio.

Le théâtre Onigo, bon et solide ouvrage en pierre à l'intérieur et à l'extérieur, harmonique, fut arrangé en dedans par un des Galli Bibiena, brillants décorateurs, fameux en Europe dans le dernier siècle, et dont il paraissait impossible de se passer pour célébrer les noces, les victoires ou les entrées des princes.

Le palais Pola, de l'architecture des Lombardi, malgré la dégradation de son escalier, doit être observé pour la noblesse de la façade et du vestibule.

Un honnête marchand occupe l'ancien palais Dolfin, remarquable par la richesse de sa façade, mais dont l'architecte, Pagnossin de Trévise, appartient à l'époque de la décadence. A la voûte de la grande salle, aujourd'hui magasin, un *Triomphe de Bacchus*, fresque d'un coloris jaunâtre avec quelques bons raccourcis, est de Dorigny, artiste parisien, élève de Lebrun, venu jeune en Italie, où il établit une école, qui habita Trévise et mourut à Vérone âgé de quatre-vingt-huit ans, après avoir si longtemps empesté de son mieux l'école vénitienne.

La porte Saint-Thomas, avec la date de 1518, a paru digne, par l'élégance de sa façade extérieure et sa bonne construction, d'être attribuée à Pierre Lombardi, ainsi que la statue de S. Paul qui la surmonte.

L'hôpital civil de Trévise mérite d'être visité pour deux excellents tableaux placés dans les nouvelles salles de la direction : la *Nativité*, d'une douce naïveté, de Caprioli, peintre de l'école de Modène du xv° siècle, et une *Ste Famille*, chef-d'œuvre de grâce, d'expression, de naturel, du vieux Palma.

Un beau pont de brique, bien conservé malgré ses trois siècles, est jeté sur le *Sile* que le Dante a chanté :

Dove Sile a Cagnano s'accompagna,

et qui arrose la riante campagne de Trévise.

LIVRE SIXIÈME.

VENISE.

CHAPITRE PREMIER.

Aspect de Venise. — Son déclin. — Venise en terre ferme.

Il serait difficile de peindre l'impression produite par l'apparition de Venise. Cette multitude de dômes, de clochers, de palais, de colonnes, s'élevant du sein des flots, offre de loin l'image d'une ville submergée, et cause un mouvement de surprise et d'effroi. On ne peut se figurer que c'est là que l'on se rend, et que l'on doit habiter et vivre. Rotterdam, dit-on, n'est pas moins extraordinaire; mais je ne crois pas que la Hollande ait pu jamais ressembler à Venise : si le commerce était l'âme de ces deux états, dans l'un il était simple, grave, modeste, austère, économe; dans l'autre, brillant, fastueux, dissolu, et ami des plaisirs et des arts. La liberté de Venise était le privilége onéreux d'une classe de nobles; celle de la Hollande s'étendait à tout son peuple. Les tableaux du Canaletto ont tellement familiarisé avec le port, les places et les monuments de Venise, que lorsqu'on y pénètre, il semble que déjà elle vous soit connue. Un peintre anglais, penseur mélancolique, Bonington, a fait de nouvelles vues de Venise, dans lesquelles sont parfaitement empreintes les traces de sa désolation actuelle; comparées à celles du peintre vénitien, elles semblent comme un portrait de femme belle encore, mais flétrie par l'âge et le malheur. Toutes ces gondoles tendues de noir, espèces de petits sépulcres flottants, semblent aujourd'hui porter le deuil de la ville; et le gondolier lui-même, au lieu de chanter les stances de l'Arioste et du Tasse[1], n'est plus qu'une espèce de marinier fort peu poétique, dont l'unique chant est un *ah eh* sec et criard, au détour de chaque *calle*[2], afin d'éviter le choc des gondoles voisines, qu'il ne peut apercevoir. Cet aspect de Venise a quelque chose de plus triste que celui des ruines ordinaires : la nature vit encore près de celles-là, et quelquefois elle les décore ; debout depuis des siècles, on sent qu'elles peuvent encore durer d'autres siècles, qu'elles verront passer la puissance de leurs maîtres et d'autres empires : ici ces ruines nouvelles périront rapidement, et cette Palmyre de la mer, reprise par l'élément vengeur sur qui elle était une conquête, ne doit point laisser de traces. Il faut donc se hâter de visiter Venise, et d'aller y contempler ces tableaux du Titien, ces fresques du Tintoret et de Paul Véronèse ; ces statues, ces palais, ces temples, ces mausolées de Sansovino et de Palladio, prêts à disparaître.

J'ai visité trois fois Venise à peu près à une année d'intervalle, et chaque année j'étais frappé de la rapidité de son déclin. Un bon observateur qui l'habitait alors calculait qu'elle pouvait aller ainsi environ soixante ans. Je ne puis même dissimuler que quelques uns des traits sous lesquels je l'avais peinte la première fois doivent être affaiblis. La population, qui s'était élevée jusqu'à cent quatre-vingt-dix mille âmes, quoique, vers la fin du dernier siècle, elle ne fût que de cent cinquante mille, n'est plus aujourd'hui que de cent trois mille, dont quarante mille sont à la charité des autres habitants. Le nombre des gondoles, qui était autrefois de six mille cinq cents, était, en 1827, de six cent soixante-dix-huit. Comines prétendait que lorsqu'il s'y rendit, *il s'en fineroit trente mille.*

Au milieu de sa destruction, Venise a trouvé un homme plein de zèle, de goût et de lumières, qui est venu constater et rendre

---

[1]. Ces strophes n'étaient d'ailleurs, comme on sait, qu'une traduction vénitienne ; les gondoliers n'entendaient point le texte.

[2]. Les *calle* sont les rues, les passages de Venise. On en compte deux mille cent huit ; le nombre des maisons est de vingt-sept mille neuf cent dix-huit ; celui des ponts de trois cent six.

durable en quelque sorte la grandeur et la magnificence de ses monuments : les *Fabbriche più cospicue di Venezia*, par Cicognara et les membres de l'académie des beaux-arts de Venise, premier ouvrage complet sur cette belle cité, sont comme un fidèle et précieux inventaire de chefs-d'œuvre dont quelques uns même n'existent plus depuis sa publication. Un autre ouvrage excellent, le recueil des *Inscriptions vénitiennes*, par M. Cigogna, sauvera aussi une partie des souvenirs de Venise; l'auteur l'a noblement dédié *alla patria*.

Un plan hardi fut proposé, il y a quelques années, par un zélé Vénitien, afin de prévenir la ruine de sa ville natale [1]; c'était de la réunir au continent, projet déjà formé par un doge éclairé du dernier siècle, Marc Foscarini, à l'époque qui précéda la chute de la république. Une grande route devait être établie sur le point le plus étroit de la lagune, dont la longueur n'est environ que de deux milles et demi ; les matériaux de cette route, qui serait plantée d'arbres, garnie de trottoirs, bordée de deux canaux parallèles, et coupée de ponts-levis pour la défense de la place, se trouveraient facilement dans la fange des marais et le gravier des rivières voisines : la dépense ne dépasserait pas un million et demi de florins (3,900,000 fr.). Sans contester les avantages matériels que Venise pourrait aujourd'hui retirer de tenir à la terre ferme, surtout depuis le chemin de fer autorisé entre Milan et cette ville, je ne sais si un pareil changement ne serait pas pour l'imagination une autre sorte de destruction, puisqu'il ôterait à la reine de l'Adriatique son caractère et son merveilleux aspect.

1. V. *Memoria sul commercio di Venezia, e sui mezzi d'impedirne il decadimento, letta al veneto Ateneo dal socio ordinario Luigi Casarini, segretario dell' inclita congregazione centrale*, Venezia, 1823, in-8o.

CHAPITRE II.

Place Saint-Marc. — Pigeons. — Cafés. — *Pili*.

La place Saint-Marc est unique au monde; là sont comme en présence et rapprochés l'Orient et l'Occident. d'un côté le palais ducal, avec l'architecture de dentelle, les balcons et les galeries des monuments arabes, l'église Saint-Marc, dont la façade aiguë et les dômes couverts de plomb rappellent une mosquée de Constantinople ou du Caire; de l'autre, des arcades régulières et des boutiques comme au Palais-Royal. Le même contraste se retrouve parmi les hommes; là sont des Turcs, des Grecs, des Arméniens étendus, immobiles, prenant le café ou des sorbets sous de grandes toiles semblables, par l'éclat de leurs couleurs, à de véritables tentes, fumant des parfums dans leurs longues pipes de bois rose à bouts d'ambre; automates majestueux, multitude indolente, que traversent précipitamment des Européens voyageurs, ou allant à leurs affaires.

Le nombre infini de colombes qui couvrent la place Saint-Marc, la coupole de la basilique et les toits du palais ducal ajoute encore à l'aspect oriental de ces monuments. Dans un pays où l'autorité est à la fois si lente et si surveillante, on aimerait assez à confier ses lettres à de tels messagers. Ces pigeons remontent aux anciens temps de Venise. Alors il était d'usage, le jour des Rameaux, de lâcher d'au-dessus de la porte principale de Saint-Marc un grand nombre d'oiseaux avec de petits rouleaux de papier attachés à la patte, qui les forçaient à tomber; le peuple, malgré leurs efforts pour se soutenir quelque temps en l'air, se les disputait aussitôt avec violence. C'était une espèce de distribution en nature un peu moins ignoble que les nôtres. Il arriva que quelques uns de ces pigeons se délivrèrent de leurs entraves, et *traînant la ficelle* cherchèrent un asile sur les toits de l'église Saint-Marc et du palais ducal, près de ces *plombs* redoutables où gémissaient, captifs, des humains bien plus malheureux; ils s'y multiplièrent rapidement; et tel fut l'intérêt qu'inspirèrent ces réfugiés que, d'après le vœu général, un décret fut rendu portant qu'ils seraient non-seulement respectés, mais nourris aux frais de l'État. Venise a perdu sa liberté; et ces oiseaux, toujours légers et gracieux, semblent avoir échappé à la conquête allemande [1].

Venise palpite encore à la place Saint-Marc; l'entretien de cette brillante décoration coûte par an un million; mais les quartiers éloignés, quelques uns même des plus magnifiques palais sont abandonnés et s'écroulent : ce cadavre de ville, comme dirait l'ami de Cicéron, est déjà froid aux extrémités, il n'a plus de chaleur et de vie qu'au cœur.

Le café Florian, sous les arcades des *Procuratie Nuove*, était, dans les anciennes mœurs de Venise, une espèce d'institution; il n'a point échappé à sa décadence. Ce café célèbre, comme les autres grands cafés de la place Saint-Marc, Quadri, Leoni, Suttil, etc., est cependant ouvert toute la nuit et en toutes saisons, et il ne ferme jamais. Florian était autrefois l'homme de confiance, l'agent universel de la noblesse de Venise. Le Vénitien qui descendait chez lui avait des nouvelles de ses amis et de ses connaissances; il savait l'époque de leur retour, et ce qu'en son absence ils étaient devenus; il y trouvait ses lettres, ses cartes [2], et probablement aussi ses mémoires; enfin, tout ce qui le concernait avait été fait par Florian, avec soin,

---

[1]. Du temps de la république, un employé de l'administration des greniers de la ville jetait tous les matins la ration des pigeons sur la place Saint-Marc et la *Piazzetta*. Au moment de l'occupation en 1796, ces pensionnaires de l'État supprimés durent leur subsistance à la commisération des Vénitiens, qui la leur a continuée. *V.* l'ouvrage de madame Justine Renier Michiel sur l'*Origine des Fêtes vénitiennes*, Venise, 1817, cinq vol. in-8°, ouvrage agréable et savant, un des meilleurs livres publiés sur l'histoire de Venise. L'auteur, que j'avais rencontré, était une femme très-aimable malgré la surdité qui affligeait sa vieillesse. Elle mourut en 1832 à soixante-dix-huit ans. Madame Michiel avait encore traduit Shakspeare, et défendu patriotiquement Venise contre M. de Chateaubriand.

[2]. Les cartes de visite en Italie étaient ordinairement ornées d'emblèmes et de monuments : je reçus à Vérone des cartes sur lesquelles l'amphithéâtre était gravé; les Vénitiens se donnaient le pont du Rialto, la façade de Saint-Marc, les colonnes de la *Piazzetta*, etc.

VENISE.

intelligence et discrétion. Canova n'oublia jamais les services plus essentiels qu'il avait reçus de Florian au commencement de sa carrière, lorsqu'il avait besoin d'être connu, et il resta son ami jusqu'à la fin de sa vie. Florian étant alors tourmenté de la goutte qui se portait souvent aux pieds, Canova fit le modèle de sa jambe, afin que le cordonnier pût prendre sa mesure sans le faire souffrir. Cette jambe de limonadier ne me paraît pas faire moins d'honneur à Canova, que son Thésée; il est doux d'estimer l'homme après avoir admiré l'artiste.

A l'extrémité de la place sont trois *pili* ou *porte-enseignes*, mâts élevés sur lesquels flottait jadis l'étendard glorieux de Saint-Marc, et que remplace le drapeau autrichien. Les bases en bronze de ces *pili*, par Leopardo, ont l'élégance et le goût des ouvrages grecs. L'artiste a eu le soin, en outre, de les travailler, de les polir si parfaitement, que ses figures semblent encore aujourd'hui sortir de l'atelier, quoique exposées depuis plus de trois siècles aux injures de l'air, aux sirocos d'Afrique, et à cette vapeur, à cette poussière humide et salée lancée par les flots en courroux de l'Adriatique.

CHAPITRE III.

Basilique. — Baptistère. — Porte en bronze. — Vierge de *la Scarpa*. — Pala d'oro. — Pierres historiques. — Chevaux. — Lion de Saint-Marc. — Clocher. — *Loggietta*. — Trésor.

La basilique Saint-Marc, fondée vers la fin du xe siècle, par le doge Orsolo, est d'une architecture bigarrée, et à la fois grecque, romaine et surtout gothique. La description des mosaïques, des sculptures, des bas-reliefs, des arabesques qui la décorent, serait infinie. Là brillent confondus l'élégance grecque, le luxe byzantin et le talent des maîtres de l'école vénitienne. A la vue de ces brillants compartiments, de ces voûtes d'or, de ce pavé de jaspe et de porphyre, de ces cinq cents colonnes de marbre blanc, noir, veiné, de bronze, d'albâtre, de vert antique et de serpentine, on serait tenté de prendre ce temple chrétien, à la clarté près, car il est un peu sombre, pour un palais des *Mille et une Nuits*. La religion a conservé toutes ces richesses, qui peut-être eussent été dissipées dans les spéculations et les entreprises d'un peuple marchand et navigateur. Les débris de la magnificence de l'ancienne Rome décorent aujourd'hui les basiliques de la Rome nouvelle; Saint-Marc a recueilli les dépouilles opulentes de Constantinople. L'Italie rassemble ainsi les ruines de ces deux villes maîtresses.

Le bénitier, de porphyre, ouvrage du xv° siècle, a pour base un autel antique de sculpture grecque, orné de dauphins et de tridents. Une des portes de bronze du baptistère, couverte de figures de saints et d'inscriptions grecques, paraît provenir de la basilique de Sainte-Sophie. La mosaïque, du xi° ou du xii° siècle, contre le mur, représentant le *Baptême de Jésus-Christ*, est d'une composition singulièrement chaude et animée. Le *S. Jean-Baptiste*, en bronze, mis sur le baptistère, de François Segala, est une des bonnes statues du xvi° siècle. Je remarquai contre le mur de cette chapelle du baptistère le tombeau du doge André Dandolo, mort en 1354, guerrier intrépide, adroit politique, l'ami de Pétrarque, et le plus ancien historien de Venise, comme son ancêtre en avait été le premier héros. Ce nom de Dandolo est si grand, que j'aimais à le répéter sous les voûtes de Saint-Marc; sans le respect du lieu, j'aurais été capable de l'y faire retentir, comme un illustre voyageur celui de Léonidas sur les ruines de Lacédémone; mais l'écho de Saint-Marc n'aurait point eu sans doute plus de mémoire que l'écho de Sparte, quoique les hauts faits du guerrier de Venise fussent moins anciens de quatorze siècles. J'avoue que j'éprouvai une impression bien différente lorsque, regardant cette porte de bronze de la sacristie derrière l'autel, ouvrage de trente années de la vie de Sansovino, je vis surgir en relief la tête toute vivante de l'Arétin, à côté de celles du Titien et de l'auteur, ses amis. J'y trouvais toute l'effronterie de son talent et de son caractère; homme qui fit métier de la diffamation, dont les louanges étaient taxées, et qui est comme le représentant de la licence et des vieilles mœurs dissolues de Venise. La liaison du Titien, de Sansovino et de l'Arétin, si elle fait peu d'honneur aux deux artistes, dut contribuer singulièrement au bon goût et à l'éclat de Venise. Ces trois hommes s'aidaient mutuellement de leurs avis, et la porte brillante de Sansovino est comme un monument de leur étroite et constante union. Titien toutefois n'échappa ni aux tributs que lui arrachait l'avide écrivain ni à ses calomnies lorsque l'argent se faisait trop attendre [1]. On doit encore à Sansovino les *quatre Évangélistes*, en bronze, du chœur, de ses plus beaux ouvrages, et un autel, derrière le maître-autel, avec des bas-reliefs en marbre et en bronze doré.

La chapelle Zeno, l'autel et le monument du Cardinal, sont de précieux ouvrages de Pierre et d'Antoine Lombardo, et de Leopardo. Là est cette célèbre statue de la Vierge, fondue par Alberghetti, dite *della scarpa*, parce qu'elle est chaussée en souliers. L'autel, la statue de S. Jacques, autres chefs-d'œuvre de Leopardo, sont à la fois nobles et gracieux. La plus belle des nombreuses colonnes de Saint-Marc, de porphyre noir et blanc, est à l'oratoire de la croix, la plus voisine de l'autel, du côté de l'épître. Les douze Apôtres, la Vierge et S. Marc, statues de marbre mises au-dessus de l'architrave qui sépare l'église du chœur, sont des frères Jacobello et de Pietro-Paolo dalle Masegne, excellents artistes vénitiens de la fin du xiv° siècle, élèves de l'école de Pise, et qui semblent dignes d'une époque plus avancée. Le grand candélabre de Saint-Marc, malgré la bizarrerie de sa base, est regardé comme un des ouvrages de ce genre les plus remarquables pour le goût, le naturel des figures et l'élégance des ornements.

La *Pala d'oro*, espèce de mosaïque d'or et d'argent sur émail, placée au-dessus du maître-autel, est un curieux monument de

---

[1]. *V.* ce passage de la lettre de l'Arétin au duc de Florence, d'octobre 1545 : *La non poca quantità di danari che m. Tiziano si ritrova, e la pure assai avidità che tiene di accrescerla, causa ch'egli non dando cura e obbligo che si abbia con amico, nè a dovere che si convenga a' parenti, solo a quello con istrana ansia attende che gli promette gran cose.*

l'art des Grecs du Bas-Empire, et de cette prospérité, de cette civilisation commerciale et militaire des Vénitiens qui a précédé la civilisation poétique et littéraire des autres villes d'Italie. Commandée à Constantinople, par la république, vers la fin du xe siècle, la *Pala d'oro* fut augmentée, enrichie à Venise les trois siècles suivants : elle offre, symétriquement enchâssée parmi de nombreux ornements, une suite de tableaux représentant des sujets de l'Ancien et du Nouveau Testament, et de la vie de saint Marc, des apôtres, des anges, des prophètes, avec des inscriptions grecques et latines presque barbares ; les figures sont roides, naïves, singulières ; mais l'ensemble n'est pas sans grandeur : on dirait un vieux poëme ou quelque ancienne chronique, intéressants pour leur temps, mais qu'il serait peu raisonnable de prendre pour modèle après les chefs-d'œuvre des grands maîtres[1].

Si le peuple de Venise, léger, conquis, paraît avoir oublié son histoire, les pierres et les monuments s'en souviennent, et nulle part peut-être l'aspect historique des lieux n'est moins effacé. Un pavé de marbre rouge, sans inscription, près de la seizième arcade, rappelle les plus anciens souvenirs de Venise. C'était là que fut élevée par Narsès, après qu'il eut succédé à Bélisaire, l'antique église de Saint-Géminien, détruite dans le xiie siècle, lorsque le canal sur le bord duquel elle était construite eut été comblé. Chaque année, le sénat et le doge visitaient la nouvelle église de Saint-Géminien, abattue en 1809[2], et ils étaient pompeusement reconduits jusqu'à cette même pierre, limite primitive de la place Saint-Marc. Non loin de là, dans une rue détournée, une petite pierre blanche indique l'endroit où périt Boémont Tiepolo, Catilina de Venise, tué par un pot de fleurs qu'une vieille trop curieuse fit tomber de sa fenêtre, en s'avançant pour le voir passer, lorsqu'à la tête des conjurés, il allait

---

1. Cicognara a le premier donné le détail de la *Pala d'oro* dans les *Fabbriche di Venezia*, quoiqu'un tel ouvrage appartienne moins à l'histoire de l'architecture qu'à celle de la peinture. Cette description est remarquable par le soin et l'exactitude.

2. *V.* ci-après, chap. xiv et xxiv. Cette élégante église occupait l'emplacement actuel du grand vestibule de l'escalier du Palais-Royal.

s'emparer du palais ducal et renverser le grand-conseil, pot de fleurs qui ne sauva pas moins la liberté vénitienne, que les *Catilinaires* Rome et le sénat. Aussitôt après la défaite du parti de Tiepolo, le conseil des Dix fut créé; institution redoutable, due encore au pot de fleurs de la vieille. Indépendamment des souvenirs de gloire et de conquête qui abondent à Saint-Marc, plusieurs carreaux de marbre rouge, sous le vestibule, marquent encore la place de l'entrevue célèbre et de la réconciliation peu sincère d'Alexandre III et de l'empereur Frédéric Barberousse, ouvrage de la médiation des Vénitiens vainqueurs.

Saint-Marc rassemble les plus antiques débris, monuments divers de la conquête et des révolutions. Devant la porte de l'église, à droite, près la *Piazetta*, deux piliers, couverts de caractères cophtes et d'hiéroglyphes, proviennent, dit-on, du temple de Saint-Saba, à Saint-Jean-d'Acre. Le groupe de porphyre, à l'angle près de la porte du palais ducal, représente, d'après les antiquaires, Harmodius et Aristogiton, furieux assassins d'Hipparque, le tyran d'Athènes. Les quatre fameux chevaux de Corinthe ou du Carrousel ont repris leur ancienne place à la tribune, au-dessus de la grande porte. Jamais trophée de la victoire ne fut plus modestement ni plus mal exposé, car on les voit à peine. Conquis à Constantinople, ramenés de Paris, ces coursiers grecs ou romains [1] rappellent maintenant les deux plus grandes prises de villes connues dans l'histoire.

Le lion de Saint-Marc, mutilé, est remonté sur sa colonne. Il n'aurait jamais dû la quitter; insignifiant sous le rapport de l'art, il était à Venise un emblème national et public de son ancienne puissance. Sacré sur la place Saint-Marc, à l'esplanade des Invalides il n'était qu'une marque superflue du courage de nos guerriers, moins noble que tous ces drapeaux déchirés pris sur le champ de bataille et suspendus aux voûtes de l'église. C'était

---

1. Cicognara regarde ces chevaux comme un ouvrage romain du temps de Néron; le chevalier Mustoxidi prétend qu'ils sont grecs de l'île de Chio, et qu'ils ont été portés à Constantinople dans le ve siècle, par ordre de Théodose. Le métal, analysé à Paris, fut reconnu de cuivre pur au lieu d'être d'airain de Corinthe comme on le disait et comme il était naturel de le croire.

d'ailleurs une chose singulièrement maladroite et odieuse à une république naissante que d'humilier et de dépouiller des souvenirs de leur gloire passée, de vieilles républiques comme Gênes et Venise. Le *Sacro-Catino*[1], le Lion de Saint-Marc, étaient là des monuments patriotiques dignes de respect ; ailleurs ils ne devenaient plus que des curiosités de magasin ou de cabinet ; proie violente de la conquête.

Le clocher de Saint-Marc, ouvrage hardi, un des plus solides, des plus élevés de l'Italie et de l'Europe, commencé au xe siècle, ne fut achevé qu'au xvie. Le principal constructeur fut l'illustre maître Buono, grand architecte vénitien, mort en 1529, et confondu quelquefois avec d'autres artistes du même nom. On arrive au sommet par un chemin, par un véritable sentier, car l'escalier est uni, de brique, et n'a point de degrés. La mer, Venise au sein de la mer, l'éclatante verdure des champs de la terre ferme, les cimes blanchies des alpes du Frioul, la multitude de petites îles groupées avec grâce autour de cette imposante cité, offrent un point de vue qui tient du prodige.

La *Loggietta*, au pied du clocher de Saint-Marc, de l'architecture de Sansovino, est riche, élégante ; les quatre statues en bronze de *Pallas*, d'*Apollon*, de *Mercure* et de la *Paix*, du même artiste, sont estimées, ainsi que les ornements de son habile élève Titien Minio, et de Jérôme Lombardo, de Ferrare, un des premiers sculpteurs du xvie siècle. Les bas-reliefs en marbre sont exquis, surtout la *Chute d'Hellé du bélier de Phryxus*, et *Téthys aidant Léandre*. Dans l'intérieur, une *Notre-Dame* en stuc est encore un bel ouvrage de Sansovino.

Le désir d'examiner l'Évangile de saint Marc, qui n'est pas à la bibliothèque, comme on l'a dit, me fit solliciter l'entrée du trésor, intrigue de voyageur et de curieux dont je ne rougis point, et qui fut couronnée de succès. L'Évangile de saint Marc est encadré et maintenant presque en poussière : on aperçoit à peine quelques lettres éparses, et il est à peu près détruit par l'humidité. Les ecclésiastiques qui me le montrèrent prétendi-

---

1. *V*. Liv. x-x, chap. vii.

rent cependant, contre Montfaucon, qu'il était en parchemin et non sur papyrus. Il est aujourd'hui assez difficile d'en juger. Ce manuscrit, pris à Udine par les Vénitiens, en 1420, est latin. Malgré les miracles qui accompagnèrent sa translation à Venise, il est impossible de le regarder comme authentique, puisque les apôtres, ainsi qu'il a été précédemment remarqué, n'ont jamais écrit qu'en hébreu ou en grec[1]. La partie du trésor déposée à l'église Saint-Marc (l'autre moitié, composée de vases, patères, de pierres dures orientales enchâssées d'or et d'argent, est à la monnaie), peut être regardée, je crois, comme un des plus vastes reliquaires du monde ; on dirait une espèce de charnier sous verre, vu à la lueur de cierges et de flambeaux : là sont exposés des morceaux trop nombreux de la vraie croix, le clou, l'éponge, le roseau, instruments de la passion du Sauveur; le couteau qui lui servit lors de la cène, sur le manche duquel sont quelques caractères hébreux si effacés que Montfaucon ne pût les lire; de la terre du pied de la croix imbibée du sang divin; l'*humerus* de saint Jean-Baptiste, d'innombrables reliques de saint Marc, une superbe croix d'argent, présent de l'impératrice Irène, femme d'Alexis Comnène, à l'église de Constantinople, et surtout deux candélabres admirables, chefs-d'œuvre de l'orfévrerie byzantine, qui mériteraient seuls qu'on visitât le trésor. Toutes ces dépouilles sont le fruit de la prise de Constantinople, vaste pillage de débris de l'antiquité, d'ossements de saints et de bijoux modernes, conquête barbare, puisqu'elle arrachait aux peuples jusqu'aux objets de leur vénération et de leur foi.

1. *V.* Liv. II, chap. XI.

CHAPITRE IV.

Palais ducal. — Gouvernement de Venise. — Figures et chapiteaux de Calendario. — Peintures allégoriques.—Enlèvement d'Europe, de Paul Véronèse. — Pregadi. — S.-Christophe, du Titien. — Plafond de Paul Véronèse. — Du Conseil des Dix. — Tronc des dénonciations. — Inquisiteurs d'État. — Grand conseil. — Portraits des doges. — Gloire du Paradis, du Tintoret.

Le palais ducal, par son architecture, par son aspect sévère et sombre, représente assez bien l'ancien gouvernement de Venise : il est comme le Capitole du pouvoir aristocratique; son origine même est formidable; le doge qui le commença, Marino Faliero, eut la tête tranchée, et l'architecte Philippe Calendario fut pendu comme conspirateur[1]. Le nom de quelques unes de ses parties répond encore à l'impression qu'il produit : l'*escalier des Géants*, superbe construction, voyait couronner les doges, et le *pont des Soupirs* a la forme d'un large sarcophage suspendu au-dessus de la mer. Palais, prison, tribunal, on peut dire que si le mot *centralisation* n'était pas ridicule appliqué à de pareilles mœurs, le palais ducal en aurait vu le premier et le plus terrible exemple.

On ne peut toutefois se dissimuler qu'il ne règne une singulière exagération dans tous les récits que l'on fait de l'ancienne tyrannie du gouvernement de Venise. C'est ainsi qu'un dernier voyageur prétend que le réservoir d'eau douce destiné à l'usage de la ville était placé dans l'enceinte du palais ducal, et que leurs seigneuries s'étaient par là ménagé le moyen de faire mourir de soif des sujets rebelles. Il existe, en effet, deux belles citernes de bronze, ouvrage du XVIe siècle, au milieu de la cour du palais; mais il y a d'autres citernes sur les places de Venise, et il n'est pas une seule maison qui ne possède aussi la sienne. Les accusations contre le gouvernement vénitien, admiré par

1. *V.* les *Variétés italiennes*.

Comines, ont redoublé vers la fin de son existence, à l'époque où probablement elles étaient le moins méritées. Il fut longtemps de mode de vanter sa constitution, la sagesse de ses lois et l'incorruptibilité de sa justice invoquée même fréquemment par les étrangers, comme depuis on a écrit sur la constitution, les finances et le commerce de l'Angleterre.

Malgré l'aspect sévère et pesant du palais ducal, il offre des détails élégants et des parties remarquables sous le rapport de l'art. Les chapiteaux des colonnes du premier ordre de la façade, ornés de feuillages, de figures et de symboles, chefs-d'œuvre primitifs, d'un goût à la fois si hardi, si pur, et si intéressants pour l'histoire de l'art, sont la plupart de Calendario, Michel-Ange du moyen âge, non moins grand sculpteur que grand architecte, et dont les fondations du palais ducal sur le sol mouvant de Venise, paraissent encore un prodige de solidité. La *Loggietta* est un des ouvrages les plus cités d'Alexandre Vittoria ; la porte principale dite *della Carta* et ses statues sont de bons ouvrages de maître Bartolommeo ; huit belles statues grecques sont à la façade de l'horloge ; on estime l'*Adam* et l'*Ève*, d'Antoine Rizzo, à la façade intérieure ; la petite façade à gauche de l'escalier des Géants, par Guillaume Bergamasco, est d'une excellente architecture ; les deux statues colossales de *Mars* et de *Neptune*, à l'escalier des Géants, sont de Sansovino, mais de sa vieillesse ; et l'escalier d'or, magnifiquement décoré par Sansovino, est orné des stucs de Vittoria.

La gloire et la splendeur passées de Venise éclatent de toute part au palais ducal : d'immenses tableaux du Titien, du Tintoret, de Paul Véronèse et d'autres maîtres habiles, rappellent les grandes actions de son histoire ; une sorte de patriotisme respire dans ces belles peintures. Venise y paraît toujours comme l'emblème de la force, de la grandeur et de la beauté ; elle est une déesse puissante qui brise des chaînes, reçoit les hommages de villes soumises ; elle est dans le ciel au milieu des saints et des saintes ; on la voit assise entre la Justice et la Paix ; elle est entourée des Vertus, couronnée par la Victoire, ou elle apparaît dans les nues au milieu de la foule des divinités : l'allégorie perd là sa froideur ordinaire, puisqu'elle y devient l'expression d'un sentiment d'orgueil et d'amour de la cité.

Je remarquai dans une des premières pièces (celle des stucs) un portrait de Henri III par le Tintoret; il n'a point cet air poupard qu'on lui donne communément et qui est fort exagéré : lorsqu'il fut appelé à régner en Pologne, Montluc avait fait exposer son portrait, afin que sa douce et noble physionomie, sa taille imposante, lui gagnassent l'affection et le respect de ses nouveaux sujets. A son passage par Venise, et quand Tintoret, qui s'était mêlé avec ses écuyers sur le Bucentaure, le peignit[1], il revenait de Pologne. La curieuse relation du parisien Claude Doron, revue par Pibrac, des fêtes qui eurent lieu à ce passage, rapporte que « le peuple, à la vue de ce roi de si peu d'âge, se remémorant ses beaux faits, l'estimait un second Alexandre, et l'appelait les merveilles du monde. » Henri III, héros dans sa jeunesse, put être, sur le trône de France, faible, inconséquent, ridicule; mais, comme tous les Valois, il ne manquait ni d'esprit ni de courage; il mourut avant quarante ans, lorsqu'il semblait se relever; déjà il avait repris son ardeur guerrière, ainsi qu'on le voit dans Davila, et s'il eût vécu l'âge ordinaire, on peut très-bien croire qu'il serait redevenu véritablement roi.

La salle des quatre portes est de Palladio : au-dessus de ses superbes portes, soutenues par d'élégantes colonnes et ornées de marbres orientaux, sont quatre belles statues de Jules dal Moro, de François Castelli, de Campagna, et d'Alexandre Vittoria. La *Foi du doge Marino Grimani* est une grande, chaude, énergique et intelligente composition du Titien. Le *Doge Grimani à genoux devant la Vierge, S. Marc et d'autres saints*, par le chevalier Contarini, avait eu, comme son voisin, le chef-d'œuvre du Titien, l'honneur d'être emporté à Paris. Le *Doge Cicogna recevant les ambassadeurs des Persans*; le *Doge donnant audience à des ambassadeurs*, sont de Carletto Caliari, le fils

---

1. Tintoret fit d'abord le portrait au pastel; immédiatement après il le peignit à l'huile, et il obtint du roi la permission de le terminer d'après nature.

aîné, l'élève chéri de Paul Véronèse, qui déclarait publiquement vouloir être surpassé par lui, jeune maître plein de talent, qui mourut à vingt-cinq ans, dévoré par l'ardeur de l'étude. L'*Arrivée de Henri III au port du Lido*, vaste tableau du Vicentin, est intéressant, puisqu'il conserve l'arc de triomphe élevé à cette occasion sur le dessin de Palladio. Le plafond de cette salle des quatre portes est encore dessiné par lui; les ornements en stuc, exécutés par Vittoria et autres habiles artistes, sont de François Sansovino, et les fresques, du Tintoret.

L'*Enlèvement d'Europe*, chef-d'œuvre de Paul Véronèse, est dans la pièce appelée *anti-collegio* : vernissé, altéré à Paris par une restauration qui ne convenait point aux ouvrages de ce grand peintre, qu'il suffisait de laver légèrement, il a perdu sa transparence et son éclat; mais la grâce et l'expression lui restent : Europe est vêtue en vénitienne; et sans la majesté du dieu qui respire jusqu'à travers sa tête de taureau, on pourrait croire qu'elle fuit au milieu des lagunes comme une autre Bianca Capello. Cette même pièce réunit encore d'autres chefs-d'œuvre; quatre tableaux du Tintoret : *Mercure et les Grâces*; la *Forge de Vulcain*; *Pallas qui chasse Mars*, et *Ariane couronnée par Vénus*; du Bassan, le *Retour de Jacob à la terre de Chanaan*; une fresque de Paul Véronèse, au plafond; et au-dessus de la brillante porte, de Scamozzi, trois statues de Vittoria.

Le tableau placé au-dessus de la porte de la salle du *collegio* et les trois autres à droite sont du Tintoret. Au-dessus du trône est le grand tableau de Paul Véronèse, où, parmi tant d'admirables détails, la Venise dans l'ombre est si belle. Il a peint encore le plafond richement orné par Antoine da Ponte, et la cheminée décorée de pilastres de vert antique et de statues par Campagna. Une *Venise* est de son fils, d'une si haute espérance, et les tapisseries représentant les aventures de Jupiter passent pour un ouvrage très-précieux de 1540.

La salle du Pregadi est dans son ancien état; les stalles des sénateurs sont fort bien conservées. Le respect que devrait inspirer une si antique assemblée est singulièrement affaibli par l'ignominie de ses dernières séances, alors que les lois de

Venise impuissantes ne corrigeaient plus les inconvénients de l'aristocratie héréditaire, et que, selon la remarque prophétique de Montesquieu sur cette sorte de gouvernement, « on « était tombé dans un esprit de nonchalance, de paresse, d'a- « bandon, qui faisait que l'État n'avait plus de force ni de « ressort. » Chose étrange! ce sénat lettré, qui entendit et composa tant et de si longues harangues, est sans orateurs; quoique l'on voie encore Démosthène et Cicéron peints en camaïeu, dans le lieu de ses séances, par Jean-Baptiste Tiepolo, le premier couronné, et le second parlant. La liberté des républiques modernes ne paraît point inspirer l'éloquence; aristocratique à Venise, démocratique à Florence et à Sienne, cette liberté n'a produit aucun de ces hommes nombreux dans les anciennes républiques qui remuaient tout un peuple par leurs paroles. Il est vrai que la place publique manquait aux orateurs vénitiens, et c'est elle qui rend éloquent.

La salle du Pregadi a des peintures remarquables : l'*Élection de S. Laurent Giustiniani comme patriarche de Venise* ; au plafond, l'*Hôtel des monnaies*, de Marc Vecellio, le neveu, l'élève du Titien, qui a le mieux soutenu l'honneur de ce nom; le *Rédempteur mort*, le *Doge Pierre Lorédan devant la Vierge*, l'octogone du plafond, du Tintoret; le *Doge François Venier, devant Venise*, le *Doge Pascal Cicogna à genoux*, la *Ligue de Cambrai*, du jeune Palma ; ainsi que les *Doges Laurent et Jérôme Priuli adorant le Sauveur*, un de ses meilleurs ouvrages.

Dans la chambre près de la chapelle est la célèbre composition des *Marchands chassés du Temple*, par Bonifazio, habile imitateur du Giorgione, de Palma et du Titien, qui, pour l'effet, la vie, le coloris, suffirait à le rendre immortel. Deux tableaux, *S. Louis, S. Grégoire et Ste. Marguerite ; S. Grégoire et S. André* sont du Tintoret. La statue de la Vierge, sur l'autel de la chapelle, est un chef-d'œuvre de Sansovino. Sur un petit escalier voisin, le *S. Christophe*, du Titien, admirable de caractère, d'expression, est la seule fresque de ce grand maître que Venise conserve encore, figure solitaire échappée aux ravages du temps et des éléments.

La salle du conseil des Dix n'offre aucune trace de son ancienne destination, elle doit devenir la galerie des tableaux de l'empereur. Ce plafond, peint en camaïeu par Paul Véronèse et autres artistes vénitiens, est peut-être le plus magnifique de l'Italie. Un des ovales de ce plafond représente un vieillard assis auprès d'une jolie femme ; ouvrage charmant de Paul Véronèse, mais qui semble singulièrement placé dans le lieu des séances des décemvirs vénitiens. Ceux-là n'avaient point passé violemment et rapidement comme les décemvirs de Rome. On ne se figure point d'ailleurs l'attentat d'Appius à Venise et la révolution qui en fut la suite : les membres du conseil des Dix joignaient la prudence à l'ambition et à la rigueur, et tandis que les femmes de Rome sont mêlées aux principaux événements de son histoire, les Vénitiennes, excepté les courtisanes [1], n'ont à Venise aucune influence, et il n'existe point un seul exemple de leur empire. D'autres belles peintures décorent la salle du conseil des Dix. Le *Retour du doge Sébastien Ziani* est un ouvrage estimé de Léandre Bassano. Le *Congrès tenu à Bologne par le pape Clément VII et Charles-Quint*, vaste composition, remarquable par l'expression vivante, profonde de la physionomie de l'empereur, est de Marc Vecellio ; et une grande *Adoration des mages*, de l'Aliense, artiste né en Grèce, dans l'île de Milo, plein d'imagination et de facilité, qui en abusa quelquefois, mais qui a montré ici plus de sagesse et de soin.

A la salle dite de la *Bussola*, la *Reddition de Bergame* est de ce dernier maître ; le *Doge Léonard Dona devant la Vierge*, de Marc Vecellio ; et le plafond, de Paul Véronèse qui a peint aussi un *Ange chassant les Vices*, au plafond de la pièce voisine, ancien salon des chefs du conseil des Dix.

La bouche des dénonciations n'a conservé que son trou ; ce n'était point dans la gueule du lion, comme on le croit communément, et comme on l'a peint, que se jetaient les billets des délateurs, mais au-dessous. La tête du lion n'existe plus, et elle

---

[1]. *V.* ci-après, chap. XXII.

a été grattée, en 1797, comme tous les autres lions de Saint-Marc.

La salle du tribunal des inquisiteurs d'État, lorsque je la visitai, en 1828, était devenue une jolie pièce peinte fraîchement à l'italienne, et qui contrastait avec la terrible réputation des inquisiteurs. J'ai depuis rectifié, avec une extrême satisfaction, mes préventions à leur égard : il est doux de trouver quelques oppresseurs de moins dans l'histoire. On doit regretter qu'un historien éclairé et consciencieux, tel que M. Daru, ait pu ajouter foi aux prétendus statuts de l'inquisition d'État, qu'il a découverts manuscrits à la Bibliothèque du Roi, et qui sont regardés à Venise comme apocryphes par tous les hommes instruits, et comme fabriqués par un ennemi ignorant de la république[1]. Les inquisiteurs d'État, gardiens des lois, tribuns silencieux, chers au peuple qui, jusqu'à la fin du dernier siècle, célèbre leur triomphe par des fêtes, le défendaient contre l'excès de la puissance aristocratique ; ce tribunal était comme l'opposition de Venise ; opposition analogue à cette sorte de gouvernement mystérieux, et qui *ramenait violemment,* comme l'avait déjà dit Montesquieu, *l'État à la liberté.*

Les lambris de l'ancienne salle du grand conseil offrent une partie de la collection des portraits des doges, peints par le Tintoret, Léandre Bassano et le jeune Palma. A la place où Marino Faliero aurait dû être peint, est l'inscription célèbre encadrée sur un fond noir : *Hic est locus Marini Falethri, decapitati pro criminibus,* menace sanglante faite au pouvoir jusque dans son palais. La suite de la collection est dans la salle du scrutin[2] : le portrait du dernier doge, Manin, qui abdiqua, n'y est pas, car les portraits des doges n'étaient exécutés qu'après leur mort. Malgré l'intention où l'on était d'y placer celui de Manin, il ne mérite point d'y être : le chef de l'État qui le laisse

---

1. *V.* là-dessus l'ouvrage du comte Dom. Tiepolo, intitulé *Discorsi sulla storia veneta, cioè rettificazioni di alcuni equivoci riscontrati nella Storia di Venezia del signore Daru;* Udine, 1828, quatrième rectification, p. 68 et suiv.

2. Soixante-seize portraits sont dans la première salle, trente-huit dans la seconde.

périr par sa faiblesse, s'il n'est pas aussi coupable, est souvent plus funeste au pays, que l'ambitieux qui aspire à le dominer. Il est vrai que, dans la décadence générale de Venise, l'autorité du doge avait décliné comme tout le reste; le premier magistrat de la république n'était plus alors qu'un vain simulacre, qu'un fantôme docile, chargé de paraître et de représenter en pompeux habits, et dont la principale fonction était, je crois, d'épouser la mer Adriatique.

Le doge Manin peut toutefois inspirer une sorte de compassion; il s'évanouit au moment de prêter serment à l'Autriche, après la paix de Campo-Formio; s'il manqua de force d'âme, il fut du moins sensible à la perte de l'antique liberté de sa patrie, et il se releva par sa douleur.

Les vastes peintures qui couvrent les murs et le plafond de la salle du grand conseil, indépendamment de leur beauté, sont encore intéressantes sous le rapport historique, puisqu'un grand nombre représentent les événements religieux, militaires ou politiques, qui eurent alors le plus d'influence sur les destinées des nations européennes. L'immense tableau de la *Gloire du paradis*, ouvrage de la vieillesse du Tintoret, si admiré, si vanté par les Carraches, quoiqu'il semble bien confus, serait encore un chef-d'œuvre, s'il n'avait autant souffert du temps et des restaurateurs. Ce grand artiste a fait aussi les *Ambassadeurs qui se présentent à l'empereur à Pavie*; et au plafond, le *prince d'Este mis en déroute par Victor Soranzo*; la *Victoire d'Étienne Contarini sur le lac Garda*; la *Venise au milieu des Divinités*; le *Doge da Ponte, recevant les députations des villes*; la *Victoire de J. Marcello sur les Aragonais*; la *Défense de Brescia* par François Barbaro. Son fils et son meilleur élève Dominique, qui serait plus connu sans la gloire de son père, a peint le *Combat naval* dans lequel Othon, fils de l'empereur, fut fait prisonnier par les Vénitiens, vaste machine, curieuse pour la forme des armes et les manœuvres de la marine; et la *seconde conquête de Constantinople*. Le *Pape permettant à Othon d'aller auprès de l'empereur son père*; la *première conquête de Constantinople par Dandolo*; la *Venise assise*, du plafond, si remarquable par le nu des esclaves ; la belle *Victoire navale remportée sur le Pô par François Bembo*, sont du jeune Palma. L'*empereur Frédéric Barberousse en présence du pape Alexandre III*, par Frédéric Zuccari, est un ouvrage célèbre de ce *chef d'école de décadence*, qu'il fit en 1582, et retoucha en 1603. Le *Retour du doge André Contarini après la victoire remportée sur les Génois*; au plafond, l'*Apothéose de Venise*, sont d'admirables tableaux de Paul Véronèse, ainsi que la *Défense de Scutari* et la *Prise de Smyrne*.

A la salle du scrutin un arc triomphal consacré à François Morosini, le *péloponésiaque*, est orné de six tableaux allégoriques de Lazzarini, ouvrage magnifique du meilleur peintre de Venise dans le XVIIe siècle. Le *Jugement universel* est un des chefs-d'œuvre du jeune Palma. La *Bataille de Zara*, la plupart des portraits des doges sont du Tintoret. La *Victoire des Dardanelles*, de Pierre Liberi, est remarquable par l'esclave nu qui offre le dessin savant du peintre, et qui a fait donner à ce tableau de bataille le nom de l'*Esclave de Liberi*.

La *Galerie* qui conduit à l'escalier des Géants offre un de ces beaux Christs morts, de Jean Bellini.

CHAPITRE V.

Bibliothèque Saint-Marc.—De la donation de Pétrarque.—Lettre et donation de Bessarion. — Manuscrits. — Évangéliaire. — Miniatures d'Attavante. — Plantes d'Amadio. — Manuscrit de l'histoire du Concile de Trente de Fra-Paolo ; — du *Pastor fido*, de Guarini. —Mappemonde de Fra-Mauro.—Bibliothécaires de Saint-Marc.— Musée.

La salle du grand conseil a reçu la bibliothèque de Saint-Marc : ces livres sont, je crois, les plus magnifiquement logés qu'il y ait au monde ; mais la grandeur et la beauté des peintures qui les environnent, les statues antiques placées au milieu de la salle leur font tort, et ils ne paraissent plus, en quelque sorte, qu'accessoires. La bibliothèque Saint-Marc compte soixante-cinq mille volumes, et environ cinq mille manuscrits. Pétrarque en a véritablement *posé les premiers fondements*, ainsi qu'il s'exprime lui-même dans sa lettre sur la donation de manuscrits qu'il fit à Venise; c'était un noble prix de l'hospitalité qu'il y avait trouvée contre la peste. Il n'existe maintenant à Saint-Marc qu'un très-petit nombre de manuscrits provenant du *fonds* de Pétrarque ; ils furent, dit-on, oubliés dans une petite pièce voisine des quatre chevaux de bronze, où ils se détériorèrent. Mais c'est à tort, ainsi que l'a démontré le docte bibliothécaire de Saint-Marc, Morelli, qu'il a été reproché aux Vénitiens, par Ginguené, d'avoir laissé périr la bibliothèque de Pétrarque ; il n'avait donné que quelques ouvrages ; à sa mort, postérieure de douze ans à la donation, Pétrarque laissa, en effet, une très-précieuse bibliothèque, mais qui fut dispersée, ainsi que le prouvent les manuscrits conservés à la Vaticane, à la Laurentienne, à l'Ambrosienne, à la Bibliothèque du Roi, et il n'en parvint pas un seul à Venise. L'homme dont la libéralité littéraire respire, éclate encore à Saint-Marc parmi tant d'autres nobles donateurs, tels que les Grimani et les Contarini, est Bessarion. Quoique insérée dans quelques recueils érudits, la lettre par laquelle il annonce au doge et au sénat le présent qu'il fait de ses manuscrits à Saint-Marc, peut-être ne sera pas ici lue sans intérêt ; elle peint à la fois cet homme illustre, l'époque de la renaissance où les livres excitaient à leur apparition un si vif enthousiasme, et elle contient le plus bel éloge du gouvernement vénitien, sans les concetti de la lettre de Pétrarque, écrite en pareille circonstance, et dans laquelle il disait que si Venise était environnée des flots *salsis*, elle était aussi défendue par des conseils *salsioribus*.

« Au très-illustre et très-invincible prince Christophe Mauro,
« doge de Venise, et au très-auguste Sénat, Bessarion, cardi-
« nal et patriarche de Constantinople, salut :

« Dès mon plus jeune âge, j'ai mis tous mes soins, tous mes
« efforts, tout mon zèle à rassembler des livres sur les diverses
« sciences. J'en transcrivis, dans ma jeunesse, plusieurs de ma

« propre main, et j'employai à en acheter le peu d'argent qu'une
« vie économe et frugale me permit d'y consacrer. Il me sem-
« blait qu'il n'existait pas au monde de meuble plus utile, de
« trésor plus précieux : les livres, en effet, contiennent et nous
« offrent les paroles des sages, les exemples de l'antiquité, les
« mœurs, les lois, les religions; ils vivent, conversent, parlent
« avec nous; ils nous instruisent, nous consolent et mettent sous
« nos yeux, et rendent comme présents les objets les plus éloi-
« gnés. Telle est leur puissance, leur dignité, leur majesté, leur
« divinité même, que s'ils n'existaient point, nous serions tous
« ignorants et barbares, il ne resterait aucune trace, aucun sou-
« venir du passé, nous n'aurions aucune connaissance des choses
« divines ou humaines, et les noms des hommes seraient ense-
« velis avec leurs corps dans la tombe. Quoique j'aie été en tout
« temps occupé de la recherche de livres grecs, mon zèle et
« mon ardeur ont redoublé depuis la ruine de la Grèce, et la
« prise déplorable de Constantinople, et j'ai consacré toutes
« mes facultés à les réunir; je craignais, je tremblais que tant
« d'excellents ouvrages, tant de travaux et de veilles de grands
« hommes, tant de lumières de l'univers ne fussent exposés à
« périr bientôt. . . . .
« Je ne me suis pas attaché, autant qu'il a dépendu de moi, à la
« quantité, mais au mérite des ouvrages, satisfait d'un exem-
« plaire de chacun; c'est ainsi que j'ai rassemblé presque tous
« les livres des Grecs savants, et surtout ceux qui étaient rares
« et difficiles à trouver. Cependant je regardais tous mes soins
« comme insuffisants, si je ne parvenais à ce que des livres ras-
« semblés avec tant de peine fussent pendant ma vie placés de
« manière qu'ils ne pussent être à ma mort ni aliénés, ni dis-
« persés, mais qu'ils fussent établis dans un lieu sûr et com-
« mode, afin de servir aux savants grecs ou latins. De toutes les
« villes d'Italie, votre illustre et florissante cité m'a paru le
« mieux répondre à mon projet. Quel pays pouvait offrir un
« plus sûr asile que le vôtre, régi par l'équité, soumis aux lois,
« et gouverné par l'intégrité et la sagesse; où la vertu, la mo-
« dération, la gravité, la justice, la bonne foi, ont fixé leur de-

« meure; où le pouvoir, quoique très-grand et très-étendu, est
« aussi équitable et doux; où la liberté est exempte de crime et
« de licence, où les sages gouvernent, où les bons commandent
« aux méchants, où les intérêts particuliers sont unanimement
« et entièrement sacrifiés à l'intérêt général; mérites qui doi-
« vent faire espérer (ce que je souhaite) que votre État croîtra
« de jour en jour en force et en renommée? Je sentais encore
« que je ne pouvais choisir un lieu plus commode et qui convînt
« mieux à mes compatriotes que Venise, où afflue la plupart
« des nations du monde, surtout des Grecs, qui viennent de
« leurs provinces y aborder et y descendre, et pour qui elle est
« comme une autre Byzance. Pouvais-je, en effet, mieux choi-
« sir, pour être l'objet d'un tel bienfait, que ceux avec lesquels
« je suis lié par les nombreux bienfaits que j'en ai reçus? quelle
« cité pouvais-je préférer à celle que j'ai choisie pour patrie
« après l'esclavage de la Grèce, et dans laquelle j'ai été attiré
« et reçu si honorablement? Sachant que je suis mortel, sen-
« tant mon âge s'accroître, affligé de maladies nombreuses,
« afin de prévenir toute espèce d'accident, je destine et donne
« tous mes livres grecs et latins à la vénérable bibliothèque
« Saint-Marc, de votre illustre ville,. . . . .
« afin que vous, vos enfants et vos descendants sachiez à quel
« point j'étais pénétré de votre vertu, de votre sagesse et de
« vos bontés, afin que vous tiriez des fruits abondants et con-
« stants de mes livres, et puissiez en faire jouir ceux qui ont le
« goût des bonnes études. Je vous adresse, en conséquence,
« l'acte de donation, le catalogue des livres et la bulle du sou-
« verain pontife, priant Dieu qu'il accorde à votre république
« toutes les prospérités possibles, et qu'elle jouisse de la paix,
« de la tranquillité, du repos, et d'une perpétuelle union. Des
« bains de Viterbe, le dernier jour d'avril 1468. »

Le présent de Bessarion n'a point été stérile; depuis plus de
trois siècles, les savants de l'Europe entière viennent consulter
ses manuscrits : les érudits de la France n'y ont pas manqué,
depuis Amyot jusqu'à Villoison et M. Cousin [1]. Les travaux des

---

[1]. Amyot traduisit en français cinq Livres de l'histoire de Diodore de Sicile sur

Aldes, premiers imprimeurs de livres grecs, et la multiplicité de leurs éditions, ont étendu le bienfait de Bessarion. Ce grand homme a contribué ainsi à la gloire typographique de Venise, et aux avantages qu'elle dut retirer de ce vaste commerce. Combien n'est-il pas à regretter que la formalité du *dépôt*, bien légitime en pareil cas, n'eût point alors été prescrite! Saint-Marc posséderait aujourd'hui une collection aldine complète, unique, et qui serait merveilleusement à sa place[1]. La bibliothèque Saint-Marc possède de nombreux manuscrits inédits de Bessarion, et de son maître Gémiste Pléthon, le père du platonisme en Europe, esprit bizarre, dont le grec, de l'avis des érudits, est sec, court, sans grâce, et qui ne parlait pas aussi élégamment que dans le Lascaris de M. Villemain. Gémiste Pléthon, ainsi que son élève, était venu en Italie pour le concile de Florence, véritable époque de l'émigration littéraire et philosophique des Grecs en Italie, et non point, comme on le croit, la prise de Constantinople, qui n'y jeta que des grammairiens et des rhéteurs. Les deux beaux manuscrits arabes sur papier de soie, présents de Bessarion, dont les Vénitiens étaient si fiers, n'ont point reparu à Saint-Marc, non plus que la précieuse bible dite

---

un manuscrit de Saint-Marc; un manuscrit de l'Iliade du x⁰ siècle servit à D'Ansse de Villoison pour donner sa célèbre édition in-fol., Venise, 1788; les manuscrits de Proclus ont fourni à M. Cousin des variantes pour son édition. Telle a été l'opiniâtreté, la sagacité de ses recherches, qu'il a exhumé quelques manuscrits grecs échappés même à Morelli, et dont il serait à désirer que la liste fût publiée comme supplément au catalogue de celui-ci. Henri Étienne, qui avait été reçu très-honorablement à Venise, donna, d'après les rectifications faites sur les manuscrits de Bessarion, son Diogène Laërce de 1570 et son Xénophon de 1581.

1. Alde le jeune, mort à Rome, avait voulu léguer à la république de Venise la savante et nombreuse bibliothèque qui lui avait été laissée par ses pères; mais elle fut saisie, ainsi que ses autres effets, par l'autorité publique (*la camera apostolica*) et par ses nombreux créanciers. La bibliothèque fut partagée entre ceux-ci et ses neveux, après avoir été préalablement visitée et dépouillée d'un certain nombre d'articles par ordre du pape, qui sans doute n'enleva pas les moins précieux. V. *Annales de l'Imprimerie des Alde*, par M. Renouard, t. III, p. 208, et Morelli, *Della pubblica Libreria di San Marco*, p. 53, 4. Le dépôt d'un exemplaire des ouvrages imprimés dans l'État vénitien ne fut ordonné par décret du sénat qu'en 1603. La bibliothèque la plus considérable d'éditions aldines qui ait été formée était celle de M. Renouard, vendue en détail à Londres, en 1828.

la Magontina, maintenant reconnue de 1456, et qu'on croit sortie des presses de Guttemberg. Repris à la France en 1815, ils n'ont point été rendus à leurs véritables maîtres. Cette fraude dans la restitution semble encore plus odieuse que le pillage qui suit la victoire et la conquête.

L'*Évangéliaire*, qui compte près de mille ans, d'après Morelli, est un de ces livres qui suffiraient à la gloire d'une autre bibliothèque moins riche que celle-ci en vieux manuscrits.

Le célèbre manuscrit des Lois lombardes, dit de Trévise, est un des plus précieux que l'on connaisse.

Un manuscrit curieux fut découvert en 1826, par un savant prussien, M. le professeur Charles Witte, et publié par lui dans l'*Anthologie* de Florence [1]; c'est la *canzone* du Dante sur la mort de l'empereur Henri VII, et autres pièces inédites qui révèlent de nouveaux et touchants détails sur les douleurs de l'exil du poëte, son amour si tendre de la patrie au milieu des discordes civiles, l'illusion de ses espérances, et cet appel passionné, cette espèce d'idolâtrie de l'étranger [2], si extraordinaire chez un homme d'un génie si haut et si fier, mais qui lui montrait dans le fantôme d'empire romain, d'empire de Charlemagne, un moyen d'indépendance et de grandeur pour l'Italie, bien préférable à l'anarchie républicaine et persécutrice dont il était victime. Peut-être aussi que les mœurs chevaleresques et féodales

---

1. *V.* le n° LXIX. On doit aussi à M. Witte la publication du recueil intéressant des Lettres du Dante avec des notes, imprimé à Breslau, et qui a paru 1827, sous la rubrique de Padoue, in-8°, 107 pag.

2. Dans un des sonnets inédits du manuscrit de Saint-Marc, le Dante va jusqu'à comparer l'empereur au saint Sépulcre :

> *Tornato è 'l sol, che la mia mente alberga,*
> *E lo specchio degli occhi onde era ascoso,*
> *Tornato è 'l sacro tempio e prezioso*
> *Sepolcro, che 'l mio core e l'alma terga.*

Il fait, dans la *canzone*, ce bel éloge de Henri VII :

> *Nol vinse mai superbia nè avarizia,*
> *Anzi l' avversità 'l facea possente,*
> *Che magnanimamente*
> *Ben contrastasse a chiunque il percosse.*

des guerriers allemands du moyen âge choquaient moins les âmes généreuses de cette époque, que les pratiques de la politique romaine, et les vices et la simonie de quelques papes.

Un manuscrit du livre de l'ancien auteur africain Marcian Capella, intitulé bizarrement : *des Noces de la Philologie et de Mercure*, offre de vives, brillantes et poétiques miniatures de l'artiste florentin du xv° siècle, Attavante, représentant l'assemblée des dieux et les divers attributs des sciences et des arts.

Le manuscrit du xv° siècle de l'ouvrage *de Simplicibus*, par le médecin Benoît Rini ou Rinio, de Padoue, est singulièrement remarquable. Les quatre cent trente-deux plantes dessinées par André Amadio, peintre vénitien, ont tout l'éclat et la grâce des fleurs de Redouté. Un pareil recueil, si bien exécuté, prouve quels étaient alors le goût et les progrès de la botanique et des sciences naturelles en Italie, confirmés encore par les ouvrages importants que l'on y imprima, tels que les éditions *princeps* de Pline et d'Aristote publiées dans le même siècle, à Venise, et le curieux *Herbarius Patavie*, imprimé à Mayence dès l'année 1484.

Le Concile de Calcédoine, manuscrit in-folio du xiv° siècle, provenant de Bessarion, est sans doute fort respectable; mais j'avoue que je fus plus curieux de l'Histoire du concile de Trente, manuscrit corrigé de la main de son célèbre auteur. La copie est de son disciple et secrétaire Fra-Fulgenzio Micanzio, qui lui succéda comme théologien consulteur de la république. Les corrections, très-nombreuses, sont interlinéaires et marginales. Ce manuscrit est parfaitement conforme à la première édition donnée à Londres en 1619, par Marc-Antoine de Dominis, sauf le titre et la préface ajoutés par ce Dalmate apostat, indigne compatriote de saint Jérôme : le titre véritable est : *Istoria del concilio di Trento di Pietro soave Polano*, anagramme de *Paolo Sarpi Veneto*. Le traducteur français de l'Histoire du concile de Trente, le P. Le Courayer, offre un de ces rapports rares de caractère, de talent et de destinées avec son auteur [1] ; tous deux

---

[1]. *V.* liv. iv, chap. ix.

bons religieux, bons écrivains et penseurs hardis, furent persécutés pour leurs opinions ; mais le génovéfain, condamné par le cardinal de Noailles et vingt-deux évêques de France, n'eut point à redouter le *poignard catholique* dont le servite vénitien faillit être victime ; et jamais il n'aurait été réduit, lors même qu'il ne se fût point retiré paisiblement en Angleterre, à porter, comme Fra-Paolo, une cotte de mailles sous sa robe, et à se faire escorter par un autre frère de son ordre armé d'un mousqueton. Le portrait de Fra-Paolo, cru de Léandre Bassano, est à la bibliothèque : son regard est plein d'expression et de vie, et on y sent le génie turbulent de ce théologien de la république, de ce Bossuet des libertés de l'Église vénitienne, mais qui n'a pas la raison calme et solennelle du théologien de Louis XIV, et de l'orateur de l'assemblée du clergé de 1682.

Douze lettres du Tasse, publiées à Venise en 1833, par M. Gamba, adressées à son ami, Luc Scalabrino, sont intéressantes puisqu'il y parle, dans quelques unes, de la composition de la *Jérusalem*.

Le manuscrit autographe du *Pastor fido* de la bibliothèque Saint-Marc est antérieur à celui de la bibliothèque de Ferrare, qui semble presque une mise au net[1]. Le manuscrit de Saint-Marc est très-corrigé et chargé d'augmentations et de passages supprimés : on peut ainsi juger de l'excessif travail que ce poëme dut coûter à l'auteur.

Le manuscrit des deux traités de l'Orfévrerie et de la Sculpture, par Benvenuto Cellini, est des plus curieux ; il paraît le premier jet de l'auteur, sur lequel le texte imprimé a été compilé. Plusieurs fragments ont été publiés par Morelli, et par MM. Cicognara et Gamba. Une édition nouvelle et complète de ces traités serait probablement intéressante pour l'histoire de l'art.

Parmi les imprimés, on admire le superbe exemplaire, peau de vélin, de l'Homère de Florence (1488), repris en 1815 à la bibliothèque royale et magnifiquement relié aux armes de l'Em-

---

[1]. *V.* ci-après, liv. vii, chap. xii.

pire ; le bel exemplaire, peau de vélin, de la Rhétorique de Guillaume Fichet, savoyard devenu docteur de Sorbonne et recteur de l'université de Paris. Cette rare et unique édition, un des premiers livres imprimés à Paris, et, quoique sans date, de l'année 1471, est due aux trois Allemands associés Ulric Géring, Martin Crantz et Michel Friburger, qui y ont introduit l'art typographique. L'exemplaire peau de vélin de la bibliothèque de Venise fut envoyé par l'auteur au cardinal Bessarion que l'on y voit représenté sous un dais, ayant à ses genoux Fichet qui lui offre son ouvrage.

Les divers livres et manuscrits offerts ou laissés à Saint-Marc, ainsi qu'on l'a déjà vu par la lettre de Bessarion, montrent l'estime, la réputation dont jouissait alors le gouvernement vénitien. Venise était digne de tels dons, par la facilité avec laquelle ses trésors littéraires furent constamment accessibles ; le mystère de sa politique et de ses archives ne s'étendait point à ces doctes communications.

La célèbre mappemonde de Fra-Mauro, religieux des Camaldules de Saint-Michel in Murano, autrefois à ce couvent, dessinée en 1460, et décrite et expliquée de nos jours par un autre docte camaldule du même couvent, M. le cardinal Zurla, est un monument de cosmographie des plus curieux. On y voit que ce d'Anville cloîtré du xve siècle connaissait tout ce que les anciens et les modernes avaient écrit avant lui sur la géographie : le cap de Bonne-Espérance y est indiqué, quoiqu'il ne fût pas encore découvert, et l'Afrique elle-même ne s'éloigne pas beaucoup, par sa forme générale, de celle qu'elle a réellement [1].

Les premiers noms historiques de Venise figurent parmi les

---

1. L'auteur de l'article Fra-Mauro, de la *Biographie*, a même remarqué qu'on lit dans l'intérieur de l'Afrique de la mappemonde le nom de Dafur (Darfour) pays inconnu depuis à Delisle, à d'Anville et à tous les géographes de l'Europe, jusqu'à Bruce qui le premier entendit parler de ce pays, découvert et visité par Browne. On doit regretter toutefois que la carte de Fra-Mauro ait été gravée avec autant d'inexactitude dans la description du cardinal Zurla. *V.* sur les différences capitales qu'elle présente, une lettre curieuse écrite de Varsovie le 6 juin 1830, à M. de Hammer, par le comte Joseph Sierakowski, qui l'avait collationnée sur l'original, mais qui a cru à tort que celui-ci était passé à Vienne.

bibliothécaires de Saint-Marc; plusieurs sont parvenus à la dignité de doge; la bibliothèque semble la route du palais : nouvel et imposant exemple de l'union des lettres et de la science des affaires, même sous le gouvernement aristocratique.

Le musée des antiques annexé à la bibliothèque Saint-Marc possède quelques morceaux précieux, ouvrages des beaux temps de la Grèce : la belle et lascive *Léda*; le petit groupe de l'*Enlèvement de Ganymède*, dont l'aigle est si passionné; deux *Muses*; le groupe d'un *Faune et de Bacchus;* les statues d'*Ulysse*, de l'*Amour*, de l'*Abondance*, de *Diane*, le *Soldat mort*. Une *jeune femme*, à laquelle le restaurateur a mis à la main une ridicule cruche pour en faire une Hébé, est, dans la partie antique, admirable de formes. On distingue encore : le bas-relief appelé *Niobiade ;* deux autres bas-reliefs représentant des *petits enfants;* un pied colossal très-beau, les têtes presque colossales du Faune et de la FAUNESSE d'un travail exquis, et surtout le superbe camée de Jupiter *Ægiochus* (couvert de l'égide), trouvé à Éphèse en 1793, et revenu de Paris à Venise en 1815. Parmi les médailles, il en est une très-belle qui représente le cardinal Dominique Grimani; sur le revers sont la Philosophie et la Théologie; elle est de 1493, et du vénitien Victor Camelio, adroit contrefacteur de médailles antiques, illustre faussaire dont les habiles imitations ont tourmenté et mystifié plus d'un antiquaire.

CHAPITRE VI.

Plombs. — Puits. — Ages divers des prisons.

La perte de la liberté est le plus ancien et le plus grand des malheurs; aussi les histoires de prisonniers sont les plus intéressantes. Le vénitien Casanova, le prisonnier des Plombs, est un des premiers héros de ces histoires, lui qui rejetait la lecture *De la Consolation*, de Boëce, pendant sa captivité, parce qu'il n'y trouvait indiqué aucun moyen d'évasion. Je vis la fenêtre par laquelle il s'échappa avec une si rare audace, et qui était dans une chambre que remplissaient les gracieux pigeons de Saint-Marc, dont il a été parlé. Les prisons de Venise, sujet de tant de déclamations, étaient, vers la fin de la république, usées comme tout le reste. C'est à peu près ainsi qu'en France la Bastille n'était guère plus forte que la monarchie. Les Plombs, créés postérieurement aux Puits, hors d'usage depuis longtemps, à la chute de la république, n'étaient que la partie la plus élevée du palais ducal, dont la couverture est de plomb, et dans laquelle les détenus faisaient leur temps sans que jamais la santé d'un seul ait été le moins du monde altérée, même après une détention de dix ans. Il y avait un courant d'air suffisant pour tempérer l'excès du chaud. Howard, juge compétent, avait déjà reconnu la salubrité des prisons de Venise. Aucun prisonnier n'y fut jamais chargé de chaînes, sorte de privilége peut-être unique dans l'histoire des prisonniers : si plusieurs furent condamnés pour la vie, c'est que la peine de mort était plus rarement qu'ailleurs appliquée à Venise [1]. Ces terribles Plombs sont aujourd'hui des appartements agréables et recherchés (en Italie les appartements d'en haut sont généralement préférés), et un président du tribunal d'appel de Venise, le comte Hesenberg, homme impartial et qui les avait occupés, a prétendu, dans un journal, qu'il souhaiterait à beaucoup de ses lecteurs de n'être pas plus mal logés.

Les Puits formaient jadis plusieurs étages, dont deux subsistent encore. J'ai parcouru ces anciens cachots (huit sont au niveau de la cour du palais ducal, neuf à l'étage supérieur); la plupart sont encore garnis de planches que l'on y avait mises afin de prévenir l'humidité, et l'ancien lit de bois, assez semblable aux couchettes des trappistes, est au milieu de quelques uns. Ces cachots n'étaient point sous le canal, ainsi qu'on l'a cru et que l'a répété M. Nicolini dans sa tragédie de Foscarini sur cette prison, et l'on n'a jamais navigué sur la tête des coupables. Il est fort probable que les Puits de Venise ne furent pas

[1]. A l'arrivée des Français, en 1797, le registre des condamnations pour crime d'État ayant été ouvert, leur nombre était de quatorze depuis le commencement du siècle.

plus horribles que les autres cachots du même temps : chaque âge, chaque régime a ses prisons; elles participent de l'état des diverses civilisations ; mais les prisons impénétrables du despotisme sont toujours cruelles; les forts de l'Empire ne le cédaient point aux anciens donjons; aux époques de raison, de liberté et d'industrie, les prisons deviennent des espèces d'ateliers; inspectées, surveillées elles-mêmes, elles ne sont plus que l'instrument du magistrat impassible qui applique la loi.

CHAPITRE VII.

Palais-Royal. — Grande salle. — Exposition des produits de l'industrie vénitienne. — Zecca.

Les célèbres *Procuratie Nuove*, le plus important ouvrage de Scamozzi, sont aujourd'hui le Palais-Royal, et certes il n'en est guère d'une architecture plus noble, plus simple et plus variée. L'ancienne bibliothèque en fait partie. Ce chef-d'œuvre de Sansovino, cet édifice qui, selon Palladio, était *le plus riche, le plus orné qui eût été construit depuis les anciens*, que l'Arétin trouvait *au-dessus de l'envie* (c'était, certes, le placer bien haut), avait été élevé, par décret du sénat, en face du palais ducal, pour y placer des livres, tant Venise leur offrit toujours la plus splendide hospitalité.

La condition des artistes était rude au xvie siècle ; ils semblent soumis à une véritable responsabilité, ainsi qu'on le voit par une foule d'exemples. A peine Sansovino avait-il achevé sa merveille, que la voûte s'étant écroulée, il fut mis au cachot, privé de son emploi d'architecte de la république, et condamné à une amende de mille ducats. Il fut délivré, replacé et remboursé par les soins du Titien, et surtout de l'Arétin, trait qui prouve que ce dernier, malgré ses vices, n'était pas incapable de s'associer à une action généreuse, et de remplir les devoirs de l'amitié : les âmes les plus basses ont quelquefois, dans les choses de la vie, une sorte d'obligeance dont se croient dispensées d'autres vertus plus pures.

Les deux superbes cariatides colossales à l'entrée sont de Vittoria, qui a fait aussi les ornements en stuc du magnifique escalier. La première salle, décorée par Scamozzi, offre un plafond de Christophe et Étienne Rosa, habiles artistes en ce genre : au milieu, une figure de la *Sagesse*, couronnée de lauriers, quoique de l'extrême vieillesse du Titien, est pleine de grâce et de vie.

La grande salle a deux tableaux remarquables du Tintoret : le premier est l'*Enlèvement du corps de S. Marc des sépulcres d'Alexandrie*, par deux marchands vénitiens qui le cachèrent sous des tranches de porc frais, afin qu'à cette vue abhorrée les douaniers musulmans le laissassent passer sans faire de visite. Le second représente *S. Marc sauvant un sarrazin du naufrage*, beau tableau qui prouve la charité et le bon esprit du saint. Le plafond magnifique a sept compartiments qui renferment chacun trois ovales : il fut peint au concours par les premiers maîtres du xvie siècle, et Paul Véronèse emporta le prix pour ses figures de l'*Honneur déifié*, de la *Musique*, de la *Géométrie* et de l'*Arithmétique*. Les portraits des philosophes placés entre les fenêtres et sur les angles de la salle, sont de Schiavone et du Tintoret.

L'exposition des produits de l'industrie vénitienne, pour 1827, se tenait dans cette superbe salle. Il n'y avait rien de fort important, et cette industrie, jadis si fameuse, paraissait assez vulgaire. Les chapeaux de paille, façon de Florence, étaient l'article le plus remarquable. Cette importation est, dit-on, très-utile et très-heureuse ; ces chapeaux sont aussi fins que ceux de Florence, quoique un peu plus blancs et plus mous, mais ils coûtent moins cher ; ils sont fabriqués par une maison de Bassano. Je remarquai plusieurs bouteilles d'un vin d'une fort belle couleur, mais qui semblaient singulièrement placées parmi des objets de fabrique. Pendant les quatre expositions qui eurent lieu de 1823 à 1831, M. Berlan avait obtenu neuf médailles d'or et d'argent pour ses divers instruments mécaniques. En 1831, la soie provenant du bel établissement agricole de M. Maupoil à Dolo, entre Padoue et Venise, a paru d'une qualité supérieure, les vers y étant nourris du mûrier des Philippines cultivé avec succès par l'habile directeur. Indépendamment des anciennes et célèbres manufactures de glaces, de cristaux et de perles [1], l'industrie vénitienne a des filatures, des raffineries, des tanneries, et des fabriques de cire, de drogues, de soieries, et de feuilles d'or battu. Ces manufactures, y compris celle des chapeaux de paille de Bassano, occupent neuf mille ouvriers, et donnent environ par an un produit de dix-huit millions de livres (**15,480,000 fr.**).

La troisième partie du Palais-Royal offre encore d'admirables peintures : à la salle octogone, l'*Adoration des mages*, *S. Joachim chassé du temple*, du Tintoret ; dans la chapelle, le *Père éternel, ayant le Sauveur sur ses genoux*, de Carletto Caliari ; le célèbre *Ecce homo*, d'Albert Durer ; le *Christ mort, et deux amis qui pleurent*, de Pâris Bordone. Dans trois des pièces de l'appartement du gouverneur, une *Venise entourée par Hercule, Cérès et quelques génies*, est un des premiers chefs-d'œuvre de Paul Véronèse qui a fait aussi *Adam et Ève pénitents*, l'*Institution du rosaire*, et le *Christ agonisant dans le jardin*. La *Descente du Christ aux limbes* est du Giorgione, et le *Passage de la mer rouge*, de la première manière du Titien.

La *Zecca* (Hôtel des monnaies), voisine de l'ancienne bibliothèque, est un autre chef-d'œuvre de Sansovino. Telle est son habile distribution, qu'après bientôt trois siècles elle est encore applicable aux besoins de la fabrication actuelle.

Au-dessus de la citerne de la cour est un Apollon, qui jouit à Venise d'une sorte de popularité, quoique le sculpteur, Danese Cattaneo, élève de Sansovino, et poëte distingué, ne soit pas très-connu. Cet Apollon est assez bizarrement assis sur un globe posé au-dessus d'un monticule d'or, et tenant à la main un lingot aussi d'or. Sans les rayons qui lui sortent de la tête, le dieu de la musique et des vers, qui d'ailleurs n'a pas l'air très-noble, pourrait bien ne paraître que le dieu de la richesse.

---

[1] *V.* ci-après, chap. XXIII.

Il devait être accompagné des statues de la Lune et de Vénus, qui auraient été d'argent et de cuivre, afin d'indiquer ainsi les trois espèces de monnaie. La célébrité des premiers ducats ou sequins vénitiens, si estimés pour la pureté de l'or, et qui sont encore aujourd'hui la monnaie préférée dans l'Orient, remonte à l'année 1284 : parmi les pièces données comme plus anciennes, plusieurs sont apocryphes; les véritables, et qui fixent le commencement d'une suite bien constatée, portent la religieuse légende *Christus imperat*.

CHAPITRE VIII.

Grand canal. — Sainte-Marthe. — Vénitiens. — Palais. — Noblesse vénitienne.

Le grand canal, bordé de magnifiques palais de marbre, construits pendant dix siècles par les premiers architectes, serait, s'il était pavé, la plus belle rue de l'univers. Ces palais d'âges divers indiquent la marche et les progrès de l'art italien, et ils deviennent comme une vaste, majestueuse et instructive galerie d'architecture. Par une recherche bizarre de luxe et de grandeur, le pilotis fangeux de quelques uns fut construit du bois précieux de Fernambouc : ainsi les fondations n'étaient ni moins splendides, ni moins chères que le marbre et les colonnes du somptueux édifice.

Le lendemain du jour que j'arrivai pour la première fois à Venise, au mois de juillet, était la fête de Sainte-Marthe, fête populaire. Quelques barques illuminées, chargées de musiciens, parcouraient le grand canal la nuit : quoique bien peu nombreuses, leur effet était véritablement enchanteur, et donnait l'idée des anciens plaisirs de cette ville déchue. La fête de Sainte-Marthe, qui dura jusqu'au jour, se célébrait, à une extrémité de la ville, dans un quartier qui en porte le nom. Des tables étaient dressées, on trinquait dans les barques et sur le rivage; c'était comme un Vaugirard, comme une Courtille en mer. Malgré la joie si vive de cette multitude, il n'y avait ni rixes, ni désordre. Telle est la douceur du peuple de Venise, qu'au temps même où Sainte-Marthe avait tout son éclat, le gouvernement vénitien n'y déploya jamais l'appareil de sa police, et que la sûreté de chacun était sous la sauvegarde du plaisir de tous. Le caractère italien, dans ce qu'il a de bon, est déjà complet à Venise : gai, mobile, agité, insouciant, il semble encore plus aimable par la grâce, la douceur et l'originalité du dialecte.

On a, je crois, singulièrement exagéré le silence de Venise : après Rome, nulle part en Italie le son des cloches n'est peut-être plus bruyant, et les cris du peuple ne le cèdent qu'aux seuls Napolitains. Madame de Staël, qui a fait tant d'observations ingénieuses ou profondes, prétend qu'*on ne voit pas même une mouche en ce séjour:* le funeste *conopeum* [1] placé au-dessus des lits ne prouve que trop le contraire.

C'est un plaisir doux et triste aujourd'hui que d'errer, que de voguer sur le grand canal, au milieu de ces palais superbes, de ces anciennes demeures aristocratiques qui portent de si beaux noms, qui rappellent tant de puissance, tant de gloire, et sont maintenant désertes, délabrées ou en ruine. Ces fenêtres moresques, ces balcons où la Vénitienne, enfermée comme dans l'Orient, et légère comme en Europe, apparaissait à son amant qui fuyait à regret sur sa gondole, sont maintenant dégradées, sans vitraux, ou barrées grossièrement par des planches ; quelques unes en bon état, n'offrent plus que l'inscription de certaines autorités administratives et financières de l'Autriche, ou les armes de la puissance de quelque consul oisif. Au milieu de cette destruction, les jardins, chose singulière ! remplacent à Venise les bâtiments ; c'est véritablement l'opposé de Paris, et je me rappelle que cherchant la maison du Titien, je ne trouvai à sa place que le mur d'un jardin, dans un petit cul-de-sac appelé fastueusement le *Détroit de Gallipoli* [2].

L'abandon des palais de Venise avait commencé dès le der-

[1]. Rideau de gaze pour se défendre des mouches et des cousins ; en vénitien *zenzaliera*.

[2]. Les Français firent, en 1810, un jardin public qui subsiste encore ; mais il est négligé, peu fréquenté, et les Vénitiens préfèrent leur ancienne et centrale promenade de la place Saint-Marc.

nier siècle avec la décadence de la république, alors que les patriciens dégénérés préféraient se loger dans un *casino* voisin de la place Saint-Marc, au lieu d'habiter les anciens palais de leurs pères, trop grands pour leur petitesse. Le jeu, le célibat, et l'espèce d'égoïsme social qu'ils produisent, avaient affaibli les mœurs de la noblesse vénitienne : quelles vertus publiques pouvait-on attendre du sénateur qui, revêtu de sa toge et des pompeux insignes de sa dignité, avait en personne été croupier de pharaon, de ces patriciens dont un des priviléges était d'ouvrir des tripots, et qui s'y montraient avec leur robe de magistrat? Ils renoncèrent, dit-on, unanimement à ce privilége lucratif, lorsque les jeux furent abolis, quelque temps avant la chute de la république ; mais il est probable que le mal était fait, et qu'il était trop tard pour revenir à des sentiments plus graves et plus élevés. Les jeux de Venise, prétendent les défenseurs de son ancien régime, servaient à développer la force morale; ils étaient renommés par l'impassibilité presque stoïque avec laquelle on y perdait ou gagnait les plus énormes sommes. Cette espèce de courage qui fait risquer sa fortune sur une carte, peut indiquer de la fermeté, de l'énergie chez les individus, mais elle doit être la perte d'une société, et l'habitude de la foi au hasard est surtout funeste en politique. Quant au célibat, réprimé et puni chez les Romains, il était alors à Venise comme un des priviléges de l'aîné, de l'homme d'esprit ou de l'ambitieux de chaque famille, et le mariage devenait une des charges du cadet, ou de celui qui donnait le moins d'espérances. C'était l'opposé de ce qui se pratiquait dans les grandes maisons des états monarchiques. Mais ces divers célibats, qui n'étaient ni le célibat sacré de la religion, ni le célibat philosophique de l'étude, se rapprochaient beaucoup de celui dont le libertinage est le principe.

Le patriciat vénitien pouvait être regardé comme le plus antique et le plus national de l'Europe, puisqu'il remontait aux fondateurs de la république, et qu'il précéda de plusieurs siècles les ancêtres des plus vieilles aristocraties [1]. Mais ces patriciens

---

[1]. Les Contarini, selon quelques auteurs, tiraient l'étymologie de leur nom du mot *contadini*, paysans, comme qui dirait *vilains.*

superbes, qui laissaient prendre chez eux à tout le monde les titres qu'on voulait, n'en portaient eux-mêmes aucun pour la plupart, et je ne sais quel Français composa dans le temps une Dissertation, afin de prouver que décidément ils n'étaient point gentilshommes [1]. On voit à l'église de la chartreuse de Florence, dans le chœur, la tombe d'un patricien de Venise : l'inscription exprime le noble regret d'avoir été contraint d'échanger son titre contre un autre du grand-duc de Toscane.

CHAPITRE IX.

Palais Trévisan. — Foscari. — Mocenigo. — Lord Byron. — Palais Pisani. — De la vérité poétique. — Paul Véronèse. — Palais Barbarigo. — Mort du Titien. — Palais Grimani (à Saint-Luc). — Pont de Rialto. — Palais Micheli ; — Corner ; — Pesaro ; — Vendramini ; — Manfrin.

Le palais Trévisan, couvert de marbres de la Grèce et de l'Égypte, quoique sans objet curieux à l'intérieur, mérite d'être observé : son élégante architecture, de l'école des Lombardi, marque l'époque de la renaissance du goût.

Le palais Dario est du même style et a le même genre d'intérêt. On y lit ces mots : *Genio urbis, Joannes Darius*, inscription patriotique que la ruine actuelle de Venise rend encore plus touchante.

Le palais Giustiniani-Lolin avait une bibliothèque choisie, quelques bons tableaux, un nombre considérable de précieuses gravures, collections diverses formées avec goût par M. le docteur Aglietti, grand médecin de l'Italie qui a publié la belle édition des Œuvres complètes d'Algarotti, dans laquelle ont été insérées les Lettres écrites par Frédéric pendant vingt-cinq ans, à ce Fontenelle italien, lettres dont les originaux existaient au palais Giustiniani-Lolin [2]. M. le docteur Aglietti accrut, il

---

[1]. *V.* les Pièces justificatives de l'*Histoire de Venise* par M. Daru.
[2]. Ces lettres, quelquefois plus affectueuses et plus tendres qu'il ne semble ap-

y a quelques années, ces collections d'une nouvelle curiosité par un trait plein de délicatesse. Il avait, ainsi que le docteur Z......, donné des soins à Cicognara pendant sa dernière maladie ; celui-ci légua aux deux docteurs, ses amis, l'objet de sa succession qui pourrait leur convenir. Le docteur Z...... prit une petite tête antique ; M. Aglietti choisit la plume de l'historien de la sculpture en Italie [1].

L'antique palais Foscari est en ruine, mais son aspect majestueux, désolé, convient aux souvenirs qu'il rappelle : on sent qu'il a dû être le séjour de cette famille malheureuse, déchue du pouvoir, punie par la prison, l'exil et la mort, et qui semble comme les Stuarts des familles aristocratiques.

Le palais Mocenigo, sur le grand canal, fut occupé par lord Byron. J'ai beaucoup entendu parler du séjour qu'il avait fait à Venise pendant plusieurs années, et des scènes qui se passèrent à ce palais [2], et j'ai vu avec regret que la considération n'était pas toujours compagne de la gloire. Byron peut toutefois mériter quelque indulgence par ses abondantes aumônes, égales à la dissipation de ses honteuses voluptés. La vie de Venise, cette vie de silence, de plaisirs, de veilles et de bibliothèque, devait d'ailleurs convenir à un poëte. Peu de villes ont été aussi chantées et mieux chantées que Venise : Pétrarque l'avait appelée *la Città d'oro ;* on connaît les vers classiques de Sannazar et la supériorité qu'il lui attribue sur Rome :

. . . .
Illam homines dices, hanc posuisse Deos,

partenir à Frédéric, deviennent bientôt d'un maître dur et sévère : il lui avait ainsi annoncé son avénement au trône : « Mon cher Algarotti, mon sort a changé. Je vous attends avec impatience, ne me faites pas languir. » Deux ans après il lui reproche *sa suffisance*, et lui demande sèchement s'il lui convient de s'engager chez lui (lettre du 10 septembre 1742). Jamais peut-être la colère et le mépris de Frédéric contre Voltaire ne se sont épanchés avec autant de vivacité que dans ces lettres. *V.* les lettres des 12 septembre 1749, 11 janvier et 26 mai 1754.

1. Aglietti, frappé d'apoplexie le 4 août 1829, languit jusqu'au 3 mai 1836 ; il était âgé de soixante-dix-neuf ans. La collection de ses gravures est passée à M. Jean Papadopoli de Venise.

2. *V.* là-dessus ses Mémoires qui n'ont pas tout dit, t. III, ch. XVII.

le beau sonnet d'Alfieri :

> *Ecco, sorger dall' acque io veggo altera*
> *La canuta del mar saggia reina*. . . . . . .

les strophes romantiques de Childe-Harold, et quelques pièces de plusieurs de nos jeunes poëtes. Parmi les bons tableaux du palais Mocenigo est le modèle de la célèbre *Gloire du Paradis*, peint par le Tintoret, préférable aujourd'hui au tableau même, que l'on voit à l'ancienne salle du grand conseil, puisqu'il a échappé à sa malencontreuse restauration.

Le palais Pisani (à Saint-Paul) possède le précieux tableau de Paul Véronèse, la *Famille de Darius aux pieds d'Alexandre* : les femmes sont habillées en dames vénitiennes, le héros macédonien est en général de la république. Malgré l'inexactitude des costumes, ce chef-d'œuvre est plein de charme. La vérité poétique, la seule vraie, la seule durable dans les ouvrages de l'art, la seule qui vienne de l'âme et y réponde, ne tient point à la chronologie, et elle diffère tout à fait de cette réalité extérieure et commune à laquelle tout le monde peut atteindre et dont quelques gens sont beaucoup trop fiers. Le tableau de Lebrun sur le même sujet doit être, aux grandes perruques près, plus régulier que celui de Paul Véronèse ; et certes il ne peut soutenir avec lui aucune comparaison. En voyant le nain, la guenon, les scènes burlesques que ce grand peintre introduit ordinairement dans ses compositions les plus importantes, et que l'on retrouve dans sa *Famille de Darius*, son admirable, sa poétique peinture semble comme une peinture héroï-comique : c'est l'Arioste peint.

Le palais Barbarigo porte comme empreintes les traces du Titien qui vivait dans cette famille, préférant le séjour de sa chère Venise aux propositions que lui firent les papes Léon X et Paul III, et aux honneurs que lui offrait avec instance Philippe II, étrange solliciteur rejeté par le peintre [1]. C'est au palais Barbarigo que se voit sa célèbre *Madeleine*, moins idéale que vraie, trouvée chez lui au moment de sa mort, et qui peut être

---

1. *V.* liv. xii, chap. iv.

regardée comme l'original des Madeleines qu'il a plusieurs fois répétées ; une *Vénus* gâtée par l'écharpe que le scrupule d'un Barbarigo a voulu jeter sur son sein et qu'on a grattée depuis ; un *S. Sébastien*, son dernier ouvrage, auquel il travaillait quand l'horrible peste de 1576, qui depuis ravagea Milan, l'enleva plein de vie à quatre-vingt-dix-neuf ans. Il semble qu'il fallait une telle catastrophe pour détruire cet immortel artiste, et qu'il n'aurait jamais dû finir. Les derniers moments de la vie honorée, opulente et séculaire de Titien furent affreux : il expira sur la même couche que son fils et disciple chéri Horace, qui ne put lui fermer les yeux; une bande de voleurs, profitant de la dispersion des magistrats, forçait la maison, la pillait, et enlevait aux regards mourants de l'artiste jusqu'à ses œuvres préférées, et qu'à aucun prix il n'avait jamais voulu céder. Dès que les communications furent rétablies, son second fils, Pomponio, prêtre fort peu recommandable, accourait en poste de Milan, vendait à vil prix les meubles, les bijoux, les tableaux qui avaient échappé aux larrons, ou que la justice avait recouvrés, et nouveau pillard, dissipait en peu de mois l'héritage, ne rougissait point de se défaire de la petite maison patrimoniale de Cadore, et laissait sans une pierre, et incertaine, la sépulture de son glorieux père.

Le palais Barbarigo possède deux autres ouvrages de grands maîtres, diversement curieux et remarquables. La *Susanne* est un prodige du Tintoret : on y voit un parc, des volières, des lapins et autres animaux domestiques que ce peintre fougueux a exécutés et finis avec un goût exquis : on dirait Bossuet racontant le songe de la princesse Palatine. Le groupe de *Dédale et Icare*, de la première jeunesse de Canova, composition naturelle, vraie, indique le retour à un goût meilleur, mais n'a point encore l'élévation à laquelle le talent de l'artiste devait atteindre et que Rome devait lui donner.

Le palais Grimani (à Saint-Luc), un des chefs-d'œuvre les plus extraordinaires de San Micheli qui eut à triompher de l'irrégularité du terrain, ce palais, un des plus magnifiques et des plus élégants de Venise, dont la façade, le vestibule, le rez-de-chaussée, sont d'un goût si noble et si pur, est maintenant occupé par la poste autrichienne. La délégation réside au palais Corner de la *Ca grande*, superbe édifice, un des beaux ouvrages de Sansovino.

L'ancien palais Farsetti, aujourd'hui l'auberge de la Grande-Bretagne, a sur le palier de son escalier deux petites corbeilles de fruits en marbre, ouvrage fait à quatorze ans par Canova pour son premier et constant protecteur, le patricien Falier, essai précoce, remarquable par une certaine dextérité et une finesse d'outil acquise chez son père, marchand et tailleur de la belle pierre de Possagno.

Le célèbre pont de marbre du *Rialto*, de l'architecte vénitien du XVIe siècle, da Ponte marchand, éclatant, solide, rappelle l'origine, les fêtes et la prospérité de Venise. Les fugitifs, premiers habitants de l'espèce d'îlot auquel il communique, et dont il porte le nom, ces hommes, comparés par Cassiodore à des oiseaux qui font leur nid au milieu des eaux, ne se doutaient point assurément qu'ils fondaient une puissante république qui un jour dominerait l'Italie, prendrait Constantinople, résisterait à la ligue des rois et des empereurs, ferait le commerce du monde, et durerait quatorze siècles.

Le palais Micheli (*dalle Colonne*) offre de magnifiques tapisseries d'après les dessins de Raphaël. Une belle salle d'armes contient les vieilles armures de l'illustre doge Dominique Micheli et d'autres croisés ses compagnons. Dans une chambre sont les livres et les ornements pontificaux du bienheureux cardinal Barbarigo, restes saints et pacifiques qui contrastent avec le fer de ces guerriers.

Le palais Corner de la Reine n'était point occupé en 1828, mais par un motif singulier, unique : laissé au pape Pie VII par son dernier propriétaire, touché des vertus de ce pontife, la jouissance en avait été accordée à quelques ecclésiastiques livrés à l'enseignement; ceux-ci voulaient le louer, mais ils ne pouvaient consentir, par scrupule, à avoir pour locataires de riches juifs qui se présentaient. Ces bons prêtres ne pensaient point, comme l'empereur de Rome et comme notre siècle, que l'argent n'a point d'odeur.

Le palais Pesaro fut abandonné par son possesseur peu de temps après la chute de la république; il n'a point voulu y revenir, afin d'échapper au spectacle de sa patrie conquise. Le maître de ce palais de marbre, l'un des plus vastes et des plus beaux de l'Italie, habite quelques chambres à Londres; seulement un dessin de son ancienne demeure est suspendu au plafond d'une de ces pièces, et il le montre à ceux qui s'étonnent de sa constance.

Le palais Vendramini-Calergi, de Pierre Lombardo, ne le cède, pour le goût, la richesse et la magnificence, à aucun des palais les plus vantés de Venise. On y voit les deux belles statues d'Adam et d'Ève, de Tullius Lombardo, qui faisaient autrefois partie du mausolée du doge André Vendramini, à l'église Saints-Jean et Paul, qui ont été depuis remplacées décemment par deux saintes.

Le palais Manfrin est célèbre par sa riche galerie des diverses écoles et ses curiosités. La *Vierge et l'enfant Jésus*, le *Christ à Emmaüs*, sont de Jean Bellini; une *Descente de croix*, la perle de la galerie, une des plus belles et des plus intactes répétitions de ce chef-d'œuvre, admirablement touchante, recueillie, où le cadavre du Christ porte l'empreinte de sa nature incorruptible et divine; le *portrait de l'Arioste*, vivant, poétique; celui *de la reine Cornaro*, du Titien; le dernier est différent du portrait de Brescia: l'expression de la physionomie est vulgaire dans l'un et précieuse dans l'autre; celui-ci doit être probablement le plus ressemblant. Une *Femme jouant de la guitare*; le célèbre tableau dit les *trois Portraits* sont du Giorgione qui semble là dans son triomphe. Ce dernier chef-d'œuvre avait inspiré à Byron plusieurs stances admiratives de son Histoire vénitienne de Beppo, dont deux vers toutefois ne sont pas fort exacts, puisque Giorgione ne fut point marié[1]. *Moïse faisant jaillir l'eau du rocher* est du Bassan; *Cérès et Bacchus*, de Rubens; le *Sacrifice d'Iphigénie*, du Padovanino; un *Ecce homo*, une *Fuite en Égypte*, d'Augustin Carrache; deux superbes *portraits*, l'un de Rembrandt, l'autre de Paul Véronèse; un *Berger*, de Murillo; la

---

[1]. 'T'is but a portrait of his son and wife,
And self, but such a woman! love in life! (St. XII.)

Vierge qui présente l'enfant Jésus à Siméon, de Jean d'Udine. Un *portrait* du Pordenone, par lui-même, est parfait; le *portrait de Pétrarque*, peu gracieux, est de Jacques Bellini; le *portrait de Laure*, très-beau, de Gentile Bellini; une *Circoncision*, de fra Sébastien del Piombo; une *Lucrèce*, du Guide. Les ouvrages des anciens peintres, de Cimabuë, de Giotto, de Mantegna, sont convenablement réunis dans une même pièce.

Le palais Giustiniani (aux *Zattere*) possède une bibliothèque riche en manuscrits nationaux, plusieurs sculptures grecques, un médaillier, une galerie dont le *Ganymède*, du Padovanino, est le premier chef-d'œuvre.

CHAPITRE X.

Maisons Teotochi-Albrizzi et Cicognara.

Les maisons Teotochi-Albrizzi et Cicognara, peu éloignées l'une de l'autre, valent des palais par leurs habitants. Grecque comme Aspasie, amie, comme elle, d'hommes illustres par des talents et des génies divers, madame Albrizzi a su les peindre d'une manière ingénieuse, fidèle, et avec un style qui a conservé la grâce du sexe de l'écrivain [1]. Au milieu de son salon est un buste de sa compatriote Hélène, figure pleine de charme et de volupté, présent de Canova et chanté par Byron :

> *In this beloved marble view,*
> *Above the works and thought, of man,*
> *What nature* COULD, *but* WOULD *not, do,*
> *And beauty and Canova* CAN!
> *Beyond imagination's power,*
> *Beyond the bards' defeated art,*
> *With immortality her dower,*
> *Behold the* HELEN *of the* HEART!

La coiffure de la tête a la forme d'un œuf tronqué, et rappelle heureusement la naissance de la fille de Léda.

Madame Albrizzi, dont le souvenir bienveillant me sera toujours cher, mourut en 1836, âgée de quatre-vingts ans, à la suite d'une longue maladie qui n'avait altéré ni sa fraîche ima-

---

[1]. *V.* son agréable ouvrage intitulé *Ritratti*.

gination ni l'agrément de son esprit; elle se fit lire alors les Mémoires de sa contemporaine et amie, madame Lebrun, qui lui rappelèrent sa Venise d'il y a quarante ans, avec ses joyeux passe-temps, sa belle musique religieuse et sa bonne compagnie de Français émigrés : ainsi l'auteur des *Ritratti* fut distraite de ses maux par le récit de notre grand peintre de portraits.

Cicognara possédait la *Béatrix* du Dante, autre chef-d'œuvre de Canova, donné par lui à cet homme aimable, instruit, excellent, son digne et partial ami, comme on doit toujours l'être, malgré le proverbe sur Platon. Un écrivain qui joint l'élévation des pensées à la sensibilité de l'âme, raconte de la manière suivante l'origine de cette figure dans un ouvrage important [1] : « Un artiste entouré d'une grande renommée, un statuaire qui « naguère jetait tant d'éclat sur la patrie illustre du Dante, et « dont les chefs-d'œuvre de l'antiquité avaient si souvent exalté « la gracieuse imagination, un jour, pour la première fois, « vit une femme qui fut, pour lui, comme une vive apparition « de Béatrix. Plein de cette émotion religieuse que donne le « génie, aussitôt il demande au marbre toujours docile sous son « ciseau, d'exprimer la soudaine inspiration de ce moment, et « la Béatrix du Dante passa du vague domaine de la poésie dans « le domaine réalisé des arts. Le sentiment qui réside dans cette « physionomie harmonieuse, maintenant est devenu un type « nouveau de beauté pure et virginale, qui, à son tour, inspire « les artistes et les poëtes. » Cette femme est une Française célèbre par les séductions de sa personne et de son noble caractère. Il y a quelque honneur pour la France d'avoir révélé au premier statuaire d'Italie l'image de la beauté mystérieuse, idéale, chantée par son plus grand poëte. L'enthousiasme calme de cette admirable figure a souvent été reproduit, mais le plus souvent d'une manière très-imparfaite [2]. Deux bustes gigantesques

1. *Essais de Palingénésie sociale* par M. Ballanche; Paris, Didot, 1827.
2. Il existe trois bustes de la Béatrix faits par Canova : celui de Cicognara, celui de madame R*******, sur lequel l'auteur a mis une couronne d'olivier et inscrit de sa main les vers du Dante :

Sovra candido vel cinta d'oliva
Donna m' apparve. . . . . . .

Un troisième est en Angleterre.

bien exécutés étaient chez Cicognara : le premier, de Cicognara par Canova, et son dernier ouvrage ; le second, de Canova par son habile élève Rinaldo Rinaldi, et d'après l'original sculpté si admirablement par Canova lui-même [1].

CHAPITRE XI.

Palais Grimani (à Sainte-Marie-Formose). — Corniani-d'Algarotti. — Esprit de société de Venise. — Dernière Vénitienne.

Les portraits de famille du palais Grimani (à Sainte-Marie-Formose) font une belle galerie de tableaux du Titien, de Paul Véronèse et d'autres habiles maîtres. Ce palais est digne de Rome ou de Naples par sa multitude de statues antiques, d'inscriptions, de bronzes. La noblesse vénitienne, livrée au commerce de la Grèce et du Levant, commença la première avec éclat les collections d'antiquités. On remarque au palais Grimani un Hercule enfant, buste grec très-beau, la statue colossale de Marc Agrippa, transportée par un sort étrange du vestibule du Panthéon au milieu des flots de l'Adriatique ; un groupe de Socrate et Alcibiade, obscène, et dans lequel le premier n'est même plus le *très-équivoque ami du jeune Alcibiade*. Une chambre, décorée par Sansovino, est magnifique. L'*Institution du Rosaire*, tableau célèbre d'Albert Durer, offre son portrait et celui de sa femme. L'*Histoire de Psyché*, au plafond octogone, de François Salviati, était regardée par Vasari comme le plus bel ouvrage qu'il y eût à Venise, éloge exagéré de l'amitié qui n'empêche point que cette peinture n'ait d'assez bonnes parties. Un *Petit Amour* est du Guide ; une *Purification*, de Gentile Bellini, et le tableau de l'élégante chapelle, le *Christ couronné d'épines*, du vieux Palma.

L'*Hébé*, de Canova, est à la maison Heinzelmann. Cette figure charmante, quoique un peu recherchée, est un des chefs-d'œuvre

[1]. Le buste de Cicognara, depuis sa mort arrivée, le 5 mars 1834 est passé à Ferrare, sa patrie, qui a aussi réclamé le corps de l'illustre défunt. La vente de la collection des gravures et des nielles était annoncée au mois de février de cette année : le savant catalogue avait été rédigé en français par deux Vénitiens, MM. Alexandre Zaneti et Charles Albrizzi.

les plus célèbres, les plus populaires de son auteur ; il l'a répétée avec de légères variantes jusqu'à quatre fois [1], et elle a été dignement chantée par Cesarotti et Pindemonte dont ces vers gracieux sont fort au-dessus du sonnet de Cesarotti :

> *O Canova immortal, che indietro lassi*
> *L'italico scarpello, ed il greco arrivi :*
> *Sapea che i marmi tuoi son molli e vivi:*
> *Ma chi visto t'avea scolpire i passi?*

Le palais Corniani-d'Algarotti offre deux collections curieuses et différentes, mais qui ont quelque analogie avec le nom scientifique et littéraire qu'il rappelle : la première est composée de plus de six mille échantillons de pierres et de minéraux de Lombardie et des anciennes provinces vénitiennes ; la seconde est une bibliothèque dramatique de toutes les pièces représentées à Venise, depuis l'établissement du premier théâtre dans cette ville en 1636 jusqu'à nos jours. La maison de Goldoni, venu soixante et onze ans plus tard, était *calle de' Nonboli*. Il suffit d'avoir passé quelques semaines à Venise pour sentir que la véritable comédie italienne devait y naître ou plutôt y renaître (Machiavel et l'Arioste sont encore les premiers dramatistes italiens); car l'esprit de société s'y défend au milieu de la décadence de tout le reste. Cette ancienne et célèbre société est toujours dignement représentée par l'héroïne de la *Biondina*, madame la comtesse Benzoni, dont l'esprit est à la fois si gracieux, si naïf, si piquant; c'est elle qui, avec la familiarité du dialecte vénitien, disait ses vérités à Byron enchanté de les entendre, et qui peut-être ne les a entendues que dans ce burlesque langage : femme encore si vive, si naturelle et si gaie, et que l'on pourrait surnommer la dernière Vénitienne.

Le palais Contarini qui rappelle les anciens et glorieux souvenirs de cette famille éteinte au commencement de notre siècle, est décoré de fresques de Tiepolo, et l'on y admire quatre des meilleurs tableaux de Luc Giordano, parmi lesquels l'*Énée emportant son père Anchise*.

[1]. Les trois autres Hébé de Canova appartiennent à l'empereur de Russie qui possède celle de Joséphine; à lord Cawdor, et à la marquise Guicciardini, de Florence.

CHAPITRE XII.

Alde. — Imprimerie-Fabrication. — Imprimerie actuelle de Venise.

Il est une habitation dont j'ai vivement regretté de ne point trouver de traces certaines, c'est la maison d'Alde Manuce [1]. C'était là qu'il réunissait cette véritable académie typographique chargée d'examiner, de discuter le texte des ouvrages classiques, composée des plus doctes personnages [2] et dans laquelle il n'était permis de ne parler que grec. La presse d'Alde Manuce et de son fils serait aujourd'hui un véritable monument; ce fut l'unique trésor que laissa le premier de ces grands hommes au second, après avoir consacré sa fortune et ses bénéfices à la découverte, à l'achat de vieux manuscrits grecs ou latins, et sa vie entière à les déchiffrer, à les compléter, à les corriger et à les publier [3]. On comprend très-bien l'enthousiasme presque poétique que devait inspirer l'apparition de cet art puissant à un homme aussi érudit qu'Alde l'ancien, et aussi passionné pour cette antiquité renaissante, qu'il voyait ainsi devenir indestructible et universelle. L'inscription un peu bizarre, mise au-dessus de la porte de sa chambre, montre quelle était l'ardeur de ses travaux : *Quisquis es, rogat te Aldus etiam atque etiam : ut, si quid est, quod a se velis, perpaucis agas, deindè actutum abeas; nisi tamquam Hercules, defesso Atlante, veneris suppositurus humeros.*

---

1. Une inscription honorifique a été placée en 1828 sur une vieille maison n° 2013 du *campo* de Saint-Augustin; si la tradition ne paraît pas très-sûre, il n'est pas douteux que la demeure d'Alde Manuce était voisine : des lettres de Marc Musuro à celui-ci portent l'adresse *appresso sancto Augustin dove se stampa*.

2. Marc Musuro, Bembo, Ange Gabrielli, André Navagero, Daniel Rinieri, Marino Sanuto, Benoît Ramberti, Baptiste Egnazio, le frère Joconde, l'architecte.

3. Lorsque Paul Manuce s'établit à Rome, en 1561, il y fit venir son imprimerie; une partie fut cependant laissée par lui à Venise, et dirigée par Alde son fils; elle n'y était point restée inactive, ainsi qu'on peut en juger par le nombre d'éditions publiées chaque année pendant son absence, et parmi lesquelles on compte même plusieurs de ses propres ouvrages. *Annales de l'Imprimerie des Alde*, par M. Renouard, t. III, p. 155, 156, 160.

Semper enim erit quod et tu agas, et quot quot huc attulerint pedes. « Qui que tu sois, Alde te prie et te conjure que, si tu as à
« lui parler, tu finisses en peu de mots, et t'en ailles prompte-
« ment; à moins que tu ne viennes, comme Hercule, prêter
« l'épaule à Atlas fatigué. Alors toi et tous ceux qui viendront
« ici, vous aurez toujours quelque chose à faire. » Paul Manuce
ne paraît point avoir été moins infatigable que son illustre père,
ainsi qu'on le voit par les reproches de ses amis[1]. L'imprimerie
alors, au lieu d'être seulement une honorable fabrication, une
production abondante[2], livrée à des consommateurs plus curieux, plus avides que délicats, était un art libéral, art admirable si long à découvrir[3], mais qui semble n'avoir point eu
d'enfance. La netteté du texte, la beauté de l'encre[4] et du papier des premiers imprimeurs n'ont point été surpassées. Les
imprimeries actuelles ne sont plus que des manufactures de
livres, et l'on ne saurait espérer le même soin, la même égalité
de tirage de l'ouvrier qui imprime par jour jusqu'à mille feuilles.
Les éditions des Nicolas Jenson, des Wendelin de Spire, des
Alde, étaient d'ailleurs tirées à un nombre moindre. Certains

1. *V.* Annibal Caro. *Lett. burlevoli;* lett. xxxi, et sur la vie et les travaux de Paul Manuce, une lettre de Bonfadio citée liv. v, chap. xxiii.

2. On se rappelle l'excellent travail de M. le comte Daru, intitulé : *Notions statistiques sur la librairie, pour servir à la discussion de la loi sur la presse en* 1827, notions établies d'après la *Bibliographie de la France.* Il résulte de cet utile document que le nombre des volumes imprimés en France pendant l'année 1825, était de treize à quatorze millions (plus de quatre cent mille étaient sortis des seules presses de MM. Firmin Didot) qui produisaient dans le commerce une valeur réelle de 33,750,000 fr., et occupaient et faisaient vivre trente-trois mille sept cent cinquante personnes. Une statistique plus précise encore des produits de la presse française a paru dans un recueil estimé (Revue des Deux-Mondes, t. VI, p. 63); elle donnait pour l'année 1835 cent vingt-cinq millions de feuilles d'impression.

3. On a peine à comprendre comment, avec leur perfection de l'art monétaire et la connaissance des caractères mobiles, l'imprimerie a pu échapper aux anciens. Elle fut inventée à l'époque de l'émigration des lettres grecques en Italie, époque où elle était précisément le plus nécessaire, et sans doute parce qu'elle l'était.

4. L'encre si belle de Nicolas Jenson et des autres imprimeurs d'Italie du xve siècle était, comme dans ces derniers temps celle de Bodoni, tirée de Paris. Cette encre a un éclat que n'a point l'encre actuelle; mais on prétend qu'il est produit par le temps, et que dans quelques siècles notre encre sera aussi belle.

ouvrages de Cicéron, tels que les *Epistolæ familiares*, publiées par Paul Manuce, se réimprimaient presque annuellement. Alde l'ancien annonce dans la préface de son Euripide (1503) qu'il avait assez l'usage de tirer à mille exemplaires. Cet homme extraordinaire doit être mis au premier rang de ces heureux propagateurs de la pensée par la beauté, l'utilité de ses éditions ; inventeur de l'in-octavo, il imprima le premier Virgile (de 1501) qu'on pût emporter dans les bois. Alde joignit à ses talents et à ses vastes connaissances le caractère le plus digne d'estime, bien différent de son contemporain Thomas Junte de Florence, qui, selon Varchi, « n'était qu'un marchand non moins avare que « riche, plus occupé du gain que de l'honneur de son impri- « merie. »

Si la beauté des anciens jours de l'imprimerie vénitienne est passée sans retour, l'imprimerie actuelle, consacrée principalement à l'impression des livres de piété, à des traductions de classiques ou à des ouvrages de littérature, ne laisse pas d'être assez productive. J'ai sous les yeux l'*Elenco* (catalogue) des volumes imprimés et publiés à Venise et dans les provinces vénitiennes pendant l'année 1826 ; le nombre en est de huit cent vingt-un, tirés à six cent quatre-vingt-seize mille sept cent dix exemplaires : deux cent vingt-quatre articles sont marqués d'un *gratis*, qui répond au *ne se vend pas*, de la *Bibliographie*, et ils s'élèvent à cinquante-six mille six cent cinquante-quatre pièces et volumes. Les exemplaires offerts par l'auteur sont beaucoup plus prodigués en Italie qu'en France, et cette sorte de présents est une des premières bienséances sociales pour les écrivains. Les cinq cent quatre-vingt-dix-sept volumes tirés à six cent quarante mille cinquante-six exemplaires qui se vendent, présentent une valeur de 1,354,470 livres autrichiennes (1,178,389 francs). L'imprimerie dite *Alvisopoli*, de Venise [1], dirigée par M. Bar-

[1]. Cette imprimerie tire son nom du petit village Alvisopoli, dans lequel le sénateur Alvise (Louis) Mocenigo, homme singulier, eut la fantaisie de fonder une imprimerie il y a environ trente ans. Alvisopoli était un fief de son illustre famille : l'établissement, très-coûteux dans un tel endroit, ne put se soutenir plus de deux ans ; Alvise Mocenigo fut obligé de le transférer à Venise, et lui conserva son premier nom, qu'il a gardé.

thélemy Gamba, a réimprimé la *Biographie universelle* en italien, tirée à mille deux cents; et l'ouvrage de ce savant bibliographe, intitulé *Serie dei testi di lingua italiana e di altri esemplari del bene scrivere*, publié en 1828, est un livre d'une exécution typographique fort satisfaisante.

CHAPITRE XIII.

Académie des Beaux-Arts. — École vénitienne. — Assomption du Titien. — Tableaux. — Bronzes. — Modèles. — Vanité d'un confrère de la charité.

L'Académie des Beaux-Arts est une belle création, due principalement au zèle, aux lumières et au patriotisme de Cicognara qui en fut nommé président l'année 1808. Cette académie est devenue un asile précieux au milieu de la dispersion et de la dégradation de tant de chefs-d'œuvre. Déjà elle a recueilli de nombreux ouvrages placés dans les églises et les couvents opprimés; elle doit être encore plus secourable dans la ruine actuelle de Venise. Cette riche collection, de plus de quatre cents tableaux, est presque entièrement composée de tableaux des grands maîtres de l'école vénitienne. École admirable, plutôt par le naturel et le vrai que par l'idéal, par l'éclat du coloris, par la hardiesse, par le pittoresque, plutôt que par la pureté du dessin, que notre jeune école imite, de même que la jeune école poétique, lassée de la contemplation des anciens modèles, se tourne vers Shakspeare. Ces moyens de renouveler l'art semblent fort incertains; la méditation serait plus féconde et plus sûre pour le talent.

Au milieu de la décadence de Venise, la découverte de l'*Assomption*, chef-d'œuvre du Titien, qu'il fit avant trente ans, est comme une sorte de compensation à tant de pertes. Par une étrange destinée, ce tableau noirci était depuis longtemps relégué et comme enfoui en haut de l'église des Frari, lorsque Cicognara se fit hisser auprès, en lava un coin avec un peu de salive, et s'étant assuré de son auteur, offrit un tableau plus neuf au curé, enchanté de l'échange. Ce tableau est peut-être le plus extraordinaire pour l'effet : le mystère de la tête du Père, l'éclat, la douceur du groupe de la Vierge et des trente petits anges placés près d'elle, sa grâce éthérée, céleste; la merveilleuse opposition des ombres et de la lumière, l'imagination de l'ensemble, sont des mérites divers qui ne sauraient se rendre.

Le tableau de Gentile Bellini, représentant la place Saint-Marc à la fin du XV° siècle, au moment du passage d'une procession, est plein de naïveté, de vie, et singulièrement curieux pour les costumes du temps et l'aspect de l'ancienne Venise. La *Cène à Emmaüs*, de Jean Bellini, de grandeur naturelle, avec les costumes du temps et un ambassadeur turc, est superbe. La célèbre *Purification*, le chef-d'œuvre de Carpaccio, avec plus de coloris dans les chairs et plus de douceur dans les contours, serait digne, par sa grâce et son pathétique, des plus grands maîtres. Le vieux Siméon paraît entre deux prêtres vêtus en cardinaux; le petit enfant, au milieu, qui accorde son luth, est céleste.

Le *S. Laurent Giustiniani au milieu de quelques saints*, est le chef-d'œuvre du Pordenone : les figures de S. Augustin et de S. Jean-Baptiste sont admirables; les nus de celui-ci offrent le plus pur dessin, et le bras du S. Augustin semble sortir de la toile. Le *riche Épulon*, de Bonifazio, est d'une rare beauté.

L'*Esclave délivré par S. Marc*, chef-d'œuvre du Tintoret, est une des merveilles de cette grande peinture d'Italie. Quelle vie, quelle variété d'expression dans la physionomie de ces bourreaux qui voient se rompre les liens de leur captif étendu nu sur la terre! Le saint traverse le ciel; il est de face, il regarde en bas, afin d'être à son miracle, et son immense barbe ne laisse apercevoir que l'extrémité du corps en raccourci, qui paraît véritablement suspendu, en l'air.

Les *Noces de Cana*, tableau riche, élégant, animé, paolesque, est le meilleur du Padovanino. La *Vierge sur un trône avec l'enfant Jésus, S. Joseph et d'autres saints*, de Paul Véronèse, fut, comme plusieurs de ses voisins, jugé digne du voyage de Paris. L'*Anneau de S. Marc*, le chef-d'œuvre de Pâris Bordonc, offre une architecture et des bas-reliefs d'une couleur parfaite et vraie et de la plus habile composition. Trois autres ouvrages de Titien sont diversement admirables : la *Présentation de l'enfant Jésus*, de sa première jeunesse, distinguée par la richesse architectonique de la façade du temple et la merveilleuse gradation avec laquelle fuient et diminuent les édifices du fond; le prodigieux *S. Jean-Baptiste* dans le désert, si noble, si inspiré, que l'on sent avoir vécu de sauterelles, et dont le paysage est si profond, si morne, si âpre, et la *tête de vieille*, que l'on croit le portrait de sa mère. Il a fait encore les emblèmes, les têtes, morceaux exquis qui bordent la corniche de la première salle des séances de l'Académie.

Un bas-relief de marbre doré, au-dessus de la porte, représente la *Vierge, l'enfant Jésus*, et quelques figures. Cet ouvrage étonnant, de 1345, est expressif, simple, gracieux, et il atteste l'ancienneté et l'habileté de l'art à Venise. Une petite porte de tabernacle en bronze, autrefois à l'église des Servi, et que l'on croit de Donatello, est du goût le plus pur. Les quatre bas-reliefs, attribués à André Riccio, sont des ouvrages pleins de feu, de mouvement, d'imagination, particulièrement le bas-relief qui représente la bataille de Constantin près du Tibre, et son entrée triomphante à Rome. Plusieurs autres bronzes ne sont pas moins précieux; tels sont les élégants bas-reliefs des anciens mausolées des Barbarigo, d'auteur inconnu, et le superbe bas-relief du tombeau de Briamonte, par le vénitien Victor Camelio.

Le modèle du Thésée vainqueur du Centaure, ouvrage de la jeunesse de Canova, remarquable comme retour à l'antique, ce chef-d'œuvre, si éloquemment décrit par madame Albrizzi[1], et que Pindemonte a si bien chanté[2], se voit à l'Académie des Beaux-Arts. La statue faite pour une place publique de Milan, aux frais du gouvernement italien, est aujourd'hui, par droit de conquête, dans le jardin du peuple (*Volksgarten*) à Vienne, où

---

[1]. *Opere di scultura e di plastica d'Antonio Canova descritte da Isabella Albrizzi nata Teotochi;* Pise, 1821-4, 4 tom. in-8°, fig.

[2]. *Teseo che uccide il centauro qual vedesi nell' Academia di Belle Arti di Venezia;* Pise, 1826.

un splendide édifice lui a été consacré. La pièce de Pindemonte commence par cette plainte touchante sur l'enlèvement du Thésée :

> Chiunque in me ferma lo sguardo, e questa
> Molle creta spirante, e queste mira
> Degne d'un semideo forme leggiadre,
> Non si compianga, se tai forme in duro
> Marmo intagliate, e lucide, e polite,
> Dato di vagheggiar non gli è sull' Istro.

Le ciseau de Canova est exposé au-dessous de l'urne de porphyre qui contient sa main, et dans laquelle était auparavant son cœur, déposé à l'église des *Frari*[1]. Venise semble multiplier les traces et les souvenirs de Canova, comme pour suppléer à cette foule d'artistes immortels qui firent autrefois sa gloire.

Les salles des modèles de cette Académie, qui ne remonte pas à plus de trente ans, passent pour les plus belles de l'Europe : là sont les modèles des marbres du Parthénon et des marbres d'Égine, présents généreux de Cicognara qui les avait reçus des rois d'Angleterre et de Bavière. L'Académie possède encore la célèbre collection de dessins originaux des anciennes écoles, formée par le chevalier Bossi, parmi lesquels on en distingue soixante-dix de Léonard de Vinci, plusieurs de Michel-Ange, et jusqu'à cent de Raphaël.

L'Académie des Beaux-Arts est l'ancienne Confrérie de la Charité. La voûte de la salle principale rappelle une anecdote singulière. Le confrère Chérubin Ottale, qui s'était chargé de la dorer à ses frais, n'ayant pu obtenir des autres confrères qu'une inscription mentionnât qu'on lui devait cette magnificence, a fait placer au milieu de chaque carré un petit ange ayant huit ailes, de manière que son dit nom de Chérubin Ottale est ainsi répété plus de mille fois : un Français n'eût rien imaginé de mieux que cette ruse de la vanité du bourgeois vénitien.

[1]. Cette main, d'après un acte notarié, doit être remise à l'archiprêtre du temple de Possagno pour être réunie au reste du corps de Canova, dans le cas où l'Académie des Beaux-Arts de Venise viendrait à être supprimée ou serait transférée dans une autre ville.

CHAPITRE XIV.

Églises. — Clergé. — Saint-Zacharie. — Saint-Georges des Grecs. — Office grec. — Saint-François-de-la-Vigne. — Saint-Pierre. — Saint-Jean en Bragora.

Le nombre des églises était considérable à Venise; la population ecclésiastique y était supérieure à celle des premiers États de la catholicité[1]; ainsi, malgré les querelles du gouvernement et du clergé avec la cour de Rome, on sent que la dévotion du peuple a dû être un obstacle invincible à une rupture. Ce clergé opulent et populaire (le peuple élisait les curés) était exclu des conseils et des emplois de la république; preuve nouvelle des utiles effets de la séparation de la vie politique et de la vie religieuse; et, à un fort petit nombre d'exemples près, il se rangea toujours du côté de l'autorité civile contre la puissance spirituelle.

Les libertés de l'église vénitienne se rapprochaient bien plus du schisme grec, toujours si docile au pouvoir, que de l'esprit séditieux de la réforme. Chose singulière! le divorce était au nombre de ces libertés; il était également permis en Pologne, au moyen de nullités ménagées d'avance. On m'a conté qu'au mariage de sa fille, madame la princesse C**********, aujourd'hui retirée à Rome dans un couvent, était montée à l'autel avant la cérémonie, et là qu'aux yeux de toute l'assemblée, elle avait appliqué deux soufflets à sa fille qui les reçut le plus sim-

---

[1]. D'après le travail des commissaires nommés par le gouvernement vénitien en 1768, afin de réprimer l'excessive richesse du clergé, travail extrait avec soin par M. Daru, le nombre des ecclésiastiques s'élevait à quarante-cinq mille sept cent soixante-treize, ce qui donnait une personne du clergé sur cinquante-quatre habitants, tandis qu'en France il n'y en avait qu'un sur cent cinquante, et en Espagne sur soixante-treize. D'après les tableaux statistiques des provinces vénitiennes publiés par M. Quadri en 1827, la population ecclésiastique n'y est plus aujourd'hui que d'une personne sur deux cent seize; elle est descendue en France à une sur huit cent trente-trois.

plement du monde ; les personnes peu au fait de ces manières accouraient tout émues, lorsque la princesse leur donna naturellement cette explication : Ces soufflets sont les preuves qui doivent servir au divorce de ma fille, si elle n'est point heureuse avec son mari ; elle pourra dire que je l'ai forcée. Il est difficile de se représenter quelle devait être la figure de l'époux pendant cette étrange scène de tendresse et de prévision maternelle.

La tolérance dont Venise a été louée, et qu'elle dut sans doute à la position du clergé en dehors du gouvernement, paraît s'être affaiblie plus tard lors de la décadence de la république : le vertueux Maffei fut exilé pour quelques opinions de son livre sur l'usure ; et la même rigueur atteignit un patricien qui, dans ses voyages, avait visité Voltaire et Rousseau.

Les églises de Venise offrent le double intérêt de souvenirs historiques reculés, éclatants, et des merveilles de l'art dues aux grands maîtres vénitiens.

L'ancienne église et le monastère Saint-Zacharie remontaient au commencement du IXe siècle ; ils étaient une fondation de l'empereur Léon, mais les Vénitiens zélés[1] prétendent que, malgré les aigles impériales qu'il y avait placées, les empereurs grecs n'ont jamais exercé d'autorité sur Venise. Saint-Zacharie était jusque dans les derniers temps de la république le but de l'une des fêtes les plus anciennes et les plus pompeuses de Venise. Le pape Benoît III, après avoir visité l'église et le couvent, en 855, leur avait accordé en grand nombre des reliques et des indulgences, et chaque année, le jour de Pâques, le doge y venait assister aux offices et à la procession. L'abbesse Morosini et les religieuses de cet opulent monastère, flattées de recevoir le chef de l'État, lui firent présent d'une espèce de diadème républicain, appelé *corno ducale*, d'une valeur inestimable ; il était d'or, entouré de vingt-quatre grosses perles ; sur le sommet brillait un superbe diamant à huit faces ; un rubis éclatant, énorme, était sur le devant ; la croix, formée de pierres précieuses et de vingt-

[1]. *V.* la première rectification de M. le comte Tiepolo sur l'*Histoire de Venise*, p. 46.

quatre émeraudes, surpassait tout le reste. Il fut décrété qu'un si riche présent servirait au couronnement des doges ; mais, afin que les religieuses auxquelles on le devait ne fussent pas privées de la vue de ces merveilleux bijoux, on ajouta que chaque année, le jour de la visite à Saint-Zacharie, il serait tiré du trésor public, porté sur un bassin et montré par le doge lui-même à toutes les sœurs du couvent. Quelques années après, en 868, une catastrophe contribua à rendre cette cérémonie encore plus majestueuse ; on décréta que le cortége n'irait plus à pied à Saint-Zacharie, mais dans des barques dorées ; car le doge Gradenigo, qui, au milieu de la fureur des partis, avait voulu être modéré et avait mis tout le monde contre lui, fut attaqué et tué à la sortie de l'église.

Le chœur de l'église Saint-Zacharie est riche, élégant, magnifique. *Notre-Dame et quelques saints*, S. Zacharie ; la *Vierge et quelques saints*, tableau trop et maladroitement restauré ; les demi-lunes représentant le *Martyre de S. Procul*, la *Descente aux Limbes*, le *Christ lavant les pieds des Apôtres* ; l'*Ange qui parle à S. Zacharie* ; les quatre petits tableaux du maître-autel sont de Palma ; la *Naissance de S. Jean-Baptiste* est du Tintoret. Dans une chapelle trois autels en bois, ornés de sculptures dorées, ont de précieuses et rares peintures de Jean et Antoine Muranesi, de l'année 1445 ; la *Circoncision* est de Jean Bellini ; la *Vierge, l'enfant Jésus et quatre saints*, du même, célèbre tableau rapporté de Paris, a été tellement refait et gâté, qu'il offre à peine aujourd'hui quelques traits originaux de ce brillant fondateur du coloris de l'école vénitienne. La statue de *S. Jean-Baptiste* est de Vittoria. Il a sculpté lui-même son buste et son monument : au-dessous, sur le pavé, une pierre noire indique la sépulture de ce statuaire à la fois si pur et si fécond, le plus habile élève de Sansovino, et le dernier grand artiste du XVIe siècle.

L'élégante église Saint-Georges des Grecs, est de l'architecture de Sansovino. L'office grec auquel j'assistai a un caractère singulièrement mystérieux : les prêtres sont cachés dans le sanctuaire ; ils n'apparaissent que par intervalles, pour certaines oraisons, et lorsque les rideaux se tirent. L'effet de ce temple sans pontife était extraordinaire, et l'on ne voyait que deux jeunes clercs qui chantaient dans le chœur des hymnes monotones. Le sanctuaire des églises grecques est interdit aux femmes ; les animaux en sont repoussés ; mais la discipline a, par nécessité, excepté les chats, afin qu'ils puissent détruire les souris.

Le maître-autel de Saint-Laurent, décoré de marbres, de bronzes, de statues, de superbes colonnes de Porto-Venere, est un magnifique ouvrage de Campagna. Le meilleur tableau est un *Crucifiement* de Balthasar d'Anna, peintre de la fin du XVIe siècle, loué pour la morbidesse et la force du clair-obscur.

La façade de la Confrérie de Saint-Georges-des-Esclavons est de Sansovino. Un oratoire a de bonnes peintures du Carpaccio, représentant quelques traits de la *Vie de Jésus-Christ*, de *S. Georges* et de *S. Jérôme*, exécutées de 1502 à 1511. Les *trois saints* sur un fond d'or, de l'autel, sont plus anciens, et paraissent du XIVe siècle.

Saint-François-de-la-Vigne est une belle église, dont l'architecture est de Sansovino, et la façade de Palladio. Deux grandes statues en bronze de *Moïse* et de *S. Paul*, par Titien Aspetti, au-devant de cette dernière, ont été justement critiquées, et leurs énormes proportions rendent encore plus choquants leurs défauts : les deux rayons de feu du législateur des Hébreux, recouverts par une espèce de capuchon, sont surtout singulièrement bizarres. Sur les deux bénitiers, le *S. Jean-Baptiste* et *S. François d'Assise*; sur l'autel d'une chapelle, *S. Antoine*, *S. Roch* et *S. Sébastien*, sont de Vittoria ; le *Sauveur, la Vierge et quelques saints*; la *Vierge dans une gloire*, la *Flagellation du Christ*, de Palma ; la *Vierge adorant l'enfant Jésus*, bon tableau du commencement du XVe siècle, est du frère Antoine de Négrepont ; la *Vierge, l'enfant Jésus et d'autres saints*, de Jean Bellini ; le *Sauveur et le Père éternel*, de Jérôme Santa-Croce, peintre de la fin du bon siècle, dont il sut conserver le goût ; *Notre-Dame au milieu des anges*, une autre, très-belle, au milieu de quelques saints, sont de Paul Véronèse. Une copie de sa *Cène*, donnée arbitrairement par la république à Louis XIV (les Servites, auxquels il l'avait demandée, l'avaient refusée), a été bien exécutée par Valentin Lefèvre. La chapelle Giustiniani, ou des Prophètes, couverte de sculptures en marbre, est un des plus brillants monuments de l'art au xv⁰ siècle, mais dont les auteurs divers sont inconnus. Les autels de Saint-François-de-la-Vigne étaient chargés de ces poupées si fréquentes sur les autels d'Italie, et qui offusquent la vue de tant de chefs-d'œuvre.

L'ancienne et vaste église Saint-Pierre fut jadis, et depuis les premiers siècles de la république, la cathédrale de Venise, jusqu'au moment où le siége patriarcal passa, en 1807, à la basilique de Saint-Marc. Une chaire très-antique de marbre, en forme de siége, passe vulgairement pour avoir servi à saint Pierre dans l'église d'Antioche; plusieurs savants pensent qu'elle servait de siége à quelque chef africain; elle porte une inscription en caractères arabes, que l'on a crue deux versets du Coran. Saint-Pierre a de belles et curieuses peintures : le *Châtiment des serpents*, de Liberi; *S. Laurent Giustiniani distribuant des aumônes*, le chef-d'œuvre de Grégoire Lazzarini; *Notre-Dame et les ames du purgatoire*, un des meilleurs ouvrages de Luc Giordano; une mosaïque en forme de tableau, beau travail d'Arminio Zuccato, sur le dessin du Tintoret; *S. Pierre et S. Paul*, de Paul Véronèse, et le *Martyre de S. Jean l'évangéliste*, du Padovanino, trop retouché par Michel Schiavone. Le clocher, reconstruit dans le xv⁰ siècle, est magnifique.

L'église Saint-Joseph n'a qu'un petit nombre de tableaux et de monuments, mais ils sont des plus grands maîtres : le *S. Michel archange et le sénateur Michel Buono* est du Tintoret; une *Nativité*, de Paul Véronèse; le mausolée du sénateur Jérôme Grimani, de Vittoria, et celui du doge Marino Grimani et de sa femme, superbe, de l'architecture de Scamozzi, est décoré de bronzes, de statues et d'autres sculptures de Campagna.

L'église Saint-Martin passe pour être de Sansovino. Le tabernacle élégant de la grande chapelle est orné de peintures de Palma; un petit tableau ancien, de bon style, représente l'*Annonciation*; les fonts baptismaux sont un travail très-délicat de Tullius Lombardo; une *Cène*, de Santa-Croce, est d'un rare mérite.

Saint-Jean en Bragora a la *Ste Véronique*, le *Christ lavant les pieds aux apôtres*, le *Christ chez Pilate*, de Palma; le *Sauveur*, de l'école du Titien; la *Vierge, S. André, S. Jean-Baptiste*, sur un fond d'or; une *Résurrection* de l'année 1498, et des meilleures peintures de ce temps, de Barthélemy Vivarini; *S. André, S. Jérôme, S. Martin*, peut-être les premiers essais de Carpaccio; une *Cène*, de Pâris Bordone; *Constantin et Ste Hélène soutenant la croix*, du Conegliano, et son superbe *Baptême de Jésus-Christ*, qui a souffert d'une maladroite restauration.

Le plafond de l'élégante église de Sainte-Marie de la Piété est un bon ouvrage de Tiepolo.

CHAPITRE XV.

Saint-Georges-majeur.—Dominique Micheli.—La Salute.—Révolutions du goût.—Mausolée de Sansovino.—Saint-Luc.—L'Arétin.

Saint-Georges-majeur est une des merveilles de Palladio, et qui n'a de défauts que parce qu'il n'a pu vivre assez pour l'achever. Aux côtés de la porte, les quatre Évangélistes, en stuc, sont de Vittoria. Les principaux tableaux sont: la *Nativité*, du Bassan; le *Martyre de quelques saints*, la *Vierge couronnée*, une *Cène*, la *Manne dans le désert*, la *Résurrection*, le *Martyre de S. Étienne*, du Tintoret; le *Martyre de Ste Lucie*, de Léandre Bassano. Une des belles choses de cette église est un crucifix de bois donné par Cosme, père de la patrie, lorsqu'il était réfugié à Venise, et ouvrage de Michellozzo Michellozzi, son ami et son fidèle compagnon d'exil. Il avait fait bâtir par cet habile artiste une bibliothèque, qu'il remplit de livres, et laissa aux Bénédictins de Saint-Georges: c'étaient là les présents, les adieux d'un Médicis[1].

1. Le premier livre manuscrit de l'*Histoire de Venise* commencée en latin par Paul Paruta, indiqué par Ginguené (*Hist. litt. d'Italie*, VIII, 320) comme existant encore à la bibliothèque de Saint-Georges, n'y est plus. Lors de la suppression du couvent, cette bibliothèque fut à peu près mise au pillage: une partie passa à Padoue, où elle fut dispersée, le reste fut vendu à l'enchère; aucun ouvrage n'est parvenu à la bibliothèque Saint-Marc.

Au maître-autel, les statues en bronze des quatre Évangélistes, de Campagna, soutiennent un énorme globe sur lequel s'élève le Rédempteur, belle et harmonieuse composition, qui exprime noblement le triomphe de l'Évangile, chef-d'œuvre de l'art, comparé au Jupiter Olympien de Phidias, et placé avec raison au-dessus de la Chaire de Saint-Pierre, du Bernin. Sur un des pilastres est une inscription qui semble porter bien loin la doctrine des indulgences, puisqu'elle dit que *le pardon absolu de tous ses crimes est accordé à celui qui visitera cette église*[1], inscription éloquente, contemporaine de la Saint-Barthélemy, et qui ne respire que trop l'esprit pontifical du temps. Pie VII, dont l'élection avait causé quelque mécompte à l'Autriche, se vit refuser la basilique de Saint-Marc et fut couronné à Saint-Georges; on y voit son portrait; les souvenirs de cette papauté renaissante, douce, faible, persécutée, contrastent avec l'empreinte de la papauté redoutable et violente du XVIe siècle. A côté de l'église, dans un petit corridor peu digne d'un tel monument, est le tombeau du doge Dominique Micheli, à la fois le saint Bernard[2] et le Godefroy des croisades vénitiennes, vainqueur de Jaffa, conquérant de Jérusalem, de Tyr, d'Ascalon, qui fit respecter des empereurs d'Orient le pavillon

---

[1].
Quisquis criminibus expiatis
Statas precans preces
ad
XII Kal. Aprilis
Ædes hasce supplex
Inviserit
Is
Veniam scelerum
Maximam consequuturum
Se sciat
Gregorius XIII.
Pont. Max.
Sacro eam diplomate
Tribuit.

[2]. *V.* sa harangue conservée par les historiens et rapportée dans l'*Hist. de Venise* de M. Daru (Liv. II, 40), par laquelle il entraîne les Vénitiens à une nouvelle croisade.

de sa patrie, transporta des îles de l'Archipel les deux colonnes de granit de la *Piazzetta*, ravagea les côtes de la Dalmatie, et eut pour épitaphe ces mots : *Terror Græcorum jacet hic.*

Le luxe de la *Salute*, qui n'est ni sans majesté ni sans grandeur, la multitude d'ornements dont ce temple est surchargé, annoncent la décadence de l'architecture vénitienne. Les révolutions du goût semblent les mêmes dans tous les arts. San Micheli précède Palladio comme Lucrèce précède Virgile; Corneille, Racine; Bourdaloue, Massillon : la force vient avant la pureté; le mauvais goût, qui se croit le bon goût, arrive ensuite, et produit Sénèque, Claudien, Marini, Longhena, l'architecte de la *Salute*. Cette église, malgré sa richesse, est surtout intéressante par les tableaux des diverses époques du Titien, toujours fécond, toujours nouveau. Ces tableaux sont : les huit petits ovales du chœur, où sont représentés les *Évangélistes* et les *Docteurs*, dont un est le portrait de Titien; la *Descente du S.-Esprit* peinte par lui à soixante-quatre ans; à la sacristie, le *petit S. Marc au milieu de quatre saints*, un des rares ouvrages de sa jeunesse, remarquable par la douceur de la lumière et la délicatesse de la chair du S. Sébastien; et la *Mort d'Abel*, le *Sacrifice d'Abraham*, *David tuant Goliath*, les plus beaux des ouvrages de la *Salute*, admirables par le travail du nu, et vraiment prodigieux, lorsqu'on songe que l'étude de l'anatomie n'était point encore à cette époque tolérée en Italie. Ces trois derniers chefs-d'œuvre rejetés au plafond de la sacristie, sont mal éclairés, trop haut, perdus. La *Présentation*, l'*Assomption*, la *Naissance de la Vierge*, sont des ouvrages estimés de Luc Giordano qui, cette fois, ne s'abandonna point à sa fatale prestesse. *Notre-Dame de la Salute* est du Padovanino; les *Noces de Cana*, neuves, variées, du Tintoret; un *Samson*, de Palma; *Venise devant S. Antoine*, de Liberi.

Le candélabre de bronze du maître-autel, ouvrage d'André d'Alessandro, élevé de plus de six pieds, est, après celui de Padoue[1], le plus beau de l'État de Venise; mais il en est bien éloigné, malgré la grâce infinie d'un grand nombre de détails, et particulièrement de la partie supérieure.

---

1. *V.* Liv. vii, ch. iii.

Le mausolée de Sansovino, ainsi que son buste par le plus célèbre de ses élèves, Vittoria, qui était à l'église Saint-Géminien, a été, depuis la démolition malencontreuse de celle-ci en 1807, transféré d'abord à l'église Saint-Maurice, et provisoirement, en 1822, dans la chapelle du séminaire patriarcal de la *Salute*, derrière les banquettes de sapin des élèves ; il doit être replacé à l'église Saint-Maurice, répétition, imitation neuve du chef-d'œuvre de Sansovino, et qui ne peut avoir l'effet du modèle. La cendre de ce grand artiste, errant lui-même pendant sa vie, et fugitif du sac de Rome, est errante à son tour depuis plus de vingt ans ; et l'auteur de tant d'églises, de tombeaux, de monuments admirables, le fondateur d'une célèbre école, attend son dernier asile.

La bibliothèque du séminaire, somptueux édifice, et ancien couvent de la *Salute*, est d'environ vingt mille volumes ; j'y remarquai une lettre signée de Charles-Quint, et adressée au pape Jules II, sur la réunion des églises grecque et latine.

Saint-Luc a au maître-autel, le *Saint écrivant l'Évangile*, de Paul Véronèse. L'Arétin fut enterré à Saint-Luc : on est comme surpris d'éprouver du scandale près d'un tombeau. Sur le mur est son portrait, par Alvise dal Friso, neveu et élève de Paul Véronèse ; mais il n'y a aucune trace de sa sépulture qui, probablement, aura disparu lorsque l'église fut refaite, à la fin du xvie siècle. Les curés de la paroisse se sont transmis de l'un à l'autre que l'Arétin, près de mourir, ayant reçu l'extrême-onction, dit en riant ce vers que la bouffonnerie italienne rend peut-être moins impie qu'il ne le paraît :

Guardatemi da' topi, or che son unto.

Cette anecdote de curé, peut-être pas plus vraie que d'autres anecdotes philosophiques sur la fin d'hommes célèbres, contredirait l'opinion qui fait mourir l'Arétin sur-le-champ, après être tombé à la renverse de sa chaise, en éclatant de rire au récit des tours et des aventures de ses dignes sœurs, courtisanes vénitiennes. On voit que, de toute manière, la fin du bâtard du cordonnier d'Arezzo est assez d'accord avec sa naissance et les déréglements de sa vie.

L'élégance de l'église Sainte-Lucie, de Palladio, paraît encore plus sensible lorsque l'on a contemplé la richesse de mauvais goût de l'église voisine des *Scalzi*. La *Sainte qui monte au ciel; plusieurs actions de sa vie; S. Joachim; Ste Anne et d'autres saints; la Vierge à la crèche; S. Thomas d'Aquin et quelques anges;* quelques autres tableaux sont de Palma ; un *S. Augustin* est de Léandre Bassano, et le buste en marbre de Bernard Mocenigo, de Vittoria.

L'église Saint-André, à l'extrémité de Venise, et trop souvent fermée, a un *S. Augustin et des anges,* de Pâris Bordone. et surtout le *S. Jérôme dans le désert,* regardé comme le plus beau nu de Paul Véronèse, mais que l'humidité a malheureusement altéré.

CHAPITRE XVI.

Le Rédempteur. — Pestes italiennes. — Frari. — Sépulture du Titien. — Monument de Canova.

Il serait difficile de rendre la vive sensation produite par la vue de l'église du Rédempteur, le chef-d'œuvre de Palladio, artiste immortel, le Virgile, le Racine, le Fénelon, le Raphaël de l'architecture. L'élégance, la légèreté, la pureté de l'édifice est unie à la solidité ; et, après plus de deux siècles, il est inébranlable et jeune encore au milieu des flots. La lumière du Rédempteur, due à sa belle architecture, est, le soir surtout, d'un effet merveilleux ; et la prière des Capucins, auxquels ce magnifique temple a été rendu, est, à cette heure, une des scènes d'église les plus religieuses, les plus poétiques, les plus pittoresques qui se puissent imaginer.

Le Rédempteur a de belles peintures : la *Flagellation,* l'*Ascension,* du Tintoret ; *Notre-Dame et quelques saints;* une *Descente de croix,* de Palma ; le *Baptême de J.-C.,* de Paul Véronèse.

Dans une armoire de la sacristie est un petit tableau de Jean Bellini, la *Vierge avec l'enfant Jésus qui dort sur ses genoux entre deux anges* jouant de la mandoline, tableau merveilleux de grâce et d'expression. Bellini, maître du Titien, explique son élève, comme les tableaux du Pérugin au *Cambio* de Pérouse expliquent Raphaël. On doit encore à ce grand et primitif peintre la *Vierge avec S. Jean et Ste Catherine*, et une admirable *Vierge avec l'enfant Jésus et deux saints*. Quoique le maître-autel, surchargé d'ornements, atteste la décadence du goût, il est remarquable par le crucifix et les deux statues de *S. François et de S. Marc*, beaux ouvrages en bronze de Campagna.

Le Rédempteur, comme la *Salute*, est un monument de la cessation d'une peste : on a peine à s'expliquer une telle splendeur après de pareils ravages ; ce *mal qui répand la terreur* semble, à Venise, à Florence, produire les plus brillantes merveilles de l'art. Les pestes de Venise provenaient de ses rapports nombreux avec l'Orient, alors que son commerce florissait ; c'étaient là ses beaux jours. Les autres villes d'Italie célébraient aussi jadis les cessations de peste par l'élévation de temples, de chapelles ; et tandis que notre affreux choléra s'éteint obscurément dans les bulletins mensongers de la police, les hommes de ces temps de foi aimaient à consacrer par de superbes et publics monuments les témoignages de leur reconnaissance envers la Divinité. Il faut remarquer encore à l'honneur de la civilisation italienne et chrétienne des xve et xvie siècles, quoique si vicieuse, si criminelle dans ses princes et ses grands, qu'aucune des terribles pestes qui alors ont désolé l'Italie n'a excité chez le peuple les violences, les meurtres enfantés par la peur ou une stupide crédulité dont nos grandes cités du xixe siècle, si avancées, si progressives, ont été le théâtre à l'apparition du même choléra.

L'église attenant à l'hospice des Incurables, attribuée à Sansovino, fut habilement construite pour l'usage d'une maison destinée à l'enseignement de la musique. *Ste Ursule et ses compagnes* est un beau tableau du Tintoret ; un *Crucifix* passe pour être de Paul Véronèse. Le plafond de la grande chapelle est une bonne fresque d'Ange Rossi ; à celui de l'église, est la *Parabole des Vierges prudentes*, excellent ouvrage du Padovanino ; un *Paradis*, de S. Peranda et Maffei ; et la *Parabole de celui qui se présente aux noces sans la robe nuptiale*, du Cappuccino.

Saint-Gervais et Saint-Protais (San-Trovaso) est une église riche, élégante, ornée ; elle est comme un temple grec consacré à l'Oreste et au Pylade des chrétiens, ainsi que les a surnommés M. de Chateaubriand. La balustrade d'un autel à gauche, d'auteur inconnu, est un travail très-fini : les petits anges, quoique assez mal posés, sont pleins de grâce. Dans le mur, du côté de l'évangile, sont deux précieux bas-reliefs antiques provenant de Ravenne, incrustés là par l'architecte de l'église, Pierre Lombardo, et que l'on a été jusqu'à croire de Praxitèle. Un ancien tableau, sur fond doré, d'auteur inconnu, dans la manière du XIVe siècle, représente *S. Grisogon à cheval*. L'*Annonciation*, la *Naissance de la Vierge*, la *Vierge*, *S. Jean-Baptiste et d'autres saints*, sont de Palma ; *S. Jean et la Madeleine*, un beau *S. Antoine abbé*, la *Cène*, du Tintoret, auquel on attribue aussi *Jésus-Christ lavant les pieds des apôtres*; le *Crucifix avec les trois Maries* est de son neveu Dominique.

L'église Saint-Sébastien, terminée en 1548, et du dessin de l'habile architecte vénitien Scarpagnino, vit commencer et grandir la gloire de Paul Véronèse. A son retour de Rome, il avait été enfermé pour quelque faute de jeunesse au couvent aujourd'hui à peu près démoli de Saint-Sébastien, dont le supérieur pressentit les talents et exerça le loisir forcé du captif. Les premiers ouvrages qui le firent remarquer furent les plafonds de la sacristie et de l'église : le dernier, l'*Histoire d'Esther et de Mardochée*, en trois compartiments, aujourd'hui très-endommagé, excita une telle admiration, qu'elle lui valut les plus honorables commandes du sénat. Afin de préserver l'œuvre de Paul Véronèse, un décret du conseil des Dix avait interdit à ceux qui le copieraient de dresser des échafauds, et leur prescrivait de travailler à terre. Le grand artiste est enterré dans l'église couverte de ses superbes peintures, mais qui, elles-mêmes, sont altérées, détruites. Les principaux de ces chefs-d'œuvre sont : deux *Martyres du saint*; les *Sts martyrs Marc et Marcellin encouragés par S. Sébastien*. Une double inscription simple et précise est au-dessous du buste de Paul Véronèse et sur son tombeau [1] : monument de la douleur de ses fils et de son frère, cet hommage domestique est justifié par les débris des beaux ouvrages qui sont sous vos yeux. Le *S. Nicolas* est de la vieillesse vigoureuse et féconde de Titien, qui le fit à quatre-vingt-six ans; il paraissait vivant à Vasari : le rochet était léger, la robe ondoyante, et il a été comme détruit par la barbarie des restaurateurs. La *Vierge avec S. Jean-Baptiste et S. Charles*, est de Palma ; le *Châtiment des serpents*, du Tintoret. Le mausolée de l'archevêque de Chypre Livius Podacataro, grand lettré, ami de Bembo, est un ouvrage simple, riche, majestueux, varié, de Sansovino. La statue de la *Vierge avec l'enfant Jésus et S. Jean-Baptiste*, de Thomas Lombardo, son élève, est superbe ; et *S. Marc, S. Antoine* et le buste de Marc-Antoine Grimani, furent sculptés par Vittoria.

A l'église Notre-Dame des Carmes est un tableau précieux de la *Présentation de l'enfant Jésus au vieux Siméon*, par Tintoret, peint à la manière de Schiavone, et que Vasari trompé prit pour un ouvrage de ce dernier maître. Tintoret négligé, hardi, fougueux comme Bossuet [2], sait être aussi, comme lui, doux et suave : les femmes de ce tableau sont admirables de grâce et de délicatesse. Une *Annonciation*, la *Multiplication des pains*, la *Vierge dans une gloire*, sont de Palma ; une *Notre-Dame de la Piété*, dans le bon style vénitien, est peut-être de Corona ; un superbe et grand tableau de *S. Libéral*, faisant magnanimement délivrer deux hommes condamnés à mort, est du Padovanino ; un *S. Nicolas* environné d'anges et de saints, bizarre, original, de Lotto ; *S. Albert donnant la bénédiction avec la croix, Ste Thérèse*, sont de Liberi. Le mausolée en marbre du général Jacques Foscarini, au-dessus de la grande porte, est magnifique.

---

[1] Au-dessous du buste est écrit : *Paulo Caliario Veronensi pictori, naturæ æmulo, artis miraculo, superstite satis fama victuro ;* l'épitaphe est : *Paulo Caliario Veron. pictori celeberrimo filii, et Benedic. frater pientiss. et sibi, posterique. Decessit XII Kalend. Maii MDLXXXVIII.*

[2] *V.* ci-dessus, chap. ıx.

Les meilleures peintures de Saint-Barnabé, sont : le *saint en habits pontificaux entouré d'autres saints*, bel ouvrage de Darius Varottari, le père, le maître du Padovanino qui suffirait seul à sa gloire ; une *Ste Famille*, de Paul Véronèse; *S. Jacques, S. Diègue et S. Antoine abbé*, excellents tableaux du vieux Palma.

L'église Saint-Pantaléon est ornée de quelques beaux tableaux et de bonnes sculptures : *S. Pantaléon qui guérit un enfant; S. Bernardin devenu hospitalier,* sont de Paul Véronèse; le dernier tableau est de sa vieillesse ; le *Martyre du saint; Un de ses miracles*, sont de Palma ; le plafond du maître-autel, celui surtout de l'église, représentant la *Vie du saint*, sont de mâles peintures de Fumiani, peintre vénitien du xviie siècle, loué pour le goût du dessin et la composition. A la chapelle de Notre-Dame de Lorette, le *Couronnement de la Vierge* est l'ouvrage des Vivarini, de l'année 1444. Une *Femme adultère* passe pour le meilleur, le plus giorgionesque ouvrage de Roch Marconi, bon élève de Bellini, et l'autel en marbre, travail excellent, est du milieu du xve siècle.

L'église des Tolentini est intéressante sous le rapport de l'art : l'architecture est de Scamozzi; la noblesse de la façade, d'André Tirali, artiste du xviie siècle, a été altérée par quelques détails du faux goût de cette époque. Parmi les tableaux sont : le modèle du *S. Marc*, le chef-d'œuvre du Tintoret, à l'Académie des beaux-arts; *S. André Avellino*, l'*Adoration des mages*, *S. Gaëtan entouré des vertus*, de S. Peranda, élève de Palma, dont il a conservé le caractère poétique ; deux tableaux représentant *quelques traits de la vie du saint*, du Padovanino; une *Décollation de S. Jean-Baptiste*, de Bonifazio; la *Vierge dans une gloire;* une autre à la voûte ; le *Rédempteur*, la *Vierge et S. Pierre; Ste Apollonie et Ste Barbe;* l'*Annonciation;* la *Visitation,* de Palma; *S. Laurent Giustiniani distribuant aux pauvres les effets précieux de l'église,* bel ouvrage du Cappuccino qui a fait aussi un *S. Antoine*, au-dessus de la chaire ; le *Martyre de Ste Cécile*, de Procaccini; une *Annonciation*, de Luc Giordano. Un monument singulièrement curieux par sa bizarrerie, est le grand mausolée en marbre du patriarche François Morosini, de Philippe Parodi, sculpteur renommé de la fin du xviie siècle, élève exagéré du Bernin. La figure du Temps enchaîné, le nu de ce squelette, l'ensemble, les détails de la composition, tiennent vraiment du délire.

Saint-Jacques dall' Orio a de splendides peintures : *S. Sébastien*, *S. Roch et S. Laurent*, du Marescalco; le plafond, le *S. Laurent et d'autres saints*, de Paul Véronèse; le *Miracle des pains et des poissons* ; le *Christ soutenu par un ange*, excellent; le *Christ dans le sépulcre*, le *Christ montant le Calvaire*, et le plafond et les murs de la sacristie, de Palma; le *S. Jean-Baptiste prêchant*, tableau remarquable du Bassan; les *Quatre Évangélistes*, du Padovanino; la *Belle Madone et quelques saints*, de Laurent Lotto; une *Cène*, bon ouvrage dans le style du vieux Palma.

L'église Sainte-Marie Mater Domini, de l'architecture des Lombardi, fut achevée par Sansovino. Les statues de *S. Pierre*, *S. Paul et S. André* sont remarquables; l'*Invention de la croix*, du Tintoret, est superbe; la *Cène*, du vieux Palma ou de Bonifazio, très-belle.

Un des bas-reliefs les mieux exécutés que l'on admire à Venise est au-dessus d'une des petites portes des *Frari;* il représente la *Vierge*, l'*enfant Jésus* et deux anges : on ignore l'auteur de ce chef-d'œuvre de goût, de naturel et d'harmonie, peut-être de Nicolas de Pise ou de ses élèves. Au milieu des nombreux, élégants ou magnifiques tombeaux qui décorent ce superbe temple des *Frari*, une inscription de deux lignes, sur le pavé, indique la place où repose Titien, encore la conjecture est-elle incertaine; car si Titien, quoique mort de la peste, fut enterré aux *Frari*, le sénat ayant excepté son cadavre de la destruction des autres cadavres pestiférés (singuliers honneurs funèbres rendus aux restes de ce grand peintre), on ne sait pas exactement la place où il fut mis, et l'inscription est très-postérieure à sa mort. Le monument du Titien, toujours proposé, toujours désiré depuis plus de trente ans, jamais exécuté, aurait aujourd'hui une sorte d'à-propos, depuis la découverte et la résurrection de son chef-d'œuvre de l'*Assomption* [1].

1. Dès 1794 une souscription avait été ouverte, et Canova avait présenté le

Sur la porte de la sacristie est le mausolée du général Benoît Pesaro, un des plus remarquables de cette église : une statue de Mars par Baccio da Montelupo, exécutée froidement, est citée pour l'habileté de la sculpture. Le monument Orsini, d'auteur inconnu, de la fin du xve siècle, est remarquable par son élégante simplicité. Une statue de S. Jérôme, au quatrième autel, ouvrage hardi de Vittoria, offre, dit-on, la tête du Titien. Le chœur majestueux des Frari a de belles stalles en bois, dont le travail de marqueterie et de sculpture, de l'année 1468, est parfait. Le *S. Jean-Baptiste*, mis sur le bénitier, est un des chefs-d'œuvre de Sansovino ; il l'exécuta âgé de plus de soixante-quinze ans, en même temps que ses deux colosses du Mars et du Neptune, de l'escalier des Géants, auxquels cette petite figure est bien préférable. Quelques peintures sont remarquables : une *Présentation de la Vierge au temple*, de Joseph Salviati ; le tableau en trois compartiments représentant la *Vierge et quatre saints*, de Jean Bellini ; la *même et quelques saints* ; *S. Marc au milieu de saints*, de B. Vivarini ; *S. François devant le Pape*, de Palma ; *S. Ambroise à cheval dissipant les ariens*, par J. Contarini ; et surtout la *Vierge, S. Pierre, d'autres saints et quelques personnages de la famille Pesaro*, bel ouvrage du Titien, dans lequel quelques négligences dans les draperies servent habilement à l'effet des figures.

Le monument destiné à Canova, large pyramide de marbre de Carrare, et qui contient son cœur, est achevé. Jamais le talent ne reçut un plus vaste hommage : l'Angleterre a fourni le quart de la dépense qui s'est élevée à 8,000 sequins (102,000 fr.) ; la France, l'Allemagne, ont contribué pour un autre quart ; l'Amérique (celle du sud, et non l'Amérique industrielle et marchande du nord), a souscrit pour 40 sequins ; l'Italie et principalement les villes vénitiennes ont fait le reste ; malgré l'exa-

projet du monument, pour lequel il ne demandait rien ; la chute de la république empêcha l'exécution. Ce même projet servit depuis, à quelques changements près, pour le beau mausolée de l'archiduchesse Marie-Christine, et il est aussi le modèle du monument élevé à Canova dans ce même temple des *Frari*.

gération ordinaire des inscriptions de monuments, l'inscription de celui-ci *ex consolatione Europœ universœ*, est un peu au-dessous de la vérité ; il est réellement érigé aux frais de l'univers.

CHAPITRE XVII.

Église, confrérie de Saint-Roch. — Escalier. — Luxe des confréries. Saint-Paul. — Carmagnola. — Saint-Jean Chrysostome. — Saint-Sauveur. — Des saints Sébastiens. — Vieillesse des artistes de Venise. — Statues d'écrivains ou de capitaines. — Saint-Moïse. — Laws. — Athénée vénitien. — Saint-Étienne. — Morosini.

L'église et la confrérie de Saint-Roch sont d'autres merveilles de l'art dues aux pestes de Venise, ainsi qu'on le voit par l'inscription placée sur le riche et élégant maître-autel de la première. L'*Annonciation*, un grand tableau de la *Probatique*, *S. Roch dans le désert*, d'autres traits de la *Vie de S. Roch*, dans la grande chapelle, peintures remarquables ; *S. Roch devant le Pape*, sont du Tintoret ; une fresque de *S. Sébastien*, un beau tableau en deux parties représentant *S. Martin à cheval*, et *S. Christophe avec l'enfant Jésus*, du Pordenone. Le *Père éternel au milieu des anges*, demi-lune, est d'André Schiavone. Au-dessus est le fameux tableau du Titien, le *Christ traîné par un bourreau*, qui cause une impression profonde par le rapprochement et le contraste sublime des deux visages. Vasari, si partial contre Titien, avoue que ce Christ a produit plus d'aumônes que l'auteur n'a gagné dans toute sa vie. Une copie en bas-relief est à côté ; on y a mis de la barbe et des moustaches au bourreau, mais il n'en paraît point pour cela plus formidable. C'est ainsi que, dans le style, de grosses épithètes, au lieu de fortifier la pensée, l'énervent et l'affaiblissent. Au-dessus du riche, élégant et majestueux maître-autel, la statue de *S. Roch* est un bel ouvrage de maître Buono, excellent artiste du xve siècle, qui a été aussi l'architecte de la grande chapelle et des deux petites chapelles voisines. De chaque côté du S. Roch, *S. Sébastien* et *S. Pantaléon*, par Jean-Marie Mosca, sont de petites et bonnes statues.

VENISE.   367

L'institution des confréries vénitiennes, la splendeur de leurs palais[1], et surtout de la Confrérie de saint Roch, un des plus riches bâtiments de l'architecture moderne, donnent une idée favorable de l'ancien gouvernement : on doit croire à l'aisance et au bonheur d'un peuple qui élève volontairement à ses frais de tels monuments. L'escalier de ces marchands de Venise, de ces Anthonio[2], ouvrage magnifique perfectionné par Scarpagnino, est au-dessus de celui de Versailles, et, par une recherche bizarre, par une étrange prétention de luxe et de dépense, les marches sont sculptées dessus et même dessous. Sur le palier, au milieu de cet escalier, sont deux tableaux, le premier, l'*Annonciation*, du Titien, dont le vol de l'ange est si léger, si rapide, et les ailes, les draperies et la chevelure sont si belles; le second, la *Visitation*, du Tintoret. Un des premiers chefs-d'œuvre de celui-ci, l'immense, l'original, le sublime *Crucifiement*, est dans la salle appelée l'*Albergo;* on y voit au-dessus de la porte son portrait peint par lui-même, ainsi que les compartiments du plafond, qui représentent les six grandes confréries de Venise. La salle supérieure est encore entièrement de lui, et la valeur de ce grand peintre ne peut être sentie qu'à Venise. Trois statues, *S. Roch* (sur l'autel de la salle au rez-de-chaussée); *S. Jean-Baptiste* et *S. Sébastien* sont de Campagna. Parmi les sculptures sur bois, art aujourd'hui perdu, qui décorent cette même salle, il en est de Michel-Ange, qui semble avoir sculpté la nature entière, le bois, la pierre, le marbre, l'airain et jusqu'à la neige, ainsi qu'on le voit par les statues éphémères que lui faisait exécuter Pierre de Médicis, l'indigne successeur de Laurent[3].

Le clocher de Saint-Paul offre, sculpté sur sa base, un singu-

---

1. *V.* chap. suivant.
2. Le caractère et le trait du juif Shylock du *Marchand de Venise* sont empruntés de la Nouvelle Ière (4$^\text{e}$ journée) du *Pecorone* : l'âpreté de Shylock, sa haine des chrétiens ne sont pas exprimées avec moins d'énergie par le ser Giovanni de Florence que par le poëte anglais.
3. « La sculpture, a remarqué M. Quatremère de Quincy, était alors fort loin « de se renfermer dans le travail d'une seule matière ; elle mettait à contribution « le bois, le marbre, l'argile, le bronze et les divers métaux. » *Journal des Savants*, décembre 1816.

lier monument de l'histoire de Venise : ce sont deux lions, dont l'un est enveloppé d'un serpent qui menace de l'étouffer, et l'autre tient dans ses griffes une tête d'homme. Le travail, médiocre sous le rapport de l'art, est peu digne du xve siècle. Malgré l'incrédulité de quelques personnes éclairées, j'avoue que j'inclinerais à y retrouver une allusion à la conspiration du duc de Milan, Philippe Visconti, dont les armes étaient une couleuvre, et du comte Carmagnola, condamné pour ce fait à être décapité. On peut croire que la vue de ce grossier bas-relief au milieu du marché de Saint-Paul était un de ces moyens employés par les gouvernements, afin d'exciter le peuple contre les conspirateurs. L'incertaine culpabilité du comte Carmagnola a été le sujet de la tragédie de ce nom, par Manzoni, ouvrage célèbre, hardi, placé par Goëthe parmi les chefs-d'œuvre du théâtre moderne, mais que son *Adelchi* me paraît avoir surpassé.

Dans l'église, *S. Pierre qui reçoit les clefs*, *S. Pierre au milieu des apôtres;* au maître-autel, la *Conversion de S. Paul*, sont de Palma; les statues en bronze de *S. Antoine abbé*, et de *S. Paul*, de Vittoria; l'*Assomption de Notre-Dame*, la *Cène*, du Tintoret; et le *Mariage de la Vierge*, est de Paul Véronèse.

Saint-Sylvestre a le *Baptême de Jésus-Christ*, le *Christ dans le jardin*, du Tintoret; une grande *Cène*, du vieux Palma; l'*Adoration des mages*, de Paul Véronèse, et un *S. Thomas de Cantorbéry au milieu de plusieurs saints*, très-bel ouvrage de Jérôme Santa-Croce.

Saint-Jean-l'Aumônier est de l'architecture de Scarpagnino. Les principaux tableaux sont : le *Miracle de la manne*, de la jeunesse de Corona; le *Martyre de Ste Catherine*, Constantin portant la croix, de Palma; *Ste Catherine et d'autres Saints*, du Pordenone; et le célèbre *S. Jean distribuant ses aumônes*, du Titien, chef-d'œuvre plongé au milieu des ténèbres, offusqué par un énorme tabernacle qui ne laisse entrevoir que la tête du saint. C'est ainsi que l'Italie prodigue et dissipe inutilement ses plus beaux ouvrages sans paraître jamais s'appauvrir.

L'église Saint-Jacques de Rialto a quelques belles sculptures : un *S. Antoine abbé* colossal, en bronze, de Campagna; *S. Jacques*, de Vittoria.

La chapelle Cornaro, reste de l'ancienne église des Saints-Apôtres, est d'une élégante et riche architecture. Deux mausolées de la famille Cornaro sont magnifiques ; l'église a une *Cène*, bon et unique ouvrage à Venise, de César de Conegliano ; le *Miracle de la manne*, de Paul Véronèse ; l'*Ange gardien*, du Cappuccino.

Saint-Jean-Chrysostome, dont l'architecture est de Tullius Lombardo, a de bons ouvrages de peinture et de sculpture : *S. Jérôme, S. Charles* et *S. Louis*, de Jean Bellini ; *S. Jean Chrysostome et d'autres saints*, tableau superbe de Sébastien del Piombo, que l'on a été jusqu'à croire de son maître le Giorgione qui probablement aura aidé à l'invention ; *S. Jean Chrysostome ; quatre petits tableaux*, attribués aux Vivarini, et les *Apôtres dans le Cénacle*, très-beau bas-relief de Tullius Lombardo.

L'église de Saint-Sauveur renferme plusieurs nobles tombeaux : tels sont le magnifique mausolée d'André Dolfin et de son épouse, cru de Jules dal Moro, avec deux bustes de Campagna ; celui du doge François Venier, chef-d'œuvre de Sansovino, et celui de la reine Cornaro, sur lequel un bas-relief la représente offrant sa couronne aux Vénitiens, mausolée grand, nu, sans inscription, et qui a quelque chose de l'abdication. Sur un des autels, de l'architecture de Vittoria, sont deux de ses statues, *S. Roch* et *S. Sébastien* ; la dernière pleine de naturel et de grâce. J'ai été, au reste, singulièrement frappé, en me rappelant la multitude de saints Sébastiens que j'ai rencontrés en Italie, du mérite et de la beauté de la plupart. Peut-être que le contraste entre l'immobilité, la souffrance du corps et l'ardeur, la joie sublime de l'âme et son céleste espoir, est un des objets les plus touchants et les plus poétiques que l'art puisse offrir aux yeux. Le Bernin lui-même n'a pu échapper au pathétique de ce sujet, et son S. Sébastien, que l'on voit à Rome dans les catacombes, est un très-bel ouvrage. Malgré ses fatales restaurations, l'*Annonciation* montre la variété du talent de Titien : l'ange incliné, les bras en croix sur la poitrine, diffère tout à fait de l'ange aérien et presque fougueux de S. Roch ; l'ouvrage de la vieillesse de l'artiste étant regardé, par ses ennemis, comme au-dessous de lui et attribué à un autre, il a, dans son indignation, écrit après son nom deux fois *fecit*. La *Transfiguration*, énergique, pleine d'imagination, est encore de la vieillesse de Titien; peinte rapidement, sa vue affaiblie s'y fait seule sentir. Il exécutait la fameuse *Cène* de l'Escurial de quatre-vingts à quatre-vingt-sept ans : on dirait que son talent n'eut ni lenteur ni décrépitude. Sansovino était aussi octogénaire quand il sculpta de sa propre main les deux belles statues placées de chaque côté du monument de François Venier. Les grands artistes de Venise, comme ses premiers capitaines, Dandolo ou Charles Zeno, qui prenaient Constantinople ou délivraient Chypre à quatre-vingts ans passés, semblent vainqueurs du temps, et Saint-Sauveur est comme le théâtre de ce prodigieux triomphe. L'orgue célèbre de Saint-Sauveur est le premier auquel fut adapté le clavier chromatique, important progrès de la musique moderne, dû à l'Italie.

Sur la façade de l'église Saint-Julien, dont l'architecture est de Sansovino et de Vittoria, est une statue en bronze par Sansovino, très-estimée; elle représente le célèbre médecin Thomas Rangone de Ravenne, surnommé le philologue, pour son savoir, fixé à Venise où il mourut plus qu'octogénaire[1], et qui avait consacré à l'habile reconstruction de l'église une partie de ses immenses richesses. Les monuments de Venise, comme ceux de Florence, sont principalement consacrés aux écrivains et aux capitaines; on sent que l'époque glorieuse de ces républiques fut une époque de guerre et de littérature : ce peuple de statues n'est composé ni d'empereurs ni de rois, comme à Rome ou dans les grands États modernes; ce sont tous gens, fils de leurs œuvres, et illustrés par leurs livres ou par leurs batailles. L'existence des gens de lettres, souvent agitée, nécessiteuse, n'est point alors sans une sorte d'honneur, d'importance et d'éclat, qu'ils n'ont plus au milieu du bruit, de l'aisance et de l'espèce de prospérité dont ils jouissent.

---

1. Rangone avait composé, pour le pape Jules III, un bizarre traité sur les moyens de vivre au-delà de cent vingt ans; ce qui a fait dire et répéter qu'il était mort à cet âge.

Saint-Julien offre de nombreuses peintures de Palma : l'*Assomption de la Vierge*, *S. Jean l'Évangéliste et d'autres saints*, *Jésus-Christ dans le jardin*, l'*Apothéose du saint*; *Jésus-Christ soutenu par les anges*, une *Cène*, sont de Paul Véronèse ; plusieurs statues, bas-reliefs et ornements excellents, de Vittoria. Un groupe en marbre du *Christ mort* supporté par les anges, de Campagna, est d'une expression douce, naturelle et d'une très-belle exécution.

Les églises de Venise rassemblent les extrêmes du bon et du mauvais goût en architecture. La pureté du Rédempteur est le plus parfait contraste avec la recherche inouïe de la façade de Saint-Moïse. Les tableaux sont : la *Vierge avec l'enfant Jésus*, et *Jésus-Christ lavant les pieds des apôtres*, du Tintoret ; l'*Invention de la croix*, de Liberi ; la *Cène*, de Palma. A l'entrée de l'église, une petite pierre indique la place où Law est enterré ; son corps y fut transféré de Saint-Géminien, en 1808, par les soins d'un brave et loyal général français, son petit-neveu, né dans l'Inde, et qui commandait à Venise [1], circonstance qui semble ajouter aux destinées aventureuses du ministre écossais. Montesquieu avait rencontré Law à Venise. « C'était, dit-il, le « même homme, toujours l'esprit occupé de projets, toujours « la tête remplie de calculs et de valeurs numéraires ou repré- « sentatives. Il jouait souvent, et assez gros jeu, quoique sa for- « tune fût fort mince. » On regrette de n'avoir pour garant de l'anecdote suivante, et du bel éloge qu'elle fait de nos parlements, que d'Alembert et ses copistes. Montesquieu demandant à Law pourquoi il n'avait pas essayé de corrompre le parlement de Paris, comme le ministère anglais fait à l'égard du parlement de Londres : « Quelle différence ! répondit Law ; le sénat anglais « ne fait consister la liberté qu'à faire tout ce qu'il veut ; le fran- « çais ne met la sienne qu'à faire tout ce qu'il doit : ainsi l'inté- « rêt peut engager l'un à vouloir ce qu'il ne doit pas faire ; il est « rare qu'il porte l'autre à faire ce qu'il ne doit pas vouloir. » C'est un des avantages de la publicité et du régime constitution-

---

[1]. M. le général Law de Lauriston, depuis pair, ministre et maréchal de France.

nel, que de rendre impossibles le retour du *système* et le bouleversement des fortunes qu'il a entraîné.

L'élégante et simple église de Saint-Fantin est de l'école des Lombardi; le chœur est de Sansovino. Les tableaux sont : le *Christ mort*, de Palma; une *Vierge avec l'enfant Jésus*, de Jean Bellini; le *Crucifiement*, regardé comme un des meilleurs ouvrages de Corona.

L'ancienne confrérie de Saint-Jérôme est devenue l'*Athénée* vénitien, société littéraire distinguée par les connaissances et les travaux de ses membres. Cet édifice, de l'architecture de Vittoria, offre de beaux et curieux ouvrages : *Apollonius* et *Nicolas Massa*, bustes de Vittoria; au premier étage, le plafond, en treize compartiments, peint par Palma, ainsi que les huit compartiments du plafond du second étage, représentant divers traits de la vie de S. Jérôme, dont le premier est son élection comme cardinal. *S. Jérôme recevant les offrandes* est du Tintoret; le *Triomphe de la Vierge*, de Palma; et l'on y voit les portraits de l'auteur, du Titien et d'autres célèbres artistes.

Le grand-autel de Saint-Étienne, les candélabres, les statues qui la décorent, sont magnifiques; la petite statue de la *Charité*, sur le bénitier, par Jean-Marie Mosca, est d'une rare élégance; les statues de *S. Jérôme* et de *S. Paul* sont de Pierre Lombardo; un bas-relief de bronze, la *Vierge et l'enfant Jésus*, et quelques figures, d'auteur inconnu, est très-beau; le mausolée du médecin Jacques Suriani, ouvrage du xvie siècle, est d'excellent goût; les deux petits candélabres de la grande chapelle (principalement celui de l'année 1577) sont des meilleurs de Venise. Mais je fus encore plus frappé de la tombe de Morosini, large pierre placée au milieu de l'église, garnie de simples ornements de bronze, offrant le bonnet ducal et les trophées de ses victoires sur les Ottomans, avec la seule inscription : *Francisci Mauroceni Peloponesiaci Venetiarum Principis ossa*, 1694. Malgré les victoires de ce grand capitaine, et sa mort, de fatigue et d'épuisement, à Napoli de Romanie, comme lord Byron, je ne pus oublier qu'il avait fait sauter le Parthénon, et mes profanes regrets furent pour le temple grec et la statue de Minerve.

A l'église Saint-Vidal, le *Saint à cheval* est un superbe ouvrage de Carpaccio.

Sainte-Marie Zobenigo et son incroyable façade, autres monuments de ce mauvais goût vénitien dont il a été parlé, qui est venu après le bon goût, et, comme il arrive toujours, est pire que le mauvais goût qui le précède, cette église a une *Visitation*, de Palma; les bustes de Jules et de Justinien Contarini, par Vittoria; le *Sauveur*, la *Conversion de S. Paul*, du Tintoret; quatre petits tableaux de Vivarini; une *Cène*, de Jules dal Moro qui a sculpté aussi, à la sacristie, la statue du *Rédempteur*.

CHAPITRE XVIII.

Sainte-Marie Formose. — Mariages vénitiens. — Fête *delle Marie*. — Sainte-Marie-des-Miracles. — Saint-Jean et Paul. — Tombeaux de Venise. — Bragadino. — Mausolée Vendramini; — Valier. — Martyre de S. Pierre, du Titien. — Ancienne bibliothèque de Saint-Jean et Paul. — Monument Colleoni. — Confrérie de Saint-Marc; — de la Miséricorde. — Sainte-Marie dell' Orto. — Marietta.

Les premiers Vénitiens, comme les Romains, attachaient une grande importance politique au mariage. Chaque année, le jour de la Purification, presque tous les mariages de la ville se célébraient à la fois et dans la même église; c'était celle de la petite île d'Olivolo, aujourd'hui Sainte-Marie Formose. Lorsque la constitution eut été fixée, le dogat établi, et que la population et les richesses se furent accrues, on décréta que douze jeunes filles, choisies parmi les plus vertueuses et les plus belles, seraient dotées aux frais de l'État et conduites à l'autel par le doge, en costume, et suivi de son cortége; le gouvernement poussa la délicatesse et l'attention jusqu'à les parer d'or, de perles et de diamants, afin que l'amour-propre de ces rosières ne fût point humilié par la riche toilette des autres fiancées; mais après la cérémonie elles devaient déposer *cet éclat emprunté* et ne garder que la dot. Une catastrophe, arrivée en 944, vint encore ajouter par la suite à la solennité de cette fête. La veille, pendant la nuit, des pirates triestains, sans être aperçus, se mirent en embuscade derrière l'île d'Olivolo, et le matin, traversant avec rapidité le canal, ils s'élancent à terre le sabre à la main, pénètrent dans l'église au moment de la bénédiction nuptiale, saisissent les jeunes filles couvertes de leurs brillants habits et portant leurs *arcelles* [1], les traînent à leurs barques, s'y jettent avec elles et fuient à toutes voiles. Cet enlèvement ne tourna point toutefois comme celui des Sabines, et le Romulus forban de l'Adriatique n'eut point le même succès que le fondateur de la ville éternelle. Les ravisseurs, atteints dans les lagunes de Caorlo par les époux vénitiens, le doge à leur tête, lorsqu'ils se partageaient déjà les femmes et le butin, furent attaqués, défaits, et tous jetés à la mer. Le petit port de la côte de Frioul où ils avaient été détruits, prit aussitôt le nom de *Porto delle Donzelle* (port des pucelles), qu'il a conservé. La fête *delle Marie* [2], à laquelle donna lieu le retour des fiancées et leur aventureux hymen, s'est célébrée annuellement à Sainte-Marie Formose jusque dans les derniers temps de la république, mais il n'y avait plus de mariage : le doge se rendait simplement à l'église avec la seigneurie ; le curé allait à leur rencontre et leur offrait, au nom de ses paroissiens, des chapeaux de paille dorés, des flacons de vin de Malvoisie et des oranges [3]. Les douze cuirasses

---

[1]. C'était la dot de chaque fiancée qu'elle portait avec elle dans un petit coffre appelé *arcella*.

[2]. L'origine du nom *delle Marie* est inconnue : peut-être vient-il, selon la conjecture de madame Michiel, de ce que la plupart des filles enlevées s'appelaient *Maria*, nom encore très-commun à Venise, et qui l'était davantage autrefois ; ou bien de ce que leur délivrance eut lieu le jour de la Purification de la Vierge, et se célébrait à Sainte-Marie Formose.

[3]. L'origine de ces présents est une scène touchante du moyen âge : lors de l'enlèvement des fiancées, le corps des *casselleri* (espèces de menuisiers), qui formait la principale population de la paroisse de Sainte-Marie Formose, ayant fourni le plus grand nombre de barques, et particulièrement contribué au succès de la poursuite, on offrit à ces braves gens la récompense qu'ils pourraient désirer. Ils sollicitèrent seulement du doge l'honneur de le recevoir dans leur paroisse le jour de la fête qui venait d'être instituée. Le doge, frappé lui-même d'un tel désintéressement, et voulant leur donner occasion de demander davantage, feignit d'élever des difficultés sur la possibilité de sa visite, et, avec la naïveté du temps, il leur dit : « Mais s'il venait à pleuvoir ? — Nous vous donnerons des chapeaux pour « vous couvrir. — Et si nous avions soif ? — Nous vous donnerions à boire. »

d'or garnies de perles, qui jadis composaient la parure des fiancées dotées, n'existent plus; elles furent vendues en 1797, afin de pourvoir aux besoins pressants de cette époque; les perles, gardées avec soin au trésor pendant l'administration française, ont servi depuis à payer l'entretien de l'église Saint-Marc. Ainsi ont disparu jusqu'aux dernières traces de la fête nationale et poétique *delle Marie*. Elle eût été digne, ainsi que l'événement qui la fit naître, d'exercer le pinceau des grands peintres vénitiens; un pareil tableau serait convenablement placé à Sainte-Marie Formose, et j'aurais préféré l'y trouver au lieu de la *Ste Barbe* d'ailleurs fort belle, et le chef-d'œuvre du vieux Palma. La Sainte est le portrait de sa fille Violante, que Titien aima si passionnément et dont il fit plusieurs répétitions célèbres sous le nom de la maîtresse du Titien. La *Vierge des sept douleurs* est encore de Palma, qui a donné les dessins des mosaïques de la voûte d'une des chapelles.

Sainte-Marie-des-Miracles est véritablement digne de son nom par la pureté, l'élégance, la grâce de son architecture, de Pierre Lombardo, et de ses charmantes arabesques. La statue en marbre de la Vierge, au-dessus de la grande porte, paraît peu digne de l'habile sculpteur vénitien du xve siècle auquel on l'a attribuée, qui avait pris le nom antique de Pyrgotèles, artiste célèbre du temps d'Alexandre. D'après les recherches de Morelli, dans ses notes à un anonyme, Pyrgotèles était Grec d'origine et de la famille Lascari de Venise. Dans l'église les statues de *Ste Claire* et de *S. François* sont de Campagna.

Saint-Jean et Paul est une de ces vastes basiliques du moyen âge, aux vitraux à la fois éclatants et sombres, monument national rempli de magnifiques mausolées des doges, des généraux et des grands hommes de Venise, Saint-Denis aristocratique et républicain. L'immensité de ces tombeaux cause une sorte de surprise; on est presque choqué de voir l'homme occuper tant de place dans la maison du Seigneur. Les vanités rivales des familles patriciennes expliquent le luxe de pareilles sépultures, qui n'est point d'ailleurs le luxe industriel et futile de la mode et du monde, mais qui a servi puissamment au développement et à la splendeur de l'art.

La famille des Mocenigo, qui a donné jusqu'à sept doges à la république, dont trois reposent à Saint-Jean et Paul, est au premier rang de ces races illustres. Les mausolées des doges Pierre et Jean sont des meilleurs ouvrages de Pierre Lombardo et de ses fils; celui de Jean Mocenigo a quelques statues qui, par leur grâce et leur noblesse, semblent imitées de l'antique. Un des tombeaux de cette église, celui de Marc-Antoine Bragadino, écorché vif par les Turcs, après sa belle défense de Famagouste, ne contient que sa peau rachetée par sa famille du vil pacha, son meurtrier plutôt que son vainqueur[1]. La fin de Bragadino, comme celle de plusieurs autres généraux vénitiens tombés aux mains des infidèles, semble avoir quelque chose du martyre; on est vivement ému à l'aspect de la relique guerrière du héros de Venise et de l'inscription qui rappelle son horrible destinée.

Parmi tant de superbes mausolées rassemblés, recueillis à Saint-Jean et Paul depuis la destruction de diverses églises, celui du doge André Vendramini, ouvrage de l'école des Leopardi, les surpasse tous; il est le plus beau de Venise et l'un des plus considérables ouvrages de ce genre. L'élection au dogat d'André Vendramini avait été une espèce de révolution: Vendramini était un homme nouveau; il descendait d'un banquier élevé au patriciat, après la guerre de Chiozza en 1381, comme un des trente citoyens qui s'étaient montrés les plus dévoués à la république au milieu de ses dangers: c'est, dit avec raison M. Daru, la source la plus pure d'où la noblesse puisse descendre.

Le grand mausolée de Valier, ouvrage de Longhena, offre, par le mauvais goût de sa magnificence, un parfait contraste avec le mausolée Vendramini; les bonnets de doge y sont prodigués et couronnent bizarrement les deux écussons; ce bonnet

---

1. La défense de Famagouste coûta aux Turcs cinquante mille hommes, et plus de soixante-quinze mille, selon l'abbé Mariti, dans son *Voyage de Chypre*. V. dans l'*Histoire de Venise* de M. Daru, le détail du supplice de Bragadino et de la perfidie de Mustapha, liv. xxvii, 14.

aristocratique (*corno ducale*) ressemble d'ailleurs assez au bonnet de la liberté sur une tête d'homme.

Un autre mausolée remarquable est celui d'Alvise Micheli, orateur célèbre, mort en 1589, lorsqu'il prononçait, dit l'inscription, un discours devant le sénat.

Le général autrichien Chasteler, mort en 1825, gouverneur de Venise, a voulu être enterré à Saint-Jean et Paul, comme pour faire sentir la conquête jusqu'aux morts illustres qui l'habitent. On lui érigeait, en 1827, un monument mesquin, sur lequel était son buste dont les traits communs, la coiffure poudrée, contrastaient singulièrement avec les grandes figures et les statues équestres des héros de Venise, monument que ne relevaient point les prétendus exploits du général Chasteler sur les Français, gravés en latin à toutes les faces de son petit piédestal.

La peinture à Saint-Jean et Paul n'est point au-dessous de la statuaire. La *Vierge*, *l'enfant Jésus et quelques saints* était un des beaux ouvrages de Jean Bellini, gâté, presque perdu par les restaurateurs. Le tableau en neuf compartiments représentant le *Christ mort*, *l'Annonciation*, *S. Christophe*, est un ouvrage célèbre de Louis ou de Barthélemy Vivarini ; le *S. Augustin assis* est un bon et le premier tableau à l'huile de ce dernier. *Jésus-Christ sur la croix*, la *Madeleine et S. Thomas* est de la première manière de Liberi. *S. Jean-Baptiste*, la *Manne tombant du ciel*, sont de Lazzarini ; le plafond en cinq compartiments d'une des chapelles, la *Vierge couronnée dans le paradis*, très-belle; le *Crucifix et quelques saints*; la *Résurrection de Jésus-Christ*, de Palma ; le *Sauveur au milieu des apôtres*, excellent, est de Roch Marconi. Le grand *Crucifiement*, du Tintoret, est superbe : sa *Vierge recevant les hommages de sénateurs vénitiens*, de la plus noble expression. On lui doit encore un autre *Crucifiement* et la *Vierge distribuant des couronnes à S. Dominique et à Ste. Catherine*. Une *Sainte Alliance* des princes de cette époque, par son neveu Dominique, belle composition, montre le pape Pie V, Philippe II, le doge Alvise Mocenigo, et derrière eux leurs généraux Marc-Antoine Colonne, Jean d'Autriche et Sébastien Venier. La *Sainte-Trinité*, la *Vierge et quelques saints*; le *pape Honorius III confirmant l'ordre des dominicains*, sont des ouvrages distingués de Léandre Bassano qui a fait aussi la *Vierge et S. François;* l'immense *Exhumation d'un cadavre* et une *Annonciation. Victor Capello à genoux devant Ste Hélène*, estimé, est de Dentone; *S. Dominique calmant une tempête*, du Padovanino: Le plafond de la sacristie, très-remarquable, est de Marc Vecellio, et une *Nativité*, de Paul Véronèse. Mais le chef-d'œuvre qui surpasse tous ces tableaux est le *Martyre de S. Pierre dominicain*, du Titien, tableau plein de poésie, d'expression, de pathétique; scène de meurtre par un brigand, au fond d'un bois, et qui n'est ni hideuse, ni sanglante; les arbres même ont une sorte d'idéal et de beauté. Le contraste entre la peur du compagnon de St Pierre et l'espoir céleste qui rayonne au front de celui-ci est admirable. Il y a dans un tel ouvrage quelque chose de puissant, de spontané, qui atteint sans effort le but de l'art; ce n'est pas là cette peinture qui s'apprend, plutôt correcte et régulière que forte et grande; Titien semble produire des tableaux, tandis que les autres en font. Un décret du sénat de Venise défendit aux dominicains de Saint-Jean et Paul, sous peine de mort, de vendre ce merveilleux tableau; il justifie et explique une telle atteinte au droit de propriété. Il fit depuis partie de notre butin d'art; transposé à Paris du bois sur la toile, il est la plus grande opération de cette habile et nouvelle industrie qui lui a comme rendu la couleur et la vie.

Parmi les autres tableaux de Saint-Jean et Paul, il en est un de Jean-Baptiste dal Moro, qui représente S. Marc assistant à la levée maritime de Venise avec les trois inquisiteurs d'état : les Vénitiens avaient fait S. Marc recruteur, à peu près comme depuis, la soumission aux lois sur la conscription est devenue un article de foi du catéchisme de l'Empire et du catéchisme autrichien.

A l'entrée de la sacristie sont les trois bustes du Titien, du vieux et du jeune Palma dont le tombeau est voisin. Ce petit buste, au-dessus d'une porte de sacristie, est le seul monument élevé au Titien [1]; on le doit à son élève le jeune Palma qui avait

---

1. *V.* ci-dessus, ch. xvi.

projeté de lui consacrer en Saint-Jean et Paul un magnifique mausolée; il est au moins convenablement placé au milieu des grands hommes de Venise.

La chapelle du Rosaire, malgré la richesse de ses ornements, indique la décadence du goût : on pourrait assez appliquer à ses *défauts pompeux* et à l'espèce d'admirateurs qu'elle trouve, les vers de Voltaire sur la chapelle de Versailles. Les quatre belles statues placées aux angles de l'autel, *Ste Justine et S. Dominique*, de Vittoria; *S. Rose et S. Thomas*, de Campagna, forment un vrai contraste avec le mauvais style de la sculpture du siècle qui leur a succédé.

La bibliothèque de Saint-Jean et Paul n'existe plus depuis la suppression du monastère; c'est à Saint-Marc qu'il faut chercher le manuscrit du *De Viris illustribus* de Guillaume de Pastrengo, indiqué par Ginguené, comme s'y trouvant[1]. L'auteur, grand jurisconsulte, tendre ami de Pétrarque auquel il prêta plus d'un manuscrit de sa riche bibliothèque, peut être regardé comme le père des innombrables biographies qui se sont tant multipliées depuis, et qui, tant que durera le monde et *l'amour de ce rien qu'on nomme renommée*, ne cesseront de paraître avec leurs éternelles et inévitables erreurs.

• Le monument Colleoni, à côté de Saint-Jean et Paul, fut érigé avec l'argent qu'avait pour cela légué ce général. La commande de sa propre statue ne paraît pas très-noble de la part d'un si habile capitaine, qui avait pu la mériter par ses talents et ses services[2]. L'inscription dissimule toutefois cette origine, puisqu'elle porte simplement que c'est *ob militare imperium optime gestum*, que la statue fut élevée. Le piédestal corinthien du monument Colleoni, ouvrage de Leopardo, est le premier qui existe pour l'élégance, le bon goût des ornements; les statues

---

1. *Hist. litt. d'Italie*, t. III, 159. Le *De Viris illustribus* a été imprimé à Venise en 1547, sous le faux titre : *De Originibus rerum*. Ce livre est très-rare.

2. Lord Byron, dans la préface de *Faliero*, parle de la statue actuelle de la place Saint-Jean et Paul comme de celle d'un *guerrier oublié* qu'il ne désigne même point; Colleoni, un des fondateurs de l'art de la guerre en Europe, ne méritait ni cet oubli ni ce mépris de poëte. *V.* liv. v, ch. i, et plus haut, ch. iv.

des princes sont inférieurs en ce point à la statue de ce *condottiere*. Elle est l'ouvrage d'André da Verrocchio, florentin, un des premiers artistes de son temps, peintre, sculpteur, architecte, et maître du Pérugin et de Léonard de Vinci. L'histoire de sa statue, racontée par Vasari, peint la passion, l'amour-propre jaloux, l'indépendance et l'activité des artistes de cette époque : comme Verrocchio avait terminé le cheval, il apprit que la figure allait être accordée par faveur à Vellano de Padoue, le protégé de quelques patriciens. Indigné, il cassa la tête et les jambes de son cheval, et partit furtivement pour Florence. Le sénat de Venise lui fit aussitôt signifier que, s'il osait jamais y reparaître, on lui trancherait la tête ; il répondit qu'il s'en garderait bien, attendu qu'il ne dépendait point de la seigneurie de lui remettre sa tête si elle était coupée, comme il lui serait facile de refaire celle du cheval qu'il avait brisée. Cette réponse ne déplut point, et Verrocchio obtint la liberté de revenir ; il reprit ses travaux avec une telle ardeur, qu'atteint d'une fluxion de poitrine il en mourut, et que Leopardo fut chargé du nettoyage et de la fonte de la statue.

La riche façade de la confrérie de Saint-Marc mérite d'être observée : l'architecture est de Pierre Lombardo ; deux lions, divers traits de la vie du saint, bas-reliefs excellents, sont de Tullius, et les statues placées au-dessus des piédestaux, des colonnes et de l'arc de la grande porte, par maître Bartolommeo, l'auteur de la porte *della Carta* du palais ducal, sont des ouvrages du xive siècle, curieux, expressifs.

Au-dessus de la porte de l'ancienne confrérie de la Miséricorde, édifice consacré au service militaire, et dont l'architecture passe pour être de Sansovino, est une grande et noble figure de la Vierge accueillant les fidèles qui prient à ses pieds, chef-d'œuvre de ce même maître Bartholommeo.

L'église des Jésuites est splendide. On distingue : la *Prédication de S. François-Xavier*, de Liberi ; l'*Invention de la croix*, la *Vierge, l'enfant Jésus et quelques saints*, la voûte, de Palma ; la *Circoncision*, l'*Assomption*, du Tintoret ; le *Martyre de S. Laurent*, du Titien, revenu de Paris, admirable par le triple effet de la lumière ; le mausolée du doge Pascal Cicogna, de Campagna ; et, au-dessus de la grande porte, celui de Jean, Priam et André Lezze, magnifique.

L'ancienne église Sainte-Catherine, fréquemment restaurée, a de bonnes et curieuses peintures : l'*Ange et Tobie*, peut-être du Titien ou de son habile élève Santo Zago ; les six tableaux de la grande chapelle, du Tintoret ; les *Fiançailles de Ste Catherine*, ouvrage charmant de Paul Véronèse ; la *Vierge en couches*, dans la première manière de l'école vénitienne ; le *Miracle fait par S. Antoine sur un avare* ; l'*Enlèvement au ciel du corps de la sainte* ; la *même devant la Vierge*, de Palma.

A l'église de l'*Abbazia* sont : une *Ste Christine couronnée, S. Pierre et S. Paul*, de Damien Mazza, grand élève du Titien, mort à la fleur de l'âge, et dont les ouvrages, énergiques, éclatants, ne sont pas très-nombreux ; l'*Ange Raphaël, Tobie, S. Jacques, S. Nicolas*, excellent tableau du Conegliano.

L'ancienne et vaste église de Sainte-Marie dell'Orto est maintenant une espèce de ruine : l'herbe commence à poindre sur le pavé, l'humidité a effacé les peintures, la voûte est détruite ; pour ajouter à tant de désastres, le tonnerre y tomba en 1828, et renversa, sur le toit enfoncé par cette chute, le clocher, élégante construction du xve siècle, dans le goût oriental. Mais au milieu de tous ces ravages que de grandeur et de magnificence ! sur la porte du milieu est une énorme pierre de porphyre ; dans un coin de l'église, est appliquée contre le mur, sans cadre, la célèbre *Présentation de la Vierge*, un des premiers chefs-d'œuvre du Tintoret : deux immenses tableaux de sa jeunesse, les *Prodiges qui précèderont le jugement dernier* et l'*Adoration du veau d'or*, couvrent les parois de la grande chapelle, ouvrages extraordinaires pour la force, la fougue, l'audace, quoique le premier ait été très-critiqué par Vasari pour l'exagération et les extravagances pittoresques. A côté de cette peinture puissante, les ailes des anges du *S. Pierre qui contemple la croix* ont une légèreté, une transparence admirables ; et la *Ste Agnès ressuscitant le fils du préfet de Rome Sempronius*, autre excellent tableau du même grand maître, a été reprise de notre Galerie du Louvre pour être restituée à ces décombres. Il est dans la chapelle de l'ancienne et illustre famille des Contarini, à côté des bustes de plusieurs de ses nobles personnages. Ainsi, dans cette église éloignée, et presque au milieu de ses débris, se retrouvent encore des marques éclatantes de la gloire des arts et de la splendeur passée de Venise.

J'ai regretté de ne point trouver à Sainte-Marie dell'Orto de traces du tombeau du Tintoret et de celui de Marietta Robusti, sa fille et son élève, qu'il eut la douleur de perdre dans un âge peu avancé. Marietta, grand peintre de portraits, était encore célèbre par les grâces de sa personne et ses talents comme musicienne et cantatrice, talents qu'elle devait aux leçons du napolitain Jules Zacchino, le Cimarosa de son temps; invitée à se rendre à la cour de Philippe II, de l'empereur Maximilien et de l'archiduc Ferdinand, son père ne put jamais se séparer de la fille dont il était si fier; il la maria à un joaillier vénitien, homme de bon sens, désintéressé, et qui préférait que sa femme fît le portrait de ses confrères ou de ses amis au lieu de peindre les riches et les grands. La mort de Marietta fut à Venise une perte publique, et Tintoret voulut qu'elle reposât à Sainte-Marie dell'Orto, au milieu de ses propres chefs-d'œuvre, qu'il semblait en quelque sorte lui consacrer.

A côté des grands et beaux ouvrages du Tintoret, plusieurs peintures sont encore remarquables : le *S. Jean-Baptiste et quelques saints*, du Conegliano, dont il est si difficile de se détacher, malgré quelque âpreté, tant il y a de vérité dans les airs des têtes, le coloris et la perspective ; *S. Vincent, Ste Hélène et d'autres saints*, du vieux Palma, très-endommagés ; et la *Vierge avec l'enfant Jésus*, précieux tableau de Jean Bellini.

A l'église Saint-Martial sont : le *Saint avec d'autres saints*, du Tintoret ; et le célèbre tableau de *Tobie guidé par l'ange*, du Titien, premier ouvrage vraiment digne de lui et qu'il fit vers trente ans, car son talent qui devait, ainsi qu'on l'a vu, si prodigieusement se prolonger, ne paraît point comme celui d'autres grands maîtres avoir été très-précoce. Quelques écrivains avaient voulu voir dans la figure du fond priant au milieu d'un bois, S. Jean-Baptiste, et ils n'avaient pas manqué de relever cette licence chronologique ; l'abbé Moschini en zélé vénitien a défendu son compatriote et il a reconnu le père du jeune Tobie.

L'église Saint-Félix, dans le style des Lombardi, dont les portes sont élégamment décorées d'ornements en marbre, a le *S. Démétrius*, du Tintoret ; le *Sauveur, S. Félix et quelques portraits*, du Passignano, et deux statues allégoriques de Jules dal Moro.

CHAPITRE XIX.

Archives. — Du Conseil des Dix. — Des Inquisiteurs d'État. — Consultations autographes de Fra Paolo. — Statistique née à Venise. — Correspondance de Villetard.

Parmi les destructions partielles de Venise, quelques refuges semblent ouverts à ses divers monuments ; telle fut l'Académie des Beaux-Arts pour un grand nombre de ses tableaux ; les archives, établies dans l'ancien couvent des Frari, et dont le classement paraît en fort bonnes mains, seront de même un asile pour les pièces et les documents de son histoire. Ces archives distribuées en deux cent quatre-vingt dix-huit salles et corridors, et s'élevant à huit millions six cent soixante-quatre mille sept cent neuf volumes ou cahiers, peuvent être regardées comme les plus vastes du monde, et sont assurément une des plus énormes masses de papier écrit qui aient été jusqu'ici rassemblées.

Une partie des archives du Conseil des Dix fut dévorée par l'incendie de 1508 ; des copies des arrêts existent, mais les pièces à l'appui n'étaient jointes qu'aux originaux. Je remarquai un arrêt de 1419, rendu contre quatre frères mineurs qui avaient couru tout Venise nus et suivis du peuple ; on les invite simplement à être plus modestes à l'avenir. Les fragments des archives des inquisiteurs d'État sont très-peu nombreux. Une partie fut autrefois détruite par maxime d'État, une autre l'a été au moment de la chute de la république ; le reste disparut à peu près par le désordre; cette section des archives existe aujourd'hui plutôt de nom que de fait.

L'impôt sur le sel, sujet de controverses si animées parmi les économistes, payait à Venise les travaux des artistes. On trouverait dans cette partie des archives de curieux détails sur le prix des chefs-d'œuvre des grands maîtres vénitiens. Ce genre de recherches n'est pas aujourd'hui très-facile, et il faut, pour obtenir la permission de s'y livrer, recourir jusqu'à Vienne.

Les registres des consultations autographes de Fra Paolo, comme théologien de la république, sont peu raturés. Ce moine porte dans ses discussions avec la cour de Rome une adresse presque parlementaire. Mais Fra Paolo, malgré ses lumières et sa piété, n'a point échappé à l'esprit du siècle où il vécut, et sa politique ressemble quelquefois beaucoup à celle de Machiavel[1].

La science de la statistique paraît ancienne et née à Venise. Le discours du doge Thomas Mocenigo sur la situation de la république, prononcé en 1420, au moment de la guerre avec le duc de Milan, est regardé comme un modèle par un très-bon écrivain de statistique actuel, M. Quadri, de Venise[2]. Les exposés de la situation de l'Empire faits sous Napoléon étaient un bon usage qui pourrait être repris. Un passage de l'historien Sanuto, cité par M. Daru, prouve qu'il existait à Venise, dès 1425, une espèce de cadastre, et que l'invention n'en peut être attribuée aux Florentins, ainsi que l'a cru M. de Sismondi qui la place en 1429. Je vis dans les archives une statistique de l'État vénitien pour l'année 1780, étendue et faite sur un très-bon plan. De pareils travaux n'étaient point probablement, à la même époque, aussi bien exécutés dans les autres pays. Le génie de la statistique n'est point éteint à Venise ; la *Statistique des provinces vénitiennes et les LXXII tableaux synoptiques* qui l'accompagnent, par M. Quadri, sont estimés, et l'un des savants de l'Eu-

---

1. « Notamment, remarque M. Daru, lorsqu'il disait, dans son livre : *Opi-« nione in qual modo debba governarsi la republica veneziana*, que le poison doit « faire l'office du bourreau. » *Hist. de Venise,* XXIX, 14.

2. *Storia della statistica, e prospetto statistico delle provincie venete.* Venise, 1824-1826, deux vol.

rope qui s'est livré avec le plus de zèle et de succès à ce genre de recherches, M. Adrien Balbi, est Vénitien.

Je parcourus la correspondance du secrétaire de la légation française, nommé Villetard, chargé d'opérer, en 1797, le changement du gouvernement ; négociateur ingénu, ami sincère de la liberté, qui croyait la servir par ses manœuvres, le candide Villetard disait, dans une de ses dépêches à la municipalité de Venise : *Le général ne cédera jamais sur la* DÉMOCRATISATION ; et c'est à lui que fut adressée, peu de temps après, la terrible lettre de Bonaparte, mélange inouï d'égoïsme, de mépris, de persiflage et de fureur, arrêt de mort de Venise [1].

CHAPITRE XX.

Arsenal. — Lions d'Athènes. — Bucentaure. — Armure de Henri IV. — Emo.

L'arsenal de Venise était une de ses merveilles [2] ; il fut son plus glorieux, son plus utile monument ; et les flottes qu'il construisit, en combattant, en repoussant l'invasion permanente des Turcs, sauvèrent la civilisation de l'Italie et du midi de l'Europe. Il n'est aujourd'hui qu'un magnifique témoignage de la décadence de Venise. Combien il diffère dans sa solitude de cet arsenal peint si admirablement par le Dante qui a fait entrer dans sa description les termes techniques de marine, et les a rendus harmonieux, poétiques, imitatifs, tant ce prodigieux génie sait tout dire !

---

1. *V.* les Histoires de Daru et Botta, où cette lettre est textuellement insérée. Villetard, cousin de l'ancien sénateur du même nom, composa, depuis sa fatale mission, plusieurs tragédies parmi lesquelles une de *Constantin et la primitive église, ou le Fanatisme politique*, pièce fort rare et qu'on a prétendu n'avoir été tirée bizarrement qu'à deux exemplaires. Il mourut âgé de cinquante-cinq ans, le 7 juillet 1826, à Charenton : il n'avait fait toute sa vie que changer de folie.

2. Commencé en 1304. André de Pise n'en fut point l'unique architecte, comme l'affirme l'*Encyclopédie*, t. I, p. 44 ; il y avait tout au plus participé, ainsi que le prouvent les savants auteurs *Delle fabbricche più cospicue di Venezia*.

Quale nell' Arzanà de' Veneziani
Bolle l' inverno la tenace pece
A rimpalmar li legni lor non sani
Che navicar non ponno; e' n quella vece,
Chi fa suo legno nuovo, e chi ristoppa
Le coste a quel che più viaggi fece ;
Chi ribatte da proda, e chi da poppa,
Altri fa remi, ed altri volge sarte,
Chi terzeruolo ed artimon rintoppa.

La population de l'arsenal, qui était alors de seize mille ouvriers, n'était plus, au XVIIe siècle, ainsi qu'il paraît par le voyage du prince de Toscane, depuis Côme III, que de trois mille, et vers la fin de la république, que de deux mille cinq cents, auxquels étaient adjoints, pour travaux extraordinaires, les artisans et *facchini* de la ville ; sous l'administration française, elle s'est élevée quelque temps jusqu'à trois mille cinq cents; elle n'est guère aujourd'hui que de douze cents.

A l'entrée sont les deux lions colossals de marbre, enlevés d'Athènes par Morosini, ouvrage grec, loué par les savants, mais dont ils ne peuvent indiquer l'époque. Les deux inscriptions en forme de serpent autour de la crinière du lion posé sur ses pattes de derrière, paraissent runiques, et selon M. le cav. Mustoxidi, elles auraient été mises par les Varanghi, mélange des peuples du nord qui, vers le Xe siècle, formaient la garde des empereurs byzantins.

La statue de *Ste Justine,* par Campagna, est en haut de la superbe porte, espèce d'arc de triomphe décoré de sculptures des élèves de Sansovino. Au-dessus de la porte intérieure du vestibule, une petite statue de la *Vierge* est de ce grand artiste.

Les souvenirs divers de Venise se retrouvent à l'arsenal : là est le prétendu casque de cuir d'Attila, et l'espèce de gros harnais de son cheval; des casques véritables de croisés vénitiens, compagnons de Dandolo; des armes, de longs étendards de couleur éclatante, pris sur les Turcs à la bataille de Lépante, et d'affreux instruments de torture employés par l'inquisition. Il y avait dans une des salles un petit modèle du Bucentaure qui n'était point achevé ; celui-là, espèce de curiosité de galerie, exposé à la poussière ou destiné à être mis sous verre, ne devait point voguer pompeusement sur la mer couverte de fleurs comme une épouse nouvelle, au bruit du canon, de la musique et de l'hymne d'hymen de l'Adriatique, vieille chanson vénitienne qui avait fini par n'être plus entendue de personne, mais dont les sons bizarres étaient religieusement conservés. C'est ainsi que le patriotisme superstitieux de Rome avait respecté les vers des Saliens, qui n'étaient plus compris par Horace. Malgré ses ornements et sa dorure, le Bucentaure était un triste navire, puisqu'il n'avait jamais vu d'ouragans, et que le chef de l'arsenal, qui remplissait à son bord les fonctions de capitaine, jurait que les flots seraient calmes pendant la cérémonie dont il était l'inerte et fastueux théâtre.

Mais un monument qui vaut pour un Français tous les monuments de Venise, est l'armure de Henri IV, donnée par lui à la république; l'épée malheureusement y manque, cette épée, disait-il dans sa lettre au sénat, qu'il avait portée à la bataille d'Ivry; elle disparut en 1797, au moment de la chute de la république, lorsque l'armure passa du palais ducal à l'arsenal. Malgré d'opiniâtres recherches auprès des personnes les mieux instruites de l'histoire contemporaine de Venise, il m'a été impossible de trouver aucune trace de cette noble épée [1]. L'armure de Henri IV, simple, solide, rappelle parfaitement le beau vers de *la Henriade* sur les armes de ses soldats :

Leur fer et leurs mousquets composaient leurs parures.

Vis-à-vis de l'armure de Henri IV est le cénotaphe érigé par le sénat de Venise au grand-amiral Angelo Emo, mort à Malte en 1792, un des premiers et des bons ouvrages de Canova [2]. Au mi-

1. Les deux épées de Henri IV qui sont au cabinet des médailles de la Bibliothèque royale ne peuvent être cette épée; elles y furent déposées le 8 floréal an v (27 avril 1797), et l'entrée des Français à Venise est du 16 mai de la même année; elles provenaient de l'ancien garde-meuble de la couronne : la première est une épée de parade, avec des camées; l'autre, indiquée comme épée de bataille, n'est peut-être bien qu'un couteau de chasse.

2. Canova, toujours désintéressé lorsqu'il s'agissait de monuments patriotiques, n'avait mis aucun prix à son travail. Le sénat décréta qu'il lui serait fait une pen-

lieu de l'affaiblissement général des mœurs de Venise, Emo s'était montré citoyen. C'est lui qui, après la dispersion de sa flotte par la tempête à Éléos, et la perte de deux vaisseaux, désastre dans lequel Emo, tombé à la mer, avait failli d'être noyé, vint dire au sénat : « Souffrez que tout mon bien soit employé à réparer les « pertes que vient d'éprouver la république. » Ce grand homme eût probablement prévenu l'ignominie des derniers moments de sa patrie; le courage et l'honneur, éteints dans les conseils de la république, s'étaient conservés à l'arsenal; et comme si l'élément premier refuge des fondateurs de Venise ne devait point cesser d'animer, d'exciter, de relever jusqu'à la fin leurs descendants, le dernier des Vénitiens fut un marin.

CHAPITRE XXI.

Théâtres. — Saint-Benoît. — La Fenice. — M. Perucchini; — Buratti. — Carnaval.

Les théâtres de Venise ne sont ni sans agrément ni sans éclat. Je vis représenter, en 1828, au vieux théâtre Saint-Benoît, une comédie nationale et fort gaie de l'avocat Sografi, *le Donne avvocate*. Un jeune homme faisait la cour à trois Italiennes, et leur promettait de les épouser; afin de soutenir leurs prétentions, elles allaient devant le juge; la Vénitienne gagnait sa cause, et épousait son amant, après avoir plaidé avec éloquence et en dialecte vénitien. La pièce était jouée avec feu et naturellement.

La Fenice est un des premiers théâtres et le plus large de l'Italie; il contient environ trois mille personnes. Au moyen d'un

sion viagère de 100 ducats; il reçut en outre une médaille d'or de la valeur de 100 sequins, offrant le mausolée d'Emo, et sur le revers, une inscription très-honorable pour l'artiste. Le paiement de la pension ayant éprouvé quelques difficultés en 1797, lors de la chute de la république, Bonaparte qui en fut informé par hasard, écrivit à Canova pour lui témoigner son intérêt et l'assurer de son appui. Après la cession de Venise à l'Autriche, la pension lui fut rendue lorsqu'il se trouvait à Vienne, mais sous l'étrange condition qu'il choisirait cette ville pour domicile : il obtint toutefois d'en être dispensé, s'étant offert de diriger gratuitement à Rome, son séjour chéri, quelques-uns des élèves impériaux.

pont-levis jeté sur une cour voisine, la scène peut se prolonger considérablement, et dans certaines circonstances un jet d'eau part et s'élève jusqu'au plafond. Je n'ai point assisté à cette sorte de prodige, qui doit être plus bizarre que beau. La Fenice, brûlée en 1836, est déjà refaite avec goût. Des quatre grands opéras que l'on y représente pendant la saison théâtrale (du 26 décembre au 20 mars), deux sont ordinairement nouveaux et composés par les meilleurs maîtres. Il y a aussi quelquefois opéra le printemps et l'automne, et nos plus célèbres danseurs ont paru sur ce théâtre. C'est à la Fenice que M. Locatelli a fait les premiers essais de son *astro-lampe*, et que ce soleil des théâtres s'est levé pour la première fois. L'expérience tentée depuis à notre Grand-Opéra a valu quelque estime à l'inventeur, mais il est probable que ce mode d'éclairage n'y sera jamais pratiqué. Le nouveau système jette une plus vive lumière sur la scène et les décorations, mais il laisse la salle un peu sombre : le bon M. Locatelli, habitué à la négligence, au sans-gêne, à l'absence de vanité des femmes d'Italie, ne s'est point douté que les dames de Paris ne pourraient se résigner à l'obscurité dans laquelle il plongeait leur beauté et leur parure.

Il est impossible de parler de la musique de Venise sans rappeler les airs vénitiens de M. J.-B. Perucchini, si vifs, si naturels, si gracieux, et qu'accompagnent si bien les vers de Pierre Buratti, Anacréon populaire, auteur de plus de soixante-dix mille vers, poëte admirable de verve et d'originalité. Ces petites pièces sont de véritables chefs-d'œuvre [1].

[1]. Buratti, mort le 20 octobre 1832, âgé d'un peu moins de soixante ans, avait aussi traduit Juvénal en dialecte vénitien. Ce piquant passage d'une de ses lettres, cité par son biographe M. Paravia, explique naïvement le genre qu'il avait choisi : « *Alieno della così detta bella società per quelle noie mortali che non ne vanno mai scompagnate, io viveva con tali uomini che non davan luogo a' versi che fra i bicchieri, e li volevan conditi di sali corrispondenti all' ottuso loro palato. Bisognava dunque di necessità rinforzar la dose per essere inteso e gustato. Ecco il vero motivo del genere prescelto a quello che più si confaceva alla tempra della mia anima, capacissima per intervalli delle più dolci emozioni. Che s'ella mi domanda la spiegazione di questo fenomeno, io non saprei da altro ripeterlo che dall' infinita debolezza del mio carattere che prendeva in gioventù le abitudini di chi mi attorniava.* »

Le carnaval de Venise, quoique toujours le plus long de l'Italie (les spectacles commencent la seconde fête de Noël, et les bals masqués à la fête des Rois), est à peine l'ombre de ce qu'il fut jadis : il fallait l'ancien gouvernement de Venise à cette sorte d'institution qui semblait le tempérer. Aujourd'hui ce brillant carnaval n'est fait que par le peuple; la classe élevée ne s'en mêle guère, et il n'y a pas six cents masques errant en gondoles, ou sur la place Saint-Marc et la *Piazzetta*.

CHAPITRE XXII.

Courtisanes.

Les beautés célèbres, observées par Montaigne et Rousseau, philosophes de la même école, qu'il n'est point surprenant de trouver là, sont une des joies passées de Venise. La police française avait éteint déjà les deux lumières qui brillaient jadis à leur fenêtre. Les courtisanes vénitiennes furent tout à fait supprimées par l'Autriche en 1815, au moment même de la restitution des quatre fameux chevaux de bronze, et lorsqu'ils remontaient à leur première place : aussi les Vénitiens disaient en murmurant que l'empereur, qui leur rendait leurs chevaux, aurait tout aussi bien fait de leur laisser leurs *vacche*, calembour italien difficile à traduire. Les mœurs n'ont rien gagné à ce rigorisme; la courtisane est remplacée par la fille du peuple dans le besoin, ou par la bourgeoise mariée qui veut se donner quelques douceurs; et la corruption, au lieu de couler à part, infecte le sein des familles. Les anciennes courtisanes de Venise étaient une véritable institution qui servait au maintien de la liberté, soit en surprenant quelquefois d'importants secrets, soit en ruinant des hommes que leur fortune aurait pu rendre dangereux. Aussi le sénat, qui vers le milieu du dernier siècle avait tenté de les chasser, fut obligé de les rappeler par un décret; on les désignait dans cet acte sous le nom de *nostre benemerite meretrici;* elles furent inviolables et sacrées, et elles eurent leur indemnité et leur dotation[1]. Le sénat, afin de détourner aussi les jeunes gens de la politique, et de maintenir son pouvoir, prenait soin lui-même de pourvoir les maisons de courtisanes des femmes les plus belles qu'il recrutait en Épire et dans les îles de l'Archipel. « A Venise, dit Montesquieu, les lois forcent les nobles à la « modestie. Ils se sont tellement accoutumés à l'épargne, qu'il « n'y a que les courtisanes qui puissent leur faire donner de l'ar- « gent. On se sert de cette voie pour entretenir l'industrie : les « femmes les plus méprisables y dépensent sans danger, pendant « que leurs tributaires y mènent la vie du monde la plus obs- « cure. » Les courtisanes vénitiennes les plus habiles auraient eu, je crois, bien de la peine à tirer quelque chose des nouveaux maîtres de Venise, gens bien autrement serrés que les anciens nobles vénitiens. Peut-être la suppression de ces créatures a-t-elle moins été une mesure de morale qu'une mesure de finance, qu'une autre sorte de réduction tout à fait dans l'esprit du gouvernement économe de l'Autriche.

CHAPITRE XXIII.

Environs. — Iles. — Ile de Murano. — Saint-Michel. — Exhumation de Fra Paolo. — Le moine Eusèbe. — Morelli. — Chapelle Emiliana. — Saint-Pierre et Paul. — Dôme. — Glaces, cristaux, perles de Venise.

J'ai visité, en septembre 1828, l'église Saint-Michel *in Murano*, où je m'attendais à trouver le corps de Fra Paolo, qui doit y être transféré. Il avait été retrouvé au mois de juillet, dans la démolition d'un autel de l'ancienne église des Servites. A la mort de Fra Paolo, le sénat, sur les menaces d'Urbain VIII, n'avait point osé élever le monument que l'immense popularité de cet homme extraordinaire, théologien, historien, mathématicien, anatomiste[2], lui avait fait décréter, et le marbre fut retiré

---

1. On leur assigna un fonds; les courtisanes habitaient depuis 1400 la *calle* dite *Cà Rampan* du palais voisin de l'illustre famille de ce nom, d'où vient la dénomination injurieuse de *carampana*.
2. *V.* ci-après, liv. VII; chap. II.

de l'atelier du sculpteur. Grosley, en 1764, avait été frappé de la nudité de ce tombeau, sans épitaphe ni aucune indication; on comprend ainsi comment il a pu être oublié. Le monument actuel est élevé aux frais de la ville, et la chose n'est même pas un événement[1]. L'espèce de résurrection de Fra Paolo peut être rapprochée de l'exhumation d'autres morts célèbres dont il a déjà été parlé[2]: à défaut d'hommes, notre siècle produit au moins quelques illustres cadavres.

L'inscription sépulcrale du moine Eusèbe, par Alde Manuce, enchâssée sur une table de marbre ornée de jolies sculptures, est curieuse et caractéristique[3]. Tel est le mérite des arabesques et ornements qui décorent la façade, les portes, le chœur de Saint-Michel *in Murano* et la grande chapelle, que l'Académie de dessin de Venise ne les a pas jugés moins propres que l'antique à former le goût de ses élèves, et qu'elle en possède un grand nombre de modèles.

Une simple pierre, sur le pavé, indique la place où repose Morelli, dernier et savant bibliothécaire de Saint-Marc. L'épitaphe,

---

1. Le corps de Fra Paolo est maintenant à Saint-Michel *in Murano;* sur la pierre de marbre blanc, bordée de *bardiglio* (marbre azuré de Carrare), est cette inscription, de M. Emmanuel Cigogna :

Ossa
Pauli Sarpii
Theol. Reip. venetæ
Ex æde Servorum
huc translata
A. MDCCCXXVIII.
Decreto publico.

2. *V.* liv. v, chap. xxi.

3. *Lector, parumper siste, rem miram leges.*
Hic Eusebi hispani monachi corpus situm est,
Vir undecumque qui fuit doctissimus,
Nostræque vitæ exemplar admirabile.
Morbo laborans sexdecim totos dies,
Edens, bibens nil prorsus et usque suos monens
Deum adiit. Hoc scires volebam. Abi et vale.
Ann. D. MDIX, feb, ætat. suæ LI sacræ militiæ XVII.

composée par son élève, son ami et son digne successeur, M. l'abbé Bettio, rappelle simplement les travaux, les services, la renommée, les dignités de ce grand bibliographe, et cette sorte d'obligeance, devoir et première qualité des hommes mis à la tête de grands dépôts littéraires.

La chapelle *Emiliana*, attenant à l'église, du commencement du xvie siècle, est un petit temple plein de goût et d'élégance.

L'église Saint-Pierre et Paul offre de remarquables peintures : *S. Blaise assis, entouré de quelques saints*, de Palma; une belle *Annonciation*, du Pordenone; *S. Jérôme dans le désert*, de Paul Véronèse ; une *Descente de croix*, d'un caractère à la fois grand, expressif, original, de Joseph Salviati; la *Vierge sur son trône, avec l'enfant Jésus et quelques saints*, ouvrage curieux des Vivarini ; la *Vierge, deux anges, et le doge Barbarigo à genoux*, grand et célèbre tableau de Jean Bellini ; *Ste Agathe en prison, visitée par S. Pierre*, composition vraie, élevée, de Benoît Caliari, le frère, l'aide et l'ami de Paul Véronèse; le *Martyre de S. Étienne*, de Léandre Bassano; une *Assomption*, de Marc Basaiti, brillant artiste, d'origine grecque, du commencement du xvie siècle ; la *Vierge, quelques saints, et le sénateur Laurent Pasqualigo*, du vieux Palma; le *Baptême de Jésus-Christ*, du Tintoret.

Le plafond de l'église des Anges, par Pennachi, a de la réputation : au milieu est le *Couronnement de la Vierge* ; autour, trente-quatre compartiments offrent des figures d'apôtres, de prophètes, d'anges; la couleur de ce plafond est de beaucoup préférable au dessin.

L'église Saint-Donat, appelée le *Dôme* de Murano, est d'une architecture grecque-arabe du xiie siècle : le pavé du temple est incrusté d'élégantes mosaïques de la même époque, et dix colonnes de marbre grec soutiennent la nef. Les peintures sont intéressantes : une demi-lune représentant la *Vierge avec l'enfant Jésus et quelques personnages*, est un bon ouvrage de Lazare Sebastiani, de l'année 1484 ; l'ancone en bois sculpté et peint de 1310, représentant l'*évêque S. Donat*, avec les deux petites figures du podestat Memmo et de sa femme, est curieux pour les costumes. Une mosaïque de la *Vierge* paraît presque aussi ancienne que le temple. La *Descente du Saint-Esprit dans le Cénacle*, par Marc Vecellio, est belle.

L'île de Murano renferme encore les manufactures de glaces, cristaux et perles, qui firent jadis la renommée de l'industrie vénitienne ; mais les deux premières ne pourraient aujourd'hui soutenir la concurrence avec les fabriques de France ou d'Angleterre. Les Vénitiens apprirent l'art de la verrerie des Grecs très-jaloux de leur secret et qui avaient conservé de l'antiquité la tradition de ce travail. Le sable de Tyr, qui donnait la transparence au verre des anciens, put être aussi employé par les Vénitiens lorsqu'ils firent la conquête des mêmes bords. Les manufactures de grosses perles coloriées, au nombre de trois, ont conservé mystérieusement le secret de cette fabrication brillante, peu chère, et qui permet à la médiocrité l'éclat et le luxe apparent de la richesse. Mais cette industrie frivole, comme la fabrication des ouvrages de mode, ne saurait être pour un État une véritable ressource, puisqu'elle ne satisfait point à des besoins réels et durables. Ses exportations sont faibles, incertaines, et elle n'a point arrêté la ruine du commerce de Venise.

CHAPITRE XXIV.

Ile de Torcello. — Saint-Fosca. — Lido.

L'île charmante de Torcello est encore remarquable par ses monuments. Le dôme porte l'empreinte de l'Orient et du moyen âge : la façade, la voûte, le pavé, sont incrustés de précieuses mosaïques représentant des symboles et des faits de l'histoire sacrée ; des colonnes de marbre soutiennent la nef ; le bénitier paraît avoir été un autel païen, et une chaire de marbre s'élève derrière le chœur, au milieu de degrés demi-circulaires. La magnificence de ce temple, fondé l'année 1008, par l'évêque Orso Orseolo, témoigne de l'ancienne richesse de Venise et de la splendeur de ses monuments avant même l'achèvement de sa vieille et superbe basilique.

VENISE.

Le petit temple de Saint-Fosca, voisin, ouvrage du IXe siècle, fait d'anciens débris d'édifices romains, est un de ces monuments primitifs des temps de barbarie, imité, rajeuni, renouvelé avec élégance, comme certains chefs-d'œuvre littéraires aux époques de civilisation[1]. C'est à Saint-Fosca qu'est enterré l'habile peintre le *Cappuccino*, évadé de son couvent, qui avait trouvé un asile à Venise contre les poursuites de son ordre. Le tombeau a pour inscription ces mots : *Bernardus Strozzius, pictorum splendor, Liguriæ decus*, éloge flatteur près des grands maîtres vénitiens.

Un écrivain d'une vive imagination a décrit poétiquement le *Lido*[2]; il serait peu sûr de risquer une autre description après la sienne, que tout le monde a lue. On peut regretter toutefois de n'y rien trouver sur le château de Saint-André, chef-d'œuvre d'architecture militaire, de San Micheli, monument d'une victoire, qui, dans son abandon, respire encore la force et l'ancienne magnificence guerrière de Venise[3].

C'est sur le bord ferme et solitaire du Lido, que Byron faisait chaque jour sa promenade à cheval. S'il fût mort à Venise, il voulait y reposer près d'une borne, limite de quelque champ, non

---

[1]. Les églises de Saint-Géminien et de Saint-Jean-l'Aumônier, de Sansovino et de Scarpagnino, n'étaient, de l'avis de Cicognara, que des imitations du petit temple de Saint-Fosca. L'ouvrage utile et curieux publié en 1825 par M. Robert, conservateur de la bibliothèque de Sainte-Geneviève, sous le titre de *Fables inédites des XIIe, XIIIe et XIVe siècles, et Fables de La Fontaine rapprochées de celles de tous les auteurs qui avaient, avant lui, traité les mêmes sujets*, sans affaiblir la gloire de La Fontaine, indique les modèles obscurs des *Fables choisies, mises en vers*, ainsi qu'il a lui-même intitulé son immortel recueil. La jolie pièce de Brueys n'est qu'une imitation affaiblie de l'ancienne farce populaire de *Patelin*, de Pierre Blanchet.

[2]. M. Charles Nodier, *Jean Sbogar*.

[3]. « Le monument le plus remarquable du savoir de San Micheli, dit M. Quatremère de Quincy, est la forteresse de Lido. On avait jugé impossible qu'il fondât solidement une masse aussi énorme dans un terrain marécageux, battu continuellement par les vagues de la mer et par le flux et le reflux. Toutefois il en vint à bout, et avec un rare succès. Il employa dans cette construction la pierre d'Istrie, si propre à résister aux intempéries des saisons. Cette masse est si bien établie, qu'on la prendrait pour un rocher taillé. » *Histoire de la vie et des ouvrages des plus célèbres architectes*, t. Ier, 161.

loin du petit fort, afin d'échapper, par un caprice sauvage, à la terre de sa patrie, trop pesante pour ses os, et aux funérailles abhorrées de ses proches.

CHAPITRE XXV.

Ile Saint-Lazare. — Couvent arménien. — Mechitar. — Kover. — Clair de lune de Venise.

La petite île Saint-Lazare, la plus gracieuse de celles qui s'élèvent au sein des lagunes, est habitée par les moines arméniens, religieux affables, laborieux, qui publient, en arménien, de bonnes éditions des livres les plus utiles et les plus estimés, et se livrent à l'éducation de leurs jeunes compatriotes [1]. Couvent, lycée, imprimerie, cette maison ramènerait l'ennemi le plus emporté des institutions monastiques. L'abbé-général, archevêque, Placide Sukias Somel, de Constantinople, est un prélat poli, dont les manières ont une sorte de dignité orientale qui n'est ni sans grâce, ni sans douceur. La bibliothèque, à laquelle

---

1. Deux éditions principales de la Chronique d'Eusèbe ont été données d'après le manuscrit arménien de la bibliothèque du couvent de l'île Saint-Lazare; l'une à Milan, en 1818, un vol in-4°, par M. Mai et le P. Zohrab, arménien, qui s'était déloyalement séparé des autres religieux : l'édition imprimée la même année au couvent, deux vol. in-fol., et publiée par le P. J.-B. Aucher, est infiniment préférable; les religieux avaient envoyé un des leurs jusqu'à Constantinople, afin de collationner de nouveau leur Eusèbe sur le manuscrit dont il était une copie. Les religieux arméniens ont aussi conçu le projet de donner une collection complète et des éditions critiques des écrivains de leur nation depuis le IV° siècle, époque la plus brillante, siècle de Louis XIV de la littérature arménienne, jusqu'au XV° siècle. Depuis ce temps, elle paraît n'avoir plus rien produit d'original. Ces religieux ont déjà préparé pour l'impression tout ce qui reste des auteurs qui ont écrit depuis le IV° siècle jusqu'au commencement du XI°. Mais une telle entreprise demande encore beaucoup de temps, de travaux, de recherches et de dépense, qui ne permettent pas d'espérer qu'elle puisse être publiée promptement. Trois volumes d'une collection portative, en petit format, des *ouvrages choisis*, exécutés avec beaucoup de soin, ont paru en 1826, 1827 et 1828, comme pour donner, avait dit M. Saint-Martin (*Journal des Savants, juillet* 1829), un avant-goût de la grande collection. Le P. Ciakciak a publié récemment une seconde édition de son *Dictionnaire arménien-italien*, qui a mérité les éloges des orientalistes.

a été joint un cabinet de physique, compte environ dix mille volumes et quatre cents manuscrits orientaux, principalement arméniens; elle est, comme tout le reste, dans un ordre parfait. Lord Byron, pendant un hiver, s'y rendait tous les matins quelques heures, afin d'y prendre des leçons d'arménien de dom Pasquale, le bibliothécaire : Byron, ennuyé, fatigué du monde, blasé sur la plupart des choses de la vie, cherchait à pénétrer les difficultés d'un idiome de l'Orient; il ne trouvait plus d'intérêt que dans l'obstacle, et ce poëte impétueux étudiait une littérature grave, froide, historique, de traductions et de controverses [1].

Les religieux arméniens, appelés Méchitaristes, doivent ce nom à leur fondateur, l'abbé Méchitar de Petro, né à Sébaste, en Arménie, qui, l'année 1700, réunit à Constantinople plusieurs religieux ses compatriotes; il s'établit ensuite à Modon, d'où il passa avec sa congrégation à Venise après la perte de la Morée par la république, qui lui accorda généreusement et à perpétuité l'île Saint-Lazare pour retraite.

A la sacristie est le tombeau du comte Étienne Aconz-Kover, noble hongrois, archevêque de Sinnia, troisième abbé-général qui résida soixante-sept ans au monastère et s'éteignit en 1824, après avoir étendu et perfectionné l'institut arménien, aujourd'hui tribunal de langage. Cet illustre abbé, poëte, érudit, auteur d'une bonne géographie universelle dont il a paru onze volumes, les deux autres ayant péri dans un incendie à Constantinople, enseigna son idiome à l'orientaliste français Lourdet, qui mourut en 1785 pendant son retour de Venise à Paris où Kover était aussi appelé, et où il aurait professé sans les troubles de la révolution.

C'est par erreur qu'un historien estimé et une voyageuse célèbre ont regardé comme hérétiques les moines arméniens [2]; ils furent toujours très-bons catholiques, et ils ne s'écartent de

---

1. Faute, disait-il, de quelque chose de rocailleux pour briser ses pensées, il s'était donné la torture de l'arménien. Byron travailla à la partie anglaise d'une gramma re anglo-arménienne publiée au couvent de Saint-Lazare. *Mém.*, tom. III, chap. VIII et IX, et tom. IV, chap. III.

2. M. Daru, lady Morgan.

l'Église romaine que dans un petit nombre de rites. Malgré ses libertés religieuses et son esprit commercial, Venise n'admit jamais la tolérance, et Comines avait déjà remarqué et loué *la révérence que les Vénitiens portoient au service de l'Église.*

Le retour à Venise le soir, par le clair de lune, est une des belles scènes de l'Italie. Le silence de Venise, l'aspect oriental de Saint-Marc et du palais ducal, ont à cette heure quelque chose d'enchanté, de mystérieux, et la blanche clarté reflétée sur la mer et les palais de marbre contraste avec la noire gondole qui glisse solitaire au milieu des flots. Ces palais ne sont plus, comme jadis, resplendissants de lumières, aux jours des plaisirs, des jeux et des dissolutions de cette brillante cité, et la lune, appelée par les artistes le soleil des ruines, convient particulièrement à la grande ruine de Venise.

CHAPITRE XXVI.

Ile Saint-Clément. — Malamocco. — Haines de républiques. — Murazzi. — Chioggia. — Origine et fin de Venise.

Il faut une journée pour voir les *Murazzi*, éloignés de Venise d'environ dix-huit milles. A l'île Saint-Clément était autrefois un couvent de Camaldules, dont les petites maisons séparées, avec un jardin, se voient encore; ces chartreux, au milieu des flots, étaient doublement solitaires. Une Madone, avec sa lampe allumée, comme dans un carrefour de ville, était fixée sur un des poteaux qui marquent la route à travers les lagunes, et sa lueur pieuse touchait presque à la mer, au milieu de laquelle elle était jetée. On passe devant l'île de Malamocco, plage illustre qui vit les efforts héroïques des Vénitiens dans la guerre de Chiozza, lorsque, par une de ces haines de républiques, plus implacables et plus violentes que l'inimitié des rois, car ces haines sont de peuple à peuple, Gênes crut pouvoir anéantir sa rivale. Venise, ainsi que Rome quand Annibal était à ses portes, développa ce patriotisme aristocratique, le plus constant, le plus ferme de tous, qui ne souffre point que le pays déroge par de honteux traités, et dont la hauteur est noble et glorieuse, puisqu'elle s'exerce au milieu des dangers et des sacrifices.

Les *Murazzi* ne sont point une simple chaussée militaire comme la jetée d'Alexandre ou de Richelieu, bien plus célèbres, ainsi que les ouvrages des conquérants ou des despotes ; ils sont le rempart d'une grande cité libre depuis des siècles. Cette digue de marbre n'est point non plus les *polders* de bois, de fascines et de terre glaise de la Hollande, qui doivent ressembler plutôt aux palissades des castors qu'à l'ouvrage magnifique des Vénitiens. L'inscription *ausu romano, œre veneto*, fort admirée, ne me paraît point mériter son espèce de réputation ; indépendamment du vicieux mélange du sens propre et du sens figuré, ce vaniteux souvenir d'argent, comme au Simplon[1], n'est pas très-noble. Au reste, la fameuse inscription ne fut peut-être que projetée, car il est impossible de la découvrir. La plus ancienne des trente-huit inscriptions, indiquant l'époque où furent successivement exécutées les diverses parties, ne laisse pas dans sa simplicité que d'être assez imposante, puisqu'elle constate les quatorze siècles d'antiquité et de liberté de la république : *Ut sacra œstuaria urbis et libertatis sedes perpetuum conserventur colosseas moles ex solido marmore contra mare posuere curatores aquarum. An. Sal. MDCCLI, ab urbe con. MCCCXXX*. Les *Murazzi*, formés de blocs énormes, et fondés sur pilotis, s'élèvent de dix pieds au-dessus de la haute mer, dans une longueur de 5,267 mètres ; les travaux durèrent trente-neuf ans, et la dépense fut de 6,952,440 fr. Quelquefois le marbre poli, usé, miné par les flots, a quelque chose de spongieux, et son éclatante blancheur lui donne l'air d'écume pétrifiée. Jamais exemple de frein ne fut plus frappant pour la méditation : en deçà des *Murazzi* est un lac tranquille ; au delà, c'est la mer, dont les vagues longues, redoublées, accourent et se brisent au pied de leurs degrés. Les *Murazzi* ne sont que de la moitié et de la fin du dernier siècle ; on a peine à croire qu'un État capable de si gigan-

---

[1] *V.* liv. I, chap. XXV.

tesques travaux n'ait point duré davantage : il est plus aisé de mettre *un frein à la fureur des flots que d'arrêter les complots des méchants.*

La côte riante de Chioggia mérite d'être visitée pour le caractère de sa vive, originale, laborieuse et nombreuse population, qui fournit à Titien ses têtes expressives, mais pas trop idéales ; à Goldoni les saillies des personnages disputeurs et bruyants de ses *gare chiozzotte*, et à l'infortuné Léopold Robert la scène mélancolique de ses Pêcheurs.

Lorsque je revins des *Murazzi* à Venise, dans l'automne de 1827, il n'y avait pas au lazaret un seul vaisseau en quarantaine. Cette vaste enceinte déserte, que le commerce ou la guerre n'animait plus comme au temps de la république, rappelait les menaces des prophètes contre Tyr : « Comment avez-vous péri, « vous qui habitiez dans la mer? O ville superbe ! vous qui étiez « si forte sur la mer..... Les îles seront épouvantées en voyant « que personne ne sort de vos portes [1]. » Venise commence à Attila, et finit à Bonaparte ; cette reine de l'Adriatique, dont l'empire fut de quatorze siècles, devait naître et mourir au milieu d'orages plus violents que ceux de la mer qui l'environne, et la terreur des deux conquérants produisit différemment son origine et sa chute [2].

[1]. Ézéchiel, cap. xxvi, 17, 18.
[2]. Le port franc, décrété le 20 février 1829, et ouvert le 1er février 1830, a quelque peu ranimé les restes languissants du commerce vénitien, dont la plus belle époque avait été les xive et xve siècles, et qui déclinait déjà dès le xviie ; ce port franc, sans prévenir le destin de Venise, a eu toutefois l'avantage de conserver au peuple des lagunes son antique caractère maritime et manufacturier.

LIVRE SEPTIÈME.

PADOUE. — FERRARE.

CHAPITRE PREMIER.

Bords de la Brenta. — Palais Foscari. — Padoue. — Son accroissement.

Les bords de la Brenta, avant d'arriver à Padoue, m'ont, je l'avouerai, paru beaucoup trop vantés. Près du palais du viceroi, il sont gâtés par une espèce de longue digue ou chemin de halage soutenu par un gros mur de brique ; dans d'autres parties les jardins qui les bordent, avec leurs petites charmilles, leurs arbres plats ou taillés, et leurs allées symétriques, sont de véritables jardins de curés. Il est vrai que plusieurs beaux palais ont déjà disparu, et que cette destruction, qui gagne maintenant Venise, a depuis longtemps commencé sur les bords de la Brenta. Tels qu'ils sont aujourd'hui, je les trouve tout bonnement inférieurs aux bords de la Seine près de Suresne, ou sur la route de Saint-Germain.

Le palais Foscari, près du petit et insalubre village de la Malcontenta, a jusqu'ici échappé aux ravages du temps et des démolisseurs ; il est un des plus élégants chefs-d'œuvre de Palladio.

Padoue m'a semblé une longue et grande ville d'assez triste apparence, quoique j'y fusse arrivé la première fois au mois de juin, au moment de la célébration annuelle d'une espèce de jeux olympiques en l'honneur de saint Antoine, et que j'eusse même rencontré le bige de sapin bronzé du maquignon vainqueur qui parcourait les rues aux acclamations de tous les polissons dont il était escorté. Cette ville cependant profite chaque jour des pertes de Venise; la population monte à quarante-quatre mille habitants; mais (sauf le brillant café Pedrocchi[1]) c'est une prospérité matérielle et sans éclat.

CHAPITRE II.

Université. — Vertèbre de Galilée. — Bibliothèque. — Bibliothèque du chapitre. — Jardin botanique. — Académie des Sciences, Lettres et Arts. — Femmes de l'Académie.

L'organisation de l'université de Padoue est la même que celle de l'université de Pavie, sauf la Faculté de Théologie qui n'existe point dans cette dernière, et dont les chaires sont : la théologie à l'usage des curés (*pastorale*); l'histoire ecclésiastique ; la théologie morale ; l'archéologie biblique; l'introduction aux livres de l'Ancien-Testament, de langue et exégèse hébraïque et de langues orientales ; l'herméneutique biblique ; l'introduction aux livres du Nouveau-Testament ; la langue grecque, l'exégèse du Nouveau-Testament; la théologie dogmatique. Cette antique université, qui remonte au commencement du XIII° siècle, qui a compté jusqu'à six mille écoliers aux XVI° et XVII° siècles, n'en avait en 1832 que quatorze cent trente-sept ; mais elle se recommande encore par d'habiles maîtres. Tels sont MM. Racchetti, professeur de droit; Santini, d'astronomie; et son très-habile suppléant M. Conti ; Catullo, professeur d'histoire naturelle. Sous le péristyle de marbre, ouvrage élégant, mais qui n'est point de Palladio, quoiqu'il ait été mis dans ses OEuvres inédites, et que l'on doit plutôt attribuer à Sansovino, péristyle maintenant horriblement dégradé, est une multitude d'armoiries d'élèves et de professeurs ; cette université semble, à l'extérieur, la plus aristocratique qu'il y ait au monde. Sous le vestibule est une bonne statue en marbre de la célèbre Hélène Lucrèce Cornaro-Piscopia, morte en 1684, à trente-huit ans; femme

---

1. *V.* ci-après, chap. VII.

illustre qui savait l'espagnol, le français, le latin, le grec, l'hébreu, l'arabe, chantait ses vers en s'accompagnant, dissertait sur la théologie, l'astronomie, les mathématiques, et fut reçue docteur en philosophie à l'université. Hélène Piscopia était fort jolie; elle porte l'habit de l'ordre de saint Benoît, dont elle voulut constamment suivre la règle austère, quoique ses parents l'eussent relevée à son insu du vœu de virginité qu'elle avait fait témérairement à onze ans, et qu'elle eût été recherchée en mariage par les plus grands seigneurs.

Au cabinet de physique une vertèbre de Galilée est renfermée dans un petit piédestal de bois verni fort peu imposant, exécuté aux frais de M. l'abbé Meneghelli, sous le rectorat duquel eut lieu cette installation[1]; dans le procès-verbal qu'en a publié le digne recteur, il se flatte ingénument de n'avoir pu trouver un meilleur modèle pour son piédestal, surmonté du buste de l'immortel savant, que celui sur lequel le *divin* Canova a mis la lyre de Terpsichore. La vertèbre de Galilée est la cinquième lombaire; elle fut dérobée par le médecin florentin Cocchi, chargé en 1737 de la translation des os de Galilée à l'église Sainte-Croix de Florence; après être devenue par héritage la propriété du fils de Cocchi, elle appartint au patricien Angelo Quirini, au mathématicien Vivorio de Vicence, et enfin au docteur Thiene, son médecin, qui en fit don à l'université de Padoue. Le doigt de Galilée, arraché par une fraude pareille, est exposé à la Laurentienne : singulière destinée du corps de ce grand homme; l'envie l'emprisonne de son vivant, et l'admiration le met en pièces après sa mort. Les Italiens exercent par enthousiasme une sorte de brigandage envers les illustres débris, et l'on voit encore à Arquà, près de Padoue, lieu de la sépulture de Pétrarque, la fente faite à son tombeau par le Florentin qui parvint à lui arracher un bras. La vertèbre de Galilée n'est point toutefois placée sans convenance à l'université de Padoue. Pendant dix-huit ans il y avait rempli la chaire de philosophie : afin de l'y retenir, le

[1] Les recteurs de l'université, choisis parmi les professeurs, ne sont nommés que pour une année. Cet usage remonte à la république, et n'a jamais été interrompu.

sénat de Venise avait triplé son traitement; ce fut en présence du doge et des principaux de l'État qu'il fit, en 1609, les premières expériences du télescope et du pendule. Combien, remarque avec raison M. Daru, ne dut-il point regretter une terre hospitalière, où l'inquisition n'aurait pas exigé le désaveu des vérités nouvelles dont il s'était déclaré le défenseur[1].

Le théâtre d'anatomie fut construit en 1594, lorsque Fabricius d'Acquapendente occupait cette chaire. L'idée en paraît appartenir au célèbre Fra Paolo, qui était encore architecte et anatomiste, et auquel on doit même l'importante découverte des valvules des veines. Sous le vestibule est le buste de Morgagni, qui lui fut consacré, de son vivant, par la nation allemande. Une collection de fœtus extraordinaires a été préparée et classée par ce grand anatomiste.

Le cabinet d'histoire naturelle est une belle et utile création due à l'administration française.

Parmi les présents faits à ce cabinet par le savant Acerbi, ancien consul d'Autriche en Égypte, on distingue une belle momie, démaillotée, avec inscription hiéroglyphique, provenant de la nécropole de Thèbes, et à laquelle on attribue quatre mille ans d'antiquité; le crâne présente un prolongement remarquable au delà du trou occipital, et la cavité est beaucoup plus profonde que dans les crânes observés jusqu'ici. Je dois à mon ingénieux ami, le docteur Edwards, de l'Institut, connu par son important travail touchant les caractères physiologiques des races humaines dans leurs rapports avec l'histoire, la conjecture suivante : « Ce grand prolongement de la partie postérieure de la tête ne se rencontre ni dans nos races de l'Europe et de l'Asie

---

[1]. *Hist. de Venise*, liv. xi, 5. M. Daru, qui s'était livré la dernière année de sa vie à de laborieuses recherches sur Galilée et sa condamnation, rapporte, dans une des notes de son poëme de l'*Astronomie* (la 14ᵉ du ivᵉ chant), que les jésuites, grands défenseurs de la doctrine d'Aristote et des péripatéticiens, s'étaient trouvés en opposition avec Galilée, à l'université de Padoue, au sujet des taches dans le soleil; « de sorte, ajoute-t-il, qu'à la honte de la faible humanité il ne serait pas « impossible que l'esprit de secte philosophique eût contribué autant que l'intolé- « rance religieuse aux persécutions que le philosophe éprouva de leur part. » *V*, liv. x.

orientale, ni dans les races américaines en général, ni même dans la race nègre, chez qui cette partie est toutefois plus développée : il en est une pourtant qui le présente à un haut degré ; c'est la race caraïbe. Cette forme est celle qui s'éloigne le plus du type commun, à l'exception de quelques têtes trouvées dans les tombeaux sur les Cordillières. Elle peut donc être regardée comme la forme la plus inférieure. Il serait fort intéressant de découvrir de pareils crânes dans les tombeaux de l'Égypte ; il en résulterait que cette forme indique une époque où la civilisation ne faisait que de naître. »

Dans la pièce de la section médicale sont trois bonnes peintures, les *Maries au Sépulcre*, de Darius Varotari ; une fresque bien conservée ; la *Vierge et l'enfant Jésus* ; ces deux dernières d'auteurs incertains du XVIe siècle.

L'observatoire, fourni de bons instruments, et illustré par les découvertes de Galilée, a été élevé au-dessus d'une haute tour qui, au temps du brave et cruel tyran Eccelin, était une prison redoutable. Un distique latin, au-dessus de la porte, exprime heureusement ce fait, et sa nouvelle et scientifique destination[1].

La bibliothèque de l'Université a soixante-dix mille volumes ; les manuscrits ont été envoyés à Saint-Marc, sa destination étant purement universitaire. Le local, très-vaste, était l'ancienne salle des géants et des empereurs ; les murs sont couverts de grands portraits de Romains depuis Romulus jusqu'à César, qui se trouve précéder immédiatement Charlemagne. Quelques unes de ces figures médiocres sont exécutées, dit-on, sur le dessin du Titien, partie de l'art qui n'est pas son fort. Au-dessous de ces figures, singulièrement bien conservées, sont les principales actions des personnages, belles peintures de Dominique Campagnola, élève du Titien, qui eut, avec le Tintoret, Pâris Bordone et autres de ses habiles élèves, l'honneur de le rendre jaloux, de son assidu compagnon Gualtieri, d'Étienne dall' Arzere, bon

---

1. MCCXLIII.

Quæ quondam infernas turris ducebat ad umbras,
Nunc Venetum auspiciis pandit ad astra viam.

peintre à fresque, de Padoue, au xvi⁰ siècle, et peut-être même du Titien, auquel on attribue le portrait du cardinal Zabarella, placé parmi les illustres Padouans. Un portrait de Pétrarque en pied et à fresque, de la même époque, est mieux à sa place dans une bibliothèque, puisque ce grand poëte fut assurément un des premiers, un des plus intrépides lecteurs connus, et qu'il mourut, dans sa bibliothèque, assis, la tête courbée sur un livre.

Une petite miniature de la Vierge, pleine de grâce et d'élégance, se conserve à cette bibliothèque : elle est l'ouvrage du P. abbé de Latran Félix Ramelli, et très-vantée par le commentateur de Vasari, le P. Della Valle.

Un exemplaire sans frontispice ni préface du rare *Quadragesimale* du célèbre P. Paolo, imprimé à Milan en 1479, a fourni au sous-bibliothécaire, M. Federici, des variantes échappées jusqu'ici aux nombreux commentateurs du Dante. On voit par ce carême du P. Paolo que la *Divina Commedia* était citée en chaire et que les vers en étaient quelquefois dévotement parodiés pour entrer dans le sens de la prédication.

La bibliothèque du chapitre n'est que d'environ quatre mille volumes, mais elle contient de vieux et beaux manuscrits, et des éditions rares du xv⁰ siècle. Le plus ancien manuscrit est un *Sacramentarium* du xi⁰ siècle, d'une belle conservation, et le plus ancien livre imprimé, le *Rationale*, de Guillaume Durand (Mayence, 1459). Les manuscrits de la bibliothèque de Pétrarque, qui fut chanoine du chapitre, ont commencé cette bibliothèque; elle s'est aussi accrue des livres de Sperone Speroni. Dans une pièce voisine, six tableaux, dont deux représentent une *Madone, la Trinité*, et quatre quelques traits de la *Vie de S. Sébastien*, sont un monument remarquable de l'ancienne peinture; ils furent exécutés en 1367 par le vénitien Nicaletto *Semitecolo*; les proportions des figures sont élégantes, le nu est bien senti; le style diffère de celui du Giotto, et si le dessin est inférieur à celui de ce maître, le coloris l'égale.

Le jardin botanique de Padoue, fondé par le sénat de Venise en 1545, est probablement le plus ancien qu'il y ait en Europe[1].

1. Le docteur Smith s'est mépris en le faisant remonter à l'année 1533 (*Doc-*

Son emplacement n'a pas changé ; un vieux platane oriental, au tronc noueux, aux courts rameaux, mais encore verdoyants, date de sa création. Je ne pouvais le contempler sans une sorte de respect ; je trouvais quelque chose de docte à ce contemporain de tant de professeurs illustres, dont les statues de pierre sont à quelques pas, qu'il avait reçus sous son ombre, et il me semblait comme une espèce de doyen parmi les arbres savants des jardins botaniques. Le jardin de Padoue, sans avoir le luxe de nos serres à la mode, suffit aux besoins de l'enseignement ; il comptait, m'a-t-on dit, en 1827, cinq à six mille espèces, nombre qui s'accroît chaque année. La chaleur d'Italie s'y fait déjà remarquer d'une manière sensible : les magnolias n'ont pas besoin d'abris ni de paillassons pendant l'hiver ; ils y viennent aussi bien que ceux que j'ai vus depuis en pleine terre dans le jardin anglais de Caserte, et plusieurs étaient hauts comme de grands tilleuls.

Le goût des sciences, des lettres et des arts, fut toujours très-vif à Padoue. Son ancienne et célèbre académie des *Ricovrati* recevait des femmes, usage que l'Académie française fut plusieurs fois tentée d'imiter : sous Louis XIV, Charpentier appuyait l'admission de mesdames Scudéry, Des Houlières et Dacier ; dans le dernier siècle, les candidats de d'Alembert furent, dit-on, mesdames Necker, d'Épinay et de Genlis ; de nos jours, la même proposition n'aurait rien d'étrange, et les talents poétiques de quelques femmes en feraient de fort dignes et fort agréables *académiciennes*.

J'eus l'honneur d'assister, en 1826, à la séance annuelle de l'Académie de Padoue. On remarquait près de ses membres des femmes aimables, dont quelques unes auraient pu jadis être de l'académie des *Ricovrati*, et des jeunes gens. Il y eut un rapport très-bien fait, peut-être un peu long, de M. le secrétaire, sur les

---

tor Smith's *Introd.*, *Discourse to the transac. of the Linn. soc.* p. 8) ; il aura probablement confondu sa fondation avec celle de la chaire de botanique à l'université, qui est précisément de cette même année 1533. *V.* aussi liv. xi, chap. xiii, sur l'époque de la fondation du jardin botanique de Pise.

ouvrages des académiciens qui paraissent travailler[1] ; enfin, sauf les concours, les prix de vertu et les ouvrages utiles aux mœurs, c'était presque l'Institut.

CHAPITRE III.

Cathédrale. — Charles Guy Patin. — Sperone Speroni. — Manuscrits. — Baptistère. — D'Hancarville. — Santo. — Chiens. — Candélabre. — Cesarotti. — Trésor. — Messone. — Cloître. — *Scuola*. — Statue de Gattamelata. — *Condottieri*.

Les diverses églises de Padoue sont ses premiers et ses plus intéressants monuments. Le dôme, achevé dans le siècle dernier, est d'une architecture médiocre. Le premier plan en avait été envoyé par Michel-Ange ; mais, pendant les deux siècles qu'on mit à le terminer, il dut être singulièrement altéré par les diverses générations d'architectes. On y voit à droite en entrant le tombeau de Charles Patin, médecin français, qui, soupçonné d'avoir répandu un écrit scandaleux, et fugitif pour ses mauvaises opinions, vint professer la chirurgie à Padoue; dernier fils du spirituel et passionné Guy Patin, dont la correspondance est un commentaire si gai, si amusant et si vrai de Molière, Charles soutint l'honneur de son nom médical par sa science et ses talents. Sperone Speroni est aussi enterré dans cette église; grand orateur,

---

[1]. L'Académie des sciences, lettres et arts de Padoue, formée, en 1779, de la réunion de l'Académie des *Ricovrati* et d'une Académie d'agriculture, publie des *Mémoires* ou *Actes* dont le recueil, de 1788 à 1825, forme sept vol. in-4°, et contient plusieurs excellents Mémoires : tels sont les Mémoires médico-chirurgicaux de Léopold Caldani, de MM. Louis Brera, Fanzago, Gallini et Montesanto; les Mémoires de chimie de Marc Carburi; un Mémoire sur la métaphysique des équations de Pierre Cossali, sur les vibrations du tambour par Jourdain Riccati; les Mémoires de Simon Stratico sur le cours des fleuves, sur la diffraction de la lumière; le Mémoire d'Assemani sur les monnaies arabes; de Cesarotti, sur les devoirs académiques; d'Hippolyte Pindemonte, sur les jardins anglais, et de M. Jérôme Polcastro, sur la poésie improvisée. Les volumes des *Mémoires* de l'Académie des sciences, lettres et arts, ont paru jusqu'ici à des époques indéterminées; elle devait, à partir de 1830, publier un volume tous les deux ans.

grand philosophe, grand poëte dans son temps, ami de Ronsard, maître du Tasse, qui eut à sa mort les honneurs d'une statue, et dont le chef-d'œuvre, la tragédie de Canace, autrefois si applaudie, si admirée, n'est guère aujourd'hui lisible. L'inscription du tombeau de Speroni avait été composée par lui-même; elle est remarquable par un certain mélange de bonhomie, d'amour-propre et de vanité qui caractérise assez son genre de gloire et les mœurs du temps. Speroni y parle fort simplement de ses trois filles et des générations qu'elles lui donnèrent, quoiqu'il n'eût point, je crois, été marié. Le monument fut élevé par l'une d'elles, Giulia Sperona, qui est enterrée près de lui[1].

Un monument élégant, du commencement du XVIe siècle, a été élevé, par le sénat de Venise, à l'évêque de Padoue, Pierre Barocchi. Tel est son bon goût qu'il paraît de Tullius Lombardo.

Le buste de Pétrarque, comme chanoine de la cathédrale, placé vis-à-vis d'une des portes latérales, est très-beau, quoiqu'il ne soit pas de Canova, ainsi qu'on l'a prétendu, mais de son élève, M. Rinaldo Rinaldi de Padoue.

1.
Sperone Speroni
nacque
nel MD dì XII d' aprile
morì
nel MDLXXXVIII dì II di Giugno.

Vivendo si fece l' infrascritto epitafio :

A Messere Sperone Speroni delli Alvarotti, filosofo et cavalier padovano, il quale, amando con ogni cura, che dopo se del suo nome fusse memoria, che almen nelli animi de' vicini, se non più oltre, cortesemente per alcun tempo si conservasse, in vulgar nostro iàioma con vario stile sino all' estremo parlò, et scrisse non vulgarmente sue proprie cose, et era letto ed udito.

Vivette anni LXXXIX, mese I giorni XIII. Morì padre di una figliola, che li rimase di tre che n' hebbe, et per lei avo di assai nepoti; ma avo, proavo, et attavo a descendenti delle altre due, tutti nobili, et bene stanti femine et maschi, nelle lor patrie honorate.

L'inscription suivante, autrefois sur le pavé de l'église, est maintenant sur la base du monument :

Al gran Sperone Speroni
suo padre
Giulia Sperona de' Conti
MDLXXXXVIII.

La sacristie des chanoines offre de belles et curieuses peintures ; une demi-figure du *Sauveur avec Aaron et Melchisédech à ses côtés;* les *Quatre protecteurs de Padoue,* et des *Chérubins,* dans deux triangles, par l'habile Dominique Campagnola ; une très-belle *Vierge avec l'enfant Jésus sur ses genoux,* excellente copie du Titien par Padovanino, si le tableau n'est point l'original ; *S. Jérôme* et *S. François,* de Palma ; le *Voyage en Égypte,* l'*Adoration des mages,* de François Bassano, si parfaits, qu'ils ont été jugés dignes de son père ; le *Christ portant sa croix,* par Padovanino ; une *Vierge,* charmante, de Sassoferrato, le peintre des petites madones (*madonnine*) ; un *S. Antoine,* parlant, de Forabosco ; la grande *Cavalcade d'un pape,* attribuée à Dominique Brusasorci ; un *Groupe d'anges,* de Liberi, et un ancien et très-remarquable portrait de Pétrarque. Le vase d'argent doré de la sacristie, servant à la confirmation, est couvert de figures en attitudes assez profanes ; il a été expliqué par Lanzi, ainsi que l'inscription grecque qui indique un de ces vases dans lesquels se préparaient et se gardaient les couleurs des artistes. Cette sacristie possède deux antiques manuscrits très-bien conservés ; l'un est un *Évangéliaire* de 1170, l'autre le livre des *Épîtres* de 1259. Le *Missel* sur vélin, imprimé à Venise, en 1491, avec de riches miniatures, est aussi un fort beau livre.

La petite église sous le chœur a le tombeau de S. Daniel, remarquable par les beaux bas-reliefs en bronze de Titien Aspetti.

Le baptistère, ouvrage du XIIe siècle, voisin et séparé de la cathédrale, est bien plus qu'elle caractéristique et curieux. Élevé par Fina Buzzacarina, femme de François Carrare le vieux, il offre d'admirables peintures des élèves du Giotto, dignes de lui et habilement restaurées ; elles représentent des sujets divers de l'Ancien et du Nouveau Testament, de l'Apocalypse, et l'on y voit quelques portraits historiques, tels que ceux de la pieuse fondatrice implorant la Vierge, de plusieurs Carrares et de Pétrarque. Près de la porte, le bas-relief en bronze de la *Décollation de S. Jean-Baptiste* est un bon travail de Guido Lizzaro, habile fondeur du commencement du XVIe siècle. Le vieux diptyque de l'autel, du XIVe siècle, représentant divers sujets de la vie du saint, est un beau et curieux monument de ce genre.

Le palais épiscopal, voisin du dôme, est intéressant sous le rapport de l'art : les fresques de la vieille chapelle, si élégantes, sont de Jacques Montagnana, excellent artiste de Padoue, regardé comme élève de Jean Bellini ; son tableau de l'autel en trois compartiments est admirable. Les appartements du prélat annoncent la libéralité de ses goûts : la bibliothèque est riche ; plusieurs tableaux sont de grands maîtres et de diverses époques. Au-dessus de la porte de la bibliothèque est le portrait de Pétrarque faisant son oraison à la Vierge, regardé comme le plus authentique de ce grand poëte ; car si les divers portraits du Dante se ressemblent, les siens sont tous différents. Celui-là était peint sur le mur de la maison du poëte à Padoue, démolie en 1581, lors de l'agrandissement de la cathédrale ; le chevalier Jean-Baptiste Selvatico, professeur de droit canon à l'université, le fit alors couper de la muraille et transporter chez lui, afin d'assurer sa conservation ; il a été placé, en 1816, à l'évêché par le marquis Pierre Selvatico, d'après les conseils du chevalier Jean de Lazara, son ami. Ce portrait a été gravé en tête de l'édition des *Rime* donnée par M. Marsand, déjà plusieurs fois citée. La *Vierge sur un trône, l'enfant Jésus à la main, et deux anges,* par Grégoire Schiavone, bon élève du Squarcione [1], a été vu et loué par Lanzi. Le grand tableau de la *Peste de* 1631, chef-d'œuvre de Luc de Reggio, qui rappelle la douceur du Guide, son maître, est moins vivant, moins pathétique que la description de l'auteur des *Promessi sposi*. L'*Apparition du Christ à Ste Marguerite*, par Damini, est touchante. Un bon tableau représente ce jeune Napoléon, neveu du cardinal Étienne, tué d'une *chute de cheval et ressuscité par S. Dominique*. Une patène en or, sur laquelle on voit le *Christ au milieu des apôtres*, est un travail exquis de Valerio Belli, très-habile artiste vicentin du XVIe siècle.

A la paroisse Saint-Nicolas, petite église voisine du dôme, est le tombeau de d'Hancarville, l'auteur des *Recherches* sur l'origine,

---

1. *V.* ci-après.

l'esprit et les progrès des arts de la Grèce et des Vases d'Hamilton, Français plein d'esprit et d'érudition, mais d'une érudition systématique, mort à Padoue le 9 octobre 1805, et non à Rome en 1799 ou 1800, ainsi qu'il est indiqué dans divers dictionnaires historiques. L'époque de la naissance de d'Hancarville n'est pas probablement plus exacte. L'acte de décès de la paroisse, du 10 octobre 1805, porte que le baron d'Hancarville est mort la veille, de la fièvre, à la première heure de la matinée, après une maladie de deux mois, après avoir reçu tous ses sacrements, et qu'il était âgé d'environ (*circa*) quatre-vingt-six ans; sa naissance remonterait ainsi à l'année 1719 au lieu de 1729 indiquée dans ces dictionnaires. Des personnes de la société de Padoue, amis intimes de d'Hancarville, affirment que telle était l'ancienneté de ses souvenirs, qu'il avait dû atteindre cet âge avancé. Cicognara a donné des fragments de ses dissertations inédites sur les peintures de Raphaël à la fin du chapitre II, liv. VII de son *Histoire de la sculpture*. Les titres de plusieurs autres de ces mêmes dissertations inédites sont indiqués dans les notes de la traduction italienne déjà citée de l'*Histoire de la vie et des ouvrages de Raphaël* de M. Quatremère de Quincy, par M. François Longhena. Il m'est impossible de ne pas rappeler ici un portrait charmant de d'Hancarville tracé par madame Albrizzi, dans ses *Ritratti*.

Saint-Antoine, *il Santo*, ainsi que la vaste popularité de ce thaumaturge l'a fait surnommer depuis six siècles, est la première et la plus ancienne merveille de Padoue. L'architecture, assez imposante, est de Nicolas de Pise. Au-dessus de la grande porte sont de chaque côté du nom de Jésus, les deux belles et célèbres figures de S. Bernardin et de S. Antoine, peintes par Mantegna, comme l'indique l'inscription que lui-même y a mise [1].

La garde de l'intérieur de ce temple est depuis longtemps assez bizarrement confiée à des chiens dalmates, de l'espèce des chiens de berger, qui l'ont fort bien défendu, excepté contre les

---

[1]. *Andreas Mantegna optumo favente numine perfecit.* MCCCCLII, XI Kal. sextil.

spoliations de la conquête de 1797. Les deux chiens qui gardent actuellement le *Santo* surprirent, il y a quelques années, un domestique de la maison Sografi, qui était resté le soir en prières après la fermeture des portes ; ils se placèrent à ses côtés, l'un à droite l'autre à gauche, prêts à s'élancer sur lui au moindre mouvement, et ils le tinrent ainsi jusqu'au lendemain matin en arrêt.

La chapelle du saint, une des plus riches du monde, de l'architecture de Jacques Sansovino et de Jean-Marie Falconetto, est ornée d'arabesques gracieuses, de Matthieu Allio et de Jérôme Pironi, de bas-reliefs exquis de Campagna, de Tullius et d'Antoine Lombardo et de Sansovino. Parmi ces derniers, il en est un très-beau, dont le sujet républicain n'est pas sans quelque singularité sur le tombeau et parmi les traits divers de la vie de saint Antoine : c'est Mucius Scœvola se brûlant fièrement la main pour avoir manqué Porsenna[1]. Un sujet différent et moins noble, mais encore mieux exécuté, est le miracle de la jeune fille tombée dans un bourbier et ressuscitée par saint Antoine, bas-relief de Sansovino. Les ornements en stuc de la voûte sont d'une extrême élégance, et le même habile artiste, Titien Minio, de Padoue, a fait le Rédempteur et les douze Apôtres ; le majestueux autel, les portes, les quatre anges qui portent les candélabres, et les superbes statues de S. Bonaventure, de S. Louis et de S. Antoine, sont de Titien Aspetti, qu'il ne faut pas confondre avec le précédent artiste. Une des trois lampes d'or massif fondues en 1797 pour acquitter la contribution de guerre, était un présent du Grand Turc à Saint-Antoine.

A la chapelle du Saint-Sacrement, les bas-reliefs et les quatre anges sculptés par Donatello sont des ouvrages précieux. Un *Crucifiement*, d'une rare beauté et d'un accord parfait, est de Damini. Les fresques de la chapelle Saint-Félix, par Jacques Avanzi

---

[1]. Ce trait de Mucius Scœvola paraît avoir été du goût des artistes italiens du xvie siècle : on le retrouve sculpté sur l'arc de triomphe élevé à Rome lors du couronnement de Léon X ; il était près des armes du pape et d'un sacrifice offert par des bergers. *V.* la Chronique du médecin florentin Jean-Jacques Penni, citée dans l'appendice de la *Vie et Pontificat de Léon X*, par Roscoe, chap. vii. *V.* ci-après un autre tableau sur le même sujet à Saint-Laurent de Crémone, liv. ix, ch. xxiv.

et Aldighieri, obscurs et grands peintres du xiv° siècle, et cinq statues antiques de l'autel, sont très-remarquables. Le *Martyre de Ste Agathe*, de Tiepolo, dans une des chapelles, a été loué par Algarotti pour sa vive et belle expression, quoique le dessin ne soit pas irréprochable. Le *S. Louis faisant l'aumône*, d'une autre chapelle, par Rotari, est harmonieux, agréable. Je remarquai dans la chapelle S. Prosdocime, sépulture de la famille Capodilista, une noble et jolie devise chevaleresque en français, *Leal Desir*. Cette ancienne famille de Padoue s'honore de Gabriel Capodilista, pèlerin de la Terre-Sainte en 1458, qui a écrit aussi son *Itinéraire*, livre rare. La *Décollation de S. Jean-Baptiste*, dans sa chapelle, par Piazzetta, imitateur hardi du Guerchin, vanté pour l'effet de ses ombres et de sa lumière, est horrible à voir, ainsi que l'*Écorchement de S. Barthélemy*, à la chapelle voisine, par Pittoni, un de ces peintres octogénaires de l'école vénitienne [1]. A la chapelle Orsato est le *S. François recevant les stigmates*, par Liberi, dont la tête si expressive fut, dit-on, l'ouvrage d'une nuit. L'antique chapelle de la *Madonna Mora* est curieuse : la figure de marbre est un ouvrage grec, mais ses beautés ne peuvent être aperçues à cause des énormes vêtements dont elle est affublée. Quelques autres peintures et sculptures de Saint-Antoine sont remarquables : la *Descente de croix*, par Luc de Reggio, est naturelle et d'un beau coloris. Le *Rédempteur*, fresque de l'école de Mantegna, mise sous verre, est assez bien conservée. Une autre fresque de la *Vierge et de l'enfant Jésus*, plus forte que nature, avec S. Jérôme et S. Jean-Baptiste, ouvrage des premières années du xv° siècle, rappelle la manière du Giotto. La *Vierge* sur un piédestal et en bas S. Pierre, S. Paul, S. Bernardin et S. Antoine, est une belle composition d'Antoine Boselli, habile peintre bergamasque du xvi° siècle. Le *Crucifix entouré des prophètes, de S. Sébastien, de S. Grégoire, de S. Bonaventure et de Ste Ursule*, par Montagnana, est élégant et vrai. Une sainte en marbre, au-dessus du bénitier, est de Pyrgotèles. La *Sépulture du Christ*, sur une

---

1. *V.* liv. vi, chap. xvii.

porte de la chapelle des reliques, par Donatello, célèbre bas-relief d'argile dorée, qui était digne d'être coulé en bronze, a peut-être, malgré ses beautés, quelque exagération.

Le chœur et le maître-autel rassemblent les chefs-d'œuvre des plus grands maîtres. Le grand candélabre de bronze d'André Riccio, le Lysippe vénitien, est le plus beau qu'il y ait au monde. Il coûta dix années de travail à l'artiste; les détails peuvent soutenir le parallèle avec les candélabres antiques, mais l'ensemble est inférieur, et la richesse, la multiplicité de tant de belles parties fait tort à la beauté réelle de l'ouvrage. Les quatre statues des protecteurs de Padoue, la *Vierge et l'enfant Jésus*, le grand crucifix de bronze, sont d'admirables ouvrages de Donatello, et les statues de pierre sont de Campagna.

Il Santo contient d'illustres mausolées de patriciens, de généraux, d'étrangers distingués, de professeurs. Le monument consacré par le patricien Querini à Bembo rappelle et semble réunir les premiers noms des lettres et des arts. Le buste de Danese Cataneo a obtenu les éloges de l'Arétin; on prétend que le Titien et Sansovino contribuèrent à sa perfection par les conseils qu'ils donnèrent à l'artiste; l'architecture noble et simple du monument est de San Micheli, et l'inscription de Paul Jove. Le mausolée en marbre d'Alexandre Contarini, procurateur de Saint-Marc, exécuté sous la direction de San Micheli, est grandiose; les figures des esclaves enchaînées, de Vittoria, mises comme cariatides, et supérieurement disposées, sont énergiques, et la petite figure ailée en haut du monument, par le même grand artiste, est d'une grâce infinie. Un autre magnifique tombeau est celui du professeur d'éloquence Octave Ferrari, rhéteur abondant, disert, dont les digressions, a-t-on dit, étaient plus estimées que le sujet même de ses leçons, et auquel l'aménité de ses manières et de sa parole valut le beau titre de *pacificateur*. On voit, par l'inscription, que ce professeur de Padoue avait une pension de Louis XIV, et était chevalier de l'ordre équestre de Christine; Cesarotti, plus illustre, aussi pensionné et décoré par Napoléon, n'a pour monument qu'une petite pierre rouge avec l'inscription à moitié effacée : *Ossa Melchioris Cesa-*

rotti Patavini anno 1808. Malgré le talent poétique de Cesarotti, sa traduction de l'Iliade, surpassée par celle de Monti, se ressent du faux goût, des habitudes frivoles, de l'imitation française et voltairienne des auteurs italiens du dernier siècle; la naïveté, la couleur antique y sont encore plus altérées que dans la traduction de Pope : c'est ainsi qu'il crut rendre plus agréable et plus décente la ceinture de Vénus en la transformant en collier. La traduction d'Ossian, le meilleur ouvrage de Cesarotti, est fort supérieure à son Iliade; comme critique, Cesarotti a mérité de justes éloges; mais il est surprenant qu'un ami du vrai, comme M. de Sismondi, ait pu le proclamer le premier poëte de son temps. Un autre écrivain italien, philosophe, poëte et critique célèbre, le comte Gaspard Gozzi, frère aîné du bizarre et joyeux Charles Gozzi, négligé par le gouvernement en décadence de Venise et mort indigent, est enterré à Saint-Antoine et n'a même point d'inscription. On a peine à s'expliquer une telle indifférence littéraire dans une ville comme Padoue, et à côté du faste de quelques uns de ses mausolées[1].

Le trésor de Saint-Antoine, immense amas de reliques, a été dépouillé d'une partie de ses richesses au moment de l'invasion française, en 1797. On y montre la langue encore vermeille du saint, moins éloquente, mais qui a remué plus d'hommes que celle de l'orateur romain; le recueil de ses sermons corrigés par lui, et dont l'écriture est lisible et même élégante.

---

1. Un tardif monument fut élevé en 1835 à Gaspard Gozzi par les soins actifs de M. le professeur Meneghelli; le sculpteur, M. Joseph Petrelli, a représenté le génie de la littérature accablé de tristesse et assis devant le buste de Gozzi, sous lequel on lit cette inscription :

Honori
Gaspari. Gozzii. Viri. Litteratissimi
Cujus. Cineres. In. Hoc. Sacello
Antonivs. Meneghellvs
Voti. Pvblici. Interpres
M. P.
Ann. MDCCCXXXV.

Gozzi était mort dans la maison du comte Léopold Ferro, au faubourg des Vignali; M. Meneghelli obtint du propriétaire actuel de placer sur le mur extérieur une autre inscription qui rappelle la résidence et la fin de Gozzi.

Casanova rapporte qu'à Padoue l'on croit que saint Antoine fait trente miracles par jour : la quantité de ses messes ne doit pas surprendre ; elle est si considérable qu'il n'y a point assez d'autels ni de prêtres pour les célébrer, et qu'une bulle du pape autorise le chapitre à dire, vers la fin de l'année, certaines messes (*messone* en vénitien), qui comptent pour mille, seul moyen de prévenir cette sorte d'arriéré. Le prix de ces messes montre les variations du cours de la monnaie. Une dame, la Speronella, femme la plus riche et la plus capricieuse, dit-on, qui fût dans toute la marche de Trévise au XIIe siècle, qui avait eu six maris, légua en 1192 par son testament cinquante livres, afin de faire chanter mille messes pour le repos de son âme. Ces messes à un sol, précisément un siècle après, en 1292, en coûtaient déjà deux.

La voûte de la sacristie, représentant l'*Entrée de S. Antoine au ciel*, est une belle fresque de Liberi, malheureusement trop éloignée ; la marqueterie des armoires est des frères Christophe et Laurent Canozzi ; ce dernier, peintre, sculpteur, condisciple et émule de Mantegna, célèbre pour ce genre d'ouvrages ; un *Crucifix*, et d'autres ornements en acier travaillés avec une habileté singulière par un ouvrier de Padoue, furent dirigés par le peintre Antoine Pellegrini.

Parmi les nombreux tombeaux du cloître de Saint-Antoine, je remarquai celui d'un petit-neveu de l'Arioste, enfant de treize ans, illustre, dit l'inscription, par le nom de son aïeul (*Adolescentulo nomine avito claro*); celui d'un Français, Arminius d'Orbesan, baron de la Bastide, jeune guerrier mort en 1595, âgé de vingt ans : à la suite d'une inscription latine touchante[1] est ce quatrain, qui ne manque ni d'harmonie ni de poésie :

> N'arrose de tes pleurs ma sépulcrale cendre,
> Puisque un jour éternel d'un plus beau ray me luit,
> Mais bénis le cercueil, où tu as à descendre ;
> Car il n'est si beau jour qui ne meine sa nuit.

---

[1]. *Gallus eram, Patavi morior, spes una parentum,*
Flectere ludus, equos, armaque cura fuit ;
Nec quarto in lustro mihi prævia Parca pepercit.
Hic tumulus, sors hæc, pax sit utrique : vale.

Le cloître de la Présidence offre un grand sarcophage surmonté de la statue d'un guerrier couché, avec une belle inscription latine composée par Pétrarque[1].

La *Scuola del Santo* (la confrérie de Saint-Antoine), voisine de l'église, offre au premier étage de belles et curieuses fresques du Titien, ou de son école, dont les sujets sont pris à l'histoire du saint, et qui passent pour les mieux conservés des ouvrages de ce grand peintre. Deux surtout sont admirables; elles rappellent en même temps les violences jalouses des maris de cette époque, et la singulière commisération de saint Antoine pour leurs femmes : l'une représente la femme que son mari a poignardée, et qui est rendue à la vie par le saint; dans l'autre une mère, aussi fort suspecte à son époux, est justifiée par l'enfant dont elle vient d'accoucher, qui reconnaît son vrai père, miracle dont celui-ci est fort touché, qui le rassure complétement et pour lequel il fait ses remercîments à saint Antoine. Deux fresques d'auteur inconnu le montrent encore, la première, adressant de courageuses remontrances au tyran Eccelin qui tombe à ses pieds, lui jure de s'éloigner et part aussitôt de Padoue, dans laquelle il n'osa rentrer qu'après la mort du saint : il apparaît dans la seconde au bienheureux Lucas Belludi, auquel il annonce la délivrance de son pays, du même Eccelin : protecteur des femmes, ennemi redouté d'un tyran, saint Antoine est extrêmement à son avantage dans cette *Scuola*.

Quelques autres peintures, dont plusieurs représentent de bizarres miracles du saint, sont remarquables : le *Saint remet-*

---

1. *Miles eram magnus factis, et nomine Mannus.*
    Donatos, quos fama vocat, celebratque vetusti
    Sanguinis auctores habui, manus inclyta bello
    Dexteritasque immensa fuit, nec gratia claræ
    Defuerat formæ, dubiique peritia Martis;
    Dum pia justitiæ fervens amor induit arma,
    Nil metuens multis late victricia campis
    Signa tuli, multos potui meruisse triumphos :
    Florentina mihi generosæ stirpis origo,
    Cara domus Patavum, sedesque novissima busti
    Contigit exiguo fessum sub marmore corpus,
    Reddita mens cœlo, nomen servate sequentes.

tant le pied d'un jeune homme, du Titien ; *S. Antoine mort et reconnu saint par les joyeuses acclamations d'enfants*; le *Miracle du verre jeté par la fenêtre sur le pavé sans se casser*, qui convertit l'hérétique Alcard ; l'*Enfant jeté dans une chaudière d'eau bouillante et ressuscité par le saint*; l'*Enfant honteux qui n'ose point demander de gimblettes*, de l'école du Titien ; l'*Ouverture du tombeau du saint*, qui offre près de son corps les portraits de Jacques Carrare et de Constance, sa femme, bon tableau de Contarini ; *S. François* et *S. Antoine* en clair-obscur, de chaque côté de l'autel ; l'*Enfant ressuscité par le saint*, très-beau, de Dominique Campagnola. Un peintre du dernier siècle, nommé Antoine Buttafogo, n'a pas craint de représenter la *Mort du saint* à côté de pareils ouvrages ; le tableau est de 1777; ce téméraire aurait pu s'épargner la peine de le dater. Dans la petite chapelle souterraine, la *Vierge*, l'*enfant Jésus*, *S. Benoît* et *S. Jérôme*, ouvrage titianesque, du Padovanino, a été restauré maladroitement, et se perd abandonné.

La belle statue équestre de bronze, par Donatello, représentant le *Condottiere* Gattamelata, sur la place de l'église Saint-Antoine, est la première qui ait été fondue en Italie et chez les modernes. Quelque habile qu'ait pu se montrer ce général, il ne paraît point qu'un chef de soldats mercenaires fût digne d'un tel honneur et d'un tel monument. Avec de pareils combattants la guerre semble perdre une partie de son héroïsme ; elle n'est qu'une nouvelle espèce de spéculation et de trafic. Ces *condottieri*, aux gages d'états divers, prenaient soin, comme on sait, de se ménager et de prolonger les hostilités ; leurs manœuvres sur le champ de bataille n'étaient fort souvent que de simples évolutions, et leurs campagnes que de grandes parades. Le fait rapporté par Machiavel, de la bataille d'Anghiari gagnée par les bandes au service de Florence sur les bandes à la solde de Milan[1], quoique contredit par Scipion Ammirato et d'autres écrivains, ne détruit point le raisonnement du publiciste florentin sur l'in-

---

[1]. *Ist. fiorent*. lib. v. Après quatre heures de mêlée, il n'y eut qu'un seul homme de tué, encore fut-ce d'une chute de cheval, et pour avoir été foulé aux pieds des chevaux par ces prétendus combattants.

fériorité de pareilles troupes et sur leur impuissance à défendre leur patrie. Les soldats français, qui n'entendaient rien à ce genre d'exercice et d'arrangement, purent aisément venir à bout de tels ennemis, et conquérir l'Italie *col gesso*[1]. Peut-être doit-on attribuer à la terrible surprise qu'ils excitèrent chez des hommes aussi prudents, l'origine de la *furia francese ?* Chose singulière! ces républiques si orageuses, si jalouses de leur liberté, Athènes, Carthage, Venise, Florence, finissent par charger des soldats étrangers et barbares de les défendre, tant cette sorte d'égoïsme social, produit par la fausse civilisation et le besoin des jouissances, est funeste au vrai patriotisme, tant les peuples riches, commerçants, raisonneurs, sont moins propres aux grands sacrifices que les nations pauvres, isolées, de mœurs antiques et de croyances religieuses!

CHAPITRE IV.

L'Annunziata. — Ermites. — Servi. — Ruzzante. — Saint-François. Squarcione. — Saint-Benoît. — La comtesse de Rosenberg. — Carmes. — Stellini.

L'église Saint-Gaétan, d'une noble et simple architecture, de Scamozzi, altérée par la recherche de quelques ornements du dernier siècle, a trois tableaux de Palma, l'*Annonciation*, la *Purification*, la *Résurrection du Christ*, et une admirable figure de la *Vierge addolorata*, attribuée au Titien et qui en est digne.

L'église Saint-André a le tombeau d'un savant lettré du dernier siècle, Dominique Lazzarini da Murro; l'inscription en grec est touchante : « Ici repose Dominique da Murro. Ah! combien « il est loin d'Ancône, sa patrie! » Au grand autel, la *Vierge*, l'*enfant Jésus*, *S. André*, *S. Thomas de Villeneuve*, et d'autres figures, est de Possenti, habile peintre bolonais de la moitié

---

[1]. *A la craie;* mot du pape Alexandre VI pour exprimer la rapidité de l'invasion de Charles VIII, qui semblait n'avoir rien eu de plus à faire que marquer ses logements comme un maréchal des logis.

du XVIIe siècle, élève de Louis Carrache, tué à Padoue d'un coup d'arquebuse par un rival d'amour. A la sacristie, trois tableaux sont remarquables : la *Ste Trinité, S. Jacques* et *S. Jérôme*, de Santa-Croce ; la *Vierge*, *l'enfant Jésus* et les *Apôtres*, de Joseph Salviati, et une très-bonne *Résurrection du Christ*, d'auteur inconnu.

L'architecture de l'église Sainte-Lucie, simple et bien entendue, a échappé au mauvais goût du dernier siècle. Un petit tableau de la *Vierge*, demi-figure, au-dessous d'un crucifix en bois, de Bonazza, artiste padouan du dernier siècle, habile en ce genre d'ouvrage, est un travail précieux d'auteur inconnu ; à la sacristie, le *S. Joseph tenant l'enfant Jésus entre ses bras*, qui, d'un air caressant, se tourne vers S. Antoine de Padoue et vers S. François d'Assise, est de Nicolas Renieri, peintre flamand, de la première moitié du XVIe siècle, établi à Venise, dont le style à la fois doux et fort allie la manière de son pays à la manière italienne.

La petite église de l'*Annunziata nell' Arena*[1], du commencement du XIVe siècle, est singulièrement caractéristique. A côté était le vieux palais Foscari, que j'ai vu démolir de 1827 à 1828, et à la place duquel s'élevait une maison d'assez médiocre apparence. Cet endroit écarté réunissait ainsi, lors de ma première visite, les ruines de l'antiquité, du moyen âge et de la renaissance. De vastes fresques couvrent les murailles de l'*Annunziata* ; là sont les bizarres figures des Vertus et des Vices, du Giotto[2], et surtout le célèbre *Jugement dernier*, exécuté, dit-

---

[1]. Malgré la prétention jalouse de Maffei, qui refusait un amphithéâtre à Padoue, il paraît certain qu'elle en possédait un (et même deux, si l'on en croit le comte Stratico, l'éditeur de Vitruve, qui en avait découvert un autre dans le *Prato della valle*), et que les ruines s'en retrouvent encore en face de l'église de l'*Annunziata*. D'Hancarville avait composé sur ce sujet une Dissertation restée inédite, ainsi qu'un grand nombre de ses recherches passées entre les mains d'un Anglais, M. Wolstenholme Parr, qui devait, dit-on, les publier en Angleterre, mais qui était à Padoue en 1830.

[2]. D'Hancarville avait entrepris sur ces figures une Dissertation que sa mort n'a laissée qu'ébauchée ; son ingénieuse explication de la Prudence, inédite, est donnée par Cicognara, liv. III, chap. VII de son *Histoire de la Sculpture*.

on, d'après les inspirations du Dante, son ami [1]. Malgré le poids de cinq siècles, cette grande composition est peut-être la mieux conservée de ses ouvrages, et la partie supérieure offre des détails pleins de goût, de grâce, d'élégance et de vérité. Les peintures du chœur représentant la *Vie de la Vierge*, par Thadée Bartolo, élève de Giotto, vanté par Vasari, prouvent, malgré leur infériorité, qu'il ne fut pas indigne de son glorieux maître.

Le magnifique tombeau de marbre du fondateur de l'*Annunziata*, Henri Scrovigno, avec sa statue couchée, est derrière l'autel; sa statue en pied est près de la sacristie; au-dessous se lit l'inscription : *Propria figura domini Henrici Scrovigni militis de Harena*. Scrovigno était un riche bourgeois de Padoue qui avait été agrégé à la noblesse vénitienne en 1301, deux années avant la fondation de l'*Annunziata*. La vanité serait utile et presque respectable, si elle produisait souvent de tels monuments.

Les Ermites sont une des églises les plus curieuses de Padoue. Le dessin est d'un religieux de cet ordre, le frère Jean, grand architecte du XIIIe siècle, ingénieur de la commune de Padoue. Elle offre deux antiques et élégants tombeaux de princes de la famille des Carrare, anciens souverains de Padoue, avec une inscription de Pétrarque [a]; un autre tombeau voisin du savant

---

[1]. Benvenuto d'Imola, ancien commentateur du Dante, rapporte un mot assez gai de Giotto au Dante, qui logeait chez lui à Padoue, réponse à peu près semblable à celle du peintre romain Mallius, rapportée par Macrobe : le Dante, examinant les fresques de l'Annunziata, et ayant remarqué que les enfants de Giotto ressemblaient fort à leur père, dont l'extérieur était peu agréable, lui demanda comment ils pouvaient ressembler si peu à ses peintures, les unes étant si belles et les autres si laids : *Quia pingo de die, sed fingo de nocte*, répliqua Giotto. La mauvaise mine de Giotto est le sujet d'une nouvelle de Boccace (*Giorn.* VI, *nov.* 5), qui fait de lui ce magnifique éloge : *Ebbe uno ingegno di tanta eccellenzia, che niuna cosa dalla natura, madre di tutte le cose, e operatrice col continuo girar de' cieli, fu che egli con lo stile, e con la penna, o col pennello non dipignesse sì simile a quella, che non simile, anzi più tosto dessa paresse, in tanto, che molte volte nelle cose da lui fatte si truova, che il visivo senso degli uomini vi prese errore.* Il dit encore que Giotto était *très-beau parleur* (*Bellissimo favellatore*). Les Nouvelles de Sacchetti justifient cette dernière qualification; elles rapportent quelques traits et reparties de Giotto, qui montrent son humeur moqueuse, indépendante, et même la licence singulière de ses opinions. V. *Nov.* LXIII et LXXV.

2. Elle est insérée dans l'ouvrage de Scardeone, *De Antiquitate urbis Patavii;*

professeur de droit Benavides, non moins grand, non moins magnifique, et que, dans sa passion pour les monuments, ce Mécène padouan s'était fait élever pendant sa vie, par le sculpteur florentin Ammanato [1]; de grandes fresques de Mantegna et de son école, à moitié détruites; une fresque bien conservée, un de ses chefs-d'œuvre; son *Martyre de S. Christophe*, plein de vie et d'expression, dans lequel il s'est peint, ainsi que son maître François Squarcione, sous les traits de deux soldats placés près du saint; d'autres fresques singulières du Guariento, peintre célèbre du XIVe siècle, maladroitement restaurées, qui couvrent le chœur, et représentent, dit-on, les planètes, parmi lesquelles on voit Mercure habillé en moine, et, en sa qualité du dieu de l'éloquence, tenant un livre à la main; *S. Pierre, S. Paul, Moïse* et *Josué*, fresques plus fortes que nature, regardées comme des meilleurs ouvrages du vigoureux pinceau d'Étienne dall' Arzere; sur l'autel de la chapelle, peinte par Mantegna, sept figures en terre cuite pleines de grâce, de naturel et de simplicité, surmontées d'une frise élégante, de Jean de Pise, ou peut-être de son maître et compagnon Donatello; la *Vierge* sur un trône élevé, et l'enfant Jésus dans ses bras, à ses pieds S. Jacques, S. Augustin, S. Philippe, et le doge Gritti avec la cité de Padoue à la main, composition grandiose, belle de dessin, de coloris, de Fiumicelli; le *S. Jean-Baptiste dans le désert*, du Guide, qui a toute la noble expression de ce peintre; *Jésus-Christ montrant sa plaie à S. Thomas*, un des chefs-d'œuvre du Padovanino. A la sacristie est un de ces cippes funéraires de Canova, si élégants, si variés, celui du prince Guillaume-Georges-Frédéric d'Orange, qui se distingue par le pathétique de la figure et le mérite des draperies.

Basil., 1560, in-fol., p. 282; mais, au lieu de *cum foret horrendus hostibus ille suis*, il y a cette faute grossière, *cum floret*.

1. Tel était le goût de Benavides pour les sciences, les arts et les artistes, que sur le revers d'une médaille en son honneur, qu'il avait chargé le fameux Cavino de graver, il avait mis le portrait de ce dernier et celui d'Alexandre Bassano, célèbre antiquaire, son complice dans la fabrication de médailles antiques, si parfaitement imitées, qu'elles ont fait longtemps le désespoir des autres antiquaires, et mérité à Cavino le titre de *Prince des faussaires*.

Un petit cimetière tient à l'église des Ermites; il offre les tombeaux de marbre d'une dame allemande, la baronne Louise Deede, par Canova, et d'une autre personne de la religion réformée; ces tombeaux protestants sont peut-être les plus rapprochés qu'il y ait d'une église, et le dernier, par une louable tolérance, est construit dans le mur même des Ermites, et donne, je crois, dans l'église.

A Saint-Canziano, le *Miracle de l'Avare par S. Antoine*, ouvrage de Damini, offre le portrait du célèbre anatomiste Jérôme Fabricius d'Acquapendente et celui de l'auteur. La *Mort du Rédempteur* et les *Maries pleurantes*, excellentes figures en terre, d'André Riccio, ont très-malencontreusement été revêtues de couleur : on sent, en les voyant, à quel point la réalité est inférieure et opposée au vrai.

L'église des *Servi* de Sainte-Marie remonte au xive siècle ; elle fut fondée par Fina Buzzacarina, femme de François Carrare-le-Vieux, sur l'emplacement de la maison démolie de Nicolas Carrare, conspirateur qui avait voulu livrer Padoue à Can della Scala. Plusieurs de ses tableaux et mausolées sont remarquables : la *Vierge au milieu des anges*, et à ses pieds S. Jérôme, S. Christophe, et d'autres saints, est une composition naturelle, élevée, du xve siècle, d'auteur inconnu. On ne sait sur quel fondement la statue miraculeuse de la Vierge a été attribuée à Donatello. A la sacristie, le tableau de la *Vierge soutenant le Christ mort*, est d'André Mantova, noble et habile amateur, élève de Luc de Reggio. La *Vierge, S. Paul, S. Augustin, Ste Marie-Madeleine, Ste Catherine*, est un bel ouvrage d'Étienne dall' Arzere ; l'*Apparition de la Vierge au fondateur de l'ordre des Servi* ; l'*Évêque de Florence Ardingo lui passant sa robe noire*, sont de Luc de Reggio. Les bas-reliefs en bronze du mausolée de Paul de Castro et de son fils Ange, jurisconsultes et professeurs, sont peut-être du Vellano, élève peu digne de Donatello et beaucoup trop vanté par Vasari. On y voit un ange apportant un livre à ces docteurs, auxquels l'inscription donne le titre ridiculement superbe de *monarchis sapientiæ*. Le tombeau d'Héraclius Campolongo, célèbre médecin de son temps, mort en 1606, est à la fois grand et élégant.

La petite église Saint-Daniel remonte au xie siècle, mais elle a été modernisée. On regrette de n'y plus trouver de traces du tombeau et de l'inscription honorifique décernés à Ange Ruzzante dit Beolco, de son goût pour l'agriculture et le soin des troupeaux. Beolco, célèbre par ses comédies en dialecte rustique de Padoue, les jouait avec un tel talent qu'il fut comparé à Roscius par Sperone Speroni. Malgré ses succès, Beolco était pauvre lorsqu'il mourut, en 1542, âgé de quarante ans, et obtint à Saint-Daniel de magnifiques funérailles auxquelles paraît avoir assisté l'historien des illustres padouans, le chanoine Scardeone, son admirateur. Si le monument du poëte et de l'acteur de Padoue existait encore, il honorerait l'Italie qui avait accordé à Beolco des honneurs et une sépulture refusés en France, plus de deux siècles après, à la cendre de Molière.

La vaste église Saint-François n'est pas sans intérêt sous le rapport de l'art et des souvenirs littéraires. Le tombeau de l'illustre savant, orateur, politique et guerrier florentin, Barthélemy Cavalcanti, exilé volontaire après la perte de la liberté de sa patrie, mort à Padoue en 1562, est d'excellent goût, et le sarcophage rappelle la hardiesse de Michel-Ange. Le mausolée du célèbre professeur et médecin vénitien Pierre Roccabonella, surmonté de sa statue en bronze écrivant, est du Vellano, terminé par André Riccio. Au-dessus de l'autel élégant de la chapelle *della Crociera*, l'*Ascension* est de Paul Véronèse; les apôtres sont de Damini, et furent peints en 1625, les figures de Paul Véronèse ayant été coupées et volées, ainsi que le constate une inscription qui rappelle cet étrange larcin. Un admirable *S. François recevant les stigmates*, est de Luc de Reggio. A la chapelle Saint-Grégoire, le *saint intercédant pour quelques âmes du purgatoire*, beau tableau de Palma, est malencontreusement caché par une image de la Vierge, objet de la vénération populaire. Les bas-reliefs de l'autel, élevé aux frais de l'archiprêtre Barthélemy Sanvito, ainsi que sa statue à genoux, sont de bons ouvrages du xvie siècle. La *Vierge sur un trône*, et de chaque côté S. Pierre et S. François, bas-relief précieux en bronze, est un ouvrage du Vellano, achevé par Riccio. Le portique de Saint-François était jadis célèbre par les peintures en clair-obscur représentant la *Vie du saint*, de François Squarcione ; elles disparurent, et furent badigeonnées dans le dernier siècle, et Algarotti même, dans une de ses lettres, a prétendu plaisamment que ce fut à la suite d'un chapitre tenu là-dessus par les frères. Un religieux oblat du couvent, homme instruit et ami des arts, découvrit la suite de ces peintures dans un petit cloître voisin transformé en bûcher. Elles sont aujourd'hui à peu près perdues ; mais le compartiment le moins détruit, représentant S. François à genoux devant le pape sur son trône, entouré de la foule des cardinaux, atteste encore l'habileté du vieux maître vénitien, chef d'une école célèbre à Padoue, qui compta jusqu'à cent trente-sept élèves, parmi lesquels il eut la gloire de former Mantegna ; maître sévère sur les principes, et qui traitait déjà de corruptrice l'école de Jean Bellini.

Saint-Clément a l'un des meilleurs ouvrages de Luc de Reggio : ce pape au milieu des anges. Le *Christ donnant les clefs à S. Pierre en présence des anges*, de Damini, rappelle l'imitation du Padovanino.

La grande église Saint-Benoît-le-Vieux offre quelques belles peintures : *S. Benoît et quelques moines*, de Damini ; le *Christ en l'air, S. Pierre dictant l'Évangile à S. Marc, S. Jérôme, S. Dominique*, et *Ste Thècle*, de Dominique Tintoret ; le grand tableau de *Moïse faisant jaillir l'eau du rocher* ; le *Bienheureux Jourdain Forzate traçant avec son bâton le plan du monastère voisin*, du Padovanino ; *Notre-Dame de Lorette*, l'*Impératrice Hélène* et *Louis de Gonzague*, de Luc de Reggio. Saint-Benoît a le tombeau d'une Anglaise littéraire, de quelque célébrité dans le dernier siècle, madame Justine Wynne, comtesse des Ursins et de Rosenberg, monument de la tendresse de son frère Richard Wynne, qui le lui consacra le 9 septembre 1791, année de sa mort. Madame de Rosenberg a composé la description, en français, de la villa Altichiero du sénateur Ange Quirini, riche alors de statues et d'antiquités, et le livre fort rare intitulé *les Morlaques*, tableau en prose poétique des mœurs peu connues de ces habitants de la Dalmatie. Le frivole comte Benincasa a plusieurs fois été donné comme le teinturier de cette dame érudite, collaboration impossible et fort bien réfutée par M. Nodier.

La vaste église des Carmes possède un tableau charmant du Padovanino, la *Mère de S. Jacques et de S. Jean priant le Sauveur;* quelques bonnes peintures de son père Darius Varotari près de l'orgue et du maître-autel ; *S. Prosdocime, S. Daniel et S. Antoine de Padoue;* une *Vierge* à fresque d'Étienne dall' Arzere ; un petit et élégant tableau de Bissoni, peintre padouan du xviie siècle ; la *Vierge, l'enfant Jésus, et le bienheureux Siméon Stoch*, et un autre grand et beau tableau, du même, la *Vierge offrant l'habit de carmélite au fondateur de l'ordre.* La Scuola del Carmine, voisine de l'église, a quelques fresques de Dominique Campagnola, l'*Adoration des bergers*, des *mages*, la *Circoncision*, qui sont des meilleures de cet artiste, une admirable *Visite de S. Joseph à Ste Anne*, du Titien, et un petit tableau de la *Vierge avec l'enfant Jésus*, de lui ou du vieux Palma.

Sainte-Croix a des peintures estimées et deux assez bonnes figures d'anges, d'Antoine Bonazza, sculpteur passable du dernier siècle ; cette église est surtout intéressante par la sépulture du P. Jacques Stellini, religieux somasque, homme d'un savoir et de facultés immenses, poëte, orateur, géomètre, théologien, médecin, chimiste, érudit, et surtout philosophe, qui, selon l'expression d'Algarotti, aurait pu se charger d'enseigner, le même jour, toutes les sciences humaines, espèce de Socrate padouan, dont les opinions, à peu près oubliées en Italie, prouvent que les résultats de la pensée et de la raison y vivront toujours moins que les œuvres des arts et de la poésie.

La petite église des *Dimesse*, d'une élégante et harmonieuse architecture, passe pour être du dessin d'Algarotti. La *Madeleine, S. Antoine, S. Jean-Baptiste* et *S. Prosdocime*, est un beau tableau de la première manière de Liberi.

CHAPITRE V.

Sainte-Justine. — Saint-Jean-di-Verdara. — Buonamico. — Professeurs du XVIe siècle. — Morgagni. — Séminaire. — Forcellini.

Sainte-Justine, avec ses huit coupoles à jour, dont la plus élevée est surmontée de la statue de la sainte, est un superbe monument; bâtie depuis plus de trois siècles, cette église paraît encore toute neuve. L'architecte fut un bénédictin, le P. Jérôme de Brescia. Dans la chapelle principale est un excellent tableau de Paul Véronèse, le *Martyre de Ste Justine;* mais Jésus-Christ, la Vierge, S. Jean et les anges placés en haut semblent bien moins descendre que tomber lourdement du ciel : un tel défaut, si opposé à la manière aérienne de ce grand peintre, ne saurait certes lui être attribué; il doit revenir au prieur du couvent, qui eut la prétention de rectifier le dessin de Paul Véronèse et de lui enseigner la perspective [1].

Les diverses chapelles ont encore d'autres belles peintures : la *Conversion de S. Paul,* le *Martyre de Jacques Mineur,* superbes compositions des héritiers de Paul Véronèse [2]; une agréable et touchante *Extase de Ste Gertrude,* de Liberi; un énergique *Martyre de S. Gherard Sagredo,* de Loth; la *Mort de Ste Scolastique,* peut-être trop gracieuse; le *Martyre de S. Placide,* noble, élégant, de Luc Giordano; *S. Benoît recevant à la porte de son monastère S. Placide et S. Maur,* un des meilleurs ouvrages de Palma; *le même saint montrant sa règle à plusieurs princes et princesses,* de Claude Ridolfi, très-loué, et justement pour l'in-

---

[1]. Ce prieur de Sainte-Justine était le P. Julien de Careni, de Plaisance : Algarotti, dans ses *Lettres,* a imaginé un plaisant dialogue entre lui et l'artiste au sujet de cette correction. Il a toutefois été reconnu depuis que le changement des couleurs, plus foncées, a beaucoup ajouté à ce défaut de perspective.

[2]. Plusieurs tableaux exécutés par ses parents, et après sa mort, portent pour nom d'auteur les *héritiers de Paul Véronèse :* c'étaient son fils Carletto et ses frères Benoit et Gabriel. Toute cette famille travaillait quelquefois ensemble au même tableau.

vention, la grâce, la richesse et le soin de l'exécution; *S. Côme et S. Damien tirés de la mer; leur martyre*, bons ouvrages de Balestra ; un grand et pathétique tableau de la *Mission des apôtres*, de Bissoni; le *Miracle des saints Innocents*, très-élégant, par Damini ; le *Martyre de S. Daniel*, d'Antoine Zanchi, contemporain des deux derniers peintres, un de ses meilleurs tableaux et remarquable par la composition, le dessin et la vérité des chairs. La statue de *Rachel*, avec un fils dans ses bras et un autre mort à ses pieds, par Joseph Comino, est assez estimée; les figures, plus fortes que nature, du *Christ mort, de la Vierge et de S. Jean*, par Philippe Parodi, malgré beaucoup d'habileté, de pathétique, révèlent toujours l'élève du Bernin. Les figures et symboles pris du Nouveau-Testament qui ornent les stalles du chœur, sont l'excellent ouvrage d'un Français de Rouen, Richard Taurigny, qui a fait aussi les belles stalles du chœur du dôme de Milan, personnage extraordinaire, dont la vie à Padoue est remplie de querelles et de fureurs; du P. abbé Euthichius Cordes d'Anvers, un des pères du concile de Trente, théologien ami des arts, qui dirigea dans ses travaux notre fougueux compatriote; et d'André Campagnola, bon sculpteur, peu connu, qui a exécuté en terre cuite le modèle de ces beaux reliefs en bois. Sainte-Justine a le tombeau de la docte Piscopia Cornaro, dont la statue est à l'Université[1], le buste à Saint-Antoine, et qui semble comme la muse de Padoue.

L'ancienne et célèbre bibliothèque de Sainte-Justine n'existe plus; vendue et gaspillée en 1810 par le domaine, elle est maintenant dispersée, et la plus grande partie des articles précieux est passée de la bibliothèque de M. Melzi en Angleterre; ses brillants rayons, faits de bois de Norwège et de l'Inde, sont à la bibliothèque de l'Université, et le cloître est devenu un grand et bel hôpital d'invalides. Il faut donc que nos écrivains d'histoire littéraire renoncent désormais à se renvoyer mutuellement aux manuscrits placés dans la bibliothèque Sainte-Justine.

L'église des Grâces, dont le couvent, autrefois des domini-

---

1. *V.* ci-dessus, chap. II.

cains, est une maison d'orphelins et de mendiants, a un beau et expressif tableau de Damini, S. *Dominique ressuscitant une jeune fille noyée.*

L'église Sainte-Sophie, que l'on a crue l'ancienne cathédrale, conserve d'antiques et divers débris : telles sont les bizarres figures peintes à la grande porte et surtout l'abside antérieure à l'an 1000 et construite de matériaux provenant d'édifices romains. Le *Christ mis dans le tombeau* est un des meilleurs tableaux d'Étienne dall' Arzere ; une *Madone*, fresque du XIVe siècle, est un ouvrage curieux ; les vieux siéges qui servaient autrefois aux prêtres pendant les offices méritent l'attention des érudits. Sainte-Sophie a le tombeau d'un homme distingué, le cav. Mabil, né à Paris, professeur pendant près de trente ans à l'université de Padoue, traducteur de Tite-Live, de toutes les lettres de Cicéron, du Songe de Scipion, de la Vie d'Agricola, d'Horace, de Phèdre et de l'étrange poëme de la Callipédie de Quillet, en vers *sciolti*, avec de savantes notes. Ami de Foscolo et du cardinal Maury, Mabil, spirituel, excellent causeur, fut employé par l'administration française et mourut plus qu'octogénaire le 25 février 1836 ; son épitaphe, qu'il a composée, peint heureusement sa vie active et agitée[1].

L'église *Ognissanti*, d'une architecture nue, a une *Assomption* de Palma ; l'ancône en trois compartiments, à l'entrée de la sacristie, représentant *la Vierge*, l'*enfant Jésus*, et à ses côtés S. Sébastien et un autre saint, est un précieux débris de peinture dans le style squarcionesque[2]. Un tableau plein de vie et d'expression, le plus remarquable de l'église, est la *Vierge* dans une gloire, et en bas S. Maur et Ste Agnès : Morelli l'attribue au Bassan, mais il paraît plutôt de son élève Bonifazio. L'épitaphe suivante, espèce d'épigramme politique sur un tombeau, proba-

---

1. *Petrus Aloy. Mabil Eqv. Cor. Ferreæ Origine Gallus Sexennis Italiam Parentib. Deductus Ibiq. Sede Apud Venetos Faustis Ominib. Firmata Post Varios Rerum Casus Fato Modo Ducente Modo Trahente Tandem Sub Extremo Vitæ Limine Non Per Ignaviam Transactæ Conditorium Hocce Mihi Morituro Parandum Curavi Anno MDCCCXXXVI. Ætatis Meæ LXXXIV.*

2. *V.* le chap. précédent.

blement d'un de nos compatriotes émigrés, n'est pas sans quelque originalité : *Cajetanus Molinus N. V. olim aristocraticus, nunc realista, unquam democraticus, civis semper optimus, obiit tertio Id. dec. MDCCXCVII.*

Saint-Thomas, ou les Philippins, est remarquable par ses peintures : la *Vierge au milieu des mages,* dont le fils se penche gracieusement vers S. Joseph, S. Antoine de Padoue et le petit S. Jean; *S. Philippe de Neri* et *S. Charles Borromée,* demi-lune près de l'orgue; la *Visite de Ste Élisabeth,* la *Naissance de Jésus-Christ,* la *Présentation au Temple,* le *Couronnement d'épines,* l'*Ascension,* la *Descente du S.-Esprit* et l'*Assomption de la Vierge,* beaux ouvrages, assez difficiles à découvrir au plafond, sont de Luc de Reggio. Une *Piété,* du prêtre Stroifi, rappelle heureusement la manière du Cappuccino, son maître. *Ste Thérèse, Ste Justine,* sont de François Minorello, le plus habile élève de Luc de Reggio et presque son émule ; *S. Prosdocime, S. Daniel, Ste Agnès,* une religieuse ; l'*Apparition de la Vierge à S. Philippe ;* le même *saint porté au ciel par les anges,* au réfectoire, de Liberi. A l'oratoire voisin, la *Vierge sur un trône avec l'enfant Jésus,* est un bon tableau d'auteur inconnu.

Saint-Jean-*di-Verdara* offre quelques tombeaux d'artistes et d'écrivains célèbres et de beaux tableaux. Le mausolée d'André Riccio, l'auteur du fameux candélabre du *Santo,* était surmonté de son portrait en bronze, qui, dit-on, semblait vivant, et qui en a été barbarement arraché : le bronze, que ce statuaire avait si habilement travaillé, était un ornement convenable et sacré sur son tombeau. Un autre grand artiste, Luc de Reggio, un des meilleurs élèves du Guide, peintre noble, gracieux, expressif, qui passa la plus grande partie de sa vie à Padoue, est enterré dans cette église[1]. Un monument élégant, mais imitation inférieure de celui de Bembo au *Santo,* a été consacré à Lazare Buonamico, un de ces grands professeurs du XVIe siècle, un de ces hommes renommés et puissants que recherchaient, que sol-

---

1. L'inscription, fautive, porte qu'il mourut en 1652, âgé de quarante-neuf ans; son testament, déposé aux archives de Padoue, et fait à Borghoschiavin, en présence de François Minorello, son élève, est du 5 février 1654.

licitaient à l'envi les princes et les villes, dont la vie, différente de celle de leurs paisibles successeurs de France ou d'Allemagne, était pleine d'aventures, de catastrophes[1], et qui, par leurs leçons mieux que par leurs ouvrages, contribuèrent tant à la gloire des lettres modernes. Le monument élevé, en 1544, au professeur de droit Antoine Rossi est bizarre ; mais le buste, d'auteur inconnu, est un ouvrage précieux. Les tableaux sont : une *Nativité*, très-gracieuse, de Rotari ; la *Vierge*, l'*enfant Jésus*, *S. Antoine et S. Bernardin;* un grand et noble *Crucifiement,* d'Étienne dall' Arzere ; les deux premiers avec *S. Jean-Baptiste et S. Augustin* dans un agréable paysage ; à la sacristie une *Madone*, très-belle, dans une campagne riante, avec S. Jean-Baptiste et Ste Anne, par don Pierre Bagnara, chanoine de Saint-Jean-de-Latran, imitateur faible et gracieux de son maître Raphaël. Sur le dernier tableau, le pieux artiste a inscrit ces mots, qui se retrouvent sur plusieurs de ses ouvrages : *Orate Deum pro anima hujus pictoris. S. Augustin donnant le livre de ses Constitutions aux religieux de son ordre,* est de Luc de Reggio.

Les trois seuls tableaux de la petite église Saint-Maxime, par Tiepolo, sont excellents ; la statue couchée de Joseph Pino, mort à la fleur de l'âge, en 1560, est un ouvrage digne de cette époque. Un illustre tombeau est à Saint-Maxime, c'est celui de Morgagni, savant plein de foi, qui, transporté d'admiration pour l'auteur de la nature, un jour, au milieu d'une dissection, laissant tomber son scalpel, s'écria : « Ah ! si je pouvais aimer Dieu comme je le connais ! »

La petite église Saint-Matthieu est fière à juste titre de deux chefs-d'œuvre du Padovanino : le *Saint percé par un gentil* et une *Annonciation.*

Saint-Joseph a conservé quelques fresques curieuses de Jacques de Vérone, grand artiste du XIVe siècle, exécutées en 1397, selon une inscription en vers latins : l'*Adoration des mages* offre les portraits de plusieurs princes Carrares ; quelques hommes un peu plus illustres aujourd'hui sont représentés parmi les spec-

---

1. Buonamico s'était trouvé à Rome au moment du sac de la ville par les troupes du connétable de Bourbon ; il faillit y périr, et y perdit tous ses livres et manuscrits.

tateurs des *Funérailles de la Vierge*, ils s'appellent Dante, Pétrarque, Boccace; on y voit aussi le célèbre médecin, philosophe et hérétique, Pierre d'Abano, appelé dans son temps le *Grand Lombard*, et peut-être le peintre qui serait le personnage tenant à la main son bonnet.

Saint-Fermo a le grand et superbe *Crucifix* en bois, d'auteur inconnu, vanté par le P. della Valle, commentateur de Vasari, comme une des plus belles choses de Padoue, mais où l'agonie violente du Christ paraît plutôt celle d'un homme que d'un Dieu. Le tableau représentant la *Vierge avec S. Jean l'évangéliste, S. François d'Assise et Jean Bagnara*, dit *le Long*, qui a élevé l'élégant autel où ce tableau est placé, est de Minorello, et digne de son maître Luc de Reggio. Un petit tableau de *S. Pierre et de S. Jean-Baptiste* est curieux par son antiquité.

Le collége de Padoue, appelé Séminaire, est justement célèbre par son imprimerie, son latin et sa bibliothèque. Les presses sont au nombre de huit, et paraissent occupées. La bibliothèque a cinquante-cinq mille volumes environ, huit cents manuscrits, et la précieuse collection d'estampes léguée, en 1829, au séminaire par le général marquis Frédéric Manfredini, homme éclairé, ancien gouverneur des fils de Léopold et fort ami de Morghen. Ce recueil classé faussement par nations au lieu de l'être par époques, est peu accessible, presque enfoui à cause de quelques gravures trop libres. La bibliothèque du séminaire compte de rares éditions princeps de l'Homère de Florence, du Pline de Venise; un exemplaire de la troisième édition du même, sur vélin (Venise, 1472); un autre Pline avec des notes marginales d'un savant inconnu (Venise, Bernardin Benalio, 1497); les Lettres de Cicéron, premier livre imprimé à Venise; de beaux manuscrits de Pétrarque et du Dante. Une Lettre autographe de Pétrarque à son médecin et son ami Jean Dondi[1], *De quibusdam*

---

1. Le fils de Jacques, médecin et astronome, auteur de la fameuse horloge qui fut placée sur la tour du palais de Padoue, en 1344. Jean fut aussi astronome en même temps que médecin. Il inventa et exécuta lui-même une autre horloge qui fut placée à Pavie dans la bibliothèque de Jean Galéas Visconti. C'est de là que cette famille Dondi avait pris le surnom de *degli Orologi*.

consiliis medecinæ, est curieuse[1]; on peut la regarder comme un petit traité d'hygiène plein de bon sens ; elle est datée d'Arquà ; Pétrarque avait alors soixante-six ans. Après les lieux communs sur la nécessité de céder au temps, puisque tout lui cède dans la nature, Pétrarque consent à abandonner l'usage du poisson et des chairs salées ; mais il défend son régime de fruits et de végétaux, l'habitude qu'il avait dès l'enfance de ne boire qu'une seule fois le jour et de l'eau pure, de jeûner rigoureusement une fois la semaine au pain et à l'eau. Dondi, au contraire, voulait lui faire boire du vin, des spiritueux, manger de la chair de perdrix et de faisan, et combattait ses jeûnes, malgré l'exemple des solitaires de la Thébaïde cité par Pétrarque[2]. Un exemplaire des *Dialogues* de Galilée, sur lequel il a travaillé, est aussi à la bibliothèque : les variantes en ont été données dans l'édition de ses œuvres imprimées au Séminaire, (1744, quatre volumes in-4°).

Je ne pus contempler sans une sorte de respect le manuscrit, en douze volumes in-fol. du grand Dictionnaire latin de Forcellini, monument de science, de constance et de modestie de ce saint et docte prêtre[3]. Certes, on ne s'attend guère à trouver de la sensibilité et du pathétique en tête d'un lexique latin in-fol.;

1. Elle a été publiée en 1808 par les professeurs du séminaire de Padoue, et tirée seulement à cent exemplaires. Cette lettre, la première du XII° livre des *Seniles*, est imprimée dans les diverses éditions de Pétrarque avec des fautes très-grossières, que l'édition du séminaire a relevées et indiquées à la fin du volume.

2. Pétrarque ne fut pas moins prévenu contre la médecine et les médecins que Montaigne, Molière et Jean-Jacques. *V.* dans les *Senil.*, lib. XII, les ép. 1 et 2 adressées à Jean de Padoue, célèbre médecin. Un habitant de cette ville offrit d'élever la statue de Pétrarque à ses frais dans le *Prato della Valle* (*V.* le chap. suivant), mais à condition qu'il pourrait y inscrire ces mots :

Francisco Petrarchæ
Medicorum hosti infensissimo.

L'étrange proposition ne fut point acceptée.

3. La troisième édition du Dictionnaire de Forcellini, commencée en 1827 et terminée en 1834, était dirigée par M. l'abbé Joseph Furlanetto, du séminaire de Padoue, dont j'ai eu l'honneur d'être reçu, et qui était tout à fait digne, par son savoir et son activité, de perfectionner cet important ouvrage. La nouvelle édition, en quatre vol. grand in-4°, offre plus de dix mille corrections et environ cinq mille mots nouveaux.

et cependant je ne connais rien de plus touchant que ces paroles de Forcellini aux élèves du séminaire de Padoue, dans lesquelles il leur rappelle avec simplicité le temps, les soins, les forces qu'il a consacrés à ce travail de près de quarante années ; « *Adoles-* « *cens manum admovi, senex, dum perficerem , factus sum, ut* « *videtis*[1]. » Je demandai à voir les auteurs dont il s'était servi pour ses recherches ; ils étaient usés, détruits, tant il les avait feuilletés et refeuilletés.

L'église du séminaire, bonne construction du commencement du xvi° siècle, a quelques belles peintures : le célèbre tableau du Bassan représentant le *Christ mort*, et porté au tombeau à la lueur des torches par Joseph et Nicodème ; l'expression de douleur de la Vierge et des autres femmes est admirable ; le peintre a presque fait de ce chef-d'œuvre un tableau de famille : le vieux Joseph est son portrait, la Vierge celui de sa femme, une des Maries celui de sa fille ; la *Vierge sur un trône avec l'enfant Jésus*, et en bas S. Pierre, S. Paul, S. Jean-Baptiste, Ste Catherine et deux anges, un des meilleurs ouvrages de Barthélemy Montagna ; l'*Adoration des bergers*, de François Bassano, ou de son frère Léandre, excellente ; la *Vierge*, l'*enfant Jésus, S. Jérôme*, et autres saints, tableau non fini et fort estimé : l'auteur est Lamberto Lombardo, peintre de Liége, établi quelque temps à Venise, qui fit plusieurs paysages des tableaux du Titien, son maître et son modèle, et du Tintoret; un grand *Crucifiement,* qui, malgré les injures du temps, a paru, par son pathétique et son inscription abrégée, pouvoir être attribué à Paul Véronèse.

CHAPITRE VI.

Palais *del Capitanio*. — Palais du Podestat. — Salon. — *Lapis vituperii*. — Prisonniers pour dettes. — Belzoni. — Italiens voyageurs. — *Prato della valle*. — Portes.

L'architecture du palais dit *del Capitanio*, de Falconetto, est majestueuse. Sous la porte , de colossales fresques sont de Sébas-

---

[1]. Totius latinitatis lexicon , t. Ier, xlvi.

tien Florigerio, habile peintre du commencement du xvi° siècle, élève de Martin d'Udine. Telle est la noblesse, l'élégance de l'escalier et de ses coupoles, qu'il a été mis par erreur dans les œuvres inédites de Palladio ; il paraît de Vincent Dotto, bon architecte de Padoue de la fin du xvi° siècle, dont les constructions rappellent quelquefois la grâce de ce grand maître.

Quelques parties extérieures de l'architecture du palais du Podestat ont paru dignes de Palladio. La statue de la *Justice* tenant une épée nue, à l'entrée, de Titien Minio, est inférieure aux élégantes et légères figures ailées de la façade, qui lui sont aussi attribuées. Les salles de ce palais du Podestat ont reçu de bons tableaux des peintres de l'école vénitienne, dont plusieurs, relatifs à l'histoire de Padoue, sont particulièrement flatteurs pour l'autorité municipale : le *Recteur de la ville, Cavalli, accompagné de S. Marc et des quatre protecteurs de Padoue, se présentant devant le Sauveur*, un des chefs-d'œuvre de Dominique Campagnola ; un autre grand tableau de la *Vierge* avec S. Marc et S. Luc, du même ; le *Recteur Maxime Valier abandonnant les clefs de la ville à son frère Sigismond*, de Damini ; l'*Alliance conclue entre Pie V, le roi d'Espagne et le doge Louis Mocenigo*, de Darius Varotari ; un grand tableau de *Jésus-Christ* entre la Justice et l'Abondance avec S. Prosdocime et S. Antoine, qui lui présentent les recteurs Soranzo, de Palma ; une petite *Flagellation de Jésus-Christ*, de l'Orbetto ; une *Bacchanale*, de François Cassana, artiste vigoureux du xvii° siècle ; un *Combat de deux Coqs*, de son fils Augustin Cassana, qui a excellé dans les animaux ; *Loth et ses filles*, de Liberi ; une *Femme adultère*, très-belle, du Padovanino ; son portrait, par lui-même, dont l'attitude et les divers objets que l'on y voit représentés annoncent que ce peintre charmant aimait aussi les lettres et les sciences ; une *Cène*, un des meilleurs ouvrages de Piazzetta. Les médaillons en bronze de Fracastor et d'André Navagero sont un travail parfait de l'habile et perfide Cavino.

Le salon, autrefois salle d'audience du palais de Justice (*palazzo della ragione*), ne sert plus qu'au tirage de la loterie ; c'est assurément le plus vaste temple qu'ait jamais eu la fortune, et il est loin d'avoir été surpassé par notre Bourse de Paris. Westminster, la salle du vieux palais de Florence, n'ont même point l'étendue de cette salle immense, la plus grande construction de ce genre qu'il y ait en Europe, et dont la voûte célèbre atteste encore l'audacieux génie du frère Jean, l'architecte de l'église des Ermites.

Les fresques de la partie supérieure, divisées en trente-neuf compartiments offrant plusieurs sujets de la vie de la Vierge et de l'histoire sainte, et de nombreuses figures astrologiques, furent imaginées par le fameux Pierre d'Abano, et exécutées par Giotto, et peut-être par d'autres peintres plus anciens [1]; elles ont été plusieurs fois restaurées, et, pour la dernière, en 1762, par François Zannoni, artiste incomparable dans ce genre de travaux, et capable de désarmer les plus opiniâtres ennemis des restaurations. Un monument assez bien exécuté a été élevé à Tite-Live; il contient son prétendu cercueil : on y voit de chaque côté deux petites statues en bronze de Minerve et de l'Éternité, au-dessous desquelles sont le Tibre et la Brenta, tandis que les os de l'historien latin seraient au-dessus d'une porte voisine. Il peut exister dans l'amour de la patrie une sorte d'exagération, de superstition, qui finit par ne plus toucher, parce qu'elle ressemble à du charlatanisme, et qu'elle manque à la fois de bon sens et de vérité. Le monument de Sperone Speroni, avec son buste, est de 1594. Un monument qui diffère de ces deux monuments littéraires est celui consacré à la marquise Lucrèce Dondi dall' Orologio, femme digne de son prénom, qui, plutôt que de céder à la passion d'un amant, avait été assassinée dans sa chambre au milieu de la nuit du 16 novembre 1654.

La pierre (*lapis vituperii*) vue par Addison à l'hôtel de ville, et par laquelle tout débiteur était délivré des poursuites de ses créanciers, lorsqu'après y avoir été assis à nu trois fois par les sergents, la halle pleine de monde, il jurait n'avoir pas 5 francs

---

[1]. C'est par erreur que Ginguené a dit (article de Pierre d'Abano, de la *Biographie*) que les figures de Pierre d'Abano, détruites par l'incendie du salon en 1420, furent repeintes par Giotto; celui-ci était mort depuis près d'un siècle, en 1336.

vaillant, est aujourd'hui au salon. C'est une espèce de sellette de granit noir, qui n'est point du tout usée ; il y avait vingt-quatre ans que cette coutume ne s'était pratiquée lors du voyage d'Addison en 1700. A l'intrépidité avec laquelle certains débiteurs de notre temps montrent leurs visages, on peut très-bien croire que, si la même pierre existait à Paris, ils ne rougiraient guère de montrer le reste, et qu'elle servirait bien davantage. De pareilles pierres existaient, au moyen âge, dans diverses villes d'Italie, telles que Vérone, Florence[1], Sienne ; il n'y avait de différence que dans le cérémonial[2]. On citait aussi la pierre des débiteurs à Lyon. Cet usage avait donné à notre langue française une expression familière qui était encore employée même après le siècle de Louis XIV, ainsi qu'on le voit par cette phrase de Saint-Simon sur l'arrêt du conseil d'État, qui diminuait en définitive de moitié par année les actions et les billets de la compagnie dite du Mississipi : « Cela fit, ce qu'on appelle en matière de finance et de banqueroute, montrer le cul. » Malgré sa bizarrerie, cette peine était au fond assez raisonnable ; c'était un moyen d'échapper à ces éternels prisonniers pour dettes, embarras de notre civilisation et de notre jurisprudence ; et une telle publicité, à la fois mêlée de ridicule et de honte, valait peut-être mieux que certains de nos arrêts pour déclarer les gens insolvables.

Au-dessus de deux belles statues égyptiennes de granit, à têtes de lion, données par Belzoni à sa ville natale, est le médaillon en marbre de Carrare, par M. Rinaldo Rinaldi, de ce

1. Lippi a mis dans l'enfer burlesque de son *Malmantile* les dames florentines qui, par la dépense de leur toilette, avaient conduit leurs maris sur la pierre des débiteurs :

> Donne, che feron già per ambizione
> D'apparir gioiellate e luccicanti,
> Dare il cul al marito in sul lastrone. (Cant., vi, 73.)

2. A Sienne, ces débiteurs faisaient pendant trois matins le tour de la place à l'heure où sonnait la cloche du palais ; ils étaient accompagnés des sbires, et presque entièrement nus ; le dernier jour, en frappant la pierre comme les débiteurs de Padoue, ils disaient les paroles suivantes, exigées par la loi : « J'ai consumé et « dissipé tout mon avoir ; à présent je paie mes créanciers de la manière que vous « voyez. »

courageux et infortuné voyageur. Si les Italiens, avec la faiblesse politique causée par la division de leur patrie, ne peuvent plus conquérir le monde, ils le découvrent : les premiers navigateurs sont Italiens, Marco Polo, Colomb, Vespuce, Jean et Sébastien Gabotto, Verazani, Pierre della Valle, Gemello, Carreri ; de nos jours, Belzoni remontait le Niger, et M. Beltrami, se dirigeant vers la baie d'Hudson, découvrait les sources du Mississipi et la communication entre la mer Glaciale et le golfe du Mexique. Le génie italien, toujours aventureux, toujours intrépide, n'a fait que changer d'élément et de route.

Telle est l'immensité du salon qu'une fête charmante y fut donnée au mois de décembre 1815, à l'empereur François et à sa fille Marie-Louise, sous la direction de l'habile M. Japelli, architecte de Padoue : le salon avait été transformé en jardin, avec une salle de bal et un salon de réception pour leurs majestés ; les arbres étaient en pleine terre ; ils formaient d'épais massifs illuminés ; on représenta un petit opéra, et il y avait jusqu'à des mouvements de terrain dans ce jardin d'appartement.

Le *Prato della valle*, place et promenade célèbre, est une espèce de Panthéon en plein vent, où sont exposées les statues des grands hommes de Padoue, depuis la statue d'Antenor le Troyen, regardé dans Virgile comme son fondateur, jusqu'à celle de Canova [1]. Deux statues sont de ce grand artiste : l'une, de Jean Poleni, ouvrage de sa jeunesse ; il l'avait commencée à vingt-deux ans, et revint exprès de Rome la terminer un peu trop à la hâte, tant il était pressé de retourner dans cette capitale des arts qu'il n'avait fait qu'entrevoir, et dont les chefs-d'œuvre lui avaient révélé la véritable sculpture ; l'autre statue est celle d'Antoine Capello. L'intention avait d'abord été de ne mettre au *Prato della valle* que des statues de Padouans ; mais il fallut avoir recours à celles d'autres illustres Italiens, et même

---

1. La statue de Canova lui fut érigée pendant sa vie, en 1796, par le procurateur de Saint-Marc, Antoine Capello. Afin de ne point paraître déroger à l'usage, qui ne permettait point de placer au Prato des statues d'hommes vivants, Canova fut représenté faisant la statue d'un autre Antoine Capello, négociateur et général habile du xvie siècle, aussi procurateur de Saint-Marc, et ancêtre de celui qui élevait la statue ; l'inscription loue et désigne adroitement Canova sans le nommer.

d'étrangers, Padoue, malgré tout son mérite, n'ayant pu fournir assez de grands hommes pour garnir ce vaste enclos, dont les arbres sont peu élevés, en trop petit nombre, et dont le canal qui l'environne m'a paru l'été à peu près à sec.

Deux des portes de Padoue, la porte de Saint-Jean et celle de Savonarole, sont de l'ancien et grand architecte Falconetto. Cette dernière, qui prouve la popularité dont a joui, même à Padoue, dont il était originaire, le célèbre dominicain de Florence, a été louée avec justice par Vasari, Maffei, Temanza; et le commentateur érudit de Vitruve, le marquis Poleni, qui en a donné le plan, la regarde comme un des plus parfaits modèles de portes de ville. La porte *del Portello*, attribuée à Guillaume Bergamasco et plus ornée, est presque un arc de triomphe.

CHAPITRE VII.

Maison Pappafava. — Chute d'anges. — Maisons Capodilista; — Giustiniani. — Falconetto. — L. Cornaro. — Maisons Lazzara; — Venezze. — Colosse d'Ammanato. — Statues. — Café Pedrocchi.

Les palais de Padoue, après Venise, paraissent médiocrement curieux ou magnifiques. La maison des honorables comtes Trento-Pappafava, la plus belle de Padoue, offre un groupe horrible et pyramidal de soixante démons enlacés les uns aux autres. Cette chute des anges, ouvrage du dernier siècle, d'Augustin Fasolato, bizarre pour l'idée et la composition, est admirable sous le rapport du mécanisme et du travail. Une *Cène*, vieille fresque d'Étienne dall' Arzere, est remarquable par le naturel et la beauté de quelques têtes. Les fresques nouvelles offrant des sujets mythologiques qui couvrent les murs d'une pièce de l'appartement de la comtesse Alexandre, ainsi qu'une Aspasie, sont des ouvrages agréables de M. Demin, un des meilleurs peintres actuels de l'Italie, surtout dans les fresques, enfoui longtemps à Padoue, et appelé depuis à Rome par son compatriote de Bellune, le pape Grégoire XVI. Dans le jardin est un débris de colonne antique, provenant d'une basilique découverte lors des fondations du nouveau café Pedrocchi.

La maison Capodilista possède les énormes débris d'un cheval de bois par Donatello, le plus colossal qui existe, et que l'on pourrait prendre pour les ruines du cheval de Troie, transportées là peut-être par le troyen Antenor, fondateur, comme on l'a vu, de Padoue. Les ouvrages de Donatello furent nombreux dans cette ville. Il y était tellement aimé que les habitants voulurent l'y fixer, et le faire leur concitoyen, mais l'artiste, par une prudence qui n'est pas très-commune, redouta pour son talent l'excès de tant de louanges.

La maison Giustiniani *al Santo* est un édifice célèbre construit en 1524, ainsi que le porte l'inscription, par l'architecte véronais Jean-Marie Falconetto, grand artiste, nourri de Vitruve et de l'étude des monuments antiques, le premier qui, avant l'école des Sansovino et des Palladio, introduisit dans cette contrée le bon goût en architecture. Falconetto mourut dix ans après dans cette même maison, chez son protecteur le comte Louis Cornaro, écrivain distingué, auteur des fameux *Discorsi della vita sobria*, pour lequel il l'avait bâtie. Les discours de Cornaro, commencés à plus de quatre-vingts ans, et dont le dernier fut écrit à quatre-vingt-quinze, étaient pratiqués par lui depuis l'âge de quarante-six ans; jusque-là il avait été valétudinaire, et la pratique de ce système le fit vivre quatre-vingt-dix-neuf ans. L'austère et minutieux régime qu'il prescrit, qui n'est plus aujourd'hui qu'une sorte d'utopie hygiénique, avait encore de nombreux partisans sous Louis XIV, et Saint-Simon rapporte qu'il était suivi par les deux vertueux amis de Fénelon, les ducs de Chevreuse et de Beauvilliers; mais qu'il en avait tué beaucoup d'autres et le célèbre ministre-d'état Lyonne. Telle est l'élégance, l'harmonieuse construction de l'œuvre de Falconetto, et de sa belle *loggia*, que, suivant Maffei, elle servit de modèle à Palladio pour le casin Capra. Les bas-reliefs en stuc du petit salon et d'autres pièces, excellents, sont peut-être de Falconetto, et des fresques charmantes ont été peintes, d'après les cartons de Raphaël, par Dominique Campagnola.

Un avocat distingué de Padoue, M. le docteur Piazza a dans la riche collection formée par lui et que son patriotisme veut laisser à la ville, treize précieux bas-reliefs de Canova : l'*Of-*

frande des Troyennes, Socrate congédiant sa famille, Socrate buvant la ciguë, Socrate mourant, la *Justice*, les *Bonnes œuvres*, la *Bonne mère*, la *Mort de Priam*, *Briséis remise par Patrocle aux hérauts*, le *Retour de Télémaque*, la *Danse des fils d'Alcinoüs*, l'*Espérance* et la *Charité*; sculptures fort bien décrites par M. l'abbé Meneghelli qui a su à la fois expliquer leurs mérites comme art et rendre leurs expressions et leurs effets.

D'habiles et originales constructions de M. Japelli, ornent le jardin peu étendu de M. le baron Trèves, juif opulent et magnifique, telles sont : un cabinet de repos, une pagode au-dessus d'un rocher, une riche volière, le laboratoire d'un alchimiste avec tous les emblèmes et outils de l'art cabalistique, une serre superbe en forme de tente, et une salle gothique d'un chapitre de chevaliers.

La maison du feu comte Jean de Lazara [1] (à San-Francesco), homme distingué par le goût des lettres et des arts, est presque un musée de peinture, de sculpture et d'antiquités. Elle a des inscriptions étrusques, romaines, discutées par les savants; un précieux papyrus cité par monsignor Gaétan Marini ; les armoiries de l'ancien tyran de Padoue, Eccelin, avec une belle inscription de Lanzi. La galerie offre des tableaux de Carletto Caliari, du Tintoret, du Padovanino, de Marconi, du jeune Palma ; quelques ouvrages des anciens maîtres de l'école vénitienne ; un *Ange*, petit tableau du Guariento, et un *S. Jérôme* et une *Madone* du Squarcione. La collection des gravures italiennes sur cuivre de la fin du xve siècle et du commencement du xvie est fort précieuse. Quatre figures en terre cuite couleur de bronze sont les modèles de bustes de Jean Mazza, fondues par les Alberghetti pour le général Schulembourg ; et un sculpteur trop vanté du dernier siècle, François Bertozzi, a exécuté les deux bas-reliefs des quatre éléments.

La maison Venezze, bâtie par l'illustre professeur Benavidès et maintenant occupée par M. le prince d'Aremberg, a quelques débris de fresques de Gualtieri et de Dominique Campagnola. Deux ouvrages de l'Ammanato sont remarquables : l'immense

---

[1]. Mort le 11 février 1833.

colosse d'*Hercule*, formé de huit parties habilement ajustées, nue et hardie statue de sa jeunesse, et la superbe porte du jardin, semblable à un arc de triomphe et décorée des statues de Jupiter et d'Apollon.

Quoique je m'occupe beaucoup plus des monuments du passé que de ceux du moment, il m'est impossible de ne point parler ici d'une construction qui était en pleine activité lors de mon dernier passage à Padoue. Cet élégant et vaste édifice, ouvrage de M. Japelli, auquel la ville doit encore ses nouvelles boucheries, autre construction excellente dans un genre différent, était exécuté pour le maître du café Pedrocchi, qui comptait y transférer son établissement. Il est aussi destiné à servir de redoute et de casin, et sera certes un des plus magnifiques qu'il y ait au monde : toutes les colonnes, les murailles, le pavé, sont de marbre ; il n'y a même point de stuc, et si l'on n'était averti, un tel bâtiment semblerait bien plus devoir être un palais ou un temple qu'un café. La dépense sera de 150,000 fr. ; mais un architecte parisien ne s'en tirerait pas avec un million. Il est vrai que les travaux sont singulièrement dirigés ; il n'y a là ni de M. le maître-maçon, ni de M. l'entrepreneur en menuiserie, en serrurerie, ni d'autres puissances ; il n'y a que l'architecte qui commande le matin et le maître qui paie le soir. Cette belle construction, dont les détails mêmes, dont les chapiteaux sont exécutés et finis avec tant de soin, sera, je crois, terminée sans que l'on ait à régler un seul mémoire, prodige qui probablement ne s'était point vu depuis le temps

> Qu'aux accords d'Amphion les pierres se mouvaient
> Et sur les murs thébains en ordre s'élevaient.

Une antique basilique s'est rencontrée en creusant les fondations ; une partie des marbres sert pour le pavé de cette boutique de limonadier, tant la vieille grandeur de l'Italie se retrouve aux lieux mêmes où on la cherche le moins [1].

[1]. Le café Pedrocchi a été terminé en 1831. M. Japelli y pratiquait en 1832 un puits artésien, découverte qui, selon l'éditeur du Vitruve d'Udine (1830-32) M. Quirico Viviani, et les recherches de M. Arago, aurait d'ailleurs été parfaitement connue des anciens. M. de Lamartine a cru retrouver aussi des puits artésiens dans les trois célèbres *Puits de Salomon* de la plaine de Tyr.

CHAPITRE VIII.

Cataio. — Monts Euganéens. — Arquà. — Maison et tombeau de Pétrarque.

Arquà, à quatre lieues de Padoue, est fameux par le tombeau de Pétrarque. Sur la route est un grand et pittoresque manoir appelé le *Cataio*, jadis célèbre par les peintures de Zelotti et par son musée d'antiquités. Le *Cataio* appartient aujourd'hui au duc de Modène, auquel il a été laissé par le dernier marquis Obizzi, ainsi que ses autres biens; legs de vanité par lequel ce marquis a cru paraître allié à la maison d'Est. Un livre rare de Joseph Betussi de Bassano, intitulé *Ragionamento sopra il Catajo luogo del Sig. Gio. Enea Obizzi; in Padova, per Lorenzo Pasquati*, 1573, in-8°, a été pris singulièrement par Lenglet-Dufresnoy, dans son *Supplément à la Méthode pour étudier l'histoire*, pour un ouvrage sur le Catai ou la Chine, et classé en conséquence.

La situation d'Arquà au milieu des collines euganéennes, fort chantées, mais peu connues, est délicieuse[1]. Childe Harold et ses notes offrent une description poétique et détaillée du site; mais, en rappelant la beauté des vergers d'Arquà, de ses petits bois de mûriers et de saules entrelacés par les festons de la vigne, peut-être eût-il été juste de citer (au moins dans les notes) ses excellentes figues, qui jouissent dans le pays d'une grande réputation et la méritent.

La maison de Pétrarque est au bout du village; cette maison, où il recevait les fréquentes et familières visites de François

---

[1]. Les monts Euganéens célébrés depuis Pétrarque jusqu'à Cesarotti, Foscolo et César Arrici, abondent d'excellentes eaux thermales dont la chaleur varie de vingt-quatre à quatre-vingts degrés. Des maisons de bains sont établies à Abano et aux sources de Monte-Ortone, de Saint-Pierre *Montagnone*, de Montegrotto, de Saint-Barthélemy, de Sainte-Hélène, près Battaglia. Ces monts sont encore fort intéressants à étudier sous le rapport de la théorie des soulèvements. Le cabinet minéralogique du comte da Rio, à Padoue, est curieux pour ce qui concerne les monts Euganéens.

Carrare, souverain de Padoue, est habitée par des paysans, et fort délabrée :

> *O di pensier soavemente mesti*
> *Solitario ricovero giocondo;*
> *Di quai lagrime amare il petto inondo,*
> *Nel veder ch'oggi inonorata resti*[1].

Sur les murs des chambres, quelques traits de ses amours pris de la première *canzone* sont grossièrement peints; on le voit couché sous un arbre, et faisant un ruisseau de ses larmes; l'aventure de Laure, qui, se baignant dans une fontaine fit jaillir l'eau avec ses mains afin de se dérober à la vue de Pétrarque, est si singulièrement représentée qu'on pourrait croire qu'elle lui jette, avec assez peu de modestie, de l'eau au visage, quoiqu'il s'avance vers elle avec une gravité imperturbable; il apparaît aussi presque métamorphosé en cerf; c'est Actéon en robe d'archidiacre. Dans une niche, l'on voit empaillée la petite chatte blanche aimée et chantée par Pétrarque; mais elle n'est pas, je crois, la véritable; elle a l'air toute neuve, et j'ai su que des étrangers sensibles voulant emporter quelque portion de cette illustre chatte, elle était renouvelée chaque année, ainsi que le laurier du tombeau de Virgile, à l'arrivée des voyageurs. Quelques enthousiastes de Pétrarque soutiennent l'authenticité de la chatte, et Tassoni, qui a traité si durement Pétrarque dans ses commentaires, a fait sur Arquà et sur elle ces jolis vers :

> *E 'l bel colle d' Arquà poco in disparte,*
> *Che quinci il monte e quindi il pian vagheggia;*
> *Dove giace colui, nelle cui carte*
> *L' alma fronda del sol lieta verdeggia;*
> *E dove la sua gatta in secca spoglia*
> *Guarda dai topi ancor la dotta soglia.*
>   *A questa Apollo già fe' privilegi,*
> *Che rimanesse incontro al tempo intatta,*
> *E che la fama sua con varj fregi*
> *Eterna fosse in mille carmi fatta:*
> *Onde i sepolcri de' superbi regi*
> *Vince di gloria un' insepolta gatta.*

---

[1]. Alfieri. Son. LVIII, sur Arquà.

Il y a dans cette maison un registre (*codice*) pour inscrire les noms de ceux qui la visitent, ou leurs pensées, s'ils pensent. Ce volume a même été imprimé; mais je doute que jamais l'intention d'avoir de l'enthousiasme ait moins heureusement inspiré. Nos grenadiers et nos voltigeurs sont venus aussi tracer leurs noms sur ce livre, mais ceux-là ne sont ni sots ni ridicules. S'ils ne savent pas bien au juste ce que c'est que Pétrarque, on sent qu'il y a en eux une sorte d'instinct, d'entraînement pour la gloire même qu'ils ne comprennent pas trop : ce sentiment touche parce qu'il est vrai, et qu'il est le secret de leurs victoires.

J'avoue, d'ailleurs, que je ne suis guère partisan de ces éternelles inscriptions auxquelles tant de voyageurs se croient comme obligés. Il me semble que la multitude de noms vulgaires qui se pressent sur le tombeau d'un grand homme, ou sur les murs de sa demeure, trouble le calme de sa tombe et le silence de la solitude où il vécut. C'est d'ailleurs à la médiocrité une sorte de manque de respect que de se familiariser ainsi avec le génie, et de s'introduire de la sorte dans son sanctuaire : de pareils hommages sont presque une offense et un sacrilége; dans ce culte, il faut que l'adorateur ne soit pas trop au-dessous de la divinité, et ne forme pas avec elle un trop frappant contraste. Cette vanité d'inscriptions, comme celle du monde, a son égoïsme et sa barbarie; les loges de Raphaël, les fresques de Jules Romain à Mantoue, et d'autres grands maîtres, déjà si dégradées par le temps, sont encore gâtées et flétries par la liste de tous ces noms propres.

Le tombeau de Pétrarque, que lui fit ériger son gendre Brossano, est de l'autre côté d'Arquà en face de l'église. Pétrarque est peut-être, avec Voltaire, l'homme des temps modernes qui ait eu la plus grande existence littéraire; courtisé par les rois et les républiques, les papes et les universités, ami des cardinaux, des grands seigneurs et du faux et chimérique tribun de la Rome moderne, il gouvernait absolument cet empire des lettres qu'il avait comme fondé, tandis que Voltaire l'étendait et le renouvelait. Si Pétrarque eut déjà les vanités et les faiblesses d'un littérateur proprement dit, il se relève par sa tendresse, par son enthousiasme pour sa patrie, par la pitié profonde que lui inspirent ses malheurs[1], et par sa touchante amitié pour Boccace ; Voltaire, au contraire, fut ennemi de Jean-Jacques ; il avait pris son pays en ridicule comme tout le reste, et il se moquait de ses revers[2]. Assez semblables par leur vie, tous deux hôtes d'un roi philosophe (Pétrarque du bon Robert de Naples, un peu plus facile à vivre que Frédéric), aimés des femmes illustres, tourmentés par l'amertume des critiques, entretenant avec leurs contemporains, et même les plus célèbres, une vaste correspondance qui fait de leurs lettres comme des espèces d'annales du temps où ils ont vécu, transportant leur renommée vagabonde en mille endroits divers, leur mort présente un singulier contraste : Voltaire expire au milieu de Paris, accablé de sa gloire, au sein des hommages de l'Académie, au bruit des applaudissements du théâtre, des acclamations du peuple ; Pétrarque meurt paisiblement dans l'asile d'Arquà que lui avait offert le tyran de Padoue, et qu'il préfère à la vie orageuse du citoyen de Florence.

L'amour réel ou métaphysique de Pétrarque pour Laure, est peut-être une des questions historiques les plus controversées et les plus obscurcies. M. le professeur Marsand, de Padoue, éditeur de la meilleure édition de Pétrarque, créateur d'une curieuse bibliothèque de neuf cents volumes sur cet homme célèbre, passée, en 1830, à la Bibliothèque particulière du Roi, au Louvre, qui, depuis vingt ans, a fait de la vie de Pétrarque son étude constante, est revenu au système du célibat de Laure ; il prétend, malgré les imposantes autorités de Tiraboschi, de Baldelli, de Ginguené et de l'auteur du curieux article sur Laure de la *Biographie*, qu'aucune preuve authentique de son mariage avec

---

[1]. *V.* ses Canzoni, 2 et 4.
Spirto gentil che quelle membra reggi.
Italia mia, benchè 'l parlar sia indarno.

[2]. « Toutes les fois que j'écris à votre majesté sur des affaires un peu sérieuses, « écrit-il à Frédéric, je tremble comme nos régiments à Rosbach. » Et ailleurs : « Ils ont fui comme les Français devant V. M. » ... « Il me fallait, dit-il encore à « Frédéric, le roi de Prusse pour maître et le peuple anglais pour concitoyen », et beaucoup d'autres traits pareils. *Correspond. du roi de Prusse*, lett. LIX, LXXXIII, CXIV, CXXII, CXXIX.

Hugues de Sade ne peut être citée. J'avoue que j'inclinerais volontiers à cette opinion, conforme à l'esprit et aux mœurs littéraires du temps, et que j'aimerais fort à voir une personne aussi poétique débarrassée de ces onze enfants que lui donne grossièrement et par vanité l'abbé de Sade. Malgré sa haute naissance tant célébrée par Pétrarque, Laure pourrait bien avoir été une personne assez commune; celui-ci même avoue que, livrée aux soins du ménage, elle ne s'occupa jamais ni de vers ni de littérature :

E non curò giammai rime nè versi.

Pétrarque, par ses travaux, ses découvertes, ses encouragements, ses sacrifices, doit être regardé comme le véritable créateur des lettres en Europe. Lorsque je contemplais sur la colline d'Arquà ce vaste tombeau de marbre rouge, soutenu par quatre colonnes, dans lequel ses restes reposent, il me semblait moins y voir la dépouille d'un homme qu'un monument élevé aux arts de l'esprit et de la pensée, qu'un trophée attestant le triomphe de la civilisation et des lettres sur l'ignorance et la barbarie.

CHAPITRE IX.

Rovigo. — Rhodiginus. — Ponte di Lagoscuro. — Douane. — Critique de la douane.

Rovigo est une petite ville assez bruyante, avec une grande place sur laquelle sont de hauts mâts vernissés de rouge. Un des premiers hommes de la renaissance, le célèbre Cœlius Rhodiginus, dont le nom italien était Louis Celio Richerio, et qui prit le nom latinisé de sa patrie (*Rhodigium*), est enterré dans le cloître de Saint-François. Rhodiginus fut appelé le *Varron de son temps* par Jules-César Scaliger, qu'il eut la gloire d'avoir pour disciple; ses *Antiquæ lectiones,* imprimées par Alde (1516), le firent connaître dans toute l'Europe : protégé par François Ier, il mourut de douleur à soixante-quinze ans en apprenant sa défaite et sa prise à Pavie. Un officier autrichien, peut-être quelque docte élève des universités allemandes, passant par Rovigo, et indigné de ne point trouver d'inscription sur le tombeau d'un tel savant, tira son épée, et écrivit avec la pointe ces mots admiratifs : *Hic jacet tantus vir!* Ce mouvement eût encore mieux appartenu à l'un de nos compatriotes, car Rhodiginus avait toujours été partisan très-dévoué des Français. Je n'ai point aperçu la statue qu'il avait été question de lui ériger à Rovigo, et dont ce laborieux savant était digne.

La bibliothèque de l'académie *de' concordi* de Rovigo s'est accrue, en 1832, de la précieuse bibliothèque de M. l'abbé Gnocchi, donnée par cet homme érudit, devenu bibliothécaire des *concordi*. Cette bibliothèque, réunie à la belle *pinacoteca* du comte Casilini, présente un ensemble qui ne serait point indigne de quelque capitale.

Le Pô est la limite de l'État romain; on le passe à Ponte di Lagoscuro, où il n'y a qu'un simple bac (petit détail qui peut faire juger de l'exactitude des dénominations italiennes, ainsi que de la prospérité du pays).

A la frontière des États de l'Église, les gênes et les tracasseries pour l'entrée des livres sont extrêmes; un prélat même n'y avait point échappé lorsque je les subis pour la seconde fois en 1827. Un des douaniers auxquels j'eus affaire était toutefois fort doux et fort poli; il avait cette sorte d'embarras d'un homme raisonnable qui fait une action ridicule, mais commandée, nécessaire; car il était observé par d'autres gens qui ne le valaient pas. Un édit très-sévère du légat de Ferrare était affiché dans le bureau de la douane, où brûlait aussi la lampe de la Madone, au milieu des poids, des balances, des poinçons, de l'estampille et de tous les outils du métier; bizarre et choquant mélange des pratiques de la dévotion et de l'exercice du fisc. Le bagage littéraire que je traînais après moi, pour mes recherches, fut plombé, afin d'être examiné à Bologne par les censeurs. Cette critique de la douane aura dû paraître à la fin peu sûre; il n'était pas très-facile, en effet, d'expliquer aux préposés ce que c'était qu'Horace, Virgile, Dante, Pétrarque et autres grands auteurs, dont je ne trouvais rien de mieux à leur dire, si ce n'est qu'ils étaient du pays, et qu'ils devaient ainsi les traiter en compatriotes [1].

CHAPITRE X.

Ferrare. — Château. — Palais *del Magistrato.* — *Intrepidi.* — Renée de France. — Réforme en Italie.

Ferrare triste, déserte, abandonnée, respire encore une sorte de grandeur et de magnificence de cour [2]; son château surtout, occupé par le légat, avec ses ponts, ses tours, ses élégantes balustrades, conserve au dehors un air de féerie qui répond à ses poétiques souvenirs; son aspect me frappa vivement le soir de mon arrivée, lorsque je le contemplai au clair de lune, dont les rayons se reflétaient dans ses larges fossés remplis d'eau. La visite des appartements, le lendemain matin, dissipa complétement cette illusion : ils avaient été peints à neuf par un artiste et un *dilettante* de Ferrare; et comme je recherchais curieusement quelques traces du séjour des princes de la maison d'Este, le *custode* ne manqua pas de me dire avec vanité qu'il n'y avait pas un seul coin qui n'eût été refait par Son Éminence. Si j'avais pu soupçonner un tel mécompte, j'aurais, je crois, dédaigné ce château, comme fit Michel-Ange, lorsque, passant incognito à Ferrare pendant le siége de Florence, et invité par le duc Al-

---

1. *V.* sur le même sujet, liv. XIII, chap. Ier.

2. La décadence de Ferrare a toutefois été exagérée par quelques voyageurs récents. Le commerce des blés y est considérable : si elle n'est plus précisément *la città bene aventurosa* de l'Arioste (*Orl.* cant. XLIII, st. 55), elle serait encore assez *la gran donna del Pò* du Tassoni (*Secch. rap.* cant. V, st. 37); la population, qui sous l'administration française était de vingt-trois mille sept cents habitants, monte aujourd'hui à près de trente-deux mille, y compris les faubourgs. Elle s'était élevée à soixante mille sous les ducs de la maison d'Este. Les juifs forment environ un tiers de la population actuelle; ils ont été contraints d'habiter un quartier séparé; mais ce quartier est le plus beau et ne ressemble point à l'infect *Ghetto* de Rome.

phonse à venir loger au palais, il préféra fièrement rester à son auberge [1]. Quelques débris cependant de belles peintures subsistent encore au plafond de l'antichambre et de la salle de l'Aurore; elles sont de Dosso Dossi, grand peintre ferrarais du XVIe siècle, célébré par l'Arioste, dans le Roland, comme un des premiers peintres de l'Italie.

Le palais *del Magistrato*, résidence du gonfalonier, a d'admirables peintures : des arabesques et de petites figures à fond d'or; l'*Arche de Noé*, de Dosso Dossi ; quatre tableaux en clair-obscur, représentant divers traits de la vie du pape saint Silvestre; les *douze Apôtres*, la *Prière dans le jardin*, la *Résurrection du Christ*, la *Descente du Saint-Esprit*, du Garofolo, l'ami de l'Arioste, le Raphaël de Ferrare, et l'un des meilleurs élèves de ce grand maître : deux célèbres ovales offrent le *Martyre de S. Maurèle*, du Cosmè, artiste ferrarais du XVe siècle, peintre de la cour de Borso d'Este; un *S. Bruno*, du Guerchin; la *Manne dans le désert*; le *Festin des noces*, d'Augustin Carrache; une *Crèche*, de l'Ortolano, ferrarais, imitateur de Raphaël; la *Nativité de la Vierge; celle de l'enfant Jésus;* une *Assomption*, du Bastianino, autre ferrarais, élève et imitateur de Michel-Ange pour lequel il avait, à quinze ans, fui la maison paternelle.

L'ancienne académie *degli Intrepidi*, devenue, en 1803, après deux siècles d'existence, l'académie *Ariostea*, et, en 1814, l'académie scientifique-littéraire *degli Ariostei*, tient ses séances au palais *del Magistrato*. La dernière transformation des *Intrepidi* semble une amélioration : les recherches scientifiques des académies de province, telle que l'est à peu près aujourd'hui l'académie de Ferrare, doivent être préférables à leur poésie puisqu'elles recueillent et présentent des faits.

Près de la salle Ariostéenne est une petite pièce et trois autres donnant sur le jardin, dans lesquelles, selon le savant guide de Ferrare, le docteur Antoine Frizzi, Calvin aurait été caché,

---

[1]. Michel-Ange consentit toutefois à accompagner le duc qui voulut lui montrer ses tableaux, et ce fut alors qu'à la vue des peintures du Titien, il prononça ces paroles mémorables : *Che non avea creduto che l'arte potesse giungere a tanto, e che solo Tiziano era degno del nome di pittore!*

lorsque fugitif, il avait trouvé un asile près de la duchesse Renée, femme d'Hercule II, protectrice des gens de lettres et des érudits de son temps. C'était là qu'il faisait secrètement le prêche à cette princesse, fille hérétique de Louis XII et de la sévère Anne de Bretagne, à la docte et belle Olimpia-Fulvia Morata, à François Porto Centese, et autres courtisans, qui, surpris par le duc, s'enfuirent un jour avec leur apôtre. Quelques mois après Calvin, Marot, aussi banni de France, était venu à Ferrare; il en avait à son tour été chassé par le duc, mari étrangement jaloux, dont la femme n'eut jamais de rendez-vous qu'avec des sectaires. Renée, femme héroïque [1], ne put être ramenée à la foi par l'inquisiteur envoyé pour cela de France, malgré toutes les persécutions qu'elle subit, et que Marot a déplorées dans ses beaux vers à Marguerite de Navarre sa sœur :

> Ha Marguerite, escoute la souffrance
> Du noble cueur de Renée de France.

Quand on considère l'opiniâtreté religieuse de la duchesse de Ferrare et son martyre domestique (elle avait été séparée de ses enfants par son époux), le calvinisme des femmes et des beaux esprits de cette petite cour, l'ardeur de leur prosélytisme (Renée avait converti le général français de l'armée de Henri II, dans la guerre de Toscane, Jean de Parthenai, seigneur de Soubise), il est impossible de ne pas croire que la réforme n'ait poussé ses attaques contre Rome jusqu'au cœur de l'Italie [2]. En

---

1. A la mort de son époux, Renée s'empressa de quitter l'Italie et de revoir sa patrie; elle développa un grand caractère pendant nos guerres civiles, sa demeure fut l'asile des proscrits, et cette ancienne dame du château de Ferrare mourut dans le manoir gothique de Montargis. Ginguené s'est mépris lorsqu'en parlant du calvinisme de Renée (*Hist. litt. d'Ital.*, IV, 97), il regrette que ces opinions inintelligibles aient porté le trouble dans une cour paisible et rendu misérable *la fin d'une vie* si utilement employée à cultiver et à encourager les lettres : lors de la visite et des instructions de Calvin à Ferrare, en 1535, Renée n'avait que vingt-cinq ans, elle rentra en France en 1559 et vécut jusqu'en 1575.

2. *V.* L'ouvrage curieux déjà cité, liv. v, chap. v. *History of the progress and suppression of the reformation in Italy.* D'après M. M'Crie, la réforme se serait même étendue jusqu'en Calabre et en Sicile, où des Vaudois se seraient réfugiés. Les nouvelles opinions eurent alors des partisans parmi un grand nombre de

France, à cette même époque, une partie des princes du sang et de la noblesse avait embrassé le protestantisme ; il paraît ainsi avoir eu bien des chances de triomphe. Toutefois, lors même que l'inquisition ne l'eût point réprimé aussi violemment en Italie, je doute qu'il s'y fût jamais solidement établi. Les Italiens ont pu applaudir aux invectives poétiques du Dante et de Pétrarque contre la cour romaine, aux déclamations tribunitiennes de Savonarole, à la discussion indépendante de Fra Paolo, mais ils ne pourraient point s'arranger dans la pratique de la sévérité, de la tristesse des doctrines réformées, et elles sont tout à fait antipathiques aux mœurs, aux coutumes et à l'esprit de cette nation.

CHAPITRE XI.

Cathédrale.— Madone. — Pèlerin. — Lilio Giraldi.— Saint-François. Écho. — Maison d'Este. — Pigna. — Saint-Benoît. — Saint-Dominique. — Celio Calcagnini. — *Santa-Maria-del-Vado.* — École ferraraise. — Saint-André. — Capucines. — Gesù. — La duchesse Barbara. — Pericolanti.

La cathédrale, du XIIe siècle, renouvelée au-dedans, conserve au-dehors son gothique caractère : sa façade est couverte de bas-reliefs intacts représentant la vie de Jésus-Christ, le Jugement dernier, l'Enfer, le Paradis, les sept Péchés mortels, de mille emblèmes sacrés, profanes, grotesques et même quelque chose de plus ; sur la porte à gauche est un buste colossal antique, de marbre grec, donné pour la Madone de Ferrare, une de ces Madones d'Italie célèbres dans les vieilles histoires de la

---

savants et même de théologiens italiens. L. Bossi (notes de la traduction de la *Vie de Léon X*, t. XII, p. 246, 7) en a cité une vingtaine dont quelques uns ont échappé à l'écrivain anglais ; tels sont : Jacopo Broccardo de Venise, Gian Leone Nardi de Florence, Simone Simoni de Lucques, Jacopo Acconzio de Trente. François Calvi, libraire instruit de Pavie, et dont Érasme et André Alciat ont fait l'éloge, paraît avoir principalement contribué à répandre en Italie les livres des protestants.

ville¹, et du même côté la statue d'Albert d'Este, en habit de pèlerin, qui revint de Rome en 1390 et

> Rapporta de son auguste enceinte
> Non des lauriers cueillis au champ de Mars,
> Mais des agnus avec des indulgences,
> Et des pardons et de belles dispenses,

pièces et bulles que l'on y voit sculptées.

Les peintures sont belles et curieuses : les *Apôtres S. Pierre et S. Paul;* une *Vierge* pleine de majesté sur un trône et environnée des saints; une *Assomption,* sont du Garofolo. A l'autel du Saint-Sacrement, le tableau est de Parolini, artiste de quelque mérite, mort en 1733, le dernier des peintres de Ferrare; les anges de cette chapelle et plusieurs autres statues d'anges, de saints et de séraphins de l'église sont d'André Ferreri, sculpteur du dernier siècle, dont la recherche quelquefois n'est pas sans grâce. Au chœur, le *Jugement dernier*, fresque du Bastianino, le premier des *Jugement dernier* après celui de la chapelle Sixtine, dont il est une habile et superbe inspiration, a été altéré par une récente et maladroite restauration. L'artiste, à la manière du Dante et de Michel-Ange, a placé ses amis dans le paradis et ses ennemis en enfer; on y voit même une jeune fille qui avait dédaigné sa main, et elle est regardée de travers par celle qui consentit à l'épouser et qu'il a mise au rang des élus. Une *Annonciation,* un *S. Georges* sont du Cosmè; on lui doit encore les miniatures admirables qui ornent les vingt-trois volumes des livres du chœur, présent de l'évêque Barthélemy de la Rovère, énormes et brillants volumes comparés, préférés même à ceux de Sienne, éloge qui suffit pour donner une idée de leur magnificence. Près de là est la pierre sépulcrale d'Urbain III qui ne fit que passer sur le trône de saint Pierre, et mourut de douleur à la nouvelle des désastres de la seconde croisade².

---

1. Vérone et Mantoue ont aussi des Madones qui passent dans leur histoire fabuleuse pour les avoir fondées : *Memorie per la Storia di Ferrara raccolte da Antonio Frizzi*, II, 142.

2. La nouvelle même de la prise de Jérusalem n'a pu causer la mort d'Urbain III, ainsi qu'on l'a dit : sa mort est du 20 octobre et Jérusalem ne s'était rendue

Les cinq statues de bronze d'un antique autel, le *Christ en croix*, la *Vierge, S. Jean, S. Georges et S. Maurèle*, paraissent l'ouvrage de Bindelli, véronais, et Marescotti, habile artiste de la fin du xv° siècle, qui n'a composé qu'un petit nombre d'ouvrages, mais très-estimés; Marescotti était un religieux de l'ordre des Gesuati, fondé en 1367 par saint Jean Colombini de Sienne et supprimé en 1668 par Clément IX. Donatello, appelé de Venise pour fixer la valeur de ces statues, les trouva très-précieuses et les fit payer 1641 ducats d'or. Une *Ste Catherine*, au cinquième autel, est encore du Bastianino.

L'inscription du tombeau de Lilio Giraldi, le célèbre mythologue, mis depuis au *Campo santo*, est restée à la cathédrale : cette inscription, faite par lui, rappelle sa misère :

> , ... *Nihil*
> *Opis ferente* APOLLINE [1],

dit-il dans son langage païen, et qui paraît un peu étrange dans une église. Montaigne parle avec une sorte de commisération, qui lui fait honneur, de la fin de Giraldi : « J'entends, avecques
« une grande honte de nostre siècle, qu'à nostre veue deux très-
« excellents personnages en sçavoir sont morts en estat de n'a-
« voir pas leur saoul à manger, Lilius Gregorius Giraldus en Ita-
« lie, et Sebastianus Castalio en Allemaigne; et crois qu'il y a
« mille hommes qui les eussent appellez avecques très-avanta-
« geuses conditions, ou secourus où ils estoient, s'ils l'eussent
« sceu. Le monde n'est pas si généralement corrompu, que je
« ne sache tel homme qui souhaitteroit, de bien grande affec-
« tion, que les moyens que les siens lui ont mis en main se
« peussent employer, tant qu'il plaira à la fortune qu'il en iouisse,
« à mettre à l'abry de la nécessité les personnages rares et re-
« marquables en quelque espèce de valeur, que le malheur

à Saladin que le 12. Il mourut sans doute en apprenant la perte de la bataille qui précéda la dernière catastrophe.

1. Cette inscription porte la date de 1550; elle explique l'erreur de ceux qui font mourir Giraldi cette même année, tandis que, selon De Thou, il ne mourut qu'en 1552; Giraldi l'aura probablement composée deux ans avant sa mort.

« combat quelquefois iusques à l'extrémité »[1]. Cette page pourrait contredire la réputation égoïste de Montaigne; et son regret, même indirect, de n'avoir pu secourir le mérite, est à la fois noble et touchant.

Le célèbre écho de l'église Saint-François répète les sons jusqu'à seize fois et de toutes les parties de l'édifice. On admire plusieurs tableaux du Garofolo : l'*Arrestation du Christ*, fort endommagée; la *Vierge*, l'*enfant Jésus*, *S. Jean-Baptiste* et *S. Jérôme*, d'une expression divine; une *Ste Famille en repos*, naïve, élégante; une superbe *Résurrection de Lazare*; le *Massacre des Innocents*, déchirant, pathétique. Un de ces badigeonneurs qui ont comme envahi toutes les églises de l'État pontifical, avait laissé tomber de sa brosse de grosses taches de blanc sur un de ces chefs-d'œuvre mal placé et à demi détruit. Une très-belle *Ste Famille* est de l'Ortolano; une *Fuite en Égypte*, très-gracieuse, du Scarsellino; une *Déposition de croix*, la *Résurrection* et l'*Ascension*, sont de grands et bons ouvrages du Mona, ferrarais, inégal, désordonné de talent comme de caractère, meurtrier d'un courtisan du cardinal Aldobrandini, et obligé, après son crime, de finir ses jours loin de sa patrie. Un monument plus remarquable par ses marbres que par le goût, est le mausolée du marquis de Villa, ferrarais, illustre capitaine, défenseur intrépide de Candie, mort en 1670. Parmi quelques tombeaux de lettrés ferrarais, on distingue celui du savant Jean-Baptiste Pigna, historien des princes d'Este, secrétaire et favori du duc Alphonse, dont le Tasse, son rival d'amour et son ennemi, eut la faiblesse de commenter les vers qu'il adressait à leur maîtresse, et de les comparer, peut-être avec malice, aux *Canzoni* de Pétrarque. Le déclin de Ferrare est sensible à Saint-François. Fondée par Hercule Ier, cette église renferme quelques tombeaux des princes de la maison d'Este, famille chantée à plusieurs reprises par le Tasse et l'Arioste, mais ingrate envers ces grands

---

[1]. Ch. xxxiv, *D'un défaut de nos polices*. Montaigne, ainsi que De Thou, qui fait mourir Giraldi très-pauvre, ne paraît pas avoir été exactement informé : Giraldi reçut, vers la fin de sa vie, des secours de la duchesse Renée, et, selon Tiraboschi, il avait laissé à sa mort une somme d'environ dix mille écus.

poëtes. Le plus ancien personnage de la maison d'Este, Adalbert, remonte aux premières années du x° siècle. Albert Azzo II fut médiateur entre Grégoire VII et l'empereur Henri IV lors de l'humiliante soumission de celui-ci dans la cour du château de Canossa. Azzo II avait eu de sa première femme Canizza, de la maison des Guelfes de Souabe, un fils, Guelfe IV, qui fut rappelé en Allemagne afin de recueillir l'héritage maternel; il y établit une branche de la maison d'Este, de laquelle descendent aujourd'hui les princes de la famille royale d'Angleterre.

L'église et le monastère de Saint-Benoît comptent parmi les plus beaux édifices de Ferrare : le monastère fut transformé successivement en caserne d'Autrichiens, de Russes, de Français, et, plus tard, en hôpital militaire; l'église, longtemps fermée, est redevenue paroisse en 1812. Les peintures ont une juste célébrité; un portrait de *S. Charles* est du temps, lorsqu'il logea chez les Bénédictins; un *Christ en croix avec S. Jean et d'autres saints*, est de Dosso Dossi; une *Circoncision*, agréable de coloris et belle d'invention, de Luc Longhi, habile peintre du xvi° siècle; le *Martyre de Ste Catherine*, gracieux de dessin, céleste d'expression, du Scarsellino. Le bizarre tableau du *S. Marc*, par Joseph Cremonesi, a passé pour un chef-d'œuvre aux yeux de certains connaisseurs, tant l'imitation des feuillets du gros volume mis sur les genoux de l'Évangéliste est exacte et fait illusion. C'est dans le vestibule du réfectoire de l'ancien couvent, que l'on voit à la voûte le célèbre *Paradis*, avec le chœur des vierges, parmi lesquelles l'Arioste voulut être peint, afin de se trouver toujours dans ce paradis-là, n'étant pas, disait-il, très-sûr d'être dans l'autre. La tête seule de l'Arioste est de Dosso Dossi; on ne sait qui a fait le reste du tableau.

Les statues grandioses de la façade de l'église Saint-Dominique sont de Ferreri. Le *Mort ressuscité par un morceau du bois de la vraie croix*; et surtout le *Martyre de S. Pierre de Rosini*, sont de beaux ouvrages du Garofolo. Le tableau de l'autel Saint-Vincent, plein de chaleur, est de Cignaroli. Le *S. Dominique*; le *S. Thomas d'Aquin*, excellent, sont de Charles Bonone, peintre fécond et vigoureux de la fin du xvi° siècle, surnommé le Carrache de Ferrare, et dont le Guerchin passait des heures entières à contempler les ouvrages, lorsqu'il venait dans cette ville, de sa retraite de Cento.

Au-dessus de la porte de la bibliothèque du couvent de Saint-Dominique est le buste brisé et le tombeau en ruine de Cœlius Calcagnini, poëte, savant, antiquaire, moraliste, professeur, ambassadeur, homme d'esprit[1], astronome, l'un des premiers qui ait soutenu le mouvement de la terre autour du soleil, et qui fut chanté pompeusement par l'Arioste, son compagnon de voyage en Hongrie à la suite du cardinal Hippolyte d'Este.

Il dotto Celio Calcagnin lontana
Farà la gloria, e 'l bel nome di quella
Nel regno di Monese, e in quel di Juba,
In India, e Spagna udir con chiara tuba.

Calcagnini avait laissé ses livres et ses instruments au couvent, et après sa mort il ne voulut même point en être séparé[2] : l'inscription du tombeau est vraiment philosophique : *Ex diuturno studio in primis hoc didicit : mortalia omnia contemnere et ignorantiam suam non ignorare*. Il est surprenant qu'avec une pareille morale Calcagnini ait pu se montrer ennemi de Cicéron, et dénigrer aussi amèrement son traité des *Offices*, opinion ridicule qui lui attira de son vivant de nombreuses inimitiés. L'injustice de cet écrivain envers Cicéron n'était point d'ailleurs sans une sorte d'ingratitude, puisqu'il dut son prénom à l'orateur romain, ainsi qu'il l'a raconté lui-même dans une scène

1. On cite cette heureuse répartie de Calcagnini à Paul Jove, son ennemi. Comme ils étaient à la table de Léon X, Jove lui demanda parmi d'autres questions malveillantes, s'il se croyait plus savant que Cœlius Rhodiginus : *Oh! pour cela*, reprit Calcagnini, *c'est bien une autre affaire que de décider si le silure est le même que l'esturgeon* (*Questo è ben altro a dire, che il siluro sia lo storione*), erreur commise par Paul Jove dans son livre *De Piscibus romanis*. La réponse de Calcagnini lui valut, trois ans après sa mort, une de ces satires que Jove publiait sous le titre d'éloges.

2. Le nombre des volumes, dont la plus grande partie a depuis été dispersée, se montait à trois mille cinq cent quatre-vingt-quatre. Calcagnini avait aussi légué 50 écus d'or pour l'entretien de la bibliothèque, et pour les chaines, bancs et tablettes dont alors on se servait. La vieille mule qui l'avait porté dans ses voyages fut recommandée et confiée aux soins de son élève préféré, Monferrato.

qui peint assez bien l'esprit et les mœurs des lettrés de la renaissance. Calcaghino ou Calcagnini, son père, lisait Cicéron au moment où l'on vint lui annoncer la naissance de Cœlius, et il en était au passage de la lettre à l'édile curule M. Cœlius, *ego de provinciâ decedens quæstorem Cœlium proposui*, « à la bonne heure, s'écria-t-il, et à moi aussi il est né un Cœlius. » Calcagnini, comme d'autres savants, prétend que l'on put tirer, dès le moment de son baptême, un présage de sa future passion pour les livres et la littérature : il saisit avec tant de force de sa petite main le volume du rituel que le prêtre et la sage-femme eurent de la peine à le lui arracher [1].

L'église Saint-Paul offre les ouvrages d'habiles maîtres : le chœur fut peint par Scarsellino et Bonone, émules qui partagèrent les suffrages de leurs compatriotes ferrarais. On doit encore au premier la voûte d'une chapelle voisine à celle de la chapelle *del Carmine*; une *Nativité*, et la *Descente du Saint-Esprit*, un de ses premiers chefs-d'œuvre. Une *Résurrection du Christ* est du Bastianino. Trois tombeaux sont intéressants : le tombeau d'un des Dossi (Jean-Baptiste); celui de l'infortuné Bastaruolo, et celui d'Antoine Montecatino, célèbre professeur péripatéticien du XVI° siècle, conseiller et favori du duc Alphonse, dont le buste est un excellent travail d'Alexandre Vicentini.

Sainte-Marie-*del-Vado*, peut-être la plus ancienne église de Ferrare, est célèbre dans la dévotion de la ville, par le miracle du sang qui jaillit de l'hostie à la grand' messe, le jour de Pâques 1171, qui couvrit la voûte de l'église, alors fort petite, et convertit le prieur Pierre, auquel la foi avait manqué au moment de la consécration. Cet exemple d'incrédulité ecclésiastique au moyen âge, et même à l'autel, n'est pas le seul : le *Miracle de Bolsene*, une des belles peintures de Raphaël dans la chambre d'Héliodore au Vatican, exprime le même fait. Les peintures sont remarquables : le chœur, maladroitement res-

---

1. *V*. ses Dialogues intitulés *Equitatio*, quoiqu'il n'y soit point question du tout de l'équitation, mais parce qu'ils contiennent divers entretiens littéraires entre des voyageurs à cheval.

tauré ; les *Noces de Cana*, célèbre tableau ; la *Visite de la Vierge à Ste Élisabeth*, son *Couronnement*, un *Paradis*, le *Miracle de l'hostie*, au plafond, excellents ouvrages, ont été comparés aux coupoles et aux voûtes du Corrège et des Carrache ; une copie de l'*Ascension* du Garofolo envoyée à Rome ; les demi-figures au-dessus de colonnes, dont le saint Guirini offre les traits de l'auteur peu chaste du *Pastor fido*, son espèce d'homonyme ; un *Sposalizio*, sont de Bonone : la mort l'empêcha de terminer ce dernier ouvrage, qui fut, de l'avis du Guide, confié au Chenda, le dernier des élèves de l'école de Bonone, artiste qui a peu travaillé pour les églises et les galeries, tant il préférait l'éclat des succès que lui procuraient ses décorations pour les fêtes publiques et surtout pour les tournois, alors si en vogue. Un de ces derniers, célébré à Bologne, causa la mort prématurée du Chenda ; il n'avait cette fois été que médiocrement applaudi ; accablé de cette espèce d'affront, il ne put y survivre et s'empoisonna. Les deux *Nativités* de la Vierge et du Christ sont de bons ouvrages du Mona. Une *Présentation de la Vierge au temple*, à la voûte ; l'*Apparition du Christ à Ste Gertrude*, sont du Croma, habile peintre ferrarais. Le superbe tableau de Dosso Dossi, *S. Jean l'évangeliste* contemplant la femme mystérieuse de l'Apocalypse, a été singulièrement gâté par l'application d'une longue draperie verte, qui enveloppe le corps autrefois à demi-nu du saint, dont l'excellence des formes peut se présumer par la beauté des mains et des pieds. La *Visite du Christ à Ste Élisabeth* est du Panetti, maître ferrarais du Garofolo, qui profita à son tour des progrès que son élève avait faits à Rome auprès de Raphaël. Le *Rendez à César ce qui est à César et à Dieu ce qui est à Dieu*, de la chapelle Varano, est un ouvrage de talent du vieux Palma ; vis-à-vis, le grand tableau représentant la *Justice* et la *Force*, offre la fameuse énigme latine d'Alexandre Guarini, dont plusieurs savants depuis Crescimbeni ont inutilement cherché le mot. Le *Miracle de S. Antoine* qui fait justifier une femme par l'enfant dont elle vient d'accoucher, est un des tableaux les plus estimés du Carpi, élève du Garofolo.

Sainte-Marie-*del-Vado* renferme les tombeaux de lettrés et

d'artistes illustres : de Titus Vespasien Strozzi, poëte latin célèbre et administrateur abhorré[1]; de son fils Hercule, meilleur poëte que lui, qui dérogea jusqu'à faire des vers italiens, afin d'être entendu de sa maîtresse Barbe Torelli, fut placé par l'Arioste dans le Roland parmi les premiers poëtes, et périt assassiné la nuit par un rival puissant et impuni, que l'on a cru le duc Alphonse Ier. Une simple pierre indique la sépulture du Garofolo; là reposent aussi l'Ortolano, le Dielaï, le Bastianino et Bonone, habiles maîtres de cette brillante et sage école de Ferrare, qui semble s'être inspirée du goût poétique et littéraire de cette cité, et qui, par son voisinage de Venise, de Parme et de Bologne, son peu de distance de Rome et de Florence, a mis ses propres artistes à même d'emprunter aux diverses écoles les traits et les parties qui leur convenaient.

La vaste église Saint-André, dans un fond, dégradée, a quelques chefs-d'œuvre de l'art : la *Vierge sur un trône*, de Dosso Dossi; le *Christ ressuscité*, attribué au Garofolo ou au Titien; l'*Ange gardien*, qui semble descendre du ciel, de Bonone; un *S. Nicolas de Tolentino*, statue d'Alphonse Lombardo. Au réfectoire, les *Rites de la loi hébraïque et les sacrements de la loi nouvelle*, grande composition du Garofolo, est, dans sa ruine, encore remarquable.

J'éprouvai, à ma grande surprise, dans la petite et pauvre église des *Capucines* une sensation extrêmement agréable. Au lieu de l'odeur cadavéreuse qui s'exhale trop souvent des églises d'Italie, elle était toute parfumée par la multitude de vases de fleurs qui couvraient ses autels. Les saintes filles cultivent elles-mêmes une partie de ces fleurs; le reste leur est offert; c'est une donation, une dîme volontaire, une œuvre touchante de piété. Les tableaux sont peu nombreux, mais des meilleurs maîtres : la *Vierge sur un trône et d'autres saintes*; *la même avec quelques saints et quelques saintes capucines*, du Scarsellino;

---

[1]. Strozzi avait été nommé par le duc de Ferrare président du grand conseil des douze (*Giudice de' dodici Savj*); selon l'expression d'un historien contemporain, il fut détesté *più del diavolo*. *Diario Ferrarese*, publié par Muratori, *Script. rer. Italic.* xxiv, 401.

S. Christophe et S. Antoine abbé; S. Dominique et S. François, à la sacristie, de Bonone. La *Conception* est une petite et bonne statue de Ferreri.

L'église des Théatins, richement décorée, a une *Purification*, du Guerchin, une *Résurrection du Christ*, et un *S. Gaétan*, du Chenda.

Le savant bibliothécaire de Ferrare, Barotti, est enterré au Gesù. Les *Trois martyrs Japonais* paraissent de Parolini; un beau *Crucifix*, est du Bastianino; le plafond de l'église, du Dielai, habile disciple et aide des Dossi et du Bastaruolo, son digne élève, peintre qui mérite d'être connu hors de Ferrare sa patrie, et qui périt malade et souffrant en se baignant dans le Pô. Au chœur est le beau mausolée et le buste de la duchesse Barbe d'Autriche, seconde femme d'Alphonse II, princesse louée éloquemment par le Tasse, en prose et en vers [1], et qui ne méritait point son redoutable nom italien de Barbara, puisque par commisération elle étendit l'hôpital des Enfants-Trouvés, afin d'y recevoir les jeunes filles pauvres, jolies, et, comme on dit en Italie, *pericolanti*. Il existe encore à Rome plusieurs couvents de *Donne pericolanti*. Le comte Giraud, le Dancourt romain, a raconté comment sa vocation comique lui fut à peu près révélée en voyant représenter une *farsetta* par des *Donne pericolanti*, qui jouaient les rôles d'hommes avec l'épée au côté, l'habit habillé et le chapeau à trois cornes, mais sans quitter le jupon. Des pensions sont accordées aussi à des *vedove pericolanti*, qui vivent dans le monde. Sans croire à la chronique de Rome sur la faveur dont certaines de ces aimables pensionnaires ont été l'objet, quoiqu'elles ne fussent pas précisément dans le besoin, et qu'elles eussent peut-être quelque expérience du danger,

---

1. V. *Orazione in morte di Barbara d'Austria.* t. xi des œuvres, et t. vi, les Canzoni :

> *Cantar non posso e d' operar pavento.*
> *Alma real che al mio signor diletta.*

Cette archiduchesse pourrait bien avoir eu déjà la lèvre autrichienne, qui remonterait ainsi à près de trois siècles. Le Tasse faisant le portrait de la belle-fille d'une comtesse de Sala dit qu'elle a *un labbrotto quasi all' Austriaca.* Lett. inéd., p. 18.

cette sorte de secours ne paraît ni très-raisonnable, ni même très-moral; car si la vertu devient une fois comme un service et un gain, pourquoi ne céderait-elle pas à un plus fort salaire?

C'est à tort que le tombeau de la célèbre Lucrèce Borgia a été indiqué comme placé dans l'église intérieure des religieuses du *Corpus Domini;* il y a bien quelques tombeaux que l'on croit de princes de la maison d'Este; celui de la fille d'Alexandre VI en fait, dit-on, partie; mais il n'y a ni preuves ni inscriptions à l'appui de cette tradition.

CHAPITRE XII.

Bibliothèque. — Arioste. — Manuscrit de la Jérusalem. — Tête épique des habitants de Ferrare. — Vers du Tasse. — Guarini. — Imprimerie de Ferrare. — Tombeau de l'Arioste.

La bibliothèque de Ferrare ne date que de 1646, mais telle a été l'importance et le choix des collections dont elle s'est successivement enrichie, qu'elle est presqu'au niveau des plus belles bibliothèques pour les manuscrits et les raretés, et qu'elle peut être regardée comme le premier monument de la ville. Elle compte environ quatre-vingt mille volumes et neuf cents manuscrits. Le local est beau et la conservation des volumes parfaite. Dans la première des trois grandes salles sont les portraits des cardinaux ferrarais au nombre de dix-huit : on y remarque celui du cardinal Hippolyte d'Este, bon géomètre pour son temps, dit-on, mais indigne Mécène de l'Arioste, qui tenait plus à ce que ce grand poëte fît son service de gentilhomme, qu'à lui voir composer des vers :

S' io l' ho con laude ne' miei versi messo,
Dice ch' io l' ho fatto a piacere e in ozio,
Più grato fora essergli stato appresso.

L'Arioste avait sacrifié les quinze plus belles années de sa vie au cardinal Hippolyte

. . . . Aggiungi che dal giogo
Del cardinal da Este oppresso fui,

jusqu'au moment où le duc Alphonse, son frère, se l'attacha au prix de 21 francs par mois[1]. La physionomie, la barbe noire du cardinal, s'accordent assez avec la célèbre sottise qu'on lui attribue lorsque l'Arioste lui présenta son poëme, parole qui est d'ailleurs tout à fait dans les mœurs italiennes[2]. Le *custode* de la bibliothèque me raconta que l'Arioste avait répondu au cardinal par ces paroles impertinentes : *Nel gabinetto di Vostra Eminenza;* mais je dois avertir messieurs les voyageurs qui écoutent un peu trop les *custode* et les *cicerone*, qu'aucun homme instruit de Ferrare ne croit à la tradition de cette répartie. Une salle plus intéressante que cette galerie cardinalesque est celle des écrivains ferrarais, depuis les plus anciens jusqu'à Monti et Cicognara. Il est prodigieux que tant d'esprit, de science et de poésie ait pu surgir et se développer au milieu de l'air épais, humide de cette fangeuse contrée : Ferrare contredit à sa manière la théorie du climat de Montesquieu. La collection des écrits, opuscules, pièces des auteurs ferrarais est à peu près complète. Là sont les fragments manuscrits de quelques chants du *Furioso* (comme les Italiens appellent Roland), très-corrigés. L'Arioste travailla toujours à son poëme, quoiqu'il eût été réclamer les conseils de Bembo (qui l'avait invité à l'écrire en latin), de Molza, de Navagero et autres esprits distingués de l'Italie; il en avait la première édition dans une salle de sa mai-

---

[1] Le comte Balth. Castiglione a fait un brillant éloge du cardinal Hippolyte dans son livre *del Cortegiano* (lib. 1, p. 25), mais il a pu être doué des qualités qui font le courtisan et n'être pas pour cela moins égoïste et moins vicieux. Les compliments du seigneur de Gonzague, un des interlocuteurs du *Cortegiano*, ne prouvent guère plus que les tapisseries du pavillon de noce de Bradamante qui représentent les actions du même cardinal. (*Orl.* cant. XLVI, st. 85 à 97.) Les satires de l'Arioste qui viennent d'être citées ont, malgré leur titre, un caractère singulièrement véridique; publiées après sa mort comme des *Mémoires* ou *Confessions* modernes, elles offrent une histoire naïve de la vie du poëte et le tableau fidèle des mœurs du temps et des petites cours d'Italie aux xve et xvie siècles. Chose singulière, l'Arioste, d'une gaieté, d'une imagination si folle dans son poëme, est, dans ces satires, moraliste pratique plein de sens et de raison!

[2] L'auteur de *la Vie et du Pontificat de Léon X* a traduit le terme italien par *absurdities*, qui n'a pas en anglais le même sens que notre mot *absurdité*, employé à tort par le traducteur français. L'idiotisme italien, malgré les tentatives et les à peu près de Ginguené (*Hist. litt. d'Ital.*, t. IV, 357) ne se traduit point.

FERRARE.

son, afin de prendre l'avis de ceux qui venaient le visiter, consultation perpétuelle dont l'avantage peut fort bien être contesté et que n'approuvait point La Bruyère [1]. Les strophes vingt-une à vingt-huit du xi° chant sur l'invention de la poudre à canon sont moins raturées; la strophe

Come trovasti, o scellerata e brutta

n'a même aucune correction; mais il paraît que le manuscrit n'est ici qu'une mise au net de la main de l'Arioste, car ce passage fut très-travaillé. On peut remarquer qu'il y avait quelque indépendance au poëte dans cette éloquente imprécation contre l'artillerie, puisque le duc Alphonse, prince guerrier, était fort occupé de sa fonderie de canons et qu'il avait le plus beau train de son temps. Alfieri s'inclinant devant ce manuscrit obtint la permission d'y inscrire les mots : *Vittorio Alfieri vide e venerò*, 18 *giugno* 1783. Le custode, garçon singulièrement solennel et pathétique, s'exprimant *con la cantilena romana*, montre même la trace d'une larme versée par Alfieri, qui n'a guère répandu de larmes que dans ses sonnets amoureux. Le manuscrit de la Scolastique, une des comédies de l'Arioste, est très-peu corrigé, mais cette pièce n'était point achevée lorsqu'il mourut, et elle fut terminée par son frère Gabriel. Les comédies de l'Arioste, imitation et reflet du théâtre grec ou latin, et particulièrement des pièces de Plaute, n'ont point dû lui coûter autant de peine que sa brillante et originale épopée. Quoique jouées devant le duc Alphonse et même par les seigneurs de sa cour, elles sont remplies des traits les plus vifs contre les grands, les magistrats, les juges, les avocats et les moines de Ferrare : avec une telle liberté d'opinion, il n'est pas surprenant que l'auteur ait si mal fait son chemin. Le manuscrit des satires est d'une belle conservation, et curieux pour les diverses corrections faites de la main du poëte. Le fauteuil et l'écritoire de l'Arioste sont conservés à la bibliothèque; l'élégance de celui-ci en bronze contraste tout à

---

[1] « Il n'y a point d'ouvrage si accompli qui ne fondît tout entier au milieu de « la critique, si son auteur voulait en croire tous les censeurs qui ôtent chacun « l'endroit qui leur plaît le moins. » Ch. 1er. *Des ouvrages d'esprit.*

fait avec la simplicité presque grossière du fauteuil en bois de noyer[1]; l'écritoire, présent d'Alphonse, et, dit-on, fondu par lui sur le dessin de l'Arioste, est surmonté d'un petit amour qui pose sur ses lèvres l'index de la main droite. Plusieurs biographes de l'Arioste prétendent que cet amour silencieux est un emblème de sa discrétion dans ses bonnes fortunes[2]. Peut-être y a-t-il quelque exagération à lui attribuer une qualité si estimable et si rare, même chez les poëtes : l'Arioste eut deux fils naturels qu'il légitima, l'un de la gouvernante de la maison de son père, l'autre d'une paysanne du village de Saint-Vital du Migliarino, où il avait une petite propriété; ce dernier fils, son cher Virginio, qu'il envoyait étudier à Padoue en le recommandant à Bembo, est l'auteur des Mémoires intéressants sur la vie de son père. Quant au mystère qu'il fit de son mariage avec Alessandra, jeune veuve de Florence, dont il a chanté le talent à broder[3], quoique son esprit fût médiocre, on peut fort bien l'expliquer par la jouissance qu'il avait de quelques bénéfices et rentes ecclésiastiques dont il eût été privé en le publiant.

Un manuscrit de la bibliothèque de Ferrare qui n'était pas moins digne que celui de l'Arioste de l'inscription pieuse d'Alfieri, est celui de la *Jérusalem*, corrigé de la main du Tasse, pendant sa captivité. Les mots *Laus Deo* ont été écrits par ce poëte infortuné à la fin de son manuscrit qui semble avoir quelque chose de sacré, et que l'on ne peut toucher sans admi-

---

1. *V.* liv. v, chap. xviii sur le fauteuil de Fracastor.
2. *V.* Barotti, *Vie de l'Arioste.* Le poëte espagnol Serano a fait sur l'amour de l'encrier de l'Arioste ces jolis vers latins :

Non ego nudus amor, sed sum præceptor amoris,
  Qui cupies felix esse in amore, sile :
Hoc quoque, quo melius discas, quam tradimus artem
  Noluimus lingua dicere, sed digito.

3.   *Così talora un bel purpureo nastro*
   Ho veduto partir tela d' argento
   Da quella bianca man più ch' alabastro,
   Da cui partire il cor spesso mi sento.
                      (Orl. cant. xxiv, st. 66.)

   Avventurosa man, beato ingegno,
   Beata seta, beatissimo oro. (Sonnet. xxvii.)

ration et sans respect [1]. On y remarque d'assez nombreuses suppressions ; il y a quelquefois jusqu'à plusieurs pages de suite de rayées. Une édition de la *Jérusalem*, avec les variantes de ce manuscrit, serait intéressante. Si les amateurs relisent la première scène du troisième acte de *Britannicus*, retranchée sagement par Racine, d'après le conseil de Boileau, comme retardant l'action, il est très-probable que les variantes plus nombreuses de la *Jérusalem* n'offriraient pas des détails moins précieux. Peut-être le culte renouvelé de nos jours par les Italiens envers Pétrarque et le Dante les a-t-il trop détournés du soin que méritait la gloire du Tasse? Gibbon avait remarqué que, parmi les cinq poëtes épiques supérieurs qui brillèrent sur la scène du monde dans l'espace de près de trois mille ans, ce fut une prérogative singulière à un si petit état que celui de Ferrare d'en compter deux, et à des époques si rapprochées. Cette observation sur la tête épique des habitants de Ferrare, refusée à une grande nation, frappe de nouveau, quand on peut contempler réunis les manuscrits des chantres de Roland et de Renaud. On doit ajouter que *l'Aveugle de Ferrare*, l'auteur du *Mambriano*, espèce d'Homère burlesque de paladins et de nécromans, qui les avait précédés, est l'un des créateurs de l'épopée moderne, et que le poëme du Bojardo a produit celui de l'Arioste. Parmi les autres manuscrits du Tasse sont neuf lettres, datées de l'hôpital Sainte-Anne ; je vis exposés les vers suivants, aussi écrits de sa prison au duc Alphonse, au *magnanime* Alphonse !

> *Piango il morir, nè piango il morir solo,*
> *Ma il modo, e la mia fe', che mal rimbomba,*
> *Che col nome veder sepolta parmi.*
> *Nè piramidi, o Mele, o di Mausolo,*
> *Mi saria di conforto aver la tomba,*
> *Ch' altre moli innalzar credea co' carmi.*

Il faut avoir lu ces vers de la main du Tasse, à Ferrare, pour

[1]. Les mots *laus Deo, Deo gratias, Amen*, terminent un grand nombre d'éditions des xv⁰ et xvi⁰ siècles; *Deo gratias* est à la fin de l'édition *rarissime* du Décameron sans date, ni lieu d'impression, in-fol., mais que l'on croit de 1469 ou de 1470 et imprimée à Florence ; elle a même pris le titre, singulier pour ce recueil de contes quelquefois licencieux, du Décameron *Deo gratias*.

sentir les regrets, l'abandon et la douleur qu'ils expriment. On est étrangement surpris que lord Byron ne les ait point imités dans ses *Lamentations du Tasse :* ces larmes du génie sont assurément plus touchantes et plus poétiques que l'espèce d'endurcissement et de rancune imaginés par l'auteur anglais : « I once was quick in feeling—that is o'er ;—my scars are callous. »

Le manuscrit du *Pastor fido*, de Guarini, semble subalterne et vulgaire à côté des manuscrits de l'Arioste et du Tasse. Son poëme cependant ne manque ni d'harmonie, ni d'élégance, ni de pureté; mais dépourvu d'invention, d'imagination, cet imitateur vaniteux du Tasse [1] montre la distance du talent au génie. La vie de Guarini ne fut pas non plus sans traverses, mais ses disgrâces de cour ou ses malheurs domestiques n'ont point l'intérêt ou l'éclat des nobles infortunes du Tasse. Le manuscrit du *Pastor fido* avait été envoyé, par Guarini, à son protégé Léonard Salviati, président de l'Académie de la Crusca, réviseur malencontreux de Boccace, zoïle du Tasse, qui a fait sur le manuscrit quelques corrections, la plupart grammaticales, auxquelles Guarini ne s'est pas toujours rendu. Le *Pastor fido*, malgré les traits fort libres qu'il renferme, fut, selon Tiraboschi, joué pour la première fois à Turin, et avec une magnificence presque royale, pour les noces du duc Charles-Emmanuel avec Catherine d'Autriche; il paraît un nouvel et singulier exemple de la licence des représentations théâtrales au XVIe siècle [2]. Le raisonnement moqueur d'Henriette à sa pédante sœur :

> Mais vous ne seriez pas ce dont vous vous vantez
> Si ma mère n'eût eu que de ces beaux côtés ;
> Et bien vous prend, ma sœur, que son noble génie
> N'ait pas toujours vaqué à la philosophie.

1. *V.* principalement le chœur du IVe acte du *Pastor fido* en réponse au premier chœur de l'*Aminta*, et qui contient le même nombre de strophes ; les strophes ont autant de vers, les vers sont de la même mesure, et les rimes sont exactement les mêmes que dans l'*Aminta*.

2. Tiraboschi affirme (p. XI de *la Vie de Guarini*, en tête du *Pastor fido*) que cette représentation eut lieu ; Ginguené prétend par d'assez bonnes raisons qu'elle ne fut que projetée (*Hist. litt. d'Ital.*, VI, 389) : la première édition du *Pastor fido* de 1590, porte que du moins il fut dédié au duc de Savoie lors de son mariage.

ainsi que la naïveté comique de Théramène combattant les scrupules de son chaste élève :

> . . . . Vous-même, où seriez-vous,
> Si toujours Antiope à ses lois opposée
> D'une pudique ardeur n'eût brûlé pour Thésée?

sont tirées du *Pastor fido*. Ces dernières paroles, dit Voltaire, sont plus convenables à un berger qu'au gouverneur d'un prince, quoique l'Hippolyte grec ne ressemble guère assurément à un prince royal. Bellarmin se montrait toutefois bien sévère lorsque Guarini, étant venu rendre visite au sacré collége comme député de Ferrare, chargé de complimenter Paul V sur son avénement, il lui reprocha publiquement d'avoir fait autant de mal au monde chrétien par son poëme, que Luther et Calvin par leurs hérésies. La réponse du poëte fut, dit-on, très-piquante. Le prudent auteur de sa Vie, Alexandre Guarini, son arrière-petit-fils, n'a point osé la rapporter; il n'y en a point de trace dans les divers historiens de Bellarmin, auxquels peut-être elle n'aura pas semblé trop flatteuse pour l'illustre cardinal.

Lord Byron a indiqué comme existant à la bibliothèque de Ferrare, une lettre du Titien à l'Arioste, que j'ai vivement regretté de n'y point trouver. L'Arioste et Titien étaient amis; souvent ils avaient fait ensemble le voyage de Ferrare à Venise, lorsqu'ils accompagnaient le duc Alphonse dans sa péotte; car celui-ci allait voir fréquemment Titien chez lui et le ramenait à Ferrare. La même route est aujourd'hui parcourue moins poétiquement mais avec plus de rapidité par le bateau à vapeur l'*Othello*. Le poëte et l'artiste avaient dû se consulter mutuellement sur leurs ouvrages, et cette lettre pouvait offrir de curieux détails sur l'union alors si commune entre les écrivains et les artistes, et qui, sans doute, contribua tant à leur gloire. La prétendue lettre du Titien, insérée dans le *Giornale delle provincie venete*, de l'année 1825, n'est que de son élève et de son secrétaire, le vénitien Jean-Marie Verdizzotti, habile peintre de paysage; elle n'est point adressée à l'Arioste, mais à son neveu Horace. Elle traite de la *Jérusalem délivrée;* sa date est du mois de février 1588, et elle est ainsi postérieure de plus de cinquante ans à la mort de l'Arioste, et de douze à celle du Titien.

L'ancien livre de chœur des Chartreux est maintenant à la bibliothèque; il forme 18 volumes atlantiques, couverts de brillantes miniatures, ouvrage de l'école du Cosmè. Une *Bible* en un volume, qui paraît des mêmes artistes, n'est ni moins énorme ni moins magnifique.

La bibliothèque de Ferrare est riche en premières éditions de l'Arioste; elle en possède jusqu'à cinquante-deux [1]. C'est à tort que Bayle et d'autres écrivains protestants [2] ont accusé Léon X d'avoir presque en même temps approuvé par une bulle le profane *Furioso*, et fulminé contre Luther et ses livres. La bulle du pape jointe à la première édition n'est qu'un privilége, qu'une garantie contre les contrefacteurs; il n'y est point question d'excommunier, comme on l'a prétendu, les critiques du poëme, mais seulement ceux qui l'imprimeraient et le vendraient sans le consentement de l'auteur; c'est un acte du prince, et non pas du pontife. Les anathèmes de Léon X contre Luther sont d'ailleurs bien postérieurs à cette première édition. Une anecdote de sa publication fait un singulier honneur à l'Arioste : dans le traité conclu avec le libraire Jacopo dai Gigli, de Ferrare, par lequel il lui cède cent exemplaires au prix de *librar.* 60 *march. an.*, environ 150 francs, car l'Arioste paraît avoir imprimé son livre à ses frais, il stipule que chaque exemplaire ne pourra être vendu plus de *solidorum* 16 *march.*, à peu près 40 sous. Le prix du livre et le bénéfice du libraire étaient ainsi fort raisonnables, et cet exemple d'égards envers le public et les amateurs économes pourrait être rappelé à quelques uns de nos poëtes et de nos éditeurs à la mode.

---

[1]. Telle est parmi les meilleures ou les plus rares : la première. *Ferrara, Gio. Mazocco del Bondeno. A dì* 22 *aprile* 1516, in-4º, dont notre bibliothèque royale possède l'exemplaire envoyé à François Ier.

[2]. Bayle, *Dict. hist.* art. Léon X; *Warton's, History of English poetry*, t. xv p. 411, et M. Ch. Villers, qui, dans son *Essai sur l'esprit et l'influence de la réformation de Luther*, a exactement copié Bayle.

La bibliothèque de Ferrare offre un grand nombre de belles éditions des xv° et xvi° siècles ; de pareilles raretés n'y sont pas déplacées : Ferrare fut un des foyers les plus illustres de l'imprimerie à sa naissance ; ses premières éditions suivirent de près celles de Rome et de Venise ; elle eut même un avantage sur la plupart des villes d'Italie, dont les premiers imprimeurs étaient étrangers ; le sien, André Gallo, qui imprima dès 1471, et très-correctement, les *Commentaires* in-folio de Servius *sur Virgile*, et l'*Achilléide* de Stace, dont l'existence a été à tort contestée, était ferrarais. Le second imprimeur de Ferrare, Augustin Carnerio, était aussi très-probablement de cette ville ; il imprima le premier la *Théséide* de Boccace [1], avec les commentaires de Pierre-André de Bassi, autre ferrarais. Un fait pareil annonce déjà une sorte d'éclat et de prospérité littéraire à Ferrare, quoique le commentaire de Bassi soit trop abondant, l'édition peu élégante, et que ce premier essai de l'*ottava rima*, créée, dit-on, par Boccace, incorrect et sans grâce, fût encore bien loin des harmonieuses octaves de l'Arioste et du Tasse, composées aux mêmes lieux qui, les premiers, en virent imprimées. L'année suivante (1476), une imprimerie hébraïque fut établie à Ferrare par le duc Hercule Ier. Quelques années après, Alde l'ancien, avant de se fixer à Venise, avait suivi à Ferrare les savantes leçons de Jean-Baptiste Guarini ; il dut à cet habile maître d'être capable un jour de publier tant d'excellentes éditions grecques, et de composer sa *Grammaire grecque*, encore estimée. D'après les *Ricerche bibliografiche sulle edizioni ferraresi del sec. XV*, de M. Antonelli, sous-bibliothécaire de Ferrare, publiées en 1830, plus de cent éditions y furent données pendant les trente dernières années du xv° siècle, par neuf imprimeurs, nombre fort au-dessus de celui qu'elle possède aujourd'hui. Une des principales raretés de la bibliothèque de Ferrare est la *Musculorum humani corporis picturata dissectio*, du grand anatomiste médecin et chirurgien ferrarais du xvi° siècle, Jean-Baptiste Canani, qui avait entrevu la circulation du sang, édition

---

1. 1475, livre très-rare, dont la Bibliothèque royale possède un exemplaire d'une belle conservation.

sans date, ni lieu d'impression, mais probablement de 1541, ornée de planches gravées par le célèbre Jérôme Carpi, dont on ne connaît que six exemplaires et que notre Portal avait tenté vainement de se procurer.

La bibliothèque de Ferrare, comme la plupart des bibliothèques de l'État pontifical, est arriérée, et la somme annuelle de 200 écus, environ 1076 francs, est insuffisante pour la tenir au courant.

Dans la seconde salle de la bibliothèque destinée aux lecteurs, appelée *salle de l'Arioste*, est son tombeau, transféré là solennellement, de l'église de Saint-Benoît, par les Français, le 6 juin 1801, jour anniversaire de sa mort. La maison paternelle du poëte est voisine [1]; le bâtiment de l'université, la salle de la bibliothèque, sont les mêmes que ceux dans lesquels il suivit les leçons de Grégoire de Spolette, son maître. Le tombeau de l'Arioste est ainsi voisin des lieux où se passèrent son enfance et sa jeunesse. Le mausolée, au bout de la salle contre le mur, est de mauvais goût; de chaque côté est badigeonné un gros rideau vert avec des roses, des colombes, des corbeilles, des casques et des panaches. La pierre qui couvre les os du Tasse, à Saint-Onuphre, est préférable, malgré sa nudité, à cette espèce de décoration théâtrale indigne de la pompe d'un monument funèbre. L'inscription principale, ouvrage du Guarini, commence par vanter les talents administratifs et politiques de l'Arioste, *claro in rebus publicis administrandis, in regendis populis*, etc. L'histoire de sa vie prouve qu'il a pu mériter ces éloges ; il lui fallut, certes, bien du sang-froid, lorsqu'il fut envoyé deux fois auprès du pape Jules II, et lorsque, la seconde fois, Jules, irrité de l'alliance d'Alphonse avec les Français, voulut faire jeter à la mer son ambassadeur.

Andar più a Roma in posta non accade
A placar la grand' ira di secondo.

Il n'est point surprenant de voir allier l'habileté diplomatique aux talents de la poésie; celle-ci, pour être cultivée avec succès,

1. *V.* le chapitre suivant.

ne prend que les rares et courts moments de l'inspiration, et doit laisser ainsi du temps pour les affaires. J'ai vu ministres en Italie, les deux hommes qui jettent le plus d'éclat littéraire et poétique sur notre patrie [1], et je doute qu'ils puissent être jamais surpassés en soin, en travail et en exactitude. Ce génie, fait pour plaire, premier talent des négociateurs, selon la remarque de Voltaire, peut encore se perfectionner par la grâce du langage des poëtes.

Les inscriptions du tombeau de l'Arioste ont été déjà plusieurs fois données; malgré leur mérite lapidaire, elles sont bien inférieures au sonnet d'Alfieri, que j'aurais aimé à retrouver là, et qui commence par les vers du *Furioso* :

Le donne, i cavalier, l'arme, gli amori,
Le cortesie, l'imprese, ove son ite ?

CHAPITRE XIII.

Maisons de l'Arioste et *degli Ariosti*. — Spectacles de la cour de Ferrare. — Nicolas Ariosto. — Savoir, exactitude de l'Arioste. — Partage de maison. — Maison de Guarini.

La maison de l'Arioste est devenue un des monuments de Ferrare. L'élégante inscription composée par lui,

Parva, sed apta mihi, sed nulli obnoxia, sed non
Sordida, parta meo sed tamen ære domus [2],

qui avait longtemps disparu, a été rétablie sur la façade; au-dessus est l'inscription plus pompeuse de son fils Virginio, qui ne la vaut pas :

Sic domus hæc areosta
Propitios habeat deos, olim ut pindarica.

1. MM. de Chateaubriand et de Lamartine.
2. L'Arioste a exprimé la même idée dans sa première satire :

Anco fa che al ciel levo ambe le mani,
Che abito in casa mia comodamente
Voglia tra cittadini, o tra villani.

Ce rapprochement avec la maison de Pindare a pu recevoir son application lors des dernières et fréquentes occupations militaires de Ferrare, prise successivement par les Français, les Autrichiens et les Russes. Tous ces Alexandres, *payés à 4 sous par jour*, ont imité le héros macédonien, et la maison de l'Homère ferrarais ne paraît pas avoir été moins respectée que celle du poëte thébain. Sur la petite terrasse couverte (*loggetta*) étaient écrits les vers imprimés dans les poésies latines de l'Arioste, sous le titre *de Paupertate*.

Le jardin de l'Arioste avait précédé sa maison :

> Il aimait les jardins, était prêtre de Flore,
> Il l'était de Pomone encore.

L'Arioste bouleversait son jardin comme son poëme : il ne laissait pas un arbre trois mois à la même place, dit Virginio dans ses Mémoires ; il observait avec attention le développement des graines ensemencées ; et telle était son impatiente curiosité, qu'il finissait par briser le germe. Dans son espèce de manie, de délire agronomique, il confondit quelquefois les divers plants qu'il avait semés ; et c'est ainsi que, retournant chaque matin contempler certains câpriers (*capperi*) dont la belle apparence le transportait de joie, ces câpriers ne se trouvèrent plus que des sureaux (*sambuchi*).

L'Arioste avait mis dans son jardin une élégante inscription, qu'il terminait par ce souhait gracieux :

> . . . . *et optat*
> *Non minus hospitibus quam placitura sibi.*

L'Arioste habita cette maison les dernières années de sa vie, mais c'est une erreur de prétendre qu'il y ait composé la plus grande partie de ses ouvrages ; il n'a guère pu y travailler qu'aux chants ajoutés au *Furioso*, et peut-être y mettre en vers ses deux comédies de la *Cassaria* et des *Suppositi*, qu'il avait écrites en prose dans sa jeunesse. Il portait la même instabilité de résolution dans l'arrangement de sa maison que dans la plantation de son jardin ; il paraît y avoir éprouvé les mêmes mécomptes :

plus d'une fois il regretta que cette sorte de ratures ne fût pas aussi aisée que ses corrections poétiques ; et lorsqu'on affectait de s'étonner qu'après avoir décrit tant de palais, il n'eût pas une plus belle maison, il répondait gaiement que les palais qu'il bâtissait dans ses vers ne lui coûtaient rien.

Les traces du séjour de l'Arioste furent indignement méconnues et effacées par les propriétaires de la maison, ses successeurs ; ils vendirent les jardins si bizarrement cultivés par lui, et la grotte où il avait médité disparut. Lorsqu'en 1811 le conseil communal de Ferrare, sur la proposition de M. le comte Jérôme Cicognara, podestat, digne frère du comte Léopold, fut d'avis d'acquérir la maison de l'illustre poëte, sa chambre, dont l'emplacement fut reconnu par la disposition des fenêtres, quoique les murailles eussent été souillées par de récentes et mauvaises peintures, mises sur d'autres encore pires, fut nettoyée et blanchie : le badigeonnage cette fois fut secourable aux souvenirs poétiques et d'accord avec le goût. En face de la porte, et au-dessous du buste de l'Arioste, cette belle inscription italienne de M. Giordani fut mise sur une pierre de marbre de Carrare :

Lodovico Ariosto in questa camera scrisse e questa casa da lui edificata abitò, la quale CCCLXXX anni dopo la morte del divino poeta fu dal conte Girolamo Cicognara podestà co' danari del comune compra e ristaurata, perchè alla venerazione delle genti durasse.

L'ancienne maison *degli Ariosti*, où l'Arioste avait été élevé, se voit encore près de l'église Sainte-Marie *di Bocche*. C'est là que dans son enfance il jouait avec ses quatre frères et ses cinq sœurs, lorsque leurs parents étaient sortis, la fable de Thisbé et autres scènes comiques arrangées par lui. Le local, ainsi qu'on peut encore en juger, était assez propre à ce genre de représentations ; le fond du salon offre une arcade ouverte semblable à la scène ; les chambres y attenantes étaient les coulisses, et les draperies ; les habits qui se trouvaient sous la main, servaient de costume. Indépendamment de la précocité d'esprit qu'annoncent ces petites compositions, on peut ajouter qu'elles sont une preuve nouvelle du goût des représentations théâtrales à Ferrare sous les ducs Hercule et Alphonse d'Este. Il est fort probable que le père de l'Arioste, Nicolas, nommé, en 1486, capitaine de la ville (ou *giudice de'* xii *savj*), aura été invité aux spectacles de la cour, qu'il y aura mené son fils aîné, alors âgé de onze à douze ans, que peut-être celui-ci aura été chargé de quelque rôle, puisque le duc Hercule lui-même était un des acteurs, et qu'à défaut de salle, il fit jouer pour la première fois, cette même année, dans la plus grande pièce du palais, *les Ménechmes* de Plaute. Ce goût de la comédie ne quitta point l'Arioste jusqu'à la fin de sa vie ; non-seulement il composa ses comédies, mais il dirigeait les diverses répétitions : il avait donné le plan de la salle charmante que le duc Alphonse fit construire plus tard, en face même de l'évêché, et dont l'incendie, qu'il attribuait à ses ennemis jaloux de ses succès dramatiques, fut, dit-on, une des causes principales de sa mort[1].

L'Arioste habitait la maison *degli Ariosti*, afin d'achever sous la surveillance de ses oncles paternels ses cours de droit, lorsque Nicolas Arioste, son père, de retour à Ferrare, après une longue absence, fut étrangement surpris de trouver son fils indépendant, dissipé, la tête tournée de vers et de romans, et fort peu occupé de ses graves études. Il lui adressait de vifs et fréquents reproches : un jour qu'il éclatait avec plus de violence, la résignation et le silence du coupable furent remarqués ; Gabriel, son frère, lui en demandant le motif, l'Arioste convint que dans ce moment même il avait eu l'idée d'une scène pour sa *Cassaria*, à laquelle il travaillait, et qu'il voulait y faire entrer les propres paroles de son père. Cette scène, entre Crisobolo (le père) et Erofilo (l'Arioste), est la deuxième du cinquième acte ; il n'est pas surprenant qu'elle soit aussi vraie, puisqu'elle est prise dans la nature et dans Térence.

Plusieurs portes murées de l'ancien palais *del Paradiso*, aujourd'hui de l'Université, voisin de la maison *degli Ariosti*, servaient de passage à l'Arioste, qui n'avait que la rue à traverser pour se rendre au cours particulier fait chez Renaud d'Este par

---

1. *Fatto sta*, dit Baruffaldi, *che da quel giorno egli non si riebbe, nè si alzò più di letto. Vita di L. Ariosto.* p. 237.

Grégoire de Spolette. Il suivit ses leçons de vingt-deux à vingt-cinq ans, lorsqu'il était enfin tout entier à la poésie; plus tard, il déplora pathétiquement l'exil de son maître, qu'avec une joie si naïve et si profonde il espérait de revoir et pour lequel il proclamait sa reconnaissance dans les vers adressés à son condisciple le prince Alberto Pio :

> *Io, redibit, qui penitus rude*
>   *Lignum dolavit me, et ab inutili*
>   *Pigraque mole gratiorem*
>   *In speciem hanc, Pie, me redegit.*
> *Io videbo qui tribuit magis*
>   *Ipso parente, ut qui dedit optime*
>   *Mihi esse, cum tantum alter esse*
>   *In populo dederit frequenti.*
> *Virum, boni Di, rursus amabilem*
>   *Amplectar; an quid me esse beatius*
>   *Potest beatum, o mi beate*
>   *Nuntie qui me hodie beasti*[1].

L'Arioste suivit encore les leçons publiques de Mario Pannizzato, célèbre orateur et poëte ferrarais, qu'il n'a pas non plus oublié :

> *Veggo il Mainardo, e veggo il Leoniceno,*
>   *Il Panizzato . . . .*

[1]. *Carmin.* lib. II. Grégoire de Spolette, appelé à Milan par Isabelle d'Aragon, veuve de Jean Galéas Sforce, pour être précepteur de son fils unique François, l'accompagna lorsqu'il fut enlevé par Louis XII après la chute de Louis-le-More, son oncle, en 1499; Grégoire ne revint pas en Italie et mourut à Lyon, malgré les tendres vœux de son élève. L'Arioste est encore revenu d'une manière touchante sur les infortunes de son ancien maître, dans sa vi[e] satire :

> *Mi fu Gregorio dalla sfortunata*
>   *Duchessa tolto, e dato a quel figliuolo*
>   *A chi aveva il zio la signoria levata.*
> *Di che vendetta, ma con suo gran duolo*
>   *Vid' ella tosto : aimè perchè del fallo*
>   *Quel che peccò non fu punito solo?*
> *Col zio il nipote (e fu poco intervallo)*
>   *Del regno, e dell' aver spogliati in tutto,*
>   *Prigioni andar sotto il dominio Gallo.*
> *Gregorio, a prieghi d' Isabella indutto,*
>   *Fu a seguir il discepolo là, dove*
>   *Lasciò, morendo, i cari amici in lutto.*

L'Arioste, ce poëte si brillant, si léger, si folâtre, était un auteur plein de savoir; indépendamment de ses poëtes favoris qu'il lisait toujours, tels que Catulle, Virgile, Horace, Tibulle, il connaissait les historiens et les philosophes, et il avait étudié l'astronomie, la navigation et la géographie : on reconnaît encore Paris, ses vues, ses ponts, son île dans la description qu'il en a faite; Ginguené a remarqué qu'il avait même porté l'exactitude jusqu'à donner à une petite ville de Bretagne (Tréguier) son nom bas-breton; l'Écosse n'est pas décrite avec moins de fidélité dans l'épisode de Ginevra que dans un roman de Walter Scott.

A la mort de son père, l'Arioste abandonna la maison *degli Ariosti*, dont il avait hérité pour un quart selon l'usage d'Italie. Cette bizarre division de la propriété dans un pays où son excessive grandeur est souvent si funeste, doit singulièrement multiplier les procès au sujet de l'entretien entre tous ces petits propriétaires d'étages ou même de chambres.

La maison Guarini rappelle les noms d'illustres érudits, et du poëte Jean-Baptiste, l'auteur du *Pastor fido*, qui peut-être les a trop fait oublier, et dont l'unique buste en marbre est sur un pilastre au pied de l'escalier. Elle est encore habitée par MM. les marquis Gualengo Guarini de la même famille. A l'angle sur la rue est l'ancienne inscription : *Herculis et musarum commercio =favete linguis et animis*, inscription moins naturelle et moins fière que le distique de l'Arioste, *parva sed apta mihi*, qui au lieu d'afficher ainsi sa dépendance de la maison d'Este, annonçait au contraire qu'il avait payé sa maison : *parta meo sed tamen ære domus*.

CHAPITRE XIV.

Prison du Tasse.

La prison du Tasse offrait sur la muraille les noms de lord Byron, de Casimir Delavigne, et les vers de Lamartine sur le

Tasse, tracés au crayon et horriblement estropiés par le poëte anglais[1], qui a dû être pauvre juge de l'harmonie des vers que lui avait adressés notre premier lyrique. Malgré ces poétiques autorités, malgré l'inscription mise sur la route : *Ingresso alla prigione di Torquato Tasso*, une autre inscription intérieure et la restauration en 1812 de cette prétendue prison par le préfet du département, il est impossible de reconnaître la véritable prison du Tasse dans l'espèce de trou que l'on donne pour elle. Comment supposer un seul instant que le Tasse ait pu habiter sept années et deux mois dans un pareil gîte, y revoir son poëme, et y composer ses divers dialogues philosophiques à la manière de Platon ? J'eus occasion le soir de consulter à ce sujet quelques hommes instruits de Ferrare, et j'appris que pas un d'eux ne croyait à cette tradition contredite par l'examen des lieux et les faits historiques. Il semble que le sort du Tasse n'a pas besoin, pour attendrir, de l'excès de souffrance qu'il eût éprouvé dans ce cachot; l'ingratitude d'Alphonse devait suffire à ses tourments : quelques dédains de Louis XIV ont fait mourir Racine, et, sur de pareilles âmes, les douleurs morales ont bien plus de prise que les gênes du corps. Madame de Staël, si portée à la commisération envers le malheur illustre, a échappé au roman de la loge de Ferrare; Goëthe, d'après le rapport d'un voyageur spirituel[2], soutient que la prison du Tasse est un conte, et qu'il a fait là-dessus de grandes recherches. La lecture des

1. Les voici transcrits littéralement :

« La le Tasse brul d'un flame fatal
« Expiant dans les fers sa gloire et son amur
« Quand il va recevoir la palm trionfal
« Descand au noyr seyur.

Lord Byron s'était fait enfermer par le portier dans cette prison du Tasse; il y était resté deux heures, s'agitant, se promenant à grands pas, se frappant le front, ou la tête baissée sur la poitrine et les bras pendants, selon le rapport du portier qui l'avait épié; et lorsque celui-ci vint le tirer de sa méditation, il lui dit en lui donnant la pièce : *Ti ringrazio, buon uomo! i pensieri del Tasso stanno ora tutti nella mia mente e nel mio cuore*. Peu de temps après son départ de Ferrare, il composa ses Lamentations du Tasse, qui se ressentent médiocrement d'une telle inspiration.

2. M. Ampère, dans une lettre écrite de Weimar, le 9 mai 1827.

diverses vies du Tasse, sa correspondance, la meilleure de ses vies, m'ont persuadé que son emprisonnement à l'hôpital Sainte-Anne a bien plus de rapports avec ce que l'on a depuis appelé une détention dans une maison de santé, avec les tracasseries et les vexations de la police, qu'avec une mise au cachot[1].

CHAPITRE XV.

Palais. — Place de l'Arioste. — Campo-Santo. — Belriguardo.

La prison ou les maisons des poëtes font, à Ferrare, négliger les palais, quoique ceux-ci ne manquent ni de grandeur, ni de souvenirs ; tel est le palais aujourd'hui des comtes Scroffa et marquis Calcagnini bâti par Louis-le-More qui espérait y trouver un asile contre les victoires des Français, et qui perdit en même temps sa liberté, son État, et mourut en Touraine dans le château de Loches. C'est de sa prison qu'il légua ce palais inachevé à Antoine Costabili, noble de Ferrare, son ancien ambassadeur à la cour du duc Hercule Ier, qu'il avait autrefois chargé de le faire construire, et qui vint le visiter dans sa prison. Le présent d'un prince trahi, captif, à un courtisan fidèle, aurait quelque chose de touchant, si Sforce, quoique ami des lettres et des arts, n'avait été usurpateur et cruel, et si peut-être le voyage du seigneur Costabili, déjà presque propriétaire du palais, n'avait été intéressé. La maison des comtes Avventi, appelée *Casa della Rosa*, était comme la petite maison du duc Alphonse Ier. Il y avait établi la dame Laure-Eustochie Dianti dont il eut deux fils, Alphonse et Alphonsino. Ce n'est point cette maîtresse qui a donné à la maison Avventi son gracieux surnom ; il lui vient de l'église voisine, *Santa-Maria-della-Rosa* : on pourrait aisément s'y tromper. Un petit palais, d'excellente architecture, et qui annonce l'époque de la renaissance, est celui de la maison

---

[1] V. *Variétés italiennes :* Prison du Tasse.

Conti Crespi, du dessin de Jérôme da Carpi, architecte et peintre, élève de Raphaël.

La grande place, appelée quelque temps place Napoléon, est devenue, en 1814, place de l'Arioste, nom qui a pris tout de suite, comme à Paris, le nom de la rue de la Paix : la renommée des conquérants ne tiendra jamais contre la gloire des lettres ou la félicité publique. Les démagogues de 1796 avaient fait disparaître de cette même place la statue du pape Alexandre VII; celle de Napoléon eut le même sort : la nouvelle statue de l'Homère de Ferrare, érigée en 1833, bravera tous ces revers.

Le *Campo-Santo*, ainsi qu'à Bologne et dans d'autres villes, était autrefois la Chartreuse. Ces anciens tombeaux de vivants sont devenus la demeure des morts, et je ne sais si les statues, les bas-reliefs, les inscriptions que l'on y voit multipliés aujourd'hui ne les rendent pas moins tristes, plus animés, que lorsqu'ils étaient peuplés par leurs anciens et silencieux fantômes. Le fondateur de la Chartreuse est Borso, premier duc de Ferrare, prince magnifique, libéral et qui, malgré l'austérité d'une telle fondation, était célèbre dans toute l'Italie par l'éclat de ses fêtes; son tombeau, renouvelé élégamment en 1815, est à côté de la *cella* consacrée à la maison d'Este. Le mausolée du duc Venanziano Varano et de sa femme, par M. Rinaldo Rinaldi, est fort beau. Quelques autres sépultures rappellent des noms illustres dans les lettres et les arts; tels sont les tombeaux de Giglio Giraldi [1], de Bernardin Barbulejo ou Barbojo, curé de la paroisse de Saint-Pierre, qui, selon l'abbé Jérôme Baruffaldi [2], aurait appris le rudiment à l'Arioste, grave opinion que paraît avoir depuis réfutée M. Faustini : tel est aussi le monument d'albâtre élevé par le comte Léopold Cicognara à sa première femme.

L'église attenante au *Campo-Santo* est d'une noble architecture attribuée à Sansovino, qui n'est tout au plus l'auteur que

1. *V.* ci-dessus, chap. xi.
2. *Vita di L. Ariosto*, p. 55. Barbojo fut très-considéré des savants italiens de son temps : Giraldi lui dédia son traité *de Historia Deorum;* Cœlius Calcagnini lui adressa quelques unes de ses savantes dissertations, et parmi les *Lectiones antiquæ* de Rhodiginus, la dédicace du xie livre lui est faite par Camille Richieri.

des brillantes sculptures intérieures. Les douze tableaux des douze chapelles représentant les divers *Mystères*, de Roselli, peintre ferrarais du XVIᵉ siècle, montrent l'imitation du Garofolo et du Bagnacavallo; une gracieuse *Nativité* est du Dielai; une *Déposition de croix*, la *Descente du S.-Esprit*, sont du Bastaruolo; le *S. Bruno* est du Scarsellino; une *Cène*, de Cignaroli; les *Noces de Cana*; *S. Bruno priant avec d'autres chartreux*, sont de Charles Bonone; un *S. Christophe*, au chœur, est du Bastianino; la *Décollation de S. Jean-Baptiste*, de Parolini.

La délicieuse villa de Belriguardo, près de Ferrare, jadis habitée par le cardinal Louis d'Este, frère d'Alphonse II, espèce d'académie dont le Platon, quoique peu savant, était si zélé pour la science, n'existe plus [1]. Sa dégradation avait commencé dès la fin du XVIᵉ siècle; ses débris peuvent encore faire juger de son étendue et de son ancienne magnificence. Une partie sert maintenant de gîte à des paysans, l'autre est occupée par le propriétaire de la vaste métairie qui l'environne.

CHAPITRE XVI.

Société italienne.

J'ai passé quelques jours à Ferrare. Si le caractère d'un peuple, comme l'a remarqué Rousseau, se connaît mieux dans les villes de second ordre que dans les grandes capitales où affluent les étrangers, ce séjour me donnerait une idée bien favorable du caractère italien et de la société italienne. Je me rappelle encore l'obligeance, la politesse, la bonhomie, qui régnaient dans la

---

1. *Ipse, quanquam*, dit Muret, favori du cardinal d'Este, *doctrina mediocri, magno tamen et excelso ingenio, et mirifice dedito studiis nostris. Itaque domus ipsius Academia quædam videri poterat. Hic amat quidem et ipse mirifice homines bonarum artium scientia excultos : sed sua ei comitas damno est. Dum enim omnes blande excipit, cum omnibus humano colloquitur, facilem se atque obvium omnibus præbet, excitat quidem admirabiles amores sui : sed a tam multis gratiam ipsius ambientibus perpetuo obsidetur, ut ei vix ad curandum corpus satis temporis supersit.* Epist., lib. II, 23.

maison où j'avais l'honneur d'être reçu. Quelques personnes regrettent avec raison la perte et l'absence des *vieilles* dans notre société. L'Italie en possède de parfaitement aimables et qui sont de vrais modèles. Le salon de l'une d'elles était le premier de Ferrare. J'avouerai que j'y ai trouvé beaucoup d'agrément; là régnaient la douceur, la facilité, l'abandon : malgré la vivacité italienne, le ton était parfait, et il n'y avait aucune vanité, ni extérieure, ni rentrée. Dans la loge au théâtre (dont le légat était le spectateur le plus assidu), une multitude de lorgnettes étaient à la disposition des divers habitués; le *comme il faut* n'exerçait là aucun empire, la maison était à peu près ouverte aux étrangers qui passaient, et l'on se rendait à la conversation du soir ou plutôt de la nuit, en toilette du matin [1].

CHAPITRE XVII.

Cento. — Le Guerchin. — Pieve.

Cento, patrie du Guerchin, est une petite ville jolie, qui mérite que l'on se détourne de la route pour la visiter avant d'arriver à Bologne. Là est sa maison, véritable musée domestique, toute couverte de ses peintures. Dans la petite chapelle est un admirable tableau de *deux Pèlerins qui implorent la Vierge* : la ferveur, la misère de ces pèlerins, est peinte jusque dans certains détails (tels que le raccommodage de la partie la moins noble de leurs vêtements), qui n'affaiblissent point l'effet général de cette touchante composition. Le plafond de l'une des pièces offre une suite de chevaux de différentes espèces; il y a un groupe superbe de deux chevaux; un autre cheval au vert et n'ayant que les os et la peau, est une anatomie vivante de ce

---

[1]. Cette femme excellente et distinguée était madame Marietta Scutellari, née à Zara, d'origine vénitienne, morte en 1832 à l'âge de quatre-vingts ans, l'amie de Canova qui demeurait chez elle dans ses passages à Ferrare, de Monti, de Cicognara, de lord Byron, des deux Pindemonte, de Foscolo, et à laquelle la ville se proposait de consacrer un monument.

pauvre animal. Une *Vénus* allaitant l'Amour plaît moins que le reste, malgré sa célébrité et le mérite du coloris : Vénus est bien la mère de l'Amour, mais elle n'est point sa nourrice ; l'imagination n'admet dans les arts que les choses auxquelles elle a consenti et auxquelles depuis longtemps elle est faite.

Guerchin avait pour Cento cet amour du lieu, si l'on peut le dire, dont les peintres ou sculpteurs d'Italie offrent à toutes les époques de nombreux exemples ; il préféra le séjour de sa ville natale aux titres et charges de premier peintre des rois de France et d'Angleterre ; il y avait sa *scuola*, et il n'en sortit que chassé par la guerre survenue entre Odoard Farnèse, duc de Parme, et le pape Urbain VIII, et lorsque Thadée Barberini, neveu du dernier, et général des troupes pontificales, voulut fortifier Cento. La campagne et les opérations de ces deux combattants paraissent aujourd'hui bien vulgaires à côté de la gloire fugitive du Guerchin. La maison du Guerchin, telle qu'elle existe encore, atteste une vie simple, modeste, laborieuse, qui inspire une sorte de respect. Ce grand artiste, véritablement né peintre [1], *ce magicien de la peinture*, comme on l'a surnommé, était aussi un homme pieux, modeste, désintéressé, charitable [2] ;

[1]. Dès l'âge de six ans, Guerchin montrait une singulière disposition à dessiner ; à huit ans et avant même d'avoir reçu des leçons du peintre à gouache de la Bastia, village du Modénais, il peignit sur la façade de la maison qu'il habitait la Madone de Reggio ; cette maison ayant été détruite, M. Léopold Tangerini, archiprêtre de Cento, fit détacher, en 1790, la portion du mur où se trouvait l'essai précoce du Guerchin, et qui se conserve encore dans son *casino nuovo*. A l'école, au lieu de barbouiller ses cahiers d'écriture, Guerchin y dessinait des bœufs, des chevaux, des paysans, etc. *V*. les *Notizie della vita e delle opere del cavaliere Gioan Francesco Barbieri detto il Guercino da Cento* ; Bologne, 1808, in-4º ; ouvrage neuf et curieux, rédigé sur les pièces originales et les mémoires manuscrits de la famille Barbieri, passés dans la bibliothèque du prince Philippe Hercolani.

[2]. Les *Notizie* offrent quelques détails intéressants sur la vie, les qualités et les pratiques de piété du Guerchin ; jamais il ne voulut accepter de commande qu'un de ses confrères eût pu désirer ou demander ; il se levait de bonne heure, faisait une heure d'oraison, sortait pour entendre la messe, et travaillait jusqu'au dîner ; afin de ménager le temps, il attendait, pour s'y rendre, que l'on eût servi ; il se remettait ensuite à peindre jusqu'au coucher du soleil ; il allait alors prier dans quelque église voisine, et rentrait dessiner jusqu'au souper. Quoique dans ses dernières années il eût renoncé à ce repas, il s'y trouvait pour tenir compagnie à sa famille. Guerchin paraît avoir été fort distrait : un soir, par mégarde, dessinant

excellent parent, dont le camarade et les premiers élèves étaient son frère et ses neveux [1], et qui, aimé de son maître Gennari, loué, recommandé par Louis Carrache, semble avoir échappé à l'inimitié trop fréquente parmi de pareils émules. La maison du Guerchin n'est pas toutefois sans quelque magnificence; on conçoit fort bien qu'il y ait reçu et traité, *ad uno squisito banchetto*, ces deux cardinaux qui étaient venus à la foire, que ses élèves les plus distingués servirent à table, et devant lesquels ils jouèrent le même soir *una bella commedia* [2], proverbe improvisé, dont leurs éminences furent ravies. Christine vint aussi visiter le Guerchin à Cento; et, après avoir admiré ses ouvrages, cette reine voulut prendre et toucher la main qui avait fait tant de chefs-d'œuvre.

L'église du Rosaire est appelée à Cento la *Galerie*, titre profane qu'elle justifie assez par son apparence et la manière dont les tableaux y sont rangés. Le Guerchin n'y éclate pas moins que chez lui. Cette église est remplie de ses peintures : il a donné, dit-on, le dessin de la façade, du clocher, et travaillé à la statue de bois de la Vierge; il s'y montre ainsi peintre, sculpteur et architecte; mais surtout il y est chrétien. Une chapelle fondée par lui porte son nom; il avait fait un legs pour qu'on y célébrât un service, et laissé à l'image de la Vierge du Rosaire une chaîne d'or d'un grand prix. Cette offrande pieuse fut volée vers le milieu du dernier siècle par un *custode* de l'église :

Ladro alla sagrestia de' belli arredi [3],

le chapeau sur la tête, et s'étant trop approché de la lampe, il ne s'aperçut pas que son chapeau était en feu; une autre fois, méditant un petit tableau, il s'assit sur sa palette, et ne fut averti de son inadvertance que lorsque, se levant pour exécuter sa pensée, la palette se détacha et tomba à terre. Guerchin, surpris, ne put s'empêcher de rire; mais, changeant aussitôt de costume, il fit préparer une autre palette et se remit paisiblement à l'ouvrage.

1. Paul-Antoine Barbieri, peintre de fleurs et de fruits; Benoît et César Gennari, fils de sa sœur. Paul-Antoine Barbieri tenait aussi le registre des commandes de son frère (*V.* livre viii, chap. ix), et était chargé du soin de la maison; sa mort causa au Guerchin une douleur si profonde, qu'il voulut être enterré près de lui à l'église San-Salvatore de Bologne. *Notizie*, p. 37, 44.
2. *Notizie*, p. 43.
3. Dante, *Inf.*, xxiv, 138.

double sacrilége dans la ville illustrée par ce grand peintre, et où sa mémoire est encore aujourd'hui populaire et vénérée.

A Pieve, très-près de Cento, est au maître-autel de l'église, une admirable *Assomption*, du Guide, pleine de vie, de variété, de mouvement et d'expression. Ce tableau devait être emporté en 1797, mais il fut défendu par le peuple, qui commençait à se soulever au bruit de son enlèvement; on fut obligé de le remplacer par un autre tableau du même maître, afin que les spoliateurs eussent leur compte. Ainsi, dans cette oppression successive de l'Italie, et lorsqu'elle cédait à de nouveaux vainqueurs, ses tableaux étaient plus puissants que ses chefs, et, mieux que les hommes, ils provoquaient encore à la résistance.

FIN DU TOME PREMIER.

TABLE

DES CHAPITRES CONTENUS DANS LE TOME PREMIER.

LIVRE PREMIER.

GENÈVE. — GLACIERS. — BORDS DU LAC.

CHAPITRE Ier. — Privilége des anciens voyageurs. — Dijon. — Tombeaux des ducs de Bourgogne. — Maison de Bossuet. — Discours proposé par l'Académie de Dijon sur le rétablissement des sciences et des arts. — Dôle. — Saint-Cergues.	1
CHAPITRE II. — Genève; mérite, distinction de Genève.	3
CHAPITRE III. — Maison de Jean-Jacques. — Statue. — Condamnation de l'*Émile*.	5
CHAPITRE IV. — Temple de Saint-Pierre. — Prédication protestante.	7
CHAPITRE V. — Palais de Clotilde. — Calvin. — Escalade.	9
CHAPITRE VI. — Musée. — Théâtre. — Conservatoire.	10
CHAPITRE VII. — Bibliothèque. — Société de lecture. — Goût de lecture du peuple de Genève. — Manuscrits du D. Coindet. — Lettres autographes de Voltaire, de Rousseau et de Bonaparte; littérature de celui-ci.	11
CHAPITRE VIII. — Société de Genève.	18
CHAPITRE IX. — Ferney.	19
CHAPITRE X. — Coppet.	22
CHAPITRE XI. — Salève. — Bossey.	23
CHAPITRE XII. — Premier torrent. — Pittoresque des individus. — Des guides et des valets de place.	24
CHAPITRE XIII. — Glaciers. — Saint François de Sales aux glaciers.	27
CHAPITRE XIV. — Col de Balme.	29
CHAPITRE XV. — Saint-Maurice; Ermite. — Martigny.	30
CHAPITRE XVI. — Bex. — Aigle. — Haller. — Villeneuve. — Chillon.	31
CHAPITRE XVII. — Clarens. — Topographie de *la Nouvelle Héloïse*.	32
CHAPITRE XVIII. — Vevey. — Jean-Jacques. — Ludlow.	34
CHAPITRE XIX. — Lausanne. — Vue. — Cathédrale. — Château. — Maison de Gibbon.	36
CHAPITRE XX. — Société. — Piétistes. — Environs.	38
CHAPITRE XXI. — Lac.	40
CHAPITRE XXII. — Voiturin.	41

CHAPITRE XXIII.—Thonon.—Ripaille. 42
CHAPITRE XXIV.—Meillerie.—Saint-Gingolph. 43
CHAPITRE XXV.—Valais.—Sion.—Portraits.—Capucins.—Brieg.—Route du Simplon. 44

LIVRE DEUXIÈME.

ENTRÉE DE L'ITALIE.

CHAPITRE Ier.— Domo d'Ossola.—Aspect de l'Italie.—Passe-port.—Dom Bourdin.—Mines. 47
CHAPITRE II.—Iles Borromées. 48
CHAPITRE III.— Lac Majeur.—Fête.—Tempête. 50
CHAPITRE IV.— Arône.—Colosse. 52
CHAPITRE V.—Lombardie. 53
CHAPITRE VI.— Entrée de l'Italie par le grand Saint-Bernard et la vallée d'Aoste.—Grand Saint-Bernard.—Couvent. ib.
CHAPITRE VII.—Val d'Aoste.—Aoste.—Colonne de Calvin.—Cathédrale.—Tombeau de Thomas II.—Saint-Pierre et Saint-Orso.—Antiquités.—Arc d'Auguste.—Crétins. 57
CHAPITRE VIII.— Du *Forestiere*.—Anglais.—Auberges.—Registres. 59
CHAPITRE IX.— De l'époque du voyage d'Italie. 61
CHAPITRE X.— Ivrée.— Pont.—Château.—Prisons d'Italie.—Cathédrale.—Mosaïque. 64
CHAPITRE XI.—Verceil.—Invasion des barbares.—Saint-André.—Mausolée de T. Gallo.—Dôme.—Évangéliaire d'Eusèbe.—Saint-Christophe.—Fresque de Gaudence Ferrari.—Bel exemple du marquis de Leganez.—Saint-Julien.—Bibliothèque.—Archives. 65
CHAPITRE XII.—Novare.—Dôme.—Archives capitulaires.—Bibliothèque.—Frère Nestor Denis.—Saint-Marc.—Saint-Pierre *al rosario*.—Frère Dulcino.—Saint-Gaudence.—Clocher. 68
CHAPITRE XIII.— Route.—Ponts.—Chemins de Lombardie. 73

LIVRE TROISIÈME.

MILAN.

CHAPITRE Ier.—Aspect français de Milan.—Palais royal.—Fresques d'Appiani.— Villa.— Palais archiépiscopal.— Fontaine.—*Uomo di pietra*.—Galerie *De-Cristoforis*.— Palais *della Contabilità*.— Marini.— Maison Vismara.—Barrière de *Porta Orientale*. 74
CHAPITRE II.— Dôme.— Colonnes.— L'Écorché.— Tombeau de saint Charles.—Mausolée du cardinal M. Caracciolo.—Chapelle de Jean-Jacques Médicis.—Baptistère.—Rit ambrosien.—Chapelle *dell' Albero*.—Vue. 77
CHAPITRE III.—Sainte-Marie de la Passion.—Mausolée de Daniel Birago.

TABLE.

Chalcondyle.—Notre-Dame de San-Celso.—Statues de Laurent Stoldi.—
Coupole d'Appiani.—Saint-Nazaire.—Trivulce. 82

CHAPITRE IV.—Saint-Sébastien.—Saint-Alexandre *in Zebedia*.—Paul Frizi.
—Saint-Eustorge.—Mausolée de saint Pierre-Martyr.—Georges Merula.
Sainte-Marie de la Victoire.—Colonnes, église Saint-Laurent.—*Monastero Maggiore*. 89

CHAPITRE V.—Saint-Ambroise.—Chaires anciennes, actuelles.— Serpent.
—*Palliotto*.— Mosaïque.—Anspert.— Chapelle *Marcellina*.— Missel.—
Monastère. 93

CHAPITRE VI.—Saint-Victor.—Sainte-Marie-des-Grâces.—Cénacle.—Saint-
Ange.—Le comte Firmian.—Saint-Marc.— Église du Jardin.— Saint-
Fidèle. 98

CHAPITRE VII.— Luxe des autels —Clôture des églises en Italie.—Bancs.
—Tentures. 102

CHAPITRE VIII.— Prédication. 105

CHAPITRE IX. — Ambrosienne. — Virgile de Pétrarque.— Palimpsestes.—
Lettres et cheveux de Lucrèce Borgia.—Catalogue mystérieux de l'Ambrosienne. 107

CHAPITRE X.—Bibliothèque de Brera.—Observatoire.—Oriani. 114

CHAPITRE XI.—Bibliothèques particulières.—Bibliothèque Trivulzio.—Vers
de Gabrielle d'Estrées. 116

CHAPITRE XII.—Domination autrichienne.—Écoles.— Imprimerie, librairie, censure.—Liberté de conscience.—Perfectionnement. 119

CHAPITRE XIII.—Collége militaire. 122

CHAPITRE XIV.—*Pinacoteca* de Brera.—École milanaise.—*Sposalizio* de
Raphaël.—Agar du Guerchin.—Expositions.—Collections Pino, Longhi,
Palagi. 124

CHAPITRE XV.—Beccaria.—De la peine de mort. 129

CHAPITRE XVI.—Monti.—Pindemonte.—Manzoni. ib.

CHAPITRE XVII.—La Scala.—Salle.—Cantatrices italiennes.—Révérences
au public.—Décorations.—Ballets.—La Scala, société de Milan.—Carnevalone. 131

CHAPITRE XVIII.—Acteurs comiques d'Italie.—Théâtre italien.—Nota.—
Théâtres philo-dramatiques.—Fantoccini. 135

CHAPITRE XIX.— Grand hôpital.—Des grands hôpitaux.—Canal Naviglio. 140

CHAPITRE XX.—Arena.—Arc de la Paix. 141

LIVRE QUATRIÈME.

ENVIRONS DE MILAN. — PAVIE. — COME.

CHAPITRE Ier.—Linterno.— Maison de Pétrarque ; son traité *Des remèdes
contre l'une et l'autre fortune.* — Popularité des premiers hommes de
lettres. 143

CHAPITRE II.—Chartreuse de Garignano.—Saronno.—Castellazzo.—Chiaravalle.—Pagano della Torre.—Guillelmine. 145

CHAPITRE III. — Monza. — Théodelinde. — Couronne de fer. — Archives. — Hector Visconti. — Palais. 149

CHAPITRE IV. — Chartreuse de Pavie. — Tombeau de Jean Galéas Visconti. — Encouragements monastiques aux arts. — François Ier à la Chartreuse. 152

CHAPITRE V. — Pavie. — Université. — Bibliothèque. — Colléges. 156

CHAPITRE VI. — Tours. — Boëce. — Maison Malaspina. — Musée. 160

CHAPITRE VII. — Église Saint-Michel. — Cathédrale. — Tombeau de saint Augustin. — Pont. 163

CHAPITRE VIII. — Varèse. — *Madonna del Monte*. — Catholicisme italien. — Côme. — Cathédrale. — *Ædes Joviæ*. — Lycée. — Bibliothèque. — Casino. — Théâtre. — Tour du Baradello. 165

CHAPITRE IX. — Lac. — Noms grecs. — Couvent industriel. — Pliniana. — Villa Melzi. — *Fiume Latte*. — Religieuses *Frata*. — Gravedona. — Baptistère. — Palais Musso. — Villa Sommariva. — Bas-reliefs de Thorwaldsen. — Villa d'Este. — Vico. — Villa Odescalchi. — Orme. — Paul Jove. 168

LIVRE CINQUIÈME.

BERGAME. — BRESCIA. — VÉRONE. — VICENCE.

CHAPITRE Ier. — Vaprio. — Vierge colossale. — Bergame. — Foires. — Dôme. — *Santa-Maria-Maggiore*. — Chapelle Colleoni. — Génie militaire italien. 177

CHAPITRE II. — École à *Santa-Grata*. — Bibliothèque. — Patriotisme municipal italien. — École Carrara. — Peinture perpétuelle en Italie. — Chanteurs de Bergame. — Palais vieux. — Origine bergamasque du Tasse. — Palais della Podestadura. — Arlequin. 181

CHAPITRE III. — Gorlago. — Tour de Telgate; — de Palazzolo. — Vue. — Mont Coccaglio. — *Vin santo*. — Château de Calepio. — Val de Calepio. — Anciennes tours. — Lac d'Isée. — Lovère. — Cénotaphe de Canova. — Orrido du Tinazzo. — Pisogne. — Fonderie de fer. — Cascade. — Tavernola. — *Monte d'Isola*. — Quatre sœurs ermites. — Isée. — Prédore. — Ruine bizarre. — Sarnico. — Montecchio. — Vengeance de filles violées. 185

CHAPITRE IV. — Brescia. — Temple antique. — Musée. — Statue de la Victoire. — Palais Broletto. — Brigitte Avogadro. — Femmes de Brescia. — Maison de Bayard. 189

CHAPITRE V. — Palais de la *Loggia*. — Incendie politique. — Symptômes anciens d'hérésie. — Bibliothèque. — Cardinal Quirini. 193

CHAPITRE VI. — Dôme vieux; — nouveau. — Sainte-Afra. — Littérature populaire. — Marcello. — Vraie et grande musique. — Œuvre de Saint-Luc. — Anachronisme de peinture. — Mausolée Martinengo. 198

CHAPITRE VII. — *Pio luogo della congrega*. — Des établissements de charité et des instituts philanthropiques. — Galeries. — Groupe d'ivoire. — Campo-Santo. — Inscriptions et fontaines de Brescia. 205

CHAPITRE VIII. — Lac Garda. — Sermione. — Bateau à vapeur. — Ile Lecchi. — Malsesine. 209

TABLE.

Chapitre IX.—Tyrol italien.—Madone de l'*Inviolata*.—Lac de Loppio.—Roveredo.—Des vers du Dante : *Qual' è quella ruina*.—Vallée de l'Adige. 215

Chapitre X.—Peschiera.—Vérone.—Scaligers.—Can Grande.—Roméo et Juliette. 216

Chapitre XI.—Amphithéâtre.—Habitation du peuple dans les monuments.—Arc de Gavius. 220

Chapitre XII.—Remparts.—Porte du *Palio*. 223

Chapitre XIII.—Saint-Zénon.—Cathédrale.—Pacifico.—Le pape Luce.—Mausolée Nichesola.—Bianchini.—Sainte-Anastasie.—Thèse soutenue par le Dante.—Chapelle Pellegrini. 225

Chapitre XIV.—San-Fermo.—Mausolées Turriani, Brenzoni, Alighieri.—Saint-Sébastien.—Thomas Becket.—Sainte-Marie *in Organo*.—Sacristie.—Saint-Georges.—Ricovero. 232

Chapitre XV.—Bibliothèque de la ville.—Bibliothèque capitulaire.—*Institutes* de Gaïus.—Manuscrit de la *Mérope* de Maffei.—Théâtre.—Musée lapidaire. 239

Chapitre XVI.—Palais Canossa;—Gran Guardia;—Gusta Verza;—Pompei;—Bevilacqua;—Ridolfi;—Giusti.—Fornarine de Vérone.—Palais *della Ragione*.—*Pinacoteca*.—Douane.—Place aux herbes.—Peinture des rues en Italie.—Campo-Santo.—Casin Gazola.—Congrès. 242

Chapitre XVII.—Environs.—Gargagnano, demeure du Dante. 247

Chapitre XVIII.—Incaffi.—Maison de Fracastor.—Fracastor.—Rivoli.—Bataille. 249

Chapitre XIX.—Azzano.—La grande Isotte.—Femmes littéraires en Italie. 253

Chapitre XX.—Pont de Véja.—Premier type des ponts des enfers chrétiens. 256

Chapitre XXI.—*Tempio della Madonna di Campagna*.—Davila.—Exhumations historiques. 257

Chapitre XXII.—Arcole.—Obélisque. 259

Chapitre XXIII.—Colognola.—Bonfadio.—Illasi.—Architectes-amateurs.—Panthéon.—*Purga di Bolca*.—Fossiles. 260

Chapitre XXIV.—Montebello.—Vicence.—Basilique.—Bibliothèque.—Société de lecture.—Théâtre olympique.—Académie olympique du xvie siècle.—Maison de Palladio.—Palais.—Églises. 262

Chapitre XXV.—Casin Capra.—Cricoli.—Le Trissin.—Notre-Dame-du-Mont. 267

Chapitre XXVI.—*Sette Comuni*.—De leur origine cimbrique.—Asiago.—Société.—Habitants.—Foire.—Anciens usages.—Élection populaire du curé.—Ferracino.—Merlin Coccaie.—*Per ubbidirla*. 268

Chapitre XXVII.—Cittadella.—Ligue de Cambrai.—Bassano.—Nativité du Bassan.—Pont.—Brocchi.—Éditions du Bassano.—Les Bassans. 274

Chapitre XXVIII.—Asolo.—*Asolani*.—Cathédrale.—Cénotaphe de Canova.—Palais Bragadino.—Aqueduc.—Palais Falier.—Château de la reine Catherine Cornaro. 276

Chapitre XXIX.—Possagno.—Temple de Canova.—Métopes.—Piété.—Tableau de Canova.—Son tombeau.—Sa maison. 27?

CHAPITRE XXX.—Maser.—Palais Manin.—Chapelle.—Stucs de Vittoria.
—Olympe de Paul Véronèse. 283
CHAPITRE XXXI.— Castelfranco.— S.-Libéral.—Tableau du Giorgione.—
Fresques de Paul Véronèse.—Académie des *Filoglotti*.— Conegliano.—
Dôme.—S.-Fior.—Tableau du Conegliano. 285
CHAPITRE XXXII.—Trévise.—Dôme.—Procession de Dominici.—Mystères
du Rosaire de P. Bordone.—Fresques de Pordenone.—Annonciation de
Titien.—S. Nicolas.—Architecture des couvents de S. Dominique.—Le
frère Pensabene.—Portraits de dominicains.—S. Théoniste.—S. Léonard.
—S. Gaétan.—S. Jean-du-Baptême. 288
CHAPITRE XXXIII.—Mont-de Piété.—Christ mort, de Giorgione. 293
CHAPITRE XXXIV.— Bibliothèque.—Théâtre.— Palais Pola.—Ancien palais Dolfin.—Porte Saint-Thomas.—Hôpital.—Pont. 294

LIVRE SIXIÈME.

VENISE.

CHAPITRE Ier.—Aspect de Venise.—Son déclin.—Venise en terre ferme. 296
CHAPITRE II.—Place Saint-Marc.—Pigeons.—Cafés.—*Pili*. 299
CHAPITRE III.—Basilique.— Baptistère.— Porte en bronze.—Vierge de *la Scarpa*.—*Pala d' oro*.—Pierres historiques.—Chevaux.—Lion de Saint-Marc.—Clocher.— *Loggietta*.—Trésor. 301
CHAPITRE IV.—Palais ducal.—Gouvernement de Venise.—Figures et chapiteaux de Calendario.—Peintures allégoriques.—Enlèvement d'Europe, de Paul Véronèse.—Pregadi.— S.-Christophe, du Titien.— Plafond de Paul Véronèse.— Du Conseil des Dix.— Tronc des dénonciations.— Inquisiteurs d'État.—Grand conseil.—Portraits des doges.—Gloire du Paradis, du Tintoret. 308
CHAPITRE V.—Bibliothèque Saint-Marc.—De la donation de Pétrarque.—
Lettre et donation de Bessarion.—Manuscrits.—Évangéliaire.—Miniatures d'Attavante.—Plantes d'Amadio.—Manuscrit de l'histoire du Concile de Trente de Fra-Paolo ;— du *Pastor fido*, de Guarini.—Mappemonde de Fra-Moro.—Bibliothécaire de Saint-Marc.—Musée. 316
CHAPITRE VI.—Plombs.—Puits.—Ages divers des prisons. 325
CHAPITRE VII.— Palais-Royal.—Grande salle.—Exposition des produits de l'industrie vénitienne.—Zecca. 327
CHAPITRE VIII.— Grand canal.—Sainte-Marthe.—Vénitiens.—Palais.—
Noblesse vénitienne. 330
CHAPITRE IX.— Palais Trévisan.—Foscari.— Mocenigo.—Lord Byron.—
Palais Pisani.—De la vérité poétique.—Paul Véronèse.—Palais Barbarigo.—Mort du Titien.—Palais Grimani (à Saint-Luc).—Pont de Rialto.
— Palais Micheli ; — Corner ; — Pesaro ; — Vendramini ; — Manfrin. 333
CHAPITRE X. — Maisons Teotochi-Albrizzi et Cicognara. 339
CHAPITRE XI.—Palais Grimani (à Sainte-Marie-Formose);—Corniani-d'Algarotti.—Esprit de société de Venise.—Dernière Vénitienne. 341

TABLE.

Chapitre XII.—Alde.—Imprimerie-Fabrication.—Imprimerie actuelle de Venise. 343

Chapitre XIII.—Académie des Beaux-Arts.—École vénitienne.—Assomption du Titien.—Tableaux.—Bronzes.—Modèles.—Vanité d'un confrère de la charité. 346

Chapitre XIV.—Églises.— Clergé.— Saint-Zacharie.—Saint-Georges des Grecs.— Office grec.— Saint-François-de-la-Vigne.— Saint-Pierre.—Saint-Jean en Bragora. 350

Chapitre XV.—Saint-Georges-majeur.—Dominique Micheli.—La Salute.—Révolution du goût.—Mausolée de Sansovino.—Saint-Luc.—L'Arétin. 355

Chapitre XVI.—Le Rédempteur.—Pestes italiennes.—Frari.—Sépulture du Titien.—Monument de Canova. 359

Chapitre XVII.—Église, confrérie de Saint-Roch.—Escalier.— Luxe des confréries. — Saint-Paul. — Carmagnola. — Saint-Jean-Chrysostome. — Saint-Sauveur.—Des saints Sébastiens.—Vieillesse des artistes de Venise. Statues d'écrivains ou de capitaines.— Saint - Moïse.— Law.— Athénée vénitien.—Saint-Étienne.—Morosini. 366

Chapitre XVIII. — Sainte-Marie-Formose. — Mariages vénitiens. — Fête delle Marie.— Sainte-Marie des miracles.— Saint Jean et Paul.—Tombeaux de Venise.—Bragadino.—Mausolée Vendramini.—Valier.—Martyre de S. Pierre du Titien.— Ancienne bibliothèque de Saint Jean et Paul.— Monument Colleoni.— Confrérie de Saint Marc ;— de la Miséricorde.—Sainte-Marie dell' Orto.—Marietta. 373

Chapitre XIX.—Archives.—Du Conseil des Dix.—Des inquisiteurs d'État.—Consultations autographes de Fra Paolo.—Statistique née à Venise. — Correspondance de Villetard. 383

Chapitre XX. — Arsenal. — Lions d'Athènes. — Bucentaure. — Armure de Henri IV.—Emo. 385

Chapitre XXI.—Théâtres.—Saint-Benoît.—La Fenice.—MM. Perucchini —Buratti.—Carnaval. 388

Chapitre XXII.—Courtisanes. 390

Chapitre XXIII. — Environs.— Iles.— Ile de Murano.— Saint-Michel.—Exhumation de Fra Paolo.—Le moine Eusèbe.—Morelli.—Chapelle Emiliana.—Saint-Pierre et Paul.—Dôme.—Glaces, cristaux, perles de Venise. 391

Chapitre XXIV.—Ile de Torcello.—Saint-Fosca.—Lido. 394

Chapitre XXV.— Ile Saint-Lazare.— Couvent arménien.—Mechitar.—Kover.—Clair de lune de Venise. 396

Chapitre XXVI.— Ile Saint-Clément. — Malamocco.— Haines de républiques.—Murazzi.—Chioggia.—Origine et fin de Venise. 398

LIVRE SEPTIÈME.

PADOUE. — FERRARE.

Chapitre Ier.—Bords de la Brenta.—Palais Foscari.—Padoue.—Son accroissement. 401

CHAPITRE II.— Université.—Vertèbre de Galilée.—Bibliothèque.—Bibliothèque du chapitre.—Jardin botanique.—Académie des Sciences, Lettres et Arts.—Femmes de l'Académie. 402

CHAPITRE III. — Cathédrale. — Charles Guy Patin. — Sperone Speroni.— Manuscrits. —Baptistère. — D'Hancarville. — Santo. — Chiens.— Candélabre.—Cesarotti.—Trésor.—Messone.— Cloître.—*Scuola*.—Statue de Gattamelata.—*Condottieri*. 408

CHAPITRE IV.— *L'Annunziata*. — Ermites.— Servi.— Ruzzante. — Saint-François.— Squarcione.—Saint-Benoît.—La comtesse de Rosenberg.— Carmes.—Stellini. 420

CHAPITRE V.—Sainte-Justine.—Saint-Jean-di-Verdara. —Buonamico.— Professeurs du XVIe siècle.—Morgagni.—Séminaire.—Forcellini. 428

CHAPITRE VI.—Palais del Capitanio.—Palais du Podestat—Salon.—*Lapis vituperii*.— Prisonniers pour dettes. — Belzoni. — Italiens voyageurs.— Prato della valle.—Portes. 435

CHAPITRE VII.—Maison Pappafava.—Chute d'anges.—Maison Capodilista; —Giustiniani;—Falconetto;—L. Cornaro.—Maisons Lazzara.—Venezze. —Colosse d'Ammanato.—Statues.— Café Pedrocchi. 440

CHAPITRE VIII.—Cataio.— Monts Euganéens.—Arquà.— Maison et tombeau de Pétrarque. 444

CHAPITRE IX.—Rovigo.—Rhodiginus.— Ponte di Lagoscuro.— Douane.— Critique de la douane. 448

CHAPITRE X.—Ferrare.—Château.—Palais *del magistrato*.—*Intrepidi*.— Renée de France.—Réforme en Italie. 450

CHAPITRE XI.—Cathédrale.—Madone. —Pèlerin.—Lilio Giraldi.—Séminaire.—Saint-François.—Écho.—Maison d'Este.—Pigna.—Saint-Benoît. — Saint-Dominique. — Celio Calcagnini. — *Santa-Maria-del-Vado*.— École ferraraise.—Saint-André.—Capucines.—Gesù.—La duchesse Barbara.—Pericolanti. 453

CHAPITRE XII. — Bibliothèque.—Arioste.—Manuscrit de la Jérusalem.— Tête épique des habitants de Ferrare.—Vers du Tasse.—Guarini.—Imprimerie de Ferrare.—Tombeau de l'Arioste. 463

CHAPITRE XIII.— Maisons de l'Arioste et Degli Ariosti.— Spectacles de la cour de Ferrare.—Nicolas Ariosto.— Savoir, exactitude de l'Arioste.— Partage de maison.—Maison de Guarini. 473

CHAPITRE XIV.—Prison du Tasse. 478

CHAPITRE XV. — Palais. — Place de l'Arioste. — Campo-Santo. — Belriguardo. 480

CHAPITRE XVI.—Société italienne. 482

CHAPITRE XVII.— Cento.—Le Guerchin.—Pieve. 483

FIN DE LA TABLE.

7

www.ingramcontent.com/pod-product-compliance
Lightning Source LLC
Chambersburg PA
CBHW050603230426
43670CB00009B/1247